采铜文丛

尝谓今人纂辑之书,正如今人之铸钱。古人采铜于山,今人则买旧钱,名之曰废铜,以充铸而已。所铸之钱,既已粗恶,而又将古人传世之宝舂剉碎散,不存于后,岂不两失之乎?承问《日知录》又成几卷,盖期之以废铜,而某自别来一载,早夜诵读,反复寻究,仅得十余条,然庶几采山之铜也。

——顾炎武《与人书十》

孙明 著

治道之统

传统中国政治思想的原型与定型

生活·讀書·新知 三联书店

Copyright © 2023 by SDX Joint Publishing Company.
All Rights Reserved.
本作品版权由生活·读书·新知三联书店所有。
未经许可，不得翻印。

图书在版编目（CIP）数据

治道之统：传统中国政治思想的原型与定型/孙明著. —北京：生活·读书·新知三联书店，2023.6
（采铜文丛）
ISBN 978-7-108-07633-5

Ⅰ.①治… Ⅱ.①孙… Ⅲ.①政治思想史－中国 Ⅳ.①D092

中国国家版本馆 CIP 数据核字（2023）第 063843 号

责任编辑	王婧娅
封面设计	黄　越
责任印制	洪江龙
出版发行	生活·讀書·新知 三联书店
	（北京市东城区美术馆东街 22 号）
邮　编	100010
印　刷	江苏苏中印刷有限公司
版　次	2023 年 6 月第 1 版
	2023 年 6 月第 1 次印刷
开　本	720mm×965mm　1/16　印张　36.5
字　数	712 千字
定　价	99.00 元

本书获得北京大学政府管理学院、
北京大学公共治理研究所学术团队建设重点支持项目
"中外政治思想与制度"
学术出版资助

目 录

1　　导言

上篇

11　　第一章　从"皇帝王伯"到"失其统"
　　　　　　——古代中国治道思想资源的层累与递嬗
138　第二章　圣王制作与孔子述道
　　　　　　——先秦两汉的圣人观念与身份
187　第三章　国家祀礼中的先代帝王与孔子
　　　　　　——周秦汉唐礼制中一对经典范畴的生成

下篇

243　第四章　"向上透一著"与道统的成立
　　　　　　——宋代构建理想治道与正统的努力
377　第五章　"道统者，治统之所在"与"道权"问题
　　　　　　——明代成型的道统本朝化
466　第六章　道统复合与治道定型
　　　　　　——清代前中期对政治理想型的讨论与实践

567　结语　**治出于一**

575　后记

导　言

"中国政治思想"与"中国之道"是什么关系，是中国政治思想史研究中的"大哉问"。无论今天将哪些古人学说、政论纳入"中国政治思想史"的封神榜，中国政治思想史的眼光如何调整、范围如何扩大，如果说不清楚以此构建的"政治思想史"与古已有之的诸种"道论"的关系，"中国政治思想史"终究还是外在于中国旧道统的"新学"。

陈寅恪曾点出宋人"新儒学"为秦以降中国思想之"大事因缘"：

> 佛教经典言："佛为一大事因缘出现于世。"中国自秦以后，迄于今日，其思想之演变历程，至繁至久。要之，只为一大事因缘，即新儒学之产生，及其传衍而已。①

陈文所论，一方面在于中国本有之儒家、道教对输入之佛教思想的"相反而适相成"的吸收融会，即"吾民族与他民族思想接触史之所昭示者"；另一方面在于纵向的历程视角，所谓"大事因缘""产生及其传衍"，意指新儒学在中国思想史上具有承上启下的历史地位，陈先生着眼的，是儒家从偏重"制度法律公私生活"（"政治社会制度"）到"思想上自成系统，有所创获"的跃升。道统的提出，特别是朱熹总结定型道统，成为传统中国政治与思想的"结穴"所在：向上可见其因应中国公私生活的内在矛盾和现实问题，向下可见其对中国政治与义理的深刻影响。此亦"产生及其传衍"之一解。既是"结穴"所在，

---

① 陈寅恪：《冯友兰中国哲学史下册审查报告》，《金明馆丛稿二编》，生活·读书·新知三联书店2001年，第282页。

便须在中国思想的脉络与体统中详细考察其源流。

然而,宋代新儒学及其道统说在现代学术上"传衍"出两大彼此相关之学术观念与理路,已成为今日理解宋以降中国政治思想的基础知识和基本语境,转为认识宋学及中国之道增添了若干"理障":

一为心性儒学观念。以西学中的哲学观和"超越"说、"轴心突破"说为援,以儒学具有超越时空条件制约而适应现代社会政治之抽象义理为目的,论证心性为宋明儒学之主流与根本,中国之道自先秦以来亦一路向此流淌交汇,贬抑儒学的社会政治关怀与实践方案。此尤以牟宗三①否定叶适之学及刘述先、杨儒宾对余英时"摧毁了朱子一生想努力建立的价值世界"的批评②为显著表现。而余英时对"道体"为"最高的精神实有","构成了'道统'的精神内核"的认识,与心性儒学实际上是相通的,只是同时强调"内圣外王"为宋儒的"整体规划"而已。他认为:"宋明理学中,'内圣外王'为一连续体而归宿于秩序重建。"③

而政治思想史研究中则有另一极端的表现,就是推崇功利实用与狭义的经世思想。其经典论说,如萧公权认为宋儒理学之政治思想贡献远不及"功利思想":

> 惟吾人宜注意,理学得佛学之助,蔚为中国空前未有之哲学系统,而其对政治思想之贡献则极细微。各家之哲学思想固多新颖分歧之点,其政论大旨则不外搬演《大学》《中庸》之正心诚意,《孟子》之尊王黜霸与乎一治一乱诸陈说而已。
>
> 宋代政治思想之重心,不在理学,而在与理学相反抗之功利思想。此

---

① 牟宗三:《心体与性体》,联经出版事业公司2003年,第256页。
② 余英时:《朱熹的历史世界:宋代士大夫政治文化的研究》,生活·读书·新知三联书店2004年。刘述先:《书评》,《九州学林》2003年冬季号,第316页。杨儒宾:《如果再回转一次"哥白尼回转"》,《当代》2003年第195期,第125页,引语见第140页。余英时的回应文章为《"抽离"、"回转"与"内圣外王"——答刘述先先生》《我摧毁了朱熹的价值世界吗——答杨儒宾先生》《试说儒家的整体规划——刘述先先生〈回应〉读后》,参见《朱熹的历史世界》的三篇"附论",第867、878、912页。
③ 余英时:《朱熹的历史世界》,第27、28、914页。

派之特点在斥心性之空谈，究富强之实务。①

复由此思想取向诋叶适："论治术之专主礼乐，大违永嘉宗旨，而重入传统儒学之藩篱，此皆水心学说之糟粕，殆无劳于兹赘述矣。"② 是则何以被萧氏列入"重实用而言功利"且究心制度建设的水心之学却不能脱离礼乐儒学的范围？叶适之学的存在，提醒我们既要将观察宋代政治思想的视角推扩到心性之外，又不能刻意跳出儒家王道而在功利学说中寻找中国政治思想的出路。如果将当时固有所区别但主要是现代学术强判泾渭的心性与实务、哲学思想与政治思想统为一体，看儒学及中国治道充满内在张力的复杂演进状态，或许能更好地理解朱熹和叶适。

二为弥漫于传统中国政治、思想与社会研究中的"道统与治统二分"观念。以王夫之等先儒的若干"道统、治统"对举表述和西学中的社会政治认知为支撑，以宋明士人政治主体意识觉醒、中国传统中本有相对独立于政治权力之外的思想与社会力量为目的，将道统归于儒家，别立治统于帝王，论证君主治统与士人道统为宋以降中国政治、思想与社会的主要结构，其互动与消长为历史变迁之荦荦大者。此观念主导之研究以前揭余英时《朱熹的历史世界》为代表。

道统与治统（或曰"政统"）的分化，是当下研究中国政治传统的前提性的知识。钱穆虽注意到"中国传统政治，尚有一端义当阐述，即是'政治'与'学术'之紧密相融洽"，也指出中国传统政府中保有文教机构的特点。但以学术"独立""自由"之现代观念为先导，发现："另一面则尤注重政学之各尽厥职。所谓'作之君，作之师'，君主政，师主教。孔子以前其道统于君，所谓'王官学'；孔子以下，其道统于下，所谓'百家言'。孔子为其转捩之枢纽。孔子贤于尧、舜，此则师统尊于王统。"更强调："道统于师，不统于君，盖自孔子以下，而其局已定矣。"③ 余英时发扬师说，认为自春秋战国之际道统与

---

① 萧公权：《中国政治思想史》，新星出版社2005年，第295页。
② 萧公权：《中国政治思想史》，第315页。
③ 钱穆：《道统与治统》，《政学私言》，台湾商务印书馆1996年，第79页。此文于1945年在《东方杂志》初次发表时原题名《学统与治统》。

政统两分之后，士成为"道的承担者"，据以与政治权力分庭抗礼，发挥政治批评作用。虽然他指出道统与政统"有相互依存的一面，也有紧张和冲突的一面"，但这种"复杂关系"是建立在治、道两分的前提之下的。① 余英时基于道统与治统分裂、宋代士人政治主体性上升这一系列基本判断，将士大夫断为"内圣外王"之道的承载者："理学家将重建秩序的大任完全放在'士'的身上。""因为他们不但掌握了'道'，而且随时随地都在致力于'道'的社会实践。"② 这意味着"虚君"的政治追求，恰与士人政治主体性上升呼应：

> 朱熹坚持用"无极"两字来描述"太极"，和他以"无情意、无计度、无造作"来形容"理"，在思路上是一贯的。如果将这一思路落实在政治秩序上面，则"君"只能是一个"无为而治"的"虚君"。这和他一向批判"君尊臣卑"的观点恰好互相呼应。③

道统论说成为强调传统中国士人保有相对独立的思想权威与自觉意识的知识支点，宋代士大夫尤为树立道统、政治主体性崛起的代表群体。④ 着眼于此，余英时进而提出于"'道统'论说的正式建立者和道学的集大成者"朱熹而言，存在"道统"与"道学"的区别：

> 以"道统"专指"内圣外王"合一的上古三代，而以"道学"专指道治分裂以后，从孔子到宋代的儒学传统。这是一个极关紧要的分别，其深

---

① 余英时：《道统与政统之间——中国知识分子的原始型态》，《士与中国文化》，上海人民出版社 2003 年，第 90 页。黄进兴、吴震（提出"二元论下的政教依赖形态"说，见《孔教运动的观念想象：中国政教问题再思》，复旦大学出版社 2019 年，第 36 页）等人的研究深受其影响。黄进兴具体强调了清朝专制政权据有道统，道统与士林被君主同化。吴震认为："政教二元论下的政教依赖关系才是秦汉以来中国政教史的常态，清朝集权制下的知识界为迎合帝王的王权意识而出现的回归'官师政合一'的主张毋宁是一种特殊的'非常态'现象。"（第 39 页）
② 余英时：《宋明理学与政治文化》，吉林出版集团有限责任公司 2008 年，第 145 页。
③ 余英时：《宋明理学与政治文化》，第 155 页。
④ 张灏超越一元论与二元论的模式论中国"政教关系"，但也认为："君对立政教二元的论调，在宋明的传统里，维持大约四百年的光景。"（《传统儒家思想中的政教关系》，《幽暗意识与时代探索》，广东人民出版社 2016 年，第 88 页。）

刻的政治含义是不容忽视的。①

"道统"与"道学"的新两分法的重要用意在于抬高士人的政治地位：

> 朱熹一方面运用上古"道统"的示范作用以约束后世的"骄君"，另一方面则凭借孔子以下"道学"的精神权威以提高士大夫的政治地位。这是他在《中庸序》中划分"道统"与"道学"的主要用意。②

这不啻是前揭钱穆"孔子为其转捩之枢纽"一语的展开，而朱熹则成为手握标尺、以自己的"主要用意"便可"划分'道统'与'道学'"的圣人。之所以中国思想研究中关注"道统"，是因为对于如何理解"道"及其承传者的关切。无论道统与道学，其关键仍是如何理解"道"、如何判定谁有资格担当"道"。所以，余英时虽然将"道统"与"道学"分为两段，实则仍是坚守并深化孔子以降士人担道统、以之批判现实政治这个基本立场。虽然将此前已为人所熟知的士人道统说改为"道学说"，实则通过揭出"道统"之"内圣外王"的特质，赋予"道学"以构建"内圣外王"之整体秩序的内涵，从而进一步壮大了士人的社会政治主体性，或者说对士人所担之"道"的理解，从"空言"扩展到了"行事"。这样一种转进，虽然引起前揭对道统持心性之超越理解的学者的商榷，对其"道统"概念的商榷尤其为多，③ 但在学界的具体研究中实际上得以贯彻。当张灏提出"政教一元"思考时，立即有学者以"二元论下的政教依赖形态"④ 与之辨难，实则张灏文中已多关注"羁绊"，是"同室操戈"的内部区分，可见"二元"认知的普遍。余英时抉发的"道统"内涵的政治面，得到学者晚近研究的呼应，从中晚唐直至南宋的社会文化、政治斗争的广阔背景与纠葛中，对"道统'前史'""道统话语权的争夺"情况的复原，使得"历史世界"更加翔实真切，道统与政治的关系越来越多地得到认识，但对此中政治

---

① 余英时：《自序》，《宋明理学与政治文化》，第9页。
② 余英时：《宋明理学与政治文化》，第37页。
③ 如：苏费翔《宋人道统论——以朱熹为中心》，《厦门大学学报》2015年第1期；赖区平《朱子的"道学—道统"论重探》，《中国哲学史》2016年第1期。
④ 吴震：《孔教运动的观念想象》，第36页。

结构的认知，则仍延续既有的前提性认识，肯定士人发展为道统谱系的主体，得出"（朱熹）将权威归诸学者，从而有二程之兴与他自己的继起，以传承道统；这是对帝王权威修辞的严厉挑战""传道者基本固定为理学家、心学家"等观点。① 这些研究又似乎共同证成着余英时以及现代新儒家为代表的将道统归诸士人以彰明中国存在相对独立于君主集权的社会文化权威的传统。而面向当代的儒学建设，则在承认此前提性认识的基础上描绘"确定儒家道统的完整内容"的愿景，这实亦是接续新儒家的旨趣，"发展仁学，改造礼学，统合孟荀，才能发展出儒家的新道统"，是"重新认识"亦即总结、评判、重构传统的思想实践，而非厘清"道统"本相的历史研究。②

综合以上两点，强调宋代新儒学与道统论中"内圣"的抽象实有，坚持"治统、道统二分"，士人为担"道"（道统或道学）的社会载体，在这样的思想基调下，清代的政治思想与学术演变就成为"异数"。"师道之失其统，而上统于政府，此自清代部族专制乃始然，明代以前不尔也。"③ 杨念群的"士林精神世界的变异"一语尤为醒目。④ 因为将道统归于儒家、士人，所以将清帝自称握有道统认为是篡取道统，与针对满洲的民族情绪结合，就生成了清帝攫取道统这个"迷思"。清代的思想学术史，以余英时对"内在理路"的研究最有创获，但他重视学术相对于政治压力的内在理路，遂视政治为学术之外在影响因素，与之相应的，仍认道统为士人主体性之依倚，视清帝为窃取道统之人。本研究更注意思想学术与政治或本在一系统之内，这个系统有其内在理路，而非仅在"二分"中判断。还原周代以降的"道""圣"等主要概念的内涵之后，会发现事实更加复杂。从韩愈到朱熹，对道与道统的勾勒是在这个复杂的政治思想系统之内展开的，其后的君主与士人也按着道统的指引继续在这个思想系统内安排自己的国是与志业。

本书希望在"中国政治思想史"的关怀下理解何为中国之道。这个视角并

---

① 蔡涵墨、李卓颖：《新近面世之秦桧碑记及其在宋代道学史中的意义》，《宋史研究论丛》2011辑。刘成国：《9—12世纪初的道统"前史"考述》，《史学月刊》2013年第12期。
② 梁涛：《儒家道统说新探》，华东师范大学出版社2013年，第69、93页。
③ 钱穆：《道统与治统》，《政学私言》，第80页。
④ 杨念群：《何处是"江南"：清朝正统观的确立与士林精神世界的变异》，生活·读书·新知三联书店2010年。

非有意为之，而是笔者在阅读有关中国之道的历史文献时，体会到其本来就是对"治"之"所行道"的实践总结与义理思考，因应"治"的问题而一路转进。当然，彼时对"治"的理解亦与今日有所不同。

当务之急，是理解"道"，理解"道"所置身的整个中国政治与思想传统：

> 面对着积累了多年的阐释、学派、宗派的压力，人们很想放弃为任何内在的整体性所做的研究。社会历史学家们或许会很满足于根据特定时代和地区的兴趣和成见来研究后来的这些阐释，而并不试图把这些阐释与原始的教义或与这个传统作为一个整体联系起来。在中国，例如，人们可能把宋代新儒学的发展简单地处理为是那个时期社会文化状况的一种体现。把一种特定的思维模式纳入它的历史背景之中固然很重要，但一种单一的历史方法却损害了思想形态整体的生动的尺度。新儒家的兴趣不在于创造"新的儒学"；他们极端认真地致力于恢复原始的儒家观念。①

而这本小书，只是在"道"及"道统"的线索上，在勾勒"道"不断反本与开新的历程上，所作的初步的"引论"。

---

① 史华慈：《儒家思想中的几个极点》，吴艳红译，田浩编《宋代思想史论》，社会科学文献出版社2003年，第98页。

上　篇

第一章
从"皇帝王伯"到"失其统"
——古代中国治道思想资源的层累与递嬗

司马谈论六家要指:"《易大传》:'天下一致而百虑,同归而殊涂。'夫阴阳、儒、墨、名、法、道德,此务为治者也,直所从言之异路,有省不省耳。"诸子自以为重的都是"我有以治天下"(《史记·太史公自序》)。《淮南子》亦言:"百川异源而皆归于海,百家殊业而皆务于治。"(《氾论》)六家、百家尽管"异源""百虑""殊涂""殊业",但"一致"同归于"务为治",人亦以为孔子之志即"乱而治之,滞而起之"(《孔子家语·本姓解》)。凡此都提示今人注意诸子百家学说以至从上古到晚周整部思想史上对"治"的关怀,"为治"之道亦即治道或许才是中国"道"之定型或今人习称之"轴心突破"所围绕的中心议题。

《管子》历数圣王治道后,认为"帝王之道备矣,不可加也"(《轻重戊》)。《淮南子》作者认为他们的研究达到了"天地之理穷矣,人间之事接矣,帝王之道备矣"的水平。(《要略》)司马迁认为孔子"明王道",所作《春秋》一书使得"王道备,人事浃"。(《史记·十二诸侯年表》)于此可见,自东周时起,施治者和学问家都感到治理的思想资源和可选模式已经齐备。

诸子百家不仅目的是"务为治",还身处"帝王之道备"的时代条件之下,孔子事业的落脚点是"王道备"。如何理解"帝王之道备"这一时代背景与诸子"务为治"而思想迸发之间的关系,或可为进一步思考在何种意义上认识诸子"言之异路"、理解儒家之道及先秦思想史打开一扇窗户,进而通往对整部中国政治思想史的体会。

第一节 "黄老"之源：上古治道的人主寄托与"道"化

古人对于"帝王之道"之成立的论述见诸公私议论之中、形象妙喻之间，可谓错综复杂，并无可定于一的清晰表达，以致在现代史学兴起初期被古史辨派以分而治之的手段集中证伪，"打倒了"。① 王道固有史实为证，帝道则存诸周人继承的历史资源之中，在对于"帝"的偶像黄帝的塑造与言说、对于集中阐发帝道的老子之学说来源的交代中，可以发现作为治道之一阶段的帝道并非凭空创想，而是渊源有自，"黄老"由此方能成为中国早期治道的代表而不被视为无稽之谈。这个思想资源的逻辑是一把钥匙，可以帮助我们理解"皇帝王伯"的全套治道体系及诸子学说的治道源流。

一、黄帝：上古治道的"代表"

黄帝主要是作为治道记忆存在于政治场域之中的，广为君臣论政所依据。

> 梁惠王问尉缭子曰："黄帝刑德，可以百胜，有之乎？"
> 尉缭子对曰："刑以伐之，德以守之，非所谓天官、时日、阴阳、向背也。黄帝者，人事而已矣。……黄帝曰：'先神先鬼，先稽我智。'谓之天官，人事而已。"（《尉缭子·天官》）

这是一段对黄帝治道的讨论。当时"黄帝刑德"已经被神化了，所以"百胜"之由要从"天官、时日、阴阳、向背"来推演，但尉缭子断以"人事而已矣"，则坚持将"刑德"从"先神先鬼"拉到人间治道的轨道，"我智"就是治道累积的思想资源。"先序今以上至黄帝，学者所共术，大并世盛衰，因载其禨祥度制，推而远之，至天地未生，窈冥不可考而原也。"（《史记·孟子荀卿列传》）在邹衍所处的时代，普遍将黄帝作为可靠的承上启下的治道枢纽，通过

---

① 顾颉刚：《三皇考》自序，《顾颉刚古史论文集》卷2，中华书局2011年，第21页。

对世传其"礽祥度制"的研究来推想上古。

黄帝就是这样一位无法实证其有，却又活跃在周代政治讨论中的古代圣人。司马迁修《史记》时，也被以黄帝为核心的"五帝"时代的治道记忆与文献无征的矛盾所困："学者多称五帝，尚矣。然《尚书》独载尧以来；而百家言黄帝，其文不雅驯，荐绅先生难言之。孔子所传《宰予问五帝德》及《帝系姓》，儒者或不传。"他游历大地四方"长老皆各往往称黄帝、尧、舜之处"，发现尽管"风教固殊焉"，但"总之不离古文者近是"；他"观《春秋》《国语》，其发明《五帝德》《帝系姓》章矣，顾弟弗深考，其所表见皆不虚"，引出了以"意"缀合贯通的方法论："《书》缺有间矣，其轶乃时时见于他说。非好学深思，心知其意，固难为浅见寡闻道也。"由此超越了传世文献的缺失，发现了一个"古典残缺有年载"但"帝皇遗事散轶，乃时时旁见于他记说"的复合形态的历史遗存体系，即《尚书》或不载，但通观他书、家言，结合长老称说之考察，洞悉这个"失之东隅，收之桑榆"的相互支持的古书体系与传说体系的内在逻辑后，便认识到了黄帝及五帝时代的确存在。于是"并论次，择其言尤雅者"，著为《五帝本纪》，居"本纪"之首。（《史记·五帝本纪》及《索隐》）黄帝与五帝之治，"学者""长老"多"称"，"尚矣"，是自古以来、流传于世的历史记忆。

夏商周是有确定历史记载的"三代"，如何认识夏以前的历史与政治呢？在留存较为丰富的东周文献中，这是一个核心议题。

今人多从顾颉刚所揭示的，从建构乃至"层累造成"之思路理解古史。《古史辨》以文献考实证伪的方法，证明"三皇五帝"是历史本无、不断建构的结果。顾颉刚直揭黄帝为与"史事"对立的"神话"。[①] 他们认为，"皇"并非阶位名称，"帝"则本指天帝、上帝，五帝系从五行作为哲学背景的五方帝而来，"本为神而非人"，战国中叶以降，随着大一统与中央集权政治的兴起，在夏商周之前一统天下的黄帝及五帝系统逐渐建构成形，惯用作天神之形容词的"皇"字被用来称上帝以至人主。所以"三皇五帝"是极具神话色彩的传

---

① 顾颉刚：《黄帝》，《史林杂识初编》，《顾颉刚读书笔记》卷16，中华书局2011年，第402页。

说:"忽神忽人,此等固介于神人之间之传说中人物也。"① 今人杨儒宾系黄帝于"天子神话"(详后),虽学术渊源另有其自,在历史观念上仍是此种神话论的延续。

虽然"皇""帝"本为系于天帝而与位阶无关之形容词与名词,但古史研究已经发现,随着古代中国政治的演进,殷、周皆有称祖神、先王为"帝"的记载,他们因上宾于天帝之所而神化。② 《左传》中亦有"黄帝"的记载(如《昭公十七年》《僖公二十五年》),有"今之王,古之帝也"的观念(《僖公二十五年》)。郭店简《唐虞之道》中还有"六帝兴于古,皆由此(孝、禅)也"的记载,"六帝"当指夏代之前亦即三王时期以前的六位圣王。③ 诸子更多有尧舜或唐虞二帝之称。以黄帝、尧、舜为主的诸"帝"以及群体化的"三皇五帝",是否有可能是三王时代历史书写兴起之前的治理阶段的人格化符号,古史中本有的治理者(不一定是个人,而可能是氏族、部族集团等基于血缘、地缘而复合构建的群体,甚至广大人群共有)及其治理事迹、治理方式被以传说乃至神话的方式记忆,同时被不同程度地虚构、塑造、神化?无论"皇""帝"之号及"三皇五帝"之人物是否真实,夏以前的古史发展与治道样貌都需要认真对待。

以"帝"治时期来指称三王以前的古史时代,传统中国的古史观念中本已有之。《春秋繁露》之皇、帝、王的演生逻辑是:"董子法以三代定三统,追前

---

① 参见童书业:《春秋左传考证》,《春秋左传研究》,中华书局2006年,第3页。《春秋左传考证》修定初稿于1966年底,简括而成的《春秋左传札记》的《说明》中,童先生自叙"本书为总结本人六十岁以前全部之先秦史考证性研究"(第265页)。笔者以为,这句自叙也可视为《春秋左传考证》一书的定位,童先生是古史辨派的主将之一,故以他的晚年定论为主概括古史辨派在这个问题上的基本认识。
② 何炳棣认为:"事实上至晚从盘庚起(迁殷是在公元前1300年),帝与天已是同义词,周人的宗教是由商引进的。"(《华夏人本主义文化:渊源、特征及意义》,《何炳棣思想制度史论》,中华书局2017年,第27页)
③ 参见:裘锡圭《新出土先秦文献与古史传说》,《裘锡圭学术文集》第5卷,复旦大学出版社2015年,第265页;郭永秉《帝系新研:楚地出土战国文献中的传说时代古帝王系统研究》,北京大学出版社2008年,第145—149页。李零"疑指伏羲、神农、黄帝、少昊、颛顼、帝喾之属",亦是此意。[《郭店楚简校读记(增订本)》,中国人民大学出版社2007年,第126页。]

五代为五帝，又追前三代为九皇。凡九代三统移于下，则九皇五帝迁于上。"①在现代史学看来，这是一段不可据信的论说，但抛开三统五德的理论（包括三、五、九之数），它还表达了以三王为自己所处的历史阶段，以此前一个历史时期（"前五代"）为"帝"的时代，"帝"在这里是赋予这个历史时期的人主的称号，"追"字是对记忆、追忆与构建比较恰当的表述，这与殷、周人主上宾为帝的逻辑相似；继而，"又追前三代"为"九皇"即"皇"的时代。如此理解，或可以跳出考据确证帝王世系的"历史"与"谱系"思维（即传统学术中的"帝系""世纪"等）。

这里不讨论"三皇五帝"以及"皇帝王伯"的"发生学"，他们至晚在战国以后便已成为流行而被共同信服的历史知识，其治道尤为时人治道论辩与展望的主要依据。

如顾颉刚所言："在许多古史系统中，只有黄帝、尧、舜是不缺席的。"②黄帝在先秦文献中最早可见于《逸周书》："昔天之初，□作二后，乃设建典，命赤帝分正二卿，命蚩尤于宇少昊，以临四方，司□□上天未成之庆。蚩尤乃逐帝，争于涿鹿之河，九隅无遗。赤帝大慑，乃说于黄帝。"（《尝麦解》）《国语·周语下》明确说道："夫亡者岂繄无宠，皆黄、炎之后也。"顾颉刚从现代史学的中华民族形成角度认为："假黄帝之大神为人间之共祖，此固我国民族史上一嘉话矣。"③但在周人眼中，黄帝之作为"人间共祖"，首先是"王者之祖"，是文明与政治的祖先："黄帝能成命百物，以明民共财。"（《国语·鲁语上》）如浅野裕一所说：这里的黄帝"是首次给万物命名，为民众社会生活带来指针的文明创始者"④。《逸周书》从军事与祀礼（五帝与五官，详见本书第三章）来勾勒此政治社会成立之史事，聚焦于秩序之确立：

> 执蚩尤，杀之于中冀。以甲兵释怒，用大正顺天思序，纪于大帝，用名之曰绝辔之野。乃命少昊请司马鸟师，以正五帝之官，故名曰质。天用

---

① 苏舆：《春秋繁露义证》卷7《三代改制质文第二十三》，钟哲点校，中华书局1992年，第186页。
② 顾颉刚：《五德终始说下的政治和历史》，《顾颉刚古史论文集》卷2，第305页。
③ 顾颉刚：《黄帝》，《顾颉刚读书笔记》卷16，第406页。
④ 浅野裕一：《黄老道的形成与发展》，韩文译，凤凰出版社2021年，第167页。

大成，至于今不乱。(《尝麦解》)

政治的残酷一面则如《庄子·盗跖》所叙，有巢氏、神农氏之世文明初起，有社会而无政治，社会人伦亦未界定："民知其母，不知其父，与麋鹿共处，耕而食，织而衣，无有相害之心，此至德之隆也。"到了黄帝之政治社会，就变得残酷了：

> 然而黄帝不能致德，与蚩尤战于涿鹿之野，流血百里。尧、舜作，立群臣，汤放其主，武王杀纣。自是以后，以强陵弱，以众暴寡。汤武以来，皆乱人之徒也。
>
> 世之所高，莫若黄帝，黄帝尚不能全德，而战涿鹿之野，流血百里。尧不慈，舜不孝，禹偏枯，汤放其主，武王伐纣，此六子者，世之所高也，孰论之，皆以利惑其真而强反其情性，其行乃甚可羞也。

黄帝开创的"天用大成"的秩序，损益而沿用至周成王时代，黄帝早已被视为治道之祖，有虞氏、夏后氏皆禘黄帝。故五帝不仅有其治迹，且形成了治道，三代之王常称述五帝之"道"。上博简《武王践阼》所谓："黄帝、颛顼、尧、舜之道。"[1] 虽然黄帝史事不可详考，但被推崇，为当代治道之训，便有了本节开端"黄帝刑德"何所指的讨论。"黄帝为人，乃列国史记之公说，非《帝系》《国语》一家之言也。"[2] 其既是人而非神，所行治道便是讨论的中心。《五帝德》记载宰我向孔子问黄帝之治，孔子答曰："禹、汤、文、武、成王、周公，可胜观耶？夫黄帝尚矣，汝何以为？先生难言之。"可见虽然三代王者之治因为富于文字记载而研究不尽，但时人仍以黄帝之治为心中的憧憬。只是在孔子这周道的遵循者看来，三代已经有其自成体系的当代意义，不必再向难以尽言的黄帝之治求取思想资源。但《淮南子·修务》论曰"世俗之人，多尊古而贱今，故为道者，必托之于神农、黄帝而后能入说"，说明"黄帝尚矣"的现状一直延续到西汉，黄帝为"为道者"所托，而所托者亦必在于"道"。

---

[1] 郭永秉：《帝系新研》，第159页。
[2] 丁山：《古代神话与民族》，商务印书馆2005年，第159页。

"先序今以上至黄帝,学者所共术,大并世盛衰。"战国至汉武帝时,将治道上溯至黄帝是持续存在的普遍认识。也再次说明"学""术"皆是就"治"而言,无论是人间具体的治道还是将其上求天道,都祖述黄帝。

荀子曾论及人物之于时代变迁与发明的象征逻辑:"好书者众矣,而仓颉独传者,壹也;好稼者众矣,而后稷独传者,壹也;好乐者众矣,而夔独传者,壹也;好义者众矣,而舜独传者,壹也。"(《荀子·解蔽》)这是一段颇有社会科学意味的归纳。从"众"而"独传","壹也",正是人物代表时代的象征机制。钱穆由此指出黄帝的象征意义:

> 我们只看文化开展的大型,这里面是黄帝的故事,也是黄帝部族的故事,也是我们祖先最初发展的故事,文物的各方面都在萌芽。后人纪念这个开创期有种种想象传说,认为奠定文化最低一层基础的伟人,是这个时期的代表人,他就是黄帝。①

黄帝就是政治体成形初期之治理与治道"大型"的"代表人"。徐旭生认为,黄帝与其氏族之名是难分的:

> 在当时社会的单位是氏族,而氏族的名字与个人的名字常相混淆,无法分辨。因为在氏族中间常常有一个"神通广大"、半人半神的人物作它的代表。他不惟活着的时候可以代表,就是死以后,经过若干时期还可以代表。名字开始或者属于个人,如果他这个人能力很大,特别烜赫,他死以后就很可能成为氏族的名字。

并引郭璞、司马贞之说为援。② 治理能力已只能见诸后世追颂,祭祀则是接近史实的一条线索。徐旭生之后,李零将世系书与祭祀对象结合,认为"帝"与"天"不是相等的概念,"帝"的初义是根蒂,"帝"就是居于统治地位的氏族的祖宗神,祖考之帝、泛称的已故之帝、始祖之帝亦即帝系之帝,三者是追根

---

① 钱穆:《黄帝》,三民书局 2021 年,第 35 页。
② 徐旭生:《中国古史的传说时代》,广西师范大学出版社 2003 年,第 45 页。

溯源线索上的节点，这也是"措之庙而立之主曰帝"的由来。① 这是先主神化而非神之人化的演生逻辑，与黄帝为氏族之代表人的逻辑是一样的。

李伯谦在近著中也认为：

> 黄帝不是一个具体个人的称号而是一个族的名称；黄帝族氏延续的时间不止几十年、几百年，甚至是上千年；黄帝是继神农氏而起，神农氏往上社会处于基本平等的状况，自黄帝开始进入社会复杂化、阶级形成、战争频仍、生产发展、文明初现的时代；继而经过传说中的颛顼、帝喾、尧、舜的进一步发展，至禹受舜禅建立夏朝开始，社会由几个部落首长联合执政的政治体制转变为王位世袭的专制王国，开启了《史记·五帝本纪》之后由《史记·夏本纪》为标志的历史演进的一个新阶段。②

这说的也正是以黄帝为开端的政治社会产生与演进的历史进程。李伯谦以"黄帝族氏"称之，虽较钱穆之"时期的代表人"、徐旭生之"氏族代表/氏族的名字"更为具体，其"代表"的历史逻辑则是一致的。至于"代表"的生成机制，则是复杂的，祭祀或是重要的路径。

本书并无意于分疏古史，在史料并不确凿的条件下，或亦可从事实层次上后退一步，"三皇五帝"是否只是三代以前的文明与政治发展阶段及其治理模式的偶像化记忆？亦即具有治道的抽象与人格化的意义，而非治理的确凿史迹？

文化与历史发展的逻辑推断，基于考古的社会发展认识，都使得作为偶像的黄帝的"抽象的真实"成为可能，唯其具有真实性方能常托于人口，若仅凭时代中人因应时势的空想构建是难以弥漫于古书与传说之中的。作为治道象征存在于后世的黄帝，说明了上古治道作为一种思想资源泽及后世。这个"思想资源"的逻辑，在老子学说的渊源中可以进一步验证。

---

① 李零：《考古发现与神话传说》，《李零自选集》，广西师范大学出版社1998年，第73页。
② 李伯谦：《黄帝时代的开始——黄帝文化与中国古代文明起源研究》，上海古籍出版社2021年，第33页。

二、老子:"古之道术"的"道化"

关于道家思想起源的讨论是与老子身世结合在一起的。《史记》载老子是"周守藏室之史也",也有其即"周太史儋"的记载,虽或不确,然皆见老子与"史官"关系密切。(《史记·老子韩非列传》)《汉书·艺文志》据刘向《别录》、刘歆《七略》认为诸子九流出于王官,其中,道家从史官而来:

> 道家者流,盖出于史官,历记成败存亡祸福古今之道,然后知秉要执本,清虚以自守,卑弱以自持,此君人南面之术也。合于尧之克攘,《易》之嗛嗛,一谦而四益,此其所长也。及放者为之,则欲绝去礼学,兼弃仁义,曰独任清虚可以为治。

《汉书·古今人表》以孔子为"上上圣人",老子为"中上",不及"智人"。从此较低的定位观之,似无拔高老子学说之倾向,所以"历记成败存亡祸福古今之道,然后知秉要执本"云云,应为班固等心中之本意。《史记》《汉书》皆持老子及道家出于史官之说,可见这是汉代比较主流的共识。此说之近著以王博为最翔实,王博由周史之职官制度背景,推断老子属太史,复考论其思想之史官特色再为证明。[①]"道家出于史官"或"诸子出于王官"之说是否成立,本非笔者所关心,但事关道家及诸子治道论说的源流,或者说他们究竟是继承了历史上形成的思想资源,还是完全因时势而创生,故不得不予以注意。

相关学术辩论早期聚焦于道家及诸子是否一一对应地出自王官。赞同此说者如章太炎认为:"九流皆出王官,及其发舒,王官所不能与。官人守要,而九流究宣其义,是以滋长。"[②] 反对者如胡适则认为:"至谓王官为诸子所自出,甚至以墨家为出于清庙之守,以法家为出于理官,则不独言之无所依据,亦大悖于学术思想兴衰之迹矣。"[③] 就道家而言,认为刘歆、班固立说的依据

---

① 王博:《老子思想的史官特色》,文津出版社1993年,第20页。
② 章太炎:《国故论衡》,商务印书馆2010年,第145页。
③ 胡适:《诸子不出于王官论》,姜义华主编《胡适学术文集》之《中国哲学史(上)》,中华书局1991年,第591页。

不过是老子为周柱下史的传说，并不可信。① 正反双方都是在考实征信的具体史迹之真伪上立说的："前者自后者'出'，而且是一种本质性的、逻辑性的'出'。"②

但《艺文志》除了这一层意思之外，更有思想史的意涵，似不可于"迹"的层面对勘校核。结合儒家来看：

> 儒家者流，盖出于司徒之官，助人君顺阴阳明教化者也。游文于六经之中，留意于仁义之际，祖述尧舜，宪章文武，宗师仲尼，以重其言，于道最为高。孔子曰："如有所誉，其有所试。"唐、虞之隆，殷、周之盛，仲尼之业，已试之效者也。然惑者既失精微，而辟者又随时抑扬，违离道本，苟以哗众取宠。后进循之，是以五经乖析，儒学浸衰，此辟儒之患。

皆知孔子未为司徒之官，而在于其"助人君顺阴阳明教化"的关怀与司徒的职掌契合，这正是不称"老子""孔子"而称"道家者流""儒家者流"的原因所在，可见刘歆、班固并非仅据人物履历为流出之据。

诸子学说出于王官的制度背景，是古代国家的治理体系尚未分化，君师合一、政教合一的框架之下，世卿世禄的王官所守之学。孔子问官于郯子后，对人感慨自己更加相信"天子失官，官学在四夷"的说法了，这一崩解是当时的共识，从反面说明了天子官学曾经是事实。（《左传·昭公十七年》）王官学是世袭的，由此得世禄、存治法："父子相传，以持王公，是故三代虽亡，治法犹存，是官人百吏之所以取禄秩也。"（《荀子·荣辱》）章学诚认为，以官守为诸子所出之源，是从上古政教合一的体制着眼："刘歆盖深明乎古人官师合一之道，而有以知乎私门初无著述之故也。何则？其叙六艺而后，次及诸子百家，必云某家者流盖出古者某官之掌，其流而为某氏之学。"在此体制下，王官学为治法传承、行政延续之制度枢纽，"政-教"一体循环：

---

① 胡适：《诸子不出于王官论》，《胡适学术文集》之《中国哲学史（上）》，第594页。李零：《兰台万卷：读〈汉书·艺文志〉》，生活·读书·新知三联书店2011年，第92页。
② 杨儒宾：《道家与古之道术》，新竹清华大学出版社2019年，第53页。

> 圣人为之立官分守，而文字亦从而纪焉。有官斯有法，故法具于官；有法斯有书，故官守其书；有书斯有学，故师传其学；有学斯有业，故弟子习其业。官守、学业皆出于一，而天下以同文为治，故私门无著述文字。私门无著述文字，则官守之分职即群书之部次。

治法是学术与教育的基本内容，治道经由这个体制机制传承。其崩解而为百家诸子之学："其云某官之掌，即法具于官、官守其书之义也。其云流而为某家之学，即官司失职，而师弟传业之义也。"① 上揭孔子听闻官学失诸四夷，虽以远方小国言之，亦可与流于百家、"礼失求诸野"相互发明，皆周天子官学崩解之向不同层面的散落。②

刘师培延伸章学诚之说，于此体制内论史官之传承，在从政教合一之官学演为在下之私学的制度与学术变迁的意义上，赞同班志，而论及诸子百家之兴起。"有周一代，学权操于史官"，周室东迁之后，"王纲不振，民间才智之士，各本其性之所近，以自成一家言"。他认为庄子所言的"'古道术'者，即古代所谓'官学'也"。刘向、刘歆、班固深知此意，笔之于书："及孟坚作《汉书·艺文志》，承歆、向《七略》绪余，于官、师、儒合一之旨，深契其微。其云'某官之掌'，即法具于官、官守其书之义也；其云'流为某家之学'，即官师失职、师弟传业之义也。（此会稽章氏之说）是则私学之源，出于官学。"③

李零认为"诸子出于王官说"，从官学下替到私学兴起的体制变迁来看，"恐怕是总体应予肯定，而细节不能落实"。他倡导跳出现存子书的视野，反过来"从诸子之学的'前面'（古代官学）和'外围'（当时的实用文化）多下点功夫，并注意存佚虚实的总体串联，使诸子学成为真正的历史对象"。④ 面对政教合一的三代治理和"务于治"的诸子学，这是富有洞察力的眼光，"古代官学"和"实用文化"在治理维度上是存有交集的，如能"注意存佚虚实的总

---

① 章学诚：《原道第一》，《校雠通义》内篇一，《章学诚遗书》，文物出版社 1985 年，第 95 页。
② 参见杨伯峻编著：《春秋左传注（修订本）》，中华书局 1990 年第 2 版，第 1389 页。
③ 刘师培：《周末学术史序》总序，《国学发微（外五种）》，万仕国点校，广陵书社 2015 年，第 52 页。
④ 李零：《出土发现与古书年代的再认识》，《李零自选集》，第 43 页。

体串联",将看到中国治道及诸子源流的更多更真切的面相。王官学体系对诸子兴起的影响是非常直接的。如书籍,"东周以前无私学",文件、簿籍、历法、史书、仪典、律令等都是典藏于官府的所谓"官书","东周以来,民间流行诗书百家语及某些实用书(兵书、农书、医卜星相之术),一般图书才发展起来"。① 官学衰落,私学兴起,但诸子所授的一大部分内容仍是"官书旧典(儒经属于这一类)",师弟相从的制度也是仿照宗法关系。孔子授学的内容和方法都有官学的特点。② 删订六经,就是很好的证明。

"史,掌官书以赞治。"(《周礼·天官冢宰》)"是良史也……是能读三坟、五典、八索、九丘。"(《左传·昭公十二年》)其所掌之官书,包括上古以来通过各种记忆和书写方式保留的典章制度、历史记录,亦不限于一代之书、一代之史:"其明而在数度者,旧法世传之史,尚多有之。"(《庄子·天下》)丁山曾论史官保留治理史:"《帝系》《国语》所述古帝王世系,皆有本源,本源维何?周之列国《史记》是已。""绝非晚周诸子,邹衍之徒所得凭空虚构矣。"③ 历代积累的治道思想资源尤为值得注意者:"史也者,掌一代之学者也。一代之学,即一国政教之本,而一代王者之所开也。"④ 以《世本》为例,其中不仅是帝王世系的记录,还通过大量的制作事例、治理功德与成败盛

---

① 李零:《出土发现与古书年代的再认识》,《李零自选集》,第 26、42 页。李零将官学定位为"本来是出于古代的各种官守之职,主要是职业性的知识",与胡适对官学的定位实际上非常相近,而将诸子学定位为"很大程度上是一种'自由学术'"。两种性质殊异的知识虽有渊源,但不能画等号:"虽来源于古代的官学和各种实用知识,但本身是学派而不是学科,因此不能死板地推定是出于某官。"(《出土发现与古书年代的再认识》,《李零自选集》,第 42 页。)对于儒、道的来源,李零认为:"先秦诸子可大别为两类,一类是以诗书礼乐等古代贵族教育为背景或围绕这一背景而争论的儒、墨两家,一类是以数术、方技等实用技术为背景的阴阳、道两家和从道家派生的法、名两家(或刑名法术之学)。"道家传于后世也是"赖数术方技而传,是附丽于原有的知识背景"。(《说"黄老"》,《李零自选集》,第 290 页。)但史官以及诸王官所保存的,不仅限于"职业性的知识""实用知识",还有治理史与治道的思想资源,诸子各自继承此资源库一部分并发明之,或许才是从王官学到诸子的"存佚虚实的总体串联"。道家学说的背景和载体也远不限于数术方技范围。虽然看到了体制和知识的影响与延续,李零还是认为诸子学与王官学在"性质"上是断裂的、异质的变迁。
② 李零:《出土发现与古书年代的再认识》,《李零自选集》,第 41、43 页。
③ 丁山:《古代神话与民族》,第 157 页。
④ 刘师培:《古学出于史官论》,《刘师培辛亥前文选》,生活·读书·新知三联书店 1998 年,第 204 页。

衰保存了治道的信息。"教之（楚太子）世，而为之昭明德而废幽昏焉，以休惧其动。"（《国语·楚语上》）正是统治者通过《世本》一类的书，在世系中学习治道得失的明证。政教合一，历代治道掌于王官；治道代嬗，史官记录、保管、传承典籍与知识。从悼公问德义，而使习于《春秋》的羊舌肸傅太子彪，可见史官与史书为当时治道的重要镜鉴。（《国语·晋语七》）

史官累代所存之治道成为诸子兴起的思想资源，是顺理成章的。龚自珍认为："周之世官大者史。史之外无有语言焉；史之外无有文字焉；史之外无人伦品目焉。史存而周存，史亡而周亡。"儒家所传之六经乃"周史之大宗"，是周代文化之定型的经典；诸子则为"周史之小宗"，各取周史所存历代治道而为说："若道家，若农家，若杂家，若阴阳家，若兵，若术数，若方技，其言皆称神农、黄帝。神农、黄帝之书，又周史所职藏，所谓三皇、五帝之书者是也。老于祸福，熟于成败，絜万事之盈虚，窥至人之无竞，名曰任照之史，宜为道家祖。"①刘师培提出的"古学出于史官论"，亦得龚说三昧，深有启发。他说："一代之兴，即以史官司典籍。试观夏之亡也，太史终古去国；殷之亡也，辛甲抱器归周；周之衰也，老聃去周适秦。史为一代盛衰之所系，即为一代学术之总归。"不仅道家，他认为儒家、墨家等九流皆出于史，这不是直接的官守传承的关系，而是知识的承接："吾谓九流学术，皆原于史，匪仅道德一家。儒家出于司徒。然周史六韬，以及周制周法，皆入儒家，则儒家出于史官。""墨家出于清庙之守。然考之周官之制，太史掌祭祀，小史辨昭穆，有事于庙，非史即巫，则墨家出于史官。"儒、墨两家不出于史官系统，但史官系统所掌之知识技能转入儒、墨两家之手，这就跳出了在职官人事谱系上论辩"祖源"当否的逻辑。江琼亦有相似的讨论，认为班志所述九流各所从出乃"近源"之分别，而其"远源"则皆出于古之史官。② 丁山亦认为："晚周诸子，著书立说，援古证今，皆自列国史记出，非出于私人杜撰也。"③ 但刘师培由"周代之学术，即史官之学也，亦即官守师儒合一之学也"，而视子、经所传乃官守中并立之学术，一一对应，一脉相承，又回到了斤斤以求的老路：

---

① 龚自珍：《古史钩沉论二》，《龚自珍全集》，王佩诤校，上海古籍出版社1975年，第21页。
② 江琼：《诸子厄言》，华东师范大学出版社2012年，第23页。
③ 丁山：《古代神话与民族》，第158页。

"司人之史,亦析二派。一掌技艺。……一掌道术。明道德者谓之师,子书之祖也,儒道名法之学本之,所谓推理之史也;司旧典者谓之儒,经史之祖也,六艺小学本之,所谓志事之史也。"① 江瑔认为夏商周圣王皆行道家之道,百家皆出于道家:"上古三代之世,学在官而不在民,草野之民莫由登大雅之堂,唯老子世为史官,得以掌数千年学库之管钥,而司其启闭。故老子一出,遂尽泄天地之秘藏,集古今之大成,学者宗之,天下风靡,道家之学遂普及于民间。"② 则夸大了道家所汲取的上古治道在三王之世特别是集其大成的周代的影响力,亦无助于分疏道家与诸子之不同。

在此王官学体制之下,治道掌于政教合一的官服,王官失守,乃流入民间,诸子多本出身大小贵族与世官,为王官学与王官教育的接受者甚至执行者,故取王官积存治道之知识为发明学理之基础。"述而不作,信而好古,窃比于我老彭。"(《论语·述而》) 正说明孔子继承师儒传统,以上古以来的治道资源为学说之基础。孔子以《春秋》发明义理,认为天道见之于行事:"我欲载之空言,不如见之于行事之深切著明也。"(《史记·太史公自序》) 说明史乃治理事迹保存与治道所在,亦从侧面说明史官及失其官守而流落民间之人士、典籍与知识资源的确保存了治道。孔子信周道,得周史、鲁史而作《春秋》,发明王道之义理。老子则得上古治道。其思想发展逻辑相似。

反观胡适对诸子出于王官说的驳论,主要是据《淮南子·要略》而持"诸子之学皆起于救世之弊"的意见,认为"学术之兴,皆本于世变之所急,其说最近理"。③ 此系对《淮南子》原文的误读,后文将申论之。胡适"救世之弊"说的实质是"截断众流"的现代思想史范式,断定诸子的思想与学术资源皆是自家的创发与百家的相互砥砺:"诸子自老聃、孔丘至于韩非,皆忧世之乱而思有以拯济之,故其学皆应时而生,与王官无涉。诸家既群起,乃交相为影响,虽明相攻击,而冥冥之中已受所攻击者之熏化。"④ 此说不谙于上古政教合一的基本学术制度安排,断论"古代之王官定无学术可言",亦即诸子之前并无值得汲取传承的治道思想资源:

---

① 刘师培:《古学出于史官论》,《刘师培辛亥前文选》,第 209 页。
② 江瑔:《诸子卮言》,第 63 页。
③ 胡适:《诸子不出于王官论》,《胡适学术文集》之《中国哲学史(上)》,第 592 页。
④ 胡适:《诸子不出于王官论》,《胡适学术文集》之《中国哲学史(上)》,第 596 页。

> 言古代书册司于官府,故教育之权柄于王官,非仕无所受书,非吏无所得师。此或实有其事亦未可知,然此另是一问题。古者学在王官是一事,诸子之学是否出于王官又是一事。吾意以为即令此说而信,亦不足证诸子出于王官。盖古代之王官定无学术可言。……当周室盛时,教育之权或可尽操于王官,然其所谓教,必不外乎祀典卜筮之文,礼乐射御之末。其所谓"师儒",亦如近世"训导""教授"之类耳。其视诸子之学术,正如天地之悬绝。①

于是,认为"若谓九流皆出于王官,则成周小吏之圣知,定远过于孔丘、墨翟"。② 无视王官学之实践与知识可为发明之资源,而轻视王官同于"小吏",将王官学与诸子学判为"天地悬绝"、毫无联系。这正是现代"思想"特别是"哲学"观念的"截断众流"的表现。此说影响深远,近作如裘锡圭的研究虽指出远古圣王法天道而无为的思想存在于老子、孔子之前,但仍信奉"救世之弊"的逻辑,同意陈鼓应提出的"无为"系针对当时统治者"有为"而妄为乃发生之说。③ 也就是说,仅是将无为思想的创生前移至春秋晚期、老孔之前。

"救世之弊"的另一面是"向前看",即不停留在纠正周政的积弊上,而认为新思想是朝向新的政治趋势而创生,认为黄帝、老子及道家思想是东周以后中央集权与大一统体制兴起的时代产物。顾颉刚强调黄帝为大一统的寄托。④ 近人如郑开延伸顾颉刚等学者的思路,继续将此政治环境之因应推进到郡县制大一统的王朝国家转型。⑤ 将先秦思想中的"帝道""帝王之道"等同于秦以后天下一人的皇帝所行之道,经历了"由王霸之道向帝王之道的思想转折"。⑥ 郑开的研究结构清晰,然而似有误解之处。如对"一"的误解。将混沌未开的"小国寡民"视为"大一统":

---

① 胡适:《诸子不出于王官论》,《胡适学术文集》之《中国哲学史(上)》,第595页。
② 胡适:《诸子不出于王官论》,《胡适学术文集》之《中国哲学史(上)》,第597页。
③ 裘锡圭:《说〈老子〉中的"无为"和"为"》,《老子今研》,中西书局2021年,第147、149页。
④ 顾颉刚:《黄帝》,《顾颉刚读书笔记》卷16,第406页。
⑤ 郑开:《道家政治哲学发微》,北京大学出版社2019年,第10页。
⑥ 郑开:《道家政治哲学发微》,第55页。

> 黄老学特别重视"一""恒"(常)的观念,恐怕就是上述"天下归一""大一统"政治要求的抽象形式或哲学表达吧!同时,我想强调,"黄帝"形象的出现与流衍,黄老学的发轫与发展,正体现了战国中期道家学派因应时代要求,致力于政治思想和治理模式的推陈出新,于王道、霸道之外寻求新突破的努力,这种新思维指向了"帝道",具体分析,就是黄帝形象所代表、黄帝话语所蕴含的政治哲学。①

黄老学的"一"确可作为"大一统"的哲学而被利用,但难以说其"发轫"于此。观乎老庄对混朴状态的描绘,对"古之道术"裂为百家方术的综述,我们可推知"一"起源于尚未分化的原初社会,而非"'天下归一''大一统'政治要求"需要"抽象形式或哲学表达",才在"王道"和"霸道"之上"推陈出新","寻求新突破",因而"发轫"。先秦道家归根于无为,而非郑开所说的一统。这个大一统的迷思,始终存在于学界,其言说逻辑表现出按阶段区分的特征,可以分为春秋期盼、战国迫切、汉代加强大一统的不同阶段,各有学者认为在相应时段的大一统政治追求下,构建了周代以王官学为制度载体的政教合一叙事。②

从胡适、顾颉刚到郑开,这一脉络学说的背后,是轻视历史与思想资源的延续性。李零认为古史研究中形成了"心理定势",总是"要找出一种'思想运动'作为造作之由",庶几近之。③ 于是黄帝可以被因势虚构、诸子学说乃救世创生,实则难以回答黄帝何以成为理想人主之"共相",诸子学说如何凭空得来,诸子学说中交集的内容(如对于人类社会文明创生及治理演进的脉络与分期的历史认知非常相似,徐旭生曾总结:"禹治水的传说,尧、舜、禹三人相互的关系,在先秦诸子中,可以说大致是相同的、没有争论的。"④)是否"不约而同"或仅在同时代的学习与辨难中就能形成。其深层次的问题则是人类思想的连续与断裂两种逻辑。李零认为古书研究中存在"把古书本身的年

---

① 郑开:《道家政治哲学发微》,第189页。
② 新作如陈静:《大一统观念下的"诸子出于王官"说》,《哲学动态》2022年第2期。
③ 李零:《出土发现与古书年代的再认识》,《李零自选集》,第25页。
④ 徐旭生:《中国古史的传说时代》,第28页。

代与古书内容的年代混为一谈,对古书形成的漫长过程也只取其晚而不取其早""实际上是把'层累造成'理解为'层累作伪'"的现象,移用这个句式来说明诸子学说也是合适的:把诸子及其学说出现的年代与学说内容的年代混为一谈,对治道学说形成的漫长过程也只取其晚而不取其早,实际上是把"层累造成"理解为"诸子创造和层累作伪"。

  在老子与道家及其学说起源的讨论中,"巫"及其与"史"的关系,文字叙事中的神话故事、神秘逻辑及其背后的天道、天人之学,始终是重要考虑之一。① 一方面,顾颉刚、李泽厚都认为卜筮等资料中保存了历史事实与经验②;另一方面,就进入到以地域风习、神话类型等为视角的横向的社会文化发展与竞争、融合的推理。蒙文通认为:古史的不同描述,乃鲁、晋、楚三地"相传之史","三方所称述之史说不同,盖即原于其思想之异"。"三者称道古事各判,其即本于三系民族传说之史固各不同耶?"③ 徐旭生的思考与讨论稍晚于蒙文通,而颇有异曲同工之妙。他认为:"我国古代的部族的分野,大致可分为华夏、东夷(太昊、少昊、蚩尤)、苗蛮(伏羲、女娲)三集团——仔细分析也未尝不可以分为六部分",即西北方的华夏集团分为黄帝、炎帝两大支,近东方混合华夏与东夷两集团文化而自成单位的高阳氏(帝颛顼)、有虞氏(帝舜)、商人,接近南方的又有出自华夏集团而与苗蛮集团发生极深关系的祝融等氏族。④ 这样的古史叙述对后世特别是诸子兴起的东周时期有何影响,在文献中仅有蛛丝马迹,故蒙文通的论说多有跳跃之处。主流学术认识更强调周代发生的"'人文的'转向","天的神性的渐趋淡化"和"天的道德意义"的突显,即使取宗教视角也呈现出从"自然宗教"向"伦理宗教"转变。这是一幅线性的进化图景。⑤ 杨儒宾的神话研究则提示了神秘主义的政治理解在中国

---

① 如前揭刘师培:《古学出于史官论》,《刘师培辛亥前文选》,第 209 页。江瑔说:"古代之官惟巫与史,后代学术纷歧,万缕千条,而溯江河之发源,亦皆灌输于巫与史而已。"(《诸子卮言》,第 24 页。)
② 参见李泽厚:《说巫史传统》,《由巫到礼 释礼归仁》,生活·读书·新知三联书店 2015 年,第 17 页。
③ 蒙文通:《古史甄微》,巴蜀书社 2021 年,第 4 页。
④ 徐旭生:《中国古史的传说时代》,第 4、6、259 页。
⑤ 参见:余英时《论天人之际:中国古代思想起源试探》,中华书局 2014 年,第 95 页;陈来《古代宗教与伦理:儒家思想的根源》,生活·读书·新知三联书店 2017 年,第 4、160 页。

的持续存在和哲学化的一面。其近作以神话学之新学术理路继续了蒙文通、徐旭生这一路向的探讨。他视"古之道术"为"哲学之前的原始宗教"("笼统地称呼,可称作巫教"),认为道家的"至德之世""古之人之世"等概念"根本不属于历史,它只能来自于神话的乐园主题"。老子书与《易经》之《坤卦》显现出大母神神话,黄帝书与《尚书·尧典》显现出天子神话,庄子书与《列子》显现出升天神话。① 神秘的天道始终与治道相系。按杨儒宾所论,可以认为当时存在一种神巫宗教之治,后世遗留为人王通天地的天命身份。但沿用西学中的"神话-哲学"进化逻辑,仅以神话解释黄帝、老、庄之源,则尚乏力。从立足点来说,"传说与神话是很相邻近却互有分别的两种事情,不能混为一谈"。神话与传说,即便是掺杂神话的传说,都是不同的,传说的内核是可以找到历史的:"很古时代的传说总有它历史方面的质素、核心,并不是向壁虚造的。掺杂神的传说同纯粹的神话有分别。"后人可以"洗刷掉它那神话的外壳,找出来可信的历史核心"。传说的本质是用"口耳相传"的方法流传下来的最初的历史,也就是研究这个时期的史料,尽管可靠性差,但其中含有史迹和史实。② 由此而论,"炎帝、黄帝、蚩尤、少昊以后的传说比较可靠"。③ 这是对王国维学说的延伸:

  研究中国古史,为最纠纷之问题。上古之事,传说与史实混而不分。史实之中,固不免有所缘饰,与传说无异;而传说之中,亦往往有史实为之素地。二者不易区别,此世界各国之所同也。④

李零接着王国维、徐旭生讲,从祭祀系统入手,更具体切实地指出:"中国的传说和神话不同,它是以人祖的祭祀为背景,在本质上是一种世系传说,神话

---

① 杨儒宾:《道家与古之道术》,第 15、26、96 页。杨氏所循的实是哲学为本位的线性进化的文化史观,所以认为:"从'古之道术'到东周时期的'天下方术',可以简化地说即是从神话到哲学的历程,也可以说是从前哲学到哲学的历程。"(第 15 页)
② 徐旭生:《中国古史的传说时代》,第 24、35、22 页。
③ 徐旭生:《中国古史的传说时代》,第 258 页。
④ 王国维:《古史新证》,《王国维全集》(第 11 卷),章义和点校,浙江教育出版社、广东教育出版社 2010 年,第 241 页。

只是掺杂其中。"① 这就将传说之历史内核之一确定为氏族之代表偶像的世系了。而杨宽虽然认为"夏以前之古史传说，其原形本出神话"，希望"将古史传说还原为神话"，但仍认为"吾人尚须由其原始神话而检讨其历史背景，以恢复其史料上原有之价值"，这样才算是"古史学之能事尽也"。可见虽对于神话、传说的性质判定与徐旭生等不同，但同样认为其源出于"历史背景"而非纯粹虚构。其书之末，对当时流行的"图腾"说略作校勘，亦可见借助社会科学理解"历史背景"的社会史进路。②

除章学诚、章太炎、刘师培等诸先进之外，"思想资源"的理路亦始终存在于对诸子政治思想迸发的解释之中。萧公权由老子的史官身份推及其"学术取材"与孔子之不同："孔子自称好古敏求，然其所得，似以文武之方策为主要。盖杞宋既不足征，岂得观夏之文献。老子为周守藏室史，其所得之古学或视仲尼为更古旧。且老子既得纵览载籍，深察史实，则于世传溢美饰善之言，必洞悉诬枉，别有灼见。"③ 虽然萧氏纯以文献取材之异为孔老异说之根源并不合乎事实，将老子"无为"与"有为"的分野划在殷周之际亦显系无据之推断，都影响了对老子学说治道意蕴的深入理解。但他的"取材"一语已具有思想资源的眼光。

张舜徽认为，老子学说的思想有一个从"古初道家"逐渐发展形成的逻辑：

> 凡一学说的兴起，绝不是、也不可能是由一个人在某一时期突然创造出来的。必然是前有所承，经过若干年代的孕育酝酿，由无到有，由少到多，由小到大，由低级到高级，由没有系统到有系统。这从很长时间来看问题，仍然是综合了多少人的心思才力，在集体创造的基础上产生出来的。道家的学说，也自然不能例外。④

也注意到了"思想资源"的逻辑。裘锡圭的老、孔思想研究也通往相似的理

---

① 李零：《考古发现与神话传说》，《李零自选集》，第 83 页。
② 杨宽：《中国上古史导论》，上海人民出版社 2016 年，第 293 页。
③ 萧公权：《中国政治思想史》，第 110 页。
④ 张舜徽：《周秦道论发微》，华中师范大学出版社 2005 年，第 18 页。

路。他认为天道无为和尧舜无为说出现在"春秋晚期,在老子、孔子以前"。孔子的无为思想也不是受到老子的影响而形成的,孔子"只是对当时已经出现的天道无为和远古圣王取法天道、无为而治的那种思想有所共鸣而已"。① 这就承认了孔子与老子共享同样的关于帝王治道的思想资源,只是立场与采择不同。但若仅将思想来源"推之古初所谓道家",将追溯老子及道家之学的思想资源的视线限定在"老子以前的道家学说"或春秋晚期的思想创生的范围内,认为老子五千言"无疑是汇辑古代道家言论的语录"②,而没有放在长时段的政治与治道积淀的政教制度与社会历史的视野中来看,则仍不如班志以来特别是章学诚、刘师培的论说可靠。

张舜徽认为道家的"道论"诞生于"夏殷之世",这个时间点与萧公权所论相近,持论依据则异同参半。张舜徽将道家的"道论"视同于"人君南面之术",从而断定道家学说出现于奴隶社会初期。二人对"道论"具有政治社会属性的认识是相近的,但对道家学说本质的理解则大相径庭。萧公权认为:"古代制度与之略近者殆惟有殷初及殷前文化浅演之初民部落。夫初民部落,严格言之,固非真正之政治组织也。"③ 张舜徽则认为其恰是"阶级社会"的产物:"道家所提出的'清静''无为',是南面术的具体内容,是专就最高统治者一个人说的,而不是就普天之下的广大群众说的。"人君帝王之术与治道确有交集,韩非、严遵、河上公等确曾延伸表出老子之南面术一层,但南面术究非老子之道的本来大旨。班志所谓"此君人南面之术也",亦并非统括道家学说全体而言。张舜徽是从流入申韩的帝王术来看道家无为治道,他专以此立论,或有针对所处时代现实政治的用意。道家所注重的是具有"全面性、整体性"的治理之道,用治道指称更为妥帖。此道系就天下之治道而言,并非专就帝王术指点。张舜徽既视其为君人南面之术,便带来了另一问题,即视之为君主制的思想工具:

> 像封建学者们有意识地把它推得很早,说成是创始于黄帝,拿黄帝和老子联在一起,称为"黄老之学",也是极其荒唐的。黄帝有无其人,已

---

① 裘锡圭:《说〈老子〉中的"无为"和"为"》,《老子今研》,第147页。
② 张舜徽:《周秦道论发微》,第19、31页。
③ 萧公权:《中国政治思想史》,第117页。

经是一大疑问。即使果有其人,那时候未必便已有了文字和这些理论。况且那时候是没有阶级的原始社会,不可能产生这一套统治天下的"南面术"。"南面术"的出现,必然是人类进入第一个阶级社会——奴隶社会以后,才开始有的。①

张舜徽此说深受历史时期决定思想之逻辑的影响,认为"道论"是"君人南面术","君人南面术"是奴隶社会的产物,所以"道论"便为"夏殷之世"以降逐渐形成:

> 我国历史进入第一个阶级社会——奴隶社会以后,统治阶级内部为了适应最高统治者的需要,便出现了一种研究怎样实行统治的方法、权术的专门学问,师师相传,一直到汉代还有这方面的专家们在开门授徒,传述这方面的理论。
>
> 道论之兴,其于夏殷之世乎!盖必君臣之分既立,而斯论始有所传。其不起于夏以前,无疑也(中国历史,至夏代始进入阶级社会)。顾夏殷之世,虽道论已萌芽,初但口耳相传,至周末诸子,各述所闻,始著之竹帛耳。其说既大行于汉初,为道者必高远其所从来,乃上托之黄帝,因名之曰黄帝老子之学。于是黄老二字连称,亦常见于《太史公书》。②

这就在看到了"道"之政治面的同时,却将古代中国对政治与其道的理解局限于阶级政治和"君人南面术"了(这是延续了战国秦汉特别是韩非为代表的以刑名法术解老的学术传统)。高亨异曲同工地认为"《老子》书实侯王之宝典,《老子》哲学实侯王之哲学也"③,而没有从历史中人所理解的整全的治理与其道的视野来思考。视黄帝之道与黄老学说不过是周秦以迄汉初"古书托古的通例"的产品,又从古代思想资源的追索退回到了"救世之弊"的创生逻辑("救世之弊而创生"说不同程度地存在,渗入多种意见之内,其影响之大之复

---

① 张舜徽:《周秦道论发微》,第6、17、19页。
② 张舜徽:《周秦道论发微》,第83、67页。
③ 高亨:《老子正诂》,清华大学出版社2011年,第44页。

杂，由此可见一斑）。

关于老子与治道，杨宽提出过很有启发的意见。他认为："道家之学的开创者老子原是'周守藏室之史'，可知'道家'所讲政治斗争的哲理，确是由于'历记成败、存亡、祸福、古今之道'的这个'道'。所谓'道'，就是从历史上当政者的'成败、存亡、祸福'的变化中，总结出来的'古今'变化的自然规律。"他不仅认为老子及道家之道"确是当时有识之士总结历史经验教训的结果"，是"政治斗争的哲理"，还引《左传》《国语》中以纳污、盈毁、复反等来表述"天之道"的例子，证明"早在春秋中期，已有人按照这个历史上变化的自然规律，提出了委曲求全的政治斗争策略"，道家继承并发挥了前人的见解。①

凡此都将老子学说来源的讨论从职官转入历史的、思想资源的轨道。虽或以老子之史官身份为引子，但其真伪已不重要。这是一条有源有流的治道传承线索：于王官而言，如史官"实秉礼经以成国典，其学皆有所受"②，是在政治体制中传承流衍渐成治道之学的；于诸子而言，"古人不虚作，诸子之教或本夏，或本殷"，墨子则"禹之教也"。③合而观之，即诸子"渊源所渐，固可考而知也"。④在这个理路上，朱熹之言实甚妥帖且有启发："盖老聃，周之史官，掌国之典籍、三皇五帝之书，故能述古事而信好之。如五千言，亦或古有是语而老子传之，未可知也。"⑤由老子的人事职掌而思及其掌握的治道资源，并将老子"能述古事而信好之"的对象明确界定为"国之典籍、三皇五帝之书"，与道家"高语皇古"的思想特征深相契合。陈来对史官之"历史理性"的论说也可推进到其记录保存与整理、理解治道的方面，帮助我们想象当时治道思想资源之积存：

"史官"自身在记录、观察历史的长期的、连续的活动中，人事理性

---

① 杨宽：《战国史》，上海人民出版社2016年，第511页。
② 汪中：《墨子序》，《墨子间诂·墨子附录》，孙启治点校，中华书局2001年，第669页。
③ 孙星衍：《墨子注后叙》，《墨子间诂·墨子附录》，第666页。
④ 汪中：《墨子序》，《墨子间诂·墨子附录》，第670页。
⑤ 朱熹：《答汪尚书》，《晦庵先生朱文公文集》卷30，《朱子全书》第21册，上海古籍出版社、安徽教育出版社2002年，第1293页。

主义的因素不断发展，以致在后来（汉以后）变成"史"的主导特质。这种发展的特色，简言之，就是在对历史的观察中注重总结成败、盛衰、存亡之规律的价值中立的人事理性主义。与师儒的人事理性主义注重在价值理性不同，史官的人事理性主义注重在历史理性。

史官从"祝宗卜史""瞽史"的职官体系中，从"最早是神职性的职官，主理祭祀，亦掌星历卜筮，并为记事之官"①的功能职掌中，分化而为治理史与治道的记录与保存者，是顺理成章的。

史官传承而为道家，主要阐发的就是上古以降历代遗存的治道与治法，其最初形态，也是作为道家信奉的主要内容的，是庄子所言的具有高度整全性的"古之道术"。

《庄子·天下》认为"古之所谓道术"比当今天下所治之"方术"而言，是混沌完备（"无乎不在""原于一""备"），亦即陈鼓应所言之"全面性、整体性"②的。因为古之世"天地纯"，所以治道与之一致："圣有所生，王有所成，皆原于一。"亦即具有"古人之大体"。"古之人"的"备"，是"明于本数"而"系于末度，六通四辟，大小精粗，其运无乎不在"。成玄英认为"古之道术"即"上古三皇，所行道术，随物任化，淳朴无为，此之方法"，亦即"三皇"代表的上古治理之道。道术表现在"古之人"身上，就是更具自然天

---

① 陈来：《古代思想文化的世界：春秋时代的宗教、伦理与社会思想》，北京大学出版社 2017 年，第 100 页。
② 《庄子今译今注》，陈鼓应注译，中华书局 1983 年，第 852 页。需要指出的是，陈鼓应之"全面性、整体性的把握"之对象为"宇宙、人生本原"，而未重视治理与社会内涵，不免失于宏观、内在和形而上的气息，被何炳棣判为"玄虚缥缈"，是"本体论或形上属性"的。但何炳棣承张舜徽的意见，认为"道德""道术"就是"君人南面之术。其性质完全是世俗的、功利或实用主义的"，是"最高统治术"，是"养民之理"，"丝毫没有玄虚缥缈的形上意味"，则走向了拘滞于统治术和治理实功的另一个极端。何先生重视孙子、墨子的思想史地位，思考的是"君人南面之术"的"不择手段"与"宗教或道德的外衣"的问题，持有"现实功利"与"虚无缥缈"的二元对立思维，将治道中蕴含的形而上下追求割裂而对立起来。（《从〈庄子·天下〉篇首解析先秦思想中的基本关怀》，《何炳棣思想制度史论》，第 297 页。）这就降低了"道术""道德"即治理而治道的境界，正是老庄道家秉承皇帝无为之道并发明之表现。此"古之道术"，因为治道之本原，其以"古"之时间性与原型性之浑全性而已具有形上性，只是不离治理现实而已。且养民之理、现实功利的一面，皇帝王伯累世皆然，揭出此点，固可认知道家之治理面、现实面，但无益于认知其治道之特质。

道意义的"不离于宗,谓之天人;不离于精,谓之神人;不离于真,谓之至人",以及人道意义渐显但仍体贴天道的"以天为宗,以德为本,以道为门,兆于变化,谓之圣人"。治理逐渐发生了变化,从结构上看就是自整全而分化,于是"道术"裂变成了"方术":"以法为分,以名为表,以参为验,以稽为决,其数一二三四是也,百官以此相齿,以事为常。"成玄英认为庄子之意就是尧舜以降具有制度之治特征的治理变迁:"自尧、舜已下,置立百官,用此四法,更相齿次,君臣物务,遂以为常,所谓彝伦也。"从"道术"到"方术",治道不全、不备亦即不复整全,与认知规模的不完整相应,后果是从"本""精"到"末""粗"的衰变:"其明而在数度者,旧法世传之史,尚多有之。"古之道术中的"数度""旧法"等法典制度层面的遗存,如郭象注所言:"此谓四者之粗迹,而贤人君子之所服膺也。""皆道古人之陈迹耳,尚复不能常称。"因为"能明其迹耳,岂所以迹哉?"便散而为迹,不复大同:"用其迹而无统故也。"可见从整全之道到分化之迹,不仅是规模性的裂变,也是认知水平的衰变。从"圣人"到"贤人君子",治理之人只能通过经典载籍执其一端,而不能通其道:"其在于《诗》《书》《礼》《乐》者,邹鲁之士,搢绅先生,多能明之。"他们能"明"的是分离而具体的"道术"之一端,是"迹",而不复能得"道"亦即"所以迹"了。百家更不能就上述累代形成之经典而明之,只得其"数":"其数散于天下而设于中国者,百家之学时或称而道之。"从"道术"到"方术"的裂变的现实表现,是治理的衰变:"天下大乱,贤圣不明,道德不一,天下多得一察焉以自好。"结果是"天下"与"道术"皆"裂"而"不能相通""不该不遍":

> 内圣外王之道,暗而不明,郁而不发,天下之人各为其所欲焉以自为方。悲夫,百家往而不反,必不合矣!后世之学者,不幸不见天地之纯,古人之大体,道术将为天下裂。

"古人之全"与"天地之美"皆不复矣。[①] 不仅儒家为然,墨子、宋钘、尹文、

---

① 参见:《庄子补正》,《刘文典全集(增订本)》(第2册),安徽大学出版社2013年,第887页;《庄子今注今译》,第852页。

彭蒙、田骈、慎到等百家皆有见于"古之道术有在于是者"之一端而自"闻其风而说之"。皆是得其一"迹"而不能得其大体。

哀公问孔子如何选择可以"与之为政"的士,孔子答以"生乎今之世,志古之道",又强调"所谓士者,虽不能尽道术,必有所由焉",圣人是"知通乎大道,应变而不穷,能测万物之情性者也。大道者,所以变化而凝成万物者也"。(《大戴礼记·哀公问五义》)可见"古之道""道术""大道"是儒、道共同信奉的政道源泉,尽管对何为"古""大"的理解不尽相同,他们体贴和落实天道的治道也异同参差。

由上可见,虽然混糅着神秘与神话的元素,但究其大本与要旨,"古之道术"实为治道,不分化而具有浑全、自然特征的治道。"务为治""君人南面之术"提示今人思想资源的观察应注重治道的视角。"历记成败存亡祸福古今之道,然后知秉要执本,清虚以自守,卑弱以自持,此君人南面之术也。合于尧之克攘,《易》之嗛嗛,一谦而四益。"这是道家所追求的上古治道,与立足今制而纠弊之儒家不同,道家之治道的形而上特质正是从以"无为"为阶段性特征的上古治理实践中抽象总结出来的,它来源于治理史,而转入进一步的治道思考。所以庄子"古之道术"的"古"就不能仅被断为"非时间性的上古、伪历史的上古","古"确实在中国传统中具有"本体的向度",但也同具而非排斥"时间的意义"[1],古之道术是源于历史又从中总结抽象出来的,既有"时间的意义"复在此基础上提升出"本体的向度",这正是在"古"上"即物穷理"的结果,合而观之方得见中国传统思想的特质。基于中国治理从总体天人秩序(如庄子所言之"混沌")中逐渐演变、分化出来而又始终保有的总体性特征(尽管已经部分分化而不复上古旧貌),"道术"亦即"治道与治术"涵盖了宗教、政治、哲学乃至科学技术等分化层面的内涵。因为宗教祭祀曾与政治密不可分,也可以认为"原始宗教"是"古之道术"的组成部分,但无疑地,对"古之道术"更准确的理解应为上古治道,尽管它包括原始宗教在内并在很大程度上以之为外在形式。如钱穆所论:"祭祀神祇是属于先民宗教方面的事,不过中国历史上始终没有僧侣阶级,宗教没有独立性,凡有宗教意味的事都融

---

[1] 杨儒宾:《道家与古之道术》,第1页。

合在政治里。祭祀神祇有专官,是行政的一部分。"① 杨儒宾强调其思想资源为神话,认为神话是原始宗教的叙事面,是哲学家信好形而上范畴而非政治的表现。与其说黄帝、老子、庄子的相关文献显现出各类型的神话,不如说这些载籍都是将早期中国的治道和与之有千丝万缕关系的神话叙事混同论说的,早期中国的治迹与治道一大部分是通过被今人视为神话的叙事传承的,被后世视为"天子神话"的部分尤为其直接的隐喻。与其说黄帝作为"肩负人世与自然、政治与宗教的普遍性或宇宙性的统治者之形象"是"原始宗教中的'天子'的形象"②,不如说是早期中国治理中存在且为后世所崇拜甚至宗教化、神化的"天子形象"。很多神话其实是传说,"古之道术"就是通过这些传说与神话从"古"代累变传承而来。

  道家继承了史官的思想资源,由其善于且惯于总结百家学术(相当于今天的"学术史")的偏好可会意。《庄子·天下》之后,受道家影响较深的《淮南子》也在《要略》中综述诸子学说:"孔子修成、康之道,述周公之训,以教七十子";"墨子学儒者之业,受孔子之术,以为其礼烦扰而不说";"故背周道而用夏政"。以下管子、晏子、纵横、申子刑名、商鞅之法等,皆或交代思想学术资源,或分析诸家学说特点与其所自出的政治背景之呼应关联,直到自己"原道之心,合三王之风,以储与扈冶"。胡适将《淮南子》的思想资源说缩小为"救世之弊",是截断众流之意太重,未能平心读之。道家常谈且善谈诸子的学术史,是史官做派的遗风流韵,司马谈亦然。诸子激活圣王治道思想资源救弊,"救世之弊"固为其诱因之一,但不能忽略其实乃就既有之治道思想资源而论述发明这一层。而其以古为法,亦非复古,而是法先王、后王以为治道。中国文明的"轴心突破"有源有流,而非即时创想,"辨章学术",仍需重视"源流"的生成之功。

  《大戴礼记》中记载了武王践阼之初,询问前世治道的故事,其或为后人伪造,然其中治道传承的逻辑则颇可采信。武王希望获得"藏之约,行之行,万世可以为子孙恒"的治道,问师尚父"黄帝、颛顼之道存乎意,亦忽不可得见与"?他对上古治道持一种万世之下约而传、且能行的认识。师尚父以丹书

---

① 钱穆:《黄帝》,第 20 页。
② 杨儒宾:《道家与古之道术》,第 202 页。

应之,可见"藏之约"的程度与形式,后世《史记》载之,《正义》证之。(《大戴礼记·武王践阼》)

与其抽象逻辑相似,对于上古皇、帝之治,钱穆以"古传说"称之,而希望今人体会其"真意义",则更为妥帖:

> 历史上往往着重描述伟人,正是提纲挈领,画龙点睛。年代久远,记载缺乏,描写古代伟人不是容易事。先民的传说质朴无文,他们形容一个伟人,不能像现代的史家有许多技巧。现代的作者可以连篇累牍写一个人而不致过分失实。先民恰相反,话虽不多,一下子就说过了限度。富于幻想的述说者,把古代伟人说成神;着重实际的述说者,把他们说成圣;一切文明的产物都归功于他们。我们的古传说,后一类居多数,这些传说自有他想表达的真意义,你不要被它的神奇蒙蔽。完全信他固是大谬,因而鄙弃也是愚笨。我们要深入一层看。这些传说形容和描写的是民族伟人,同时也说明在这几个阶段中我们祖先对文化的卓绝贡献。从文化发展的观点看,这些传说都有很清楚的含意。前人的记载确有可信。①

陈泳超在尧舜传说的研究中也发现了类似的逻辑,认为:"尧舜传说具有强烈的理念性,是其最关键的基本特征,它贯穿于尧舜传说的流布全程。"本文认为,先秦所传黄帝、尧舜传说中的"真意义",其"含意"就是治道,这些传说都是围绕治道展开的,这是其"强烈的理念性"的"理念"聚焦所在,"前人的记载确有可信"也是在这个意义上成立的。虽然尧舜被诸子"托古立言"所利用,甚至被研究者认为"在诸子书中,尧舜既是一个伟大的符号,又是一个可以任由摆布的棋子"②,但仍要注意尧舜之记载与传说中相对稳定的部分,即其治道。也就是说,传说中的"理念性"特征并非仅因后代为用世而将自己的理念加于上古圣人甚至由此虚构其谱系所形成,而是上古皇帝积淀遗存的治道作为一种"理念"形态存在于三王时代一直延续到东周衰世而反复为诸子阐发的结果。学者多延续顾颉刚的观点,认为黄帝是战国从分裂走向统一的时势

---

① 钱穆:《黄帝》,第4页。
② 陈泳超:《尧舜传说研究》,南京师范大学出版社2016年第2版,第46、50页。

下大一统思想的人格象征。我们也认为黄帝是与整体秩序有关的,具有深厚的社会或政治意涵的"人物"。但与其视之为"天子神话""政治神话"而又作为战国时势的反应脱颖而出①,不如说它是上古治道的积淀在新形势下获得了"纠正周文之弊"的新意义。

上古圣人行天道,是春秋时重要的治道思想资源留存,商鞅见秦孝公,首以"帝"道说之,而渐降至"霸道":"吾说公以帝道,其志不开悟矣。""吾说公以王道而未入也。""吾说公以霸道,其意欲用之矣。"当时,"久远,吾不能待"而非"强国之术"虽已为君侯之见,但以古传治道来得君治世,仍是常见的做法,而非天道、帝道因救弊而生。(《史记·商君列传》)

"吾非瞽史,焉知天道?"(《国语·周语下》)在"古之道术"中,史官传承了天道思想,遂能兼天道与人道而言之,是天道及法天而行的早期治道的保管者,道家及黄老学说滥觞于此。浅野裕一认为,黄帝之所以成为假托对象,是在中原传承下来的、与周王室瞽史的天道思想有紧密关系的历史记忆:"黄帝传承,是由周的太子晋、鲁以及晋的史官、郑的卜偃等传述的,全都是继承了古代天道思想的人物。从这些资料中可以得到确认,人类社会始祖的黄帝的形象,并不是在战国时期突然出现的,而是自古就存在于中原的有力的传承。"阴阳派的兵学、阴阳家邹衍也都继承并发展了中原古代瞽史以来的天道思想,表现为对天文消息、五德运行相关知识的掌握。②《老子》也出自瞽史天道思想,可谓是"古代天道思想的末裔"。浅野氏由此思想之同源,解释黄老道的形成:"《老子》与黄帝书,来自于共通的渊源,之后又经过了先后三次的交汇融合,以至于最终形成黄老道。"基于此,他认为班固的史官说"是有真理性的一面的"。而记载天道与人道的瞽史所留下的记录与启示亦可如其所形象地论到的:"黄老道本身就是一个告示者,将过去的荣枯盛衰带来的历史教训告诉给现在以及未来。""这是一个持续凝视了一切有为转变的历史证人的形象,他的背上刻着对人类无限愚昧蛮行的警告,是封口缄默、直立不动的沉默的预言家。"③浅野裕一所论的,正是黄帝作为上古无为治道的代表,与老

---

① 杨儒宾:《道家与古之道术》,第34页。
② 浅野裕一:《黄老道的形成与发展》,第167、173页。
③ 浅野裕一:《黄老道的形成与发展》,第179—182页。

子以降的道家为其记录与学术化的角色。

正因为老子传承了史官的学术资源，拥有前代治道知识，所以有孔子"问礼于老子"的故事，说明了老子出于史官而习知治道治术乃当时普遍的观念。关于孔子向老子学习礼制，《礼记》等典籍中多有记载。"曾子问曰：'古者师行，必以迁庙主行乎？'孔子曰：'……吾闻诸老聃曰：天子崩，国君薨，则祝取群庙之主而藏诸祖庙，礼也。'"从这样平实的记载看来，儒家礼学有部分来自老子或其学派也许不是空穴来风。尽管孔子"从老聃助葬于巷党"的说法不尽可信。(《礼记·曾子问》)需要注意的是，当时的制度与社会规范的大宗即是"礼"，"礼"即为制度与社会规范之代名词，甚至韩宣子在鲁国观书于大史氏，得见《易》《象》《鲁春秋》，也感慨："周礼尽在鲁矣，吾乃今知周公之德与周之所以王也。"(《左传·昭公二年》)虽然不排除因为在《易》《象》与《鲁春秋》中见到了"礼"的有关记载而发此感慨，但也可以证明礼已经与治道之典章载籍融为一体。所以，"问礼"便是问礼乐、政制等治道之诸种知识之谓，以"礼"称之主要反映了儒家对礼乐王治的重视与追求。

综上，学术思想的源流问题，不能仅从严格、确定的职官与师承谱系、具体古书内容有无、真伪等"学术思想兴衰之迹"去观察，还要从包括制度体系、古书体系在内的"全部文化体系"[①] 去虚实结合、"心知其意"，宗教、神话等元素在其中但似不必放大。而所谓"出"或者说"起源"，也不必斤斤以求，确凿无疑。打破"源"与"出"两个侧面的"迹"的迷思之后，本文认为，诸子学说出于王官的源流判断，是成立的，但这种"出"是抽象的、总体性的，而不是具体的、一一对应的。诸子继承了中国文明诞生以来不同阶段形成的治道思想资源，这个资源库从掌于王官而流入民间，百家以其为治道思想和历史知识的基础，根据时弊和自己的立场进行了不同向度的发明，可谓各制其义，这是东周诸子兴起的基本思想脉络。上古至三代的治道是百家争鸣的思想资源的基盘。这个结论的逻辑与钟泰所论相近：

> 苟使取诸子之书而研穷之，明其异同，详其得失之所在，其与六艺分合之迹，盖可得而复案也。夫此非谓诸子之学，皆六艺之所已备也。又非

[①] 移用钱穆之语，见《中国历史研究法》，九州出版社2012年，第64页。

谓诸子之学，其义无有能出六艺之外也。譬之江水，诸子者，其下流之播为九江三江；而六艺者，则其滥觞之始也。①

而"六艺"虽先王之政典，毕竟限于"二帝三王"而集成于周，周天子朝堂与诸子政论中的诸种古代治道，又并非"六艺"所概括得尽。

第二节 "皇、帝、王、伯"与"德下衰"

古代中国以史官为职官制度载体，承担政事与治道的记载、追溯和提炼，而不至失忆与断裂。黄帝、尧、舜的传说广见于政论，说明先秦对治道的经验记忆和形而上化探求，是取"时期的代表人"的思路，而以人主为标识的。治理的阶段化展开，治理模式与政治之道的演进和高下，逐渐凝定为"皇、帝、王、伯"的时期划分及与之对应的治道价值的阶序化排列。后人多关注诸子之学，但"皇帝王伯"之治道资源对道、墨、儒、法诸子"务为治"的学说有着深刻影响。面对东周的王道积弊，诸子基于"皇帝王伯"的治道经验，产生了自己的治道立场，并予以"道"化，这是诸子学说的重要来源。皇帝王伯的相关治道观念有一个战国以降逐渐发展定型的历史，本文不详细考辨其因缘本末，只关注主要的内涵与定型的形态，庶几近于钱穆所言之"大型"。

在人类社会的不同发展阶段中，各种思想理论对人类历史分期各有其构思。现代学术往往倾向于按照自己所持的理论工具寻找抽象的发展规律，以之为历史分期的理论依据。古代中国则往往以具体可见的历史情形呈现演进线索，历史发展的内在动力与逻辑隐于其中。钱穆认为古史传说的"真意义"就是文明分期而代变，他举汉人《越绝书》中"神圣主"轩辕、神农、赫胥之时"以石为兵"、"精圣主"黄帝"以玉为兵"、"圣主"禹"以铜为兵"的时代划分而论云："人类文明的进步，按照应用的器具划分成四大时代，是近代史家的事。我们这段记载是两千年以前的说法。所指的人物和时期虽不尽可靠，所

---

① 钟泰：《中国哲学史》，东方出版社 2008 年，第 12 页。

分的时代和次序则确不可移,'时各有使然',正是说时代有变迁。"① 钱穆透过事迹"不尽可靠"的古史传说看到所表出的时代变迁和次序"确不可移",是其睿智之处。还可进一步讨论的是,作为变迁之标识的,是恰与皇、帝、王相合的人主及作为政治工具隐喻的"兵",这正是古代中国观察历史演进、划分历史时期的特点:以治为纪。

对于人类社会文明创生与治理演进的历史,东周基本形成了共有的知识。在《五蠹》中,韩非子根据各时代面临的主要形势和人群需求,进行了上古之世、中古之世、近古之世、当今之世的划分:上古是文明开端,克服基本的生存挑战;中古克服洪水等自然危机;近古克服政治危机。上古、中古、近古、当今是由治理任务划分的,这是以治理演进亦即"论世之事,因为之备"为主要标准的历史分期。但韩非子只是强调了治道随之进化的规律,而并无治道价值评判,或者说"因为之备""正治而已"(《韩非子·南面》)的功利取向即其价值评判所在:

> 上古之世,人民少而禽兽众,人民不胜禽兽虫蛇;有圣人作,构木为巢,以避群害,而民悦之,使王天下,号之曰有巢氏。民食果蓏蚌蛤,腥臊恶臭而伤害腹胃,民多疾病;有圣人作,钻燧取火,以化腥臊,而民说之,使王天下,号之曰燧人氏。中古之世,天下大水,而鲧、禹决渎。近古之世,桀、纣暴乱,而汤、武征伐。今有构木钻燧于夏后氏之世者,必为鲧、禹笑矣;有决渎于殷、周之世者,必为汤、武笑矣。然则今有美尧、舜、鲧、禹、汤、武之道于当今之世者,必为新圣笑矣。是以圣人不期修古,不法常可,论世之事,因为之备。(《韩非子·五蠹》)

政治是在整个文明体系发展中逐渐演生和成长的,同时,中国的古史观念中,社会与文明都与治理有深刻的内在关联,治理是文明与社会发展的重要标识。传统中国的历史分期遂呈现为从文明创生讲起的治理与治道分期。在文明史和治理史中阐发治道,逐渐构建完善了历史认知。

---

① 钱穆:《黄帝》,第5页。

崔述曾言"古者本无皇称"①，而被古史辨派以降作为否定"三皇"真实存在的依据。顾颉刚发现，三皇五帝"名号的不同由于功德和能力的不同"。②但对于三皇五帝之"名号"有何深意，在何种意义上理解"功德和能力"及其不同更为贴近古人观念，顾先生皆因怀疑古史之真实，而未予充分注意。"帝王者何？号也。"③殷周的"皇""帝"皆与天有关，特别是"帝"。"同之天神。""'曰帝'者，天神曰帝，今号此主，同于天神，故题称'帝'。"④尽管学界对于"帝"是"天帝"还是祖先神聚讼已久，但对于已逝配天的祖神称"帝"概无异议，这说明"帝"与"天"是"紧密相连"的，昭示了天人之际的"合一性或一致性"。⑤经过长期的积累演变，"皇""帝"历史化、人道化，成为特定的人主群体之"号"，本来就不是古史辨派力求证伪的"位阶"。秦始皇听说过"太古有号毋谥，中古有号，死而以行为谥"（《史记·秦始皇本

---

① 崔述：《补上古考信录》卷上，《崔东壁遗书》，顾颉刚编订，上海古籍出版社2013年，第27页。
② 顾颉刚：《三皇考》，《顾颉刚古史论文集》卷2，第39页。
③ "号"约有两种：一是标识治道大型、大阶段的"皇、帝、王"之号；二是对本政治体之治道的宣示，"自黄帝至舜、禹，皆同姓而异其国号，以章明德"。（《史记·五帝本纪》）亦如《史记正义》佚文对"轩辕"等号的解释："炎帝作耒耜以利百姓，教民种五谷，故号神［农］。黄帝制舆服宫室等，故号轩辕氏。少昊象日月之始，能师大昊之道，故号少昊氏。此谓象其德也。"（泷川资言：《唐张守节史记正义佚存》，小泽贤二录文，中华书局2019年，第320页。）要之，"号"皆为"道德功烈"之标识。
④ 郑玄注、孔颖达正义：《礼记正义》卷6《曲礼下》，郜同麟点校，浙江大学出版社2019年，第110页。
⑤ 李泽厚：《说巫史传统》，《由巫到礼　释礼归仁》，第5页。李泽厚认为尽管学界对于中国上古至上神与祖先神的关系有不同意见，"但两者紧密相连却几乎被学者们所公认"，是在不能确证至上神、祖先神之内涵而陷于聚讼的背景下，从关系逻辑上来认知本质的洞见。张光直指出："商代的宗教在龙山期的基础上至少加上了两件新的成分，即上帝至尊神的观念，与将上帝与王室的子姓祖先相凑合的观念。""上帝的观念是抽象，而个别的子姓祖先代表其实质。换言之，在商人的世界观里，神的世界与祖先的世界之间的差别，几乎微到不足道的程度。"周人继续维持上帝的至尊地位与上帝和统治氏族的祖先的密切关系。西周将"上帝放到了'天'上。天与上帝在西周仍是尊敬畏惧的对象，而周人的祖先仍与天、与神的世界保持密切的关系"。（《中国青铜时代》，联经出版事业公司2021年第2版，第345—348页。）前揭李零文则重视"帝"之祖先义，这是"帝"的源头，而否定"帝"与"天"是相等概念的认识，但认可作为宗族神的帝配享于天。（《考古发现与神话传说》，《李零自选集》，第73页。）二者认识不同，但都表出了祖先与天"紧密相连"的关系。对于"天"与"帝"是否同一、祖先措庙立主为帝是否始于殷代、先王配天的具体意义等，本文不作考证。可参见前文提及的徐旭生、李零等的研究。

纪》),汉世有传"圣王之法,臣有大功则生有美号"(《汉书·王莽传》),都是"号"的制度和观念的证明。"皇""帝""王"都是"号",而非"天子"那样的"爵称"①:"帝王者何?号也。""皇者何谓也?亦号也。""或称天子,或称帝王何?以为接上称天子者,明以爵事天也。接下称帝王者,明位号天下至尊之称,以号令臣下也。"正提示"皇帝王伯"的治道象征意义。今人在考证帝王世系的同时,还应注意其标示的治道演进之"大型"。"号者,功之表也。所以表功明德,号令臣下者也。"三皇五帝或非尽皆作为历史上具体的真实人物而存在的,但若视之为文明创生与早期治理的"代表人",视之为实践中形成的功德、治道以及由此而来的理想天下的象征,则具有其历史的真实性。"帝者天号",从"天帝"到"人帝","号言为帝何?帝者,谛也。象可承也"。(《白虎通·号》)是说人帝能事天,能承天帝之命而行天道、理人道,其德如天:"明此通天地、阴阳、四时、日月、星辰、山川、人伦,德侔天地者称皇帝。"所以,"帝号尊而谥卑,故四帝后谥也"。(《春秋繁露·三代改制质文》)《礼记》谥法载:"德象天地称帝,仁义所生称王。"(《白虎通·号》)"三皇五帝"之"帝"是对"德象天地"的形容,与之相比,"仁义"是王号的内涵,正是三王时代的治道,见下文。②"号"的视角也能帮助我们理解"皇"从形容词到名词的转变:"皇,君也,美也,大也。天人之总,美大之称也。时质,故总称之也。"(《白虎通·号》)较"帝"号的内涵更近于"天",是"元""天人之总"。徐旭生认为:"帝下带着专名的却是指的人神,他们虽说'神'气十足,而人格却非子虚。必须兼这两种性质来看,才近真实。""因为当日处在原始公社时代的末期,宗教势力很庞大,专名前面加一'帝'字,很恰切地表明他们那半神半人的性质。"③ 这正是对"帝王者何?号也"的现代表述,对"三皇五帝"从"人"加"皇、帝"之号而神化的描述,

---

① 何休解诂、徐彦疏:《春秋公羊传注疏》卷17《成公第十七》,刁小龙整理,上海古籍出版社2014年,第731页。
②《春秋公羊传》何休解诂亦以此说:"'王'者,号也,德合元者称'皇'","德合天者称'帝'","仁义合者称'王'",恰与皇、帝、王之政治共同体发展阶段性特征相合。(《春秋公羊传注疏》卷17《成公第十七》,第731页。)孔颖达则解释皇号与帝号皆同天而前者优于后者云:"帝号同天,名所莫加,优而称皇者,以皇是美大之名,言大于帝也。"(孔安国传、孔颖达正义:《尚书正义》卷1,黄怀信整理,上海古籍出版社2007年,第5页。)
③ 徐旭生:《中国古史的传说时代》,第86页。

尽管并不能径将"号"与"宗教""神"挂钩。

不仅作为"号"的意涵,"皇帝王伯"的历史阶段论也恰是与上古至于东周的治道记忆配套或者说是相互影响的。"皇帝王伯"的划分,意味着以"道德功力"为考量标准的治道与渐趋偶像化、固定化的人主及其尊号相对应,按价值标准分类分层。于是,皇、帝、王、伯就不仅是历史时期划分,也是治理与治道演进(按时人理解是衰退式的演变)的各阶段。

自古以来便有治理与治道发展,有关于治理与治道的传说。战国时期,周人从本朝向上追溯历史,"皇、帝、王、伯"的治理阶段观念基本定形。虽然《荀子》既说"五帝",又称尧、舜、禹、汤、文、武为"四帝两王"(《议兵》),韩非仍称尧为"六王之冠"(《韩非子·难三》),都应放在具体的语境中去解读,如将具体的尧舜禹汤视为前代已措庙立主之帝,①或视尧为泛指的人王,均不能以此称谓之杂乱否定"皇帝王伯"的阶段认知。受三代称王的当代制度影响,并不严格确定以皇、帝指称人主,是在所难免。但当逐渐认识到近代之三王的治理模式与传说中古代人主不同时,就形成了用"皇帝王伯"之号来代为指称治理分期与治道类型的范式。对前代帝王治理之功德与道理的评价,与"皇、帝、王、伯"的帝王世纪相应。这种认知范式在汉代延续。

皇、帝人物、人名的不整齐,甚至多有时代在前而晚见于世议的现象,恰说明"皇帝"是治理分期和治道类型与价值的认识,是指称这些内涵的"号"。至于随着战国五行说、五德终始说兴起,以三、五、九等"数"对其整齐化,是与历史和治道认知相辅相成的形式化表现。"三皇五帝"不可简单视为层累虚构的产物,而是阶段与形式逐渐整齐起来的认识论,是结合五行、五德等学说,用越来越整齐的圣主序列来展现治道变迁的结果,其与标志文明开辟的燧人、有巢、神农大概同时出现就说明了是战国时期对文明史和治理史的既有知识资源整齐化的结果,数字的整齐、人物的真伪皆不能反证所系之历史全为乌有,透过皇帝人物建构的表象观察作为其动力的治道,恰有"数殊而用一也"

---

① 王先谦认为"四帝两王"之说,系"夏、殷或称王,或称帝。《曲礼》曰:'措之庙,立之主,曰帝。'盖亦论夏、殷也。至周自贬损,全称王,故以文、武为两王也"(《荀子集解》,沈啸寰、王星贤整理,中华书局2012年,第274页),正是从礼制出发的解释,亦可成说。

之感。①

近年，学者结合传世文献对楚简等新出简帛竹书的研究，也提出了战国传说之古代帝系作为"学术资源"为诸子拣择、发明，而非诸子创说、虚构帝王世系的意见：

> 我们觉得《容成氏》的出现，应该让我们意识到，在战国人的口中流传的古史传说，尧舜之前以古帝王次第排列的传说系统是相当普遍的一种体系，是一种共享的"学术资源"，各家按照自己的学术、政治主张对这种帝王世系进行选择、利用、发挥甚至改造，都是很正常的，因此决不能说是某一家（或者几家）提出了这种系统。②

从形成与传播的时间来看，应早已有之，只有普遍流行的"学术资源"才具有被选择利用的价值：

> 学者多认为《容成氏》和《子羔》《唐虞之道》一样，都写成于燕王哙禅让事件失败之前。这可以说明此类古史传说在战国中期已经非常流行，但这并不意味着此类传说就是起于战国中期。我们认为它能够被诸子各家不约而同地采纳为阐述学说主张的依据，应该是建立在这些古帝王传说已经深入人心、人们普遍信服的基础上的。所以这类传说实际出现的年代当更早，而不应该是战国后期才由诸子增添繁化而成。③

但郭永秉的逻辑是帝王世系传说流布于世，为有其"自己的学术、政治主张"的诸子所采择。我们还可追问的是，古史与帝系传说只是作为供诸子选择以支撑其主张的学术资源而存在，还是作为其主张之来源的学术资源而存在？诸子

---

① 徐旭生指出，神农"一名却介于时代名词与氏族名词之间"，兼有时代（如有巢、燧人）和氏族二义，伏羲、女娲、太昊等则是集团传说中的英雄。（《中国古史的传说时代》，第259—265 页。）他所说的"时代"主要指社会物质生活进步的阶段，将神农与伏羲等分为两组逻辑讨论，仍是历史事实层面的着眼。
② 郭永秉：《帝系新研》，第 136 页。
③ 郭永秉：《帝系新研》，第 137 页。

的学说主张是应弊而生，还是在源头层面有其"学术资源"？这个早于诸子而形成的"共享的'学术资源'"又是什么，只是帝王世系传说，还是作为治道思想资源与历史叙述一并积存流传？如果说"这类系统在当时非但不是很生疏的东西，而且应该是战国人心目中有着较大可信度的一种古史观念，是尧舜之前由众多古帝王互相禅让（《庄子·秋水》所谓'帝王殊禅'）并且有天下的古史系统"①，那么除了帝王系统与"禅让而有天下"之外，"古史"中是否还会包含其他内容，比如治理史中形成的治道？

仍有必要梳理上古以降帝王治道，以理解"皇、帝、王、伯"之作为治道尊号的"抽象的真实"，进而理解古代中国治道之源流。

"皇"是在治道追溯和构建过程中明确和追认的，其本来是对天的形容词，适可用来指称近乎天道自然的人群最初治理阶段的特质。所以可说是"古者本有皇治而无皇称"。三皇时代是文明的肇始，是社会的形成，也是人群治理和确定秩序的开端。三皇被认为对人道、治道有肇创之功。一般追溯至伏羲，"伏羲"实亦有"号"的象征意蕴："伏羲仰观象于天，俯察法于地，因夫妇，正五行，始定人道。画八卦以治下，下伏而化之，故谓之伏羲也。"（《白虎通·号》）《庄子·胠箧》认为皇治时代是文明初生、混沌未开的"至德""至治"之世：

> 子独不知至德之世乎？昔者容成氏、大庭氏、伯皇氏、中央氏、栗陆氏、骊畜氏、轩辕氏、赫胥氏、尊卢氏、祝融氏、伏牺氏、神农氏，当是时也，民结绳而用之，甘其食，美其服，乐其俗，安其居，邻国相望，鸡狗之音相闻，民至老死而不相往来。若此之时，则至治已。今遂至使民延颈举踵曰，"某所有贤者"，赢粮而趣之，则内弃其亲而外去其主之事，足迹接乎诸侯之境，车轨结乎千里之外。则是上好知之过也！

所谓"至德""至治"，表明人类社会政治化之后，三皇的人道文明之功也被赋予了治道的意义，将"帝王之道"追溯至"自理国虙戏以来"。（《管子·轻重戊》）三皇时代不立文字而为治，如后世注疏所释，是"德合元者"："谓'元

---

① 郭永秉：《帝系新研》，第 221 页。

气'是总三气之名,是故其德与之相合者,谓之'皇'。'皇'者,美大之名。"因混沌不分之朴质而为"元"为"美大",是自然无为的盛德之治:"言皇之德象合元矣。逍遥犹勤动,行其德术,未有文字之教,其德盛明者,为其谥矣。"①

"天有六极五常,帝王顺之则治,逆之则凶。九洛之事,治成德备,监照下土,天下戴之,此谓上皇。"(《庄子·天运》)"至德""至治"对应的是遵循天道、淳朴自然的无为之治,这是为皇者的最大特质。同时,三皇的出现意味着圣人出世文明初启,这就是"制作"②的重大意义:"见乃谓之象,形乃谓之器,制而用之谓之法,利用出入,民咸用之谓之神。""备物致用,立成器以为天下利,莫大乎圣人。"(《易传·系辞上》)可以说,"制作"就是人间之"治"的开端:"天作仁,地作富,人作治,乐治不倦,财富时节,是故圣人嗣则治。"(《大戴礼记·诰志》)韩非子缕举的"有圣人作",亦是此意。"天生神物,圣人则之;天地变化,圣人效之;天垂象,见吉凶,圣人象之;河出图,洛出书,圣人则之。"(《易传·系辞上》)虽然文明的创生与相对于纯粹自然的"制作""创作"相伴随,但象天利民、不用政制,更被视为最近乎自然、合乎天道的制作程度,故被视为最高。"制作"的要义是体合天道而为人道,"则""效""象"而与天道为一体,不可另行歧路、扰坏天道。《易

---

① 《春秋公羊传注疏》卷17《成公第十七》,第732页。
② 关于"制作"或"作"的观念,普鸣的专题研究较有代表性。他的研究以西学及西方汉学对文化与自然之关系的关切为问题脉络,与本书从天人之际的治道演进脉络中讨论"制作"有相合之处,但他认为中央集权制官僚国家结构的崛起促生了战国到汉代前期关于创新与技艺问题的论辩,文化与自然相连续的观念只是竞争中的多种"文化-自然"关系结构中的一种,在汉代前期成为主流,同时《史记》等仍持批评意见,对"断裂"的焦虑、不安和紧张才是更深刻的。(普鸣:《作与不作:早期中国对创新与技艺问题的论辩》,杨起予译,生活·读书·新知三联书店2020年,第32、300页。)本文不赞同其实质上的"救世之弊"的思想创生逻辑,"制作"观念的基本价值判断仍是人道与天道的符合程度(不能简单用连续或断裂来概括,也不能将"创作"对应于"断裂"),它也是圣人的重要的垄断性神圣权力(相关讨论见下章),这些基本内涵都是在中国长期的治理与治道发展中产生的。普鸣对各种文献中"作"的一些具体解读问题,这里不展开讨论。吕明烜的近作《礼乐化制作:从三皇叙事看儒家的制作观念》将儒家、道家、法家的"制作"观念视为并置的"三重阐释路径"。(《中国哲学史》2022年第1期。)本书从文明创生与治理发展的维度来观照"制作",儒、道、法诸家共享了"制作"发生发展的若干治道思想资源,这是在中国治理与治道的发展史中形成的,"功"或"事功"也不是法家独有的观念。

传·系辞上》认为伏羲是"制器尚象"的开始，但其所制主要是"以通神明之德，以类万物之情"的八卦，是体象天道之"器"。古代中国思想中，"道"与"器"是体用不可分的整体，从制作历史发源上的天人关系即可见此理想型。"皇"以及后来的"帝"亲为或归于其制作的类目，大都具有体象天道的整全特征，而其贤相能臣所为的具体制作则不全于天道，故等而下之。《易传》的影响深远，确立了对"制作"的基本要求：在"通神明之德，类天地之情"的基础上"开物成务"，而不能远离甚至背弃自然之道。

"皇"是尚未政治化的社会："神农无制令而民从。"（《淮南子·氾论》）从"皇"的时代到"帝"的时代，是战争拉开序幕的：

> 轩辕之时，神农氏世衰。诸侯相侵伐，暴虐百姓，而神农氏弗能征。于是轩辕乃习用干戈，以征不享，诸侯咸来宾从。而蚩尤最为暴，莫能伐。炎帝欲侵陵诸侯，诸侯咸归轩辕。轩辕乃修德振兵，治五气，蓺五种，抚万民，度四方，教熊罴貔貅䝙虎，以与炎帝战于阪泉之野。三战，然后得其志。蚩尤作乱，不用帝命。于是黄帝乃征师诸侯，与蚩尤战于涿鹿之野，遂禽杀蚩尤。而诸侯咸尊轩辕为天子，代神农氏，是为黄帝。天下有不顺者，黄帝从而征之，平者去之，披山通道，未尝宁居。（《史记·五帝本纪》）

这并非司马迁的创构，《商君书·画策》亦有类似的表述：

> 昔者昊英之世，以伐木杀兽，人民少而木兽多。黄帝之世，不麛不卵，官无供备之，民死不得用椁。事不同，皆王者，时异也。神农之世，男耕而食，妇织而衣，刑政不用而治，甲兵不起而王。神农既没，以强胜弱，以众暴寡，故黄帝作为君臣上下之义，父子兄弟之礼，夫妇妃匹之合，内行刀锯，外用甲兵。故时变也。由此观之，神农非高于黄帝也，然其名尊者，以适于时也。

商、韩论皇、帝的治理之道都是"适于时"的，他们虽不认同皇、帝无为治道，但仍描述了其面貌与转型的基本情况，这说明在时人心目中，治道变迁及其偶像并非激于时弊凭空创想，而是作为历史认知和思想资源存在，具有客观性，在历史上亦是一定的时代条件造就的，而非人主随意为之。

神农无力匡正乱局、确立秩序，黄帝以武力统一天下，强化了政治与社会各方面的秩序，建立了"刑德"的治理结构。帝治时代是政治分化的开端，在完全意义上开启了政治的历史，社会文明也更加发达。政治一统的规模和深度成为帝的标识之一。"四海之内，莫不系统，故能帝也。"（《淮南子·诠言》）相对于三皇时代，黄帝"成命百物"，其"制作"已经广涉物质文化的方方面面，甚至具有政治制度与社会规范亦即"法度"的雏形。无为境界已不如皇治："昔者黄帝治天下……然犹未及虑戏氏之道也……伏戏、女娲不设法度，而以至德遗于后世。"（《淮南子·览冥》）但总览《孔子家语》《大戴礼记》之《五帝德》对五帝之治的描述，除征伐、治水等特殊的大事件之外，基本范围在于历法天时、祭祀鬼神、人伦、民生教化，即社会与政治的基本秩序，制作亦于焉展开，仍有浓郁的天道浑朴色彩。与后世王制比较，"无为者帝"（《管子·势》）。简单的社会与政治仍在自然而合于天道的一端。"盖黄帝考定星历，建立五行，起消息，正闰余，于是有天地神祇物类之官，是谓五官。各司其序，不相乱也。民是以能有信，神是以能有明德。"（《史记·历书》）"治五气，设五量"，显现出"秩序原理的总设计者""规范的提供者"的形象。[①] 虽然黄帝由此被认为是制度始祖，但这是就广义的制度而言的，是对社会与政治秩序中各种"度"的规范，而非具体严密的政制法规，尤其是为了说明制度中的"中和""中道"的精义："黄帝始作制度，得其中和，万世常存。故称黄帝也。"（《白虎通·号》）说颛顼"履时以象天，依鬼神而制义"，也是秩序规范意义上的制作。颛顼尤其具有通过原始宗教与祭祀而成治的意涵，而非礼法之治。（《孔子家语·五帝德》）五帝制作之"器"虽多，但仍为载道之器。帝道制作能符合自然天运，仍为天道托于人手的展现。黄帝之乐能达到令人"始闻之惧，复闻之怠，卒闻之而惑；荡荡默默，乃不自得"的境界，就是因为作乐之道本于天道："吾奏之以人，徽之以天，行之以礼义，建之以太清。四时迭起，万物循生；一盛一衰，文武伦经；一清一浊，阴阳调和，流光其声。"其中充满了"阴阳之和""自然之命"，这就是"天乐"："圣也者，

[①] 杨儒宾：《道家与古之道术》，第28页。

达于情而遂于命也。天机不张而五官皆备，无言而心说，此之谓天乐。故有焱氏为之颂曰：'听之不闻其声，视之不见其形，充满天地，苞裹六极。'"（《庄子·天运》）

"黄帝、唐、虞，帝之隆也。"（《管子·法法》）按照无为与制度化的程度，帝治时期内部又呈现出作为开端的黄帝无为与作为末端向王治延伸的尧舜无为两个时代。黄帝至帝喾皆乘龙骑马，生而神灵；尧、舜则明显具有人的特质，制作益繁，皆用伯夷主礼、夔教乐舞，开启礼乐文明。唐尧、虞舜接近历史记载更为确定的三王时代，屡被称颂，被认为是帝治时代最后的圣王，关于其功德的记忆也更加丰富。特别是由于尧、舜的事迹留在《尚书》等经典中，被认为是可靠的历史，"二帝"广为采信。制度之治成为尧舜时代区别于黄帝时代的治理特质："（尧）巍巍乎其有成功也，焕乎其有文章！"（《论语·泰伯》）"伯夷主礼，以节天下。"（《大戴礼记·五帝德》）以礼制"节天下"，是对伏羲肇始之人道、黄帝开启之刑德的进一步发展，为中国制度体系之雏形。《管子》中对比帝尧与黄帝之治：

> 昔者尧之治天下也，犹埴之在埏也，唯陶之所以为；犹金之在炉，恣冶之所以铸。其民引之而来，推之而往，使之而成，禁之而止。故尧之治也，善明法禁之令而已矣。黄帝之治天下也，其民不引而来，不推而往，不使而成，不禁而止。故黄帝之治也，置法而不变，使民安其法者也。（《管子·任法》）

与有法无为而成治的境界相比，尧、舜之治已经多了有形有为的人力元素，但"埴之在埏，金之在炉"仍是就民之本性而陶冶之的治理，是以人事辅成人民的天性，故仍在无为的概念之内。"尧曰：'咨！尔舜！天之历数在尔躬，允执其中。'"（《论语·尧曰》）即是其治道之抽象表达。皇高于帝，黄帝高于尧舜，帝高于王，皆是以无为之程度定其治道分野与高下。正是在无为的程度上，尧舜不及黄帝。在这个意义上，黄帝可上达三皇，而尧舜则更接近于三王，与禹汤文武组合为"二帝三王"或"两帝四王"出现在政论中。这也是尧舜所处之"虞代"被认为向下近于三代之故，而有"四代五王"之说。（《大戴礼记·少闲》）"昔夏、商之未兴也，伯夷谓此二帝之眇。"（《大戴礼记·

四代》)也是说尧舜时代为帝治之成而衔接帝、王两阶段。

因为不同程度而又非常相近地接近天道自然的治理状态,"皇、帝"往往被作为一个治道相近的大阶段。《吕氏春秋》以天地一般博大的功德论三皇五帝:"天地大矣,生而弗子,成而弗有,万物皆被其泽、得其利而莫知其所由始,此三皇、五帝之德也。"(《贵公》)"夫取于众,此三皇、五帝之所以大立功名也。"(《用众》)治理的理想型是体象天道而为人道,被描述为不扰民而成功,功成有德而不居,禅让传贤,等等,归结于"无为",亦即天道的人间开显。帝与天之间有着紧密的关系,在殷周时期始终是具有神秘色彩的角色(天帝或上宾于天的神化的先王),皇则是天与帝的形容词,所以用皇、帝来指称朴素的社会与治理状态,视之为天道自然流行的治理模式,是顺理成章的。"天立五帝以为相,四时施生,法度明察,春夏庆赏,秋冬刑罚。帝者任德设刑,以则象之,言其能行天道,举错审谛。"帝者相天,德刑之治仍是象天而为,是对皇治的延续。皇、帝是施行神圣治道取得莫大功德的圣王的美号,越接近天道就越无为而功德博大:"皇者天,天不言,四时行焉,百物生焉;三皇垂拱无为,设言而民不违,道德玄泊,有似皇天,故称曰皇。"(《风俗通义·皇霸》)皇道是无为而为的:"号之为皇者,煌煌人莫违也。烦一夫,扰一士,以劳天下,不为皇也。不扰匹夫匹妇,故为皇。"(《白虎通·号》)这里也体现了"皇"从"盛德煌煌,无所不照"的形容词到表彰此等治理境界之"号"的名词的同义相承的转变。

"别优劣也。"在"道德功烈"的意义上就更能理解人主之号的变迁:"五帝德盛,故生时称帝,至夏、殷,生称王,入庙称帝。"[①] 所谓"生时称帝"并非事实,但以"德"之盛微划开五帝与三王两个时期,正反映了治道观念决定历史记忆的思想史一页。从"帝"到"王",是人主与天帝、治道与天道之间距离日远的结果。

"有虞氏贵德而尚齿,夏后氏贵爵而尚齿。"(《礼记·祭义》)"夫规矩、准绳、钧衡,此昔者先王之所以为天下也。"(《大戴礼记·四代》)《五帝德》中禹的出场就是以律度、纲纪、准绳、规矩为特点的。王是政治社会完备而进入制度之治阶段的人主,以"礼乐政刑"或"德礼政刑"为施治规模,是对黄

---

① 陈立:《白虎通疏证》卷2《号》引《曲礼下注》,吴则虞点校,中华书局1994年,第44页。

帝"刑德"的进一步制度化，去天愈远，人道色彩愈浓，是制礼作乐的有为天子："帝者，天号也。王者，人称也。天有五帝以立名，人有三王以正度。天子，爵称也。皇者，煌煌也。"①"五帝用说，三王有度。"（《孔子家语·五帝德》）（《大戴礼记·五帝德》："五帝用记，三王用度。"）三王时代，以礼乐为核心的政治与社会制度体系完备，以礼制为特征："凡治人之道，莫急于礼。"（《礼记·祭统》）"民之所由生，礼为大。""为政先礼。礼者，政之本与！"（《大戴礼记·哀公问于孔子》）与天道无为相比，三王只能"作物配天，制典慈民"（《大戴礼记·少闲》）了。或者说："无旷庶官，天工人其代之。"（《尚书·皋陶谟》）皆是王道对天道的崇奉与遵循，但已不复自然，社会政治进入了职官制度之治阶段。较诸黄帝的治理模式，尧舜时代实质性地开启了制度之治，但仍公天下，这意味着遵循政治共同体而非血缘关系，在权源上与三王显著有别："五帝官天下，三王家天下，家以传子，官以传贤。"（《韩氏易传》语，见《汉书·盖宽饶传》）三王始家天下，家天下必由日益成形的制度之治维持之，权源与治理模式是一体之两面。遂以礼法为治，进入制度之治的时代。如《庄子》所描画："以法为分，以名为表，以参为验，以稽为决，其数一二三四是也，百官以此相齿，以事为常。"（《天下》）其景象是通过礼制为主体的制度体系"经国家，定社稷，序民人，利后嗣"（《左传·隐公十一年》）。礼乐制度成为秩序的枢轴，如展禽所论："夫祀，国之大节也，而节，政之所成也，故慎制祀以为国典。今无故而加典，非政之宜也。"（《国语·鲁语上》）

这个制度化的历史进程从孙诒让的勾勒中可见一二：

> 盖自黄帝、颛顼以来，纪于民事以命官，分历八代，斟酌损益，因袭积累，以集于文武，其经世大法，成粹于是。故虽古籍沦佚，百不存一，而其政典沿革，犹约略可考。如虞书羲和四子，为六官之权舆，甘誓六卿为夏法，曲礼六大五官，郑君（郑玄）以为殷制，咸与此经（《周礼》）多相符合，是职名之本于古也。至其闳章缛典，并苞远古，则如五礼六乐三兆三易之属，咸肇端于五帝而放于三王。②

---

① 《尚书刑德放》，《七纬》，赵在翰辑，钟肇鹏等点校，中华书局2012年，第216页。
② 孙诒让：《周礼正义·序》，中华书局2013年第2版，第1页。

他认为礼、乐等都是五帝、三王累代形成的。"后王之制以渐加文也。"① 如上文所述，在制度发生史上，"虞舜以天德嗣尧，布功散德制礼"(《大戴礼记·少闲》)，有着重要地位。在《礼记》中，往往将礼制追溯至虞代，举凡车、旗、尊、俎、服、养老、学制等皆是，甚至禘郊祖宗之礼亦然。(见《郊特牲》《檀弓上》《祭法》《王制》《明堂位》等篇) 杨宽根据"礼也者，反本循古，不忘其初者也"(《礼记·礼器》) 一句认为："'礼'的本身具有很顽固的保守性。"从今存三礼中不仅能还原出部分西周的礼制，"甚至还可由此摸索到一些氏族制末期的情况。"② 进而提出礼制的三阶段累进：

> 《礼记·礼运》说："夫礼之初，始诸饮食。"大概古人首先在分配生活资料特别是饮食中讲究敬献的仪式，敬献用的高贵礼品是"醴"，因而这种敬献仪式称为"礼"，后来就把所有各种尊敬神和人的仪式一概称为"礼"了。后来更推而广之，把生产和生活中所有的传统习惯和需要遵守的规范，一概称为"礼"。等到贵族利用其中某些仪式和习惯，加以改变和发展，作为维护贵族统治用的制度和手段，仍然叫作"礼"。③

这段话的细节还需斟酌，但所表出的礼制演进"大型"是可靠的。自人类社会早期以来的祭祀和生活资料分配中形成的人群共守的习惯和规范，通过仪式化得以巩固。"等到贵族阶级和国家产生，贵族就利用其中某些习惯，加以改变和发展，逐渐形成各种'礼'，作为加强贵族阶级统治的一种制度和手段。"所以，礼既有社会文化生活特质，又是对政治和经济制度的隐喻、表达与维护。杨宽对"籍礼"的研究就很好地呈现出这种政治、经济、文化统合于礼制的治理形态。④ 上述三阶段论是对礼作为具有社会文化特质的治理规范的混融性特点的很好说明，也可以由此理解礼乐之治累代底成的逻辑。跳出从礼乐到政制的线性发展观念来看，礼乐制度虽然是从"古道术"逐渐分化演变而来，但又

---

① 孙希旦：《礼记集解》，中华书局1989年，第172页。
② 杨宽：《"冠礼"新探》，《古史新探》，上海人民出版社2016年，第239页。
③ 杨宽：《"乡饮酒礼"与"飨礼"新探》，《古史新探》，第313页。
④ 杨宽：《"乡饮酒礼"与"飨礼"新探》，《古史新探》，第311页；《"籍礼"新探》，《古史新探》，第222页。

不只是"分化"这一个逻辑的结果，同时也是从皇、帝到三王，规范、习惯与制度，不断叠加、质变、演进的结果。李泽厚认为"由巫到礼"，造就了"宗教、伦理、政治三合一"的礼的特征，它是具有神圣性的、对社会对人生"治理"和"统治"的系统制度，也是对礼作为累积嬗蜕而成的制度体系这一特征的较好概括。① 至于驰骋社会学与人类学的想象，从原始的、氏族社会的天与人诸方面规范来推演礼制起源，则非本书所能及。

随着从"帝"至"王"的治理变迁，制作的内容和内涵也同步发展。礼的演进史，正是圣王体天而制作的历史。《礼记·礼运》中，孔子观夏道、殷道，从其遗存推论礼之终始所成，构建了从"昔者先王未有宫室、火化、麻丝"到"后圣有作，然后修火之利，范金合土，以为台榭、宫室、牖户，以炮以燔，以亨以炙，以为醴酪；治其麻丝，以为布帛。以养生送死，以事鬼神上帝。皆从其朔"的礼制发展史，这正是体天利民的祭祀礼乐制作史。其结果一是天人秩序安，一是人间秩序定，由"分"而不"乱"。所以，"制礼作乐"是圣王制作之主要意涵。其原则仍是法天，目标是"达天道，顺人情"："圣人作则，必以天地为本，以阴阳为端，以四时为柄，以日星为纪，月以为量，鬼神以为徒，五行以为质，礼义以为器，人情以为田，四灵以为畜。……夫礼必本于天，动而之地，列而之事，变而从时，协于分艺。"（《礼记·礼运》）

"夏后氏尚质……殷人渐文……周人极文。"② 从帝治时代的无为之治到王治下相对完备精密的制度之治，是到周代告成的治道定型。这是周公制礼的重要治道意义所在。"周监于二代，郁郁乎文哉！"（《论语·八佾》）其间发展之情形，或如杨宽所论："旧说周公制礼作乐，未必可信，西周的礼乐未必周公一人所制定，但是西周的高级贵族为了统治上的需要，在原有礼俗上增添花色，加以系统化，逐渐制订成各种符合于他们需要的礼乐，当是事实。"③ 这是对礼乐丰富化、系统化亦即制度化，同时制度也礼乐化、道德化发展的比较妥帖的认识。周制之文在典章文献上也最为发达，夏、殷两代相形见绌，所以孔子说："夏礼，吾能言之，杞不足征也；殷礼，吾能言之，宋不足征也。文

---

① 李泽厚：《"说巫史传统"补》，《由巫到礼 释礼归仁》，第50页。
② 孙希旦：《礼记集解》，第549页。
③ 杨宽：《"乡饮酒礼"与"飨礼"新探》，《古史新探》，第312页。

献不足故也。"(《论语·八佾》)固有文献遗存不足的因素,也反映了其本来的特征。这不仅是制度与文化的发展,也蕴含着治理机制的周密。《慎子》佚文载孔子语:"有虞氏不赏不罚,夏后氏赏而不罚,殷人罚而不赏,周人赏且罚。罚,禁也;赏,使也。"① 即是一个角度。

王治的本质是制度之治,到周道而完备为"礼乐刑政"的制度体系,这是王制与王道的集大成。治理的视域是包括政治、社会与个人(包括人生与人心)乃至宇宙全体的整体秩序,伦常、政令、刑法皆为维持此秩序的制度工具。"礼乐刑政,四达而不悖,则王道备矣。"(《礼记·乐记》)这个体用本末一体不分的治理规模于周代成熟,为此下迭经世变而始终保持之范式,这就是所谓"王道"。礼居其首,亦为其主要依托,所以礼制与礼治是王道的根本。王道的制度之治既是制度的,也是道德的。其中最重要的是宗法之礼,将君臣之分、嫡庶之别的富有伦理道德意味的社会政治秩序确定下来,衍生出"家天下"的政治伦理与道德规范。周公所作制度即"周之所以纲纪天下",筑就"尊尊、亲亲、贤贤、男女有别"的礼制社会秩序,进而"纳上下于道德,而合天子、诸侯、卿、大夫、士、庶民以成一道德之团体"。②

"礼者,天地之序也。"(《礼记·乐记》)"圣人以礼示之,故天下国家可得而正也。"(《礼记·礼运》)从天地鬼神到人群人生,从政治到社会文化之所有治理,礼制无所不包。礼是"节文":"夫礼者,所以章疑别微,以为民坊者也。故贵贱有等,衣服有别,朝廷有位,则民有所让。"(《礼记·坊记》)礼的本质是分别,是等差秩序之确定:"夫礼者,所以定亲疏,决嫌疑,别同异,明是非也。"(《礼记·曲礼》)"礼有五经,莫重于祭。"祭礼之所以重要,就是因为"十伦"皆于其中明确显示。(《礼记·祭统》)

这种秩序原则的抽象化就是"义"。"礼之所尊,尊其义也。""义生然后礼作,礼作然后万物安。"(《礼记·郊特牲》)王国维论殷周制度革命揭出礼制的政治伦理亦其所称"道德"的一面,即"义"的原则。礼制所蕴的不变的原则就是"义",伦常中的"宜"也。

"礼据其心,义据其事,但表里之异,意不相违,故礼与义合也。"义是礼

---

① 《太平御览》卷633《治道部一四》,中华书局1960年,第2839页。
② 王国维:《殷周制度论》,《王国维论学集》,傅杰编校,云南人民出版社2008年,第2页。

之"里",但礼义一体而不可偏,不能轻视礼的主体性。对礼作为"体"的强调可见制度之治本位:"礼者,体也,统之于心,行之合道,谓之礼也。"礼虽然是制度表现,但是"体",并非"义"的从属。"礼虽先王未之有,可以义起"的前提是"先王未有旧礼之制",不过是在礼制的缺漏处,"以义起作"之谓。这是王道以礼乐为基本框架的制度之治的表现。① 礼对于王治具有极端的重要性,突出表现在异代鼎革时必以礼制损益标识:"立权度量,考文章,改正朔,易服色,殊徽号,异器械,别衣服,此其所得与民变革者也。"同时,礼之"义"的一面又必是不可变的:"其不可得变革者则有矣,亲亲也,尊尊也,长长也,男女有别。"(《礼记·大传》)变与常皆标识了礼制维系王道。

在辨别的同时,礼又是合群的、和乐的。礼使得长幼辨、三族和、官爵序、戎事闲、武功成,"宫室得其度,量鼎得其象,味得其时,乐得其节,车得其式"(《礼记·仲尼燕居》)。经此方方面面的制度规范,在辨别位序的前提下归于爱敬一体、诚敬其事,于是成立一个内部有分别而又合群的"共同体",即所谓"古之为政,爱人为大。所以治爱人,礼为大。所以治礼,敬为大。……爱与敬,其政之本与!"(《大戴礼记·哀公问于孔子》)。亦如《礼记》中乡饮酒礼的旨趣,既要明确"贵贱""隆杀""弟长"之"义",又要和谐一致,希望达到"和乐而不流""安燕而不乱"的有序又和乐的状态,这就是礼乐之治的理想秩序和至治状态。(《礼记·乡饮酒义》)它确如王国维所论,使得天下成为一个礼义和平的具有伦理道德色彩的秩序:"礼义者,恩之主也。"(《大戴礼记·本命》)"尽之于礼,则内君臣不相陵,而外不相侵。""诸侯附于德,服于义,则天下太平。"(《大戴礼记·朝事》)由此,"鬼神得其飨,丧纪得其哀,辨说得其党,官得其体,政事得其施,加于身而错于前,凡众之动得其宜",真可谓:"明乎郊社之义,尝禘之礼,治国其如指诸掌而已乎!"(《礼记·仲尼燕居》)因为无所不在治理范围之内,所以礼制也呈现为无所不包的制度规范体系。

"五帝殊时,不相沿乐;三王异世,不相袭礼。"(《礼记·乐记》)虽然礼乐是随着人类社会的祭祀等行为逐渐发展而来的,并无明确的先后之分,但王治既与帝治不同而以"礼"为特征,就意味着此时的"礼"已经作为高度发

---

① 《礼记正义》卷31《礼运第九》,第615页。

达的政治文化制度体系而存在，强调节、分等秩序规范，与帝治时代的礼乐相比已有实质的不同，故有此区别强调，其义在于，以表征帝治范式之乐来指称帝治，以王治时发达之礼来指称王治，二者相近但区分：乐属帝道，故"由中出"，更合自然；礼属王道，人主制作的色彩更浓，离天道更远，被判为"自外作"。遵循"制作"的要义，"礼乐"仍要合于天道。如要合于天地之节度："乐由天作，礼以地制，过制则乱，过作则暴。明于天地，然后能兴礼乐也。"礼乐之制作合乎天地之道而不能"过"，但对天道的理解已不仅是无为、自然，还有基于秩序而一体运行的内涵。并称的"礼乐"从帝道入于王道而具有合帝王之道的特质，这种"合"是相辅相成而非同质的，王治秩序是礼乐制度的本质要求，通过和乐与差异的张力而佐成一体："乐统同，礼辨异。""乐者为同，礼者为异。同则相亲，异则相敬。""乐统同"，是五帝时代的治法，所以称颂黄帝之乐达于天道；"礼辨异"，是王治时代政治分化的制度表现，三代礼乐之乐虽亦已沦入此境地格局之中，但仍保有"统同"的和乐属性，可以辅翼礼制之偏："乐者，天地之和也。礼者，天地之序也。和，故百物皆化；序，故群物皆别。"（《礼记·乐记》）天地是互文的修辞，乐是天地之和，礼是天地之别，礼乐一体，达到天地间有序而和同的治理境界。

　　王道是"德刑""礼乐政刑"一体的。"明堂，天法也，礼度，德法也，所以御民之嗜欲好恶，以慎天法，以成德法也。"（《大戴礼记·盛德》）"礼乐政刑"是一个异质复合、功能互补的制度系统或体系，在制度上调节着整全之治的诸对象间的秩序，也保持着治理工具间的理想秩序，从而达成其"天法"与"德法"的目标。礼乐制度的目标仍是合天道而成人道。王制的内核部分是礼乐，是导民自禁于将然之前，有耻且格，而非任刑虐民，被认为是"为而无以为者"（《管子·乘马》）。"（礼）则以观德"，礼乐与政德是同生的，礼是德政所化的制度体系。在体天、德政而贬抑刑政的观念下，礼的追求是整全的，凡事皆由礼而治方是最高境界："礼者何也？即事之治也。君子有其事必有其治。治国而无礼，譬犹瞽之无相与！"（《礼记·仲尼燕居》）王道以制度为特征与载体，表现为礼制代表的政治制度和社会规范体系。在"政治或制度体系"与"社会文化体系"之间选择的礼的理解进路是不可取的，这与今人对"制度"的窄化认知有关。如果回到万事万物的规范度量这一制度本义，礼或礼乐正是三代特别是周公制礼后的制度规范体系的代名词。这是治理史视角下"礼"的历史位置，是中国历史进入制度治理阶段的产物，尽管它带有社会文化意义，表现为"一个内容整全、功能混融的系统"，它的本质仍是制度之治。①

"伯"为一方诸侯之长，有三代之五伯"夏伯昆吾，商伯大彭、豕韦，周伯齐桓、晋文"，"勤而抚之，以役王命"，是王治的组成部分；有春秋之五伯"齐桓、晋文、秦缪、宋襄、楚庄"，是当时及后世习称之"皇帝王伯"或"皇帝王霸"中的伯/霸道的代表。②伯或霸既是周天子之下的治理层级，便对应治道内涵："至孝近乎王，至弟近乎霸。至孝近乎王，虽天子必有父；至弟近乎霸，虽诸侯必有兄。"（《礼记·祭义》）春秋以降，伯渐从一方诸侯之长而成为在捍卫天子的同时松动王纲进而直接挑战王纲的"霸"主，成为基于"纲纪"的"道德之团体"的对立面，而遭到儒家为代表的挞伐："天下有道，则礼乐征伐自天子出；天下无道，则礼乐征伐自诸侯出。"（《论语·季氏》）霸之治道也等而下之，不合君臣纲常的"为"只是僭越，不合天道，不可能"贵"："无为者帝，为而无以为者王，为而不贵者霸。"（《管子·乘马》）"德"与"力"的治道价值区别也由此而分。"尧贵以乐治时，举舜；舜治以德使力。"（《大戴礼记·诰志》）虽然黄帝以降皆有用兵的传说，但因手段与目的而生高下："尧伐驩兜，舜伐有苗，禹伐共工，汤伐有夏，文王伐崇，武王伐纣，此两帝四王，皆以仁义之兵行于天下也。故近者亲其善，远方慕其德，兵不血刃，远迩来服，德盛于此，施及四极。"《荀子·议兵》帝王之治，以道、德驾驭实力而能合于天道，伯主之治则纯属实力，等而下之。霸主的征伐已经沦为赤裸裸的政治判断和实力较量："凡有天下者，以情伐者帝，以事伐者王，以政伐者霸。"（《管子·禁藏》）战国以降，"伯"的治理模式被更明显地判定在王道之下甚至具有贬义色彩。孔子尚持平论管仲，公孙丑亦认为霸、王都是"行道"，孟子则"不动心"（《孟子·公孙丑上》）。"五霸者，三王之罪人也。"（《孟子·告子下》）因为霸者讲求"力"，败坏仁义的王道："以力假仁者霸，霸必有大国；以德行仁者王，王不待大。"这是"以德服人"与"以力服人"的高下之别。（《孟子·公孙丑上》）"春秋无义战"（《孟子·

---

① 参见陈来：《古代宗教与伦理》，第238、257页。
② 顾炎武：《日知录》卷4《五伯》，《日知录集释（全校本）》，黄汝成集释、栾保群等校点，上海古籍出版社2006年，第247页。

尽心下》），亦此之谓，王道就是"义"所宜。"尧、舜，性之也；汤、武，身之也；五霸，假之也。"在此帝、王、霸治道降序下，孟子担心"久假而不归，恶知其非有也"。（《孟子·尽心上》）荀子虽对霸道有同情，但也将王道与霸道清楚区分："用国者，义立而王，信立而霸，权谋立而亡。""粹而王，驳而霸，无一焉而亡。"（《王霸》）但形势所在，王、霸毕竟皆有其道，胜于亡国、乱国："夫成王霸者固有人，亡国者亦有人。"（《吕氏春秋·知度》）黄老学说也认为，"察逆顺以观于霸、王、危、亡之理"，方能"帝王之道成"。①

梳理"皇帝王伯"的治理史与治道演变后，我们发现，除了与宇宙论等相关之外，考古学和古史研究的中国文明起源探索也受其影响，为我们在"迹"的层面提供了早期中国政治体的治理模式的参照。苏秉琦认为中国国家起源发展阶段的三部曲是"古国—方国—帝国"，古国是"早期城邦式的原始国家""高于部落之上的、稳定的、独立的政治实体"，方国出现在夏以前，夏商周都是方国，"是比较成熟、比较发达、高级的国家"。② 其理论依据是社会分工、分化，阶级出现，国家形成。苏秉琦的论说是时空交错的模型，又有原生型、次生型、续生型之发展模式三类型，前两者在北方和中原的不同空间展开。五帝时代在年代上大概相当于古国阶段，又可划分为两大半段：以黄帝为代表的前半段，红山文化的时空框架与之对应；后半段的代表是中原的尧舜禹，是洪水与治水。"'五帝时代'可以说是中华民族多支祖先组合与重组的一个十分重要的阶段。"③ 学者后来陆续提出"古国/邦国/酋邦—王国—帝国"等分期说，大体都在苏秉琦模式之内。④

古史研究大体是由基于文献的史学系统、从社会发展角度切入的社会学人类学系统、依据生产工具质地划分时代的考古学系统等三个脉络为主推动的，古文字、器物等的研究与之融汇。治理及治道的发展与上述三个系统都有交集，毕竟四者"研究的对象都是人、人类社会及其演进的过程"，但又有自己

---

① 陈鼓应注译：《经法·论第六》，《黄帝四经今注今译》，中华书局2016年，第187页。
② 苏秉琦：《中国文明起源新探》，辽宁人民出版社2009年，第110页。
③ 苏秉琦：《中国文明起源新探》，第137页。
④ 参见林沄：《中国考古学中"古国"与"王国"的理论与方法问题》，谢维扬、赵争主编《国家起源问题研究的理论与方法——"国家起源研究的理论与方法国际学术研讨会"论文集》，中西书局2020年，第9页。

的角度和侧重,亦即自己的本位。比如治理和治道对从无为到有为或者说是有为之程度与方式的关注。王道行制度之治,为礼乐文明,与称王国"是强制性权力高度集中和膨胀、暴力使用泛滥的结果,其标志是斧钺等专门武器的大量存在和使用、设防的大型城址的涌现以及随处可见的非正常死亡现象",也有交集而不同。① 治理与治道取径的研究与古代中国政治学说的治道关切贴合,亦可包括现代政治学所接受的政治与国家的角色及其实现方式(如无为还是有为)、制度与治理手段、模式与范式(如制度化程度,礼乐制度与刑法制度的区分和侧重)、价值与伦理(如德、力之别)等,更重要的是,作为这些要素凝成的治道范式或曰治理模式,也就是"皇帝王伯"。于是,取治道象征的路径,考古学方法论下形成的"古国/邦国/酋邦—方国/王国"演进之路,就成为"皇—帝—王(伯)"之路。两者的一致程度,再次说明两种眼光的结果有交集。尧、舜在帝、王之道间的过渡性,让我们想到张光直对古代国家在组织形态上模糊递进的提示:"因为社会演进是连续性的与积蓄性的,国家与酋邦之间的界限不可能也不需要在任何一个确实的顺序之上划出来。"② 政治体类型的边界并不能清晰划分,我们讨论的治道形态演进亦如是。当时人认为只能以"皇帝王伯"几个大型来概括自古及今的治道形态。这与治理与治道逐渐历史化的过程密切相关,但并非"神话"。

从人群社会到秩序规范,再从政治初生到制度之治,是文明发展与治理模式的阶段划分,进而诸子借助历史形成的治道资源并发明之,思考制度之治的理想状态。国家的成长,政治的成熟,义理的升华,皆由此表现。作为思想资源的帝王之道,在管子时代已经齐备。《管子·轻重戊》有这样的对话:

> 管子对曰:"虙戏作……神农作……黄帝作(当为'燧人作')……黄帝之王……有虞之王……夏人之王……殷人之王……周人之王……"
> 公曰:"然则当世之王者,何行而可?"
> 管子对曰:"并用而毋俱尽也。"
> 公曰:"何谓?"

---

① 李伯谦:《黄帝时代的开始》,第31、35页。
② 张光直:《中国青铜时代》,第28页。

> 管子对曰："帝王之道备矣，不可加也。公其行义而已矣。"

经过皇帝王治道积淀，治道已然齐备具全，无须创造，按照既有的帝王之道去做应该做的就行了。"道"只要从治道的历史积淀中寻找和选择就行了，若以之为老子徒手开创，则无以征信。

随着治理史与治道思想资源的齐备，治道高下之分也判然有别且成系统了。"皇帝王伯"的历史分期，对应着治道阶序，有着强烈的价值评判色彩，即《白虎通》中多次强调的"德有优劣"（《白虎通·爵》）。可以说，"皇帝王伯"的概念之所以长存于传统中国达二千年之久，就在于其要义是治道评判，历史分期尚属第二位，故予人具有"理念性"特征的印象。"皇帝王伯"的成立，是帝王世系与治道阶序两个方面同时整齐起来的结果。治道被对应到以其时间先后和价值高下为标准的帝王阶序与历史时期的划分上。既表现为对历史的构建，也是治道的判定。从春秋到西汉，逐渐形成了"道、德、功、力"为衡量标准的稳定的"皇帝王伯"的阶序。

这个价值阶序的终极依据是"天道"。孔颖达曾从"逐同天之名以为优劣"亦即符合天道无为之程度与境界论皇帝王之阶，可谓集大成之论：

> 言"帝"者，天之一名，所以名帝。帝者，谛也，言天荡然无心，忘于物我，言公平通远，举事审谛，故谓之帝也。五帝道同，于此亦能审谛，故取其名。若然，圣人皆能同天，故曰"大人"。大人者与天地合其德，即三王亦大人。不得称帝者，以三王虽实圣人，内德同天，而外随时运，不得尽其圣，用逐迹为名，故谓之为王。《礼运》曰"大道之行，天下为公"，即帝也；"大道既隐，各亲其亲"，即王也。则圣德无大于天，三皇优于帝，岂过乎天哉？然则三皇亦不能过天，但逐同天之名以为优劣。五帝有为而同天，三皇无为而同天，立名以为优劣耳。但有为、无为，亦逐多少以为分。三王亦顺帝之则而不尽，故不得名帝。①

如果说从东周到两汉，《白虎通》之《号》篇为从"天道"与"天号"的角度

---

① 《尚书正义》卷2，第32页。

对"皇帝王伯"之治道阶序的集大成，孔颖达则进一步以"天道"为标准，对皇、帝、王的"同天"程度进行了细致的评判，皇与帝"有为""无为"之别只是"逐多少以为分"，王则"虽实圣人，内德同天，而外随时运，不得尽其圣"，所以"顺帝之则而不尽，故不得名帝"。

孔颖达所言实系人间治理视角下的"天道"，皇帝王伯的分阶并非纯任"天道"，而是体现为"人道"，以人间治道"同天"与否的境界和程度来判别高下。划分标准聚焦在治道体现天道、天德而展开为治理之"道德"的程度："皇"是如天地一般博大无为而民皆受其利的；"帝"虽为天号，亦能公天下，但治理较诸皇治更加具体化、人事化、政治化；"王"制作礼乐制度，实施治理，使人间去天日远；"伯"或"霸"则以刑法、权谋乃至武力为尚。如《管子》所言："明一者皇，察道者帝，通德者王，谋得兵胜者霸。"（《兵法》）"皇"被认为拥有或者说是象征着最高的治道，是自然浑全的"一"的维护者，帝可察道却不能臻于开辟之初的纯粹，"明"的程度也比"察"更为高，王仅能通德而不能达于道。古代中国的治道价值都包含在这个序列之中，从天道向仁义甚至武力，从教化向礼法衰退：

> 宓戏、神农，教而不诛。黄帝、尧、舜诛而不怒。及至三王，观时而制法，因事而制礼。（《战国策·赵策二》，又见《商君书·更法》，可见这是当时通行的观念并用于论辩）
>
> 同气贤于同义，同义贤于同力，同力贤于同居，同居贤于同名。帝者同气，王者同义，霸者同力，勤者同居则薄矣，亡者同名则牺矣。（《吕氏春秋·应同》）

《淮南子》从"道"对"法"的统驭，对《吕氏春秋》这一句有所续论：

> 黄帝曰："芒芒昧昧，因天之威，与元同气。"故同气者帝，同义者王，同力者霸，无一焉者亡。……有道以统之，法虽少，足以化矣；无道以行之，法虽众，足以乱矣。治身，太上养神，其次养形；治国，太上养化，其次正法。（《淮南子·泰族》）

从皇到王,实际上也是政治文明逐渐形成、国家治理形态演进到制度化的历史过程,但树立天道无为之理想,以皇治为价值准的之后,便被判为治道衰退的过程,这是重视治道而以之评判政治发展的表现。"道"是最高标准,是法天的,衡量人间治道是否合乎"道",就是看其符合无为天道的程度、距离天道无为的远近。"皇帝王伯"阶次的背后,是治道发展阶段与价值阶序的认定。治理的宽大自然被理想化成为政治伦理。虽然《淮南子》的字面意思是有道之法治便可化民,但在从道到法的降序的治道序列中,相对于道、德而言,义、礼、法虽亦被赋予了"圣者象天所为为制度"的天道正当性,仍被时时置于天道及作为其代表的道、德标尺的衡量之下,唯恐制作不慎而为乱:

> 正人无求之也,故能虚无。虚无无形谓之道。化育万物谓之德。君臣父子人间之事谓之义。登降揖让,贵贱有等,亲疏之体谓之礼。简物小未一道,杀僇禁诛谓之法。……义者,谓各处其宜也。礼者,因人之情,缘义之理,而为之节文者也。……法者,所以同出不得不然者也。(《管子·心术上》)

皇帝王伯的治道阶序落到现实中,还有更为具体的表述,如《老子》第十七章:

> 太上,下知有之;其次,亲而誉之;其次,畏之;其次,侮之。信不足焉,有不信焉。
> 悠兮其贵言。功成事遂,百姓皆谓:"我自然。"

这四个阶次,既如蒋锡昌所说有"世道升降之程度"[1] 之义,也有具体的治道风格与效果的内涵。老子时虽尚无所谓法家,但在周道制度之治的积弊下,已有纯任制度乃至刑法之治的倾向,"亲而誉之"近于周道本来面目与儒家所尚,后两者则为时之治法流弊而近乎法家。有待诸子发明道理而救此弊,老子即是

---

[1] 陈鼓应:《老子今注今译(参照简帛本最新修订版)》引蒋锡昌语,商务印书馆 2003 年,第141 页。

以上古"自然"无为治道入手的一员。

在文明创生与治理演进的历史中讨论天道的显隐，治道必不离人事人力，只是力图规训其为天道与自然的体会仿拟，体现在皇帝王的制作中。《易传·系辞下》从网罟、耒耜等器具，集市等方式，八卦等理解宇宙秩序的理论和工具来展现三皇作为文明开创者，造福民生之德。文明肇造时期的"制作"是相对于自然的首次创造，具有文明创生的突破意义，而非一般的人工生产："造端更为，前始未有，若仓颉作书，奚仲作车是也。《易》言伏羲作八卦，前是未有八卦，伏羲造之，故曰作也。"（《论衡·对作》）黄帝及五帝则大行制作，举凡舟楫等交通，牛马等运输，重门击柝等治安，弧矢等武器，宫室等建筑，棺椁等丧葬，乃至书契、百官之治。《世本·作篇》"记诸作事"，可见"作"之于"世"的极端重要意义。在"制数度"之社会与政治秩序规范的制作中，是对天道与自然律则之"节"的体会与展现："当位以节，中正以通。天地节而四时成。节以制度，不伤财不害民。"（《易·节卦第六十》）同天而"制作"，就是"中正以通""得道之中"，是黄帝之治的崇高意义："黄帝始制法度，得道之中，万世不易，后世虽圣，莫能与同也。后世德与天同，亦得称帝，不能制作，故不得复称黄也。"（《白虎通·谥》）《易传·系辞下》书写的治理史说明，经过皇帝王伯的治道梳理，"制作"成为理想之治的谱系亦即"圣人"之统的标志。

制作标识了圣人的道德功烈。虽然制作被小心翼翼地与天道比较而唯恐违天，"黄帝制作"由此被树立为无法企及而又要努力效法的标杆，但治理毕竟通过"制作"开展而非任天为之，此人事之法天而开物成务的道理和效果被归结为道与德。"皇帝王伯"的序列在东周渐趋整齐，道德观念亦同趋清晰。

皇帝王伯文明演进的阶序描述，虽百家言殊，但基本都归结于以道为顶点的降序说，讨论聚焦于德。典型是《老子》第三十八章：

> 上德不德，是以有德；下德不失德，是以无德。
> 上德无为而无以为；[下德无为而有以为]。
> 上仁为之而无以为；上义为之而有以为。
> 上礼为之而莫之应，则攘臂而扔之。
> 故失道而后德，失德而后仁，失仁而后义，失义而后礼。

>夫礼者，忠信之薄，而乱之首。

道、德、仁、义、礼的道逐渐衰败与失落的降序，与道、德、义、力的位次逻辑是一致的，对应着皇帝王伯的治道位次。同于天道的治道"参名异事，通一同情"（《韩非子·扬权》），是贯通万事万物的同一性与普遍性的存在，这是皇治几近于完全"同天"的表现，也是治道的最高理想。与"道可道"的第二个"道"字一样，第二个"德"字指周"德"，老子处处以"古"为"常"为"大"（天道、大道、常道、常德、上德），是古而非"今"（非常道、不德），通往无为、复命。

虽然"至德""上德"是对"道"的表达，但"德"之本义是为"道"所发生，如《老子》第五十一章所述：

>道生之，德畜之，物形之，势成之。
>是以万物莫不尊道而贵德。
>道之尊，德之贵，夫莫之命而常自然。

"道，生天地之先；德，道之用也。"① 道是创生的根原，德是及物，是培养长成，德是包含在道的完成中的："道之于万物，非但生之而已，乃复长养、成熟、覆育，全其性命。人君治国治身，亦当如是也。"② "物得以生，谓之德。"（《庄子·天地》）"外得于人，内得于己"（《说文解字·心部》），则是立足于受惠者而言，恰与施德于内、外而塑其德相应。"内得于己"主要不是后世理解的个人道德、品德的意思，而是内在的本性、秉性甚至特性之意。同时，"德者，道之舍，物得以生生，知得以职道之精。故德者，得也。得也者，其谓所得以然也。以无为之谓道，舍之之谓德。故道之与德无间，故言之者不别也"（《管子·心术上》）。德是道存在之处，去德则无以观道。道、德这颇有体用意味的两个范畴是"无间"的，加在一起才是道的整体。如张岱年所论，物"由道而生，由德而育"。亦如黎翔凤解释的："道德同体，而无外内先后之

---

① 陆德明：《经典释文》卷25《老子道经音义》，上海古籍出版社2013年，第1393页。
② 《老子道德经河上公章句》卷3《养德》，王卡点校，中华书局1993年，第197页。

异,故曰无间。同体故能不别。"①

由此,"德"有两重意思。第一层是外在的养育的力量,如"生而不有,为而不恃,长而不宰,是谓玄德"(《老子》第五十一章),就是作育成物之德:"天地生物,德用甚多,而能长且久者,以其资禀于道,不自矜其生成之功故尔。"②"生成之功"说的也是这一层。第二层意思是得于天地之后万物自身赖以生成并生成之的本性、属性,"道者,弘大而无形;德者,核理而普至"(《韩非子·扬权》)。可以"德性"理解之:"德是一物所得于道者。德是分,道是全。一物所得于道以成其体者为德。德实即是一物之本性。"亦如冯友兰所释:"首先,万物都由'道'所构成,依靠'道'才能生出来('道生之')。其次,生出来以后,万物各得到自己的本性,依靠自己的本性以维持自己的存在('德蓄之')。"③ 所以,德既是本性,也是惠泽。前者是中性词,后者是有价值取向的。德乃天赋之秉性,自其秉性言之,是中性的无善恶的;自其天德化育而言,又是善的。虽然天德、地德、人德"三德率行,乃有阴阳",但同时"阳曰德,阴曰刑"。(《大戴礼记·四代》)"春夏为德,秋冬为刑。先德后刑以养生。……刑德皇皇,日月相望,以明其当,而盈[绌]无匡。""夫并时以养民功,先德后刑,顺于天。"④ 所谓"黄帝刑德"即此之意,这既是早期政治的基本结构,也积淀而为对政德的价值判断。

在治理中,制作的结果是成务及物之德。道与制作的关系,是道与道之开显、完成的关系,是道与德的关系的具体表现。道是治理演生的本初力量源泉,德是化育万物的治理之本性,也可以指称治道、万物的自身本性特质所在,还是开物成务的具体效果。体用之别使得皇道帝德的降序成立。老子对道、德的确定与划分,与逐渐生成的用道德功力来判称皇帝王伯之治的一致,说明了道、德作为治道的关键词,是春秋以降的思想家们所共同享有的思想资源。

道见诸德、展现为德,"无间"的二者是一致而"同体"的,合起来才是

---

① 黎翔凤:《管子校注》卷13《心术上第三十六》,梁运华整理,中华书局2004年,第770页。
② 《道德真经广圣义校理》卷9,杜光庭述、周作明校理,中华书局2020年,第158页。
③ 陈鼓应《老子今注今译(参照简帛本最新修订版)》引张岱年、冯友兰语,第261页。
④ 陈鼓应注译:《十大经·观第二》,《黄帝四经今注今译》,中华书局2016年,第268、274页。

完整的"道",不能只看到区别的一层。以"上德""至德"称颂三皇之世,说明一定程度的"德"可以作为"道"的代名词,表明了道与德同质的一面。"治成德备""今德不及三帝""帝、王之德有优劣"等等表述,说明"德"贯穿了皇、帝、王三阶。"三皇禅于绎绎之山,明己成功而去,有德者居之。绎绎者,无穷之义也。五帝禅于亭亭之山。亭亭者,制度审諟,道德著明也。"(《白虎通·封禅》)道是治理路径与模式的总体的形而上化,德是成务及物之作用效果,功是具体实行之事迹。三皇是积功、德而为道的。"德"作为实践的治功与即实在而抽象化之"道"中间的转进之阶,是衡量"道"的指标。世道与治道之升降的讨论集中在"德"上在所难免。"殷之末世,周之盛德",即开物成务以民生之收获为天意之表现。道是治理的总体状态与特质,形而上化为其特质,但开物成务之结果如何仍是道德功烈共同证成的治道的不可排除的组成部分。周《易》之忧患,全在成此政德。(《易传·系辞下》)于是,道、德互文,共同说明治道。儒家论"明主之道"而有言:"道者,所以明德也;德者,所以尊道也。是故非德不尊,非道不明。"所以,"明主内修七教,外行三至",这样的"明主之道"是兼括形之上下而言的。而"至礼、至赏、至乐"之"明王笃行三至"则有明显的礼乐之治的色彩。(《大戴礼记·主言》)《淮南子·原道》:"已雕已琢,还反于朴。无为为之而合于道,无为言之而通乎德。"张舜徽认为,道、德是同义的不同表述:"'德'者,亦'道'之殊称,对言有分,统称无别也。"① 是有道理的,可惜未能点出其体用与价值阶序之差异,故不至切而备。"皇帝王伯"与道、德、功、义、力、智等价值的对应关系,是为了区分而强调的等次标签,而非机械刻板、独立排他的一一对应。东周政治家与诸子言"皇帝王"之"道德功"多有参差与交集,正是此种观念的表现。汉人亦然,以"周公功德""德、勋"表出周公之道,从而成为一个可以比拟的东西。(《汉书·王莽传》)只是论其治道,上含括下,下往往不可攀上。"功"与"道德"间是有距离的。道含括功,功积为道,而非功等于道。"圣人上德而下功,尊道而贱物。道德当身,故不以物惑。"(《管子·戒》)皇帝之道与王道之间是无为与有为的鸿沟,皇、帝两个阶段主要是作为王道之前的治理状态与治道模式而存在的,是救王道之弊的思想资

---

① 张舜徽:《周秦道论发微》,第31页。

源，进而成为治道的终极理想型。霸道更等而下之，"力"与"道德"间存在价值类属的差异。黄帝之攻伐，汤武之革命，都行使武力，但从属于皇帝圣王的治道，使其脱离了武力的一般表现与价值，不能归于"霸"，"霸道"也不能用"道"的价值伦理来概括其"霸治"的特性，只停留在"所行之道"的中性意涵上。"先王耀德不观兵。"（《国语·周语上》）在五霸兴起的时代，具有政治伦理的价值意涵的"德"与"力"成为反义对举的治道标准。"齐侯好示，务施与力而不务德，故轻致诸侯而重遣之，使至者劝而叛者慕。怀之以典言，薄其要结而厚德之，以示之信。"（《国语·晋语二》）这是一个以武力和实惠使诸侯归附的齐侯形象，而非通过长期的善治积政德为之（当时已使用"政德"一词，如"先王务修德音以亨神、人"，相反的做法则是"不修政德，亡于不暇"）（《左传·昭公四年》），不符合"道德"的政治伦理。成对照的是："忠不可暴，信不可犯，忠自中，而信自身，其为德也深矣，其为本也固矣，故不可抈也。"（《国语·晋语八》）

作为道、德的展开与实践，"功"或"功烈"也是具有治道意义的。《祭法》载报功祭祀之制：

> 夫圣王之制祭祀也，法施于民则祀之，以死勤事则祀之，以劳定国则祀之，能御大蓄则祀之，能捍大患则祀之。……（圣王）皆有功烈于民者也。及夫日月星辰，民所瞻仰也，山林、川谷、丘陵，民所取财用也。非此族也，不在祀典。（《礼记·祭法》）

展禽论祀典中的原则也强调报功："夫仁者讲功，而智者处物。无功而祀之，非仁也；不知而不能问，非智也。"（《国语·鲁语上》）功、德就是行道。因为治道、政德皆是实践的，所以"功"就成为其不可或缺的实践基础。我们不能忽略"功"的重要性，它表征了中国治道之注重"行道"、注重治理实践的特性，只有重视"功"，才能完整地理解"道"。

在治道中，道、德、功的关系如此紧密难分，就有"道有积而德有功，德者道之功"（《韩非子·解老》）的三位一体。人间治道源于天道，开物成务而为德，德是治道的及物之功："克明俊德，以亲九族。"（《尚书·尧典》）"大上以德抚民，其次亲亲，以相及也。"（《左传·僖公二十四年》）这就是

"德泽",特别是将"德"与"刑"并举,突出"德"的惠民之义:"德以柔中国,刑以威四夷。"(《左传·僖公二十五年》)德是积功而成,见于功中:"事成功立,然后德且见也。"(《战国策·赵二》)或"治成德备",都是就其作为治理的作用与效果而言,组成"道、德、功"的展开和"功—德—道"的积累升华。如此一来,虽然在治道价值上"德""刑"因放大了功德或刑罚而各成其特性从而区分开来,各自成为治理的一个侧面,但就"德"而言,本身就是"治"的形而上化的带有总体性意义的效果、精神以至秉性,它是即物而向上的,含纳"刑"等具体的治理举措与功效的意涵在内而又统合、整全、向上。"技兼于事,事兼于义,义兼于德,德兼于道,道兼于天。"(《庄子·天地》)"神通乎六合,德耀乎海外。"(《吕氏春秋·审分览》)如果不理解"德"的这种在治理中连续展开的各层次的综合性,就会认为它是具体的行动、制度:"在'德'一字之中,不是含有后世所说的'德',以及相当于'刑'的行为的概念吗?"①

在政治场域中,"德"虽不及"道"之为本原,但也获得了形而上化的升华,政治体的德性是对治道的总体表达,凝练成为自身的属性或曰秉性。炎帝与黄帝之别,被认为就是"德"的区别:"昔少典娶于有蟜氏,生黄帝、炎帝。黄帝以姬水成,炎帝以姜水成。成而异德,故黄帝为姬,炎帝为姜,二帝用师以相济也,异德之故也。""德"成为对氏族政治时代不同文化与政治风格的表述,是族姓对应的氏族政治体之抽象的精神秉性,故有"异姓则异德,异德则异类""同姓则同德,同德则同心,同心则同志"之观念。从德与姓相伴,异德就要兵戈相见,发展到"异德合姓,同德合义",则说明了跨越氏族的政治体的出现。(《国语·晋语四》)政策与效果,最终表现为政治体的风格与文化。政德升华的逻辑可以解释为:治理之德表现在民生与民德之综合的状态与气象上,"上盛蓄积而鬼不乱其精神,则德尽在于民","其德上下交盛而俱归于民"。及物之德遂成为政治体内在的本质的德性,这就超越"得者,外也",达到了"德者,内也"的"上德"境界。(《韩非子·解老》)"德"从而成为

---

① 小仓芳彦:《〈左传〉中的霸与德——"德"概念的形成与发展》,《日本学者研究中国史论著选译》(第七辑),中华书局1993年,第12页。郑开:《德礼之间:前诸子时期的思想史》,生活·读书·新知三联书店2009年,第167页。

不同政治体各自经营与显示的特质与特性。如"夏德若兹"（《尚书·汤誓》）可以在这个意义上理解道家的"总德"与儒家的个人之德的区别。对于"仁义"，道家更希望其回归"总德"："夫仁义憯然乃愤吾心，乱莫大焉。吾子使天下无失其朴，吾子亦放风而动，总德而立矣。"（《庄子·天运》）

同姓同德，"同德之难也如是"（《国语·晋语四》）。所以"天子建德，因生以赐姓，胙之土而命之氏"（《左传·隐公八年》）。这就是封建之义，亦当日"道德"与政制原则之大宗。"德"既是氏族共有的秉性，也是治理所成之秉性，基于"德"的综合性，而有以"明德"指称政治体整体上的治理成就的概念，如同姓同德中的"明"者："自黄帝至舜、禹，皆同姓而异其国号，以章明德。"（《史记·五帝本纪》）周室分封，"以先王观之，则尚德也。昔武王克商，成王定之，选建明德，以蕃屏周。故周公相王室，以尹天下，于周为睦"。"尚德"是相对于尚齿而言，"选建明德"以及下文的"昭周公之明德"即"天子建德"，虽兼有周公及诸侯个人之德的内涵，但主要是指诸侯国之同德及其所成之政德，以此政德彰显和标识政治体的秉性。由成德成性之义，还可解为"选建以明德"，即选建诸侯以休明、显明周德。（《左传·定公四年》）这与"明德恤祀"（《尚书·多士》）、"明德慎罚"（《尚书·多方》）、"克慎明德"（《尚书·文侯之命》）之"明德"同意，皆为休明、显明政治体之德的意思，是治理惠民之德，故与"恤祀"合称，与"慎罚"并举。在诸"德"目之中，"明"是古代对圣王政德的常见褒语，是总称。《尚书》称帝尧"钦明文思安安，允恭克让"，光明的政德泽被广大，便可由和族众而治天下："光被四表，格于上下。克明俊德，以亲九族。九族既睦，平章百姓。百姓昭明，协和万邦，黎民于变时雍。"（《尚书·尧典》）"帝谓文王，予怀明德，不大声以色，不长夏以革，不识不知，顺帝之则。"（《诗·大雅·皇矣》）也主要是以文王同天而不形于外之治道与成功为"明德"。"帝迁明德"亦然。（《诗·大雅·皇矣》）可见"明德"是二帝三王之道的核心，所以《大学》开篇："大学之道，在明明德，在亲民，在止于至善。"如《尚书大传》引孔子言："吾于《洛诰》，见周公之德，光明于上下，勤施四方，旁作穆穆，至于海表，莫敢不来服，莫敢不来享，以勤文王之鲜光，以扬武王之大训，而天下大治。"（《尚书大传·洛诰》）亦如所谓周公希望"使我德能覆之"（《淮南子·氾论》）。这个"德"仍是从治理之"功"来看的，所以"康王息民，并建母弟,以蕃屏周"时说的就是"吾无专享文、武之功"(《左传·昭公二十六年》)。来源是"文、武之德烈",是"扬"祖宗功德而成之"德",这是治理功德的传承与光大,是政治体的生命之延续与延长。(《尚书大传·洛诰》)所以,仍是"道、德、功"的治道标准逻辑,"明德"是明政治体之德,"明德"者皆有功之人。对于此德,不仅要"明"之,而且要"敬"之方能"明"之,所以《尚书》中多有"敬德"的表述。(如《尚书》之《召诰》《无逸》)《诗》中则有"敬明其德"之语,更易于理解其"德"之所指。(《诗·鲁颂·泮水》)

"德者,得也。"(《管子·心术上》)所得之属性,包括成为政治体与个人之属性,于是也有"德也者,得于身也"之谓。(《礼记·乡饮酒义》)"贵有德,何为也?为其近于道也。"(《礼记·祭义》)政德的推行与成就,端赖理想的圣人以及后世的主政者。行德之人就是近于道的"有德者"。"德"由此转入个体修养与能力的范畴。三代皆言治理者个人之德:"六德:知、仁、圣、义、忠、和。"(《周礼·地官司徒》)春秋时亦有"范武子之德何如"之问。(《左传·襄公二十七年》)施治者之德成就并表彰治理之德,从政治体之德的实践进入代表政治体的人主与君子的个人之德的修养,是顺理成章的。《诗》中"惟此文王,小心翼翼。昭事上帝,聿怀多福。厥德不回,以受方国"之"德"被移用来形容"君无秽德""君无违德"之"德"。(《左传·昭公二十六年》)兼有政治体和君主个人之"德"的意涵,而已偏向君主个人修养之德。"肆成人有德,小子有造"(《诗·大雅·思齐》),则直言个人道德。言周公制《周礼》曰"则以观德,德以处事,事以度功,功以食民",也是将以礼则观政德转为观治理者之德,"孝敬、忠信为吉德,盗贼、藏奸为凶德"(《左传·文公十八年》)。周公本意重在政治体的德,但东周已经发生了从政德向个人之德的转变。[①] 郤縠"说礼、乐而敦《诗》《书》。《诗》《书》,义之府也;礼、乐,德之则也;德、义,利之本也"。(《左传·僖公二十七年》)礼乐已经作为成德的标准,德一定要在礼乐上见,内外交相用以为德性的养成。儒、道两家皆有谈个人之"得"为"德"的内容。"德"具有个体道德的价值评判意涵,如"教之以德"(《礼记·缁衣》)。政治之"德"的意涵在传统中国政

---

① 参见杨伯峻编著:《春秋左传注(修订本)》,第634页。

治中成为基本的思想与观念,重视政治之德,但视政治家个人有德为政治体有德的前提条件。在这个方面尤其能够见到儒、道诸家共享并向下教授传布的思想资源,特别是当"道""德"并举时,如"君子务修其内而让之于外,务积德于身而处之以遵道"(《荀子·儒效》)。个人修养身心之"内圣"与国家教化民生之"外王"一体成为共识。只是修身方式不同,对内圣与外王关系的理解也不尽相同。其中又蕴有矛盾,所谓"大德者必受命"(《中庸》)。但舜"大孝""大德"就得了位和命,孔子则不得,所以在天命的判断下,个人内在之道德仍是不自足、不完整的意蕴,"德"还要靠位与功方能证明之,这又说明了政德仍是"德"的重要意涵,是对当时人物思与行的重要限定。

德就治理者个人之德与治理德政两方面而言,仍保留了政治与施政者(包括君主和士大夫)之政德的意义,而治理者个人之德亦须体现在治理实功上:"亦行有九德。亦言其人有德,乃言曰,载采采。"(《尚书·皋陶谟》)其意如屈万里所指:"若言其人有德时,当举事实证明曰:在某事某事。"①"灭德作威"(《尚书·汤诰》)、"为政以德",也要在这个政治及物之德的层面来理解,而不仅是施政者的个人道德。治理者有德,但其德要在事上去看,此亦孔子所谓"见之于行事"之意,"事"即治理之实。上博楚简载颜渊问孔子为政,孔子讲君子"内事"(国内政事)、"内教"(教导教化国内民众)之道后,认为"德成则名至矣"。② 这里的"德"就是政德及物之功的意思。皇帝王之以人名美号留传于史记之中,也是因为其治法治功积而为厚德:

> 夫民善其德,必称其人,故今之人称五帝、三王者依然若犹存者,其法诚得,其德诚厚。夫民思其德,必称其人,朝夕祝之,升闻于皇天,上帝歆焉,故永其世而丰其年。……今之称恶者,必比之于夏桀、殷纣,何也?曰:法诚不德,其德诚薄。(《大戴礼记·盛德》)

老子云:"修之于身,其德乃真;修之于家,其德乃余;修之于乡,其德乃长;修之于邦,其德乃丰;修之于天下,其德乃普。"(《老子》第五十四章)这是

---

① 屈万里:《尚书今注今译》,台湾商务印书馆1969年,第22页。
② 汤浅邦弘:《竹简学:中国古代思想的探究》,白雨田译,东方出版中心2021年,第33页。

从个人之德到治天下之政德的发展，在"真"与"普"之间，是德从自身真善之根基，向普天下的推展，无根基则不能广大，无广大则不为可大可久之德。道家固然重修身之真，而仍以乡、邦、天下之治德，以"治天下""天下治"（《庄子·应帝王》）为要义，可见这是"务为治"而不限于治心的普遍观念，而修身则是其根基与途径。庄子之"内圣外王"与此同调。《大学》中"修齐治平"之道亦与之异曲同工。

只有跳出现代儒家以个人德性视角论"德"的偏向，看到政德始终存在于古代中国思想之中，政治共同体通过为政之功塑造自身的德性始终是治道之关切，才能体会到"德"与礼、与天命气运的紧密联系之所以然，才能认识到"五德终始"之"德"在阴阳五行与政治德性两方面的同义转换。

德源于天，本是天德，源自天道。"浩浩昊天，不骏其德。"（《诗·小雅·雨无正》）天德是无所不及、无所不惠的："若事上利天，中利鬼，下利人，三利而无所不利，是谓天德。"（《墨子·天志下》）天赋德于人间："天生德于予，桓魋其如予何？"（《论语·述而》）人间得天性而为性："率性而行谓之道，得其天性谓之德。"（《淮南子·齐俗》）"夫大人者，与天地合其德。"（《易·乾卦第一》）天道、天德与人道、人德之间转化，治理之德就是仿效天德。"德"的无为博大与源自天德这一逻辑直接相关，天德是治德价值准的："圣王之德，融乎若日之始出，极烛六合，而无所穷屈；昭乎若日之光，变化万物而无所不行。"（《吕氏春秋·勿躬》）

这个治理功德既有浓郁的人事色彩，在终极上又是从天、天命、鬼神来解释的，德成为一个与鬼神相关而又具有前提性的政治依据，是天命所在："鬼神非人实亲，惟德是依。故《周书》曰：'皇天无亲，惟德是辅。'又曰：'黍稷非馨，明德惟馨。'又曰：'民不易物，惟德繄物。'如是，则非德，民不和，神不享矣。神所冯依，将在德矣。"（《左传·僖公五年》）在这个脉络上，"德"也是有价值属性的，与"恶"相反："国之将兴，明神降之，监其德也；将亡，神又降之，观其恶也。故有得神以兴，亦有以亡，虞、夏、商、周皆有之。"（《左传·庄公三十二年》）从民生治效观察天命在德，与天命所赋政治体自身的德性，可视为内外一体。

"事上帝"是衡量政德的重要场域："维此文王，小心翼翼。昭事上帝，聿怀多福。厥德不回，以受方国。"（《诗·大雅·大明》）由祭祀中的天人关系而生德礼关系。"抑抑威仪，维德之隅。"(《诗·大雅·抑》)礼仪维系着政治体与人主之"德"。德、功都通过一定的礼乐象征来表达。"国君，文足昭也，武可畏也，则有备物之飨，以象其德；荐五味，羞嘉谷，盐虎形，以献其功。"(《左传·僖公三十年》)即是说通过飨礼仪式来彰显和报答功德。"乐章德。"道德之"音"，是乐对道德价值的承载："圣人作为鞉、鼓、椌、楬、壎、篪，此六者，德音之音也。"(《礼记·乐记》)德、功之礼乐是有制度、有定数的："夫德，俭而有度，登降有数，文、物以纪之，声、明以发之，以临照百官。"(《左传·桓公二年》)治德表现为一定的"度""数"并通过"文、物、声、明"来表达，传递给百官并约束之，构建政治系统的秩序。在王道之下，尤重以礼乐来表达治之德。"《象》曰：雷出地奋，豫；先王以作乐崇德，殷荐之上帝，以配祖考。"(《易·豫卦第十六》)《集解》引郑玄"王者功成作乐，以文得之者作钥舞，以武得之者作万舞，各充其德而为制"之语，说明德乃依据文、武成务及物之功效与气质，制而为礼，为文、武之形象表达。相似的，《礼记·乐记》有言："审乐以知政，而治道备矣。""乐者，所以象德也。"周代重德，亦重礼乐。在王道进入周道阶段之后，德与礼乐成为一体之两面，德是道的展开，是制度之治的价值标准；礼乐是德的象征系统，是维系德的制度遵循："诸侯相与习礼乐，则德行修而不流也。故天子制之而诸侯务焉。"(《大戴礼记·朝事》)德与礼乐的相关性，成为以祭祀等礼仪安排表彰圣人功德的"礼义""祭统"。

  政治体的本性之"德"与天道、天命相系。"德与天道始，必顺五行。"[①]"五德终始"说中的"德"主要是政权由天命所赋而自具的德性之意。天道五种具有自身特性的运行状态被称为五德，终始循环的"五德"也有政治风格、政治文化亦即治道之意，它们在人间的落实就是天道支配下的五种治理风格，合而为共证天道之治道。德虽为人事所成，如傅斯年作过一段后来常被引证的论断：

    一切固保天命之方案，皆明言在人事之中。凡求固守天命者，在敬，在明明德，在保乂民，在慎刑，在勤治，在无忘前人艰难，在有贤辅，在

[①] 帛书《二三子问》，《帛书〈二三子问〉〈易之义〉〈要〉释文》，陈鼓应主编《道家文化研究》(第3辑)，上海古籍出版社1993年，第426页。

远恁人,在秉遗训,在察有司,毋康逸,毋酣于酒。事事托命于天,而无一事舍人事而言天,"祈天永命",而以为"惟德之用"。①

但"如是之天道即人道论"其实并非观念之全部,仅看到重视人事的内容便视为天道退场的表现则过于乐观,王祚气运最后仍被归为天命与天德所赋。"夫天地之气,不失其序,若过其序,民乱之也。"而"德"与"序"的关系,如"时序其德"(《国语·周语上》)、"天不序其德"(《墨子·非攻下》)等,在五德终始中得以确切落实。

这个综合的"德"因关乎天命与民意,成为政治体的气运。天选择有治理功德的政治体,政治体及其领导者从而拥有天命之德与位,道德与天命结合在一起:"天叙有典,敕我五典五惇哉!天秩有礼,自我五礼有庸哉!同寅协恭和衷哉!天命有德,五服五章哉!天讨有罪,五刑五用哉!政事懋哉!懋哉!"(《尚书·皋陶谟》)以"德"称政治体的实力与天命所在:"今晋侯不量齐德之丰否,不度诸侯之势。"(《国语·晋语二》)古之天子季冬考德以观治乱得失:"凡德盛者治也,德不盛者乱也;德盛者得之也,德不盛者失之也。是故君子考德,而天下之治乱得失,可坐庙堂之上而知也。"(《大戴礼记·盛德》)天子与诸侯的政权之"位"与这综合性的政德相匹配。"举不失职,官不易方,爵不逾德。"(《左传·成公十八年》)"厎禄以德,德钧以年,年同以尊"(《左传·昭公元年》),"古者明君爵有德而禄有功"(《礼记·祭统》),乃至"召穆公思周德之不类,故纠合宗族于成周而作诗"(《左传·僖公二十四年》),都是说爵位和被授予者的功德相对应。孟子说"天下有道,小德役大德,小贤役大贤"(《孟子·离娄上》),荀子说"德必称位"(《富国》),皆是此意。在封建世袭的制度下,德并非及身而止,还泽被后世。"大贤之德长。"(《管子·宙合》)"非德不及世。"(《国语·晋语一》)氏族祖先积德厚薄决定延续长短:"积厚者流泽光,积薄者流泽卑。"(《大戴礼记·礼三本》)"盛德必百世祀。"(《左传·昭公八年》)亦如称武王:"王配于京,世德作求。"(《诗·大雅·皇矣》)在宗法政治下,以上"德长""及世""流泽广""百世祀"之论,皆兼就家、国而言。政治体保有天命的结果是:

---

① 傅斯年:《性命古训辨证》,《傅斯年论历史》,上海书店出版社 2020 年,第 379 页。

"未有代德。"(《左传·僖公二十五年》)"诸侯尚众,周德未衰,故五伯迭兴,更尊周室。"(《史记·李斯列传》)此语尤可见,"德"之于运祚长短和政权断续的决定作用。"未有代德"提示了不同政治体的"德"相较量的政治逻辑:"天下有土之君,厥德不远,罔有代德。"(《逸周书·芮良夫解》)

政治体气运之"德",如同"复九黎之德",是"善恶通称"的中性词,作为政治生命力之名词。① 但政治体之所以能保有此"德",还是因为祖宗积功而得天赋之德,是有价值属性的。与天命之数结合,施政为治,成功积德,获得天意与民众支持,成为政治的生命力,以之耐受消磨,抵补弊病。在这个意义上,善治之德与天运之德相交,有气数、气运之意。"五德终始"说正是对此义的系统推演。五德终始之"德"决定了定位和属性,不同的治理风格又受到无为、仁义等治道价值的考量,最终成为证明德运、衡量气数的标准。这是德颇具神秘性的一面。只说儒家将治理之德内向转入个人道德的轨道,不能理解何以五德终始成为汉代思想主流,并在此后较长时期内保有重要影响,直至宋人道统说兴起才彻底在正统标准中淡化。

作为一个具有如此丰富治道内涵、和"道"一样兼具形而上下内涵(形而上程度不如"道")的治道概念,"德"相对于"道"而言,具有自己的独立性。汉武帝有言:"五帝之教不相复而治,禹、汤之法不同道而王,所由殊路,而建德一也。"(《史记·平准书》)这是重视治理功效,而不固守拘泥一定的治道的观念。"且夫道有夷隆,学有粗密。因时而建德者,不以远近易则。"②

德源于天道,是天地所施,人事物都被赋予的性质。从天德到人德,与天道远近不同的制作之功决定了治德的高低。在上述"道、德、功"的思想格局中,便有"德下衰"的观念。与之相应的,正是"皇帝王伯"的治道衰退。

"夫帝王之德,以天地为宗,以道德为主,以无为为常。"(《庄子·天道》)《庄子·缮性》综述了"德下衰"的历史:

> 古之人,在混芒之中,与一世而得澹漠焉。当是时也,阴阳和静,鬼神不扰,四时得节,万物不伤,群生不夭,人虽有知,无所用之,此之谓

---

① 徐元诰:《国语集解·楚语下第十八》,王树民等点校,中华书局2002年,第515页。
② 班固:《西都赋》,《班固集》,侯文学校注,人民出版社2019年,第17页。

至一。当是时也,莫之为而常自然。

逮德下衰,及燧人、伏羲始为天下,是故顺而不一。德又下衰,及神农、黄帝始为天下,是故安而不顺。德又下衰,及唐、虞始为天下,兴治化之流,浇淳散朴,离道以为,险德以行,然后去性而从于心。心与心识知,而不足以定天下,然后附之以文,益之以博。文灭质,博溺心,然后民始惑乱,无以反其性情而复其初。

由是观之,世丧道矣,道丧世矣。世与道交相丧也,道之人何由兴乎世,世亦何由兴乎道哉!道无以兴乎世,世无以兴乎道,虽圣人不在山林之中,其德隐矣。

大转型是尧舜之治,"浇淳散朴,离道以为,险德以行",彻底打破了自然浑朴的整全秩序,去自然天"性"而"从于心",直至用制度之"文"施治,治道由此一路下滑而无以为复。随着治理的发展,越来背弃自然、任意人为,与天道日远对应的,便是"德下衰""德又下衰"的衰变。

《上博楚简》载"其政"从"治而不赏,官而不爵,无励于民"发展到"始爵而行禄",有虞迵担心"德速衰",而转回维持"不赏不罚,不刑不杀"。[①] 结合"昔者有虞氏贵德而尚齿,夏后氏贵爵而尚齿"可见,在舜帝及有虞氏统治时期,政治制度进一步完善,但仍排斥制度治民,而以无为之治为"德"的首要标准,并以之调节政治之张弛。有虞迵的回归表征了制度之治的趋势与无为的固守。虞舜以"德"著称,"德"系于无为。制度化,就是"德速衰"。无为,去制度化,才能保有"德"。

道家的德与德衰观念与此一致。"五帝在前,三王在后,上德已衰矣,兵知俱起。"(《鹖冠子·世兵》)尧舜尚且葆有宽大无为之道,从帝道无为发展到王道制度之治,是"德下衰"的断裂式发展。《庄子》《吕氏春秋》皆载伯成子高指德自禹而衰:

昔尧治天下,不赏而民劝,不罚而民畏。今子赏罚而民且不仁,德自

---

① 上博简《容成氏》,见郭永秉:《帝系新研》,第55页。"及少皞之衰也,九黎乱德"(《国语·楚语下》)则说的是具体的治理衰败。

此衰，刑自此立，后世之乱自此始矣。（《庄子·天地》）

当尧之时，未赏而民劝，未罚而民畏，民不知怨，不知说，愉愉其如赤子。今赏罚甚数，而民争利且不服，德自此衰，利自此作，后世之乱自此始。（《吕氏春秋·长利》）

伯成子高斯人和这段话或许都是杜撰，但其观念是战国时流行的，故记入《庄子》，复载于《吕氏春秋》。这与王道将治德系于制度的观念正相冲突："德盛则修法，德不盛则饰政，法政而德不衰，故曰王也。"王道以"饰"明堂、度量、诸礼为务，以礼度为"德法"。（《大戴礼记·盛德》）但"法政而德不衰，故曰王"一语，仍传递出紧张之感。"法政"与"德"的冲突，是共识。主张王道者唯希望圣王出世，两全其美。与之相对而可资为援的，是皇、帝之道为"天德"，至帝道之末，仍能以此驾驭礼制："昔虞舜以天德嗣尧，布功散德制礼。"（《大戴礼记·少闲》）

从"公天下"到"家天下"的政治衰变，也被视为"德衰"。《孟子·万章上》载："人有言：'至于禹而德衰。'"依据是"不传于贤，而传于子"。儒家有不同的观念，不是禹"德衰"，而是与舜、禹乃至禹之子启相比，益的德不够，虽然被禹荐于天，但人民不归之。所以，"舜、禹、益相去久远，其子之贤不肖，皆天也，非人之所能为也。莫之为而为者，天也；莫之致而至者，命也。匹夫而有天下者，德必若舜、禹，而又有天子荐之者"。"德"是天命的表现之一。在这个意义上，"孔子曰：'唐、虞禅，夏后、殷、周继，其义一也。'"孟子更认为从"天与之"上看是一样的。（《孟子·万章上》）但孟子所道或仅为辩词，从万章"人有言"的发问来看，当时普遍有"德衰"的观念，认为"家天下"意味着政治之德的衰败。德有政治伦理的价值判断，由此衍生出政权的延续寿命长度之意。从"公天下"向"家天下"的衰变是治道衰败的前提性标识，导致历代王祚不永，季世而有恶政起。以衰败而不能维持为结果，远非禅让传贤之太平景象。《孟子》中如下记载才是当时比较普遍的观念，也是儒家信奉的价值："尧舜既没，圣人之道衰，暴君代作。"（《孟子·滕文公下》）正是在这里，看出尧舜帝道无为之重要，要使"德"规复原初的深厚承载与支配力。

在这个思想与观念脉络中，就能对楚狂接舆对孔子言"何德之衰"有进一步的理解：

> 楚狂接舆歌而过孔子曰："凤兮凤兮！何德之衰？往者不可谏，来者犹可追。已而，已而！今之从政者殆而！"（《论语·微子》）

《庄子》记为：

> 孔子适楚，楚狂接舆游其门曰："凤兮凤兮！何如德之衰也！来世不可待，往世不可追也。天下有道，圣人成焉；天下无道，圣人生焉。方今之时，仅免刑焉。福轻乎羽，莫之知载；祸重乎地，莫之知避。已乎已乎，临人以德！殆乎殆乎，画地而趋！迷阳迷阳，无伤吾行！却曲却曲，无伤吾足！"①

可见接舆所言"德之衰"系指当世政德之衰。此亦可见"德之衰"是当时通行的观念。至于接舆是指德自王道开始已衰，还是周末方衰，从其近于道家的隐士姿态，及"方今之时，仅免刑焉"之语，似可推断系属前者。

"德下衰"还展开为各方面的形容，如《庄子》中帝王宫室之自然程度：

> 狶韦氏之囿，黄帝之圃，有虞氏之宫，汤武之室。君子之人，若儒墨者师，故以是非相䪠也，而况今之人乎！圣人处物不伤物。不伤物者，物亦不能伤也。唯无所伤者，为能与人相将迎。（《知北游》）

亦有"考灵羌德，知尧步舜骤，禹驰汤骛"之说，作为"德下衰"的形容，屡为后世沿用。《白虎通》引《钩命决》曰："三皇步，五帝趋。三王驰，五伯骛。"陈立据前人注释认为是"德"的下衰导致治道之异："盖谓世愈降，德愈卑，政愈促也。"德从优渐劣，"愈下愈速"。②

---

① 《人间世》。刘宝楠认为："此当似接舆歌原文，《论语》节引之耳。"刘宝楠：《论语正义》，高流水点校，中华书局1990年，第718页。
② 陈立：《白虎通疏证》卷2《号》，第45页。

王道是制度之治与家天下结合,德下衰明显。王道下衰尤其表征于东周之德衰。当时已经有"代德"的讨论,如《国语·郑语》所载:

> 天之所启,十世不替。夫其子孙必光启土,不可偪也。且重、黎之后也,夫黎为高辛氏火正,以淳耀敦大,天明地德,光照四海,故命之曰"祝融",其功大矣。夫成天地之大功者,其子孙未尝不章,虞、夏、商、周是也。……其后皆为王公侯伯。祝融亦能昭显天地之光明,以生柔嘉材者也,其后八姓,于周未有侯伯。佐制物于前代者,昆吾为夏伯矣,大彭、豕韦为商伯矣,当周未有。……融之兴者,其在芈姓乎!芈姓夔越,不足命也,蛮芈蛮矣,唯荆实有昭德,若周衰,其必兴矣。姜、嬴、荆芈,实与诸姬代相干也。姜,伯夷之后也;嬴,伯翳之后也。伯夷能礼于神以佐尧者也,伯翳能议百物以佐舜者也,其后皆不失祀而未有兴者,周衰其将至矣。

成功的帝王后世皆秉承其遗德,它们见证了周的德衰,也具有再兴的能力,亦即"代德"。

"世衰道微,邪说暴行有作,臣弑其君者有之,子弑其父者有之。孔子惧,作《春秋》。"(《孟子·滕文公下》)尽管所谓世衰是从三王开始的,东周"世衰道微"仍然加剧了对整个王道之治的怀疑,新制度虎视眈眈。但儒家相信王道,作《春秋》以正之:"周道不弊,则民不文薄;民不文薄,《春秋》不作。"(《论衡·对作》)认为所谓"德衰"只是东周之积弊亦即"周德既衰"(《左传·僖公二十四年》),同时相信虽衰而"未有代德""天命未改",仍然在周:

> 在德不在鼎。昔夏之方有德也,远方图物,贡金九牧,铸鼎象物,百物而为之备,使民知神、奸。故民入川泽、山林,不逢不若。螭魅罔两,莫能逢之。用能协于上下,以承天休。桀有昏德,鼎迁于商,载祀六百。商纣暴虐,鼎迁于周。德之休明,虽小,重也。其奸回昏乱,虽大,轻也。天祚明德,有所厎止。成王定鼎于郏鄏,卜世三十,卜年七百,天所命也。周德虽衰,天命未改。鼎之轻重,未可问也。(《左传·宣公三年》)

从衡量道与德之所在的礼上，周天子的地位也仍视同前代之帝："周礼未改，今之王，古之帝也。"（《左传·僖公二十五年》）于是，孔子径言"吾从周"（《论语·八佾》）。老子则认为，针对周室已衰之德，只能用"常德"规复至于皇帝之道，通过"常德"之"不离""不忒"而臻于"乃足"的境界，方能"复归于朴。朴散则为器，圣人用之，则为官长，故大制不割"，再造治法，达成善治。这就是用大道之"常德"超越、纠正王道之"德"的过程。

在"皇帝王伯"的治道升降和"道德功力"的治道规模中思考"德衰"的意涵，回望三皇"通神明之德"，能够看到时人对从天道向人道、无为向制度甚至刑法之治的发展的评价，对重拾皇、帝治道资源以救王道甚至霸道之弊的思考。郑开将"德衰"置于既有之儒、道哲学王国的边界之内来归纳分类："儒家典籍里的'德衰'保留了政治原则的意味，其主要扩展则在于强化'道德（morals）意识'。道家著作则呈现出另外一种面貌，他们主要借助于'德衰'话语进行文化批判与价值重估。所以说，'德'的分化随着阐释方向的不同而不同。"[1] 这是将"道、德"置入从周德向诸子之道内向发展的线性进程的结果，却忽略了"德"在治道格局中的丰富意涵和持续的政治价值关怀。"德衰"既不是"政治原则"，也不是批判工具，"道德意识"更非其要旨，政治精神与政治生命力才是其关切所在。

道德的治道观是贯穿周汉的一条政治思想线索。圣王的"道"与"功德"是不可分离的。道、德、功虽有价值阶序，但道不虚行，是通过功和德来成就的，这是以人间治理为关怀的形上形下整全追求的体现。有功、德而又能上升到"道"的境界，到无为而为、为而不有的治理境界，是皇、帝之号表彰的理想治道。帝王封禅就是要呈现："明天之命，功成事就，有益于天地。"（《白虎通·封禅》）"德之行五和谓之德，四行和谓之善。善，人道也。德，天道也。"[2] 天道的表现是功、德，祭天就是要"称其德，报其功"[3]。人道本于天道，皆于功德见之。帝王功德是其受命、得位、行道的专有权力，是治道的表现。法天道，而成德、功，见于《史记·太史公自序》对帝王历史书写的

---

[1] 郑开：《德礼之间》，第424、428页。
[2] 《五行》，李零：《郭店楚简校读记（增订本）》，第100、104页。
[3] 《礼记正义》卷32《礼器第十》，第636页。

表述：

> 维昔黄帝，法天则地，四圣遵序，各成法度；唐尧逊位，虞舜不台；厥美帝功，万世载之。作《五帝本纪》第一。
>
> 维禹之功，九州攸同，光唐、虞际，德流苗裔；夏桀淫骄，乃放鸣条。作《夏本纪》第二。
>
> 维契作商，爰及成汤；太甲居桐，德盛阿衡；武丁得说，乃称高宗；帝辛湛湎，诸侯不享。作《殷本纪》第三。
>
> 维弃作稷，德盛西伯；武王牧野，实抚天下；幽、厉昏乱，既丧酆、镐；陵迟至赧，洛邑不祀。作《周本纪》第四。

在这样的治道视野中观察"道德""德礼"诸对关系，就发现"德"是在"道德功"这个虽有层次之分但更表现为连续体的治道格局中展开的。由此反观对"德"的既有认识，颇有可议之处。

余英时、何炳棣两位前辈学人都究心于"德"从集体的、统治的德行、德惠向个人化、内在化的德性修养"进化"的链条，① 是因为他们心中先已存有"德"之形而下与形而上的二元、进化的观念，于是所见的治理及政治之德便是形而下的，是被天命指定的，表现为王朝集体的政治行为与秩序的，这就窄化了治理之"德"。"道、德、功"格局中的"德"，是政治体及物之事业、事功与政治家个人修养的复合，既包括实践和秩序，又有高于两者的精神、风格等形而上的结果，即事业之实功而抽象，是共同体以迄国家及其治理的兼有形而上下意涵的秉性。它与天命相系，又不限于王朝的天命，而是天道的展开，是施政合乎天道与否的表现，积功为德、积德而为运数，表现为政治生命力。虽然孔子言"仁"、老子言"自然""无为"，皆将"德"形而上化，但只是为了将其"形于内"而升华，"进化"不是唯一的道路，还要看到并置而复合的丰富发展。政治体与治理可以进入"内德同天""德形于内"的境界，尤为"德"复合内外之表征。《易传》中对此"形于内"而兼内外的综合之"德"的

---

① 余英时：《论天人之际》，第 212 页。何炳棣：《"天"与"天命"探原：古代史料甄别运用方法示例》，《何炳棣思想制度史论》，第 104 页。

概念有充分的运用和展开，三统五德说之"德"亦为其突出体现。（详见第四节）

学界实多受后世心性一派儒家的影响而从价值、规范甚至个人道德的偏向来理解"德"。李泽厚认为："'德'是由巫的神奇魔力和循行'巫术礼仪'规范等含义，逐渐转化成君王行为、品格的含义，最终才变为个体心性道德的含义。"① 陈来从中国文化早期价值理性和伦理品格的角度看"德"，认为德源起"关于个人行为乃至个性的褒贬观念"，进而从君主个人美德和政治道德通往社会基本人伦关系的规范和普遍性的道德准则。② 郑开从"德、礼之间"来观察"德"的意蕴，认为只有周代存在"德礼体系"，轴心时期以后从"德礼"转入"道法"。③ 本文则认为，从先秦两汉的治道思考中关于"德"的论说来看，"德"不是如今人理解的价值理性、价值原则、精神价值、道德准则、道德意识等等价值与伦理领域的概念（这正是余英时认为"德"内向超越以后的意涵），而是实实在在的治理之功积而化成的文化实有，君子心性恰是在积德的实践中生成的，而非前置的："积善成德，而神明自得，圣心备矣"（《荀子·劝学》）；也不能将其形而下地视作"礼"的组成部分，"则以观德"，礼是德的开显、德是礼的秉性，在礼乐制度之治中，礼与德不可或缺，但并不是说"德"是"礼"的一部分，二者仍是不同属性的两个东西。"礼""法"同为制度之治一大阶段的具体展开，而"道、德"已成为高悬于上提升治道的标尺。

凡此都是因为对上古以来治道连续发展的积存估计不足，没有注意到"德"诞生于贯穿上古至秦汉的治道演进体系之中，与"道"同为治道的标准和成就，结合为"道、德、功"的体系。这是从治理之功逐渐向形而上演进的结构，但每个层类都是兼形之上下的，不可纯由形而上来理解其终极而忽略了治理的实践性，从而遮蔽了"德"居于道与功之间、统有形而上下的过渡性的治道意涵，否则尤其会影响到对此治道规模及其特质的理解。德是治理中的关键一环："德以临位，位以充局，局以观功，功以养民，民于此乎上。"（《大戴礼记·四代》）德是"道"的展开，从皇到伯，人道日益远离天道，被认为

---

① 李泽厚：《说巫史传统》，《由巫到礼 释礼归仁》，第21页。
② 陈来：《古代宗教与伦理》，第8、278、284、294页。
③ 郑开：《德礼之间》，第75、93页。

是"德下衰"而不长治久安的进程。并非德的个人化与哲学突破，抑或"道、法"取而代之。"天子不论先圣王之德，不知君国畜民之道。"（《大戴礼记·保傅》）"以之道则国治，以之德则国安。"（《大戴礼记·盛德》）"道、德"的治道结构贯穿了先秦两汉的政治论说。大戴仍申"汤、武能广大其德，久长其后，行五百岁而不失，秦王亦欲至是而不能"之义。（《大戴礼记·礼察》）范晔以"刘氏之遗恩余烈"证"盛德必百世祀"，以为"再受命"之原因。（《后汉书·卢芳传》）刘渊仍持"汉有天下世长，恩德结于人心"之说。（《晋书·刘元海载记》）

由上亦可见，"无为"治道虽非创生，然确有所指，针对不合"道、德"标准之"为"，直接所指是国家有为而民受其累，指向的则是周代以至三代王治的制度之治踵事增华、繁文缛节。援引"皇、帝"体天无为之道，根治制度的弊病，才能振起"德下衰"的蜕变。《吕氏春秋》曾模拟一段对话，道出上古以降治道资源在当时的影响。当有人向吕不韦请教《十二纪》时，吕不韦以传承黄帝治道对之："尝得学黄帝之所以诲颛顼矣，爰有大圜在上，大矩在下，汝能法之，为民父母。盖闻古之清世，是法天地。凡《十二纪》者，所以纪治乱存亡也，所以知寿夭吉凶也。"这就是天道，就是无为之道："上揆之天，下验之地，中审之人，若此则是非可不可无所遁矣。天曰顺，顺维生。地曰固，固维宁。人曰信，信维听。三者咸当，无为而行。行也者，行其理也。"（《吕氏春秋·序意》）

"皇帝王伯"是历时演进的文明与政治社会形态，对其的认识却是"德下衰"，这不是社会或经济发展的史观，而是治道的眼光，并以之对逐渐制度化的治理发展进行了批判和规训。但真正实现治道之于政治时势的超越，还要相当长的时间。

第三节 诸子发明帝王治道

以"三皇五帝"为中心的古史研究中，可以有帝系与治道两条进路。连续或断续的帝王谱系，是古史研究中的聚讼所在，我们所关注的则是载籍与诸子学说中对上古治道之"大型"的认识。

"道者，万物之始，是非之纪也。是以明君守始以知万物之源，治纪以知善败之端。"（《韩非子·主道》）韩非虽尤受道家影响，诸子对"道"之于治的重要性的认识实同此语，足证"道"乃诸子所共认之为治大本。以"皇帝王伯"为偶像符号的历史中积淀形成的"道""德"思想与观念，成为总揽人间治理与治道之大纲。作为治道与治绩的表达词，"道德功烈"成为彻上彻下、从体到用贯穿而逐渐展开的治道规模。中国治道既积累历史资源而形成，以历时的圣主与其治理模式为分期，在王官失守之时，诸子便各自其因缘际会，根据从思想资源库中继承的治道资源与时势判断而形成立场，复以此立场取法、阐发某一阶段的治理模式而将其"道"化。这就是《庄子》等所表达的"道术为天下裂"的学术发展逻辑。在这样的思想生成理路下，争鸣的百家对于何为"道德功烈"之所在便有不同的理解。其表现在"务为治"上的差异，是对于治理者以何种范式（如无为、礼乐、仁义、法术等）条理天地间庶事庶物的总体秩序、达致治心治身以及家国天下的认识之不同。

王道于周而集大成，亦难免于积弊，周室东迁后治道衰颓，弊坏至极。救弊和开新的实践与思想相应而出。在王道的制度之治时代，救弊的政治实践路径基本体现为制度选择、调适、鼎革，即"取法"或"变法"。《管子》在平准之财政政策层面提出了"兼用五家而勿尽"："黄帝之王，谨逃其爪牙。有虞之王，枯泽童山。夏后之王，烧增薮，焚沛泽，不益民之利。殷人之王，诸侯无牛马之牢，不利其器。周人之王，官能以备物。五家之数殊，而用一也。"（《管子·国准》）赵武灵王答问胡服骑射，极论易俗变法之必要：

> 古今不同俗，何古之法？帝王不相袭，何礼之循？宓戏、神农教而不诛，黄帝、尧、舜诛而不怒。及至三王，观时而制法，因事而制礼，法度制令，各顺其宜；衣服器械，各便其用。故礼世不必一其道，便国不必法古。圣人之兴也，不相袭而王。（《战国策·赵二》）

都是从历代帝王治道中汲取资源、演绎逻辑。

经诸子之手，"皇帝王伯"历时形成之治道资源被选择与再发明。本节略述诸子学说之本质为上古至当时不同阶段治理模式的"道"化。

史官记录、保存、传承治理史与治道思考，道家所论的大道、至德就是

"至治"(《庄子·胠箧》)。道家"高语皇古",在其看来,颇有无为之治意蕴的"皇"居于首位,治理繁剧渐次加重,德渐次下衰。面对古今之变,老子从"皇、帝"治道中提炼发明"无为"作为匡正王道的新治道。"道""德"以"皇、帝"为最高,故老子之书以"道德"为名,以经纬"道德"为意。瞽史保存源自上古之"天道",并非仅就巫筮而言,早期治道浑朴,亦以"天道""自然""无为"称之。天道无为,并非无形,并非纯粹的、完全的"形而上",而是上古之治道无为,其作用于万物之德如天道、天德之自然,老子将此治理经验转入了"无为而无不为"的哲思境界。

老子明言:"执古之道,以御今之有。能知古始,是谓道纪。"(《老子》第十四章)发明、定义了"古"与"古道"的超越性,用古道之"无"来驾驭当今的王道之诸般"有",由此实现了上古治道的形而上化、超越化或者说是哲学化。这是所谓"轴心时代"之思想突破迸发的表现,但非凭空创构。"道可道,非常道。""道"是"常道",但老子批评的当世之"道"是作为王道之集大成的周道。老子定义了古道的超越性,就解决了上古的帝道何以适用于当代的问题。"自然""无"都是对"古始"状态的上古之世的抽象,治道超越了时间与形势的限制。古始的"皇、帝"之道从而不只是治理的事实,更是超越的治道。"皇、帝"的治理模式从陈迹中脱胎换骨地飞升出来,进入道的境界,这就进一步从治理经验向治道演进。超越为"常道",所以可为万世师,而非为大一统树立一个集权皇帝的未来模样。东周以及代周的秦政皆不同向度地表现出制度之治的偏颇,不断呼唤上古"皇、帝"无为治道的返场,黄老之道应运而生。黄老学说虽因应形势而与老庄异同参差,但皆体现为对上古治道的取法,表征了皇、帝治道不同形态的超越。汉人以此为治国之学。司马谈为史官而习道学(包括天官、《易》和道论),担心世人不懂其奥突,遂独阐六家要指,说明习道学为史官之传统,而论列诸子学说为身任治道记录与研究者的史官之责任:"太史公学天官于唐都,受易于杨何,习道论于黄子。太史公仕于建元、元封之间,愍学者之不达其意而师悖,乃论六家之要指。"(《史记·太史公自序》)东汉边韶《老子铭》亦称:"自羲农以来,□为圣者作师。"[1]

"爱民治国,能无为乎?"(《老子》第十章)老子治道的核心是"无为",

---

[1] 边韶:《老子铭》,洪适《隶释》卷3,上海古籍出版社2021年,第133页。

通过"反"于上古治道而回归天人浑朴整全的理想之治，达到"无为而无不为"的境界。"无为自化，清静自正。"（《史记·老子韩非列传》）道德化育万物，但表现为自然无为，通往"玄德"的路径是"反"，返回上古皇帝之治："反者道之动，弱者道之用。"（《老子》第四十章）道会生长万物，但万物的生长又会远离道之本，只有归根复命才能焕发新的生机：

> 万物并作，吾以观复。夫物芸芸，各复归其根。归根曰静，静曰复命。复命曰常，知常曰明。不知常，妄作凶。知常容，容乃公，公乃全，全乃天，天乃道，道乃久，没身不殆。（《老子》第十六章）
>
> 有物混成，先天地生。寂兮寥兮，独立不改，周行而不殆，可以为天下母。吾不知其名，强字之曰"道"，强为之名曰"大"。大曰逝，逝曰远，远曰反。（《老子》第二十五章）

"逝"是一个前进的方向，也是远离常道的衰变，从皇、帝到王，要再从现实的王道"反"回"皇、帝"体现自然天道的常道。这个"反""复"的运行正是道的实现、规复、保有方式。从作育万物到反复归根，常中有变有易，而又不断返回常道，从而动态地保持与实现常道、大道，正是道的全部运行体系。所以说"复命曰常"。帝王"知常曰明"，遵循久而不殆的天道："道大，天大，地大，人亦大。域中有四大，而人居其一焉。人法地，地法天，天法道，道法自然。"（《老子》第二十五章）"人"就是人间，人法自然就是人间之治道须法自然，通行本为"王亦大""王居其一"也是说得通的，甚至更能提升治道的语境感觉。于是，通过"道法自然"而实现"常德"，亦由此返归于自然亦即淳朴混沌的美好治理境界，老子用了一系列排比来说明："常德不离，复归于婴儿。……常德乃足，复归于朴。朴散则为器，圣人用之，则为官长，故大制不割。"（《老子》第二十八章）所谓"婴儿""无极""朴"都是"大制不割"的"皇、帝"之道。在这样的生长与反复中，圣人并非机械的无为，而是上体博大的天道，做到"为"与"无为"的辩证统一。"圣人之治"是"为无为，则无不治"的（《老子》第三章），"道常无为而无不为"（《老子》第三十七章）。

后世道家发扬光大"皇、帝"治道，讲明无为之道亦即天道。"帝王之德配天地。此乘天地驰万物，而用人群之道也。"庄子常以天地之道拟帝道："天道运而无所积，故万物成；帝道运而无所积，故天下归；圣道运而无所积，故海内服。明于天，通于圣，六通四辟于帝王之德者，其自为也，昧然无不静者矣。""天不产而万物化，地不长而万物育，帝王无为而天下功。"（《庄子·天道》）由宏观治道而考虑及于具体施治之逻辑与效果：

> 夫虚静恬淡寂漠无为者，天地之本，而道德之至，故帝王圣人休焉。休则虚，虚则实，实者备矣。虚则静，静则动，动则得矣。静则无为，无为也则任事者责矣。无为则俞俞，俞俞者忧患不能处，年寿长矣。夫虚静恬淡寂漠无为者，万物之本也。明此以南乡，尧之为君也；明此以北面，舜之为臣也。以此处上，帝王天子之德也；以此处下，玄圣素王之道也。（《庄子·天道》）

这是政治体共循之治道，贯穿了为君为臣、处上处下之道，而非人君欺使臣民之手段。道家要从王道复归天道，用天道统驭仁义礼制，修身治物以致太平：

> 古之明大道者，先明天而道德次之，道德已明而仁义次之，仁义已明而分守次之，分守已明而形名次之，形名已明而因任次之，因任已明而原省次之，原省已明而是非次之，是非已明而赏罚次之。赏罚已明而愚知处宜，贵贱履位；仁贤不肖袭情，必分其能，必由其名。以此事上，以此畜下，以此治物，以此修身，知谋不用，必归其天，此之谓太平，治之至也。（《庄子·天道》）

求"治之道"而以之驾驭"治之具"：

> 骤而语形名赏罚，此有知治之具，非知治之道；可用于天下，不足以用天下，此之谓辩士，一曲之人也。礼法数度，形名比详，古人有之，此下之所以事上，非上之所以畜下也。（《庄子·天道》）

若有所谓"仁",浑全无为之"大道"才是"治之道",才是"大仁",而王道时期依靠"治之具"外铄规范的仁义则分裂天性,不过是划分是非、挑动社会矛盾的轨辙:"大仁不仁。""自我观之,仁义之端,是非之途,樊然殽乱,吾恶能知其辩!"(《庄子·齐物论》)其最根本的遵循,仍是皇、帝之道昭示的天道与天德:

> 夫明白于天地之德者,此之谓大本大宗,与天和者也;所以均调天下,与人和者也。与人和者,谓之人乐;与天和者,谓之天乐。(《庄子·天道》)

针对王道特别是周礼繁文,《庄子》接着《老子》说"为道日损":

> 黄帝曰:"彼无为谓真是也,狂屈似之;我与汝终不近也。夫知者不言,言者不知,故圣人行不言之教。道不可致,德不可至。仁可为也,义可亏也,礼相伪也。故曰:'失道而后德,失德而后仁,失仁而后义,失义而后礼。礼者,道之华而乱之首也。'故曰:'为道者日损,损之又损之以至于无为,无为而无不为也。'"(《庄子·知北游》)

"损"的对象就是王道的繁复的"礼"。"为道日损"的治道意义正是从"礼者,道之华"回复到"归根""无为"的境界。道家所谈的"天道""大道""常德",都是取法皇、帝时代无为自然的治道,针对集王道之大成的周道之积弊而言。"至人无为,大圣不作"(《庄子·知北游》),是在"关于天地"的意义上成立的,"无为"和"不作"都是指向违背天道的"为"与"作",损之又损至于符合天道便"无为而无不为也"。《鹖冠子·天则》等文献中类似的表达如"不创不作,与天地合德",也是体天道创作而合天德。所谓天地之"德",是天地秉性,也是天地惠及万物之德,后者因于前者而成,前者赋予后者特定的形态与高妙的境界,这就是皇、帝时代所示的治道追求了。

在终极理想上,扬弃制度、秩序、规范以及其学说,方可回归大道:

> 绝圣弃知,大盗乃止;擿玉毁珠,小盗不起;焚符破玺,而民朴鄙;

掊斗折衡，而民不争；殚残天下之圣法，而民始可与论议。擢乱六律，铄绝竽瑟，塞师旷之耳，而天下始人含其聪矣；灭文章，散五采，胶离朱之目，而天下始人含其明矣；毁绝钩绳而弃规矩，攦工倕之指，而天下始人有其巧矣。故曰：大巧若拙。削曾、史之行，钳杨、墨之口，攘弃仁义，而天下之德始玄同矣。（《庄子·胠箧》）

同时，道家之"无为"已是超越的哲学，是辩证的认识论，在不可能尽弃一切制度的条件下，道家拈出"所以"的形而上思辨逻辑，启发思考制度顺势变化背后的哲学，这也是对皇、帝之道发明与转化的重要表现之一。从皇、帝以来的制度演生史，说明制度的目的是"治"而非"同"，虽处王道时代，行制度之治，但不必全循周公法度：

故夫三皇五帝之礼义法度，不矜于同而矜于治。故譬三皇五帝之礼义法度，其犹柤梨橘柚邪！其味相反而皆可于口。故礼义法度者，应时而变者也。今取猨狙而衣以周公之服，彼必龁啮挽裂，尽去而后慊。观古今之异，犹猨狙之异乎周公也。

在以"东施效颦"的故事讲"彼知颦美，而不知颦之所以美"的"所以"哲学后，讽"夫子其穷哉"。接着讲孔子"求之于度数、阴阳"却"行年五十有一而不闻道"，有待老子开导。（《庄子·天运》。《史记》中也有寓意相似的故事）这是"古之人其备乎"与"邹鲁之士、缙绅先生多能明之"但拘滞于"迹"的对比的生动展示。较诸"法禹、舜而能弇迹"的制度观确有形而上的高明。治道的意迹之辨在《庄子》中多有论说，而为魏晋玄学所发扬。

道家讲"皇古""帝王"，侧重在皇道及早期帝道贯穿下来之天道无为的特质，与王道形成异质对比；墨、儒两家讲"二帝三王""帝王"，则立足王道而以仍保有无为特征的后期帝道援救之。前者的本质是皇、帝之道，后者的立场是王道。

"墨者亦尚尧舜道，言其德行。"（《太史公自序》）墨子用夏道变周道，亦法尧舜。《庄子·天下》有言："非禹之道也，不足谓墨"。对于"墨学之所出"，孙星衍赞同《淮南子》论墨"背周道而用夏政"之说，认为："墨子与孔异者，其学出于夏礼。"① 墨家以夏禹王道初期之忠朴质直，纠正周文，本文不具述。可记者则有汪中认为儒墨虽互绌，但"其意相反而相成"，墨子亦是"述尧舜，陈仁义"之"仁人也"。② 于此实亦可见儒、墨同属王道政治的立场。正因为立足王道，所以墨家对刑法这一制度形态亦持中性的评判，认为圣王善用则治民，反之则为五杀以乱天下。(《墨子·尚同中》)

三皇以来的治道为诸子共同享有的思想资源，但从《易传·系辞》可见，儒家将治道与制作的演进定格于王道，从三皇说到官治之宜。孔子与儒家以王道为立场，一方面以"从周""复礼"为旨，力图规复周初的文、武、周公之道，使制度之治保持礼乐刑政的规模；另一方面，向上求援于尧舜帝道，追问"礼之本"，使之臻于中道的境界。一言以蔽之："制度在礼。"(《礼记·仲尼燕居》)即司马迁所概括的："追迹三代之礼，序《书传》，上纪唐、虞之际。"(《史记·孔子世家》)引入帝道，使之沿着儒家的方向"道"化形成义理，结果是"王道备，人事浃"，王道在"道"的层面焕发新的活力，获得了通往未来的生机，这就是所谓夫子对王道的"发明"。孔子重王道，故虽以尧舜帝道为"大道"，仅是借助无为之意，目光所及仍是"周虽旧邦，其命维新"，遂转而在王道三代内部划分出夏忠、殷质、周文③三种程度与风格，以通三统来恢复周道定型的王道的活力。所谓孔子作《春秋》"变周之文，从殷之质"④，主以王道内之殷质救周文，即此意也。儒家看到了周文的积弊，希望通过礼复其初，而人复其性："凡礼，始于脱，成于文，终于隆。故至备，情文俱尽；其次，情文迭兴；其下，复情以归太一。"(《大戴礼记·礼三本》)这不是像道家那样灭弃礼义，而是认为礼"贷之则丧"，只是要恢复"礼之本"，由此在王道体制中复现天道。"师儒"是周代述道的群体，儒家追求发明周道而匡救周弊，亦属当然。所谓百家诸子，基本以儒家和孔子为辩论对象。孔子反对回归上古之道："愚而好自用，贱而好自专，生乎今之世，反古之道，如此者，灾及其身者也。"(《中庸》)也反对超迈周代，认同周德未到更代之时，《春

---

① 孙星衍：《墨子注后叙》，《墨子间诂·墨子附录》，第665页。
② 汪中：《墨子序》，《墨子间诂·墨子附录》，第672页。
③ 或"夏道尊命""殷人尊神""周人尊礼尚施"，亦可加上虞代而成四代质文："虞、夏之质，殷、周之文，至矣。虞、夏之文不胜其质，殷、周之质不胜其文。"(《礼记·表记》)
④ 《春秋公羊传注疏》卷3《隐公第三》，第86页。

秋》实是规复周礼、匡救周道，而非别创新法："《春秋》采善贬恶，推三代之德，褒周室，非独刺讥而已也。"(《史记·太史公自序》)"孔子明王道，干七十余君，莫能用，故西观周室，论史记旧闻，兴于鲁而次《春秋》，上记隐，下至哀之获麟，约其辞文，去其烦重，以制义法，王道备，人事浃。"(《史记·十二诸侯年表》)"采善锄丑，以成王道。"(《淮南子·主术》)皆表其发明周道、挺立王道而非自立一道之意。而文质通变则归于周文之宗："观殷、夏所损益，曰：'后虽百世可知也，以一文一质。周监二代，郁郁乎文哉。吾从周。'"(《史记·孔子世家》)"文王既没，文不在兹乎？天之将丧斯文也，后死者不得与于斯文也；天之未丧斯文也，匡人其如予何？"(《论语·子罕》)正是孔子信奉周道，而以发明"礼之本"、文之义为己任的心声。"固以身任绍文之文矣。"① 周道是"天听自我民听"，以人道探问天道。孔子与儒家信天命、天道，但自己所从事者则为"敬鬼神而远之"的王道，而罕言"天道"，以致被以"尊天事鬼，爱人节用"为"知"的墨家批评"以天为不明，以鬼为不神，鬼神不说，此足以丧天下"(《墨子·公孟》)。虽然对"夫子之文章，可得而闻也；夫子之言性与天道，不可得而闻也"(《论语·公冶长》)一语有不同理解，也屡有发掘孔子对天道的讨论者，但从治道着眼，这一句在字面意思上理解亦无大碍。《论语·阳货》中，孔子有言："天何言哉？四时行焉，百物生焉，天何言哉？"《礼记·哀公问》中有一句可与之互文的话："无为而物成，是天道也。"这是儒家的天道观，重视吸收无为而能成物的治理意涵以入王道，而非侈谈瞽史之或神秘又古远的天道。《中庸》"天命之谓性，率性之谓道，修道之谓教"一语，已为将"天命"与"道"推进到个体修养层面铺垫，故为重性理之宋儒再发明。

儒家王道格局中，"德礼"优于"政刑"被义理化，从礼乐维度界定、巩固、完善制度之治。"礼、乐，德之则"的观念延续下来，在儒家看来，礼乐制度为治身治国所必需："道德仁义，非礼不成。"(《礼记·曲礼上》)可见礼乐型的制度之于为政施治之道、德的重要性。"礼乐刑政"的制度格局由此巩固，以仁义为内核，以德礼为枢轴，儒家将之义理化后，便与单向偏颇的政刑制度之治截然有别，而成为王道之为王道的规模与义理所在。"道之以政，

---

① 苏舆：《春秋繁露义证》卷7《三代改制质文第二十三》，第184页。

齐之以刑，民免而无耻；道之以德，齐之以礼，有耻且格。"（《论语·为政》）"礼乐刑政，四达而不悖，则王道备矣。"（《礼记·乐记》）这是"礼—德—道"的因果链条，可见"德-礼"之制的优先性。它的本质仍是礼治，重视制度在治理中的重要性。所以当哀公询问"三代之相授，必更制典物，道乎"，孔子虽然将"德"放在因果中优先的地位，但同时认为礼乐制作之于王道有着极端重要的意义："君问已参黄帝之制，制之大礼也。"（《大戴礼记·虞戴德》）

"圣王之盛，惟有尧、舜；尧、舜之道，仁义为上。"① 孔子之"述"与"复"，并非原样照搬，而是与古为新，追问"礼之本"（《论语·八佾》）。以帝道援救王道，以仁义讲明礼乐制度之道，成"道、德、仁、义"的格局。由此将制度体系颇为成熟的周代治道的德命、礼乐、宗法诸层面向超越的义理提升，但仍是即周代礼乐制度而超越："于周制之中发明深远之意义及目的，于是时王之礼，遂有超越时代环境而理想化之趋势。"② 沿用萧公权此语，这是"礼"的超越和理想化，而非"仁""德"单向内转的心性化，前已述及"德"的政德与主政者之德两方面内涵不可偏颇视之，并非单线直行，与此应合而观之。子曰："如有王者，必世而后仁。"《论语·子路》孔子所述之道既源于圣王，所究心者全在于人群的治道，仍由治功政德论"仁"："子贡曰：'如有博施于民而能济众，何如？可谓仁乎？'子曰：'何事于仁！必也圣乎！尧、舜其犹病诸！夫仁者，己欲立而立人，己欲达而达人。'"（《论语·雍也》）"仁"是治理场域中的标准，在《公冶长》中，孔子评价子路、求、赤、令尹子文、崔子等是否合乎"仁"的标准时，都是从政治活动、政治人物的表现来看的。周、孔之道虽一路转进，但宗旨皆在于治道，要形诸治理、付诸实践。

"未有不谨于礼者也。以著其义。"（《礼记·礼运》）礼不独重，礼的背后是"义"，"义"是"礼之本"的主要内涵。"君子义以为质，礼以行之。"（《论语·卫灵公》）儒家的君子人格修养的依据和目的是"复礼"，具体展开为"义"的秩序和"礼"的路径。礼的重要性在与仁、义的结合中巩固而彰显。"仁者人也，亲亲为大；义者宜也，尊贤为大。"（《中庸》）仁与义不可

---

① 赵岐：《孟子赵注》，广西师范大学出版社2018年景宋蜀刻本，第493页。
② 萧公权：《中国政治思想史》，第41页。

分，源于人之亲情的仁实际上也是"宜"。仁、义皆在礼乐体系之内，与制度系统和实践操作相辅相成，不能脱离礼乐制度和义的秩序谈仁，这和"则以观德"的逻辑是一致的。仁是这套秩序体系中的一个环节，需要习得和规范，故有"克己复礼"，有"其心三月不违仁""无终食之间违仁"诸说。博施济众、成仁化人的依托和方式主要是礼："克己复礼为仁。一日克己复礼，天下归仁焉。"其下还用"非礼勿视，非礼勿听，非礼勿言，非礼勿动"四"目"来界定之（《论语·颜渊》）。"每事用礼，所以是复礼也。""言若能自约俭己身，还反于礼中，则为仁也。"一言以蔽之："身能反礼则为仁矣。"① 刘宝楠将礼自外作用于内说得更加明白："视、听、言、动，古人皆致慎之，所以勉成德行，而不使不仁者加乎其身也。"② 这里将"礼"作为"仁"的条件，突出说明了王道之礼制对于孔子之重要，亦可见其仁、礼内外交相为用归于"化人"的治理思维，而不可全以心性论仁。③ 所以孔子说："兴于诗，立于礼，成于乐。"（《论语·泰伯》）至于"礼云礼云，玉帛云乎哉？乐云乐云，钟鼓云乎哉？"（《论语·阳货》）、"人而不仁，如礼何？人而不仁，如乐何？"（《论语·八佾》），皆是以"仁"提升礼乐制度的义理遵循之意，并不意味着礼乐不足贵。一言以蔽之，"仁"是规范的内在，而非自然的内在。"仁义礼智，非由外铄我也，我固有之也，弗思耳矣"（《孟子·告子上》）是经规范而内在的结果表达。《礼记·郊特牲》有言"礼之所尊，尊其义也。失其义，陈其数，祝史之事也。故其数可陈也，其义难知也。知其义而敬守之，天子所以治天下也"，《左传》亦有"是仪也，非礼也"的批评（《昭公二十五年》），都在强调"义"是"礼之本"。礼制本来就以亲亲尊尊的"义"为本，它是秩序的义

---

① 皇侃：《论语义疏》，高尚榘校点，中华书局2013年，第298页。
② 刘宝楠：《论语正义》，第484页。
③ 何炳棣已先注意到此语中"礼"与"仁"的关系颇耐寻味，但认为"仁"和"礼"是"整体与部分的哲学范畴"，于是其耐人寻味之处就表现为："'仁'作为一个整体是至高至大；'礼'仅仅是'仁'的一个部分。但最堪注意的是就二者关系而论，部分的重要性绝不亚于整体，有时还高于整体。"归于"孔子的经验世界无法超越广义的'礼'，所以'仁'的施行对象处处必须受'礼'的限界。"（《华夏人本主义文化：渊源、特征及意义》，《何炳棣思想制度史论》，第39—40页。）笔者则认为二者不是"整体与部分"的关系，礼之"控制、界定"仁的直接原因固是"孔子的经验世界"，但这个"经验世界"就是以礼为代名词的王道制度之治，并且礼治不仅是"经验世界"，也是孔子的"义理世界"。

理,也是个人德行与德性的要求,孔子与儒家继承了这个制度形式与精神一致的体用逻辑,这也是龚自珍所谓儒家为周代文化遗传之"大宗"的内涵之一。

"道也者,治之经理也。"(《荀子·正名》)儒家后学荀子亦主周道,重视礼制。"圣也者,尽伦者也;王也者,尽制者也。两尽者,足以为天下极矣。故学者,以圣王为师,案以圣王之制为法,法其法,以求其统类,以务象效其人。"(《解蔽》)正是王道对应礼义制度之治的信念。"礼"是施政"道德"之极:"礼者,法之大分、类之纲纪也,故学至乎礼而止矣。夫是之谓道德之极。"(《劝学》)礼至虞夏商周而备,故有"言道德之求,不二后王。道过三代谓之荡,法二后王谓之不雅"之断。(《儒效》)这就是著名的"法后王":"欲观圣王之迹,则于其粲然者矣,后王是也。彼后王者,天下之君也,舍后王而道上古,譬之是犹舍己之君而事人之君也。"(《非相》)他高标"法禹、舜而能齐迹"方是"百姓待之而后宁也,天下待之而后平也"的"君子之知"(《赋》),是对三代礼乐制治亦步亦趋的表达。佐藤将之认为,荀子通过"礼"达成了对先秦思想中各种观念和论证的重构与综合①,也证明了荀子在儒家王道礼乐的制度之治思想发展中的地位。王与伯/霸正是在"礼"与"法"上区分,亦即制度中仁义礼乐的政治伦理之有无:"君人者,隆礼尊贤而王,重法爱民而霸。"(《大略》)清人张惠言于此论道:"荀子以礼为教,'粹而王'三句领后三篇。""礼以成治。"是解人之语,"粹"就是纯用礼乐之治,儒道就是此王道,故旧注有云:"粹,谓全用儒道。"② 荀子理想中的"礼",相对于繁文积弊而言,是"文而不采""简然易知而致有理""致明而约,甚顺而体"的;相对于任法的霸道而言,则并非束缚人,而是保全天赋之性:"性不得则若禽兽,性得之则甚雅似。"兼有修身与治国之效:"匹夫隆之则为圣人,诸侯隆之则一四海。"去繁文,而得天性,这是荀子"归之礼"的内核。(《赋》)③ 这是对孔子"复礼""从周"的延伸,礼从而成为天道在人间的展开:"对荀子而言,要使人类社会达成如自然界与人体中所展现出的秩序,

---

① 佐藤将之:《参于天地之治:荀子礼治政治思想的起源与构造》,台大出版中心2016年,第399页。
② 《荀卿赋定本校笺》,席鲁思校笺,中华书局2022年,第14页。
③ 参见《荀卿赋定本校笺》,第15页。

'礼'是最重要的要素。"① 荀子强调，"礼义"就是人群社会治理的"中道"："先王之道，仁之隆也，比中而行之。曷谓中？曰：礼义是也。道者，非天之道，非地之道，人之所以道也，君子之所道也。"（《儒效》）他眼中的礼之"道"，先是"分"而有序，"制礼义以分之，使有贵贱之等，长幼之差，知愚、能不能之分，皆使人载其事而各得其宜"，而终于"群居和一"。礼是自"分"而"和"之道（《荣辱》），所以重视"修礼义""本政教""一天下"，看轻"强"（《王霸》）。虽然秦"地遍天下"，"威强乎汤、武，广大乎舜、禹"（《强国》），但不行礼义，也只是"末世之兵，未有本统也"（《议兵》）。这是以儒家王道为指归，而不以国强、国大为重。表面的疆域一统只是帝道的外在标准，是次要的，不可恃为长治久安。

儒家发明王道的结果是以仁义规训制度，在制度之治的格局内崇尚礼乐，谨慎对待政刑，既非纯讲内心发愿之仁，更非纯任制度为治。以"平治天下"为"舍我其谁"的目标（《孟子·公孙丑下》），便虽"道性善"，仍"言必称尧、舜"（《孟子·滕文公上》）。亦即以尧舜之道为将王道超越化的资源，所论仍是尧舜之治道，"仁"的落脚是治理维度的关怀："为天下得人者谓之仁。"（《孟子·滕文公上》）"三代之得天下也以仁，其失天下也以不仁。国之所以兴废存亡者亦然。"由此提出可谓"十字打开"的"仁心-仁政"说。孟子强调礼乐制度之为仁政，乃尧舜之道的内核："离娄之明、公输子之巧，不以规矩，不能成方圆；师旷之聪，不以六律，不能正五音；尧舜之道，不以仁政，不能平治天下。"在作为治道圭臬的"先王之道"中，"仁心"与"仁政"是合一的，"善"与"法"是相辅相成的：

> 今有仁心仁闻而民不被其泽，不可法于后世者，不行先王之道也。故曰，徒善不足以为政，徒法不能以自行。《诗》云："不愆不忘，率由旧章。"遵先王之法而过者，未之有也。圣人既竭目力焉，继之以规矩准绳，以为方员平直，不可胜用也；既竭耳力焉，继之以六律正五音，不可胜用也；既竭心思焉，继之以不忍人之政，而仁覆天下矣。故曰，为高必因丘陵，为下必因川泽；为政不因先王之道，可谓智乎？（《孟子·离娄上》）

---

① 佐藤将之：《参于天地之治》，第400页。

制度的弊端已经显现，"无治法"已是人所共见。仁与法结合并行而不可或缺。荀子虽重礼制，亦提出"有治人，无治法"之说，与孟子"徒善不足以为政，徒法不能以自行"一语交相辉映，同为流传后世的制度论之本。法须有"法之本""法之义"，但斯义不能凭空自行，在于人去实现，于是，重视法之义就转为重视执此义理之君子在制度之治中的祛弊力量，通过这样的"治人"达致"治"的境界。并非认定有完美的"治人"，而只是对人事的重视，实即不懈地以人事补救法治之谓。其实质仍是注重法须有其义理之本，不可滑向任法：

> 有乱君，无乱国；有治人，无治法。羿之法非亡也，而羿不世中；禹之法犹存，而夏不世王。故法不能独立，类不能自行，得其人则存，失其人则亡。法者，治之端也；君子者，法之原也。故有君子则法虽省，足以遍矣；无君子则法虽具，失先后之施，不能应事之变，足以乱矣。不知法之义而正法之数者，虽博，临事必乱。（《君道》）

> 有良法而乱者有之矣；有君子而乱者，自古及今，未尝闻也。（《王制》）

所谓"治人""君子"，皆是"法之义"的载体和寄托，而不等于"人治"。

从《大学》来看，"仁-礼"一体，目的便是上文已述及的"明德"。孔子及其后学将"明德"之周道转进，"明德"是对应"天下平"的：

> 古之欲明明德于天下者，先治其国。欲治其国者，先齐其家。欲齐其家者，先修其身。欲修其身者，先正其心。欲正其心者，先诚其意。欲诚其意者，先致其知。致知在格物。物格而后知至，知至而后意诚，意诚而后心正，心正而后身修，身修而后家齐，家齐而后国治，国治而后天下平。

所以虽揭出"一是皆以修身为本"的意涵，目的仍归于"明明德于天下"。"先慎乎德""德者本也"，皆是就此政德而言。这是儒家以仁发明王道而不离王道之治的归根所在。

儒家以周道为学说，周道的特征甚至积弊也表现在儒家学说之中：

> 夫儒者以六艺为法。六艺经传以千万数，累世不能通其学，当年不能究其礼，故曰"博而寡要，劳而少功"。若夫列君臣父子之礼，序夫妇长幼之别，虽百家弗能易也。(《太史公自序》)

当然，这也从一个侧面说明，虽然王道积弊应去，但王道成为不可扭转的实际。

"天道远，人道迩。"(《左传·昭公十八年》)王道是当时主流，它以人间之治、制度之治为基本大旨，而从礼乐制度向刑法之治发展，这是霸道崛起时期的大势。礼与刑同属制度之治，属性固有不同，但又有着相辅相成的内在关联。所以德刑为治自古远已有之，礼刑尤为王道的制度载体。"以天教于民"虽然"可"，但"虽可而弗由"，还要靠"行斧铖"，用"顺天作刑"来维持礼治之常。(《大戴礼记·虞戴德》)在礼治为基调的时代，王道也是礼法刑政并行："盖惠而爱人，无礼法以将之，则有所不行。若子产，则以礼法行惠者也。"①《大戴礼记》将此制度关联逻辑概括为："阳德出礼，礼出刑。"(《四代》)这是洞见，制度之治从礼乐制度之"民坊"向下发展，刑法是必然结果。霸道时代便已流向"法治"："郑铸刑书，晋作执秩，赵制国律，楚造仆区，并述法律之名。申、韩之徒，各自立制。"②

荀子认为"俗儒"是"法先王"的，"雅儒"的追求是"法后王，一制度，隆礼义而杀《诗》《书》"(《儒效》)。法家在逻辑上延伸了荀子的主张，但抛却礼义之驾驭，单论"明法"，将当代制度之治推进到纯任法度的极端程度。其虽形似去礼乐任法制而"质"，实亦因法制发达而呈现为另一种"文"的形态。如《史记·高祖本纪》所论："三王之道若循环，终而复始。周、秦之间，可谓文敝矣。秦政不改，反酷刑法，岂不谬乎?"王道的形态本质上是制度之治，由制度之质发展到礼乐之文固生积弊，但只加重法制之质亦不符合治理与

---

① 苏辙：《古史》卷30《郑子产列传》，舒大刚等校点，四川大学出版社2016年，第283页。
② 张斐：《表上律法》，严可均编《全上古三代秦汉三国六朝文》，中华书局1958年，第1891页。

制度体系完备的趋势，乃周道在法制维度上的极端发展，已背离王道："及刻者为之，则无教化，去仁爱，专任刑法而欲以致治，至于残害至亲，伤恩薄厚。"（《汉书·艺文志》）其并以上古无为之道修饰之而为集权君王的法术，即所谓"老庄法意，流为申韩"①。韩非子将制度之治与作为其一体两面的家天下君主统治都推到了极致。对于制度，法家的抽象理解是"法、术"，用以实现统治者的权势追求，国家隐然具有其人格而与人主一体，民众则无自由与权力："人主之大物，非法则术也。法者，编著之图籍，设之于官府，而布之于百姓者也。术者，藏之于胸中，以偶众端，而潜御群臣者也。故法莫如显，而术不欲见。"（《韩非子·难三》）韩非子主张"有度""明法"，理想的治理是"明主使其群臣不游意于法之外，不为惠于法之内，动无非法"，并与《庄子》中的轮扁之对恰成对比，高标法度规矩的首要地位："巧匠目意中绳，然必先以规矩为度；上智捷举中事，必以先王之法为比。故绳直而枉木斫，准夷而高科削，权衡县而重益轻，斗石设而多益少。故以法治国，举措而已矣。"（《韩非子·有度》）这是对制度之治的极端说明。法家治道观是对"皇、帝、王"的治道价值观的挑战。《韩非子·五蠹》有"虽有十黄帝不能治也"之语，直指当日之形势已超出广受尊崇的黄帝治道的范围。"超五帝侔三王者，必此法也。"三王在五帝之后，而得一"侔"之评，实只是治功之"侔"，在当世治道上其视法术较王道为高。"功过五帝，地广三王，而羞与之侔。"恐怕才是真实写照。他们归因于帝、王之治的制度发达程度不够："古之五帝三王，知教不同，法度不明，假威鬼神，以欺远方，实不称名，故不久长。其身未殁，诸侯倍叛，法令不行。"（《史记·秦始皇本纪》）其制度中心主义已经超越了时间的限制，法家固然不是任何意义上的复古论者，但也不是简单的进化论者："圣人不法古，不修今。法古则后于时，修今者塞于势。周不法商，夏不法虞。三代异势而皆可以王。故兴王有道，而持之异理。"（《商君书·开塞》）落后于"时"的"古"，拘泥于"时"的"势"，都不是其理论的中心点，只有制度及其衍生出来的法术综合体才是因

---

① 佚名：《史记疏证》第三十九卷，清钞本。不著页码。学者考证认为此书作者系杭世骏，见：董恩林《佚名〈史记疏证〉〈汉书疏证〉作者考——兼论杭世骏〈史记考证〉的性质》，《历史研究》2010年第3期；巢彦婷《杭世骏作〈史记疏证〉〈汉书疏证〉补考》，《古典文献研究》2017年第20辑下卷。

应时势而构造大势的本位,"法术势"之"势"是具有实践感的概念,是法术造出来的权力、政治之场,可谓"英雄造时势"。

后世认为儒法两家因维护王纲、严正秩序而接近,在以体例的形式与思维方式为观念特质之表现的分类范式上,义理之例与律条之例也非常相似:"孔子修经,褒贬善恶,类例分明,法家流也。"① 对于儒家学说重在制度与社会规范,与法家重法制同属制度之治的层面,陈寅恪曾有概要的总结:

> 儒者在古代本为典章学术所寄托之专家。李斯受荀卿之学,佐成秦治。秦之法制实儒家一派学说之所附系。《中庸》之"车同轨,书同文,行同伦。"(即太史公所谓"至始皇乃能并冠带之伦"之"伦"。)为儒家理想之制度,而于秦始皇之身,而得以实现之也。汉承秦业,其官制法律亦袭用前朝。遗传至晋以后,法律与礼经并称,儒家周官之学说悉采入法典。夫政治社会一切公私行动,莫不与法典相关,而法典为儒家学说具体之实现。故二千年来华夏民族所受儒家学说之影响,最深最巨者,实在制度法律公私生活之方面,而关于学说思想之方面,或转有不如佛道二教者。②

安乐哲也曾详论儒家、法家视野中,"法和礼的关系,远不是对抗那么简单。事实上在它们各自的实用政治概念中,礼法是互补的因素"。③ 本节的观察正与两位先生的睿见相契合。儒家与法家皆是王道制度之治的产物,只是对王道与制度的内在逻辑理解不同、阐发不同,形成了推进制度之治的不同方案。儒家以帝道援入王道,以仁义发明王道,巩固"礼乐刑政"的架构,使得儒家在王道制度之时代条件下保有通过向上超越而实现道德及物之功的追求。法家则要去礼乐之虚文的成分,而纯任去道德化之后的制度,它固然会有"礼乐"制度,但已失其道德精神,亦即"本""义"的内核,而与"政刑"同为君主统治的工具,"政刑"成为制度体系中突出的部分或者可以说是代名词,儒家力

---

① 王谠撰、周勋初校证:《唐语林校证》卷2《文学》,中华书局2008年,第150页。
② 陈寅恪:《冯友兰中国哲学史下册审查报告》,《金明馆丛稿二编》,第283页。
③ 安乐哲:《中国古代的统治艺术:〈淮南子·主术〉研究》,滕复译,江苏凤凰文艺出版社2018年,第186页。

图赋予"政刑"的道德意图也一并被"净化"了。任法有术,这就流向霸道,中国传统政治思想中于是形成这样的分野:"王统以儒墨进天下之言;霸统以法家进天下之言。"① 在王者制度之治上,儒法接近而有交集,但结果是王道和霸道之别。司马谈论六家要指于此有深切透彻的区别,认为在伦常秩序上,儒、法实同,都是王者家天下与制度之治的代表:"儒者博而寡要,劳而少功,是以其事难尽从;然其序君臣父子之礼,列夫妇长幼之别,不可易也。……法家严而少恩;然其正君臣上下之分,不可改矣。"但是:"法家不别亲疏,不殊贵贱,一断于法,则亲亲尊尊之恩绝矣。可以行一时之计,而不可长用也,故曰'严而少恩'。"由礼乐而通"王道",则葆为王道之特质:"维三代之礼,所损益各殊务,然要以近性情,通王道,故礼因人质为之节文,略协古今之变。"(《史记·太史公自序》)围绕制度之治的两个不同方案形成了显著排斥而竞争的王、霸治道之别,说明制度之治固以王道为表现,至东周亦存在流入霸道之可能且已部分地化为现实。

是否存在"治法"亦即完美之制度?如果不存在,那么如何实现"治"?这是中国治理史进入制度之治阶段后始终面临的问题。王道是治理的制度之治阶段,表现为一套礼制。道家的无为亦反被制度治理走向极端的申韩之学利用,转为君人之术,上古治道之返场遂与时王逞霸结合无碍。"礼繁者实心衰也。"(《韩非子·解老》)韩非如上主张,是在制度之治的立场上救周道之弊而抛弃了王道,将礼乐推进到了更加"德衰"的法术。帝道与王道的结合于是表现出两个趋向:一是儒家以无为宽大发明礼乐制度;一是法家去繁文而施主刻的刑法之治,君主无为而臣下守法,道家以帝道批评王道,其无为之道被转为君王南面之术后,却助长了在君王专制之下将制度之治推向极端,开启法家的新道路。这也说明,以既存思想资源中的帝道来救王道之敝,是贯穿东周的思潮。

尽管评价不尽相同,但诸子百家共有如下治道历史认识:治理经历了从文明社会成立到国家政治成长、从无为到制度的过程,这个过程恰与时间上从黄帝尧舜到三王的历史重合。此认识发源于共有的以治理分期为主导的历史分期观念。这就是他们的思想资源库,诸子从中汲取了不同的治道资源,形成了自

---

① 龚自珍:《壬癸之际胎观第三》,《龚自珍全集》,第15页。

己的立场，进行了不同向度的阐发，确立了本家的治道思想主张。自其源而观其流，不从治道主导的思想资源积存着眼，就很难理解诸子何以有此共性而非人自为说。于此，我们可以再思积累了刘向、歆父子与班固之学术的《汉书·艺文志》对于诸子出于王官的论述。《艺文志》是史志，固有史实之信史追求，然更是学术思想之史志，有思想与学术源流之抽象表达，不可确凿以求。如司马谈所指出的，六家皆"务为治"。他们的思想资源，总的源头是上古以来积存的治道知识，政教合一发展到王官时代形成的史官、清庙、司徒、理官等治理功能职掌机构，则可视为诸子时代以前这些治道知识的分类的主要保管者和实践者，故以"王官"为诸子治道所出之类型之喻，是合适的。

诸家各得其源，然儒家、道家、墨家在帝道特别是后期"尧舜"之帝道阶段存有交集，这反映了他们治道价值观上的相通，也从侧面说明了"皇、帝"示范的治道思想资源对于诸子发明其道的基础作用。

儒家经典是从帝道至于王道的治道智慧的积淀与延续，尧舜之道是承上启下的连接部分。尧舜既是帝道组成部分，又开启了王道的制度之治，本为周道之来源："文王、周公观得失，遍览是非，尧、舜所以昌，桀、纣所以亡者，皆著于明堂。"（《淮南子·主术》）亦能为救周道提供切近的经验。据《中庸》"仲尼祖述尧舜，宪章文武"，郑玄认为："此以《春秋》之义说孔子之德。孔子曰：'吾志在《春秋》，行在《孝经》。'二经固足以明之。孔子祖述尧舜之道，而制《春秋》，而断以文王、武王之法度。"① 是对孔子效法文、武、周公，立足王道，将帝道注入王道以救之的总结。孔子"睹史籍之烦文，惧览者之不一，遂乃定礼、乐，明旧章"，于各载籍："删《诗》为三百篇，约史记而修《春秋》，赞《易》道以黜《八索》，述《职方》以除《九丘》。"其中就包括"讨论《坟》《典》，断自唐、虞以下，迄于周"，乃成《尚书》。其方式是"芟黄烦乱，剪截浮辞，举其宏纲，撮其机要"，其目的则是"所以恢弘至道，示人主以轨范也。帝王之制，坦然明白，可举而行"。② 正是以王道为本位，以综合帝王之道与法为初衷的删订。

《论语》记录了孔子对尧舜之道的高度评价，重在"无为"且"文"：

---

① 《礼记正义》卷61《中庸第三十一》，第1279页。
② 孔安国：《尚书序》，《尚书正义》卷1，第10页。

子曰:"巍巍乎,舜、禹之有天下也而不与焉!"子曰:"大哉尧之为君也!巍巍乎!唯天为大,唯尧则之。荡荡乎,民无能名焉。巍巍乎其有成功也,焕乎其有文章!"(《泰伯》)

子曰:"无为而治者其舜也与?夫何为哉?恭己正南面而已矣。"(《卫灵公》)

尧舜则天无为而能成功,功成而又不居,两者是一体之两面,这是公天下之治理规模的要义。需要注意的,是对"焕乎其有文章"的强调,这是王道时代对制度(特别是礼乐化的"文"的制度)及其文献载体的崇拜的表现,是孔子王道立场的流露。"无为"而有"成功"与"文章",两方面合在一起,说明了儒家的王道的无为观。这样的"无为"并非去制度的上古之无为,而是基于制度而不纯任制度的王道宽大之仁义无为。汉人将尧舜无为理解为无为之道的主体:

《论语》曰:"大哉!尧之为君也,荡荡乎民无能名焉。"传曰:"有年五十击壤于路者,观者曰:'大哉!尧德乎!'击壤者曰:'吾日出而作,日入而息,凿井而饮,耕田而食,尧何等力?'"此言荡荡无能名之效也。(《论衡·艺增》)

刘砺对王道无为的解释虽时日迁远,亦接近孔子的本意:

天道至诚无息,所谓"维天之命,于穆不已"也。君子贵之,纯亦不已焉。然其不已者,一动一静互为其根,如日往则月来,月往则日来,是以不穷其久。无思无营,而万物自然各得其成,及其既成,皆粲然可见也。盖其机缄密运而不已者,虽若难名,而成功则昭著也。无为而成者,不见其为之之迹,而但见有成也。此"唯天为大,唯尧则之,荡荡乎民无能名焉,巍巍乎其有成功也,焕乎其有文章"之谓也。[1]

---

[1] 引自方向东:《大戴礼记汇校集解》,中华书局2008年,第91页。

"子谓《韶》：'尽美矣，又尽善也。'谓《武》：'尽美矣，未尽善也。'"（《论语·八佾》）儒家心中的"大道"，定位在尧舜之道。在家天下的"德衰"背景下，尧舜开启的礼乐制度，具有维系秩序的意义。据《礼记·礼运》，孔子自述其志："大道之行也，与三代之英，丘未之逮也，而有志焉。"公天下的大同之道是大治之道，王道则仅止小康，通过礼秩制度安天下于常：

> 今大道既隐，天下为家，各亲其亲，各子其子，货力为己，大人世及以为礼，城郭沟池以为固，礼义以为纪；以正君臣，以笃父子，以睦兄弟，以和夫妇，以设制度，以立田里，以贤勇知，以功为己。故谋用是作，而兵由此起。禹、汤、文、武、成王、周公，由此其选也。此六君子者，未有不谨于礼者也。以著其义，以考其信，著有过，刑仁讲让，示民有常。如有不由此者，在埶者去，众以为殃。是谓小康。

家天下是不稳定的政治，礼义既是这个时代的产物，也在此条件下维系秩序。用礼义来规范人伦之常、价值之常，"有常"而不思变，可达致小康之治。孔子合"大道"的最高理想与"小康"的行于近代而可期之秩序而言之，是追慕尧舜"大道"以匡正自己立足之王道的集中表达。从《易传》《孔子家语》《大戴礼记》等内容来看，儒家虽然也讨论甚至表达过对三皇、五帝的追慕，但站在王道本位上仍主要取法尧舜。

用尧舜帝道提升王道、实现超越，为王道家天下而能"无私"提供了指引。孔子认为，殷周圣王亦有帝天之大德：

> 子夏曰："三王之德参于天地。敢问何如斯可谓参于天地矣？"孔子曰："奉三无私以劳天下。"子夏曰："敢问何谓三无私？"孔子曰："天无私覆，地无私载，日月无私照。奉斯三者以劳天下，此之谓三无私。其在《诗》曰：'帝命不违，至于汤齐。汤降不迟，圣敬日齐。昭假迟迟，上帝是祗。帝命式于九围。'是汤之德也。天有四时，春秋冬夏，风雨霜露，无非教也。地载神气，神气风霆，风霆流形，庶物露生，无非教也。清明在躬，气志如神，耆欲将至，有开必先，天降时雨，山川出云。其在《诗》曰：'嵩高惟岳，峻极于天。惟岳降神，生甫及申。惟申及甫，惟周

之翰。四国于蕃，四方于宣。'此文、武之德也。三代之王也，必先令闻。《诗》云：'明明天子，令闻不已。'三代之德也。'弛其文德，协此四国。'大王之德也。"（《礼记·孔子闲居》）

儒家对王道有永续的乐观："见其礼而知其政，闻其乐而知其德，由百世之后，等百世之王，莫之能违也。"（《孟子·公孙丑上》）从礼乐而知百世政德，孔子追问"礼之本"，这超越性的来源之一就是尧舜帝道。《论语·尧曰》所记尧、舜、禹传位之嘱，"允执其中"一语尤为后世儒家规训政治实现超越的治道之依循。

儒家用仁义沟通道德，解说无为，用教化治心对抗刑法束缚。"夫水，大遍与诸生而无为也，似德。其流也埤下，裾拘必循其理，似义。其洸洸乎不淈尽，似道。"（《荀子·宥坐》）援入帝道之后，王道强化了天道化人的内涵，与霸道之实功显见相区别。孟子有言："霸者之民欢虞如也，王者之民皞皞如也。杀之而不怨，利之而不庸，民日迁善而不知为之者。夫君子所过者化，所存者神，上下与天地同流，岂曰小补之哉？"（《孟子·尽心上》）如赵岐的解释："霸者行善恤民，恩泽暴见易知，故民欢虞乐之也。王者道大法天，浩浩而德难见也。""民不知独是王者之功。""不能觉知谁为之者，言化大也。"强调"王政浩浩，与天地同道；霸者德小，民人速睹"。[①] 以自然之义理诠释开物成务之道德，轻视法制有为，既成仁政宽大无为之追求，复引出儒家的治心之道。孟子张大以尧舜帝道救周道积弊而完善王道，性善之学由此出："孟子道性善，言必称尧、舜。"（《孟子·滕文公上》）"我非尧、舜之道，不敢以陈于王前。"（《孟子·公孙丑下》）荀子亦言："仁者之行道也，无为也；圣人之行道也，无强也。仁者之思也恭，圣人之思也乐，此治心之道也。"（《解蔽》）

整理古代治道，用于当今之世，是儒、道、墨的共识。区别不是是否复古，而是"复"皇、帝、王哪个阶段的"古"，如何"以古为道"。"夫天地者，古之所大也，而黄帝、尧、舜之所共美也。故古之王天下者，奚为哉？天地而已矣。"（《庄子·天道》）"古之所大"是儒、道两家"大道"的交集，表现

---

① 赵岐：《孟子赵注》，第 426 页。

为前王道时期的无为治道。两家皆言帝道，但道家常高论"黄帝尧舜"，儒家则取法"二帝三王"。帝道是漫长的历史时期，从开端的黄帝延续皇道而更侧重自然无为，到尧舜之帝道末端已于无为之中开启礼乐制度的文治。尧舜帝道，是孔子、老子在无为之治道上的交集，说明了共同的治道历史记忆。同时，帝道内部分两段，也体现在道家与儒家的倾向上。道家侧重以原始无为之黄帝代表帝道，以其天道自然救周道；儒家则侧重以礼乐宽大之尧舜代表之，以接近王道、文献可征之尧舜无为救周室礼乐之偏。道家是立足帝道相近部分而对现实的超越，儒家是立足王道之现实规模汲取帝道的超越。老子、孔子皆言无为。老子欲自王道重返帝道，认为王道不合天道。他的论说，处处以天道、帝道匡正积弊之周道，王道特别是周道是"为""德""道"，上古皇帝治道则是"无为（而无不为）""常德""大道"。孔子乃欲以帝道救王道之弊，认为若注入帝道，则王道内部便可以自救，受帝道启发，自所处之周代向前三代王制划分为忠、质、文三统，立足王道、综合帝道，欲由通三统而重返制度且未积弊的周公王道。并由此开百世之治："殷因于夏礼，所损益，可知也；周因于殷礼，所损益，可知也。其或继周者，虽百世，可知也。"（《论语·为政》）这就是信任王道并以之规制未来了，其理想归宿仍是"郁郁乎文哉"。

不拘泥古代治迹，道家的超越是在"道德之意"即"意"的层次上突破而实现的。黄帝留下的无为不仅是一种具体的方法，还被道家发明为形而上化的思辨的智慧。儒道关键分歧是在"迹"还是"所以迹"的层面上去理解治道。如《庄子·天运》中孔子与老子的对话：

> 孔子谓老聃曰："丘治《诗》《书》《礼》《乐》《易》《春秋》六经，自以为久矣，孰知其故矣；以奸者七十二君，论先王之道而明周、召之迹，一君无所钩用。甚矣夫！人之难说也！道之难明邪？"
>
> 老子曰："幸矣子之不遇治世之君也！夫六经，先王之陈迹也，岂其所以迹哉！今子之所言，犹迹也。夫迹，履之所出，而迹岂履哉！夫白鶂之相视，眸子不运而风化；虫，雄鸣于上风，雌应于下风而风化；类自为雌雄，故风化。性不可易，命不可变，时不可止，道不可壅。苟得于道，无自而不可；失焉者，无自而可。"

这是道家、儒家在帝道上有交集而又分岔的原因所在。

中国以治道为道的核心与主要关怀所在，孔子、老子所做的也就是将不同时代的治道从治理史中整理、提炼出来，赋予其超越性。治道思想渊源的不同，也形塑了道、儒两家不同的走向："宗道者综诸子以断其义，纯为空言；宗儒者综诸子而备其制，益切于用。"① 而以尧舜之帝道救王道之敝的倾向交集，又使得儒、道两家可以交融："入圣之学，原有二途，故由道家可进于儒学之正，而法家终不免世俗之见。则道家固优于法而于儒为近也。"② 也是为后来历史发展所证实的。

儒、墨两家也交集于尧舜之道。尧舜开启制度之治的时代，而以尧舜为代表的前王治时代又为纠王政制度积弊提供了经验借鉴，成为共同的思想资源。韩非有如是的著名观察："孔子、墨子俱道尧、舜，而取舍不同，皆自谓真尧、舜。"（《韩非子·显学》）墨子有云：

> 昔者尧舜有茅茨者，且以为礼，且以为乐；汤放桀于大水，环天下自立以为王，事成功立，无大后患，因先王之乐，又自作乐，命曰《护》，又修《九招》；武王胜殷杀纣，环天下自立以为王，事成功立，无大后患，因先王之乐，又自作乐，命曰《象》；周成王因先王之乐，又自作乐，命曰《驺虞》。周成王之治天下也，不若武王，武王之治天下也，不若成汤，成汤之治天下也，不若尧舜。故其乐逾繁者，其治逾寡。自此观之，乐非所以治天下也。

墨与孔皆立于王道，故视制礼作乐为治天下的必由之道。但是，墨家认为自殷之成汤开始就礼乐繁文过度了，礼乐愈繁则治愈寡，人民以繁文为苦，王道每下愈况，不如二帝："圣王之命也，多寡之。食之利也，以知饥而食之者智也，因为无智矣。今圣有乐而少，此亦无也。"（《墨子·三辩》）孔子、墨子道尧舜，皆求助于无为之帝道，只是法夏、从周有别。

综上，依"救世之弊"说，则儒、道、墨之别往往被视为横向的同时代思

---

① 蒙文通：《儒学五论》题辞，巴蜀书社 2021 年，第 2 页。
② 蒙文通：《儒家哲学思想之发展》，《儒学五论》，第 23 页。

想之别。若将视角转换为不同时代("世")的社会政治演进与治道演变、积淀,则意味着时人的政治思想并非因救弊而同时激出不同之新说,而首先是历时的治道的反映。历时积存的治道在周道之敝这一问题上实现了思想超越与"突破",这是纵横交错的思想迸发格局。

第四节　帝王之道与三统五德

周秦之际,"皇、帝"的治道信仰与其模糊的一统治象因崇高无上而转被冠名霸道集权的嬴秦之主,"皇帝"用为嬴政及以后集权天子的名号,可谓吊诡之甚。如丞相等与嬴政关于上皇帝号的对话:

> "今陛下……自上古以来未尝有,五帝所不及……'泰皇最贵。'臣等昧死上尊号,王为'泰皇'……"
> 王曰:"去'泰',著'皇',采上古'帝'位号,号曰'皇帝'。"
> (《史记·秦始皇本纪》)

"皇、帝、王"之道移用于当世天子,从历史展开转而成为集权皇帝一人身体力行的治道遵循,"皇、帝、王、伯"是大一统的天子施政为治的四阶梯:"且夫治世者,若登丘矣。必先蹑其卑者,然后乃得履其高。是故先致治国,然后三王之政乃可施也。道齐三王,然后五帝之化乃可行也。道齐五帝,然后三皇之道乃可从也。"(《潜夫论·衰制》)皆有治道,但三皇仍以"道"著称。当今之世已经不如三王时期,但可以由卑履高,规复古代之治。汉代以降,惩秦之弊,尤突出皇、帝之治体天无为的特征而规训集权天子,制度宽严仍是区分四者的标志:"无慢制而成天下者,三皇也。画则象而化四表者,五帝也。明法禁而和海内者,三王也。行赏罚而齐万民者,治国也。"(《潜夫论·衰制》)张衡认为:"《易》称宓戏氏王天下,宓戏氏没,神农氏作,神农氏没,黄帝、尧、舜氏作。史迁独载五帝,不记三皇,今宜并录。"(《后汉书·张衡传》注)士大夫希望当代皇帝行"皇、帝"之道而德配天地:"同符三皇,录功五帝。"(扬雄《甘泉赋》)为当世皇帝进言,"皇、帝"之道始终是比王道更高的标准追求,又以至大一统的威赫而张扬皇权:"博我以皇道,弘我以汉京。"①"皇、帝"之道延伸长存于从王道制度之治发展下来的郡县帝制时代,皇帝喜用之,臣子喜颂之,"皇帝王伯"之阶序观念也作为习知的治理层级规讽当世:"夫三皇象春,五帝象夏,三王象秋,五伯象冬。皇王,德运也;伯者,继空续乏以成历数,故其道驳。"(《汉书·王莽传》)这幅德下衰的发展图景,深入人心,无论儒、道,广泛应用于政治言说中。被四库馆臣评为"剖析事理,亦深切著明。盖由其原本儒术,故所言皆不诡于正也"的《申鉴》延续了至德素朴之世及其治理的描述:"或曰:三皇民至敦也,其治至清也,天性乎。曰:皇民敦,秦民弊,时也。……皇民寡,寡斯敦;皇治纯,纯斯清。"(《申鉴·时事》)这就是德化之薄厚,而归之于"时",实为治理化民成俗境界之谓:

> 复命讲《礼记》。帝问曰:"'太上立德,其次务施报。'为治何由而教化各异,皆修何政而能致于立德,施而不报乎?"博士马照对曰:"太上立德,谓三皇五帝之世以德化民,其次报施,谓三王之世以礼为治也。"帝曰:"二者致化薄厚不同,将主有优劣邪?时使之然乎?"照对曰:"诚由时有朴文,故化有薄厚也。"(《三国志·魏书·高贵乡公髦》)

以上皆是"皇帝王伯"治道观念流播深远的明证。

"上有尧、舜之道,下有三王之义。"(《尚书大传·略说》)皇、帝之道是崇高的寄托,现实则是王道制度的天下,以"帝王之道"为更实际的追求:"帝王之道,相因而通;盛德之祚,百世享祀。"(《汉书·王莽传》)"道德功烈"的评价标准一同延续。《史记》认同王道,批评项羽亡国身死的"霸王之业"是"以力征经营天下","自矜功伐,奋其私智而不师古"(《项羽本纪》)。董仲舒批评秦"师申、商之法,行韩非之说,憎帝王之道,以贪狼为俗,非有文德以教训于下也。"(《汉书·董仲舒传》)"帝王之道"成为通用的治道价值。在道德功的格局中,汉景帝诏书有言"歌者,所以发德;舞者,所以立功"。班固《西都赋》以"功德著乎祖宗,膏泽洽乎黎庶"为政治评语,

---

① 班固:《西都赋》,《班固集》,第22页。

功德就是王朝的"膏泽"之恩、国祚之壤。① 又希望章帝:"圣上固以垂精游神,苞举艺文,屡访群儒,谕咨故老,与之斟酌道德之渊源,肴核仁谊之林薮,以望元符之臻焉。"② 亦是统"道德仁义"于帝王与群儒故老讨论之一局。而圣人是"与天地合德"的。(《白虎通·圣人》)

"上称三皇五帝之业以愉其意,下称五伯名士之谋以信其事。"(《吕氏春秋·禁塞》)在汉人以至中古的实际政治考量中,亦给霸道留有一席地。"近古而无王者久矣。周室卑微,五霸既灭,令不行于天下",在东周以降兵革不休、冀安性命的背景下,民则虚心仰上,人主则专威定功,影响到了治道的价值评定。"王、霸"被视为近世制度之治的不同形态,虽然王道礼治高于霸道法治,但霸道亦为一道。《韩诗外传》表彰礼义之治:"日月不高则所照不远,水火不积则光炎不博,礼义不加乎国家则功名不白。故人之命在天,国之命在礼。"这是重在礼乐王道以显其功德的表现,可视为"礼、乐,德之则"的转语。尽管当世立足王道对秦之暴亡进行了反思,但仍沿东周以降的世势人心与制度之治的逻辑承认霸道:"君人者降礼尊贤而王,重法爱民而霸,好利多诈而危,权谋倾覆而亡。《诗》曰:'人而无礼,胡不遄死。'"③ 此语不啻为前揭《吕氏春秋·应同》"帝者同气,王者同义,霸者同力,勤者同居则薄矣,亡者同名则犆矣"一句的同义复述。《淮南子》亦言:"古者,五帝贵德,三王用义,五霸任力。今取帝王之道,而施之五霸之世,是由乘骥逐人于榛薄而蓑笠盘旋也。"(《淮南子·人间》)可见对于"五霸之世"的世情判断是普遍存在的,基于这种形势认知,虽然"霸"居于从"王"向"危、亡"的坠落轨迹上,但仍胜于后两者,可视为治道之一。由此可理解宣帝"汉家自有制度,本以霸王道杂之,奈何纯任德教,用周政乎"(《汉书·元帝纪》)一语的思想背景。但"俗儒不达时宜,好是古非今",汉元帝接受的儒家王道教育,已是一时之趋,王道之于霸道的高下取舍关系也更加明确,王莽便是纯任周政王道的典型。这是汉代政治思想变迁中之一大线索。但霸道始终与王道相伴,在治道上低于王道,又表达着难舍的实功实利。五霸辅佐护持王纲,虽不如"皇、

---

① 班固:《西都赋》,《班固集》,第35页。并参见《文选》卷1《西都赋》注。
② 班固:《典引》,《班固集》,第199页。
③ 韩婴撰、许维遹校释:《韩诗外传集释》,中华书局1980年,第6页。

帝、王"之"道、德、仁",但仍被视为"义":"三皇依道,五帝仗德,三王施仁,五霸行义,强国任智。盖优劣之异,薄厚之殊也。"① 赵岐有言:"古之大圣大贤、有所兴为之君必就大贤臣而谋事,不敢召也。王者师臣,霸者友臣也。"② 王、霸虽有高下,而皆有可取。

什么是理想治道,如何实现之,是难以解决而不得不反复讨论的政治和学术议题。对于百家学说,以何治道统系收束之,也是讨论不已的大哉问。汉武帝习闻"五帝三王之道,改制作乐而天下洽和,百王同之"(《汉书·董仲舒传》),以礼乐制度为特征的王道成为汉以降政论的基点,诸家皆只能就制度之治为基础而探求完善之。道的统合是道的自我完善过程。儒家借"皇帝王伯"的阶序论证以仁义为本的制度之治,认为仁义礼乐是人能复其天性的必由之路,是沟通道德的载体;老庄道家及黄老之学则借"高语皇古",将上古无为之治抽象转化为统驭王道现实的治理哲学,皇帝王伯、"先王"与"后王"由是融接而价值阶序区分也愈加显著。③ 经过秦刑法之治的教训,"大一统"的礼乐王道基本定型,三皇五帝于民有功德而又进入无为之境的形象成为共识,兼融儒家、道家,以"道"为最高追求而以仁为施治准则的价值观基本确立,体现在汉代的意识形态建构之中。天道居于最高统领地位,在天人之际,对于以王道为本位的治道,形成了三种有代表性的统合学说。

一是《易传》。面向"皇帝王伯"之共有的历史认知和治道思想资源,儒家在《易传》中立足王道梳理了伏羲以来的治理发展,在以"皇、帝"之治援救王道积弊的同时,也以王道为归宿解说了"皇、帝"之道。周代大卜"掌《三易》之法,一曰《连山》,二曰《归藏》,三曰《周易》"(《周礼·春官宗伯》),"《易》道深矣,人更三圣,世历三古"(《汉书·艺文志》)。这是一套从伏羲等皇、帝时代,到文王等王道时代,再到孔子之世,连续不断地创作、传承、完善的卦象爻辞经传体系,是累世积淀、统合天人的符号化、形上化的治道结晶。《系辞上》从天地乾坤的体与位之道推演人间的治理:"易知则有亲,易从则有功;有亲则可久,有功则可大;可久则贤人之德,可大则贤人

---

① 阮籍:《通考论》,转引自陈立《白虎通疏证》卷2《号》,第44页。
② 赵岐:《孟子赵注》,第123页。
③ 苏舆:《春秋繁露义证》卷1《楚庄王第一》,第15页。

第一章 从"皇帝王伯"到"失其统"

之业。"乾坤之道展开为治理之德、功、业("举而错之天下之民谓之事业"之"业")的结构。"德"也从"蓍之德""卦之德"(秉性之德)之象征符号贯通了人间成形之"盛德大业""崇德广业"(盛且日新之德)的道理,开物成务,位乎天地。在此从天道推演治道的逻辑指引下,《系辞下》从三皇开启文明说到官治亦即制度之治,皆以卦象解说治道,意谓治道与治功是体察天道的结果,是焕乎文章而非积弊束缚,终归于"通其变,使民不倦,神而化之,使民宜之"。诚如程颐所论:"上古圣人始画八卦,三才之道备矣。因而重之,以尽天下之变。"① 以"变"通达人群之理,通往百世之治。"其道至大而无不包",是一个"先天下而开其物,后天下而成其务"的"尽变化之道"的思想体系。②"穷则变,变则通,通则久","百官以治,万民以察"、仁、义、礼、知都是通变的结果,所以"上古"之质朴与"后世圣人"之文化相承转进,"天地之大德曰生"落实为位、仁、财、义,从皇、帝到三王一路下来可谓"穷神知化,德之盛也"。这一切都归于德,"利用安身,以崇德也"。它的终极依据是"通神明之德",具体则要展开为"杂物撰德",德之"基""柄""本""固""修""裕""辨""地""制"等诸方面要素皆系于卦象。依《易》及《易传》,王道事业之功、德抽象化后,"通变"成为贯穿皇道至王道的思想,卦象及其通变是对天道的体察与开显,保持了生生不息、既往开新的活力,而不必如道家所主张的返本归无。制度一脉展扩成形,是圣王事业的发达,不必怀疑排拒而主无为。"有天地然后有万物,有万物然后有男女,有男女然后有夫妇,有夫妇然后有父子,有父子然后有君臣,有君臣然后有上下,有上下然后礼义有所错。"(《序卦传》)如后世学者所论,"《十翼》发明易道已尽",归宿在于王道:"极之于天地,准之于人伦。"儒家所见之《易》乃"文字之祖,王功圣德之全":"天泄图书,以开圣人之智;圣法天地,而立卦爻之文。于是万象咸包,万理咸具,而天下后世,性命伦常之事,幽明始终之情,莫不毕范于斯矣。""夫礼乐教化,唐虞三代之法已详,而伏羲以前,尚无规范。《易》之设

---

① 程颐:《周易程氏传》卷1,王孝鱼点校,中华书局2016年,第1页。
② 程颐:《易序》,《周易程氏传》,第3页。在《易传序》中,程颐也认为:"易,变易也,随时变易以从道也。其为书也,广大悉备,将以顺性命之理,通幽明之故,尽事物之情,而示开物成务之道也。圣人之忧患后世,可谓至矣。"(《周易程氏传》,第1页。)

卦观象，固为后世发其蒙也。"①

孔子有言："加我数年，五十以学《易》，可以无大过矣。"(《论语·述而》) 可见《易》在王道时代于指导治道与人生之权威性。但《易》之道缺乏对人间社会与政治秩序的价值规范，只能作为治道运行之形而上的指导，虽是儒、道两家学说的交集，但不能成为统揽"皇帝王伯"之道的独立体系。

陆贾在《易传》的基础上，继续以仁义王道收束乾坤之演。他讨论的仍是"功德参合，而道术生焉"的格局，而道德仁义的结构突显，此规模中的"无为"乃儒家之无为："君子握道而治，据德而行，席仁而坐，杖义而强，虚无寂寞，通动无量。"(《新语·道基》)《新语》首以《道基》一篇："原本天地，历叙先圣，终论仁义。""历叙前古帝王，而总之以仁义。"② 他将三皇治道范畴中的"先圣"画乾坤、定人道径直定义为"民始开悟，知有父子之亲，君臣之义，夫妇之别，长幼之序。于是百官立，王道乃生"。虽然这里的"王道"理解为广义的"治者之道"而非狭义的"三王之道"更为合适，但囊括君臣父子夫妇长幼之伦常的人道界定仍呈现出明显的王道秩序的追求。按此解释，则人道之初的皇道就可以称之为王道的初等阶段了。"先圣"阶段，以神农、黄帝、后稷、禹、奚仲、皋陶等的文明与治法开辟为后续；"中圣"阶段，文王、周公礼义教化；孟子以舜为先圣、周文为后圣（《孟子·离娄下》），陆贾则以孔子为"原道悉备"的"后圣"："定五经，明六艺，承天统地，穷事察微，原情立本，以绪人伦。"世历三圣，王道终于告成，"圣人成之"落脚于"显仁义"。圣人"怀仁仗义"，世道归于"仁义之所治"。这就顺延了《易传》对圣人制作的历史建构，以儒家之道来统合治道的姿态是明显的，王道成为历史与治道的始终："仁者道之纪，义者圣之学……《穀梁传》曰：'仁者以治亲，义者以利尊。万世不乱，仁义之所治也。'"(《新语·道基》) 唐晏判断"陆生之学出孔门，故语必首仁义"，所言诚不虚。③ 陆贾由此申论秦亡之理："德盛者威广，力盛者骄众。齐桓公尚德以霸，秦二世尚刑而亡。""德布则功兴，百姓以德附，骨肉以仁亲"(《新语·道基》)，夫妇、朋友、君臣、百官

---

① 刘沅：《序》，《周易恒解》，巴蜀书社2016年，第3页；《义例》，《周易恒解》，第7页。
② 分别为戴彦升、唐晏语，见王利器：《新语校注》，中华书局2012年第2版，第1页。
③ 王利器：《新语校注》，第30页。

皆以义合。德与力、刑的高下立判，德与功、威及良好政治社会秩序因果昭然。由此，道德仁义的治道脱离治理史而成为独立指挥治理的超越价值：

> 古人之所行者，亦与今世同。立事者不离道德，调弦者不失宫商，天道调四时，人道治五常，周公与尧、舜合符瑞，二世与桀、纣同祸殃。

人间治道定于道德伦常，"道唱而德和，仁立而义兴"（《新语·术事》），本末一致，形影相随，就会天下化而国治。

扬雄乃汉代儒家集大成之理论家，认为仁义礼乐之制度乃政治的根本："圣人之治天下也，碍诸以礼乐。无则禽，异则貉。""如视不礼，听不乐，虽有民，焉得而涂诸？"主以仁义礼制，而吸收老庄之道："老子之言道德，吾有取焉耳。及捶提仁义，绝灭礼学，吾无取焉耳。"但对于"太上无法而治，法非所以为治也"的道家式发问，扬雄从儒家的制度史观反击："鸿荒之世，圣人恶之，是以法始乎伏牺，而成乎尧。匪伏匪尧，礼义哨哨，圣人不取也。"（《法言·问道》）同样从仁义王道的标准出发，否定秦治，认为其不合"圣人之法度"："秦之有司负秦之法度，秦之法度负圣人之法度，秦弘违天地之道，而天地违秦亦弘矣。"（《法言·寡见》）

二是《淮南子》。"夫作为书论者，所以纪纲道德，经纬人事，上考之天，下揆之地，中通诸理。"（《要略》）《淮南子》以黄老之学、"皇、帝"之道为内核，在儒、道两家学说相对成熟的基础上，在儒家仁义礼乐的场景中，运用帝道以统领、佐成王道，以"神明之德"来增厚政德。《淮南子》描述，神农"怀其仁诚之心"以治天下而无为，尧"明相爱之仁"而无为。与之相反的"末世之政"则不然："人主急兹无用之功，百姓黎民憔悴于天下，是故使天下不安其性。""执政有司，不务反道，矫拂其本，而事修其末，削薄其德，曾累其刑，而欲以为治，无以异于执弹而来鸟，捽挩而狎犬也，乱乃愈甚。"（《主术》）作者认为"今世德益衰，民俗益薄"（《汜论》），这种"衰世"的调子漫布各处（如《兵略》），更不用说秦王那样的"乱国之君，务广其地而不务仁义，务高其位而不务道德，是释其所以存而造其所以亡也"（《汜论》）。这是以"仁"为无为的价值遵循与义理源头，又以无为为实现仁义、修养道德的方法，其所道之"仁"则近于道家所言之"大仁"，是通过"反道"归本而得之"仁"。

将帝道与当今情势结合,帝王治道方能臻于大成:"原人情而不言大圣之德,则不知五行之差;言帝道而不言君事,则不知小大之衰。""欲强省其辞,览总其要,弗曲行区入,则不足以穷道德之意。故著书二十篇,则天地之理究矣,人间之事接矣,帝王之道备矣。"(《要略》)与陆贾、扬雄不同,《淮南子》认为《易》虽然《乾坤》、八卦"足以穷道通意",但伏羲、周文仍然增加卦象,是"所以原测淑清之道,而捃逐万物之祖也"。在缕述周道、儒墨之学、管子之书、晏子之谏、纵横修短之说、申子刑名之书、商鞅之法后,自言:

> 观天地之象,通古今之事,权事而立制,度形而施宜,原道(德)之心,合三王之风,以储与扈冶,玄眇之中,精摇靡览,弃其畛挈,斟其淑静,以统天下,理万物,应变化,通殊类,非循一迹之路,守一隅之指,拘系牵连之物,而不与世推移也。故置之寻常而不塞,布之天下而不窕。(《要略》)

这是不循往迹、不拘具体,而将帝道超越以贯通王道的治道气象。在帝道转出的老庄之道的启示下,从"所以"的方法论层面理解先王之言和先王之法,自"所以"通往对"古之道术"全体的理解,成为辩证看待制度之治的眼光:

> 夫道其缺也,不若道其全也。诵先王之诗书,不若闻得其言;闻得其言,不若得其所以言。得其所以言者,言弗能言也。故道可道者,非常道也。
> 礼乐未始有常也。故圣人制礼乐,而不制于礼乐。(《氾论》)

借助道家的认识论调节了对制度的僵化认识,在辩证的政治哲学上而非具体的工具模仿上继承先王之道。进而将制度归于以仁义为本的治理工具:"圣人所由曰道,所为曰事。道犹金石,一调不更;事犹琴瑟,每弦改调。故法制礼义者,治人之具也,而非所以为治也。故仁以为经,义以为纪,此万世不更者也。若乃人考其才,而时省其用,虽日变可也。天下岂有常法哉!"批评"徐偃王知仁义而不知时"(《氾论》)。制度与仁义都不是最高的治道本身,这是用庄子"所以迹"的认识论来提升对儒家仁义之道的认识,推进对制度之治阶段的治道的认识。

"所以"超越"迹"而通往"神"。不能简单地"取"古道，而应"神化"得之，得其"神化"的抽象方法。三皇"其德生而不辱，予而不夺，天下不非其服，同怀其德"。(《汜论》)王道成为基点，制度成为历史中贯穿的线索，但崇尚"皇、帝"时期的无为之道，将其转入"神化"的方法论①层面："(神农)法省而不烦，故其化如神。"从而演出神而明之的治术境界追求："太上神化，其次使不得为非，其次赏贤而罚暴。""刑罚不足以移风，杀戮不足以禁奸。唯神化为贵，至精为神。"(《主术》)无为天道表现为在制度之治下的一种自然运行的神妙机制。其结果是从帝王之治中探索抽象的规律，实现"德"的"神"化而为"至德""大圣之德"：

> 穷逐终始之化，嬴垺有无之精，离别万物之变，合同死生之形，使人遗物反己，审仁义之间，通同异之理，观至德之统，知变化之纪，说符玄妙之中，通回造化之母也。
>
> 明大圣之德，通维初之道，坱略衰世古今之变，以褒先世之隆盛，而贬末世之曲政也。所以使人黜耳目之聪明，精神之感动，樽流遁之观，节养性之和，分帝王之操，列小大之差者也。(《要略》)

要义是"从天地之固然"，其功、声皆隐而不张扬以乱天道，这是至高的无为的道德表现："不彰其功，不扬其声，隐真人之道，以从天地之固然。何则？道德上通而智故消灭也。"(《览冥》)希望能像道家祖师所言"复归其根"，反于帝道，纠正王道法制的积弊：

> 夫圣人者，不能生时，时至而弗失也。辅佐有能，黜谗佞之端，息巧辩之说，除刻削之法，去烦苛之事，屏流言之迹，塞朋党之门，消知能，修太常，襊肢体，绌聪明，大通混冥，解意释神，漠然若无魂魄，使万物

---

① "神"是先秦常见的概念，道家所重在于与"无为而无不为"的辩证法相应的方法论，如本段所述《淮南子》之"神化"。王弼注《观卦象》有云"不以形制使物""神则无形者也"可作为此方法论的阐释。这种"神化""神而明之"的方法论是相对于"迹"的超越，在道家思想中多有阐发。

> 各复归其根，则是所修伏牺氏之迹，而反五常之道也。夫钳且、大丙不施辔衔，而以善御闻于天下，伏戏、女娲不设法度，而以至德遗于后世，何则？至虚无纯一，而不喋喋苛事也。(《览冥》)

所以，"神化"的实质是以帝道统王道，贯穿于书中多处，在王道的礼义制度之上，高悬"神明之德"以提升之。

治道上升的结果，是认为仁义之治亦以"德形于内"为境界，这个追求方为"治之大本"所在。希望通过"归之一本"的道化，以帝道"览五帝三王"贯通古今治道，区别于"德形于外"的制度之治，真正实现仁道境界：

> 横八极，致高崇，上明三光，下和水土，经古今之道，治伦理之序，总万方之指，而归之一本，以经纬治道，纪纲王事。乃原心术，理性情，以馆清平之灵，澄澈神明之精，以与天和相婴薄。所以览五帝三王，怀天气，抱天心，执中含和，德形于内，以莙凝天地，发起阴阳，序四时，正流方，绥之斯宁，推之斯行，乃以陶冶万物，游化群生，唱而和，动而随，四海之内，一心同归。故景星见，祥风至，黄龙下，凤巢列树，麟止郊野。德不内形，而行其法籍，专用制度，神祇弗应，福祥不归，四海不宾，兆民弗化。故德形于内，治之大本。此《鸿烈》之《泰族》也。(《要略》)

刘文典于此处解道："鸿，大也。烈，功也。凡二十篇，总谓之《鸿烈》。"[①] 可见治道是《淮南鸿烈》即《淮南子》的究心所在。"帝道"是治道，是"古之道术"，是大；"君事"是《主术》所言"君人之事"，是今日的治理现实，是小。"德形于内"，是"览五帝三王"之道的体悟，其结果，如《淮南子》自期："天地之理究矣，人间之事接矣，帝王之道备矣。""德形于内"并非"德"之纯粹的抽象化、内向化发展，仍与"道德功力"的治道格局一脉相承，即治功而向上，即德惠而德性化，两者"无间"。经历世变之后，《淮南子》的主张是兼内外的治德进一步形上化而成为政治体自身的秉性，成为自然宽大的治理

---

① 《淮南鸿烈集解》，《刘文典全集（增订本）》（第1册），第776页。

哲学，不以外在的法制为约束人民的手段，从而长治久安，故有"德形于内"之强调。

将更具有道家抽象意涵的无为注入仁义，说明仁政与义的秩序已被广为接受，仁与无为共同成为宽大爱民之治的思想指引，但援以帝道的仁义，并不同于未经此番再造的仁义。《淮南子》指出，如果"德形于外"，专恃"法籍""制度"，这样的仁义就不会成为人民自然而由衷的复性的实践，而仍是外在的规范与约束，成为道家所论道德失落后的结果：

> 率性而行谓之道，得其天性谓之德。德失然后贵仁，道失然后贵义。是故仁义立而道德迁矣，礼乐饰则纯朴散矣，是非形则百姓眩矣，珠玉尊则天下争矣：凡此四者，衰世之造也，末世之用也。（《齐俗》）

援入比"二帝三王"更早的治道，复以儒道收束之，司马迁《史记》之首的《五帝本纪》即此种之努力。迄于当时，"学者多称五帝，尚矣"。但对早期帝道的认识并不一致。儒家以《尚书》尧道以降为准则，本为孔子所传的《五帝德》《帝系姓》"皆非正经，故汉时儒者以为非圣人之言，故多不传学"，百家则说黄帝而多歧："《尚书》独载尧以来；而百家言黄帝，其文不雅驯，荐绅先生难言之。孔子所传《宰予问五帝德》及《帝系姓》，儒者或不传。""荐绅先生难言之""儒者或不传"，可见当时主流儒者对黄帝之治及《五帝德》《帝系姓》的怀疑态度，实为对黄帝及帝道的怀疑。传说黄帝及帝道者或主要是道家及与之关系紧密的黄老、法家，司马谈是习道论的史官，司马迁治道思想中对道家所重之黄帝及其帝道的推崇由此可见。但司马迁不仅从尧、舜向上推，探溯黄帝、喾、颛顼的行事与治道，更以儒家的《尚书》及《五帝德》《帝系姓》为正统框架衡定剪裁之，"并论次，择其言尤雅者"，即此之谓。（《史记·五帝本纪》及《索隐》）"罔罗天下放失旧闻，王迹所兴，原始察终，见盛观衰，论考之行事，略推三代，录秦汉，上记轩辕，下至于兹。"（《史记·太史公自序》）对黄帝历史的认可，背后是对黄帝治道的确认，对治道的扩展与正统化。

"言"与"难言"并存，表明当时儒者和百家都不具备统束治道的能力，这是治道"失其统"的表现。

由此而有三统五德说，这是第三种路径，也是定于正统的学说。治道讨论的实质仍是如何在人间治理中体现超越一切的天道。孔孟学说虽立足于王道，探讨制度治理如何持盈保泰，但缺乏形而上化的治道遵循，礼乐仁义尚不能成为天命的直接来源，甚至陷入如《史记》《汉书》所论繁文而不得治道之要的缺陷。道家之于政治，则如司马迁《老子列传》之末"微妙难解"的评语。所谓汉文帝"才不任大，忧于不堪，虽治世事，而心敬道德，直以暗昧，多所不了"①，也说明了老子之学与现实治理之间的张力。道家贵皇古之道，儒家尊帝王之道而主复周道，认为非如此不能完善王道，都是要返回到一个历史节点上的治道经验，以"帝王之道"为尊，如何回到二帝三王代表的理想治道，却没有答案。汉武帝"欲闻大道之要，至论之极"，究心于天道，董仲舒的"天人三策"应时而出，适可见探问天道以实现王道的追求。

要在当世复活"五帝三王之道""先王之法"，"统"是至关重要的。汉武帝认为以"五帝三王之道"为标准，王道已经"大坏"："盖闻五帝三王之道，改制作乐而天下洽和，百王同之。当虞氏之乐莫盛于韶，于周莫盛于勺。圣王已没，钟鼓筦弦之声未衰，而大道微缺，陵夷至乎桀纣之行，王道大坏矣。"虽有法先王之追求，但皆不能复："夫五百年之间，守文之君，当涂之士，欲则先王之法以戴翼其世者甚众，然犹不能反，日以仆灭，至后王而后止。""凡所为屑屑，夙兴夜寐，务法上古者，又将无补与？"这是天命还是人力的问题？"失其统"就将"德下衰"一路退步至"大衰"而后止："岂其所持操或悖谬而失其统与？固天降命不可复反，必推之于大衰而后息与？"这个天命又在哪里，如何转为惠民之功德：

  三代受命，其符安在？灾异之变，何缘而起？性命之情，或夭或寿，或仁或鄙，习闻其号，未烛厥理。伊欲风流而令行，刑轻而奸改，百姓和乐，政事宣昭，何修何饬而膏露降，百谷登，德润四海，泽臻草木，三光全，寒暑平，受天之祐，享鬼神之灵，德泽洋溢，施乎方外，延及群生？（《汉书·董仲舒传》）

"悖谬而失其统"是沉重无解的政治大哉问，三统五德说是此期最有力的

---

① 葛玄：《老子道德经序诀》，《老子道德经河上公章句》，第314页。

治道统系学说。三统五德的天道观被儒家、阴阳家等认可为"道"之遵循,且付诸政治正当性论证与礼制实践。收束"皇、帝、王"之道于一体,斥出"伯"在统系中的存在,影响此下中国治道千年之久。在此天道大系统之内,"皇、帝、王"之德运周而复始,驱动治道循环,又是结合了"皇、帝、王"的治道历史记忆和思想资源的结果。这是一个天道驾驭人道、人道体证天道的道德运行系统,是天人合一的治道观的系统化。

三皇五帝的治道原于天,治道中的人道与天道始终是交缠着的。这是中国最初的秩序思想:"黄帝考定星历,建立五行。"(《史记·历书》)《洪范》之"初一曰五行",置诸早已有之的以五种物质状宇宙间万事万物之基本特质与运行状态的"五行"观念①,以及春秋至战国演成的"五德"的思想背景下②,更容易理解五德终始说的治道权威。"骃衍睹有国者益淫侈不能尚德,若《大雅》整之于身,施及黎庶矣,乃深观阴阳消息而作怪迂之变。"战国时形成的三统五德学说是天道决定人道的突出表现,是宇宙论和治道论最大的框架,这个框架是会通"皇、帝、王"各时期治道,体天道而论人道的治道结晶。邹衍本出于儒家,但力图通观从黄帝以来,兼有帝、王、伯等各个时期的治道,在当世共享的这些治道思想资源之上,结合了治理盛衰教训和礼乐制度,形成了自己的理论思维,就可以一直推导到不可考的"天地未生"时期了。将"今以上至黄帝"与"天地未生,窈冥不可考而原"对比,正说明帝道以降的治道思想资源是比较有依据,为"学者所共术"的。这里的"共"不是相同、一致,而是共同享有、各取所需。(《史记·孟子荀卿列传》)

从治道格局中观照,邹衍、董仲舒的学说是为了追求"皇、帝"以来治道的贯通,用一个学说框架或者说是理论来阐释上古以来的人主统系和治道变迁所遵循的原则。在三统五德说的影响下,"皇、帝、王"各有一定之数,以"三、五"为纪而趋于定型。至西汉时,"五帝"不仅数量固定,对象也相对稳

---

① 《尚书》之《甘誓》《洪范》皆言"五行",金景芳指出:"'五行'这个词最早见于《甘誓》,而最早作具体说明的是《洪范》。最早的'五行'指金木水火土五种物质,是不成问题的。""五行"和"天",是夏初意识形态的要项。(参见《〈尚书·虞夏书〉新解》,《金景芳全集》第3册,上海古籍出版社2015年,第1712、1720页。)五行各有其特性,总起来有其运行规律,治理者要顺其道而行,故鲧被指"汨陈其五行",启伐有扈氏的理由是其"威侮五行,怠弃三正"。"五行"或有更古的源流,应是五德终始说之五德的宇宙观的前身。

② 参见顾颉刚:《〈左传〉中之五德说》,《浪口村随笔》,辽宁教育出版社1998年,第170页。

定:"五帝者,何谓也?《礼》曰:黄帝、颛顼、帝喾、帝尧、帝舜,五帝也。"(《白虎通·号》①)这种稳定化与偶像化是对应的,黄帝、尧、舜最终成为重要且稳定的"帝"之代表。"皇、帝"的治理史与治道思想资源积淀,"三统五德"说的数目思想,两者相互为用,整理规范出"三皇五帝"的治道分期和偶像群体。

数量与指称对象的确定,意味着"皇、帝"之道作为治道理想的稳定。《古今注》中程雅与董仲舒的对话,可见其时对三皇五帝为"大道""常道"的认知:"自古何谓称三皇五帝?对曰:三皇,三才也。五帝,五常也。"② 孔安国认为三皇制作之书谓之"三坟","言大道也",五帝之书谓之"五典","言常道也"。二者"皆是大道,并可常行",但"少有优劣":"皇优于帝,其道不但可常行而已,又更大于常。"③ "皇、帝、王"的历史,"三统五德"的德运循环,两说相融,"通"成为治道价值观,"皇、帝、王"尤其是"帝、王"承继相通,儒家以帝道援入王道的治道理想塑形由此获得进一步的理论支撑:"帝王之道,相因而通;盛德之祚,百世享祀。"(《汉书·王莽传》)

西汉后期的"汉为尧后"、"尧舜禅让"、再受命诸说,既是三统五德思想指挥下对作为先世的尧帝的继承,也是以帝道救王道付诸实践的表现。王道的政权更迭规则仰赖帝道公天下的禅让制度。议者亦常用帝、王、霸的治道高下来规劝君主,如将"师"与帝、霸的治道阶序对应,用"师"来考量君臣关系伦理,是决定帝王道德的标准之一:"师臣者帝,宾臣者霸。"(《后汉书·陈元传》)为汉帝进言以帝的标准作自我要求,可见"帝道"始终是王治时代所向往的。

三统五德的贯通之中,是以儒家王道统合诸子治道的努力。儒家所传即先王治道:"游文于六经之中,留意于仁义之际,祖述尧舜,宪章文武,宗师仲尼,以重其言,于道最为高。"(《汉书·艺文志》)这是官方史学的定位。西汉儒者信奉"二帝三王"之道。"董子言治重法古",提炼帝、王之道,指为"古今通达"之治道而归于王道。基于三统五德推导出的政权之制度与仪式的标识差异,他认为"王者必改制"(《春秋繁露·楚庄王》)。"禹、舜虽继太

---

① 对于三皇、五帝具体指称对象的不确定与发展的问题,自顾颉刚以来屡有讨论,但已经基本成型,只是具体人物的出入。
② 苏舆:《春秋繁露义证》卷7《三代改制质文第二十三》,第186页。
③ 《尚书正义》卷1,第4页。

平，犹宜改以应天。"（《白虎通·三正》）推演出道同而治异的治道与治法逻辑："天下无二道，故圣人异治同理也。"所谓"异治"，即通过"徙居处、更称号、改正朔、易服色"来显明天志；所谓"无二道""同理"，即"大纲、人伦、道理、政治、教化、习俗、文义尽如故"。这就是"王者有改制之名，无易道之实"。这正是礼与义相辅相成的王道，通过礼制损益来表彰义序，从《盐铁论》中"文学"、《韩诗外传》、《白虎通》等文献中的相似说法来看，这是当时儒家的共识。①

"一道"之下，五德终始，呈现出五种治道周而复始地连续循环的运行状态。"德之行五和谓之德，四行和谓之善。善，人道也。德，天道也。"② 天道见于德，德体诸天道而施于人。三统五德这个总的运动循环系统是天人相应的治道，其下从属诸德运之政权的政治风格实际上就是其治道的体现，是治道所化所开显之秉性。"四法"是对改命的制度化、礼仪化表现。董仲舒强调治道之教与显明受命之制并不相同，但法与制实际上也体现治道：

> 始皇推终始五德之传，以为周得火德，秦代周德，从所不胜。方今水德之始，改年始，朝贺皆自十月朔。衣服旄旌节旗皆上黑。数以六为纪，符、法冠皆六寸，而舆六尺，六尺为步，乘六马。更名河曰德水，以为水德之始。刚毅戾深，事皆决于法，刻削毋仁恩和义，然后合五德之数。于是急法，久者不赦。（《史记·秦始皇本纪》）

与《吕氏春秋》中居水德便"其事则水"一样，都是治道的表达，即所谓"五德转移，治各有宜，而符应若兹"（《史记·孟子荀卿列传》）。董仲舒认为，"四法如四时然，终而复始，穷则反本"："主天法商而王，其道佚阳，亲亲而多仁朴""主地法夏而王，其道进阴，尊尊而多义节""主天法质而王，其道佚阳，亲亲而多质爱""主地法文而王，其道进阴，尊尊而多礼节"。表征了"天道各以其类动"（《春秋繁露·三代改制质文》）。说的都是治道层面的问题。

王朝之德作为积功而成之德惠、显示之政治风格的含义，作为天赋之德位

---

① 参见苏舆：《春秋繁露义证》卷1《楚庄王第一》，第15页。
② 《五行》，李零：《郭店楚简校读记（增订本）》，第100页。

而呈现之治道特性、拥有之天命运数的含义，本有交集，在三统五德说影响下，王朝之德性和德行与其所居之德位日形结合。王莽篡汉前后，从"汉德已衰，新圣将兴"到"天下咸思汉德"（《后汉书·卢芳传》）、"人厌淫诈，神思反德"（《后汉书·光武帝纪下》），就是最好的说明。"汉绍尧运，以建帝业，至于六世，史臣乃追述功德。"（《汉书·叙传下》）也是德位之德与政德治德一致的论述。

> 王者有改制之名，亡变道之实。……道之大原出于天，天不变，道亦不变，是以禹继舜，舜继尧，三圣相受而守一道，亡救弊之政也，故不言其所损益也。繇是观之，继治世者其道同，继乱世者其道变。（《汉书·董仲舒传》）

董仲舒用统内不易道的理论，定义"无为"："孔子曰：'无为而治者，其舜乎！'言其主尧之道而已。此非不易之效与？"（《春秋繁露·楚庄王》）可见两种治道的融会解释与对无为的推重。此不变之天道指二帝三王之王道。五德系统中得正位者皆是圣王。

遵循三统五德，便为得"天统"。"膺当天之正统，受克让之归运。"[1]"天统"对应德运，为"正位"而非"闰位"。"天统"的内涵又是丰富的。服色等差"所以明乎天统之义也"（《春秋繁露·三代改制质文》）。汉高祖"著赤帝之符，旗章遂赤，自得天统矣"（《汉书·郊祀志》）。这是以德运及其象征符号系统说"天统"。而《史记·高祖本纪》论道："三王之道若循环，终而复始。周、秦之间，可谓文敝矣。秦政不改，反酷刑法，岂不谬乎？故汉兴，承敝易变，使人不倦，得天统矣。"这里的"天统"虽亦有天命正统之意，其得来的途径则重在治法救敝。

德对应王道框架下的具体治道，三统五德终始循环及与之相应的制度改作，是天道驱动人道的结果。这个体系的基本框架是制度之治，且基本是王道礼制的样貌，"五德"对应的制度形态都有礼制的成分，可视为五种不同的具体形态的呈现。董仲舒尤其强调王道之"一道"，既"突出强调了王道的统一性和不变

---

[1] 班固：《典引》，《班固集》，第186页。

性",又"极力证明先王之道存在差异性和可变性"。① 三统五德说的背后,是天道的治道观。"天道,七政变动之占也。"(《后汉书·桓谭传》注引郑玄《论语注》) 五德三统循环往复是基于宇宙运动的治道更革规律。法家将制度之治的人道推向极端,功利固有一时之效,但秦并六国却二世而亡的历史教训,使得五德终始的天道论跃居治道思考的主导地位。天道的重要表现就是时序:"满招损,谦受益,时乃天道。"(《尚书·大禹谟》) 遵循天道循环,改变制度,甚至损益先王之道,是汉初流行的观念。"王者必改制""古苟可循先王之道,何莫相因?"(《春秋繁露·楚庄王》)"三代各据一统,明三统常合,而迭为首",求治须"登降三统之首,周还五行之道"(《汉书·律历志下》)。治道可以划分为不同类别、不同政治风格进而终始循环的思想,体现在贾谊、董仲舒、刘向、刘歆等为代表的汉儒政治论说中。"五帝三王之道,改制作乐",改变制度以应天运,才是不变的贯通的治道。从治道的视角来看,三统五德思想中今文经、古文经等不同经学派别及诸儒以至王莽等思想的歧异之处并不重要,他们共同遵循三统五德时序循环的治道观。其上,是王道,但此王道是天道下的王道。

五德三统周而复始,德运有数的天道与本亦从天道转化而来的"道德功烈"的治道既相互印证,又事实上存有深刻的张力。据德改制,调整王朝最重要的制度安排,是以天道统驭制度之治的表现。它和以体现天道之道德来统驭制度是一体的,同时也是两种治道价值的并置。因为居于最高地位的天道的多重意义,"一道"与"五德"并非简单的高低主从关系,而是一种并存关系,实际上反映了对"道"的认知尚未纯乎一统而内有罅隙:五德之异分别付诸实践,使得礼义纲常之道在治理施行中呈现出不同的面貌,甚至可能走向王道的反面。"则水"的秦道,虽亦有若干礼乐象征之制度与符号的外壳,然已失礼乐之本与德性,并非王道,而是战国霸道之顶峰。② 共工、秦同以水德而居闰

---

① 陈苏镇:《〈春秋〉与"汉道":两汉政治与政治文化研究》,中华书局 2011 年,第 190 页。
② 饶宗颐认为,邹衍以儒家伦理为基本,主张尚德。秦始皇以酷法表水德,系"一方面固采邹子五德之数,一方面则去其儒家'止乎仁义'之'尚德'部分,专尚刑法,而非'德法',可谓修正之邹学"。(《中国史学上之正统论》,中华书局 2015 年,第 18 页。)从邹衍、董仲舒等对五德终始的论说以及《吕氏春秋》等有关记载来看,这是五德终始说内在的五种治道风格与王道的冲突,是"皇帝王霸"之道特别是王、霸道之实践并存于世的王道失统、治道多元期的表现,秦之治理固合乎水德,但并非秦以己之治道更改五德终始学说。

位,运祚"皆不永",秦尤以短命告终,说明"闰水"之治道风格不为世所认同,五德中既有"水"也有"闰水"之位,亦表明其构架的天道系统尚待完善。斥伯入闰,以王为正,此"王"不限于"三王"之王而有仁义王道之意:"《祭典》曰:'共工氏伯九域。'言虽有水德,在火木之间,非其序也。任知刑以强,故伯而不王。秦以水德,在周、汉木火之间。周人迁其行序,故《易》不载。"(《汉书·律历志下》)闰水败而被弃,以"闰位"判定了"伯"的价值,王道的治道价值被肯定,"王、伯"或"王、霸"之道的高下于焉可见。王莽所谓"皇王,德运也;伯者,继空续乏以成历数,故其道驳"(《汉书·王莽传》)亦是此意。但考虑到孔子亦被判入闰水而不合运序、不得正位①,我们可进一步感知到,此时的"王、伯"仍主要是德运时序上的当否,而治道之褒贬是次一位的,是要在德运时序的框架中实现的,判定是以秦之不永、孔子之不得位的现实政治失败为依据的。虽然王道逐渐在人王德运谱系和治理史的书写中称胜,但仍是通过天统五德的运序来表达的,如经过周折而为标榜的汉家尧后说,以远承尧之火德来斥出秦的不正,论证本朝的"天统":

> 汉兴之初,庶事草创,唯一叔孙生略定朝廷之仪。若乃正朔、服色、郊望之事,数世犹未章焉。至于孝文,始以夏郊,而张苍据水德,公孙臣、贾谊更以为土德,卒不能明。孝武之世,文章为盛,太初改制,而兒宽、司马迁等犹从臣、谊之言,服色数度,遂顺黄德。彼以五德之传从所不胜,秦在水德,故谓汉据土而克之。刘向父子以为帝出于震,故包羲氏始受木德,其后以母传子,终而复始,自神农、黄帝下历唐、虞三代而汉得火焉。故高祖始起,神母夜号,著赤帝之符,旗章遂赤,自得天统矣。昔共工氏以水德间于木火,与秦同运,非其次序,故皆不永。由是言之,祖宗之制盖有自然之应,顺时宜矣。究观方士祠官之变,谷永之言,不亦正乎!不亦正乎!(《汉书·郊祀志下》)

"正统"从属于"天统"。三统五德之说下,汉家尧后、莽新裔舜,皆有崇拜圣

---

① 杨权:《新五德理论与两汉政治——"尧后火德"说考论》,中华书局 2006 年,第 394、408 页。

王帝道的意蕴，也想跨过不道的秦代，不承认其为正统，但这种向远古祖先的继承，仍是在德运轮转的架构中完成的标榜，要经过德运的循环，在连续的政治史中确立自己的正统位置。"今天子接千岁之统"（《史记·太史公自序》），只是恢复封禅礼之谓；"刘氏承尧之祚，氏族之世，著乎《春秋》。唐据火德，而汉绍之"，"绍""承"皆非"直接"，绝不可跨越千年间的德运周期。在这样的斟酌调适中，仁义纲常的王道更加稳固地确立，其内涵与边界愈加清晰，对申、韩为代表的专制治道的否定与批判也渐趋确定。但天道五德连续循环的五种治道风格，仍说明天道除了仁义无为，还有另一种政治原则存在，尽管可能是冷酷的铁律。应劭以三统五德之数和运序兼容王霸：

> 盖三统者，天地人之始，道之大纲也；五行者，品物之宗也；道以三兴，德以五成。故三皇五帝、三王五伯。至道不远，三五复反；譬若循连环，顺鼎耳，穷则反本，终则复始也。（《白虎通·皇霸》）

倒转过来看，凌驾于仁义王道之上的天道律法，亦与王霸玄黄未定大有干系，有助于理解汉武帝何以在受命明德的同时行大有为之治，更可为汉宣帝"霸王道杂之"之说作注。

三统五德兼容"皇帝王伯"，呈现了正闰全部不缺的治道，在褒贬中认受治理史与现实，趋向后王。孔子即鲁而成王义，秦与汉更造天地变局，增重了重近世与后王的立场。汉人以为："《春秋》上不及五帝，下不及三王，述齐桓、晋文之小善，鲁之十二公，至今之为政，足以知成败之效，何必于三王？"（《新语·术事》）"战国之权变亦有可颇采者，何必上古。秦取天下多暴，然世异变，成功大。传曰'法后王'，何也？以其近己而俗变相类，议卑而易行也。"（《史记·六国年表》）钱穆认为"亦当时一种'法后王'之见"。法后王而为后王立法，是东周的主张之一，秦汉此潮流尤重："司马迁作《史记》，更详战国以来，其意正学《春秋》，亦将以为后王法。"[①] 在此语境之中，董仲舒亦莫能外。"远者号尊而地小，近者号卑而地大，亲疏之义也。"（《春秋繁露·三代改制质文》）这是重视优礼后王的学说与制度。在"天地一大变局"

---

① 钱穆：《孔子与〈春秋〉》，《两汉经学今古文平议》，商务印书馆2001年，第280页。

中，虽然三统五德理论针对秦制是"复古更化",但也动摇了"皇帝王伯"的治道价值意涵,而使"皇、帝、王"成为运转位移、不断生成、迁转迭代的位号。如果沿此"黜夏,亲周,故宋"的递嬗逻辑,则势必以近世甚至以后王为师,而非追寻重返上古博大的治道。"汉家自有制度,本以霸王道杂之,奈何纯任德教,用周政乎!"本朝故事就成了法后王的题中之义。汉代的祖宗故事,唐代的汉人故事,这些近世甚至本朝的故事,都与这一厚今薄古逻辑互相支持。宋人在儒家帝王之道框架内重返二帝三王之道的意义,由此显得重要。

三统五德学说所指向的,实为神秘的天道驾驭下的制度之治。制度的内在要求是"象天所为"。此时对天道的理解是"三统五德",儒家的仁义礼乐、道家的自然无为等等治道倾向,都只能在这个体系中展开。虽有道家与《易》学之辩证、通达的制度观在前,但在制与德应、顺天为治的氛围下,天道、治道都要落实在制度上,任天也就表现为任制。汉儒"奉天法古"不免走向机械僵硬的制度观。王莽对与天命结合在一起的制度之治的过分乐观,如班固、赵翼所批评:"结怨中外,土崩瓦解。犹不以为虞,但锐意于稽古之事,以为制定则天下自平。乃日夜讲求制礼作乐,附会六经之说,不复省政事。制作未毕而身已为戮矣。"赵翼嘲笑"其识真三尺童子之不若",实则不过当日王制讲求之痴迷典型也。(《廿二史札记》卷三《王莽之败》)三统五德思想放大了制度的治理价值,与法家任法不同而又实际上都是过度崇拜制度形式的神圣性,与韩非子以黄老推导纯任制度之治,在王道阶段的治道逻辑上是相似的。

以王道为崇尚,正统儒家综合《易》与三统五德,重视二帝三王之道,表彰当代,成为流行的意识形态话语。汉代德运与"道德功烈"杂糅的治道观念于焉生成。这就是《王命论》中所强调的"天道"与"人事"并称的结构:

> 唐据火德,而汉绍之,始起沛泽,则神母夜号,以章赤帝之符。由是言之,帝王之祚,必有明圣显懿之德,丰功厚利积累之业,然后精诚通于神明,流泽加于生民,故能为鬼神所福飨,天下所归往,未见运世无本,功德不纪,而得屈起在此位者也。世俗见高祖兴于布衣,不达其故,以为适遭暴乱,得奋其剑,游说之士至比天下于逐鹿,幸捷而得之,不知神器有命,不可以智力求也。悲夫!此世所以多乱臣贼子者也。若然者,岂徒

暗于天道哉？又不睹之于人事矣！（《汉书·叙传上》）

班固用《易》的治理史表彰汉德："肇命民主，五德初始，同于草昧玄混之中"，"冠德卓绝者，莫崇乎陶唐"。汉代"膺当天之正统，受克让之归运，蓄炎上之烈精，蕴孔佐之弘陈"。可谓天命三才成于一德："洋洋乎若德，帝者之上仪。"汉章帝"皇家帝世，德臣列辟，功君百王，荣镜宇宙，尊亡与亢"。① 在劝说曹丕受禅时，诸人既言"舜以土德承尧之火，今魏亦以土德承汉之火，于行运，会于尧、舜授受之次"，又言"所谓论德无与为比，考功无推让矣"。（《三国志·魏书·文帝纪》裴注引《献帝传》）

三统五德之说是连续的治道传承，"皇帝王伯"的治道阶序还不足以垄断治道的价值判定，只能将个别人主置于"闰位"，要再经过一千年的治理兴衰与宗教冲击，儒家才能勘破自人心至天下的价值与秩序逻辑，发明具有独立自足的价值规范、足以收束人心与社会秩序的治道统系。

小结："上下求索"的治道初型

牟宗三曾言："从前论政治，即言皇王帝霸之学。"② "皇帝王伯"就是传统中国的"政治学"的基本架构，它将治理史、治理模式、义理等级合而为一，为"反本"或"通变"提供了丰富的可能性。人群治理从原始无为演进到制度规范，人道文化之，而又不耐制度之繁文积弊束缚，天道遂成为从上古治道中延伸过来的义理之源。

历史学、考古学目前所能获得的证据均不足以证实或证伪"皇、帝"时代的确凿存在，但他们所代表的治理与治道之若干"大型"，则不仅在文献中留下痕迹，也为考古发掘所验证。"三皇五帝"与神农、燧人、有巢等大体同在战国时期变得秩序井然，是时人整理所得之历史记忆与思想资源，逐渐将文明史和治理史一同系诸偶像的结果。

对古史与传说的关系，刘节与徐旭生有相似的看法。他认为传说"如果分

---

① 班固：《典引》，《班固集》，第184页。
② 牟宗三：《新版序》，《政道与治道（增订新版）》，学生书局1991年，第12页。

析起来，有大部分是出于民族底集体想像"，"所以研究历史的人如果不明白古代人底集体想像，就无法了解古代的历史。研究历史的艰难处，正是这一点"。进而直指须迎难而上，"从怀疑论出发，以证实论作结"，从中分析古史事实、发现历史法则：

> 古代人用想像摆布事实所构成的史实，积久了以后，这些材料在历史家看来，又是一种可保存的史实。从这些材料里分析出从前人的集体想像所代表的事实，于是可以推到古代人生活底真相。①

刘节以语言学和综合的"民俗学"为方法，综合"古器物、古文字、古代传说"及社会学和人类学的视角，② 对殷、周的"伯、中、叔、季"世代（"中世"和"叔世"是一个世代的两种说法）观念进行了历史发展阶段与地域族类分布纵横交错的解释，指出这是一个从生产、文化、社会组织形态等方面发展来看逐渐文明"进步"的过程，"而'叔世''季世'也可当作道德衰落时代的称呼"，四世虽不与虞、夏、商、周四代一一对应，但晚周人的古史年代观已经将其对应起来。③ 以"伯、中、叔、季"的阶段论来理解古史，并不十分成熟，而其中模糊参差的文明进步、道德衰落等描述实为"皇、帝、王、伯"的治道论中被反复具体说明和论证的。如同韩非子的"上古之世、中古之世、近古之世、当今之世"之分，"伯、中、叔、季"不是自足的历史阶段划分法，但刘节解读古史的原则和方法值得学者研读深思，四世代（或三世代）说也从古人观念中找出一条观察和呈现历史发展之"大型"的路，为今人示范了分期的价值和可能性。

"上古之君，存诸氏号，虽事先书契，而道著皇王。"④ 考古学以"古国—方国—帝国"说为代表的阶次演进，从国家形态的角度提示我们思考人群治理范式的发展，先秦逐渐整齐起来的"皇帝王伯"治理史则为我们留下了治道的线索。如同古书成于众手的形成过程，"皇帝王伯"的思想史也是从上古人群

---

① 刘节编著：《中国古代宗族移殖史论》，商务印书馆 2021 年，第 2、262 页。
② 刘节编著：《中国古代宗族移殖史论》，第 3 页。
③ 刘节编著：《中国古代宗族移殖史论》，第 36、255 页。
④ 《唐会要》卷 22《前代帝王》，中华书局 1960 年，第 430 页。

治理经验不断积累，复经周汉诸子收集整理与选择发明而成。以作伪或愚昧对待之，都不乏厚诬古人而高看自己的意思。在这样的生成机制与历程之下，限于文字记载等遗存的限制，斤斤以求人物、年代、事迹的真实性和确切性，也是难以实现的。毋宁采取抽象的形态与范式演进观念，如社会形态史、国家形态史一样，用钱穆所言之"大型"来概括治理史与其治道史，"皇帝王伯"即是古人系于代表人物与名号的分段论。所以，从史实上看，"皇帝王伯"似累变晚成而不实，从治理与治道看，却有比较一致的结构，即治道形态与价值梯级，此"大型"又与人类政治发展及考古所见国家形态演进颇相契合。如果考古学家能够与人类学的国家思考结合而走出五帝三代有无的实迹考求，政治研究者何不下场以治道之义解之？尽管后人立足王道与历史文献考实的观念，百年来更借现代史学之力，否定"皇、帝"时代渺不可及，但其作为治理史的记忆和治道的思想资源，复寄身于道教，已对此下中国政治史影响深远，如君王对三皇五帝的崇拜和对老子之道身国同治之修习。孔子以其近身之三代为一王道之整体，构建王道治理的理想型。但综合"皇帝王伯"的格局，则三代不过是以制度施治的阶段，中国政治文明固然至王道而臻完备有光辉，是政治文明成熟的表现，但究非治道之全部可能，故老庄以皇古之道救之，儒家、墨家亦援入尧舜帝道而完善之，黄老、法家则路径不一地将天道无为与法制结合起来。"二帝三王"的指称，是古人以文献可征的历史推展治道格局的最显著的表现。"皇帝王伯"格局的恢复，有助于我们打破"三代"视野的束缚，对中国治道的丰富性及其内在格局有更全面系统的认识。打破"截断众流""轴心突破"的哲学史、思想史范式，借助"皇帝王伯""道德功力"等治道名号和考古与古史研究成果，在更大的时间视域内构建中国政治思想史的源流本末，对于理解中国本有的治道，是有启发的。

  人类社会的发展呈现为治理发展的进程，而治理表现为相对于"自然"的"制作"。这个发展过程就是从文明创生，物质生产生活开启，进入社会合群，到政治秩序确定，复于此政治之治框架下进于制度之治，这就是"皇、帝、王"的分期所对应的阶段划分。中国治理以天道为重要来源与遵循，制作而又取法、符合天道，不违逆天道，是首要原则，以皇道为最高。在王道制度之治的条件下，如何汲取以及在何种程度上汲取"皇、帝"治道，实现对天道的贯彻，彰显"道德"，成为治道反思与治理发展的思想动力。

对于"皇帝王霸"治道之演进及诸子百家源出其门,宋人陈亮曾论曰:

> 天地人各有其道,则道既分矣。伏羲、神农用之以开天地,则曰皇道;黄帝、尧、舜用之以定人道之经,则曰帝道;禹、汤、文、武用之以治天下,则又曰王道;王道衰,五霸迭出,以相雄长,则又曰霸道。皇降而帝,帝降而王,王降而霸,各自为道,而道何其多门也邪?无怪乎诸子百家之为是纷纷也。①

这是宋人的见识,也反映了自东周至南宋,"皇帝王伯"之道始终是基本的治理思想资源,决定了治道的规模、层次和格局。上古以来治道积淀而成的思想资源库,是中国治道"道"化的基础,见于先秦诸子"务为治"的道论之中。既有的中国早期思想研究,虽然亦以"历史的连续性"为意,但因为追求普遍的历史图景,过于重视"轴心时代""觉醒""突破""超越"对应的现代学术价值,以西学框架中之哲学"起源"为轴心突破的形而上标尺,所以把巫文化和三代礼乐传统,把周公以德制礼、从天道推进到人道,作为诸子突破的直接的历史文化背景,力证在此基础上发生了内向超越的突破:春秋中晚期"德"逐渐个人化和内在化,孔子将德、礼、天命等观念都收入个人"心"中。② 这个从天道到人道、从集体的政治的到个人的内在的线性进化图景,其结果:

之一是,主要从对立与反动的逻辑看待天人关系,将诸子及周代的发展定位为"轴心突破"或"'人文的'转向"③,举凡从"命令之天"到"哲学之天"等哲学史叙事也是遵循这个逻辑的表达。本文则认为这是一个体天道而思考人间治道的延伸发展过程,是治理经验的总结与其"道"化的形而上化发展进程,人们更多的不是究心于对天命的突破,而是因应时势体察天道而在人间落实,"务为治"一语而蔽之。《礼记·礼运》仍有"圣人参于天地,并于鬼神,以治政也"之说。

之二是,放大了儒家对"心"的重视亦即内向超越的一面,即治理而超越

---

① 陈亮:《问皇帝王霸之道》,《陈亮集(增订本)》,邓广铭点校,中华书局1987年,第172页。
② 余英时:《论天人之际》,第54、79、95、221页。
③ 陈来:《古代宗教与伦理》,第4页。

的一面被相当大程度地忽略了，将"道、德"都向个体内心、向形而上推升，而于治理之"德"、制度之"礼"的延续一面的重视不够。这就将宋儒继续向"心"、向形而上追问的步骤提前了，且因这个单向度的进化线索而将此后包括宋学在内的中国思想发展过度地置于了"内向超越"的线索上，没有予治理与政治、制度之治的关怀与纠葛以足够的观照。"德下衰""五德"诸观念、学说都是对此直线进化逻辑的反动。对"德"这个概念，要在具体语境、具体指向中去理解，才能把握彼时言说者的真意，这是政治思想史的要义之一。

之三是，延续后世儒家思想史的谱系起点，重视三代，特别是放大了王国维"中国政治与文化之变革，莫剧于殷、周之际"①的判断，以周代的历史资源为诸子的基础。这是一个横截面而非连续体的思维。余英时认为："春秋中期（即公元前7世纪中叶）以下是轴心时代的酝酿阶段，其间虽未发生突破，但已接近临界点了。内向超越是沿着价值取向内转的道路而踏上一个更高的阶次。"②陈来称殷周之际以降至诸子出现之前为"前轴心时代"，认为轴心时代与以周公和周文明为代表的这个时代有"明显连续的一面"。③郑开则使用了"前诸子时期"的概念。即使注意到"历史地看，前诸子时期的思想过程作为孳乳、催化诸子哲学的深远历史背景是无论如何都不能忽视的"，"它们之间的关系与其说是对立的，毋宁说是相互包容涵摄的"，也仍然基于诸子哲学突破的前提，将"德"归于周公、"道"归于诸子，将"德""道"置于线性的时间轴上，而非"道德"的体用而一体的格局，最终归于诸子立足周道创生哲学："诸子哲学（例如儒、墨、道、法、名和阴阳家）正是从深厚的'德'的思想文化传统的背景中脱颖而出的哲学创作。"④这实际上仍没有跳出杨向奎将周代礼乐文明作为儒家的"历史渊源"，提出的"周公逐渐脱离了'天人之际'而倡德；孔子转向'人人之际'故倡仁"的转型范式。⑤经过本书的论说，在治道的视域中，回到"皇帝王伯"及"德""礼"等源流有自的治道观念体系

---

① 王国维：《殷周制度论》，《王国维论学集》，第1页。
② 余英时：《论天人之际》，第221页。
③ 陈来：《古代宗教与伦理》，第5页。相对来说，则认为"殷人也还仍然处于文明的初期，并未产生对文明发展有重大意义的经典。"（第274页）
④ 郑开：《德礼之间》，第1、21、31页。
⑤ 杨向奎：《宗周社会与礼乐文明》，北京出版社2022年，第123、320页。

中，我们可以看到周公与孔子同属于王道阶段（不仅是"'人文的'转向"），周公制礼定型了政德通过礼乐制度来维系和表达的治理模式，即"礼、乐，德之则"，这是王道政治经夏、商两代至周而集大成的表现。孔子则力图通过援引帝道来唤醒"礼之本"，进而"复礼"，使王道焕发新的活力。这是一个礼乐制度的治道升华转进的过程，而非哲学视角下的天与人、形而上与下"突破"式发展的两个阶段。其仍然是在"皇帝王伯"的治理与治道整部演进史中发生的。诸说专注三代特别是周代的根源，没有将上古至周代的思想资源全部纳入视野构建长时段的整体的治道体系与嬗蜕逻辑，特别是将上古文化大都归于"巫""神""天"的神秘主义性质，而忽略了基于人群与治理的发育而逐渐积累的人间治道资源、以"务为治"为中心的上古以来连续的治理史及其思想史的发生过程。这实质上仍是从"轴心突破"向前追溯的历史观，视自殷至周、自周至诸子为不断转型的发展样貌，无论是"轴心突破"，还是"两个轴心时期"同为"黄金时代"，都是针对一个思想截面作突破的视角，内里的逻辑仍是与"救时""救世"一样的诸子应时创发，即思想与某一特定的世势之间的对应关系。所以郑开在讨论黄老的帝道政治哲学时，不能从周代思想中找到渊源，就认为其是大一统的新产物："黄老政治哲学最重要的思想动机就是在既有的王道和霸道之外别辟新途。"回到了"救时"的老路子上。

诸子出于王官之说，隐含的另一大学术源流论是从政教合一的古代政治积累发展出诸子百家之学说，"道术为天下裂"之说与此同调。"道、德、功"都富有治理与实践意涵，合起来才是对治道的理解。在这样的发生过程与思想格局中，诸子之道具有治道的特质：道的追求是治，从既有治道资源中总结发明；治是着眼整体秩序的治理，政教合一的教化政治是美好政治原型的基本要素，至周仍存，为周末诸子所向往，儒家尤然。对整全之治的理解，孕育了整全的道与治道。

"道之大原出于天"，圣王也要"配天"，百家体天道以为人道。道经"皇、帝、王"累代而成，本是圣人统理人群秩序、发展人群事业所由之治道。儒家尤其追求兼形而上下之道的问道规模，其理想中之"治"亦不限于今人所理解的颇为狭义的政治活动，而是更为广义的包括政治、社会乃至人心、思想等诸领域的人群的整全治理："'施于有政。'是亦为政，奚其为为政？"（《论语·为政》）"天有其时，地有其财，人有其治，夫是之谓能参。"（《荀子·天论》)这是颇有整全意味的秩序构建，而非狭义的"政治"，故本文称之为"治理"。道就是在此发展与实践过程中生成的治理模式，亦即治道。实则古人论"政""治"，如"人道政为大"(《大戴礼记·哀公问于孔子》)、"治而教之"等，皆是此意。王国维论殷周制度革命而点出："古之所谓国家者，非徒政治之枢机，亦道德之枢机也。""民风化于下，此之谓治；反是则谓之乱。"要在这个意义上理解"制度典礼者，道德之器也。周人为政之精髓，实存于此"。① 萧公权引用孔子之语进而论之："近代论政治之功用者不外治人与治事之二端。孔子则持'政者正也'之主张，认定政治之主要工作乃在化人。非以治人，更非治事。""化人"一义，亦若合符节。② 朱熹还曾指出"政，大体也"，则在"化人"之内容意涵之外，复在秩序与框架的意涵上强调"治"的范围之广、体系之全、规模之不容或缺。(《孟子集注·滕文公章句下》)凡此均可见传统中国之"治"的合内与外、兼人与国的格局与规模。

"夫治身与治国，一理之术也。"(《吕氏春秋·审分览》)殷海光曾思考中国哲学的"融合"特质："中国哲学把伦理、道德、政治、反省思考甚至相当程度的社会生活作了紧密的融合，然后将它们具体而微地展现在各个领域之中。在这种意义之下，中国哲学是一元论或者圣人主义的。"③ 从治道思想积存的角度，在皇帝王伯的政治历史分期格局、整全之治的治道规模中，来理解"天道""王道"等"道"的概念，及与之相应的"圣人"概念，当有新的收获。其结果是治道的"道化"，但仍以整全的治理为归宿，而非纯任形而上。

整全之道既是"古之道术"，也是经历王道周折之后的"至德"追求。在王、伯时代，身处制度之治的天下国家中，诸子警惕法制的弊端。特别是经法家的推阐、秦王的实践，法制之弊继东周制度繁文积弊而愈烈，汉儒与黄老都

---

① 王国维：《殷周制度论》，《王国维论学集》，第14页。柳诒徵认为王国维之"道德团体"说为"精言"，但与王国维强调"殷周变革之剧"不同，柳诒徵则认为："实则所谓合天下以成一道德之团体之精髓，周制独隆，而前此必有所因，虽周亡而其精髓依然为后世之所因，不限于有周一代也。"(《国史要义》，商务印书馆2011年，第284页。)制度与道德关系紧密的礼乐制度之治范式自夏、商乃至尧、舜时代发端与演进，至周代完备而集大成，这是王道治理的特质，并非周一代所突起。
② 萧公权：《中国政治思想史》，第45页。
③ 殷海光：《我对中国哲学的看法》，陈鼓应编《春蚕吐丝——殷海光最后的话语》，中华书局2019年，第34页。

希望完善王道，无论仁义，还是无为，都是使之进入"德形于内"境界的路径建议，这就是整全之治的境界，此任务贯穿了此后的中国政治和政治思想。德向内转为人之德固然是重要表现和路径，但"德形于内"的意涵范围并不止于此，是道德功烈成为治理之内在固有属性之意，这个内化固本的过程也就升华了道德功烈的境界。前揭郭店楚简"德之行五和谓之德""德，天道也"。此前述"五行"为仁、义、礼、智、圣"形于内谓之德之行，不形于内谓之行"。①"德之行"与"行"的高下，就是"德形于内"与否的治理水平之别。

整全之治的关键是"行道"的实践，这是"道、德、功"的治道格局的另一要义所在。制作是王者之德，仅视之为"发明故事"是看低了其寓意。制作的结果就是治理的德与功，就是"行道"。从治道的生成史来看，"行道"是最为核心的内涵。治道整全是以实践亦即"行道"为必要完成条件的。对于"何谓成身"之问，孔子答以"不过乎物"，天道的意义也正在于"无为而物成"（《大戴礼记·哀公问于孔子》）。"非自成己而已也，所以成物也。""成己"与"成物"一体，才构成"德"："性之德也，合外内之道也。"如朱熹从"行道"角度的阐释："诚虽所以成己，然既有以自成，则自然及物，而道亦行于彼矣。仁者体之存，智者用之发，是皆吾性之固有，而无内外之殊。"（《中庸章句》第二十五章）穆叔言："'大上有立德，其次有立功，其次有立言。'虽久不废，此之谓不朽。"（《左传·襄公二十四年》）孔颖达疏"立德"为"创制垂法，博施济众"，"立功"为"拯厄除难，功济于时"，"立言"为"言得其要，理足可传"。② 正说明了治理及物之"功""德"的重要性。贾谊也重视"道"中"接物"的意涵：

> 曰："数闻道之名矣，而未知其实也，请问道者何谓也？"
> 对曰："道者所道接物也，其本者谓之虚，其末者谓之术。虚者，言其精微也，平素而无设诸也；术也者，所从制物也，动静之数也。凡此皆道也。"（《新书·道术》）

---

① 《五行》，李零：《郭店楚简校读记（增订本）》，第100页。
② 杜预注、孔颖达等正义：《春秋左传正义》卷35，中华书局2009年，第4297页。

这是汉人对本末精粗一体的道观念的延续。

整全之治离不开政治实践，圣王出世行道为实践所必需。中国文明的历史是由作为人主的皇、帝开启的，圣王体象天道开启人类文明，条理人类社会，规范内外秩序，人、家庭、社会、政治由此而生，人伦、纲常、礼义、法度由此而备。中国治道，以圣王为发动和标识，但不以国家为主体，而是以人（人心，人生）和社会（伦常）为本位。治心、治人、治万物、治天下，兼有形而上下意涵，且付诸实践，观诸及物之德。"王道"虽以王纲为秩序中心，但社会政治秩序意义上的王纲不能与"王权"独大画等号。"王权"之于"社会"，虽不乏"支配"，却非"支配"一语可以尽之，"王权支配社会"[①] 并非王道的全部逻辑。"王权"是否可以径行表述为"专制权力"，更尚需研究，在儒家王道理想中，恐怕就不宜以"专制权力"指称之。楚简有言：

> 登为天子而不骄，不专也。……禅也者，上德授贤之谓也。上德则天下有君而世明，授贤则民举效而化乎道。不禅而能化民者，自生民未之有也，如此也。[②]

虽然儒家也有禅与继"其义一也"之说，公天下仍是大道之行的标准，天下不仅要"有君"，还要禅让授贤，才是真正的"上德"，才能真正"化民"于道，成就整全之治。

整全之治，意味着"皇、帝、王"之治道的统合。汉人尊尧和周公，说明"帝、王"为"皇帝王伯"的两个主要阶段，也说明儒家以尧舜帝治援王道，到汉代基本告成。从"皇、帝"之道至三王、五伯的"德下衰"，带来道之统合以全治道、以臻至治的问题。道的统合是道的自我完善。历史发展到制度之治阶段，如何在王道基础上汲取帝道而成理想中的至治之道，是政治思想中居于主轴地位的问题。帝道方能公天下，禅让对征诛革命的规范和规训，以其"实与而文不与"体现了天道的约束。而事实上，仍只能以王道统合帝道，这

---

① 刘泽华：《再版序》，刘泽华、汪茂和、王兰仲《专制权力与中国社会》，天津古籍出版社2005年，第1页。
② 《唐虞之道》，李零：《郭店楚简校读记（增订本）》，第125页。

是历史的客观条件决定的。如何汲取天道、帝道，改造这并不完美的王道，成为以王道为本位的儒家始终面临的基本问题。其核心之一，就是以礼义制度为基础的儒家，虽然提出"仁"的超越价值向度，但汉唐时代仍缺乏天人之际"复性"的有效途径，人心与信仰的修养领域遂为释、老二氏所夺，"霸道"杂入亦被视为其结果，这在整全"治道"的视野中，固是莫大的挑战，体用本末之圆融，直到宋儒继续上探"皇、帝"之道而得以心传说重整道统，底定修齐治平的格局，方获解决。

追求王道至治的不竭不息的动力，或皆在于合内外之"治"本来就是要有"道"的，"礼"本来就是要有"本"的，以礼乐为核心与标识的制度体系是作为道德仁治之境的载体而存在的。史华慈曾论及：

> （礼）是维系那种（社会文化）秩序的客观的规章、准则、礼节和道德习俗这些具有约束力的内容。那种社会秩序特别是指理想社会的秩序，在孔子看来是在周代早期已经实现了的。……我们必须把对人类行为一般制度设置的关心与对人类行为能完全由制度的手段和法律来加以制约的信念区分开来。[①]

儒家眼中的礼乐制度就是"一般制度设置"，是整全的；法家则持"对人类行为能完全由制度的手段和法律来加以制约的信念"，是禁制的。儒家所持的理想的二帝三王之"王道"，又不仅是"秩序"所能限，而是对制度之治的历史时期的治理"境界"的追求，只是他们用"道"来指称。

面对制度之治的政治国家，东周即已对其积弊进行了反思，以道家、儒家为代表，从不同角度力图匡正制度对人的束缚、对治理的异化。儒家坚持王道的整全之治，不是厌弃制度、回到前国家状态，而是在作为较成熟的古代国家的王道制度之治中寻求复性之路，追求人在制度国家秩序中的发展，希望两全其美。儒家传承的王道治道以整全之治为追求，其治道之本体便是合内外、兼述作的整全、全体之体，而非空无的心本体。"皇、帝"之道经他们之手而以超越的状态继续活跃在中国的政治思想舞台上，给中国此后的制度建设和政治发展提供了治道规训。

---

① 史华慈：《儒家思想中的几个极点》，田浩编《宋代思想史论》，第103、105页。

第二章
圣王制作与孔子述道
——先秦两汉的圣人观念与身份

"道"是"治道",是帝王之道,治理实践就成为道的必要条件和不可或缺的内涵。《中庸》论说"道"存在"不行""不明"两个方面的问题,提示今人在彼时的观念世界中,"行道""明道"是"道"在人间的两个基本维度。"君师者,治之本也。"(《大戴礼记·礼三本》)在作君作师、政教一体的基本体制背景下,圣王是道的开创者和担当人,集"行道""明道"于一身。孔子发明王道但其道不得行于世,是东周政教分离、体制变迁的结果,也重新定义了"道"的传承方式、道的承载者亦即"圣人"的身份。

孔子为"素王"或更为直接地认为孔子相当于一王,是经学史和周汉思想史上的一大议题。经过历代学人的分辨,这个问题主要表现为两个方面:一是孔子是理想中的圣王,蒋庆称之为"与世俗之王相对立"的"神圣之王","世俗之王代表着实然的历史,而神圣之王则代表着应然的历史"。① 缪哲仍承此意:"当时经学所主的王者谱系,或以'王'者为索引的正统历史。其中孔子称'王',并不是就经验历史,而是就天意历史说的。"② 而就缪氏所引诸文来看,其本意是否称孔子为"王"尚待分梳。二是为汉制法说,孔子为汉制法而非自为王者,是汉人的主流认识,欧阳修已斥之为"甚矣汉儒之狡陋也",现代学人如钱锺书承此说,认为这是汉儒的"阿汉"之风:"谶纬说盛,号孔子曰'素王',而实则牵挽为汉之'素臣',以邀人主之敬信而固结其恩礼,俾儒家得常定于一尊。"③ 杨权以谶纬中的孔子为研究对象,论证了孔子在汉代从

---
① 蒋庆:《公羊学引论——儒家的政治智慧与历史信仰》,辽宁教育出版社1995年,第136页。
② 缪哲:《从灵光殿到武梁祠:两汉之交帝国艺术的缩影》,生活·读书·新知三联书店2021年,第36页。
③ 钱锺书:《史记会注会证》,《管锥编》,生活·读书·新知三联书店2021年,第478页。

"受命王"到"制法主"的转变。① 以上两种主流意见传达出一个共同的观点,即本有孔子相当于一王的认识,但狃于政治时势而转入"为汉制法"了。但孔子及其身后诸儒究竟如何看待他与"王"这一身份的关系,并没有得到充分的研究。孔子身份的问题,尚须还原置入周汉时期对"道"的属性及其实现和传承方式的认知语境中,相关联的是"圣"的概念内涵以及"道"与"圣"的关系变迁,才能获得进一步的理解。在学者多采用的谶纬这一特定的论说载体场域之外,在先秦两汉的政治思想中,对道的性质、道与政治权力及孔子的关系,都有一定的主导观念,并影响到后世对孔子地位的理解,从这个脉络中观照孔子为素王的问题,可对中国思想史有更多的体会。

一、孔子的"命"与"位"

"道"即"治道",圣王行之,治道之"道、德、功"的格局,决定其必须付诸国家社会治理实践之"行"——而非个体修为与传播之"行"——才能完成。行道的内容就是德与功,是圣人、王者的必要条件。这也就意味着有德有位才能行道,是天命的表征。这是先秦政治思想共通的观念。

"天地设位,圣人成能。""道、德"的治理意涵决定了其与"位"共成一体,无位则难以成及物之"德",也就无从形而上化为"道"。所以,"天地之大德曰生,圣人之大宝曰位"(《易传·系辞下》)。《易》中充满了"道、德"与"位"相系的政治哲学表达,后世王弼继续论曰:"位以德兴,德以位叙。以至德而处盛位,万物之睹,不亦宜乎!"韩康伯认为:"有用而弘道者,莫大乎位。"② 是对《易》经、传中"道、德"指导规训"位","位"成就"道、德"的思想的准确阐发。

周人重视天与天命,天命是德、位之上的决定因素:"有命自天,命此文王,于周于京。"(《诗·大雅·大明》)"文王受命,有此武功。"(《诗·大雅·文王有声》)"天祚明德"(《左传·宣公三年》),贯穿在德位和天命中的,是德化的天命观。在周代政治观念中,德是获得天命的条件,礼乐制度是

---

① 杨权:《新五德理论与两汉政治》,第 381 页。
② 《周易注校释》,楼宇烈校释,中华书局 2012 年,第 2、247 页。

天命的表现。"唯天下至圣"以其德与位达到"天德"的水准,可以"配天"(《中庸》)。德重于礼乐象征,有"在德不在鼎"之说。但归根结底,王祚亦即"位"的得失,天命是最终的决定力量:"成王定鼎于郏鄏,卜世三十,卜年七百,天所命也。周德虽衰,天命未改,鼎之轻重,未可问也。"(《左传·宣公三年》)虽然天命是运动变化的,但始终是最神圣、最高的遵循:"维天之命,于穆不已。"(《诗·周颂·维天之命》)

孔子与政治德位的关系不是一人一家的问题,而是政教合一、世卿世禄的体制裂变后,从王官学走出而徘徊于庙堂与江湖之间的诸子如何安身立命的政治社会转型问题。诸子面对的大问题是能否得时行道,这不是个人努力决定的,更要看"时命"即天命。

周代的天命观是孔子及儒家思考自身和道的命运的思想观念背景。孔子虽然"知其(世)不可而为之",只是要通过积极的努力而确认天命所在,并无违忤之意。孔子认为君子"有三畏"的第一条就是"畏天命"(《论语·季氏》),他自己"五十而知天命"(《论语·为政》)。儒家继承了对天命"畏"和"知"而非主动去控制甚至改变的态度。"道"也是靠天命而兴废的,非人力可以改变:"道之将行也与,命也;道之将废也与,命也。公伯寮其如命何!"(《论语·宪问》)对"天"的决定作用的强调,在对文治的信仰中也表达过:"文王既没,文不在兹乎?天之将丧斯文也,后死者不得与于斯文也;天之未丧斯文也,匡人其如予何?"(《论语·子罕》)在面对公伯寮、匡人这样的挑战时,孔子用"天""命"表达了坚持王道的信心。孟子认为天命决定了王道中的传位之义,在这个意义上继世与禅让同具正当性:"天与贤,则与贤;天与子,则与子。""继世以有天下,天之所废,必若桀、纣者也,故益、伊尹、周公不有天下。"所以"孔子曰:'唐、虞禅,夏后、殷、周继,其义一也。'"(《孟子·万章上》),亦可见"天命"之于"位"的决定作用。孔孟的天命观给汉人深刻印象:"孔子称命,不怨公伯寮;孟子言天,不尤臧仓,诚知时命当自然也。"(《论衡·偶会》)

老子及道家的做法是"以自隐无名为务。居周久之,见周之衰,乃遂去",成为"隐君子",这是"修道德"之学的结果(《史记·老子韩非列传》)。以"时命"为判断,能得则行,不得则隐。道家屡以早已有之的隐者故事启发时人:"古之所谓隐士者……时命大谬也。当时命而大行乎天下,则反一无迹;

不当时命而大穷乎天下，则深根宁极而待；此存身之道也。"（《庄子·缮性》）"且君子得其时则驾，不得其时则蓬累而行。"在《史记》中，对于不得时的孔子，老子以自己的处世哲学引其自保："吾闻之，良贾深藏若虚，君子盛德，容貌若愚。去子之骄气与多欲，态色与淫志，是皆无益于子之身。"（《史记·老子韩非列传》）虽未必是事实，却是对儒、道两家不同态度的形象描绘，更深一层的是自周迄汉的时命观念。

受命得位，是有政治条件和程序的。诸子中只有儒家有作圣的想法，是因为他们"从周"接受王道的现实，接受"二帝三王"以来天命支配政权转移的治道逻辑。"不在其位，不谋其政。""君子思不出其位。"（《论语·宪问》）"位"对"政"的限制是严格的。同时，"帝王"时代的故事中已不乏由微庶成圣王、圣贤的先例，舜、伊尹是其典型。"伊尹，天下之贱人也"（《墨子·贵义》），"耕于有莘之野，而乐尧、舜之道焉"，得为贤相（《孟子·万章上》）。天命决定行道之位，但并不等于出身，"德"的个人德行一面也被重视，所以孔子虽然没有治理功德，仍被认为"固天纵之将圣"。尽管其意识到自己仍与"君子""圣"之德有所不同，许"夫子圣者与？何其多能也？"之问为"太宰知我"，将"能"与含有"位"之意涵的"君子"分开："吾少也贱，故多能鄙事。君子多乎哉？不多也。"（《论语·子罕》）而有回避称圣之意。孔子有圣王的潜质，亦有受命得位的期待，从舜论"大德必受命"之德位天命观：

> 子曰："舜其大孝也与？德为圣人，尊为天子，富有四海之内。宗庙飨之，子孙保之。故大德必得其位，必得其禄，必得其名，必得其寿。故天之生物，必因其材而笃焉。故栽者培之，倾者覆之。《诗》曰：'嘉乐君子，宪宪令德。宜民宜人，受禄于天。保佑命之，自天申之。'故大德者必受命。"（《中庸》）

但是，"德"并不自行与"命""位"对应，三者都是政治场域中的概念，都需要政治的条件来成就。帝舜乃帝颛顼之后，"矜在民间"，尧"观其德"，以其为"相"，在治理事业中成就功德而拥有了得天子位的条件："未有功而知其贤者，尧之知舜；功成事立而知其贤者，市人之知舜也。"（《淮南子·氾论》）

最重要的程序是尧令其"摄行天子之政，荐之于天"，摄政"以观天命"而受命（《史记·五帝本纪》）。只有"天子能荐人于天"，"荐之于天，而天受之"则得天命，这正是"遇"的重要程序和条件意义，孔子则始终不能知遇于天子，不具备此决定条件。"天也，非人之所能为也。莫之为而为者，天也；莫之致而至者，命也。"（《孟子·万章上》）基于天命观及其实现程序，儒家后学虽然认为夫子"贤于尧、舜远矣"（《孟子·公孙丑上》），但也不得不承认："匹夫而有天下者，德必若舜、禹，而又有天子荐之者，故仲尼不有天下。"（《孟子·万章上》）

孔子活动的时代，"周德虽衰，天命未改"的观念居于主流。亦如："周礼未改""未有代德"（《左传·僖公二十五年》）。周厉王时，已有"代德"的概念："天下有土之君，厥德不远，罔有代德。"可见"代德"主要是指诸侯等政治体积累政德取而代之，只要其积"德"足够"远"，甚至可以取代今天子而"位乎天德"。①《左传》中保留的几则材料说明在孔子生活的时代，虽然代周已付诸讨论，"未有代德"仍是重要观念。这种"天命未改"的观念突出反映在孔子不能得瑞符的问题上。

河图、洛书、麒麟等瑞符标志着受命。从儒家典籍来看，《易传·系辞上》云："天生神物，圣人则之；天地变化，圣人效之；天垂象，见吉凶，圣人像之；河出图，洛出书，圣人则之。"《礼记·礼运》载：

> 故天不爱其道，地不爱其宝，人不爱其情。故天降膏露，地出醴泉，山出器、车，河出马图，凤皇、麒麟皆在郊棷，龟、龙在宫沼，其余鸟兽之卵胎，皆可俯而窥也。则是无故，先王能修礼以达义，体信以达顺故，此顺之实也。

《大戴礼记·诰志》亦载：

> 古之治天下者必圣人。圣人有国，则日月不食。星辰不孛，海不运，

---

① 参见《逸周书汇校集注（修订本）》卷9《芮良夫解》，黄怀信等撰，上海古籍出版社2007年，第1006页。

河不满溢,川泽不竭,山不崩解,陵不施。川谷不处,深渊不涸,于时龙至不闭,凤降忘翼,鸷兽忘攫,爪鸟忘距,蜂虿不螫婴儿,蚖虺不食夭驹,洛出服,河出图。自上世以来,莫不降仁。

与孔子有关的,尤其是《春秋》中的获麟记载。

"麟者,仁兽也。有王者则至,无王者则不至。"哀公十四年西狩获麟,"孔子曰:'孰为来哉?孰为来哉?'反袂拭面,涕沾袍"。时无圣帝、明王,天下散乱,不当至而至。《公羊传》之意甚明,将麟之死与颜渊、子路之死合而观之:"颜渊死,子曰:'噫!天丧予!'子路死,子曰:'噫!天祝予!'西狩获麟。孔子曰:吾道穷矣!"何休解诂云:"天生颜渊、子路,为夫子辅佐。皆死者,天将亡夫子之证。""麟者,太平之符,圣人之类。时得麟而死,此亦天告夫子将没之征,故云尔。"① 孔子自比于麟,"麟出而死,吾道穷矣",为王道忧。如王充所论:"孔子自伤之辞,非实然之道也。孔子命不王,二子寿不长也。不王不长,所禀不同,度数并放,适相应也。"(《论衡·偶会》)关于孔子见麟死而知道穷,王充复详加阐释:

> 《春秋》曰:"西狩获死麟,人以示孔子。孔子曰:'孰为来哉?孰为来哉?'反袂拭面,泣涕沾襟。"儒者说之,以为天以麟命孔子,孔子不王之圣也。夫麟为圣王来,孔子自以不王,而时王鲁君无感麟之德,怪其来而不知所为,故曰:"孰为来哉?孰为来哉?"知其不为治平至,为己道穷而来,望绝心感,故涕泣沾襟。以孔子言"孰为来哉",知麟为圣王来也。曰:前孔子之时,世儒已传此说。孔子闻此说,而希见其物也,见麟之至,怪所为来。……孔子见麟之获,获而又死,则自比于麟,自谓道绝不复行,将为小人所徯获也。故孔子见麟而自泣者,据其见得而死也,非据其本所为来也。(《论衡·指瑞》)

观念背景是"麟为圣王来",而孔子非王,时亦无圣明之主,且"麟之获,获而又死",孔子便确知自己终不能得命为王,道不行而归于"穷"。死麟并非瑞

---

① 《春秋公羊传注疏》卷28《哀公第二十八》,第1200页。

符,《春秋》绝笔于此。"凤鸟不至,河不出图,吾已矣夫!"(《论语·子罕》)亦是"己道穷"之叹。

孔子"知天命"而终不自以为王,战国时人对孔子及诸子不得位也形成了普遍共识。可以《吕氏春秋·务大》为例,该篇在叙说帝、王、伯的位阶降等后,直言孔、墨之不得位行道:

> 昔有舜欲服海外而不成,既足以成帝矣。禹欲帝而不成,既足以王海内矣。汤、武欲继禹而不成,既足以王通达矣。五伯欲继汤、武而不成,既足以为诸侯长矣。孔、墨欲行大道于世而不成,既足以成显荣矣。夫大义之不成,既有成已,故务事大。

在舜的启发下,继孔子之后,孟子亦冀望受命:"乃若所忧则有之:舜,人也;我,亦人也。舜为法于天下,可传于后世,我由未免为乡人也,是则可忧。忧之如何?如舜而已矣。"(《孟子·离娄下》)他发明了"五百年"的行道者现身周期,知己未必能如"王者",便尤寄望于成为伊尹那样辅佐君王而德业名于一世的贤相,构建了"王者-名世者"的圣君贤相行道组合,以之为自己历史定位的义理依据:

> 五百年必有王者兴,其间必有名世者。由周而来,七百有余岁矣。以其数,则过矣;以其时考之,则可矣。夫天未欲平治天下也;如欲平治天下,当今之世,舍我其谁也?吾何为不豫哉?(《孟子·公孙丑下》)

但亦道穷,《孟子》终章以"然而无有乎尔,则亦无有乎尔"收尾。

孔、孟虽为儒家圣贤,然皆不得受命行道,"命"与"位"的一致关系由此愈加牢固。天命与顺天命而为,仍是汉代主流思想:"原天命,治心术,理好憎,适情性,则治道通矣。原天命则不惑祸福。"(《淮南子·诠言》)实即对当世帝王受命的承认。如司马迁对汉家"大圣"而受命的感叹:

> 拨乱诛暴,平定海内,卒践帝阼,成于汉家。五年之间,号令三嬗,自生民以来,未始有受命若斯之亟也。……王迹之兴,起于闾巷,合从讨

伐，轶于三代……此乃传之所谓大圣乎？岂非天哉，岂非天哉！非大圣孰能当此受命而帝者乎？（《史记·秦楚之际月表》）

对"受命若斯之亟"的历史反常现象，只有从天降大圣的非凡禀赋来解释了。"臣闻天之所大奉使之王者，必有非人力所能致而自至者，此受命之符也。"在五德终始的思想观念下，普遍认为王者受命得正统，而孔子并不具此条件，如董仲舒认为孔子不得天命："孔子曰：'凤鸟不至，河不出图，吾已矣夫！'自悲可致此物，而身卑贱不得致也。"（《汉书·董仲舒传》）《史记·孔子世家》记获麟，与"吾已矣""天丧予"等故事、名言连缀成为上下文，再度确认"吾道穷"之寓意：

> 鲁哀公十四年春，狩大野。叔孙氏车子钼商获兽，以为不祥。仲尼视之，曰："麟也。"取之。曰："河不出图，洛不出书，吾已矣夫！"颜渊死，孔子曰："天丧予！"及西狩见麟，曰："吾道穷矣！"喟然叹曰："莫知我夫！"子贡曰："何为莫知子？"子曰："不怨天，不尤人，下学而上达，知我者其天乎！"

汉人复从时序上为孔子确定了并非一王的位置，按五德终始说与谶纬，孔子属水德，不得正位，如研究所示："谶纬家的解释是：孔子属德为水，不合乎五德的运序。《孝经援神契》说：'丘为制法，主墨绿，不代苍黄。'孔颖达正义解释说，此'言孔子黑龙之精，不合代周家木德之苍也'。"孔子作为闰统（闰水），居于"周木"与"汉火"之间，被赋予了"为汉制法"的过渡地位。[①]德、功的行道观念贯穿了周汉，孔子不得天命之时序，不能得位行道："孔子在庶，德无所施，功无所就，志在《春秋》，行在《孝经》。"[②]

在不得时命为王的观念中，孟子的"五百年必有王者兴，其间必有名世者"一说受到质疑。从王充的批评立场的论辩中，可见汉人对"王者"乃至王臣都系于天命的观念与周代并没有多大的差异：

---

① 杨权：《新五德理论与两汉政治》，第394、408页。
② 《孝经钩命决》，《七纬》，第723页。

> "五百年"者,以为天出圣期也,又言以"天未欲平治天下也",其意以为天欲平治天下,当以五百年之间生圣王也。如孟子之言,是谓天故生圣人也。然则五百岁者,天生圣人之期乎?如是其期,天何不生圣?圣王非其期故不生,孟子犹信之,孟子不知天也。
>
> "夫天未欲平治天下也。如欲治天下,舍予而谁也?"言若此者,不自谓当为王者,有王者,若为王臣矣。为王者、臣,皆天也。己命不当平治天下,不浩然安之于齐,怀恨有不豫之色,失之矣。(《论衡·刺孟》)

对于《孟子》终章以"然而无有乎尔,则亦无有乎尔"的慨叹为结语,赵岐以不能行道解释之,亦可见至东汉末年这仍是通行的观念:

> 言己足以识孔子之道,能奉而行之,既不遭值圣人若伊尹、吕望之为辅佐,犹可应备名世如傅说之中出于殷高宗也。然而世谓之无有,此乃天不欲使我行道也。故重言之,知天意之审也。

虽然"言'则亦'者,非实无有也,'则亦'当使为无有也",孟子自许甚高,但基于当时的得位行道的观念,对此遭遇只能"叹而不怨"。可见仍以圣王为"圣人"。而所谓"名世者",必须"遇"圣人、得位而行道:

> 天地剖判,开元建始,三皇以来,人伦攸叙,引析道德,班垂文采,莫贵乎圣人。圣人不出,名世承间。虽有斯限,盖有遇、不遇焉。是以仲尼至获麟而止笔,孟子以'无有乎尔'终其篇章,斯亦一契之趣也。①

事实上,孟子已以"天民"留有地步。在"事君人""安社稷臣"与"大人"之间,"有天民者,达可行于天下而后行之者也"。朱熹集注:"民者,无位之称。以其全尽天理,乃天之民,故谓之天民。必其道可行于天下,然后行之。不然,则宁没世不见知而不悔,不肯小用其道以徇于人也。"天民是顺受

---

① 赵岐:《孟子赵注》,第492页。

天赋正命之无位者，知命而尽其道。他们已是体明天道之人，所以可称为"天民"，但还要俟命得位方可行道天下。天赋之正命未必是"达"，如果不能成为"正己而物正"的"大人"，他们也不甘为安一国社稷即悦之忠臣，更不愿去做"事是君则为容悦"的鄙夫小人。（《孟子集注·尽心章句上》）

二、从"制作"到"制其义"

"行道"在于功德事业，功德的实践感，表出了帝王之位与制作之权的对应关系，这是古代中国治道中一个重要而今人未予充分注意的内容。有巢氏、燧人氏皆是"有圣人作"，他们制作的内容是构木为巢、钻燧取火，人民"使王天下"而得其位（《韩非子·五蠹》）。"后圣"与"先圣"构成了接续不断地开物成务的统系，"昔者先王未有"宫室、火化、麻丝等，"后圣有作"（《礼记·礼运》）。"圣人制作"的观念是周汉皆然，一以贯之的。《太史公自序》说："余闻之先人曰：伏羲至纯厚，作《易》八卦。尧、舜之盛，《尚书》载之，礼乐作焉。"从"先人曰"可见是来源有自而又普遍流行的观念。前文已述及，这是典型的《易》构建的从基本秩序开显到礼乐制度之盛的发展过程，"作"字具有秩序与政治创造之深意。治与道在本质上都不是"自然"的，而是圣主"制作"乃成。① "造端更为，前始未有，若仓颉作书，奚仲作车是也。《易》言伏羲作八卦，前是未有八卦，伏羲造之，故曰作也。""作"的基本内涵是"造始更为，无本于前"。（《论衡·对作》）"作"或"制作"是特殊的创造性的政治行为。道之行，表现和路径是"制作"，"制作"亦成为圣王治道之专权。

"圣人法天而立道。"（《汉书·董仲舒传》）在儒家看来，作为社会与政治基本秩序与规范的创作者，圣王象天以为制度，而非消极任天。《易传·系辞下》的治理史梳理表明，"皇、帝、王"将"制作"不竭推进，其差异只是

---

① "制作"可以理解为如普鸣对"作"的解释："'作'字表现了抽象的动作，它的本义也是多种多样，包括'创造''制造''做''作为''起'等。"（《作与不作》，第312页。）吕明烜的近作也揭出："制作物之所指是开放、发散的。'器'不仅是工具、器物，亦指向制度、伦理。"（《礼乐化制作：从三皇叙事看儒家的制作观念》，《中国哲学史》2022年第1期。）

与自然天道的距离远近不同。"古者制作莫先于伏牺。"① 三皇法天无为，是人类社会早期的文明创作，人道开创期完全表象天地、顺乎自然，于天道丝毫无所逆、无所损："伏羲仰观象于天，俯察法于地，因夫妇，正五行，始定人道。画八卦以治下，下伏而化之。"（《白虎通·号》）黄帝以降特别是尧舜三代将制作从人伦、八卦等基本秩序规范推进到了"礼乐""制度"的领域："五帝三王之道，改制作乐而天下洽和，百王同之。"（《汉书·董仲舒传》）但王道至东周而积弊已形，儒家以帝道中已有制度之治雏形而又保有宽大无为的尧舜之道为信仰和遵循，援救王道："后世虽有作者，虞帝弗可及也已矣。"（《礼记·表记》）经过"皇帝王伯"的比较，"异天"而又"象天"的理想状态的"制作"成为"圣人"至德的标志："能知王霸之异天者曰大人。进退王霸之统者曰大人。大人之聪明神武而不杀，总其文辞者曰圣人。圣人者，不王不霸，而又异天；天异以制作，以制作自为统。"②

与儒家不同，道家立足"皇古"时代浑朴自然的"古之道术"，反对后世日繁之作："至人无为，大圣不作，观于天地之谓也。"（《庄子·知北游》）在道家看来，三皇乃至黄帝等帝治前期之制作完全是取法自然的，是天道在人间的呈现而已，但尧舜以降特别是以三王为代表的制度之治则是离天日远的筐箧束缚，是与无为之道相反的"德下衰"："殚残天下之圣法，而民始可与论议。"（《庄子·胠箧》）"自三代以下者，匈匈焉终以赏罚为事，彼何暇安其性命之情哉！"（《庄子·在宥》）

两相比较，可见以"通其变"为活力，不断向前推进制作以"开物成务""尽变化之道"③，尤为儒家王道的政治观。但儒、道两家皆反对东周制度繁文积弊，在帝道有法而无为之治上存有交集。到两汉，黄帝被尊为帝王创制立法之祖以规训后世，黄帝制作成为举世公认的理想状态。儒家以中道表彰之：

> 黄帝先黄后帝者何？古者质，生死同称，各持行合而言之。美者在上，黄帝始制法度，得道之中，万世不易，后世虽圣，莫能与同也。后世

---

① 《尚书正义》卷1，第6页。
② 龚自珍：《壬癸之际胎观第三》，《龚自珍全集》，第15页。
③ 程颐：《易传序》《易序》，《周易程氏传》，第1、3页。

德与天同,亦得称帝,不能制作,故不得复称黄也。(《白虎通·谥》)

贯穿在"道"及其开显之物的"制作"之中的,最有普适性和约束力的,是规则的创作。"天生烝民,有物有则。"(《诗·大雅·烝民》)"则",亦即通达人间万事万物的规则、道理,本源自天,人群只要"顺帝之则"就行了(《诗·大雅·皇矣》)。河图、洛书等之所以为天命象征,就是因其为天垂示人间之"则"。武王访箕子:"惟天阴骘下民,相协厥居,我不知其彝伦攸叙。""彝伦攸叙"就是说确定与获得天则帝则。箕子对以鲧禹故事:"我闻在昔,鲧堙洪水,汨陈其五行,帝乃震怒,不畀洪范九畴,彝伦攸斁。鲧则殛死,禹乃嗣兴,天乃锡禹洪范九畴,彝伦攸叙。"(《尚书·洪范》)决定"彝伦"在否的"洪范九畴",就是天帝垂示人间之则。

圣王取法"帝则"而制作人间之则,"彝伦攸叙",这就是人道的诞生。"圣者通达物理,故作者之谓圣。"[1] 圣人掌握、发明义理,亦即"圣人作则":

人者,天地之心也,五行之端也,食味、别声、被色而生者也。故圣人作则,必以天地为本,以阴阳为端,以四时为柄,以日星为纪,月以为量,鬼神以为徒,五行以为质,礼义以为器,人情以为田,四灵以为畜。(《礼记·礼运》)

《易传·系辞下》说伏羲"观象于天,观法于地",始作八卦,是有规则意义的。"圣人作则"的理想状态是"不识不知,顺帝之则"。(《诗·大雅·皇矣》)如果错了,就要重新体会天道而为之:"念前之非度,厘改制量,象物天地,比类百则,仪之于民,而度之于群生。"(《国语·周语下》)发现天人之际及人群社会政治秩序、运行的原理和规律,发明幽暗不达之真义,制定相应的义理原则,展开为礼乐制度,等等,圣人以"作则"统驭一切具体制作,实施治理。在王道阶段,礼乐制度的制作较诸帝治时代尤为突出,体现了规则体系的成熟和制度化:"昭明物则,礼也。"(《国语·周语上》)礼乐制度成为义理规则的开显体系和可见的衡量准则,其本身也由"则"约束规范。"则"

---

[1] 《礼记正义》卷47《乐记第十九》,第944页。

与礼乐制度的关系，就是"礼之本"与"礼"的关系，也与"道"和"器"的关系相似。

在孔子以前，圣人既作则，又开物成务；既作义理与大框架，复以之统筹一切具体领域的制度建构、治理实践和物质生产。这就是"明道"与"行道"的关系。"道"是一体的，明道与行道合二而一。这和圣王既是行道的治理实践者，又是明道的义理发明者的合二而一的身份一致。只有帝王才拥有这样的制作权力与制作条件，在观念和礼制上固化，这也是前文所述受命得位方能行道成德的题中之义。这是社会与"道"皆出于合同不分的创生阶段的产物，也是作君作师、政教合一的体制佐佑的。从天人之际来看亦是如此，制作是体象天道而开人道的创造行为，成为在天人之际创始的神通，此神化能力与天命是一致的。在绝地天通以后，制作成为圣王专有的权力。"礼、乐，德之则。"《中庸》中明确唯有德有位之天子才能"制度""作礼乐"：

> 非天子不议礼，不制度，不考文。……虽有其位，苟无其德，不敢作礼乐焉。虽有其德，苟无其位，亦不敢作礼乐焉。

这是说制作有两个必要条件：

一是"有其位"。"言作礼乐者，必圣人在天子之位。"① 得天子之位，以"作"明其德。《白虎通》所叙"古帝王"皆能"作"而成"圣人"："何以知帝王圣人也？《易》曰，'古者伏羲氏之王天下也'，'于是始作八卦'。又曰，'伏羲氏殁，神农氏作'，'神农氏殁，黄帝、尧、舜氏作'。文俱言'作'，明皆圣人也。"（《圣人》）"作"是一种权力，"制作"成为圣王重要的行道之权。在王道时代，特别是"制礼作乐"的权力，专属于人主，是政治合道的标志。制礼作乐标志着政治鼎革，新政权的合道诞生："新王必改制。"（《春秋繁露·楚庄王》）无位则不能"制作"，不能"制作"便不能行道。也就是说，只有圣王具有创造性地实践"道"的条件和能力。

"昔者圣王之列也，上圣立为天子，其次立为卿大夫。"（《墨子·公孟》）"圣"皆是有位之人，居于贤臣之位者可以发挥对圣王制作的辅助作用。"奚仲

---

① 《礼记正义》卷 61《中庸第三十一》，第 1277 页。

作车,苍颉作书,后稷作稼,皋陶作刑,昆吾作陶,夏鲧作城,此六人者所作当矣,然而非主道者。"由此推出:"作者忧,因者平。惟彼君道,得命之情。"圣王是全人,行君道,体天而作,是整全的作,是无为之为,"故任天下而不强,此之谓全人"。而贤臣之作是具体的、不"全"而残缺的,呈现为有为之为。(《吕氏春秋·君守》)所以,"古之王者,其所为少,其所因多。因者,君术也;为者,臣道也。为则扰矣,因则静矣。因冬为寒,因夏为暑,君奚事哉!故曰:君道无知无为,而贤于有知有为,则得之矣"。(《吕氏春秋·任数》)

二是"有其德"。"作"本身就是帝王之德的表现,同时,只有为政以德、施治成德的圣王才能制作。儒家认为虞夏商周四代人主秉天德,皆以制作行德:虞舜"布功散德制礼",禹"作物配天,修德使力",成汤"发厥明德,顺民天心啬地,作物配天,制典慈民",周文王"作物配天,制典用,行三明,亲亲尚贤"(《大戴礼记·少闲》)。与之相对,"蚩尤作兵"是伪命题,因为"蚩尤憯欲而无厌者也,何器之能作?"①(《大戴礼记·用兵》)。

"有其德"的进一步意涵是制礼作乐的时机,功成治定、天下太平方为"有德",方可制礼作乐,这也是以制度的本朝化来表达治理之道德的政治过程。《礼记》论礼乐有"事与时并,名与功偕"之语,讲因述相沿与创作改易要视乎时、功而定。"举事在其时也。《礼器》曰:'尧授舜,舜授禹,汤放桀,武王伐纣,时也。'""名谓乐名。""为名在其功。偕犹俱也。尧作《大章》,舜作《大韶》,禹作《大夏》,汤作《大濩》,武王作《大武》,各因其得天下之功。"②"时"是事功道德的前提,据以判断"时"的复是功德成就,制礼作乐以彰其"时",以表象其功德,如孙希旦所论:"事与时并者,礼有质文损益,视乎时以起事。名与功偕者,乐有《韶》《夏》《濩》《武》,随乎功以立名也。明王之于礼乐,因其情之不可变者以为本,故因时以制礼,象功以作乐,而皆

---

① 《世本·作篇》载:"蚩尤作五兵:戈、矛、戟、酋矛、夷矛。"所谓"蚩尤作兵",是传说其以金属制作兵器。与本书前章钱穆引《越绝书》载兵器演进内容相似,《太平御览》卷339《兵部七十》载《太白阴经》曰:"上古庖牺氏之时,弦木为弓,剡木为矢。神农氏之时,以石为兵,故磻石中矢镞。黄帝之时,以玉为兵。蚩尤之时,烁金为兵,割革为甲,始制五兵。"(第1556页)
② 《礼记正义》卷47《乐记第十九》,第942页。

有以成一代之治也。"① 人主受命成功，乃制礼作乐，成一代之治。"王者功成作乐，治定制礼。其功大者其乐备，其治辩者其礼具。"（《礼记·乐记》）其内在逻辑是："太平乃制礼作乐何？夫礼乐所以防奢淫。天下人民饥寒，何乐之乎？"先因后创，不仅以民之先饥寒后奢淫为考量，亦是制度从沿袭学习到改革以展现本朝治道与功德的渐进成型和政治宣示："王者始起"时"且用先代之礼乐"以"正民"，"天下太平，乃更制作焉"。"《春秋传》曰：'曷为不修乎近而修乎远？同已也。可因先以太平也。'必复更制者，示不袭也。又天下乐之者，乐所以象德表功，而殊名也。"（《白虎通·礼乐》）如陈立所解释的："太平制作礼乐有二义。一则太平既久，民皆向化。""一则礼以防情，乐以节性。"② 制礼作乐合成了创始与制定两方面的意涵，既表明开创之圣功，也表出治德已成而定型，从而证明一个政权区别于前朝的政治正当性。

通过治功来判断"时"，有功德方能制礼作乐的观念，是政治理性趋于成熟的表现。其原型与经典话语是周公制礼作乐的长期过程："周公摄政，一年救乱，二年克殷，三年践奄，四年建侯卫，五年营成周，六年制礼作乐，七年致政成王。"达成的美好意境，如所描述太庙祀礼之合和："天下诸侯之悉来，进受命于周而退见文、武之尸者，千七百七十三诸侯，皆莫不磬折玉音，金声玉色，然后周公与升歌而弦文、武。诸侯在庙中者，伋然渊其志，和其情，愀然若复见文、武之身。"（《尚书大传·洛诰》）成为太平方能制礼作乐的典型故事。其中的政治考量可如《大传》所叙：

> 周公将作礼乐，优游之，三年不能作。君子耻其言而不见从，耻其行而不见随，将大作，恐天下莫我知也；将小作，恐不能扬父祖功业德泽。然后营洛，以观天下之心。于是四方诸侯率其群党，各攻位于其庭。周公曰："示之以力役，且犹至，况导之以礼乐乎！"然后敢作礼乐。（《尚书大传·康诰》）③

---

① 孙希旦：《礼记集解》，第989页。
② 陈立：《白虎通疏证》卷3《礼乐》，第98页。
③ 皮锡瑞疏证："传所言，即太平作礼乐之意。公所以优游者，后世如董仲舒、贾谊、王吉、刘向，皆议作礼乐而未能作，曹褒作而不行；唐开元、显庆礼，宋政和礼，皆不（转下页）

虽已有上述理论，先秦至汉代对制作与天命、治功的关系的认识并不是一成不变，而是随着政治得失而深化、确认的。以汉武帝、王莽两次改制为中轴，汉代对于制礼作乐与天命的关系转进思考，集中在时序认知上。董仲舒认为，王者"应其治时，制礼作乐以成之"。"大改制于初，所以明天命也。更作乐于终，所以见天功也。"（《春秋繁露·楚庄王》）更为周详的阐释则见于其论"王者功成作乐，乐其德"：

> 道者，所繇适于治之路也，仁义礼乐皆其具也。故圣王已没，而子孙长久安宁数百岁，此皆礼乐教化之功也。王者未作乐之时，乃用先王之乐宜于世者，而以深入教化于民。教化之情不得，雅颂之乐不成，故王者功成作乐，乐其德也。乐者，所以变民风，化民俗也；其变民也易，其化人也著。故声发于和而本于情，接于肌肤，臧于骨髓。故王道虽微缺，而筦弦之声未衰也。夫虞氏之不为政久矣，然而乐颂遗风犹有存者，是以孔子在齐而闻韶也。（《汉书·董仲舒传》）

王莽全面地骤定制度，则操之过急。在西汉末以制度为致治的充分条件臻于极端的观念背景下，受到称许："昔周公奉继体之嗣，据上公之尊，然犹七年制度乃定。夫明堂、辟雍，堕废千载莫能兴，今安汉公起于第家，辅翼陛下，四年于兹，功德烂然。"掌权后愈演愈烈："莽意以为制定则天下自平，故锐思于地里，制礼作乐，讲合六经之说。"不以治功为事："公卿旦入暮出，议论连年不决，不暇省讼狱冤结民之急务。"（《汉书·王莽传》）吸取王莽的教训，在东汉，太平制礼的观念愈加巩固。前揭《白虎通》的总结即是明证。"虔恭劳谦，兢兢业业，贬成抑定，不敢论制作"的观念固定下来。[①] "功成治定同时

（接上页）过存其书，当时并未行用。公盖早虑及此，践奄归后，已有制作之意，至六年营洛有成，乃敢制作，则其所作，必实见之施行。今《仪礼》十七篇近之。若《周官》六篇，周时并未见之施行，疑非公作。"（《尚书大传疏证》，吴仰湘点校，中华书局 2022 年，第 246 页。）关于《周官》之真伪及周、唐、汉诸礼典是否施行问题，本书不作讨论，皮锡瑞此言已值清末（据吴仰湘研究，1892 年成稿，1895 年定稿，1896 年刊行），持以观之，足见"太平作礼乐"乃中国治道之一牢固的重要观念。

[①] 班固：《典引》，《班固集》，第 193 页。

耳。功主于王业，治主于教民。《明堂位》说周公曰：'治天下，六年，朝诸侯于明堂，制礼作乐。'"① 取得政权后，暂取先王礼乐之宜于当下者用之，天下太平、教化成功后再"更制作"。② 此过程并非一味等待，而是在兴治中稳健推进制度建设，不大为更张："王者必因前王之礼，顺时施宜，有所损益，即民之心，稍稍制作，至太平而大备。"（《汉书·礼乐志》）

因为"制作"基于德和位的严肃性，成为自上古圣王而来的神圣概念，于是有严格的"作""述"之分："簠簋俎豆，制度文章，礼之器也；升降上下，周还裼袭，礼之文也。故知礼乐之情者能作，识礼乐之文者能述。作者之谓圣，述者之谓明。明、圣者，述、作之谓也。"（《礼记·乐记》）这是治道的创造与遵循的区别。此分别一方面体现在君主"创业受命"与"继体守文"的代际差别上。"自古受命帝王及继体守文之君"，都是"内德茂"的（《史记·外戚世家》）。但"父作之，子述之"。"夫孝者：善继人之志，善述人之事者也。"（《中庸》）这是政治意义上的"孝"。创业之君受命而拥有制礼作乐的独有权力、神圣权力，形成祖宗之法，守成之主应守此法。虽皆有"德"，但治功表现和制度作述的角色不同。更重要的一方面，是在"道"的创始与传承链条上分出了"作"和"述"两层次。"述"不是简单地循旧与传述，"述，谓训其义也"。将作为圣王制作之义理前提的"穷本知变，著诚去伪"阐发明白、丰富深化："训说义理。既知文章升降，辨定是非，故能训说礼乐义理，不能制作礼乐也。"③ 虽然义理皆源于圣王作则，但也认为有继续阐明和丰富的可能与必要。圣王固然集道与器、明与行的制作于一身，但随着社会分化分工的进展，制作的义理有待瞽史师儒等传承与讲明，传述明道的可分性由此展开："无为物成，是天道也。已成而明，是天道也。"（《大戴礼记·哀公问于孔子》）这又为不得天命德位者述道明道提供了义理的前提。

有德方能制作，当"德"的必要条件是治理及物时，就强化了有位方能制作的要求。制作、位、德的关联关系，形成了一套具有神圣性的政治观念，"述"则居于其下。

---

① 《礼记正义》卷47《乐记第十九》，第945页。
② 参见陈苏镇：《〈春秋〉与"汉道"》，第164页。
③ 《礼记正义》卷47《乐记第十九》，第944页。

从君师合一的圣王，到"行道"与"明道"的分化，突出表现为周公、孔子两种"集大成"。

周公制礼行道而集大成

儒家推重"周公、仲尼之道"（《孟子·滕文公上》）。周公与孔子列于儒家圣人谱系的最后两位，这是儒家之道定型而有文献可征的两大圣人。但周公是"古圣人"（《孟子·公孙丑下》）。以周代的制作观念为区分，周公与孔子之于道的地位和作用并不相同。"治始于伏羲，而成于尧、舜，三王道同，至周公制礼而极盛。自古天下之治，礼教之备，莫如周公之时。"① 周公是"后王""后圣"之代表。

周公虽非天子，但得位行道："昔武王既没，成王幼少，周公居摄，行天子事，制礼作乐，致太平，有王功。周公薨，成王以王礼葬之，命鲁使郊，以彰周公之德。"② 在"功""德"事业和"礼"制身份两个方面都是"王"。"（鲁）郊天祀地，如天子之为。"（《春秋繁露·王道》）周公以王礼葬，又上升到"天意"视如"天子"的理解："周公践阼理政，与天同志，展兴周道，显天度数，万物咸得，休气充塞，原天之意，子爱周公，与文、武无异，故以王礼葬，使得郊祭。《尚书》曰'今天动威以彰周公之德'，下言'礼亦宜之'。"（《白虎通·丧服》）故在圣王之列："故圣王之诛也，綦省矣。文王诛四，武王诛二，周公卒业，至于成王则安无以诛矣。故道岂不行矣哉！"（《荀子·仲尼》）

"先君周公制周礼。"（《左传·文公十八年》）"若欲行而法，则周公之典在。"（《左传·哀公十一年》）周公不仅有当世治功，更"制礼作乐"。身为文王之子且摄政，周公有制作之权，损益前代礼乐，制作周礼，奠定了中国礼乐的政治制度体系的基本内容。所谓"则以观德，德以处事，事以度功，功以食民"（《左传·文公十八年》），"德"与"礼"相辅相成而保成治道，杨向奎、余英时等前辈学者强调"周公对于礼的加工改造，在于以德行说礼"，亦

---

① 曹元弼：《孝经郑氏注笺释》，宫志翀点校，中国社会科学出版社 2020 年，第 123 页。
② 《春秋公羊传注疏》卷 12《僖公第十二》，第 497 页。

即以"德"为本位的一面,① 而从这句话的本意以及周公制礼在儒家治道的历史位置来看,实不能看轻"礼"的重要性,即以礼乐为政德的制度化准则与象征。唯其如此,"欲观周之所以定天下,必自其制度始"一句断语才更有针对性。② 影响及于春秋,仍有"礼、乐,德之则"的说法(《左传·僖公二十七年》)。

虽然古文家所持周公制作经典之说未必可靠,周公所作之制度原貌亦有待考证甄别,但周公于制作中蕴涵王道义理,则大体成立。钱穆曾由《周礼》论中国政治思想蕴于制度之中而不明言,颇中款要,亦可启发今人体会周公的制度之治的特点:

> 最堪重视者,乃为政治理想之全部制度化,而没有丝毫理论的痕迹,只见为是具体而严密的客观记载。我们读此书,便可想见中国古代之政治天才,尤其在不落于空谈玄想,而能把一切理论化成具体事实而排列开来之一层。所以《周礼》虽不是一部历史书,不能作为先秦时代的制度史看,而大体上实是一部理论思想的书,应为讲述先秦政治思想之重要材料。③

在儒家之道的历史上,周公制作拥有"集大成"的崇高节点地位。"自尧舜元凯以来,圣贤继作,措于事物,其该洽演畅,皆不得如周公。"④ 荀子以之为"大儒之效"的代表,"非圣人莫之能为"(《儒效》)。章学诚也由制度体系论周公乃王道的"集大成"者:

> 羲、农、轩、颛之制作,初意不过如是尔。法积美备,至唐虞而尽善焉;殷因夏监,至成周而无憾焉。……三皇无为而自化,五帝开物而成务,三王立制而垂法。……自有天地而至唐、虞、夏、商,迹既多,而穷

---

① 参见余英时:《论天人之际》,第29、84页。
② 王国维:《殷周制度论》,《王国维论学集》,第2页。
③ 钱穆:《中国历代政治得失》,九州出版社2012年,第49页。
④ 叶适:《习学记言序目》卷49,第738页。

变通久之理亦大备。周公以天纵生知之圣，而适当积古留传、道法大备之时，是以经纶制作，集千古之大成，则亦时会使然，非周公之圣智能使之然也。……创制显庸之圣，千古所同也。集大成者，周公所独也。

强调周公在位方能集大成：

集之为言，萃众之所有而一之也。自有天地而至唐、虞、夏、商，皆圣人而得天子之位，经纶治化一出于道体之适然。周公成文、武之德，适当帝全王备，殷因夏监，至于无可复加之际，故得借为制作典章，而以周道集古圣之成，斯乃所谓集大成也。孔子有德无位，即无从得制作之权，不得列于一成，安有大成可集乎？非孔子之圣逊于周公也，时会使然也。①

周公集王道乃至古代国家治道演进累积之大成，是东周至汉唐的共识。陈苏镇总结道："在汉儒眼中，尧和周公是先王中的两个典型人物，各自代表着一种政治模式。其中尧可以扩展为尧、舜、禹，还可再扩展为三皇五帝；周公可以扩展为文王、武王、周公，还可再扩展为夏、商、周三王。"② 依本书前章的勾勒，宏观上看，尧开启帝治后半段，兼有帝、王之道的特质，所以既可以统于"皇、帝"，也可以归入"帝、王"。在儒家眼中，帝尧和周公都是"二帝三王"制度之治的代表，与皇治、黄帝等早期帝治的天道无为并不相同。但汉儒去尧寖远，周公之治更有"现代感"，事迹翔实，文献可征，于是帝尧、周公便有古今之分化。汉儒的典型观，可见周公在王道时代的重要性。周公便于比拟，屡被示范于当世。

孔子述道、明道、制义而集大成

孔子论由道见命曰："道之将行也与，命也；道之将废也与，命也。"（《论语·宪问》）并未提及"道之将明"，将"废"作为不"行"的直接后

---

① 章学诚：《原道上》，《文史通义》内篇二，《章学诚遗书》，第10页。
② 陈苏镇《〈春秋〉与"汉道"》，第457页。

果,可见对行道的重视。但孔子不得天命,所以不能行道。行道的条件制约,始终是摆在儒家面前的制度与观念障碍。"行道"的期许与紧张,始终与诸儒的志业相伴随。"(哀)公曰:'是非吾言也,吾一闻于师也。'子吁焉其色曰:'嘻,吾行道矣。'"(《大戴礼记·四代》)非常生动地表现了孔子师弟行道之难。

孔子信奉得位行道的天命与礼义:"天下有道,则礼乐征伐自天子出;天下无道,则礼乐征伐自诸侯出。"(《论语·季氏》)此礼义下,守时王之法、"行今之道",是通行的观念,与"郁郁乎文哉"的周礼成就,形成孔子自表"从周"的合力:"三代之礼,孔子皆尝学之而能言其意;但夏礼既不可考证,殷礼虽存,又非当世之法,惟周礼乃时王之制,今日所用。孔子既不得位,则从周而已。"(《中庸章句》第二十八章)不得天命便无制作之权,"当孔子时,礼坏乐崩,家殊国异,而云此者,欲明己虽有德,身无其位,不敢造作礼乐,故极行而虚己,先说以自谦也"。"孔子身无其位,不敢制作二代之礼,夏、殷不足可从,所以独从周礼。"①"从周"与"无位"是互相论证的。规复周道使之重新焕发活力是孔子的追求:"如有用我者,吾其为东周乎?"(《论语·阳货》)总不脱周道之轨辙,而非别创一道。遇君王而"为东周"将包括"行道"的作为,但时命不与,孔子终不得偿所愿。

> 子曰:"道之不行也,我知之矣:知者过之,愚者不及也。道之不明也,我知之矣:贤者过之,不肖者不及也。人莫不饮食也,鲜能知味也。"
> 子曰:"道其不行矣夫!"(《中庸》)

如从时人所重视的"道"的实践与阐发两层面认知来看,其"行""明"的分野本身已有特定的社会政治权力条件为背景,只是在此两层面上均须执行中庸的原则。道之不行、不明,不能从泛泛的中庸之道求解,而是在此特定政治权力条件下无得位之圣人出世实现中庸境界的结果。"道其不行矣夫!"则为夫子不能与于行道之列的慨叹。子路也说:"君子之仕也,行其义也。道之不行,已知之矣。"(《论语·微子》)

---

① 《礼记正义》卷61《中庸第三十一》,第1277页。

在"无其位"之政治权力与身份的制度和观念的限制下,"从周"最终落在了"述道"上。孔子及儒家的传道定位是述而明之:"述而不作,信而好古,窃比于我老彭。"正是循前代师儒述道的路径。(《论语·述而》《大戴礼记·虞戴德》)"孔子修成、康之道,述周公之训,以教七十子。"(《淮南子·要略》) 文王与周公为其信仰之偶像,他感叹:"文王既没,文不在兹乎?"(《论语·子罕》)"甚矣吾衰也!久矣吾不复梦见周公!"(《论语·述而》)儒经是王道宪章,是礼乐制度的义理与文本载体。其治法治迹及部分文字内容为周公集大成,全部文字由孔子删述之。孔子述周公奠定之周代治道,以礼乐制度之治为主要特征。朱熹释"文不在兹乎"之"文"为"道之显者","盖礼乐制度之谓"(《论语章句·子罕》)。

"述而不作"之义,如皇侃所释,是孔子治道身份限制的表达:

> 此孔子自说也。述者,传于旧章也。作者,新制礼乐也。孔子自言:我但传述旧章,而不新制礼乐也。夫得制作礼乐者,必须德位兼并,德为圣人、尊为天子者也。所以然者,制作礼乐必使天下行之,若有德无位,既非天下之主,而天下不畏,则礼乐不行;若有位无德,虽为天下之主,而天下不服,则礼乐不行,故必须并兼者也。孔子是有德无位,故"述而不作"也。[1]

与之相似,扬雄论孔子集成经典:"《诗》《书》《礼》《春秋》,或因或作,而成于仲尼,其益可知也。"孔疏《尚书序》:"修而不改曰定,就而减削曰删,准依其事曰约,因而佐成曰赞,显而明之曰述。各从义理而言,独《礼》《乐》不改者,以礼、乐圣人制作,已无贵位,故因而定之。"[2]《公羊传》徐疏引闵因叙云:"昔孔子受端门之命,制《春秋》之义。"[3] 可见孔子所受之命在于作《春秋》以制义,对于先王经典宪章,则不能"改":

---

[1] 皇侃:《论语义疏》,第153页。
[2] 《尚书正义》卷1,第10页。
[3] 《春秋公羊传注疏》卷1《隐公第一》,第1页。

> 《诗》《书》《礼》者，孔子就旧文删定之，故谓之因；《春秋》者，孔子制之，以俟后圣，故谓之作。《世家》云："孔子在位，听讼文辞有可与人共者，弗独有也。至于为《春秋》，笔则笔，削则削，子夏之徒不能赞一辞。"此《春秋》称作之义也。①

"因"亦即"述"与"作"的区别昭然可见，有着重要的政治与治道内涵。

不得"圣王"之命的限制是全面的，不仅不能行道，在"述道"的事业中，孔子也面临是否"知"的问题，但开创了"学而知之"的成圣论。前章已述及，皇帝圣王都是"生而神灵""其知如神"的（《史记·五帝本纪》）。圣王"知物""名物""致物"于一体，② 其中重要的表现之一就是制作"物"及其"名"与"则"。也就是说，其制作之权来自制作之能，而制作之能与天生通达物理之"知"能分不开。孔子于此深有自觉，不敢自比圣王，而自认为："生而知之者上也，学而知之者次也；困而学之，又其次也；困而不学，民斯为下矣。"（《论语·季氏》）又将由"学"而"述"表达为："我非生而知之者，好古，敏以求之者也。"（《论语·述而》）圣王生而知之且能作之，故近天而同于天地造化之道德，如前所述，是兼有道之"明"与"行"的，他们的"明道"是"生而知之"的；但到孔子发生了裂变，不得天命，只能"明道"而不能"行道"，且其"明道"也是"学而知之"，亦即能述古道而知道，或者说是能知古道而述道，这是一体之两面。在孔子的时代，与"明道"相应的"知"本来也是神圣的，所以孔子及儒门后学庄敬以待、反复申论，并通过后天工夫敏求之，这个"学而知之"的义理使得其可以将"道"述而传之，然已非生而知之的圣人。可见，在古代中国的观念体系里，"知""制作"及决定之的"命""位"都是具有神圣（乃至神秘）意涵、权力意涵的概念。

通过"学而知之"，孔子成为第一位述道的圣人，也拓出了学而成圣之路。如荀子所言："圣人者，道之极也。故学者固学为圣人也。"（《礼论》）无位者学习的路径是从经达礼，终极目标是从士成为圣人，这当然是一位王道的圣

---

① 扬雄撰、汪荣宝注疏：《法言义疏》，陈仲夫点校，中华书局1987年，第146页。
② 裘锡圭：《说"格物"——以先秦认识论的发展过程为背景》，《裘锡圭学术文集》第5卷，复旦大学出版社2015年，第316页。

人:"学恶乎始?恶乎终?曰:其数则始乎诵经,终乎读礼;其义则始乎为士,终乎为圣人。"(《劝学》)这是"学"的"数"和"义"所在,指向是"述道":

> 曷谓至足?曰:圣也。圣也者,尽伦者也;王也者,尽制者也。两尽者,足以为天下极矣。故学者,以圣王为师,案以圣王之制为法,法其法,以求其统类,以务象效其人。向是而务,士也;类是而几,君子也;知之,圣人也。(《解蔽》)

士通过学习掌握王道之"极",经君子而成为圣人。

孔子学而述道,实为明道。"孔子,圣之时者也。孔子之谓集大成。集大成也者,金声而玉振之也。"集其始终,便成圣功:"金声也者,始条理也;玉振之也者,终条理也。始条理者,智之事也;终条理者,圣之事也。"(《孟子·万章下》)继周公在"致太平之迹"层面的第一次集大成,孔子在超越层面第二次集大成,即从"礼"到"礼之本",这是一个阐明或即后儒常言之"发明"的升华。述道,不是照本宣科地复述,而是述而使之明,即"金声而玉振"之谓。六经的主体与实质是"二帝三王"之道,孔子发明的要着就是使帝道延伸进入王道,王道经义理化而巩固以达百王之世。经过孔子的发明,"道"之在于个人德性的内涵上升、取决于"位"的条件有所弱化,但道为治道的属性不改,虽有形而上化的发展,仍须有德在位方能实行。孔子固难行此治道,儒家之道传承的叙事于此产生一个难以化解的张力,即孔子述道、明道之于道的作用是否可以与圣王相等,孔子著述特别是明确为其所"作"的《春秋》一书(亦有讨论《易》之《十翼》、《孝经》为夫子所作)所确立的治道规范是否可当于"圣人作则"那样的"制作"。这直接关系到儒家之道与圣王之道的关系,一定意义上决定了儒家之道的神圣性与现实地位,成为儒家的莫大关切。这个问题在《孟子》中第一次得到集中讨论和宣示,主要是"《春秋》,天子之事也"(《孟子·滕文公下》)和"夫子贤于尧舜远矣"(《孟子·公孙丑上》)两则,从中可见"位"与"制作"之观念对儒者思考道之理想型亦即理想政治构建的影响。

关于"《春秋》,天子之事也"。于孔子而言,有德无位,没有政治上的事功,其平生事业所凝聚的六经,除《春秋》外皆是删订整理,亦即于圣王制作之遗存"述而不作"。于是,《春秋》就成为孔子最接近圣王的创作表现。孟子等儒门后学从后世的视角看到《春秋》的巨大治道作用,将述道与行道在"治"的意义上等而视之。孟子认为天地生民的历史表现为"一治一乱","禹抑洪水而天下平,周公兼夷狄、驱猛兽而百姓宁"是"治","孔子成《春秋》而乱臣贼子惧"也是"治"。"治"是就整个社会秩序而言的,从思想、学术到政治、社会均在其范围之内,《春秋》是据"世衰道微,邪说暴行有作,臣弑其君者有之,子弑其父者有之"的乱世而垂范求治。《春秋》隐含并昭示了王道之"义"的规则,这就不仅是确立经义,而且是为人心与行为、社会与政治创制立法,实为"制作"之义理层面的内容。在以往只有圣人在其位方能行此"作则"的事业,但孔子"惧"秩序崩坏,奋而行此天子之事,也就在事实上发挥了圣王的作用:"作《春秋》。《春秋》,天子之事也;是故孔子曰:'知我者其惟《春秋》乎!罪我者其惟《春秋》乎!'"孟子进而认为自己与孔子所处之环境、所扮演之角色相似,生当"圣王不作,诸侯放恣,处士横议……无父无君,是禽兽也",他"为此惧,闲先圣之道,距杨、墨,放淫辞,邪说者不得作",力挽狂澜于心、事、政诸层面,是"承三圣"而为"圣人之徒"(《孟子·滕文公下》)。孟子之意,如朱熹所见:"此又承上章历叙群圣,因以孔子之事继之;而孔子之事莫大于《春秋》,故特言之。"(《孟子集注·离娄章句下》)强调孔子此举已可比于圣王之制作,且可"为百王之大法",由此缓解儒家及士人群体与圣王之间因地位差距导致的行为价值判断的紧张。与此互为说明的是,孔子自道《春秋》,其"事""文"于列国史册皆无特别,但"其义则丘窃取之矣"。"义"是规则,本蕴于王者与王官时代之《诗》中:"古有采诗之官,王者所以观风俗,知得失,自考正也。"(《汉书·艺文志》)在"王者之迹熄而《诗》亡"的天下无道的情况下,孔子不得不僭而行王者之权,借托本来不过是事实记载的史书,"晋之乘,楚之梼杌,鲁之春秋,一也",而自作《春秋》以"义"惧乱臣贼子。既言"知我罪我其惟《春秋》",又言"其义则丘窃取之矣",实则传达出对自己代圣王而行"制作"之事背后"窃义"亦即"窃取"义之权的深深的不安,以至既寄望于知之者知其不得已,又担心罪之者责其不在其位而谋其政(《孟子·离娄下》)。这是对自身身份认同与行为僭越的生动表达,可见"位"的观念对孔子的约束力。但从后世来看,"王者之迹熄而《诗》亡,《诗》亡然后《春秋》作""其义则丘窃取之矣",又说明圣人整全的制作到孔子而分化,他开创了无位者制义的传统,发明并维系了大义的统系,王道从此臻于完备。《春秋》所发明的,皆是"王道之大者":"上明三王之道,下辨人事之纪,别嫌疑,明是非,定犹豫,善善恶恶,贤贤贱不肖,存亡国,继绝世,补敝起废。"(《史记·太史公自序》)

在孔子这里,述道与制义成为一体,与行道分离的"明道"的角色现身历史,述而明道的意涵从此跃升而具有一定的主体性。与一般的述道者不同,与王官不同,孔子整理、系统化、提升了礼乐王道之义理,其程度可以"发明"称之,"发明"就是"制其义"的"制"的内涵。这就从王官学时代形成的一般意义上的"述道",进入了"制其义"即义理发明层面的"明道"。"述道"/"明道"由此得与"行道"并行而为传道之两大方式。这是孔子的无奈,也是孔子之于王道的千秋事业。

但是,自周迄汉,治道传承的理想状态仍是圣王出世,统合述与行两个层面,制作新的义理与礼乐。天命与德位决定了孔子不可能在乱世中真的制作而成一王之法,他不具备制作而为王的基本条件,"制其义"是明道的突破性成就,也是述而不行的界限所在。托《春秋》"明改制之义"(《春秋繁露·符瑞》),而非自行"改制",董仲舒归为"《春秋》立义"(《春秋繁露·王道》)。司马迁也说:"《礼》以节人,《乐》以发和,《书》以道事,《诗》以达意,《易》以道化,《春秋》以道义。""《春秋》以道义"是对"制其义"在六经规模中的定位,是在不能"行道"的前提下"达王事"的弥补:"周道衰废,孔子为鲁司寇,诸侯害之,大夫壅之。孔子知言之不用,道之不行也,是非二百四十二年之中,以为天下仪表,贬天子,退诸侯,讨大夫,以达王事而已矣。"(《史记·太史公自序》)基于"义"与"法""制"之间的制作权区别,孔子作为儒生只能立志而"俟后圣":

> 《春秋》为立义之书,非改制之书,故曰"其义窃取"。郑玄释《废疾》云:"孔子虽有圣德,不敢显然改先王之法。"盖制宜从周,义以救敝。制非王者不议,义则儒生可立。故有舍周从殷者,有因东迁后之失礼而矫之者,有参用四代者,存其义以俟王者之取法创制。《传》所云制《春秋》之义,以俟后圣者也。孔子志在《春秋》,但志之而已。……何氏

注《传》,辄云《春秋》之制,其实皆义而已。①

《论衡》也认为孔子作《春秋》主要是"立义创意,褒贬赏诛"的层次。"义"和"意"虽有"不复因史记者,眇思自出于胸中"者,但仍是在先王之法的大框架之内。(《超奇》)可见王者制作之权为汉人之认知基础。

虽未"显然改先王之法",制其义却因发明物则,而让王道焕发了新的活力,甚至获得了超越的力量,可以"俟后圣"行道成之。如此,也可以认为孔子为后世圣王提供了一统天下的新王道。"《春秋》应天作新王之事……绌夏,亲周,故宋……以《春秋》当新王。"(《春秋繁露·三代改制质文》)孔子借《春秋》展望了规复周制与王道的新义理、新治道,汉儒认为这相当于是创立一代新王之道,于是有"孔子立新王之道"(《春秋繁露·玉杯》)、"明改制之义"的说法,亦即在《春秋》中有"新王"与"改制"的义法,为代周而立的新王设计治道。而这种"义"成为可垂范的"义法",真正贯通了"帝、王"之道从而完备了王道。《春秋》大义是可以超越一王之治的王道义理:"孔子明王道,干七十余君,莫能用……以制义法,王道备,人事浃。"(《史记·十二诸侯年表》)《春秋》所制之"义"如果能"行",就是道之行,这就为行道提供了条件:"《春秋》之义行,则天下乱臣贼子惧焉。"(《史记·孔子世家》)

从现实的秩序规范体系来说,"义"虽与"法"不同,但同属广义的规范、制度范畴。义有法的作用,更可超越法。这是"《春秋》立义"而可为后王立法提供依据的重要意义。在汉儒看来,其要点是,孔子所作之《春秋》寓涵了为汉代以及万世"制作"的将义理与制度结合的规范体系,制度之治通过此"义"方实现了自己的超越,成为帝王之道的载体,而非申韩法治的残酷工具。如王充将孔子及儒门后学比拟圣王君相所论:"孔子作《春秋》,以示王意。然则孔子之《春秋》,素王之业也;诸子之传书,素相之事也。观《春秋》以见王意,读诸子以睹相指。"(《论衡·超奇》)所谓董仲舒以《春秋》折狱,实即时人在法律体系有待调适完善的制度生态下视《春秋》为指挥法律的更高层次的法度规范之表现:

---

① 苏舆:《春秋繁露义证》卷4《王道第六》,第112页。

或曰:"固然。法令,汉家之经,吏议决焉。事定于法,诚为明矣。"曰:"夫五经亦汉家之所立,儒生善政,大义皆出其中。董仲舒表《春秋》之义,稽合于律,无乖异者。然则《春秋》,汉之经,孔子制作,垂遗于汉。"(《论衡·程材》)

这正是孔子《春秋》可当一王之"制作"的表现之一。实为经过秦的挫折,引入经典重构"礼乐刑政"的制度规范体系。"礼与律作为经典有着不可分的关系",形成了"礼与律内组的结构","它们都被定位为汉王朝所定立的经典,即统治的基本宪章"。① 礼因为自身的制度化而成为经中最为突出的与法相辅而行的部分,但《春秋》大义经董仲舒之手而彰显规范的价值与角色,这也正是"圣人作则"的制度与制作观念的影响力。

"盖有不知而作之者,我无是也。多闻,择其善者而从之;多见而识之;知之次也。"(《论语·述而》)孔子成为承上启下、作述之间的传道角色。孔子在述道中对王道的发明,因"制其义"而被赋予"作"的意义,于是其弟子又"述"孔子之道。如孔子和子贡的对话:"子曰:'予欲无言。'子贡曰:'子如不言,则小子何述焉?'"(《论语·阳货》)在述道内部区分的"作"与"述"由此析出。"圣人作,贤者述,以贤而作者,非也。……《五经》之兴,可谓作矣。"(《论衡·对作》)"'作者之谓圣',圣者通达物理,故作者之谓圣,则尧、舜、禹、汤是也。'述者之谓明',明者辨说是非,故修述者之谓明,则子游、子夏之属是也。"以"子游、子夏之属"而不以孔子为述者,可见述道者内部的作、述之别。亦可见孔子定位的模糊,他既不是作制的圣王,又不仅传述而已。② "述"与"作",不仅以制作礼乐为区分,还在"述"的层面内部发展出以制作经义为区分的两层次。于道而言,这实是述中之作,是"空言",仍与圣王之治理实践意涵的制作不同。除了义理和制度之作,文字著作、经义创发等"作"于焉诞生。周公制作与孔子述作是司马迁承受的两个主要的意义世界。"夫天下称诵周公,言其能论歌文、武之德,宣周、邵之风,

---

① 渡边信一郎:《中国古代的王权与天下秩序(增订本)》,徐冲译,上海人民出版社2021年,第103页。
② 《礼记正义》卷47《乐记第十九》,第944页。

达太王、王季之思虑,爰及公刘,以尊后稷也。幽、厉之后,王道缺,礼乐衰,孔子修旧起废,论《诗》《书》,作《春秋》,则学者至今则之。""孔氏述文"而有"述"中之"作",成为司马氏父子的志向:"于是卒述陶唐以来,至于麟止,自黄帝始。"(《史记·太史公自序》)可见史官及士大夫认同在述道中创作为事业所在。如圣王制作之权的神圣性一样,述中之作也成为具有创始之神圣意涵的概念,拟经拟圣皆不可轻为:"诸儒或讥以为雄非圣人而作经,犹春秋吴、楚之君僭号称王,盖诛绝之罪也。"(《汉书·扬雄传下》)清人汪中总结儒门传衍:"周公作之,孔子述之,荀卿子传之,其揆一也。"① 正是作、述演进的谱系。

既有"制义"之见,孔子便有可与圣王相比之处。进而,便出"夫子贤于尧舜"之比拟的观念。据《孟子》记载,孔门弟子宰我认为"以予观于夫子,贤于尧舜远矣";子贡称乃师"见其礼而知其政,闻其乐而知其德",可规范百世王政,"自生民以来,未有夫子也";有若重复强调"圣人之于民,亦类也。出于其类,拔乎其萃,自生民以来,未有盛于孔子也"(《孟子·公孙丑上》)。"夫子贤于尧舜"成为儒家一个经典的命题。孔子是将治道载籍删述为经典并从具相的制度、举措向超越的义理提升的第一位圣贤,诸弟子上述之称颂,孟子所谓"集大成""圣之时",皆是对此超越价值的肯定。但不能忽略当时仍是周公地位在孔子之前,孟子以"周公、仲尼之道"为"中国"之道的代称(《孟子·滕文公上》)。从诸弟子语气来看,虽然有抬高孔子之用意,但仍以圣王为中心标准,孔子之于圣王的"贤于""盛于",理解为"比拟"更为妥帖,用于表达传道者之于圣王在整全之治的贡献上的相似程度,而所谓"贤于""盛于"是此比拟语境中的"比较",是缺乏事实基础的假设的比较,而非一般意义上径论高低之"比较"。《荀子·解蔽》云:"孔子仁知且不蔽,故学乱术,足以为先王者也。"就是这样的与先王的比拟。这是战国时比较流行的一个比拟套式。上博楚简《君子为礼》依次将孔子与子产、禹、舜相比较:

行〔子〕人子羽问于子贡曰:"仲尼与吾子产孰贤?"

子贡曰:"夫子治十室之邑亦乐,治万室之邦亦乐。然则【夫子贤于

---

① 汪中:《荀卿子通论》,《新编汪中集》,田汉云校,广陵书社2005年,第412页。

子产】矣。"

"与禹孰贤?"

子贡曰:"禹治天下之川□以为己名;夫子治《诗》《书》,亦以己名。然则贤于禹也。"

"与舜孰贤?"

子贡曰:"舜君天下‖【□□□;夫子□□□□□。然则贤于舜也。"】①

也是对禹、舜之功的比拟。这些比拟句式皆非论证孔子是继先王而起或以在某方面更优为标榜的王者。圣王须得天命,否则不可真的当于一王,但圣王又是可以比拟和比较的。在治道价值树立的背景下,尧、舜等圣王更在价值标准上成为儒家比拟和比较的对象,这恰说明圣王的不可忽视与替代。"何事于仁!必也圣乎!尧、舜其犹病诸!"(《论语·雍也》)赵岐曾揭出这个"大贤拟圣"的逻辑:"孟子退自齐梁,述尧舜之道而著作焉,此大贤拟圣而作者也。"②他说的是孟子"拟圣"于孔子著作,而同居于"述尧舜之道"的位置。然则孟子论夫子之于尧舜,亦可以述道之圣"拟圣"于圣王而视之。对于其中的假设意涵,赵岐亦曾论曰:"以为孔子贤于尧舜,以孔子但为圣,不王天下,而能制作素王之道,故美之。如使当尧舜之处,贤之远矣。"③不同的是"处"亦即"位",可比拟的是"圣",在此基础上,可比较的是传道的贡献亦即"事功",孔子制其义而于道有功。后世程颐于此有言曰:"语圣则不异,事功则有异。夫子贤于尧舜,语事功也。盖尧舜治天下,夫子又推其道以垂教万世。尧舜之道,非得孔子,则后世亦何所据哉?"(《孟子集注·公孙丑章句上》)宋儒强调孔子与尧舜之道同条共贯,孔子主在绍述传道,仍非圣王,但述道而有

---

① 顾史考:《上博楚简〈君子为礼〉再探》,《上博竹书孔子语录文献研究》,中西书局 2021 年,第 137 页。浅野裕一认为此系"孔子后学们,由于为了将现世上的顺序在想象中翻转过来,以救济终生不得志的孔子的此种报复之念,故创造出如《君子为礼》中此种孔子比子产(甚至舜、禹)优越的虚构。"(《上海楚简〈君子为礼〉与孔子素王说》,《简帛》第 2 辑,上海古籍出版社 2007 年,第 293 页。)这是以今天的观念观照孔子后学,放大了其"翻转""救济""报复"的目的。
② 赵岐:《孟子题辞》,《孟子赵注》,第 5 页。
③ 赵岐:《孟子赵注》,第 100 页。

功于圣王之道。

周公与孔子地位截然不同，而孔子之于王道，以"述"而当之。董仲舒认为获麟是孔子受命制义之符，或者说为"素王"而"俟后圣"之符，非天命得位之符：

> 有非力之所能致而自至者，西狩获麟，受命之符是也。然后托乎《春秋》正不正之间，而明改制之义。一统乎天子，而加忧于天下之忧也，务除天下所患。而欲以上通五帝，下极三王，以通百王之道，而随天之终始，博得失之效，而考命象之为，极理以尽情性之宜，则天容遂矣。（《春秋繁露·符瑞》）

何炳棣论"礼"包括祭仪、制度、礼论等三大部分，周公的贡献主要在于第二层面，孔子则"不但是春秋中晚期的产物，而且由于强烈的使命感，把'礼'之史的发展提升到第三层面——理论化、意识形态化"。① 从前章讨论可知，这正是孔子及儒家后学发明王道之重要一端。但不可仅讲此"提升"以至单线进化之路向。相辅相成的天命与礼制长期存在于古代中国，在这个制度和观念体系中，制度实践之"制作"始终是与政治之位对应的重要的神圣的权力，周公保有最后一位于道具有明与行的完整制作意义的圣人之地位，孔子则虽可"制义"，亦止于"述道"。在儒家王道的观念世界中，孔子并非超越周公而上，这是不能忽略的。

三、"圣人"：分合之际的"圣王"与"素王"

"圣"之义与"制作"之义是一致而互为说明的。《说文·耳部》："圣，通也。"孔颖达《乐记》疏："圣者，通达物理。"《白虎通·圣人》："圣者，通也，道也，声也。道无所不通，明无所不照，闻声知情，与天地合德，日月合明，四时合序，鬼神合吉凶。"圣人通于物理，方能作则，方能制作。《礼记·

---

① 何炳棣：《原礼》，《何炳棣思想制度史论》，第 166、177 页。

乡饮酒义》中的一句阐释也很重要："产万物者，圣也。"正义："圣之言生也。"① 这就是"制作"之义了。"圣有所生，王有所成"（《庄子·天下》），是说圣王制作与成功之义。其最高境界仍是体天而行："行天德者谓之圣人。为人主者，居至德之位，操杀生之势，以变化民。民之从主也，如草木之应四时也。……故曰圣人配天。"（《春秋繁露·威德所生》）"所谓圣者，德合于天地，变通无方。穷万事之终始，协庶品之自然，敷其大道而遂成情性。明并日月，化行若神。下民不知其德，睹者不识其邻，此谓圣人也。"（《孔子家语·五仪解》）

这样的"圣"就是集合道的制作、阐述和实践的整全之治的圣王。"圣人之德，能致太平。""无圣帝也，贤者之化，不能太平。"（《论衡·宣汉》）即此之谓。此义早见于先秦。与张舜徽所见相近，高亨认为："老子之言皆为侯王而发，其书言'圣人'者凡三十许处，皆有位之圣人，而非无位之圣人也。"② 这或许不是"有所为"的"为侯王而发"，而是老子所好皇古之"圣人"本"皆有位之圣人"。裘锡圭认为："《老子》中的'圣人'就是老子理想中的'以道莅天下'的圣人王。在老子心目中，圣人与圣王是二位一体的。"③ 老子以无为帝道为遵循，但并不认为纯粹无为的隐士是圣人，而认为行道者是圣人，这也可以帮助我们理解老子的无为观并非绝对虚无的无为，而是"无为而无不为"，同时说明当时普遍共识的圣人身份观念。"皆原于一。""以天为宗，以德为本，以道为门，兆于变化，谓之圣人。"（《庄子·天下》）庄子所言之理想中的"圣人"也是"原于一"的"圣王"。这是东周共通的观念，墨子称箕子、微子、周公为"天下之圣人"，都是有位之人。（《墨子·公孟》）在这样的"圣人"观念世界中，孔子自然"不居圣"。"若圣与仁，则吾岂敢？"（《论语·述而》）（从中也可见"仁"是与"圣"一样的有治理意涵的概念，而非形而上追求。）当子贡问他："夫子圣矣乎？"孔子答曰："圣则吾不能，我学不厌而教不倦也。"（《孟子·公孙丑上》）以学而知之的述道者自居。

"形而上者谓之道，形而下者谓之器，化而裁之谓之变，推而行之谓之通，

---

① 《礼记正义》卷68《乡饮酒义第四十五》，第1433页。
② 高亨：《老子正诂》，第44页。
③ 裘锡圭：《说〈老子〉中的"无为"和"为"》，《老子今研》，第157页。

举而错之天下之民谓之事业。"(《易传·系辞上》)儒家之道是与器一体,行于天下,化为事业的。早期儒家对"道"之传承脉络的系统梳理,以《论语》《孟子》终篇为代表。《尧曰》《尽心下》二篇皆自言其道源自尧舜圣王,亦即"帝王之道",如杨时的概括:

> 《论语》之书,皆圣人微言,而其徒传守之,以明斯道者也。故于终篇,具载尧、舜咨命之言,汤、武誓师之意,与夫施诸政事者,以明圣学之所传者,一于是而已,所以著明二十篇之大旨也。《孟子》于终篇,亦历叙尧、舜、汤、文、孔子相承之次,皆此意也。(《论语集注·尧曰》)

相较而言,《孟子》后出转精,逻辑设置更为详赡,以"五百有余岁"为周期,以"见而知之"与"闻而知之"为得道之途径与传承之序列,除尧、舜、禹、汤、文王等圣王之外,配有皋陶、伊尹、莱朱、太公望、散宜生等贤臣,而孔子与圣王贤臣等有位者同列于"圣人"。其群像的结构是以圣王为中心;其次,"见而知之,谓辅佐也",即其贤臣"通于大贤次圣者,亦得与在其间,亲见圣人之道而佐行之,言易也";"闻而知之"则"圣人相去卓远,数百岁之间变故众多,逾闻前圣所行,追而遵之,以致其道,言难也",不亲见而只能通过"闻道"来"致其道",考虑到此前的"闻而知之"者是汤、文王这样的圣王,只有孔子是不得天命之位的圣人,所以"难"主要是在孔子,孔子亦有"朝闻道,夕死可矣"之语,但孔子毕竟与于圣人之列,与汤、文王同为"闻而知之"者。① 朱熹认为"历叙群圣之统,而终之以此,所以明其传之有在,而又以俟后圣于无穷也,其指深哉!"(《孟子集注·尽心章句下》),从而为后世续此统系提供可能,从战国以降《吕氏春秋》等载入的圣人序列,直到宋儒的道统谱系。

从圣王或圣君贤相到孔子儒家的传承叙事引出诸多讨论,从政治思想的角度来看,最重要的是孔子与圣王之关系,孔子在何种意义上是圣王的传人而进入这个"群圣之统",因为有"素王"说的影响,人们或以为孔子即是无位之王。但上述杨时"传守之""明斯道"等语,似与《乐记》"作者之谓圣,述者

---

① 赵岐:《孟子赵注》,第492页。

之谓明"的概念阐释遥相呼应，提醒今人仍需回到先秦两汉的政治与思想中深入理解孔子的追求、认同与人们的评价，这奠定了此下的儒学认知传统。

孔子为"素王"，与德位之王不同。作为与"帝王天子"相对的德位概念，"素王"见于《庄子》："夫虚静恬淡寂漠无为者，万物之本也。明此以南乡，尧之为君也；明此以北面，舜之为臣也。以此处上，帝王天子之德也；以此处下，玄圣素王之道也。"（《天道》）郭象注曰："有其道为天下所归而无其爵者，所谓素王自贵也。"① 这是与帝王天子有及物之德不同的特定的身份比拟，"处下"而无位。"孔子不王，素王之业，在于《春秋》。"（《论衡·定贤》）"素王"的前提之一就是"不王"。"素，空也，言无位而空王之也。"是被普遍认可的。② 孔子可以说是第一个"有其道为天下所归，而无其爵者"，所谓有道而无爵的问题固是政教分裂的产物，也是以孔子为人格化表现的。前文已有所交代，如何在"位"上与圣王比拟，成为认同王道与王权的儒家确定或谓建构自身地位的首要问题。作为"制其义""俟后圣"的延伸与转进，在长期讨论政权与"改制"之理论依据的汉代，春秋学特别是春秋公羊学发挥详赡的孔子有德无位而为"素王"、为汉制法之说风行于世。董仲舒认为"孔子作《春秋》，先正王而系万事，见素王之文焉。"（《汉书·董仲舒传》）刘向也说："（孔子）于是退作《春秋》，明素王之道，以示后人。"（《说苑·贵德》）这是汉人的共通观念，今古文经学家皆然。"《春秋》'素王'非独公羊家言之，左氏家之贾逵亦言之。"③《风俗通义》也载有："制《春秋》之义，著素王之法。"（《穷通》）可见其流行通用。理想的帝王是君师合一的，"素王"无其位却"有其道为天下所归"，是对君王作则之权的挑战。自杜预以降，亦逐渐辨明孔子素王之号乃天命而非孔子自号，维护孔子复礼捍卫王纲的形象。孔颖达认为《孔子家语》中齐太史子余"叹美孔子，言云'天其素王之乎'"是"美孔子之深，原上天之意，故为此言耳，非是孔子自号为素王。先儒盖因此而谬，遂言《春秋》立素王之法"，继承杜预的发现，批评了孔子自立为素王并以左丘明为素臣的说法。王应麟也认为"自号素王"等说"皆因《家语》之

---

① 郭庆藩：《庄子集释》，中华书局 2012 年第 3 版，第 465 页。
② 《春秋左传正义》卷 1，第 3706 页。并参见皮锡瑞：《经学通论》，吴仰湘点校，中华书局 2017 年，第 379 页。
③ 皮锡瑞：《经学通论》，第 379 页。

言,而失其义,所谓郢书燕说也"。① 皮锡瑞将杜预以降的讨论聚焦在"孔子自王,此本说者之误"上。"素王"也是对王位的僭越,只有天命可为,而不可自号:"孔子作《春秋》以讨乱贼,必不自蹈僭妄,此固不待辨者。"② 所以,"素王"之义重在孔子不得天命王位,表其不得为一王。

但这种紧张感说明,"素王"确实与"圣""王"有接近处。

"玄圣创典,素王述训。"(《文心雕龙·原道》)"素王"不能完整地传承道,因为无位,只能述道:"(孔子)能亦多矣。然而勇力不闻,伎巧不知,专行教道,以成素王,事亦鲜矣。《春秋》……采善锄丑,以成王道,论亦博矣。"(《淮南子·主术》)"教道"是"王道"的组成部分,这就是述道与传道的关系。"借事明义是一部《春秋》大旨。"③ 不能"行道",而与"制其义"同为"素王"之业的,是"示王意":"文有深指巨略,君臣治术,身不得行,口不能继,表著情心,以明已之必能为之也。""文"中蕴有对"治"的表达,这仍是述道明道之于道与行道的重要作用:"观读传书之文,治道政务,非徒割肉决水之占也。足不强则迹不远,锋不铦则割不深。连结篇章,必大才智鸿懿之俊也。"(《论衡·超奇》)

站在春秋以降特别是汉代的历史位置来看,这是第一次由无位的圣人来阐发治道与治法,故将孔子与圣人帝王比拟,是情理之中的,圣王不现于世,孔子不得已而作之也。在"制作"的道器两重内涵的支配下,他们认为义也是可以指导万世完善王道臻于太平的。这是孔子素王之冠的重要含义。由此,孔子不得王位,但制义之德可见王德,是亦可为"王",即素王:"孔子不王,作《春秋》以明意。案《春秋》虚文业,以知孔子能王之德。孔子,圣人也。有若孔子之业者,虽非孔子之才,斯亦贤者之实验也。夫贤与圣同轨而殊名,贤可得定,则圣可得论也。"(《论衡·定贤》)他认为孔子是圣人。

在"义-法"("道-器")同属制作的情况下,规则的改变就意味着变道。在三统五德的正统观框架里,"制其义"的后果,不是孔子得统,而是其所制之治道("义")与周不同而已当得一统、为一代。所以董仲舒说:"《春秋》

---

① 王应麟:《困学纪闻》卷8《经说》,栾保群等校点,上海古籍出版社2015年,第291页。
② 皮锡瑞:《经学通论》,第380页。
③ 皮锡瑞:《经学通论》,第394页。

应天作新王之事，时正黑统。王鲁，尚黑，绌夏，亲周，故宋。""变周之制，当正黑统。"(《春秋繁露·三代改制质文》) 按三统五德说，夏入帝列，殷、周、《春秋》为三王。依董说，"《春秋》"假设得三统中的黑统。《淮南子》按照礼为德之则的观念认为："夫殷变夏，周变殷，《春秋》变周，三代之礼不同，何古之从！"(《氾论》) 刘向也说《春秋》显示了不同于周德之新德："夏道不亡，商德不作；商德不亡，周德不作；周德不亡，《春秋》不作。《春秋》作，然后君子知周道亡也。"(《说苑·君道》) 春秋之世的史书何以能推及千秋万代？"义"是超越力量。"《春秋》借事明义""'黜周''王鲁'，亦是假借"，"鲁"因"义"而获得假设的超越："《春秋》借位于鲁，以托王义。"①这就是所谓"微言大义"。黄晖以谶纬、《孝经》等为据，认为："盖孔子殷人，又天纵将圣，时人谓当受命为王，而孔子亦以为己任，故有素王之说。"②"故有"的因果关系并不成立，但孔子行道不成而述道，述道而制其义，述道与制义一体，义就是述道之功，于治而言亦有德。"义"不可视为行道，但可以为行道提供超越的指导。"素王"就是在这样的意义上成立的。

在"制义"的拉动下，孔子的圣人地位不断升高。"素王"与"制其义"是一体之两面，都是浑朴的"古之道术"分裂后，在道的组成和性质上，在社会政治的体制性结构上，行道与述道/明道两分的表现。迄于周公，圣人与圣王同义，君师合一；"制作"的形而上下两重内涵也是一体的。但自孔子始，则开始分化：

圣人分化为行道之圣和述道之圣。"圣"之观念分化，主要是"位"与"名"。公孙弘上书汉武帝："陛下有先圣之位而无先圣之名，有先圣之名而无先圣之吏。"(《汉书·公孙弘传》) 这实际上是说"位"不能对应圣之实、圣之全了，王者仍掌握着行道的大权，但圣王兼握道的实践与义理发明之权的理想型受到了挑战，无位则不能行道，但分化后的述道则握于士人之手。"圣"分化的结果，是述道之"作者"亦为圣，述道的圣人出现了。"自天子王侯，中国言六艺者折中于夫子，可谓至圣矣！"(《史记·孔子世家》) 孔子之制作得到了认可。郑玄既说"作者之谓圣，述者之谓明"，又说"先圣，周公若孔

---

① 皮锡瑞：《经学通论》，第395页。
② 黄晖：《论衡校释》，中华书局2018年，第533页。

子""圣则非周即孔",可见在他这里,孔子已经是圣人,"作"的概念已经在变动之间。

制作分化为制礼作乐和制义。制礼作乐意义上的制作需要得位,仍是王者有此权,有位才能制作,而得位取决于天命。儒者不敢直接干预王者的制作行道之权,只是通过孔子制其义的论说,规训政治制度层面的"制法",以使王者之政就于王道。《孔子圣迹图》中,孔子出生时有"制作定世"字样。① 这是长期存在的观念的反映,表达了义理的期冀,放大了制义相当于一王制作的观念。这是"素王"的真谛,孔子以《春秋》为主的制作之义,从"窃取"时王,转为"素王"之举。为新王立法,成为孔子"素王"地位的支撑。由此,制作分化出三个层次:其一是圣王亦即原本意义的圣人的制作,是义理与制度、物质整全的制作,有强烈的实践意涵。其二是仓颉等贤臣的具体的技艺、器具层面的"作",不整全,甚至严格来说谈不上独立的制作,从属于其辅佐的圣王之制作。从以天道为标准的价值等级上说,前者体天,后者不够自然。其三是孔子不能行道但于述道中制义,不能直接开物成务,是在抽象的超越层面体天明道而指导行道。

圣和制作的意义分裂,背后是道的义理与实践分化,东周至秦的衰乱、圣王不能再世是其历史背景。其结果是无位的圣人出世,发明圣王之道而使其成为传统。这个述道与明道分化的历史新发展,给孔子及后世儒家士人提供了以匹夫述道而传圣王之道的历史空间,也是他们不懈推动的结果。孔子是师之圣人,非得位之圣人,从述道、明道的师儒,发展为述道之制作的圣人与素王。孔子以在下之素王而"制其义"的愿望被后世儒家继承,书写孔子相当于一王的比拟。

这种分化,庄子看得至为透彻分明,故反复申说"混沌"与"道术"之分合。"天道运而无所积,故万物成;帝道运而无所积,故天下归;圣道运而无所积,故海内服。"(《庄子·天道》)就是讲"圣人"分化后,"天道"分为有位之"帝道"与无位之窄义的"圣道",如成玄英所见:"圣道者,玄圣素王之道也。""道合于天,德同于帝,出处不一,故有帝、圣二道也。而运智救

---

① 孔喆编著:《孔子圣迹图》,济南出版社 2016 年,第 5 页。

时，亦无滞蓄，慈造弘博，故海内服也。"① 所以"素王"是分化后的圣者，与"玄圣"同，只是其固以王道为立场，不离人间之治。

而居于"素王"与"制其义"之上的，仍是君师合一的圣王的理想。孔子只是为汉及后世制法，待圣王再世而行王道，在治道上并不具备独立完整的意义。只有将天命德位的制作观与素王制义论合而观之，才能明白孔子及后世儒家的身份处境和身份感觉。"始乎为士，终乎为圣人。"（《荀子·劝学》）士人仍保留着"公卿大夫士"的体制中人的观念，自期为未来的有位者。颜斶对齐宣王言贵士，而以尚未得位之舜、禹、周公为士："夫孤寡者，人之困贱下位也，而侯王以自谓，岂非下人而尊贵士与？夫尧传舜，舜传禹，周成王任周公旦，而世世称曰明主，是以明乎士之贵也。"（《战国策·齐策四》）反映了当时士仍认为自己接近位，一朝为诸侯所用便有机会成为有位的圣人。这种"藕断丝连"的关系也是行道与述道之间的历史连接。

圣人的分化，孔子这样的圣人而非圣王的出现，至今仍是孔子身份与儒家道统地位的重要议题，也仍存在模糊的认识。缪哲指出，秦汉间经学"以孔子为'王'，不以之为'士'""以孔子见老子为'王者有师'义的呈现"。② 以下，我们检讨有关史料，看是否以孔子为"王"。

《吕氏春秋》论王者有师：

> 神农师悉诸，黄帝师大挠，帝颛顼师伯夷父，帝喾师伯招，帝尧师子州支父，帝舜师许由，禹师大成贽，汤师小臣，文王、武王师吕望、周公旦，齐桓公师管夷吾，晋文公师咎犯、随会，秦穆公师百里奚、公孙枝，楚庄王师孙叔敖、沈尹巫，吴王阖闾师伍子胥、文之仪，越王勾践师范蠡、大夫种。此十圣人、六贤者，未有不尊师者也。今尊不至于帝，智不至于圣，而欲无尊师，奚由至哉？此五帝之所以绝，三代之所以灭。（《尊师》）

在《当染》篇中，再论王者当学于师，如染：

---

① 郭庆藩：《庄子集释》，第463页。
② 缪哲：《从灵光殿到武梁祠》，第35页。

非独染丝然也，国亦有染。舜染于许由、伯阳，禹染于皋陶、伯益，汤染于伊尹、仲虺，武王染于太公望、周公旦。此四王者所染当，故王天下，立为天子，功名蔽天地，举天下之仁义显人必称此四王者。

霸者亦然：

齐桓公染于管仲、鲍叔，晋文公染于舅犯、郤偃，荆庄王染于孙叔敖、沈尹蒸，吴王阖庐染于伍员、文之仪，越王句践染于范蠡、大夫种。此五君者所染当，故霸诸侯，功名传于后世。

可见王、霸虽有别，而功成亦有同道。孔子、墨子则是"士"：

非独国有染也，孔子学于老聃、孟苏、夔靖叔；鲁惠公使宰让请郊庙之礼于天子，桓王使史角往，惠公止之，其后在于鲁，墨子学焉。此二士者无爵位以显人，无赏禄以利人，举天下之显荣者必称此二士也。皆死久矣，从属弥众，弟子弥丰，充满天下，王公大人从而显之，有爱子弟者随而学焉，无时乏绝。（《当染》）

不在列的原因，并非孔、墨无师，而是区别孔、墨于王者。

《韩诗外传》以"五帝有师""必学然后可以安国保民"为题目，列举黄帝、颛顼、帝喾、尧、舜，禹、汤、文王、武王、周公，仲尼为"十一圣人"：

子夏曰："臣闻黄帝学乎大填，颛顼学乎禄图，帝喾学乎赤松子，尧学乎务成子附，舜学乎尹寿，禹学乎西王国，汤学乎贷子相，文王学乎锡畴子斯，武王学乎太公，周公学乎虢叔，仲尼学乎老聃。此十一圣人，未遭此师，则功业不能著乎天下，名号不能传乎后世者也。"[1]

刘向《新序》也列举了同样的"十一圣人"（《杂事》）。《白虎通·辟雍》《潜

---

[1] 韩婴：《韩诗外传集释》，第195页。

夫论》也有相似的沿袭罗列。可见这是一个论述学道、师道的话语套式："夫此十一君者，皆上圣也，犹待学问，其智乃博，其德乃硕，而况于凡人乎？"（《潜夫论·赞学》）为了说明"师"的重要，论证圣人亦皆须有师，传说者暂时忽略了上古圣王生而知之的传统。"先圣后圣，其揆一也。"（《孟子·离娄下》）本指舜与文王两位圣王，孟子也将孔子纳入了这个行列：

> 由尧、舜至于汤，五百有余岁，若禹、皋陶，则见而知之；若汤，则闻而知之。由汤至于文王，五百有余岁，若伊尹、莱朱，则见而知之；若文王，则闻而知之。由文王至于孔子，五百有余岁，若太公望、散宜生，则见而知之；若孔子，则闻而知之。由孔子而来至于今，百有余岁，去圣人之世若此其未远也，近圣人之居若此其甚也，然而无有乎尔，则亦无有乎尔。（《孟子·尽心下》）

这是将孔子这样的无位圣人继有位圣王，以述道而传道的表述，是圣人概念分化的结果，并非以孔子为圣王。并且与圣王相比，孔子只是文王之世的"闻而知之"者，其自身并不拥有"见而知之"的辅佐者和"闻而知之"的后继者。再看《论衡》有类似的十二圣之说，黄帝、颛顼、帝喾、尧、舜、禹、汤、文王、武王、周公、皋陶、孔子"斯十二圣者，皆在帝王之位，或辅主忧世，世所共闻，儒所共说，在经传者，较著可信"（《论衡·骨相》）。在合称"十二圣"的同时，将孔子定位为"忧世"，与对应圣王贤相的"帝王、辅主"相区别，也不是以孔子为王。"五帝、三王、皋陶、孔子，人之圣也。"（《论衡·讲瑞》）"文王、孔子，仁圣之人，忧世悯民，不图利害，故其有仁圣之知，遭拘厄之患。"（《论衡·指瑞》）都是将孔子视为圣人而非圣王，两者在"仁圣之知"上交集，以无位圣人接续圣王统系。通观《论衡》全篇，王充认为孔子是"素王"而非真正的王者，这也可以证明上述判断。

这是沿《孟子》以来，将孔子作为"圣人"纳入治道传承统系的话语套式。孟子将孔子与伯夷、伊尹、柳下惠同列为"圣"，认为孔子接续帝、王之圣君贤相闻见传道的统系，汉代儒家沿用以孔子为圣人的评价，都是将孔子这无位的圣人比拟而接续在圣王的身后，孔子述道制义亦当一治，但并非视孔子为王。类似的材料用的都是"圣""圣人"而非"王""圣王"，参以孔子不得位为王、不能制礼作乐的观念,在圣人概念分化后,孔子与圣王同为圣人,但王是行道之圣人,孔是述道之圣人。皆为圣人,但孔子非王。

孔子之为圣人,便是"素王"之圣,而非圣王之圣。和孔子与于圣人之列的观念伴随的,正是孔子为素王的观念。董仲舒认为孔子发明周道,"上通五帝,下极三王,以通百王之道"。何休将公羊学发展成熟,以"新周,故宋,以《春秋》当新王"为"一科三旨",居"三科九旨"义例之首。①底定公羊学中孔子素王说,而一个"当"字,仍可见其并非实为改周受命之"新王",是"制其义"而垂诸后世。这是两汉时代思想的主流,学融今、古的郑玄也认为:"孔子既西狩获麟,自号素王,为后世受命之君制明王之法。"②这里的"后世受命之君",也可以作超越汉代的"一王"而为万世的理解。赵歧注"夫子贤于尧舜远矣":"以孔子但为圣,不王天下,而能制作素王之道,故美之。如使当尧舜之处,贤之远矣。"注子贡"见其礼而知其政"一语,强调:"见其制作之礼,知其政之可以致太平也;听闻其雅颂之乐,而知其德之可与文、武同也。"都将孔子删述之经典、复周之礼乐、发明之礼义与王者"制作"之实行比拟,"从孔子后百世上推,等其德于前百世之圣王,无能违离孔子道者,自从生民以来,未能备若孔子也",表达出超越的治道"集大成"的关怀,建构出孔子"素王"的形象,丰富了对"夫子贤于尧舜"的阐释。③

圣王有德位、握行道与述道整全的制作之权的观念仍居主导地位,为最高理想型,历史变迁给孔子与儒家述道制义留下了空间,但并没有解构圣王之道这个整全概念。关于凤、麟为圣王祥瑞,王充辩驳:"使凤麟审为圣王见,则孝宣皇帝圣人也;如孝宣帝非圣,则凤麟为贤来也。为贤来,则儒者称凤皇骐麟,失其实也。凤皇骐麟为尧、舜来,亦为宣帝来矣。"(《论衡·指瑞》)其中作为观念基础的是圣王、圣人、贤,都是就皇帝而言。另一则记载道:"儒者说麟为圣王来,此言妄也。章帝之时,麒麟五十一至,章帝岂圣人哉?"(《论衡佚文》)也将圣王、圣人对应于天子。前揭《指瑞》篇便由此观念驳"儒者说之,以为天以骐命孔子,孔子不王之圣"的说法。最高、最完美的理想仍是圣王与圣人一体,

---

① 苏舆:《春秋繁露义证》卷7《三代改制质文第二十三》,第189页。
② 郑玄著、皮锡瑞疏证:《六艺论疏证》,中华书局2015年,第570页。
③ 赵歧:《孟子赵注》,第100—101页。

圣人行道而传道仍是最高的期望，圣王制作以行道的观念仍然是天人之际最高的政治律令，富有开物成务意蕴的道、德、功的治道格局仍然保留在治理和秩序的基本观念中。孔子素王不能行道，仍不能成就道德。公孟子对墨子讲论"昔者圣王之列"："上圣立为天子，其次立为卿大夫，今孔子博于《诗》《书》，察于礼乐，详于万物，若使孔子当圣王，则岂不以孔子为天子哉？"但遭到了墨子"数人之齿，而以为富"的驳斥，亦可见当时儒家虽有孔子视同圣王天子的假设和比拟，但遭遇的却是人我之别的诘难，共同基础无从成立。墨子论圣、圣王、天子皆应首重在"行"，孔子所"博、察、详"的不过是往圣所行之迹，已为圣人所遗之齿，亦不符合墨子所信的"尊天事鬼，爱人节用"为"知"，故不得称圣，一层是何为"知"，更重要的一层实即述道与行道的距离（《墨子·公孟》）。还可补充说明道重在行之观念的是，续作《春秋》的制义追求也须依托行道事实而不可空论，司马迁说《春秋》的作法是在"言之不用，道之不行"的背景下，孔子认为："我欲载之空言，不如见之于行事之深切著明也。"（《史记·太史公自序》）"空言"与"行事"，正是述道与行道的转语，即便是述道，也有赖于对行道事实的阐发，这又成为中国史学之义理属性的真义。

孔子不得时序，为第一个有德无位的圣人，以发明周道周制之"义"而传道。在圣王行道的整全观念下，"制其义"并不能完全解决孔子无位不可制作的问题，只有当汉儒将"制其义"归于为汉制法，才使得"周王制作—孔子明道—汉帝行道"的闭环成立而归于圣王再世，使这一困惑暂时解决。《春秋公羊传》有言："制《春秋》之义，以俟后圣。"何休径解为："待圣汉之王以为法。"[1] 这是汉人流行的政治思想观念。郗恽认为汉家的火德对应的制度系统就是孔子创作的，是对孔子为汉制法的具体化："孔为赤制。"（《后汉书·郗恽传》）东汉桓帝永兴元年孔庙《守庙百石卒史碑》给孔子的定位是："孔子大圣，则象乾坤，为汉制作，先世所尊。"碑文先表"孔子作《春秋》，制《孝经》"亦即制作之功，后言"删述《五经》，演《易系辞》"，作、述并称，突出了孔子述道而"为汉制作"的身份。[2] 孔子无位，而以"制作"表彰之，孔

---

[1]《春秋公羊传注疏》卷28《哀公第二十八》，第1211页。
[2]《永兴元年乙瑛置守庙百石卒史碑》，《石头上的儒家文献——曲阜碑文录》，骆承烈汇编，齐鲁书社2001年，第11页。

子设计之法度,仍有待汉代君主来落实,成为汉室政治正当性的论据,也就是圣王再次出世,故以"圣汉"号之而比于尧舜之德:"末不亦乐后有圣汉,受命而王,德如尧、舜之知孔子为制作。"① 刘邦成为真正制作的圣明君主。对于"《春秋》何以始乎隐?祖之所逮闻也"一句,何休解诂为:"托记高祖以来事,可及问闻知者。犹曰'我但记先人所闻',辟制作之害。"② 班固对之所以必以孔子来辅佐汉德的历史原因有更详细的逻辑推演,彰显其以述道而佐汉之功:"股肱既周,天乃归功元首,将授汉刘。俾其承三季之荒末,值亢龙之灾孽,悬象暗而恒文乖,彝伦斁而旧章缺。故先命玄圣,使缀学立制,宏亮洪业,表相祖宗,赞扬迪喆,备哉灿烂,真神明之式也。虽皋、夔、衡、旦密勿之辅,比兹褊矣。"③ 杨向奎条理何休的公羊学"新王"说与"素王"说之关联,落脚于"为汉代立法",颇简洁得要:

> 何休《解诂》云:"文王周始受命之王,天之所命,故上系于天。"以周文王为一统之象征,实行一统,当别求新王。依后来公羊家说,公羊学说是孔子为新王立为,当周之世,作新王之法,权假文王,实际以《春秋》当新王,《春秋》何以当新王?《春秋》为新王立法,亦"法王"也。后来西汉形成大一统,于是"法王"落实为汉代立法。立法为王职,孔子非王,故孔子有"素王"之称。④

这就又回到了孔子不得天命不兼德位,只是从周述王道之师儒。郑玄注《中庸》"仲尼祖述尧舜,宪章文武,上律天时,下袭水土"一节有言:

> 此以《春秋》之义说孔子之德。孔子曰:"吾志在《春秋》,行在《孝经》。"二经固足以明之。孔子所述尧舜之道,而制《春秋》而断以文王武王之法度。《春秋传》曰:"君子曷为为《春秋》?拨乱世,反诸正,莫近诸《春秋》。其诸君子乐道尧舜之道与?末不亦乐乎尧舜之知君子也?"又

---

① 《春秋公羊传注疏》卷28《哀公第二十八》,第1211页。
② 《春秋公羊传注疏》卷28《哀公第二十八》,第1206页。
③ 班固:《典引》,《班固集》,第185页。
④ 杨向奎:《大一统与儒家思想》,北京出版社2016年,第61页。

曰:"是子也,继文王之体,守文王之法度。文王之法无求,而求,故讥之也。"又曰:"王者孰谓?谓文王也。"此孔子兼包尧、舜、文、武之盛德,而著之《春秋》,以俟后圣者也。

其下又注道:"圣人制作,其德配天地如此,唯五始可以当焉。"鉴于圣人制作的神圣性,最后还是归结到孔子无位的遗憾:"言德不如此,不可以君天下也。盖伤孔子有其德而无其命。"① 而孔子之德也是因其述先王治道,可以指导后世行道而为德,是"兼包尧、舜、文、武之盛德",并非纯乎个体心性修为之私德。

综上,汉人并没有以孔子为代周之新王的观念。孔子终未得天命之位,不具备王者的必备条件,周汉诸儒都不会认为他是王者。汉帝既然接受了董仲舒等的说法,也说明他们不曾认为孔子是真正的王者。作为圣人,孔子也不能自全其义,只能说是儒家推重下形成的具有一定思想势力的一种圣人观念,而非圣人观念之全部。

在圣王再世"大一统"的时代,君主尤为重视制作专权而压抑士人"制义"的冲动。在一尊之下含有张力的思想观念,既鼓舞士大夫作圣的志向,又往往隐没于文辞之间。这种状态清晰地表现为司马迁自述《史记》之志时在"作""述"之间的犹豫彷徨。《史记》彰显孔子"素王"的定位:"公羊家称孔子为'素王',史公则直以素王尊之。"② 《史记》对阴阳、儒、墨、名、法、道德六家之要指的理解,秉承了"此务为治者也"的定位(《史记·太史公自序》)。孔子位列"世家",以"实不与而文与"的风格,在史书上特显其政治地位:"孔子盛德在庶,初非有土之君,迁于世家之中列入孔子,斯为尊儒之至矣。"③"周室既衰,诸侯恣行。仲尼悼礼废乐崩,追修经术,以达王道,匡乱世反之于正,见其文辞,为天下制仪法,垂六艺之统纪于后世。作孔子世家。"司马迁援引董仲舒之语,认为孔子不得行道,"作"《春秋》以"达王事",发明"王道之大者":

---

① 《礼记正义》卷61《中庸第三十一》,第1280页。
② 孙德谦:《太史公书义法》卷上《衷圣》,吴天宇点校,中国社会科学出版社2020年,第1页。
③ 孙德谦:《太史公书义法》卷上《尊儒》,第4页。

上大夫壶遂曰:"昔孔子何为而作《春秋》哉?"

太史公曰:"余闻董生曰:'周道衰废,孔子为鲁司寇,诸侯害之,大夫壅之。孔子知言之不用,道之不行也,是非二百四十二年之中,以为天下仪表,贬天子,退诸侯,讨大夫,以达王事而已矣。'子曰:'我欲载之空言,不如见之于行事之深切著明也。'夫《春秋》,上明三王之道,下辨人事之纪,别嫌疑,明是非,定犹豫,善善恶恶,贤贤贱不肖,存亡国,继绝世,补敝起废,王道之大者也。"

孔子成为继周公的圣人:"自周公卒五百岁而有孔子。""五百岁"成为司马氏父子共信的圣人周期,希望作史以与之:

自获麟以来四百有余岁,而诸侯相兼,史记放绝。今汉兴,海内一统,明主贤君忠臣死义之士,余为太史而弗论载,废天下之史文,余甚惧焉,汝其念哉!

先人有言:"自周公卒五百岁而有孔子。孔子卒后至于今五百岁,有能绍明世,正《易传》,继《春秋》,本《诗》《书》《礼》《乐》之际?"意在斯乎!意在斯乎!小子何敢让焉。

"继《春秋》"的雄心与谦辞充分说明了"作"的严肃性:"余所谓述故事,整齐其世传,非所谓'作'也,而君比之于《春秋》,谬矣。"再次强调了"述"与"作"的原始意涵区分,并不仅是相对于孔子之"作"而言。"作"的神圣性和严肃性尤其是在政治与权力的意义上,甚至是讳语。壶遂说,孔子之世"上无明君,下不得任用,故作《春秋》,垂空文以断礼义,当一王之法",司马迁则"上遇明天子,下得守职,万事既具,咸各序其宜","夫子所论,欲以何明"? 司马迁既揭出"桀纣失其道而汤武作,周失其道而《春秋》作",便既不敢以"空文"当"制作",更不敢与孔子"素王"的地位相比拟,唯有"力诵圣德"而已。(《史记·太史公自序》)这一番话,道出了时王特别是自视为"明君"、圣王的英武天子对于"作"的垄断,生逢大一统,岂能私家制作而"当一王之法"? 从司马迁的回避与谦辞中,可以发现"作"仍与王位对应,士大夫不可僭越言之。这种对应性也反映在他对孔子的历史书写之中。对孔子之于经典的作用，司马迁仍定位于"述"："礼乐自此可得而述，以备王道，成六艺。"（《史记·孔子世家》）在《史记》之后，官修正史成为传统，帝王由此垄断"制义"之权、避免"窃取之"，其心昭然。事实上的圣王虽未再出世，"明道"能力往往在于民间，但大一统政权垄断"制作"之权的制度越来越成熟。

司马迁的隐辞表征了时王制作的尊王之义仍是主导。事实上，伊尹、舜出身寒庶，固然启发了孔子得命作圣的期望，不能简单以"孔子作《春秋》以讨乱贼，必不自蹈僭妄"① 判定之，但孔子信仰王道，他自己的学说以及后世儒家的推演，包括公羊家"新王""素王"之说，都从来不曾挑战或动摇王纲，唯有加倍捍卫之而后已，匹夫之圣人、"素王"只是对圣王的比拟，并不等于"王"，不挑战大一统的当世天子，不过"如使当尧舜之处"之假设而已。"一法度，尊天子"，尊尊之义、君臣之伦乃《春秋》之大义："中国所以异于夷狄者，以其能尊尊也。王室乱，莫肯救，君臣上下坏败，亦新有夷狄之行，故不使主。"② "仲尼为匹夫而称'素王'"是至为明确的自我定位和被定位。③

"制作"的理想状态亦仍是整全于圣王一身。何休、郑玄都表达了孔子无位而不得称"制作"的遗憾。"素王"非王，"为汉制作"不等于孔子"制作"且行之。正如苏舆所论：

> 制可改者也，惟王者然后能改元立号，制礼作乐，非圣人所能托。……汉世儒者并以《春秋》为一代之治，盖后人尊孔以尊王之意，非孔子所敢自居也。……夫王迹熄而《春秋》作，周道亡于幽厉，熄者其迹，亡者其道，非《春秋》敢于夺王统也。……有受命之说矣，此董子所不言也。……"《春秋》为汉制作"之说出矣。夫《春秋》立义，俟诸后圣。后圣者，必在天子之位，有制作之权者也。汉之臣子尊《春秋》为汉制作，犹之为我朝臣子谓为我朝制作云尔。盖出自尊时之意，于经义无预

---

① 皮锡瑞：《经学通论》，第228页。
② 《春秋公羊传注疏》卷24《昭公第二十四》，第1004页。
③ 徐干著、孙启治解诂：《中论解诂》，中华书局2014年，第80页。

也。后人不明其旨，而附会支离，自此起矣。①

这是在"制作之权"的背景下论"尊时"，比较符合实际情况。总之，孔子"素王"的身份，于圣王而言，只是"亦""当"之比拟罢了。

小结：分合之际的传道观念

经过孔子"集大成"，"二帝三王"制作之道在人间转进而弥新。传道表现为行道与述道两个方面。德、功的观念是行道的重要内容，贯穿了周汉，孔子无位不得行道，只有述道意义上的德与功。面对圣王之道如何传续的问题，在分合之际，既保持了道的整全属性，又开创了通过空文制义"述道""明道"的传道模式，从而使得孔子成为区别于司徒王官之师儒的明道圣人。道德与圣人的重新定义是有限的，观念上本文已详作讨论，治理实践上亦然，圣王政教合一的体制虽然在现实中难以回到三代的原型，但部分地不同程度地形诸制度，如天子制礼作乐、兴官学、立五经博士等。所以，孔子作《春秋》这一大事，非如钱穆所见是"王官学"还是"百家言"的问题②，更是居政治与治道中第一义的圣人身份与制作之权的问题。

与"天命""时位"之定、"行道""明道"之判相联系的，是对"名"的重视和名分的观念。在周代，"唯器与名，不可以假人，君之所司也"，"名"与礼义王制有着内在的深刻关系，甚至是"礼乐征伐自天子出"的礼义秩序中至为关键的一环："名以出信，信以守器，器以藏礼，礼以行义，义以生利，利以平民，政之大节也。若以假人，与人政也。政亡，则国家从之，弗可止也已。"（《左传·成公二年》）"名以制义，义以出礼，礼以体政，政以正民，是以政成而民听。"（《左传·桓公二年》）所以孔子说："必也正名乎！"（《论语·子路》）可见既知己不得命之后，孔子必已自居述道明道之位，再无"王"或"素王"之念了。后世由"名"而有"名教"，"君臣父子"是天道所定的"尊卑"之"义"：

---

① 苏舆：《春秋繁露义证》卷1《玉杯第二》，第28页。
② 钱穆：《孔子与春秋》，《两汉经学今古文平议》，第270页。

> 夫君臣父子，名教之本也。然则名教之作，何为者也？盖准天地之性，求之自然之理，拟议以制其名，因循以弘其教，辩物成器，以通天下之务者也。是以高下莫尚于天地，故贵贱拟斯以辩物；尊卑莫大于父子，故君臣象兹以成器。天地无穷之道，父子不易之体。夫以无穷之天地，不易之父子，故尊卑永固而不逾，名教大定而不乱，置之六合，充塞宇宙，自古及今，其名不去者也。①

其中虽有东汉以来的"名教"观念加固的影响，但对高下、贵贱、尊卑的"君臣"之名和位的确定不移，是古已有之的。

余英时着眼于"轴心突破"，以礼乐制度为中国古代轴心突破的背景与对象，故虽注意连续性，仍强调周公以德改造本为"事神致福"之礼乐，孔子进而以仁对礼乐内向超越，最后归宿是"德"的内在化和形上化，"这两个划时代的大变动"形成一个单线进化的递进叙事。② 本文则认为儒家更自视身处圣王制作、一治一乱、孔子明道的传道脉络之中，"从周""复礼"都说明在当时的思想观念中这脉络并不等于单线进化的逻辑。周公制礼作乐而形成比较完备的制度体系，孔子讲明礼乐制度之本与义，经过"作"与"述"两个方面的集大成，"王道备，人事浃"。由此，周公乃最后一有德有位的行道的圣王，集礼乐制作之大成；孔子乃第一个无位而明道的圣人，以"述而不作，信而好古"而从文字、义理上保存、发明、传承圣王之道，集经典厘定、阐明之大成。"周公制礼乐，名垂而不灭；孔子作《春秋》，闻传而不绝。"（《论衡·书解》）周公制礼与孔子制义并为中国政治思想的两大主要脉络，共同展示了先王之道的传承路径。周汉之时已经形成了作与述、行道与明道对称的道的获知与实践结构。圣王难再出世，"圣人"的概念分化，又赋予作与述、行道与明道以新的社会政治内涵，推进了传道观念的流行。但作君作师的圣王理想仍是最高的义理。只有在圣人"行道"而成德立功、道和圣王都是整全概念的思想世界中，才能理解孔子对自己与"道"和"圣"的关系的认识，对自己不能得位

---

① 袁宏：《后汉纪》卷26，张烈点校，中华书局2002年，第509页。
② 余英时：《论天人之际》，第95、221页。

行道的天命的无奈:"道穷""已矣"才是夫子求道一生的终点。同时,在分化的语境中,后世儒家认为述道而"明道"本身也是道的传承方式,甚至可以在传道的功德上比拟圣王。这是一个动态的、复合的变迁与定型过程,本文的逻辑亦不能避免线性叙事,但希望通过强调在作、述分合之际,整全的天命圣王与制作之治道观念仍是最高的理想型,可以拓宽政治思想史的视域,呈现"天""时命""圣王""德位""制作""述"等若干更具政治辨识度的思想观念的重要性,以及儒士和政治家们对理想治道及其传承与实现路径的多种理解与建构。

在道不行的衰世乱世,无位者虽不能得位行道,但能述道而垂诸后世,俟后圣正王道于天下,述道师儒的王道圣人身份在历史的裂缝中生长。汉代一统天下,能行王道,推行记载帝王致太平之道的经典。"汉兴以来,至明天子,获符瑞,封禅,改正朔,易服色,受命于穆清,泽流罔极,海外殊俗,重译款塞,请来献见者,不可胜道。臣下百官力诵圣德,犹不能宣尽其意。"(《史记·太史公自序》)将后圣落实为汉朝,也不是势力所压,而是居于更高地位的圣王观念所致。圣王在于汉室,获麟故事最终被何休解释为"备矣"的未来之"瑞":

> 人道浃,王道备,必止于"麟"者,欲见拨乱功成于"麟",犹尧、舜之隆,凤凰来仪。故麟于周为异,《春秋》记以为瑞,明太平以瑞应为效也。绝笔于"春",不书下三时者,起木绝火王,制作道备,当授汉也。①

凡此,皆不可仅视为"媚汉"或通过委曲求全来引导君主推重儒家,而是一统的圣王与治道观念使然。

王者有师的源头是政教合一,这在《礼记·文王世子》等经典内容中有集中的呈现,而东周以降广泛论说的王者有师又是王官失守、师儒分化出来的表现,是儒家与杂家普遍行于政治论说中的认识。儒家与经学家说"王者有师"的用意是论证孔子为圣人故应为帝王师,而非以孔子为圣王。至于如何还原与理解孔子作为"先圣"或"先师"的身份,除了思想和观念的勾勒,还要回到三代以降礼制特别是学礼的体制与讨论中去。

---

① 《春秋公羊传注疏》卷28《哀公第二十八》,第1208页。

第三章
国家祀礼中的先代帝王与孔子
——周秦汉唐礼制中一对经典范畴的生成

"凡一种偶像的成立,必有一种或数种学说伏在它的背后鼓吹。"历史上的帝王、师儒等一旦"有了道德和政治的联络",就会有"抽象的意义"。① 帝王、圣人偶像及其国家礼制安排是理解古代中国治道的政治文化与制度路径,作为"鼓吹"力量的思想学说或明或暗与之迁转,庙堂与士林的治道考量于焉彰显。先代帝王祭祀是皇权与治道之礼仪化、形象化,先圣先师释奠是国家文教之最高崇礼,二者可以说是国家礼制系统中"道德和政治的联络"之尤为显著者。黄进兴②、高明士③、赵克生④、雷闻⑤、廖宜方等从断代、专题或通史的眼光,拓展了先代帝王和文庙孔圣祭礼的研究。而以黄进兴的祀孔礼研究、廖宜方的帝王祭礼研究为代表,都呈现出推崇形而上之道的倾向:黄进兴的系列著述强调孔子素王的崇高礼制地位⑥;廖宜方以祭祀先代帝王的地点为划分斯礼制度发展阶段的标准⑦,提出功、道、统的演进链条⑧。但是,基于前文对"道德功烈"之治道格局的复原,对孔子非王而为述道之圣的治道身份的澄

---

① 参见顾颉刚:《三皇考》,《顾颉刚古史论文集》卷2,第27页。
② 黄进兴:《优入圣域:权力、信仰与正当性》,陕西师范大学出版社1998年,第185页。
③ 高明士:《中国中古的教育与学礼》,台大出版中心2005年,第535页。
④ 赵克生:《明朝嘉靖时期国家祭礼改制》,社会科学文献出版社2006年,第127页。
⑤ 雷闻:《郊庙之外:隋唐国家祭祀与宗教》,生活·读书·新知三联书店2009年,第72页。
⑥ 对孔子及文庙祀典的讨论,参见黄进兴:《象征的扩张——孔庙祭典与帝国礼制》,《儒教的圣域》,复旦大学出版社2020年,第1页;《权力与信仰:孔庙祭祀制度的形成》,《圣贤与圣徒》,北京大学出版社2005年,第1页;《学术与信仰:论孔庙从祀制与儒家道统意识》,《优入圣域》,第247页。
⑦ 廖宜方:《中国中古先代帝王祭祀的形成、演变与意涵——以其人选与地点为主轴的探讨》,《"中研院"历史语言研究所集刊》2016年9月第87本第3分。
⑧ 廖宜方:《王权的祭典:传统中国的帝王崇拜》,台大出版中心2020年,第18页。

清，我们已可约略感知历史情形或更为复杂。

或许在治道的脉络上，能够进一步理解先代帝王与圣师祭祀的"抽象的意义"。这两套国家祀礼实有交集和深刻的内在关联，即对治道与传道者的确认。对帝王和孔子的祀礼安排，不仅是谱系的构建和礼遇的升降，更涉及如何看待"道"及其实践条件。只有依从古人对"道"的理解，以负载斯道的圣王与圣人身份、地位的考量为中心，将两套礼制合而观之，才能更好地理解圣人祀礼体系的变迁。本章尝试将历史背景、思想言说与礼制构建相结合，分别上溯此二祀典之初形，从礼制变迁与礼说阐释的若干细节入手，梗概其演进逻辑，观察政治与思想"偶像"之真义。

第一节　先代帝王的国家祭礼

既有研究多以确凿严整的先代帝王祭祀礼制为其形成时间的依据，认为"直到七世纪才在国家典礼中正式登场"。[①] 但实际上，中国的先代人主祭祀很可能发端于氏族时代，先代帝王祭祀礼制到西周已现身于祭祀体系之中，隐伏于帝王载籍与礼经传记之间，至汉代而形成确凿可信的典制与史实记载。这一重要转型，须从关于先代帝王的"道德和政治"的传说和学说中去探析。

一、报功报德的先代帝王崇祀礼制与礼说

从先秦到汉代的先代帝王祭祀制度，因为文献年代与真伪的疑案，还不能确凿复原，但可自礼经和述及礼制的文献追溯，此亦为中古兴作斯礼之遵循，不略作梳理则或不明于后代制作之原。礼制经典文献至汉而备，本文亦不拟系年分疏，而采取以其为一大阶段的解读方式。[②] 其制略有三端，虽与祖宗崇拜

---

① 廖宜方：《王权的祭典》，第 12 页。
② 以《礼记》为例，孙希旦认为"《礼记》固多出于汉儒"（《礼记集解》，第 1192 页）；王锷则断定，《礼记》之内容成于战国以前，但从单篇流传、传抄而行、版本不一，到编纂成书，是在西汉完成的（《〈礼记〉成书考》，中华书局 2007 年，第 321 页）。编纂这一（转下页）

有交集，但呈现出对政治及政权之非血缘的来源与所循之道的崇报：

一是"禘、郊、祖、宗"中的先代帝王与权力来源呈现。这是从氏族社会发展而来、将祭天与祭祖结合的国家最高祭祀体系，即"祭祀以配食也"[1]，"祭（天）帝而必以其祖配"[2]。"尧崩之后，舜与其臣言，则曰'帝'。"[3]"措之庙，立之主，曰'帝'。"（《礼记·曲礼下》）这套礼制体系的核心安排是以被选定的已逝人帝沟通天帝。关于"二帝三王"时代"禘郊祖宗"之礼的安排，《国语·鲁语上》载展禽介绍为：

> 有虞氏禘黄帝而祖颛顼，郊尧而宗舜。夏后氏禘黄帝而祖颛顼，郊鲧而宗禹。商人禘舜（案：徐元诰集解据韦昭注，改"舜"为"喾"）而祖契，郊冥而宗汤。周人禘喾而郊稷，祖文王而宗武王。

《礼记·祭法》则记为：

> 有虞氏禘黄帝而郊喾，祖颛顼而宗尧。夏后氏亦禘黄帝而郊鲧，祖颛顼而宗禹。殷人禘喾而郊冥，祖契而宗汤。周人禘喾而郊稷，祖文王而宗武王。

古史学者聚讼于两段记载之差异，这里不综述，笔者更关心其中相同或相近的内容：

（接上页）行为也意味着选择、认定与结构化。《礼记》等"三礼"在作为礼制经典的意义上，至汉代地位确立、内容确定而完备，似无疑义。阎步克认为周代礼乐制度是"原生礼制"，战国、汉唐先后对其进行了"初次建构"和"二次建构"。"同时在这一过程中，被建构出来的'古礼'，逐渐被汉以下各王朝有选择地采用了。今人所了解的'古礼'，就是在'初次建构'和'二次建构'中形成的。"（《君臣通用与如王之服：〈周礼〉六冕的结构生成》，《秩级与服等》，陕西人民出版社2021年，第229页。）从礼经确立、礼制基本成型看，汉代是古礼复兴与建构的重要节点，可将周汉视为一个阶段，对周代礼制的还原和理解基本是通过汉人的注疏构建的，唐代的礼学研究与制礼作乐是在汉代的基础上进行的。

[1]《礼记正义》卷55《祭法第二十三》，第1126页。
[2] 黄以周：《礼书通故》，中华书局2007年，第620页。
[3] 顾炎武：《日知录》卷2《帝王名号》，《日知录集释（全校本）》，第57页。

其一是有虞氏的"禘郊祖宗"礼制体系中"尧"的身影。作为尧的受禅者，舜将尧及其世系上的先帝保留在本朝祭祀体系中，从摄政到执政的全过程都有体现。"舜受终于文祖"，在尧的文祖庙里受尧禅，开始摄位；"月正元日，舜格于文祖"，舜服尧丧毕，再次告于尧之文祖，建元、即政。① 所谓"于文祖"，即于尧之先帝配天的祭祀场合，故后儒多以为"犹明堂"。② 舜先维持以尧为天下主的郊祭，继而过渡到以己为君的郊祭，从而在表征天命的祀礼上彻底完成政权交接："维十有三祀，帝乃称王，而入唐郊犹以丹朱为尸。于时百执事咸昭然乃知王世不绝，烂然必自有继祖守宗庙之君。"（《尚书大传·虞夏传》）这确凿说明在当时的观念中，尧是舜的前代帝王，舜为尧的政治继承人，丹朱而非舜才是尧系之后，如郑玄注："舜承尧，犹子承父。虽已改正、易乐，犹祭天于唐郊，以丹朱为尸。至十三年，天下既知已受尧位之意矣，将自正郊，而以丹朱为王者后，欲天下昭然知之，然后为之，故称王也。"③ 于是，舜构建本朝礼制崇祀系统，在"自正郊"的体系中仍给尧保留了位置。据《祭法》，大体来说，尧、舜皆以黄帝为祖之所自出故仍禘黄帝，舜在祖祀中尊奉己之世系祖颛顼，在郊祀中尊奉尧之世系祖喾、宗祀中尊奉尧："舜承尧有天下，不能遂废尧祀，于是推喾以配天，而自以世系祖颛顼，而奉尧为宗，明天下之统之有由受也。"④ 禹受舜禅，"受命于神宗"，即告于尧位："神宗者，尧也。"⑤ "受天下于人，必告于其人之所从受者。"⑥ 舜非尧子，其祭祀中涉及尧系者皆乃政治关联而非血缘之"宗"。"郊喾而宗尧"与"郊尧而宗舜"之不同，则如韦昭注中所言，系舜身后之变化，舜得祭，而仍保留尧之位置："舜受禅于尧，故郊尧。《礼·祭法》：'有虞氏郊喾而宗尧。'与此异者，舜在时则宗尧，舜崩而子孙宗舜，故郊尧也。"

其二是"周人禘喾而郊稷，祖文王而宗武王"，而帝喾为殷人之祖所自出。说明这种追奉前朝祖神的情况也发生在殷周之间。不同的是，周是在作为殷室

---

① 《尚书正义》卷3，第76、95页。
② 孙星衍：《尚书今古文注疏》卷1，陈抗、盛冬铃点校，中华书局1986年，第35页。
③ 皮锡瑞：《尚书大传疏证》，第59页。
④ 郭嵩焘：《礼记质疑》卷23，《郭嵩焘全集》（第3册），岳麓书社2012年，第562页。
⑤ 郭嵩焘：《礼记质疑》卷23，《郭嵩焘全集》（第3册），第562页。
⑥ 蔡沉：《书集传》卷1，王丰先点校，中华书局2018年，第33页。

诸侯时奉其祖神为己自所出的。周王室"接奉殷人的终极祖宗、至上神为自己的祖宗、至上神，这样殷周就变成同祖了"。① 这是一种政治安排："殷先王是诸方国的保护神的观念在殷周之际深入人心。"② 政治共同体从而达成，更具体地说："这些'帝'本来是不同族姓的宗神，互不混淆。""但是由于不同族姓的氏族可模拟血亲关系而加盟于较大的地域集团，有些'帝'同时又是不同族姓的'共祖'。""后一种'帝'名为各姓之祖，实际大概只是为长的那个氏族的祖先，在族姓上只与这个氏族保持一致。"③ 传统礼学视之为"尊尊"之义："圜丘祀昊天，不得以无功德之天子配，亦不得以有功德之诸侯配，故虞夏禘黄帝，殷周禘喾，皆配以有功德而为天子者，尊天也，亦尊天子也。周郊稷以亲亲，禘喾以尊尊，立制之善，非浅人所能测。"④ "功德"之义从而彰显。对于这种政治追奉逻辑，崔述亦以古礼向有之"功"的原则表出之，认为"皆主于祀有功"，"喾之禘但以其有功故禘之耳，非以为始祖所自出之帝也"。点出了"报功"对于血缘乃至氏族关系的超越。⑤

崔述所言是在礼义研究脉络中得出的。"禘郊祖宗"诸礼并非血缘追思之礼，其义理逻辑是"大报本反始"。《礼记·郊特牲》有言社祭"所以报本反始也"，郊祭之义为："万物本乎天，人本乎祖，此所以配上帝也。郊之祭也，大报本反始也。"孙希旦解释为："郊、社皆有报本反始之义，而郊之报本反始为尤大也。"⑥ 报本反始之义不限于郊、社，是诸礼的本义之一："礼也者，反本循古，不忘其初者也。""礼也者，反其所自生。"（《礼记·礼器》）《礼记·祭法》有载圣王以功德而得祀于后世的国家祀礼基本原则："夫圣王之制祭祀

---

① 何炳棣：《"天"与"天命"探原：古代史料甄别运用方法示例》，《何炳棣思想制度史论》，第 98 页。
② 晁福林：《论殷代神权》，《中国社会科学》1990 年第 1 期。
③ 李零：《考古发现与神话传说》，《李零自选集》，第 70 页。
④ 黄以周：《礼书通故》，第 621 页。
⑤ 崔述：《王政三大典考》卷 2《经传禘祀通考》，《崔东壁遗书》，第 507 页。徐旭生认为存在不同于血统关系的氏族传承，天、帝、上帝是超氏族的神，配祭的是氏族神，禘礼所祭呈现了超氏族的神与氏族神的组合，所谓"其祖之所自出"，"所注意的就是我们的氏族出自某英雄的氏族罢了。虞夏商周人所禘的黄帝、舜、喾全属这一类的性质。"（《中国古史的传说时代》，第 235、237 页）三王时代已经进入超越氏族与地域集团的天下政治共同体阶段，周人所禘之喾乃商之始祖，彰显报殷主治理之功德以表臣服的政治关系。
⑥ 孙希旦：《礼记集解》，第 694 页。

也，法施于民则祀之，以死勤事则祀之，以劳定国则祀之，能御大菑则祀之，能捍大患则祀之。……（从厉山氏到周武王）此皆有功烈于民者也。"① "此所言，自'武王'以上，农及后土，配食社、稷之人也，其余则皆四代之所禘、郊、宗、祖。孔疏以为并外神，非也。盖惟四亲庙不论功德，至于禘、郊、宗、祖，必其功德足以堪之，非子孙之所得而私也。"② 郑玄认为，在"公天下"的五帝时代，报功报德是此礼的精义，亦即在祭天的礼仪中，同时表达了对先代圣王而非血缘祖先的崇报："有虞氏以上尚德，禘、郊、祖、宗配用有德者而已。自夏已下，稍用其姓代之。"③ 或如郭嵩焘所论："禹有天下而宗舜，犹舜之宗尧也。启以后之宗禹，则三代家天下者之法也。"④

所谓"功德"，皆是就治理与政治而言。"禘郊祖宗"四个字或其礼义都与"源"有关，祀礼中认定"功德"，表彰开物成务，也是确定崇祀者自身的权力来源，权源在于天命，亦在于配天的先代帝王。"禘郊祖宗"的礼义重在功德，其次才是血缘，表明这是一套以权源追溯为主而与血缘相结合的祀典体系。徐旭生勾勒了随着人群范围扩大，祭祀对象从血统祖神、氏族神扩展到超氏族神、集团（东夷集团和华夏集团）神的进程，从战国五行说起，进一步"作大综合，成整齐系统"，遂有五帝之说。⑤ 结合礼制发展成型的可能规律，启发我们，至周代制礼作乐集大成的"禘郊祖宗"之祭，作为天下国家最核心的祭祀礼制，是以天帝为最高崇拜，配以随着治理共同体的扩大而先后登场纳入祀礼的血统祖先神、氏族神、集团神以及"天下"范围的政治权源之神的组合祭礼，是层累形成的若干个系统的政治权威和正当性来源偶像的组合呈现。它不

---

① 对于《礼记·祭法》此段内容，展禽有相近的表述："夫圣王之制祀也，法施于民则祀之，以死勤事则祀之，以劳定国则祀之，能御大灾则祀之，能捍大患则祀之。非是族也，不在祀典。""凡禘、郊、祖、宗、报，此五者，国之典祀也。加之以社稷、山川之神，皆有功烈于民者也。及前哲令德之人，所以为明质也。及天之三辰，民所以瞻仰也。及地之五行，所以生殖也。及九州名山川泽，所以出财用也。非是，不在祀典。"除了报功报德的原则，还列举历代帝王之功德与祀礼安排的实例。值得注意的，一是从禹以德修鲧之功来看，功需成及物之德方为完善；二是幕、杼等因"帅"圣贤而得"报"，亦见祭礼中"报"的重要。（《国语·鲁语上》）
② 孙希旦：《礼记集解》，第1206页。
③ 《礼记正义》卷55《祭法第二十三》，第1126页。
④ 郭嵩焘：《礼记质疑》卷23，《郭嵩焘全集》（第3册），第562页。
⑤ 徐旭生：《中国古史的传说时代》，第238—243页。

是在一个礼的场合中,而是在一套祭祀礼仪体系中组合完成的。展禽、《礼记》的作者们重复的叙述,说明这套最高祭祀体系为当时普遍的礼制认知,那么,其中的先代帝王元素就非常耐人寻味了,可以说,从氏族政治到天下政治的格局推扩,先代帝王祭祀是其重要的象征环节和礼制表现。

这套祭礼中,权源与治道崇祀的意义是合为一体的。五帝时代,因为血缘、族属与政权禅让之间错综复杂的关系,"禘郊祖宗"的祭统表现为以"德"为主的特征;三王以降,家传天下,"姓"的比重加大。但总而言之,以德为序:"祖,始也,言为道德之初始,故云'祖'也。宗,尊也,以有德可尊,故云'宗'。其夏后氏以下禘、郊、祖、宗,其义亦然。""小德配寡,大德配众,亦礼之杀也。"① 这个意义因为舜以尧祖配天而彰显,并影响后世:

> 舜受尧禅,其所祭者即尧之宗庙,盖受天下于人者之礼然也。《大禹谟》言"受命于神宗",神宗即尧也。舜受天下于尧,故以天下传禹必告于尧,情理之所宜然也。禹为颛顼之后,而受天下于舜,夏后氏禘黄帝而祖颛顼,所因于尧、舜而无变者也;郊鲧而宗禹,盖其后世子孙之所为也。当禹之时,盖郊尧而宗舜耳。②

"家天下"政治上的权源融于对祖源的追溯与崇报,这个意义尤其因为在"郊之报本反始为尤大"的郊礼中落实而愈加显著。"禘郊祖宗"之礼制体系正是在以天为大的祭礼中,安置对权源和血缘的报功。

禘郊祖宗之祭高悬"功德"的治道价值标准。"《五帝德》之五帝,实截此(《鲁语》)黄帝、颛顼、帝喾、尧、舜而成,黄帝、颛顼等所以禘郊不衰者,为大有功烈于民也。"③ "报本反始"、报功报德是祭祀的起源之一。在"道德功烈"的格局中,"功""道""德"三者紧密相系、共成一体。要在治道体系或者说是重在治理实践的治道语境中理解"功"及其与"道、德"的虽有高低之分但更彼此相连、相互证成、不可或缺的关系。于"功德"中"得道"、以

---

① 《礼记正义》卷55《祭法第二十三》,第1126页。
② 孙希旦:《礼记集解》,第1192页。
③ 丁山:《古代神话与民族》,第164页。

"道"指引"功德",而不局限于一时一事之功德,进而使得前代圣王超越了政权直接继承者的崇拜而延及后代。功德的标准为上古至西周的圣王获得后代国家崇祀所遵循。这一崇祀法则在唐代的先代帝王祭典论证中彰显。

政治既起于血缘关系,就在超越血缘乃至氏族之后仍保留着拟祖先的崇拜,当政治权力需要权源祭祀来增强正当性与权威时,这种广义的祖先崇拜就具有了重要的政治意义。先代帝王因"功德"而神化后,具有了超越的意义,治道之祖与祖先崇拜多有交集并相互促进。族属之祖、权源之祖、治道之祖等多条脉络交织于"禘郊祖宗",先代帝王祀礼从而超越了血缘、氏族乃至地域集团的范畴,其维系政治共同体的意义超越了血缘、氏族、地域集团等小共同体的层次。

二是存祀之礼与"二王后"制度。舜、禹受禅得天子位,"尧子丹朱,舜子商均,皆有疆土,以奉先祀。服其服,礼乐如之。以客见天子,天子弗臣,示不敢专也"。(《史记·五帝本纪》)殷、周革命立国,对先代帝王的祭祀未再见于在中央举行的国家之礼,但继续封国以"存先世之宗祀",周武王"存五帝之后,封殷于宋,绍夏于杞,明著三统,示不独有","明告万世以取天下者无灭国之义也"。① 汉代延此制。《汉旧仪》载:"祭三王、五帝、九皇、六十四民,皆古帝王,凡八十一姓。"苏舆认为:"是所谓民者,汉时固列祀典也。"② 郑众云:"四类,三皇(应作'王')、五帝、九皇、六十四民咸祀之。"③ 亦可见此存祀制度。(关于"王、帝、皇、民"之号,详后。)先代存祀虽于封国举行,却是国家祭祀礼制的一部分,秦汉君主也会在巡狩时致祭。在王道时代,最重要的是"二王后"存祀:"天子存二代之后,犹尊贤也。"

---

① 顾炎武:《日知录》卷2《武王伐纣》,《日知录集释(全校本)》,第83页。《汉书·梅福传》。
② 《春秋繁露义证》卷7《三代改制质文第二十三》,第202页。《史记·封禅书》记载秦制雍地有"九臣、十四臣"之庙,皮锡瑞认为"十四臣"系"六十四臣"之误,即即九皇之臣、六十四民之臣,蒙文通由此认为:"是知九皇、六十四民,在秦本属雍庙,入汉亦为古之王者也。"(《古史甄微》,第7页。)按此说,在秦汉时,似为中央祭礼,但尚无更多资料说明此意,故本文暂定为封国存祀。顾颉刚、刘起釪则认为《封禅书》中的"九臣、十四臣"系"天界之小神"(《尚书校释译论》,中华书局2005年,第2180页),并无确证。
③ 郑玄注、贾公彦疏:《周礼注疏》卷20《春官宗伯第三》,彭林整理,上海古籍出版社2010年,第698页。

(《礼记·郊特牲》）二王后"惟稽古崇德象贤，统承先王，修其礼物，作宾于王家，与国咸休，永世无穷"（《尚书·微子之命》）。在汉代，"二王后"成为三统五德之说的礼制支持与表现。其中蕴有鉴于前代，损益制度以通治道的理念："尊贤不过二代，以已之制礼，所视以为因革损益之宜者，不过此也。"① 这也是董仲舒皇、帝、王运转位移之说的礼制基础。"二王后"的待遇制度在汉朝完全确立。武帝封周后，元帝、成帝求殷后。梅福认为其中也蕴涵着"存人以自立"的道理，秦朝"绝三统，灭天道，是以身危子杀，厥孙不嗣"（《汉书·梅福传》）。立后守统、封地存祀，通三统的治道与一姓子嗣延绵的诉求相结合，祭祀先代帝王成为其中最重要的礼仪标识。

存祀为了表彰先代之功德，范宣子与穆叔之问答可见：

> （范宣子）曰："古人有言曰，'死而不朽'，何谓也？"穆叔未对。宣子曰："昔匄之祖，自虞以上为陶唐氏，在夏为御龙氏，在商为豕韦氏，在周为唐杜氏，晋主夏盟为范氏，其是之谓乎！"穆叔曰："以豹所闻，此之谓世禄，非不朽也。鲁有先大夫曰臧文仲，既没，其言立，其是之谓乎！豹闻之：'太上有立德，其次有立功，其次有立言。'虽久不废，此之谓不朽。若夫保姓受氏，以守宗祊，世不绝祀，无国无之。禄之大者，不可谓不朽。"（《左传·襄公二十四年》）

范宣子以世禄存祀为"不朽"，穆叔则强调"三不朽"的祭之义。孔颖达疏"立德"为"创制垂法，博施济众"，"立功"为"拯厄除难，功济于时"，"立言"为"言得其要，理足可传"，正说明了祭祀与存祀以报答"功""德"的重要性。更深一层则是存德。这些存祀的族姓、氏族都曾是有土有德者，他们因德衰而成为政治上的失败者，从本书第一章所引《国语·郑语》对祝融、伯夷、伯翳之后荆芈、姜、嬴"皆不失祀而未有兴者，周衰其将至矣""唯荆实有昭德，若周衰，其必兴矣"的"代德"讨论可见，只要存祀涵养功德，仍有东山再起的可能。

三是五帝之祭。秦雍畤祭四色帝，表征四方，刘邦发展为五色帝、五方

---

① 孙希旦：《礼记集解》，第681页。

帝。虽然对于此祭礼始自刘邦还是汉文帝尚有争议，但五帝之祭礼见于实际是在汉初则无疑。汉代祭五帝的记载始自高祖二年：

> 二年，东击项籍而还入关，问："故秦时上帝祠何帝也？"对曰："四帝，有白、青、黄、赤帝之祠。"高祖曰："吾闻天有五帝，而有四，何也？"莫知其说。于是高祖曰："吾知之矣，乃待我而具五也。"乃立黑帝祠，命曰北畤。有司进祠，上不亲往。（《史记·封禅书》）

> 汉兴，高祖曰"北畤待我而起"，亦自以为获水德之瑞。虽明习历及张苍等，咸以为然。是时天下初定，方纲纪大基。高后女主，皆未遑，故袭秦正朔服色。（《史记·历书》）

可见五帝祭的对象本为五色帝、五方帝，早有其说，但完整的祭祀礼制出现于汉高祖时，与德运相系。为了因应改正朔的政治背景，自汉文帝始，"五帝"进入郊祀礼。①

五色帝、五方帝与人帝对应，发源于对秦所处的地域政治氏族之初祖的崇祀："它是以嬴姓始祖少昊（白帝）为'上帝'，而以与嬴姓为旧好的风姓始祖太昊（青帝）次之，当地土著姬、姜二姓的始祖黄（黄帝）、炎（赤帝）二帝又次之，外加虞、夏之祖颛顼（黑帝）而构成。"②

同时亦有五人神或称五官的记载，始见于《左传》：

> 故有五行之官，是谓五官，实列受氏姓，封为上公，祀为贵神。社稷五祀，是尊是奉。木正曰句芒，火正曰祝融，金正曰蓐收，水正曰玄冥，土正曰后土。……少皞氏有四叔，曰重、曰该、曰修、曰熙，实能金、木及水。使重为句芒，该为蓐收，修及熙为玄冥，世不失职，遂济穷桑，此其三祀也。颛顼氏有子曰犁，为祝融；共工氏有子曰句龙，为后土，此其二祀也。后土为社；稷，田正也。有烈山氏之子曰柱为稷，自夏以上祀之。周弃亦为稷，自商以来祀之。（《昭公二十九年》）

---

① 参见田天：《秦汉国家祭祀史稿》，生活·读书·新知三联书店 2015 年，第 109 页。
② 李零：《考古发现与神话传说》，《李零自选集》，第 71 页。

可见系人间五官为神，这是在"帝"之下的"官"层面的天人相应。尊奉的标准也是功德。

早已有之的五色帝、感生说与汉代盛行的五行五德说相结合，逐渐演化成为一套人官佐人帝，与五色帝感生，与五帝星相应，履五行、五德之运的神秘理论。① 五帝、五神的祭祀体系，与《周礼·春官宗伯》中的"五祀"相应，郑玄认为"五祀"系"五官之神在四郊，四时迎五行之气于四郊，而祭五德之帝，亦食此神焉"。② 据纬书构建了"以灵威仰等为五帝，以大皞等为人帝，以句芒等为人官"的"五（天）帝、五人帝、五人神"体系。③ 亦即：

> 礼东方以立春，谓苍精之帝，而大昊、句芒食焉。礼南方以立夏，谓赤精之帝，而炎帝、祝融食焉。礼西方以立秋，谓白精之帝，而少昊、蓐收食焉。礼北方以立冬，谓黑精之帝，而颛顼、玄冥食焉。④

这是一套在时令（时间）、方位（空间）所表征的全格局的天地位序上均反映德运周流的礼仪体系，可以视之为德运的宇宙观，其核心意涵是人间君臣按照德运来运转政治秩序，五帝德运决定王道。

五人帝、五人神之祭亦见于明堂祭礼。汉武帝"始拜明堂如郊礼"（《史记·孝武本纪》）。但此制更有可能是经王莽制礼被东汉继承而常规化。"明堂是总祭五帝的场所这一说法在经学家之间达成共识，这也许是东汉礼制的反映。"⑤ 郑玄认为"禘郊祖宗"之礼中的"祖、宗"所指即"祭五帝、五神于明堂"。《明堂月令》亦即后世所传之《礼记·月令》中"春曰'其帝大皞，其神句芒'"等四季五方祭礼亦此意。孔颖达解释为："'祖颛顼而宗尧'者，谓祭五天帝、五人帝及五人神于明堂，以颛顼及尧配之。"⑥ 贾公彦认为，此礼制结构体现在周公所作的周代明堂制度之中，即享五帝于明堂，以五人帝、五

---

① 顾颉刚：《三皇考》，《顾颉刚古史论文集》卷2，第108页；杨权：《新五德理论与两汉政治》，第348页。
② 《周礼注疏》卷19《春官宗伯第三》，第657页。
③ 孙希旦：《礼记集解》，第404页。
④ 《周礼注疏》卷20《春官宗伯第三》，第687页。
⑤ 金子修一：《古代中国与皇帝祭祀》，复旦大学出版社2017年，第91页。
⑥ 《礼记正义》卷55《祭法第二十三》，第1126页。

人神配天。"以其自外至者无主不止，故皆以人帝、人神为配也。"而以文王配之，亦即"严父配天"之义。① 孔、贾之意，表明在"祭祀配食"的礼制结构中，上古五人帝、五人神配天于明堂享祭之后，后世之制礼者又思以当代祖宗配之，是配外又有配者。文王配天是其典型，"以颛顼及尧配之"是以释古礼为今制之据。

五德终始说是宇宙论在人间政治上的反映，五帝祭礼是其在以先代帝王配食祭天之礼中的表现。对于天人相应的五人帝、五人神祭礼，郑玄以德运化的人间政治结构解释之，如注"其帝大皞，其神句芒"道："此苍精之君，木官之臣，自古以来著德立功者也。"五帝皆然。② 孙希旦的理解颇得汉人之意。《周礼》"五帝"即大皞、炎帝、少皞、颛顼、黄帝，皆为天神，人帝与其天人相应，故取相同的名号："《周礼》五帝为天神，而五祀为地祇也。大皞在天，木德之帝，伏羲氏乘木德而王，其号亦曰大皞，祭木帝则以配食焉。句芒在地，木行之神，重为木正，而其官亦曰句芒，祭木神则以配食焉。"③ 这是一套人间世界的人帝、人官（死后为人神），和神秘世界的天神、地祇相应的祭祀体系，是以人间的政治结构反映天命的必然结果，配食是这种天人相应的关系在祀礼上的表现。我们从政治与治道之视角对诸家之说求同存异便可发现，《周礼》《月令》等反映了一以贯之的政治崇拜与治道祭祀体系，即人与天相应，不仅"法五行"④，且皆是"有所主、有所司"的治理结构，其遵循之道则为五德运行的神秘的天道："有帝而复有神者，盖四时之气运于天，而五行之质丽乎地，自其气之各有所主则为五帝，自其质之各有所司则为五神。"⑤ 这个天道是由"帝、神"的结构来运行，在人间也就反映为五人帝、五人神亦即五人官的配食祀礼。而以圣王贤相为治理的基本结构，是其在人间治道中的现实反映。或者反过来说，此崇祀结构为现实治理结构之神化的礼制表达。这是当时对于治道结构的普遍认识，所以王肃说经虽不持感生之说，但也认为"五天帝为五行之神，其祭配以五人帝、五人神"，黄以周断此"与郑同义"之

---

① 《周礼注疏》卷20《春官宗伯第三》，第688页。
② 《礼记正义》卷21《月令第六》，第388页。
③ 孙希旦：《礼记集解》，第404页。
④ 《周礼注疏》卷49《冬官考工记下》，第1665页。
⑤ 孙希旦：《礼记集解》，第404页。

共识为"盖师说相传有自,王肃不敢尽改也",反映的就是治道认知之共识的约束。①

以人帝、人官配五色帝的祭礼,是郊祀、明堂祭礼的交集,源于在古礼经所载的周代礼制中,它们同属以祭天帝为中心的"禘郊祖宗"之祭礼体系。在汉代特别是王莽至东汉明帝之间按照儒家古代礼制确立的国家祭礼中,它们都是天帝之祭礼的组成部分。东汉时,每年正月祠南郊礼毕之后,依次进行北郊、明堂、高庙、世祖庙之祭,合称"五供"。② 汉唐注疏学术传统中据《孝经》追溯的周代天帝(感生帝)祭礼为:"郊祀后稷以配天,配灵威仰也;宗祀文王于明堂以配上帝,谓泛配五帝也。"③ 而在祖宗与天帝之间,皆以先代人帝为中介,仍与"有虞氏禘黄帝而郊喾"的礼意一脉相承,即以权源来路之先代帝王配食祭天。可见感生说与同祖说不过是以黄帝为基准(中心点)的逻辑分岔。

上述以先代人帝作为本朝君主与神之间、祖宗与天帝之间亦即本朝政权与天之间的联结纽带的制度讨论,是在汉代以周礼为理想型进行整体创制的政治语境中形成的,故其不仅有学术意义,更具为汉立法、复古更化的"制作"意义。

二、 五德终始说下天道与人道的张力

"皇帝王伯"的划分,意味着治道与一类固定化、偶像化的人主及其尊号相对应,按价值标准分类分层,尊号不仅见诸学说,偶像亦形诸祀礼。其礼制化在汉代付诸实施,与当时流行的五德终始理论结合,被赋予了德运迁转的内涵。关于"三皇五帝"的说法与祀礼的关系,古史学界聚讼已久,如前揭丁山、徐旭生等所示,很可能先有自氏族社会发展积淀下来的若干位"皇、帝"的祭祀,见诸"禘郊祖宗"之礼制体系,后并入一个历史与礼制系统,并受三统五德等学说影响而整齐化为"三皇(或九皇)五帝",本文不作讨论。

---

① 黄以周:《礼书通故》,第611页。
② 参见金子修一:《古代中国与皇帝祭祀》,第78页。
③ 毛亨传、郑玄笺、孔颖达等正义:《毛诗正义》卷20《商颂》,中华书局2009年,第1350页。

汉代的三统五德思想可以董仲舒的三统、三教、四法、五德之说为代表。"当十二色，历各法而正色，逆数三而复。"当代人主上推二代共为三王，通三统、立三正，"不臣二王之后者，尊先王，通天下之三统也"（《白虎通·王者不臣》）。实即通过三代三种治道通贯损益而生成当代治道。此"三王"不是固定的，而是动态生成的。随着政治鼎革，以当代为基准，不断与之前的"二王"生成三代。随之，三王之前的"五帝"也就不断生成。"绌三之前曰五帝，五帝迭首一色，顺数五而复，礼乐各以其法象其宜。顺数四而相复。""帝号必存五，帝代首天之色，号至五而反。"在德运说的体系中，五帝的概念从历史上固定的五个人帝变成对应五行五德五色轮转的五个，如苏舆所言："此五行更王之义。如黄帝土德，以黄为首色是也。后世因之，有历代所尚之色，大抵取五行生克为义。"三统的循环实亦归属于这个大系统，于是，"同时称帝者五，称王者三，所以昭五端、通三统也"。这个循环演化的系统就生成了治道的周期循环逻辑：文质"再而复"，三正、三统"三而复"，商夏质文四法"四而复"，五行、五德、五帝"五而复"，九皇"九而复"。随着三王、五帝的动态生成，三皇、九皇也不断生成："崩迁则存为三王，绌灭则为五帝，下至附庸，绌为九皇，下极其为民。"这是存祀之制中"远者号尊而地小，近者号卑而地大，亲疏之义也"（《春秋繁露·三代改制质文》）。依此说，则"皇、帝、王"成为历代君主按照三统五德的循环规律而获得的天道中的位置，时移运转，顺次升降。三皇（九皇）、五帝、三王都不再固定化，而是随运迁转的人间王者。

"五德转移，治各有宜。"（《史记·孟子荀卿列传》）三统五德终始这个总的运动循环系统是天人相应的治道，其下从属诸德运之政权的政治风格也是治道。董仲舒强调治道之教与显明受命之制并不相同，但他所论及的"法"与"制"实质上就是治道与政治文化风格的体现，是比不变的纲常之道更加具体实际的治理之道。按照这个循环的学说，是没有理想化的完美治道的，治道在于宇宙循环的整体与当代在这个体系中的位置亦即"时位"或"时序"。"皇、帝、王、伯"的治理史与治道系统是价值阶序的，以"皇"为最高；"民、皇、帝、王"的运转位移之存绌则是动态生成的，随时运为序，自今向上推迁。后者事实上解构了前者。钱穆发现：

> 三王只如近人所谓"近代史"。五帝，略如所谓"中世史"。九皇，则如所谓"上古史"。六十四民，则好如"史前史"。①

这就抽掉了古史中的治道"价值"之义，实质是"今"高于"古"。顾颉刚指出，依此说，皇、帝、王从"一个或数个固定的人物"，变成了"递嬗的阶位"。② 揭出了其解构治道所依附之偶像典型的作用，人物不"固定"，"皇、帝、王"之道的"固定"价值也就崩解了。动态的"运转位移"的人主与依功德而定的圣王是有治道的张力的。蒙文通认为，九皇与三皇两种说法"一以皇帝为推迁，一以为固定，义已不同"。"义"在于是变动的，还是固定的价值。变动的，则以当代为重。③ 这并不意味着从"皇"（甚至"民"）到"王""是一个神圣性逐次增加的过程"，更不是"进化史观"。④ 蒙文通等先生义有未尽，我们还可以接着往下说：依五德三统说，治道由天道具体规定，"三王之道若循环，终而复始"，按照德运所在的指示确定自己的治道，就能"承敝易变，使人不倦，得天统"（《史记·高祖本纪》）。天道是严格按时序运行的，诸德及其相应的治道随之变化，虽然三王各有其功德，但人王的功德是在天道与天统驾驭之下的应时应运之举，如此方能得天命、得大位。如汉世所传邹衍之言："政教文质者，所以云救也，当时则用，过则舍之，有易则易之，故守一而不变者，未睹治之至也。"（《汉书·严安传》）司马迁称《春秋》"补敝起废，王道之大者也"（《史记·太史公自序》），亦是此意。从现实的治道因革来说，夏、商、周代嬗，新的政治体本来具有超越前朝的优点，符合当时的道的要求，但是这个优点不是自足的，要结合前代优点，才能成全自己；随着形势的发展，本朝的优点可能也会落后跟不上形势，那就更要综合前朝、本朝经验教训寻找治理规律。在这个理性逻辑之上的，仍是天道与德运的规律性驱动。五德亦渐推及于所有帝王，如尧为火德、舜为土德之说（《孔子家语·五帝》）。同时，既然天道之下人道循环，治道的价值标准就在天道之下分为五种，与其德运相应为最佳选择，这与"皇、帝、王、伯"的谱系中传达出来的

---

① 钱穆：《孔子与春秋》，《两汉经学今古文平议》，第271页。
② 顾颉刚：《三皇考》，《顾颉刚古史论文集》卷2，第51页。
③ 蒙文通：《古史甄微》，第7页。
④ 王葆玹：《西汉经学源流》，东大图书公司2008年第2版，第392页。

单一的、纵向排序的治道价值标准是不同的。"皇、帝、王"之道的神圣性由此在一定程度上被消解。

五德终始之动态的"皇、帝、王"位次观念，是和秦汉这有史可载的空前规模国家的建立结合在一起的，对当代治功的自信动摇了将神化的"三皇五帝"、圣化的"二帝三王"高悬为治道理想典型的观念。这突出表现在有政治上重开天地之姿态的秦皇汉武的言行之中。如嬴政与丞相等议帝号就体现了"皇、帝、王"的治道等次观念，天皇、地皇、泰皇之中，以泰皇最尊，又说明越晚近的人主越尊。后来对秦始皇的赞颂亦然：

> 古之帝者，地不过千里，诸侯各守其封域，或朝或否，相侵暴乱，残伐不止，犹刻金石，以自为纪。古之五帝、三王，知教不同，法度不明，假威鬼神，以欺远方，实不称名，故不久长。其身未殁，诸侯倍叛，法令不行。今皇帝并一海内，以为郡县，天下和平。昭明宗庙，体道行德，尊号大成。群臣相与诵皇帝功德，刻于金石，以为表经。

李斯的建议是："五帝不相复，三代不相袭，各以治，非其相反，时变异也。"虽可理解为法家政治观的驱动，亦是此种观念的表现，从而在袭水德即认同五行德运的同时，认为五帝三王的治道并非永恒。司马迁云："始皇自以为功过五帝，地广三王，而羞与之侔。"（《史记·秦始皇本纪》）汉武帝追摹黄帝封禅，欲与神会、与神通，既表现了对黄帝这位神化的五帝之始、五帝之中的首帝的景仰，也表明自己可以行黄帝所行之事，降低了黄帝与当代人君之间的悬隔。（《史记·封禅书》）这亦是由功而成道的表现，治功的自信可以动摇治道的遵循、憧憬生成新的治道，这是治道之实践性的说明，也是秦汉时尚未严别王霸而道统不能挺立的时代特征。

仁义王道是与三统五德说的神秘天道同时强化的。天人相应的德运治道被认为是天道，具体化为"五德三统"的理论和与之相应的先代人主崇祀之礼。在五德三统的指引下，这个序列是一个"运转位移"的动态谱系，随着朝代的鼎革，会不断有先代帝王退出崇祀的名单。但如果将治功与治道不彰者斥为不得此"天统"之位，则这份名单就会有所变化，这就涉及了正统的问题。

文质与"三教"之说在循环中体现了帝与王的治道断裂与转型，是在变道中对大道、常道的体现。《吕氏春秋》认为，黄帝至帝舜的德与治道是不变的，自禹之王道开始进入新的德运，表现为新的治道，此后诸王代有变迁：

> 凡帝王者之将兴也，天必先见祥乎下民。黄帝之时，天先见大螾大蝼。黄帝曰："土气胜。"土气胜，故其色尚黄，其事则土。及禹之时，天先见草木秋冬不杀。禹曰："木气胜。"木气胜，故其色尚青，其事则木。及汤之时，天先见金刃生于水。汤曰："金气胜。"金气胜，故其色尚白，其事则金。及文王之时，天先见火赤乌衔丹书集于周社。文王曰："火气胜。"火气胜，故其色尚赤，其事则火。代火者必将水，天且先见水气胜。水气胜，故其色尚黑，其事则水。水气至而不知，数备将徙于土。(《应同》)

五帝皆在黄帝土德的范围之内。董仲舒的"三教"说与此有所不同但大体相通而一致。所谓"三教"，是作为政治风格的治道，即尧舜禹皆为"忠"，殷、周则有改变，殷为"敬"，周为"文"。三教实与文质、四法皆相通，除了尧舜禹之"忠"即沿承外，便是文、质一阴一阳因革损益之道。尧舜禹是继治世，二帝治下天下太平，舜、禹禅让得位，皆"主尧之道"而不变(《春秋繁露·楚庄王》)；商、周是继乱世，革命，变道(《春秋繁露·三代改制质文》)。①

天道的治道是最高规范，但历代毕竟治有高下，仁政也已经基本成为共通的治道价值遵循。如"三教"与帝、王转换传达出来的对五帝之治境界的推崇，在五德之运的循环中也要体现对不仁之治的贬抑。对于天道循环与人道标准的张力，五德终始说进行了弥合。除共工等"闰位"确定之外，特别是黄帝和秦始皇的位置，更见治道关切：

黄帝"始制法度"的特殊地位与三统五德运转位移的循环系统之间不无龃龉。绌夏入五帝之后，五帝是否即以颛顼为首，黄帝是否推至三皇或九皇之列，董仲舒未能明言，两汉学者也讨论不已。"黄帝为五帝之本，不可以配三皇，惟伏羲、神农前乎此，可以为皇耳。"这造成了相当长时间内"三皇终缺

---

① 关于三统、三教、四法、"五帝迭首一色"之相似，亦参见陈苏镇：《〈春秋〉与汉道》，第437页。

其一"而"各家以意取古王者补之"的局面。① 士人倾向于在《春秋》"绌夏改号禹谓之帝"之后，仍以黄帝为五帝之首。从讨论何以"黄帝之先谥，四帝之后谥"（亦即"黄帝"与"帝尧、帝舜"之号中，"帝"的位置前后不同），尤可见对黄帝作为五帝之首而开创帝道的特殊地位的强调："帝号必存五，帝代首天之色，号至五而反。周人之王，轩辕直首天黄号，故曰'黄帝'云。帝号尊而谥卑，故四帝后谥也。"（《春秋繁露·三代改制质文》）《白虎通》说得更为明白："黄帝先黄后帝者何？古者质，生死同称，各持行合而言之。美者在上，黄帝始制法度，得道之中，万世不易，后世虽圣，莫能与同也。后世德与天同，亦得称帝，不能制作，故不得复称黄也。"（《白虎通·谥》）"黄帝"居五帝之中央，为治道"制作"之"始"，是不可替代的。黄帝被认为是五帝与五德中最重要的首出之帝，无黄帝则五帝、五德的宇宙、历史与现实的系统不可思议，但按照五德终始说，五帝必将新陈代谢，只是"不得复称黄帝"。这就使得绌周为帝之后的"五帝"究竟如何组成成为一个难题，并非董仲舒忽略，而是难言。到东汉时仍然莫衷一是，在主张新五帝的学者那里也是如此："五经家皆言颛顼代黄帝，而尧不得为火德。《左氏》以为少昊代黄帝，即图谶所谓帝宣也。如令尧不得为火，即汉不得为赤。"（《后汉书·贾逵传》）这是一套以时王、后王为尊的治道循环演进的思想体系，但并不彻底。尊视黄帝的独特地位的同时，使得帝王德运系统产生了一个内在矛盾。

另一个极端，是如何措置道德不彰的人主。经过秦代二世而亡的教训，王道的政治伦理受到重视。"周王序得其道，千余载不绝；秦本末并失，故不能长。"对秦始皇的批评，固有其不能"论上世之事，并殷周之迹"的通三统思维，但由此而来的对"三王之建天下，名号显美，功业长久"的称赞，更趋向定于王道立场批评秦之霸道："废王道而立私爱，焚文书而酷刑法，先诈力而后仁义，以暴虐为天下始。"② 刘歆将"皇、帝、王、伯"与五德终始结合，认为存在闰位、失序的情况。共工氏"伯九域"，其德为伯："任知刑以强，故伯而不王"，居于闰水之位。帝挚、秦亦然，"凡秦伯五世，四十九岁"。既有政治风格的贬斥，也有治道不与天时对应的判断，共工氏"虽有水德，在火木

---

① 蒙文通：《古史甄微》，第5页。
② 贾谊：《过秦》，《新书校注》，阎振益、钟夏校注，中华书局2000年，第14页。

之间，非其序也"。"秦以水德，在周、汉木火之间。"如颜师古所论："志言秦为闰位，亦犹共工不当五德之序。"（《汉书·律历志下》）这就是"闰水"之义。

这些弥合的处置，都反映了努力将天道与人道结合的意识。圣王治道的崇拜与三统五德往往一并用来论治。陆贾认为"汤、武之君，伊、吕之臣"的治道是"因天时而行罚，顺阴阳而运动，上瞻天文，下察人心"（《新语·慎微》），就是天道与人道结合的论说，且以天道为主宰。天子应"垂三统，列三正，去无道，开有德，不私一姓，明天下乃天下之天下，非一人之天下也"（《汉书·谷永传》）。天道与人道的张力始终存在于这套政治学说和时代的政治思想之中，并影响了礼制的研究与构建。

德运观念风行于世，推动了王莽禅让得位。王莽结合古帝祀礼与德运学说，制作了严整系统的先代帝王祀典。综观王莽的明堂与郊祀之礼，表现为有内在逻辑的一个复合式的祭祀体系：

一是先代帝王存祀。王莽认为有皇帝王伯的治道阶序："夫三皇象春，五帝象夏，三王象秋，五伯象冬。皇王，德运也；伯者，继空续乏以成历数，故其道驳。""帝王之道，相因而通；盛德之祚，百世享祀。"同时又依三统五德之说，以运转位移为法则，正式列出了以新朝为当代基准的皇、帝、王的名单：黄帝、少昊、颛顼（以上为"三皇"）、喾、尧、舜、禹（并商为"五帝"）以及其辅佐者皋陶、伊尹被认为"咸有圣德，假于皇天，功烈巍巍，光施于远"，王莽"甚嘉之，营求其后，将祚厥祀"；周、汉与新则为"三王"（《汉书·王莽传》）。因为信奉"皇帝王伯"的治道标准，便要表彰三皇、五帝、二王，这样也可以将享有治道崇高共识且被其追奉为初祖的黄帝置于至高的位置。但炎帝神农氏以上则不在崇祀之列，"下极为民"了。这是三皇五帝与五德三统诸说结合的先王谱系，兼以初祖黄帝为始，廖宜方只用五德三统解释，认为炎帝因不合五德而被舍弃，似有未安。①

二是明堂祭礼，体现五德三统。王莽自以为虞舜之后，以黄帝为初祖。汉、周之后为"宾"亦即"二王后"，与王莽的新朝构成三王、三统；殷、夏

---

① 廖宜方：《王权的祭典》，第27页。并参见顾颉刚：《三皇考》，《顾颉刚古史论文集》卷2，第70页。

之后为"恪"。共同组成"五德":"四代古宗,宗祀于明堂,以配皇始祖考虞帝。"郊祀则以初祖黄帝配天。(《汉书·王莽传》)这与"周公郊祀后稷以配天,宗祀文王于明堂以配上帝"的"严父配天"之制是一致的。(《汉书·郊祀志下》)

三是郊祀,依《周礼》"兆五帝于四郊"(《周礼·春官宗伯》)。郊祀与明堂的祭祀对象都是天帝,礼意安排也有交集,但仪节不完全相同。沿承古代祭祀传统,郊祀在汉代国家礼制中居于极重要的地位,是天人关系的象征:"帝王之事莫大乎承天之序,承天之序莫重于郊祀,故圣王尽心极虑以建其制。"(《汉书·郊祀志下》)虽然"以五帝配享最高天神是西汉通例",但王莽认为"高皇帝受命,因雍四畤起北畤,而备五帝,未共天地之祀"(《汉书·郊祀志下》)。王莽采信刘歆对周礼的复原,构建了五色帝、五人帝、五人官的郊兆祭祀体系。"以五色帝为中心,配以五人帝、五官。"这也为郑玄所继承。① 王莽确认五人帝为中央黄帝(后土配)、东方大皞(句芒配)、南方炎帝(祝融配)、西方少昊(蓐收配)、北方颛顼(玄冥配),这就将五色帝转为固定化的五人帝,实为三皇、五帝的治道价值的神化、偶像化。五帝祭祀为后代继承。"从战国到西汉再到东汉,源于数术家的五帝神祇进入了国家正统祀典,这是国家祭祀礼吸收数术中于己有用内容的结果。"② 但从先有四色帝四畤,到五人帝对应五色帝而成郊兆之礼,毋宁说同时是人帝神化的崇祀之礼发展的结果,四色、五行与之结合而获得了新的意涵。这套礼制已于元始年间付诸实践。同时,按照"周公郊祀后稷以配天"之制,也"规定了配祀在郊祀中的意义",天帝南面,配祀的祖先皇帝西向,这样的礼仪安排确定了"皇帝对于天地极强的从属性"。③ 而此天道可以训人道,如缪袭所议:"汉用古礼,为天称臣,所以训人事君也。"(《大唐郊祀录》卷4《祀礼一》)五人帝佐天,五人官佐五人帝,本朝皇帝通过五帝臣属于天,在祭天之礼中复刻的人间君臣结构训诫臣子遵守君君臣臣之秩序。如《后汉书·礼仪志》开宗明义所言,礼仪就是用来"与君臣,序六亲"的,以避免"君亡君之威,臣亡臣之仪,上替

---

① 田天:《秦汉国家祭祀史稿》,第247页。
② 杨英:《秦汉章(上)》,吴丽娱主编《礼与中国古代社会·秦汉魏晋南北朝卷》,中国社会科学出版社2016年,第21、67页。
③ 金子修一:《中国古代皇帝祭祀研究》,西北大学出版社2018年,第104页。

下陵"的"大乱"局面。① 综合"天帝—五色帝—五人帝、五人官—本朝祖先皇帝"的等级组合来看,这是一套综合了禘郊祖宗之礼的,皇帝从属于天、臣子从属于皇帝的象征之礼。

综上可见,王莽的先代帝王崇祀体系是天道与人道交织的礼制安排,天道表现为阴阳五行与五德终始,但并不排斥天帝与鬼神。② 中央化的祭祀成为王权主持祭礼的新形式(也可以理解为回复到西周的礼制,但西周礼制并非确凿可言),在首都按照儒家经典所载礼制举行祭祀,而非远赴若干神圣区域,"如果天地接受了统治者,都城就会变成阴阳得以恰当感应的地点",妹尾达彦称之为"王莽构建的王权理论之划时代性",其祭礼体系"使以禅让方式继承王位戏剧性地可视化",这为后代所沿用以维护各王朝的正统性。③

五德三统是道,与"二王后"制度一起,包括当代帝王在内的代表五德的五位帝王组成了一个合乎道的象征,这是当时对帝王之道的理解,是颇有神秘主义意味的天人之际的统系。

如前所述的理论张力,天道与人道的龃龉也见于这套祭礼之中。如固定的神化的"五人帝"与不断生成的人间先代"五帝"是何关系。两者曾经是重合的,"五人帝"正是人间五帝因为功德而神化的。但运转位移之后,两者势必不再对应,然而同时,他们又是德运感生的关系。王莽的礼制成就与其矛盾都对东汉影响深远。天道与人道在先代帝王礼制上的交锋,是两汉礼经学的一大问题,郑玄与王肃礼制经说辨难中的政治意涵于此彰显。

对于天人相应发展到神秘主义的极致而结合的感生说,郑玄赞同,王肃反对:

---

① 并参见金子修一:《古代中国与皇帝祭祀》,第 80 页。
② 普鸣认为董仲舒论述的天道,其力量来自阴阳,而非神,天人感应的模型否认神的效力。(《成神:早期中国的宇宙论、祭祀与自我神化》,生活·读书·新知三联书店 2020 年,第 399 页。)董仲舒的天道论说确实没有以天帝神鬼为主要内容,但从天帝、五色帝、先代帝王有关祭礼中来看,德运终始与阴阳的观念是与神鬼(已逝的人帝、人官皆为"人鬼")结合在一起的,汉武帝与王莽的祭礼改革中都保留了五色帝之祭,人要借助五色帝以及五人帝、五人官之祭才能介入自然以"实现它潜在的秩序"(《成神》,第 409 页),尽管王莽将五人帝、五人官加入这套祭礼表征了人的因素的提高。这也是思想文本与制度实践结合方能把握时代思想观念之一例。
③ 普鸣:《成神》,第 427 页;妹尾达彦:《隋唐长安与东亚比较都城史》,西北大学出版社 2019 年,第 77 页。

> 肃难郑云:"案《易》'帝出乎震',震,东方生万物之初,故王者制之,初以木德王天下,非谓木精之所生。五帝皆黄帝之子孙,各改号代变,而以五行为次焉,何大微之精所生乎?又郊祭,郑玄云,'祭感生之帝',唯祭一帝耳,《郊特牲》何得云'郊之祭,大报天而主日'?又天唯一而已,何得有六?又《家语》云'季康子问五帝,孔子曰:"天有五行,木、火、金、水及土。四分时化育,以成万物,其神谓之五帝。"'是五帝之佐(天)也,犹三公辅王,三公可得称王辅,不得称天王。五帝可得称天佐,不得称上天。而郑玄以五帝为灵威仰之属,非也。"①

他们都持五德终始说。但王肃认为,五人帝乃黄帝之苗裔,而非感生的结果。他们死而为神,也只是"天佐"而非"上天""天帝",即与天保有距离。马融等亦认为"五帝非天","谓大暤、炎帝、黄帝五人帝之属"。② 作为推论依据的"三公辅王"尤可见人间的政治结构作为推论的依据。《孔子家语》认为五人官也是死而为神:"各以其所能业为官职,生为上公,死为贵神,别称五祀,不得同帝。"(《孔子家语·五帝》)西汉经学的发展呈现出今文经学派讲圣王天子"无父""感天而生"、古文经学派讲圣王天子"有父"且"同祖"(有以伏羲、黄帝为始祖两种说法)的区别。③ 这个争论贯穿两汉,说明天道与人道的纠葛不解贯穿始终。孔颖达对"五人帝"功德之义的重申,则可见治道报功始终是其中重要的礼义:

> 今具载郑义,兼以王氏难。郑氏谓天有六天,天为至极之尊,其体只应是一,而郑氏以为六者,指其尊极清虚之体,其实是一,论其五时生育之功,其别有五,以五配一,故为六天。据其在上之体谓之天,天为体称,故《说文》云:"天,颠也。"因其生育之功谓之帝,帝为德称也,故《毛诗传》云:"审谛如帝。"④

---

① 《礼记正义》卷55《祭法第二十三》,第1127页。
② 《礼记正义》卷34《郊特牲第十一》,第665页。
③ 王葆玹:《西汉经学源流》,第378页。
④ 《礼记正义》卷34《郊特牲第十一》,第664页。

人帝应五行之德运，但仅限于人间治道。对于"何谓五帝"的发问，《孔子家语》借发挥老聃之语解释道：

> 昔丘也闻诸老聃曰："天有五行，水火金木土，分时化育，以成万物。其神谓之五帝。"古之王者，易代而改号，取法五行，五行更王，终始相生，亦象其义。故其为明王者，而死配五行。

王肃注此语而驳郑玄感生之说："五帝，五行之神，佐生物者。而谶纬皆为之名字，亦为妖怪妄言。""法五行更王，终始相生。始以木德王天下，其次以生之行转相承。而诸说乃谓五精之帝下生王者，其为帝或无可言也。"

王莽将上古帝王与五色帝对应。体现了对五帝之德的重视。由人间治道引出的是五帝的划定并非"运转位移"，而是有定数，限于上古圣王。《孔子家语》也借孔子之口表达了"德不可以多""德不及上古"的治道价值判定：

> 康子曰："陶唐、有虞、夏后、殷、周独不得配五帝，意者德不及上古耶，将有限乎？"
>
> 孔子曰："古之平治水土，及播殖百谷者众矣，唯勾龙氏兼食于社，而弃为稷神，易代奉之，无敢益者，明不可与等。故自太皞以降，逮于颛顼，其应五行而王，数非徒五，而配五帝，是其德不可以多也。"（《五帝》）

以"德"对"数"，这是以三皇五帝功德的人道化的天道，对抗德运循环往复的神秘的天道。这与郑玄"德合北辰者皆称皇，感五帝座星者皆称帝，故三皇三而五帝六"的德运感生的偶像是不同的生成逻辑。[①]

在崇祀先代帝王问题上，人道与天道的关键矛盾，是先王成为理想化治道不变的偶像，与五色帝乃至星辰、五行对应，还是一以天道世运为断，依次而"绌"，不断生成，也就势必降低先代帝王治道的偶像化魅力，而徒为天道尊严无情之标识。"运转位移"也对应着权源来自直接递嬗的王朝的观念。从王权

[①]《毛诗正义·诗谱序》，第554页。

的实际考量看,以当代王权为基准,将前代的规格定为最"亲"最高,对于笼络人心有实际的作用。这是政治与礼制的统一,三统五德的思想实际上是支持这个礼制安排的。但立足人间经验的治道理想型,则具有高悬治道标准、规训帝王之道政治伦理的重大意义,同样不可或缺。人间治道总体上呈现出年代愈近则价值评价愈低的特点,虽然五德终始统领治道循环,但仍未能压抑将上古治道固定化、理想化的趋势。政治与礼制又和这样的人间治道学说存有张力甚至矛盾。

渡边信一郎认为两汉构建了以"生民论"和"承天论"为统一性秩序原理、世界观,以郊祀祭天礼仪为核心的礼乐制度和官制等组成的"古典国制"体系。[①] 但从以上引述的学说和礼制来看,用内涵更为丰富、关系更加复杂的人道(人间治道)与天道来指称似更为合适,二者也不是并举对等的关系,天道居于驾驭地位。两汉治道的超越和形而上化境界有限,自身的独立性和主体性被天道束缚。与天道德运观念同时存在的,是注疏之学和复古更化表征的对先王之言、先王之制及其"致太平之迹""殷周之迹"的拘泥。当古代国家趋于成熟,治理进入制度化阶段时,首先表现出来的是以因循无为、拘泥古制为主要倾向的对制度之治的僵化理解。这些制度是以注疏先王之言而复原古制为理想的,元始仪的作者王莽正是其极端。

三、"皇、帝之道"与帝王庙的出现

北魏太和十六年二月诏书:"夫崇圣祀德,远代之通典;秩□□□,中古之近规。故三五至仁,唯德配享;夏殷私己,稍用其姓。"将"禘郊祖宗"祭祀体系之礼义再为申明。强调《礼记》之祭法:"且法施于民,祀有明典,立功垂惠,祭有恒式。斯乃异代同途,奕世共轨。今远遵明令,宪章旧则,比于祀令,已为决之。"在封地存祀的遗规基础上,确定尧、舜、禹、周公四位圣王的祀典:"帝尧树则天之功,兴巍巍之治,可祀于平阳。虞舜播太平之风,致无为之化,可祀于广宁。夏禹御洪水之灾,建天下之利,可祀于安邑。周文公制礼作乐,垂范万叶,可祀于洛阳。"祭礼由皇帝主祭,由地方"当界牧守,

---

① 渡边信一郎:《中国古代的王权与天下秩序(增订本)》,第106、122页。

各随所近"摄行之。"这可能是《祭法》的原则第一次被明文纳入国家法典之中"①,是先代帝王祭祀礼仪制度化的重要文献,而周公已列其一,特有的功绩正是"制礼作乐"。值得注意的是孔子之祀,列于周公之后,成"凡在祀令者,其数有五"(《魏书·礼志一》)之规模。

魏孝文帝太和"始诏"将时王祭前代帝王从"皆因所至而祀"发展到"常典",隋继续推进,"始定为常祀,祀用太牢,而唐因之"。② 隋代进一步确定了自尧至汉高祖的祭祀与配享制度,明君贤相的结构被礼仪化:

> 祀先代王公:帝尧于平阳,以契配;帝舜于河东,咎繇配;夏禹于安邑,伯益配;殷汤于汾阴,伊尹配;文王、武王于沣渭之郊,周公、召公配;汉高帝于长陵,萧何配。各以一太牢而无乐。配者飨于庙庭。(《隋书·礼仪志二》)

唐代的先代帝王祭祀,延续了汉代以降已经完全神化了的五帝祭礼,于四郊、明堂"祀五帝,配以祖宗,及五帝、五官、五神等"。③ 并祭先代帝王于其肇迹之处。显庆二年,长孙无忌等议历代帝王祀礼,认为按照《礼记·祭法》,"唯此帝王,合与日月同例,常加祭享,义在报功,爰及隋世,并遵斯典"。因是庄重厘定祀典,讨论在圣王之外,与于祭祀之列的先代帝王之取舍。"其汉高祖,祭法无文。但以前世及今,多行秦汉故事。始皇无道,所以弃之;汉高典章,法垂于后。自隋以上,亦在祀例",而"大唐稽古垂化,网罗前典,唯此一礼,咸秩未申,今新礼及今,无祭先代帝王之文",请"聿遵故实,修复礼文",在隋礼基础上将周文王、武王各自独立:"祭周文王于酆(以太公配);祭武王于镐(以周公、召公配)。"在这个制度框架内,将周公撤出释奠崇祀对象,"圣王""圣师"两系统由此在祀礼上分立。④ 这也在《大唐开元

---

① 雷闻:《郊庙之外》,第74页。
② 丘濬语,见秦蕙田:《五礼通考》卷116《祭先代帝王》,方向东、王锷点校,中华书局2020年,第5384页。
③ 《唐会要》卷10上《亲迎气》,第204页;《唐会要》卷12《飨明堂议》,第285页。
④ 《唐会要》卷22《前代帝王》,第429页;长孙无忌(许敬宗同议):《先代帝王及先圣先师议》,董皓等编《全唐文》卷136,上海古籍出版社1990年,第606页。

礼》中延续。

对前代人主的评价和统系，唐朝比汉朝面临更多困扰，基本格局是："三皇五帝"趋于固定；对"三王"的选择更多，周、汉明显居于主流地位，对魏晋以降不成一统的前代政权的负面评价更多，虽然意识形态主流以北朝为正统，但南朝正统论、径承汉统诸支流亦与之竞争。①

延续魏晋南北朝"五帝继三皇，三皇世所归""圣主受天命，应期则虞唐"②的基调，唐代君臣继续判别"皇王帝霸"而形成最为崇高的皇道、帝道与等而下之的王道，以及受到贬抑的霸道，治道内涵由此深化。唐初君臣议论治道，皆以三皇五帝为高，尤以"二帝三王"为有迹可考的效法对象，三代"后王"制度之治的实效受到重视。唐高宗问政道："何者为王道、霸道？又孰为先后？"令狐德棻对："王道任德，霸道任刑。自三王已上，皆行王道；唯秦任霸术，汉则杂而行之；魏、晋已下，王、霸俱失。如欲用之，王道为最，而行之为难。"君臣议论而归于"政道莫尚于无为"，以之为"古者为政""合于古道"之"要"（《旧唐书·令狐德棻传》）。可见对"王道"的认知受到道家的影响，亦有实行的考量。唐人亦对汉代治道总体上认可："在唐宋时代，隐约存在着推崇三代与肯定汉唐的两种思想倾向；肯定汉唐的思考路线，在唐代，表现为肯定汉朝治道。"③汉代兼有"故事""垂法"之实效与"道"："前世及今，多行秦汉故事。始皇无道，所以弃之；汉高典章，法垂于后。"④在思想上，延续周、汉对"皇、帝、王"治道的阶序划分，将其与汉道组合在一起，作为崇拜对象："道莫尊于三皇，皇合符于奕叶；德莫高于五帝，帝展事于云亭；礼莫盛于三王，报功于岱畎；政莫隆于两汉，纪号于仙间。"⑤将"礼、政"区分为三王与两汉之别，同大于异，而斥去霸道，是王道价值愈加清晰的表现。这样的治道观逐渐驾于德运论之上，以之取舍剪裁王统之正：

---

① 刘浦江：《南北朝的历史遗产与隋唐时代的正统论》，《正统与华夷：中国传统政治文化研究》，中华书局2017年，第2页。
② 无名氏：《齐鼙舞曲三首》之《明君辞》《圣主曲辞》，《先秦汉魏晋南北朝诗》，逯钦立辑校，中华书局2017年，第1509页。
③ 廖宜方：《唐代的历史记忆》，台大出版中心2011年，第260页。汪文学："唐承汉统"说的理论意义和实践意义》，《西南民族大学学报》2004年第2期。
④《唐会要》卷22《前代帝王》，第429页。
⑤ 崔融：《为朝集使于思言等请封中岳表》，《全唐文》卷217，第968页。

"自黄帝至汉,并是五运真主。……魏、晋至于周、隋,咸非正统,五行之沴气也,故不可承之。"(《旧唐书·王勃传》)载初改元论说正统,指"自魏至隋,年将四百"但皆不能行王道,不得入三统之列:

> 称皇僭帝,数十余家,莫不废王道而立私权,先诈力而后仁义,勋未逾于列国,德不惭于霸图。虽复时合诸侯,一匡区域;晋武践阼,茂烈多惭于水官;隋帝乘时,雄图不逮于秦氏。惟彼二君闰位,况区区者,岂宜当三统之数者乎?

表示要"逖听皇纲,幽求帝典,定王伯之真伪,洗生人之耳目。庶叶三推之美,光宣五帝之次","以周、汉之后为二王,仍封舜、禹、成汤之裔为三恪"。①

进入开天盛世之后,汉道也相形见绌,只有三代以前的圣王可以作为治道的典范。在开元十二年闰十二月裴漼等请封东岳的奏疏中,以"三五"为"自古受天命、居大宝者"的起点,历数"尧舜禹汤之茂躅,轩后周文之懿范",作为其对照的则是"自魏晋已降,迄至周隋,帝典阙而大道隐,王纲弛而旧章缺","物极而复,天祚我唐",于是"绍殷周之统,接虞夏之风"。从中即可见其直追三王的治道崇拜与正统源流的认同。② 在这"启新命""再受命,致太平"的特别重大之时刻,张说受诏撰写《封禅坛诵》,也认为"君莫道于陶唐舜禹,臣莫德于皋陶稷卨",并再表钦羡比拟于羲轩氏之造皇图、唐虞氏之张帝道、三代之设王制。③

"制礼作乐,事归元首,江南王俭,偏隅一臣,私撰仪注,多违古法。"(《隋书·礼仪志三》)隋唐英武君主皆以"制礼作乐"为君王之权而且自期有所作为。④ 唐玄宗不以本朝的贞观礼、显庆礼等为足,乃制作《唐六典》与《大唐开元礼》,这是继王莽制礼之后最系统、最大规模的一次制度更作。揆诸

---

① 《改元载初赦》,宋敏求编:《唐大诏令集》卷4,中华书局2008年,第20页。
② 《唐会要》卷8《郊议》,第105页。
③ 《唐会要》卷8《郊议》,第119页。
④ 关于隋唐君主制礼,亦参见高明士:《中国中古礼律综论——法文化的定型》,商务印书馆2017年,第223页。

前文所述圣王制作之权的治道观念，此实乃今王以制作礼典成就圣王功德事业的实践，"用当代礼取代古礼"①，目标是"亘百代以旁通，立一王之定制"，已高过隋人"据前经，革兹俗弊"（《隋书·礼仪志三》）的追求。《唐六典》对标《周礼》的"论才审官之法"②："以令式象《周礼》六官为制。"（《新唐书·艺文志二》）如陈寅恪所言："唐玄宗欲依周礼太宰六典之文，成唐六官之典，以文饰太平。"③《大唐开元礼》对标《礼记》的"道德齐礼之方"。④ 唐人许其"立一王之定制"，宋人认为"成一王书，可为后世标准"⑤，公认这两部礼典系治定功成后对唐太宗时"圣人有作""超百王而独得"（《旧唐书·礼仪志七》）之姿态的实践，表明了唐玄宗要成为制礼作乐的新圣王的雄心。元和六年，御史中丞窦易直奏："其源太宗创之，高宗述之，玄宗纂之曰《开元礼》。后圣于是乎取则。"⑥《开元礼》的文本形成过程不啻为唐代君王制作从创始到集大成的缩影。

正是在这样上继圣王、下开新礼的蓝图上，《大唐开元礼》构建了严整的三王、五帝祭祀："仲春之月，享先代帝王帝喾氏、帝尧氏（稷、契配）、帝舜氏（皋陶配）、夏禹（伯益配）、殷汤（伊尹配）、周文王（太公配）、周武王（周公、召公配）、汉高祖（萧何配）。"标示着于唐而言，与汉、周为三代，自

---

① 吴丽娱：《营造盛世：〈大唐开元礼〉的撰作缘起》，《中国史研究》2005 年第 3 期。
② 吕温：《代郑相公请删定施行〈六典〉〈开元礼〉状》，《全唐文》卷 627，第 2802 页。
③ 陈寅恪：《隋唐制度渊源略论稿》，生活·读书·新知三联书店 2001 年，第 109 页。吴丽娱对唐玄宗制礼作乐的圣王意识有进一步的体察和强调："《开元礼》不过是唐玄宗努力营造大唐盛世，以新代旧，以'今'化古的产物。""表现了唐国家礼仪完全不同于上古礼的时代特色。""作为同一时代的产物，《开元礼》和《唐六典》出发点同样，都是唐玄宗意欲与开元经济建设、物质成就相匹配的精神产品。它们的撰作是处在唐朝经济趋向富足，国家局势安定和唐朝礼制日趋成熟的所谓'开元盛世'。由于三《礼》是代表着上古名王治政的完美制度和理想境界，《周礼》和《礼记》尤其是两汉以后历代统治者治国教民的不二纲绳，所以《开元礼》和《唐六典》也代表着唐玄宗意欲攀比古帝王，建立盛世礼典的最高追求。"（《营造盛世：〈大唐开元礼〉的撰作缘起》）吴文亦论述了礼制改撰背后的思想学术渊源问题，值得注意。唐玄宗制作礼典的原因和背景是多方面的，但从制作乃王朝太平治定与圣王功德之标志的治道观念角度来看，尤其能够明白其政治实践的意涵。陈寅恪所论之"以文饰太平。帝王一时兴道之举"，吴丽娱上述论说，皆未能充分重视唐玄宗制礼定制的治道观念背景。
④ 吕温：《代郑相公请删定施行〈六典〉〈开元礼〉状》，《全唐文》卷 627，第 2802 页。
⑤ 詹楲：《唐六典题志》，《唐六典》，陈仲夫点校，中华书局 2014 年，第 757 页。
⑥ 《唐会要》卷 57《〈尚书〉左右仆射》，第 992 页。

汤上溯至喾为五帝。① 唐代最重要的先王崇祀创制是在中央构建了"三皇五帝以前帝王、三皇五帝、周文王、周武王、汉高祖"之更具有治道色彩的庙祀格局。天宝三年,在长安"置周文王庙,以同德十人,四时配享"。天宝六年,置三皇五帝庙,祀三皇"伏羲(勾芒配)、神农(祝融配)、轩辕(风后、力牧配)",五帝"少昊(蓐收配)、颛顼(玄冥配)、高辛(即帝喾,稷、契配)、唐尧(羲仲、和叔配)、虞舜(夔龙配)",以钦崇其"创物垂范,永言龟镜",这与自汤上溯之德运的五帝并不相同。天宝七年,置三皇以前帝王庙,祀"天皇氏、地皇氏、人皇氏、有巢氏、燧人氏",以表达"上古之君,存诸氏号,虽事先书契,而道著皇王,缅怀厥功"。② 天宝九年,"处士崔昌上《大唐五行应运历》,以王者五十代而一千年,请国家承周、汉,以周、隋为闰。十一月,敕:'唐承汉后,其周武王、汉高祖同置一庙并官吏。'"(《旧唐书·礼仪志四》)这是唐与汉、周为"三代"的治道认同的庙祀制度表现。此套在中央崇祀上古皇、帝的礼制,改变了汉代先王祭祀中年代愈远则祀礼层级愈低的格局。和他们相比,于各地方致祭的"自古受命之主,创业之君"则"虽道谢于往古,乃功施于生人",高下立判。③ 雷闻认为:

> 这些新置祠庙的庙令官员为从六品下,不仅远远高于五岳四渎庙令的正九品上,甚至比负责郊祀、明堂的两京郊社署令和管理后土祭祀的汾祠署令(均为从七品下)也要高出不少,从品级的差别我们可以清楚看到唐玄宗对这些新置祠庙的重视。实际上,这些祠庙供奉的对象大多正是《开元礼》中原本规定享祭于地方的那些先代帝王。我们认为,京城置庙的方式与汉成帝以来郊庙礼制改革的方向——中央化和儒家化是一致的,而这又开明代在京师总置历代帝王庙之先声。④

---

① 《大唐开元礼》卷1《神位》,台湾商务印书馆2008年景印文渊阁四库全书(第646册),第44页。后亦推广至更多的"受命之主,创业之君",见《册府元龟》卷86《帝王部·敕宥第五》,凤凰出版社2006年,第952页。
② 《唐会要》卷22《前代帝王》,第430页。
③ 《册府元龟》卷86《帝王部·敕宥第五》,第952页。
④ 雷闻:《郊庙之外》,第83页。

笔者认同"中央化和儒家化"的总结，但如果注意到此礼相对于汉代祀礼更加突出治道、淡化德运，强化了对象征治道源头与理想型的圣王的认同——这是国家与儒家学者的共识，鉴于三统五德说亦属儒家，或许从人间治道相对于天道统驭的价值超越着眼更为准确。这套礼制中，"三皇五帝"及其"以前帝王"更加确定，落实到具体人物，同时以周、汉与本朝为"三王"，治道与德运两个学说系统糅合，夏、商二代在其中失去了位置。皇帝在祭祀中对先代帝王称"子"，这是"禘郊祖宗"之礼中族属之祖、权源之祖、治道之祖等多条脉络交织，而以拟血缘关系呈现，以及先王配享上帝、明堂严父配天之制的延续。①廖宜方概括的当代创制的"政治祖先"逻辑"历代帝王当然不是他血缘上的祖先，不过李隆基大概认为过去的帝王堪称他的'政治祖先'，统治权力的传承如同祖先与子孙的联结，所以他称'子'以示继承"②，则是稍为粗阔的解释。

从司礼博士认为"郑所谓告其帝者，即太昊等五人；告其神者，即重黎等五行官。虽并功施于民，列在祀典，无天子每月告朔之事"③来看，五人帝虽因配食天帝而神化，但仍是因"功施于民，列在祀典"而得祀的人帝。在人文化的发展趋势下，礼制中更加明确五人帝作为"人帝"的身份。贞元元年，归崇敬辩人君祭五人帝不应再自称"臣"："太昊五帝，人帝也，于国家即为前后之礼，无君臣之义。若于人帝而称臣，则于天帝复何称也？"颇可见此祀礼中五帝虽已神化，在古人心目中犹为"人帝"："议者或云，五人帝列于月令，分配五时，则五礼、五音、五祀、五虫、五臭、五谷皆备，以备其时之色数，非必别有尊崇也。"④唐德宗下诏调整五人帝祭礼。诏书从名实相副论礼之义，强调尊卑应合伦常："郊祀之义，本于至诚。制礼定名，合从事实，使名实相副，则尊卑有伦。"五人帝是有"道"的人间圣王而配天，当代帝王应与之同位相待："五方配帝，上古哲王，道济烝人，礼著明祀。论善计功，则朕德不类；统天御极，则朕位攸同。"衡诸此"大义"，在祀礼中不再对之称臣："于祝文称臣以祭，既无益于诚敬，徒有黩于等威。""自今以后，祀五方配帝祝

---

① 《大唐开元礼》卷50《有司享先代帝王》，第366页。
② 廖宜方：《王权的祭典》，第219页。
③ 《唐会要》卷12《飨明堂议》，第286页。
④ 《唐会要》卷10上《亲迎气》，第211页。

文,并不须称臣。"①

受"魏晋禅代"而崇礼前朝的影响,"二王三恪"也在唐代礼制中据有重要地位,成为先代帝王的一种政治存在。经过正统取舍,政权所自的前代王朝并不与"三王"直接对应,不能列入三王之国家祀典,但通过"二王后"与"三恪"制度而保有存祀之地位。唐玄宗加封北魏元氏与二王后合成为"三恪"的规模,托古制交代了相对于汉制的调整:"自古帝王,建邦受命,必敬先代。周备礼文,既存三恪之位;汉从损益,惟立二王之后。自兹以降,且复因循,将广继绝之恩,式宏复古之道。"②在明堂等典礼中,"二王后"地位崇高,等于公卿,高于其他文武官员。但对于孰为"二王后",存有不同意见。周、汉虽因治道崇拜而列为二代,但面临着"周汉寝远,不当为二王后"的质疑,时隔久远,不利于因应形势而损益治道。最有持续性的是隋、北周后裔作为"二王后",而又在治道上少可表彰之处,只具有追崇先代、笼络前朝人心的功利价值。③

从汉代的人帝配天,到唐代专为历代人帝立庙祭祀之形制出现,标示着人间治道主体地位的抬升。但礼制系统随之紊乱:

其一,三皇五帝的人间治道价值标准与其偶像基本确定,但帝王统系在五德终始、人文治道、政治认受等不同标准体系中各自生成而不一致。神化的配天之五帝,基于五德学说而祀于肇迹之处的五帝(虽运转位移,也只截至如汤这样的古代圣王,而未及于中古),基于"帝、王之道"而于首都崇祀的五帝,三套"五帝"系统分别存在,反映了不同的治道的套叠,实有龃龉。"二王后"制度标识之"三王"仍是动态的,但与各个标准下的"五帝"之间都存在较长时间断裂,导致政治统系的断裂;当代的"三王"与载于史册相对固定的夏商周"三王"各自表达;更重要的是,北周、隋与本朝组成的"三王",和基于治道与正统判定选择产生的周、汉与本朝为三代,也相矛盾。

---

① 《通典》卷43《礼三·郊天下》,第1199页。
② 《唐会要》卷24《二王三恪》,第462页。
③ 《通典》卷74《礼三十四·三恪二王后》,第2025页。参见谢元鲁:《隋唐五代的特殊贵族——二王三恪》,《中国史研究》1994年第2期。

其二，当代的治道方位并未明确。治道之价值属性与德运之周行矛盾，德运循环要求相当程度的连续性，而"无踵伪乱，必绍周、汉"的治道统系认同，则导致大幅断裂，只能用"千载一时"（《中说·关朗篇》）作为合理的时间周期，自汉至唐"五行已遍，土运复归，唐德承之，宜矣"。虽然远则"天地之常期，符历之数"（《旧唐书·王勃传》），近则"考次推时，颇亦难继"，但"越近承远，情所未安"（《魏书·礼志一》）的政治传承观念难以顺利转变，直接承汉仍被唐人视为"迂阔"①。对唐代德运与"二王三恪"制度调适的研究，或从政治集团势力消长的视角观察唐室对自身正统来源的选择②，或剖析背后特定的政治意图③，或从慕学汉人风范这一历史文化心态来认识④，若从正统在王道、德运及其礼制运行的异同缠绕中观其张力与往复，亦可别有体会。

虽然五德终始说以位序连续为特征，但现实礼制与政治史书写中呈现出不同程度的断裂，这种断裂很难说是自觉的，而是五德终始与政治史实际展开的矛盾和罅隙。五德终始说既左右着政治表达和礼制构建，又遇到了难以兼容和化解的不合之处，这个问题在秦汉鼎革时即已突显，将秦斥入闰位，汉上承周之治道与德运，仍能保持五德运行的完整性。而魏晋南北朝长期的分裂，多个政权的并置与相继，放大了问题的严重性。这使得德运说的正统意义远逊于两汉。

这些祭礼系统从不同的传统脉络中发展过来，其间的断裂和矛盾没有得到解释、梳理和清理，背后是"礼之义"亦即治道价值标准和观念系统的混杂。矛盾的实质，是在何种意义上承认前朝、承认哪些前朝，与政治谱系的断裂抑或连续紧密相关。更深层次的，是对治道的理解，决定了权源的明确与正统谱系的构建。

---

① 《封氏闻见记校注》卷4"运次"条，转引自刘浦江：《南北朝的历史遗产与隋唐时代的正统论》，《正统与华夷》，第23页。
② 如吕博：《唐代德运之争与正统问题——以"二王三恪"为线索》，《中国史研究》2012年第4期。
③ 如孙正军：《二王三恪所见周唐革命》，《中国史研究》2012年第4期。
④ 如汪文学：《"唐承汉统"说的理论意义和实践意义》，《西南民族大学学报》2004年第2期。

第二节　孔子释奠礼的成立

汉唐时期，对孔子之"位"的反复辨析与措置，说明了对君师合一之圣王的尊崇，也表明了师儒圣人渐立体系，这可从孔庙与学校释奠礼制的发展来观察。因为周公是最后一个有德有位的圣人，特别是制作《周礼》完备王道制度体系，"致太平之迹"遗存为儒家重要经典，"集大德大功大治于一身"，所以对孔子的地位评价与礼制措置，主要围绕其与周公在学校祭祀礼仪中的位次进退而展开。在今人系道统于儒家、于孔子的历史"倒叙"中，相关研究采取了将"道"之轻重系于祀孔的进路，放大了孔子压抑周公的单线的祀典发展史。若要平心观察圣人与治道之关系，应将对圣人之于道的传承地位的思想评价与礼制特别是学校这一场域的礼制框架合而观之。

学校特别是中央的太学制度，源自明堂。关于在学校中祭祀圣贤与师者的释奠仪式，只有上溯明堂制度，体察其随治道规模的变迁而嬗蜕的特质，方可明其源流，辨其所以然。"明堂"固为一经学问题而多有建构的成分，但杨宽等前辈学者以及社会学、人类学、考古学的研究也提示今人，若持社会政治发展的视角，早期文明社会中当有类似明堂的空间，王朝国家时期的讨论并非捉影虚构，相关讨论或不妨以"明堂"为名。

"明堂者，明政教之堂。"① 明堂研究中，较少争议的是"明堂兼具政教功能"这一属性。② 明堂是"古之道术"的制度遗存，是治道运行的中枢空间。在治理尚未实现功能分化的早期国家，明堂是天子居所，也成为统合政教之所，在空间上聚合呈现当时整全的治道。如阮元所论："祀上帝则于是，祭先祖则于是，朝诸侯则于是，养老尊贤教国子则于是，飨射献俘馘则于是，治天文告朔则于是，抑且天子寝食恒于是，此古之明堂也。"其理想型是黄帝明堂之"合宫"定位。而以"明堂"总其名，是因为"明"的正当性与神圣性意义："《易》曰：'离也者明也，南方之卦也。圣人南面而听天下，乡明而治。'人君之位，莫正于此焉。故虽有五名，而主以明堂也。""政教之所由生，变化

---

① 《周礼注疏》卷49《冬官考工记下》，第1667页。
② 杨儒宾：《道家与古之道术》，第121页。

之所由来，明一统也，故言明堂，事之大，义之深也。"①《大戴礼记》也论述了明堂的神圣性，是天道降临人间的象征："明堂，天法也；礼度，德法也。所以御民之嗜欲好恶，以慎天法，以成德法也。"（《大戴礼记·盛德》）

对于明堂制度的"上古、中古之分"②亦即路寝、圜丘、宗庙、朝廷等何时自明堂分出，本文不作考证分疏，从《诗》《礼记》等经典的记载来看，在周代，明堂仍然延续着作为治道综合空间的特征。蒙文通注意到："儒家之义，莫重于明堂。""儒家理想之政治，以明堂为最备。""凡儒者言禅让、言封建、言议政、言选举学校，莫不归本于明堂。"并论明堂祭祀与大学教育空间之一体："明堂、社、辟雍、大学，一也。大学在郊，明堂处也，兆五帝于四郊也。"③三代既政教合一而以治道为教学之内容，其学习场所便非专门空间，而是与明堂这样综合的、神圣的治道空间一体。明堂研究中对祀五帝、严父配天的相关讨论较多，此礼背后，实为对五天帝、五人帝所象征的源自天道的治道传统的信仰与传承，如蔡邕、阮元所见，这是一个治道的空间载体。郑玄亦由此释之："成我所用明子之法度者，乃尽明堂之德。明堂者，祀五帝太皞之属，为用其法度也。周公制礼六典，就其法度而损益用之。"可与前揭《盛德》篇之"天法-德法"说互证。④此崇拜天帝人帝、庋藏治法册典之所，自然是培养卿大夫的理想场所。明堂与辟雍、大学的紧密关系如蔡邕所论："异名而同事，其实一也。""事通文合。"⑤项安世以辟雍为本位强调其空间具有明堂的功能，亦可见此意："（周）天子之学谓之辟雍，班朝、布令、享帝、右祖则以为明堂，同律、候气、治历、考详则以为灵台。"⑥马端临赞同蔡邕的观点，认为"盖古者明堂、辟雍共为一所"，可见此观念根深蒂固，后世据经典复明

---

① 蔡邕：《明堂月令论》，《蔡邕集编年校注》，河北教育出版社2002年，第518页。
② 阮元：《明堂论》，《揅经室集》（上），邓经元点校，中华书局1993年，第57页。
③ 蒙文通：《儒家政治思想之发展》，《儒学五论》，第70页。但他据《汉书·艺文志》"墨家者流，盖出于清庙之守，养三老五更，是以兼爱，选士大射，是以上贤"一句，认为汉儒重明堂乃"本墨家以为说"，却是难以落实的。
④ 参见孙星衍：《尚书今古文注疏》，第415、416页。
⑤ 蔡邕：《明堂月令论》，《蔡邕集编年校注》，第518、520页。宗庙已迁出，但仍在明堂中保留了祭祖配天的礼仪。
⑥ 项安世：《枝江县新学记》，载《文献通考》卷40《学校考一》，中华书局2011年，第1175页。

堂，一般也与辟雍结合。① 其中的制度逻辑，杨宽曾以辟雍、大学为本位，指出其是西周沿袭氏族社会的制度，供贵族成员集体行礼、集会、聚餐、练武、奏乐的场所，这些内容特别是乐和射等，本身也是贵族子弟重要的学习内容，于是"贵族子弟要学习成人的社会生活方式和必要的知识、技能，这里是最好的实习地方"，从而"兼有礼堂、会议室、俱乐部、运动场和学校的性质，实际上就是当时贵族公共活动的场所"。② 如果以明堂为本位，更易于理解这个从"公共活动场所"分化出"学校"的制度演化逻辑。

学治合一是政教合一的具体经验："学成治就，此殷、周之所以长有道也。"（《大戴礼记·保傅》）与明堂的政教合体属性配套，在明堂中教与学的师儒、学生也都是政教一体的。君师以及广泛意义上的官师都是合一的："自颛顼以来，为民师而命以民事。"（《汉书·百官公卿表上》）在作君作师、政教合一的体制下，教师就是从官员中来的。教师是亦官亦师的，学生是学而为官的。周代大司乐"掌成均之法，以治建国之学政，而合国之子弟焉。凡有道者、有德者，使教焉，死则以为乐祖，祭于瞽宗"。郑注："国之子弟，公卿大夫之子弟，当学者谓之国子。""道，多才艺者。德，能躬行者。"③ 乡大夫："正月之吉，受教法于司徒，退而颁之于其乡吏，使各以教其所治，以考其德行，察其道艺。"（《周礼·地官司徒》）"能为师然后能为长，能为长然后能为君。故师也者，所以学为君也。"（《礼记·学记》）照此思路，就比较容易理解何以"食三老五更于大学"是"所以教诸侯之弟"。这是因为周代的乡饮酒礼仍有氏族社会以来的本义，不仅是尊老的仪式，还是咨询、商量国家大事的制度安排。"三老五更"是贵族长老一样的重要人物，与议国事。养三老五更于大学，方便诸侯子弟学习国是决策。④

"天子入太学祭先圣，则齿尝为师者弗臣，所以见敬学与尊师也。"（《吕氏春秋·尊师》）按礼制，学习须释奠先圣先师，释奠礼与治道崇拜之祭祀便必有关系。《礼记·文王世子》载："凡学，春，官释奠于其先师，秋冬亦如

---

① 马端临：《文献通考》卷40《学校考一》，第1182页。
② 杨宽：《我国古代大学的特点及其起源》，《古史新探》，第206、211页。
③ 《周礼注疏》卷25《春官宗伯下》，第832页。
④ 杨宽：《我国古代大学的特点及其起源》，《古史新探》，第207页；《"乡饮酒礼"与"飨礼"新探》，《古史新探》，第298页。

之。凡始立学者，必释奠于先圣先师。"如是，则"先圣"地位必高于"先师"："立学为重，故及先圣；常奠为轻，故惟祭先师。"① 且从"齿尝为师者，弗臣"来看，与"先圣"比，"尝为师者"的真实身份正是"臣"，故于礼制中隆高其待遇强调不以其为臣。郑玄界定"先圣"与"先师"云"先圣，周公若孔子"；师则"《周礼》曰：'凡有道者、有德者，使教焉。死则以为乐祖，祭于瞽宗。'此之谓先师之类也。若汉，《礼》有高堂生，《乐》有制氏，《诗》有毛公，《书》有伏生，亿可以为之也"。② "后儒言释奠者本《礼记》，言先师者本郑氏《注》。"③ 但郑玄实是以汉代之分化的圣人观注释周代之"先圣"，故以"周孔"并称，"'若'是不定之辞"。"'亿'是发语之声，言此等之人，后世亦可为先师也。疑而不定，故发声为亿。"④ 以汉代专门之经师注释周礼之"先师"，"以专门训诂为尽得圣道之传"。⑤ 这是受圣人从行道、述道合一的圣王扩大到包括单行的述道圣人，述道中进而又区分出"作"与"述"的观念影响，改造"圣、师"概念的结果。"有道者、有德者"从行道而兼述道之官师转变为述道中低于制义之圣的经师了。从释奠及明堂礼制演化来看，其解说之中实有未安之处：从作为治道空间载体的明堂中的祭祀发展而来的学校释奠，必与治道崇拜的圣王和官师有不可分的关系，而孔子的位置只能在这个格局中逐渐产生。马端临所考论则颇合古制："夫圣，作之者也；师，述之者也。"⑥从前章论列"圣人有师"的观念与人物来看，截至周代，历代圣王之师皆为当时之贤臣，亦可见师本来是政教合一的。"有道者、有德者"，说的是王官而施教于学校，释奠祭祀的对象也是这样的教师。我们来看周代的师儒记载，"以九两系邦国之民。……（牧、长、宗、主、吏、友、薮之政教体系）三曰师，以贤得民。四曰儒，以道得民"（《周礼·天官冢宰》）。"师"都是政教合一的贤士大夫。汉代也是按照政教合一的身份要求来构建"三老"制度的："汉直以一公为三老，用大夫为五更。"（《汉书·礼乐志》注）"养三老、五更，

---

① 《礼记正义》卷28《文王世子第八》，第545页。
② 《礼记正义》卷28《文王世子第八》，第544页。
③ 《文献通考》卷43《学校考四》，第1259页。
④ 《礼记正义》卷28《文王世子第八》，第544、545页。
⑤ 《文献通考》卷43《学校考四》，第1259页。
⑥ 《文献通考》卷43《学校考四》，第1259页。

先吉日，司徒上太傅若讲师故三公人名，用其德行年耆高者，三公一人为三老，次卿一人为五更。"（《后汉书·显宗孝明帝纪》注引《续汉志》）① 关于原初的师者身份与学校祭祀之礼制安排，亦即斯礼之义与所以然，蔡邕引用今佚《礼记·太学志》等文献为我们提供了关键信息，亦为《后汉书·祭祀志中》之注所采用：

> 《令》曰："仲夏之月，令祀百辟卿士之有德于民者。"《礼记·太学志》曰："礼，士大夫学于圣人、善人，祭于明堂，其无位者祭于太学。"《礼记·昭穆篇》曰："祀先贤于西学，所以教诸侯之德也。"即所以显行国礼之处也。太学，明堂之东序也，皆在明堂、辟雍之内。②

《文献通考》引《礼书》进一步介绍："祭先圣先师焉，即祀先贤于西学也，祀先贤于西学，则祭于瞽宗也。"作为明堂建筑群的组成部分，"周之学，成均居中，其左东序，其右瞽宗，此大学也"，"成均颁学政，右学祀乐祖，东序养老更"，这是基本的结构与功能安排。③ 可见政教合一是明堂及学校空间中的基本体制，学校祀礼是其体现，凡所谓"圣"即学圣王之道于此而祭之，与明堂配天之祭礼合；所谓"师"即有德有位的贤士大夫养于此、教于此、祀于此。报功报德以彰治道的礼义笼罩着明堂的所有祭礼，举行祭典的空间降序排列依次为明堂、西学、太学，只有于明堂、西学"无位者"才祭于太学。周初圣、师何所指？刘彝认为在周立四代之学的体制下，四代圣王即是学校中的先圣："虞庠则以舜为先圣，夏学则以禹为先圣，殷学则以汤为先圣，东胶则以文王为先圣。"其辅佐贤相则为先师："各取当时左右四圣成其德业者为之先师，以

---

① 《后汉书·礼仪志上》及注亦有相似的记载。卢植《礼记》注曰："选三公老者为三老，卿大夫中之老者为五更，亦参五之也。"郑玄注《礼记·文王世子》认为三老五更"皆年老更事致仕者也"。见《后汉书·礼仪志上》，中华书局1965年，第3108—3109页。
② 蔡邕：《明堂月令论》，《蔡邕集编年校注》，第520页。
③ 《文献通考》卷40《学校考一》，第1168页。关于虞、夏、商、周历代形成的辟雍、成均以至右学、西学、东序、东胶等名目，笔者同意"今百家所记参错不同者无他，皆即周制杂指而互言之也"（项安世：《松滋县学记》，《文献通考》卷40《学校考一》，第1168页）的看法，故不作详细的考辨与分疏。

配享焉。""此天子立学之法也。"① 魏了翁也认为当时必是君臣圣师而非"经各立师"的制度安排:"古者民以君为师,仁鄙、寿夭,君实司之,而臣则辅相人君以师表万民者也。自孔子以前,曰圣曰贤,有道有德,则未有不生都显位,没祭大烝者,此非诸生所得祠也。"②

这就是君师一体的王官学体制下的有位、有道、有德的圣师群体。"有道者、有德者"和"有位者"是一体的。这些圣贤道德盛大、制作相关而为圣为师,但首先都是有位之人,因其有位,方能德惠于世,而足以成为世家子弟治道学习崇拜的偶像。依周制世世以天子礼乐祀周公的鲁国太庙,其制等于周都中的明堂。"鲁禘祀周公于太庙明堂,犹周宗祀文王于清庙明堂也。""皆所以昭文王、周公之德,以示子孙也。"③ 可见在政教一体的治道传承的场域中,周公虽不若四代圣王早立释奠之上,但之于孔子还是有礼制上的优越的,这与汉代周在孔前的"周孔"并称也是一致的。

清人孙希旦也对圣、师身份问题再三致意。对于《礼记·文王世子》"凡学,春,官释奠于其先师,秋冬亦如之",他认为所谓"先师",不能忽略"古之贤臣明于其业者"是"先代之先师"的身份:

> 曰"于其先师"者,弦诵也,《礼》也,《书》也,其先师不同也。学以《诗》《书》《礼》《乐》为教,而以古之贤臣明于其业者为先师。若《礼》有伯夷,《乐》有后夔,《祭义》所谓"祀先贤于西学",是也。此先代之先师也。其有道德而为学之大司成者,死则亦祭之,以为先师,《大司乐》所谓"乐祖"是也。此当代之先师也。下文"始立学,释奠",但为先代之先师;此三时释奠,兼有当代之先师也。夏不释奠者,弦诵相成,无二师也。

对于"凡始立学者,必释奠于先圣先师,及行事,必以币":

---

① 刘彝语,马端临:《文献通考》卷43《学校考四》,第1246页。
② 魏了翁语,马端临:《文献通考》卷43《学校考四》,第1246页。
③ 参见《礼记·明堂位》;蔡邕:《明堂月令论》,《蔡邕集编年校注》,第518—519页。

> 愚谓作者之谓圣，述者之谓明。制作礼乐以教后世者，先圣也，若尧、舜、禹、汤、文、武、周公是也。承先圣之所作以教于大学者，先师也，若伯夷、后夔是也。立学礼重，故祭及先圣；四时常奠礼轻，故惟祭先师。①

其所见与刘彝、魏了翁等一致，亦可视为马端临作者为圣、述者为师的展开论说。"先圣"与作者、制作行道之圣王，"先师"与述者、辅相圣王之贤士大夫对应，古礼制中的圣、师皆为政教合一之政治家，概无疑义。

究其实，受"圣人"概念从行道、述道合一的圣王扩大到述道之圣、述道中又区分作者与述者的分化的影响，东汉之郑玄乃将释奠的"先圣"从周公及以上的圣王推广到"周公若孔子"两位集大成的圣人，将"先师"从"有道者、有德者"的官师合一之士大夫转变为述道中的低于制义之圣的经师。

阎步克认为汉唐存在一个"古礼复兴运动"，《周礼》是这一运动的重要思想资源。但不宜一概视为单向的"古礼复兴"，而是"宗经""复古"与"尊君""实用"两种倾向并存、交织、竞争。② 从释奠礼来看，基于对古礼的不同理解和阐释，对"故事"的因革损益，呈现出治道裂变嬗蜕背景下古礼与今制交织的制度变迁过程。

汉武帝匡复古制，"祖立明堂、辟雍"，而开中古此礼见于实物之端。③ 明堂与辟雍合为一所，是极具象征性的最高的政治礼仪场所；同时，立五经博士、兴太学为专门的教育场所。④ 东汉时，明堂、辟雍与太学继续分设：光武帝起太学博士舍；明帝兴建明堂、辟雍，"宗祀光武皇帝于明堂，养三老、五更于辟雍"。⑤ 时人卢植论今制不合于古："明堂即太庙也。天子太庙，上可以望气，故谓之灵台；中可以序昭穆，故谓之太庙；圆之以水，似辟，故谓之辟雍。古法皆同一处，近世殊异，分为三耳。"⑥ 实际上针对的是礼仪场所明堂、

---

① 孙希旦：《礼记集解》，第 560 页。
② 阎步克：《中古"古礼复兴运动"——以〈周礼〉六冕制度为例》，《秩级与服等》，第 214 页。
③ 兒宽语，《文献通考》卷 40《学校考一》，第 1181 页。
④ 《文献通考》卷 40《学校考一》，第 1182 页；卷 43《学校考四》，第 1252 页。
⑤ 《文献通考》卷 40《学校考一》，第 1182 页。
⑥ 《毛诗正义》卷 16《大雅·灵台》，第 1129 页。

辟雍等与教育机构大学分设。马端临于此感慨:"如蔡邕之说,则古者明堂、辟雍、太学、太庙合为一所,以朝、以祭、以教、以飨、以射,皆于其地。东汉时辟雍以为天子养老、大射行礼之所,大学以为博士弟子授业之所,析为二处,与古异。要之太学与辟雍固不可析为二处,养老、大射其与传道授业亦岂二事哉。"实际情况是,"明帝时辟雍始成,欲毁太学,太尉赵熹以为太学、辟雍皆宜兼存,故并传"。可见在观念世界中,辟雍与太学仍应为一体,而现实中则因为种种原因而析分。此时的结果是辟雍与明堂合,与太学分,不具备教育功能。从西汉末王莽到东汉明帝是根据古礼经所载周代礼制建立两汉礼制的时期。① 但受现实形势与条件限制,古制是经损益而呈现于当代的。学校机构与作为治道最高象征而尤为大政大祀所出之地的明堂分开,是已然之局。②

周代以前的明堂是治道统合的空间载体,具有浓重的礼乐政治意涵,成均、辟雍、太学等教育机构的教习内容是在这个治道场域中进行的,在作为其组成空间的瞽宗、西学进行的释奠,对象也是以圣王君师为主的。由此析出的后世之太学等则治道统合的意涵相对淡化,主要作为专门的教育、学习机构与空间而存在了。脱离了治道一体之结构之后,专门机构的功能与象征意义趋于单纯化,这是社会分化的一般规律。在"其无位者祭于太学"之前的,是明堂祭祀的圣王、贤臣。而太学祭祀的,则在这个序列中处于末位,是述道的角色,自不待言。虽然孔子有作《春秋》当万世法、素王为汉立制之比拟,孔子整理的儒家经典成为太学的学习内容,但孔子毕竟无位,对其在治道中的位置终有疑义,而对其述圣王之道而集大成明于后世却达成共识。后世释奠礼兴于太学,上述情况为祀孔提供了历史传统的依据:可祀,但位在周公之后。这与思想和学术中"周孔"的位次也是一致的。

"武帝兴太学,而独未闻释奠之礼。"③ 东汉的情况是:"明帝永平二年三月,上始帅群臣躬养三老、五更于辟雍。行大射之礼。郡、县、道行乡饮酒于学校,皆祀圣师周公、孔子,牲以犬。于是七郊礼乐三雍之义备矣。"(《后汉书·礼仪志上》)汉明帝释奠周孔、乡饮酒等一系列礼制建设,是王莽以降据

---

① 参见渡边信一郎:《中国古代的王权与天下秩序(增订本)》,第119页。
② 《文献通考》卷40《学校考一》,第1187、1189页。
③ 《文献通考》卷43《学校考四》,第1252页。

周礼兴作今制的表现。我们无从知悉当时周、孔何为圣、何为师抑或同为圣师。郑玄注中所言"先圣，周公若孔子"，或即为此种现状之反映。① 当为孔子庙请常置守庙卒史时，依据是"故事，辟雍礼未行，祠先圣师。侍祠者孔子子孙、太宰、太祝令各一人，皆备爵"等等，亦可见孔子已入辟雍释奠先圣师之列。② 而朱浮有言："博士之官，为天下宗师，使孔圣之言传而不绝。"孔子虽为"圣"，地位仍近于述道的"师者"，是前章所论圣人分化之后的述道之圣，其首要身份和角色是师者。③

"孔庙，尤其从祀制，方之其他古代祭礼，例如郊祭、社稷，实属晚起。"④"汉世虽立学，斯礼无闻。"(《晋书·礼志上》)两汉释奠制度化程度低，制度遗存不足，为建构师化制度留下空间。"明帝行乡饮于学校，祀圣师周公、孔子，初似未知所以独崇宣圣之意。"⑤孔子与圣王分祀而在学校中"独崇宣圣"的礼制在魏晋以降逐渐定型。至唐显庆时，释奠礼方与先代帝王祭礼正式列入国家"中祀"之典。⑥

汉代，孔子入国家祀典，是从作为"殷后"存祀取得突破的。"素王"非王的地位，在孔子继殷祀的讨论中有充分的反映。梅福建言汉帝以孔子存殷祀，"孔子故殷后也，虽不正统，封其子孙以为殷后，礼亦宜之"。当时已奉孔子为圣人，但"仲尼之庙不出阙里，孔氏子孙不免编户，以圣人而歆匹夫之祀，非皇天之意也"。可见孔子祀典的位阶实同"匹夫"，故其庙礼与子孙待遇均不高。梅福正是要通过"封孔子之世以为殷后"而成汉之三统格局，为汉得嗣，为孔子在圣人、素王之上再行增光祀典："今陛下诚能据仲尼之故功，以封其子孙，则国家必获其福，又陛下之名与天亡极。何者？追圣人素功，封其子孙，未有法也，后圣必以为则。不灭之名，可不勉哉！"(《汉书·梅福传》)"未有法也"而创"则"是困难的，梅福的建议未被采纳。直至"绥和元年，立二王后，推迹古文，以《左氏》《穀梁》《世本》《礼记》相明，遂下

---

① 《礼记正义》卷28《文王世子第八》，第544页。
② 《永兴元年乙瑛置守庙百石卒史碑》，《石头上的儒家文献——曲阜碑文录》，第11页。
③ 《文献通考》卷40《学校考一》，第1184页。
④ 黄进兴：《学术与信仰：论孔庙从祀制与儒家道统意识》，《优入圣域》，第253页。
⑤ 徐氏语，《文献通考》卷43《学校考四》，第1252页。
⑥ 雷闻：《郊庙之外》，第10页。朱溢：《事邦国之神祇：唐至北宋吉礼变迁研究》，上海古籍出版社2020年，第61页。

诏封孔子世为殷绍嘉公"。① 可见孔子的礼制地位确实是靠"明著三统，示不独有"的意识形态和"殷之后"的身份才确立的，这仍是时王之位的决定性作用。

三国时，曹魏文帝在封孔子后人为宗圣侯、以邑百户奉孔子祀的诏令中，描述了一个虽不得位但继圣述作而存道的孔子形象：

> 昔仲尼资大圣之才，怀帝王之器，当衰周之末，无受命之运，在鲁、卫之朝，教化洙、泗之上，凄凄焉，遑遑焉，欲屈己以存道，贬身以救世。于时王公终莫能用之，乃退考五代之礼，修素王之事，因鲁史而制《春秋》，就太师而正《雅》《颂》，俾千载之后，莫不宗其文以述作，仰其圣以成谋，咨！可谓命世之大圣，亿载之师表者也。遭天下大乱，百祀堕坏，旧居之庙，毁而不修，褒成之后，绝而莫继，阙里不闻讲颂之声，四时不睹蒸尝之位，斯岂所谓崇礼报功，盛德百世必祀者哉！（《三国志·魏书·文帝纪》）

这是一个以"师表"为身份的"大圣"形象，而非制作之圣王，其本位仍是"受命之运"。背后，是述道之圣，而非行道之圣的治道身份划分。

曹魏齐王芳依次讲通《论语》《尚书》《礼记》，而使太常于辟雍祭孔。两晋亦然，幼君、太子讲通一经后，释奠孔子。② 讲通孔子整理之经典特别是像《论语》这样的孔子语录，以孔子为主的释奠安排自合常理。"因不能溯知正始二年以前释奠礼的详情，故后世以魏及晋之释奠故事为释奠礼之典范。"自此以后，"魏晋南北朝各代朝廷，均于天子或皇太子加元服前后举行释奠礼，而释奠礼之前必讲经于学"。讲经、释奠、元服，"为魏晋皇家一系列之成人礼"。③

释奠礼主要是祀孔，这是孔子述作的儒家经典成为治道主要学习内容在祭

---

① 《文献通考》卷43《学校考四》，第1251页。
② 朱溢：《事邦国之神祇》，第268页。郭永吉：《帝王学礼：自汉至隋皇帝与皇太子经学教育礼制研究》，台湾"中央大学"出版中心、远流出版公司2019年，第168页。
③ 古胜隆一：《汉唐注疏写本研究》，社会科学文献出版社2021年，第117、120页。

祀礼仪上的表现，并不意味着周公在道统中的地位下降。曹魏明帝时曾有关于祀礼中周、孔地位的讨论：

> 鲁相上言："汉旧立孔子庙，襃成侯岁时奉祠，辟雍行礼，必祭先师，王家出谷，春秋祭祀。今宗圣侯奉嗣，未有命祭之礼，宜给牲牢，长吏奉祀，尊为贵神。"制三府议，博士傅祗以《春秋》传言立在祀典，则孔子是也。宗圣适足继绝世，章盛德耳。至于显立言，崇明德，则宜如鲁相所上。（崔）林议以为"宗圣侯亦以王命祀，不为未有命也。周武王封黄帝、尧、舜之后，及立三恪，禹、汤之世，不列于时，复特命他官祭也。今周公已上，达于三皇，忽焉不祀，而其礼经亦存其言。今独祀孔子者，以世近故也。以大夫之后，特受无疆之祀，礼过古帝，义逾汤、武，可谓崇明报德矣，无复重祀于非族也。"（《三国志·魏书·崔林传》）

崔林的话提示今人仍须于前文所述"皇、帝、二王三恪"的国家祀礼体制及指导其运行的时序、德位原则观念中看待祀孔，这套五德终始、运转位移的原则指挥下的先代帝王祭祀礼制虽然也在变迁重整之中，但其有关制度和观念毕竟是先行而有权威的，对无位的孔子则尚须更大程度地构建新礼，而孔子释奠礼的构建势必受到先代帝王祀礼的影响。"忽焉不祀"应与《左传·文公五年》"皋陶、庭坚不祀忽诸"之意同。按照礼经和与德运配套的礼制，帝王运转位移，越往前祀礼等级越低，至曹魏时已有"今周公已上，达于三皇，忽焉不祀"的观念。祀孔子并非因对其尊崇超过周公及其他圣王，在德位观念中他仍然只是"大夫之后"，"今独祀孔子者，以世近故也"，竟至"礼过古帝，义逾汤、武"，圣王不能得祀，是世远而不祀的礼制所限。这是圣王祭典之礼义与礼制新旧嬗蜕之际的表现，深受五德终始影响的圣王祀礼体系已经限制了对"世远"愈著的圣王们的报功报德。裴松之不以为然，强调孔子集大成的地位："周监二代，斯文为盛。然于六经之道，未能及其精致。加以圣贤不兴，旷年五百，道化陵夷，宪章殆灭，若使时无孔门，则周典几乎息矣。夫能光明先王之道，以成万世之功，齐天地之无穷，等日月之久照，岂不有逾于群圣哉？"这是抬高孔子明道之于周公周道以至王道的莫大之功。他认为"遗风"应胜过时间的流逝："虽妙极则同，万圣犹一，然淳薄异时，质文殊用，或当时则荣，没则已焉，是以遗风所被，寔有深浅。若乃经纬天人，立言垂制，百王莫之能违，彝伦资之以立，诚一人而已耳。"批评崔林"曾无史迁洞想之诚，梅真慷慨之志，而守其蓬心以塞明义，可谓多见其不知量也"。（《三国志·魏书·崔林传》裴注）实则崔林所守的正是国家祭典中的礼制规则，背后是对孔子地位的主流认知。毋宁说，裴松之表达的是儒者"夫子贤于尧舜"的尊崇主张，崔林所守的则是孔子不得位这一具有意识形态色彩的主流观念。晋时，"范坚书问冯怀曰：'汉氏以来，释奠先师唯仲尼不及公旦，何也？'冯答曰：'若如来谈，亦当宪章尧、舜、文、武，岂惟周旦乎？'"（《太平御览》卷535《礼仪部十四·释奠》）。同样是在礼制语境中讨论尊崇方式问题，而非思想观念中推崇孔子过于圣王。崔林之议表示了对孔子处下位而得重祀的节制之意，这是对师者之祀的礼制规范过程。礼皆有其节，节制的基本要求不会因为孔子为师即忽略。

圣孔师颜之礼，仍是在纲常的位阶逻辑中斟酌。晋人张凭提议"拜孔揖颜"，值得注意的是以"圣、师"对应于"君、臣"的古义规范孔颜师弟之伦：

> 不拜颜子者，按学堂旧有圣贤之象，既备礼尽敬，奉尼父以为师，而未详颜子拜揖之仪。臣以：圣者，君道也；师者，贤臣道也。若乃尧、舜、禹于君位，则稷、契与我并为臣矣。师玄风于洙、泗，则颜子吾同门也。夫大贤恭己，既揖让于君德；回也如愚，岂越分于人师哉！是以王圣佐贤，而君臣之义著；拜孔揖颜，而师资之分同矣。①

这既将孔子定于师位，又完全是在以"圣师"所自出的君臣之道来推求孔颜师弟礼仪之分，可见据以建构礼制的，仍是熟悉而为根本的王纲臣道。

孔子为"师"，在祀礼上便不应以"臣"待之，但如何待之，并无确定制度可循。对于孔子祀礼的等级，国家反复与圣王和时王比拟轻重，力图调适得宜，从中传达出来的本位意识，仍是"位"的有无与高低。晋武帝泰始三年改封孔子后人为"奉圣亭侯"，太学释奠孔子如正始礼。东晋讨论祭孔礼，"陆纳、车胤谓宣尼庙宜依亭侯之爵，范宁欲依周公之庙，用王者仪，范宣谓当其

---

① 《文献通考》卷43《学校四》，第1255页。

为师则不臣之,释奠日,备帝王礼乐"。对于这一讨论,南齐尚书令王俭认为:"车、陆失于过轻,二范伤于太重。""中朝以来,释菜礼废,今之所行,释奠而已。金石俎豆,皆无明文。方之七庙则轻,比之五礼则重。"对于喻希所持"若至王者自设礼乐,则肆赏于至敬之所;若欲嘉美先师,则所况非备"的观点,王俭认为"寻其此说,守附情理",也就是不能"肆赏"。元嘉立学,裴松之"议应舞六佾,以郊乐未具,故权奏登歌"。王俭认为"故事可依"。结果是"皇朝屈尊弘教,待以师资,引同上公,即事惟允""今金石已备,宜设轩县之乐,六佾之舞,牲牢器用,悉依上公"。仍是在教育"师资"的角色上推崇孔子,同时定格于"上公"。① 孔子的政治位次接近周公,这就引出唐代孔子祭祀与周公的位次进退。

既为太子及贵族子弟学习长成之所,国子学与释奠礼设于宫禁之内的中省,也就顺理成章。东晋"穆帝、孝武并权以中堂为太学"(《晋书·礼志上》),晋穆帝讲《孝经》后亲释奠于中书省之中堂(《晋书·穆帝纪》)。北魏明元帝改国子学为中书学,隶中书省,中书博士的职能不限于教学而且被赋予多种政治功能,具有"政教合一"的古制色彩。孝文帝"太和中,改中书学为国子学,建明堂辟雍,尊三老五更,又开皇子之学"(《魏书·儒林传》)。胡三省认为此举系"从晋制也",恢复为专门的教育机构。② 但地点仍在中书省,于是而有"凡在祀令者,其数有五"之一的孔子庙祭:"其宣尼之庙,已于中省,当别敕有司。""癸丑,(孝文)帝临宣文堂,引仪曹尚书刘昶、鸿胪卿游明根、行仪曹事李韶,授策孔子,崇文圣之谥。于是昶等就庙行事。既而,帝斋中省,亲拜祭(孔子)于庙。"(《魏书·礼志一》)由此可见曹芳制度的影响,习儒经、拜孔子,成为治道修习路径遵循的常制。中书省的空间属性说明了这一定位。

深深打上皇家教育印记的释奠,其基调与内容可从今传诸家《皇太子释奠诗》窥见一斑。南朝宋颜延年《皇太子释奠会作诗》,从"国尚师位,家崇儒门。禀道毓德,讲艺立言"讲起,端正师道礼制,而学习的则主要是圣王治

---

① 《南齐书·礼志上》;《文献通考》卷43《学校考四》,第1254页。
② 严耀中:《北魏中书学及其政治作用》,《中国魏晋南北朝史学会第二届学术讨论会论文集》,齐鲁书社1991年,第136页。

道:"永瞻先觉,顾惟后昆。大人长物,继天接圣。"学古修习储君之德:"伊昔周储,聿光往记。思皇世哲,体元作嗣。资此夙知,降从经志。遒彼前文,规周矩值。"化用《尚书大传》中"圣人与圣也,犹规之相周,矩之相袭"一语,表明这确乎是一套以"伦周伍汉"为原则、以教养太子成长为中心的释奠礼制。① 从南朝齐四首《皇太子释奠诗》来看,"皇、帝、王"之古代治道仍是主要学习追求,释奠礼乐传达了治道延续、政教合一的空间感。在王思远的诗作中,一方面,治道之源是"葳蕤四代,昭晰三王""帝则昭天,皇图轶古。乃圣乃神,重规叠矩";另一方面,是学习圣王留下的典籍:"龙图升曜,龟籍流芳。""横经若林,负书被宇。"其目的无非是"崇道让齿,业大德盛","降情肃币,盟圣荐贤"。② 阮彦诗则有治道史的意味:

> 惟帝御宇,惟圣裁荃。云官眇载,凤纪遐传。于皇作后,缵武乘天。地契斯彰,震符迺宣。五帝继作,三王代新。教蔼隆周,轨灭荒秦。兴之用博,替之斯堙。敬业贻训,务于成均。③

从南朝梁何胤《皇太子释奠诗》来看,释奠场域中也仍是尊崇三五以降之圣王的,他们秉承天命、制作礼乐、经典兴教,从王官师儒述道演进至书、史、诗、易之学:

> 灵象既分,神皇握枢。其降曰命,有书有图。化彰礼乐,教兴典谟。五经黂序,七纬重敷。保氏述艺,乐正奠师。良玉缘琢,务德由谘。雅沿俗化,风移运迟。道不云远,否终则夷。……敷奥折文,悦书敦史。六诗开滞,三易机理。光耀程辉,华翻丽起。尊圣明贤,释兹敬祀。④

---

① 颜延年:《皇太子释奠会作诗》,萧统编、李善注《文选》,上海古籍出版社 2019 年,第 983 页。
② 王思远:《皇太子释奠诗》,《先秦汉魏晋南北朝诗》,第 1460 页。
③ 阮彦:《皇太子释奠诗》,《先秦汉魏晋南北朝诗》,第 1461 页。另两首分别是王僧令《皇太子释奠会诗》(第 1462 页)、袁浮丘《皇太子释奠诗》(第 1463 页)。
④ 何胤:《皇太子释奠诗》,《先秦汉魏晋南北朝诗》,第 1806 页。

梁武帝萧衍有诗云："少时学周孔，弱冠穷六经。"① 正是自少学习儒家治道而形塑"周孔"观念的表征。

修习孔子作述的六经及《论语》《孝经》，为孔子祀典地位升高提供了条件。虽然孔子居于太学的圣人之位，且有圣孔师颜的格局，周公呈淡出之势，但这实为统一的治道分裂的反映与象征，太学与学校成为专门之教育机构，明道之圣人孔子实为师尊，其虽圣而不过是师中之圣、述道之圣，并非制作的圣王。夫子所述、学校传习之道，仍是三五以降之治道，"周孔"乃此道中两位身份不同的集大成的圣人，教育机构曾设于中省这样的政治空间，同时，以圣王为本的礼制框架也仍在，所以孔子祀典又受到相当的规约。

"汉魏以来，取舍各异。颜回、孔子，互作先师；宣父、周公，迭为先圣。求其节文，递有得失。"② 学者指出，从西魏、北周到隋代，关陇集团建立的政权在释奠礼上经历了从独尊周公到周孔并重（以周公为先圣、孔子为先师）的变迁，"象征着关陇文化与中原文化的交融"。③ 本文认为，这固然或有关陇集团这一特定政治文化的影响，但圣周师孔亦仍是在自东周以来的周孔思想地位与释奠礼制发展链条之上，符合当时思想发展的阶段性特征，不必全以关陇集团之文化取向来解释。隋唐释奠制度始终在调适之中。至唐初，对以周公为代表的圣王和述圣的孔子，究竟何者当祀，采取何种名号与祭礼等级为宜，迭有升降。唐高祖武德二年，定周公与孔子并为"道著生民"的"二圣"，于国子学分别立庙，四时致祭。"盛德必祀，义在方册；达人命世，流庆后昆。"所谓"达人"与"命世"，似各指周、孔而言。表彰周公，以其制作为主："爰始姬旦，主翊周邦，创设礼经，大明典宪，启生民之耳目，穷法度之本源。"而其"化起二南，业隆八百，丰功茂德，冠于终古"。可见是王道的最后一位圣王。于孔子，则以其教育为主："粤若宣尼，天资濬哲，四科之教，历代不刊，三千之徒，风流无歇。"教育实为述道："综理遗文，弘宣旧制。"武德七年，诏太学释奠以周公为先圣，孔子配享。贞观二年，尚书左仆射房玄龄等认为周

---

① 萧衍：《会三教诗》，《先秦汉魏晋南北朝诗》，第1531页。
② 《唐会要》卷35《褒崇先圣》，第636页。
③ 史睿：《北周后期至唐初礼制的变迁与学术文化的统一》，《唐研究》第3卷（1997年），第169页。

公、孔子"俱称圣人",但"庠序置奠,本缘夫子",自晋、宋、梁、陈至隋,皆以孔子为先圣、颜回为先师,建议参照前朝"故事"之例,"停祭周公,升孔子为先圣",诏从之。① 这并不表示孔子重于周公、取消周公圣人之名号,而只是说就治道传承之侧重而言,政在周公而学在孔子。在找不到汉以前的礼制依据的情况下,唐臣采取了自正始作古的截断众流的态度,依曹魏正始以来的故事,于礼制而言,在学校场合以祭孔为宜。并为二圣的认识渐居主流,孔颖达也认为郑玄云"先圣,周公若孔子者",系"以周公、孔子皆为先圣,近周公处祭周公,近孔子处祭孔子,故云'若'。'若'是不定之辞"。② 但从更大的治道与意识形态视野来看,周公乃完整的治道之象征,孔子则是传述发明此完整之治道的师者之圣,在社会政治身份上仍是治道分裂而不完的无奈之下的圣人。周、孔孰为学校之圣,仍是未定之数。唐高宗永徽年间,文庙又"改用周公为先圣,遂黜孔子为先师"。

到显庆二年,国家通盘考虑历代帝王与学校圣师,学校祭礼终于成为专业化教育的象征,孔子在释奠中的圣人地位方才底定,这也是孔子作为述道制义的师道之圣在礼制上的确定。长孙无忌、许敬宗等认为根据《礼记》及郑玄注,先圣与先师都有礼制依据,区别在于:"据礼为定,昭然自别。圣则非周即孔,师则偏善一经。"贞观末年圣旨"依《礼记》之明文,酌康成之奥说,正孔子为先圣,加众儒为先师,永垂制于后昆,革往代之纰缪",永徽新令则"不详制旨,辄事刊改,遂违明诏"。但长孙无忌等的意思并不是升高孔子压抑周公,此奏议乃为通盘规划先代帝王与先圣先师之祭礼而起,行文在先代帝王祭礼论议之后,基于周、孔之圣王与圣人的位差,各予妥当的礼制安排,不可有违礼义,才是主旨所在,唯此方能厘定两个祭典,各得其宜且不交集重合:"成王幼年,周公践极,制礼作乐,功比帝王,所以禹、汤、文、武、成王、周公为六君子(《礼记·礼运》:'禹、汤、文、武、成王、周公,由此其选也。此六君子者。'),又说明王孝道,乃述周公严配。"周公制作之功等于帝王,且依周制亦应享受圣王祀典,不可降格以待:"此即姬旦鸿业,合同王者祀之,儒官就享,实贬其功。"应"仍依别礼,配享武王"。而孔子则是无位之

---

① 《唐会要》卷35《褒崇先圣》,第635页。
② 《礼记正义》卷28《文王世子第八》,第545页。

圣人,是于述道中创作的圣人,固为师者,然亦不可去"圣"号而仅以先师待之:"仲尼生衰周之末,拯文丧之弊,祖述尧舜,宪章文武,宏圣教于六经,阐儒风于千世。故孟轲称'生民以来,一人而已'。自汉以降,奕叶封侯,崇奉其圣,迄于今日,胡可降兹上哲,俯入先师?"周公与孔子根据是否曾经得位而有治功,各予其宜,合乎礼便"于义为允",否则同置于学校释奠场合之中争高下,则于礼、于义皆违。①

如上节交代的,帝王祀礼也在同时定型之中,周公被纳入这一得位行道的祀礼体系之中。所谓"合同王者祀之","(周公)仍依别礼,配享武王"而不"享儒官、贬其功",由此可解。不离礼制自身格局而论礼制之发展,方可跳出张大道统而悬以推论礼制变迁之认知。

孔子更明确为师儒之圣,与司马迁笼罩在孔子作《春秋》可与圣王比拟的神圣化叙事模式中不同,司马贞《索隐》认定了师道圣人的形象,从此为入"世家"的依据:"教化之主,吾之师也。为帝王之仪表,示人伦之准也。自子思以下,代有哲人。继世象贤,诚可仰同列国。"由此强调"前史既定,吾无间然"。复言"教化"之于"位"的比拟:"孔子非有诸侯之位,而亦称'系家'者,以是圣人为教化之主,又代有贤哲,故称'系家'焉。"张守节《正义》也只引用司马迁称颂其"学者宗之,六艺折中"的学术地位为据:"孔子无侯伯之位,而称'世家'者,太史公以孔子布衣传十余世,学者宗之,自天子王侯,中国言六艺者宗于夫子,可谓至圣,故为世家。"② 都是在其无位的前提下论说"圣"的身份。

在这种礼制规范的情况下,周公归入制作的圣王,孔子归入学校释奠崇祀,是顺理成章的。值得注意的是,学者研究显示,唐前期,"释奠礼仪的功能发生了转折性的变化,从(自曹魏起)佐证皇太子或幼帝知识、人格的养成变为呈现儒家学术传统",到晚唐,释奠礼"政治性格减弱"的转型基本完成。③ 如果我们把这一转型与释奠礼中同时发生的孔子确定为先圣、周公淡出的另一转变结合起来看,就看得更加清楚:释奠礼功能的变化与崇祀对象的变

---

① 《唐会要》卷35《褒崇先圣》,第636页。
② 《史记·孔子世家》之"索隐""正义",中华书局2014年修订点校本,第2309页。
③ 朱溢:《事邦国之神祇》,第61、270、271页。

化互为因果。但立足道肇于圣王的观念，帝王特别是圣王始终与道统相系，道源于君师合一的圣王，也仍有待这样的圣王出世，孔子与儒家、经师则仅具有述道制义之师者的残缺身份，其在释奠礼制中的地位确立只是作为师儒圣人的礼制定分，并不宜将此"统分"之势解读为治统与道统在崇祀上的分野。所谓"长孙氏对周公绩业的陈述，清楚地反映了儒者对'治''道'分疏""可见治统、道统泾渭分明，周公不纳入道统祭祀，已渐成共识"①，皆是以现代学术中构建出来的"道统""治统"概念推论时人的排斥与竞争观念，仅从文庙祭祀礼制之"进孔子、退周公"而论圣王与圣贤之地位，却既不以礼制观时人选择之由，亦不详审时人对周、孔的评语，更不归依于源自圣王治理之"道"的本义，故全不足以观察在当时涵纳政治、经义、礼制等要素的思想全局中，周、孔位差之固有的时代观念中，时人纳周、孔于合礼、合义的礼制系统颇费思量之曲折。这实是有位而制作行道整全与无位而述道明道成圣之分。孔子跻于圣人之列尚需反复讨论，儒生独肩道统，固亦无何有之事。道出于一，在于圣王，道与"位"始终保有内在的关联。开元二十七年诏书有言："宏我王化，在乎师儒能发明此道，启迪含灵，则生民以来，未有如夫子者也。"诏孔子称"先圣"，可谥曰"文宣王"，为孔子封王，其像改为南面坐，孔门弟子亦自此始封公侯。而诏书中对其生不得位仍表遗憾，从而在以王权提升其在时王之制中的位置的同时，再次确认了孔子无位而为师儒先圣的角色："呜呼！楚王莫封，鲁公不用，俾夫大圣，才列陪臣，栖遑旅舍，固可叹矣。"② 孔子祀典的确定，是以"宏王化"为前提，以"师儒""发明此道"为角色定位的，而非制作行道，后日韩愈"原道"之若干论断，实已涵于其中，可见其为时代意见，而不限于君王与庙堂。

虽然祭帝王与祭孔都有在地方执行的层面，但性质与位阶并不相同。"岳镇海渎、先代帝王等祭祀是朝廷层面的祭祀，是以皇帝为主体的，只不过祭祀

---

① 黄进兴：《权力与信仰：孔庙祭祀制度的形成》，《圣贤与圣徒》，第 41 页。高明士也认为唐代庙学制认定孔子为先圣，标志着道统于下的看法的法制化，周公离开庙学，背景是治统与道统两分。（《隋唐庙学制度的成立与道统的关系》，《台大历史学报》1982 年总第 9 期。）高明士、黄进兴对孔子标识道统的认识皆自钱穆、余英时等而来，所持的是现代思想与学术视野下的"道统"概念。
② 《唐会要》卷 35《褒崇先圣》，第 637 页。关于孔子封号之演进过程，参见黄进兴：《道统与治统之间：从明嘉靖九年（1530）孔庙改制论皇权与祭祀礼仪》，《优入圣域》，第 147 页。

地点分布在各地，所以由所在州的官府代替皇帝举行祭祀。而州县释奠礼仪的性质是地方性的官方祭祀，主体是刺史、县令。"在祝文上即分别表现为："子开元神武皇帝某谨遣具官姓名敢昭告于"先代帝王；"子刺史具位/子县令具官姓名敢昭告于"孔子。① 在祭品上则"若诸州祭岳、镇、海、渎、先代帝王，以太牢；州、县释奠于孔宣父及祭社稷，以少牢"。② 可以说，经典所载周代天子治道祭典，在唐代得到了一定程度的再建。

孔子为师儒之圣祀于学宫，学校事业便重于神道设教，祀孔的意义侧重授业传道而非崇德报功，这又是与古来有之的单纯的立祀之义不同之处。由孔子的师儒之圣而非制作之圣的角色，方能理解夔州刺史刘禹锡认为州县在无力兴办学校的情况下费资崇祀孔子，是"以非礼之祀媚之，儒者所宜疾"。他据《礼记》之古制，认为释奠止于中央非及天下，故州县春秋祭孔子庙则"其礼不应古，甚非孔子意"，其潜台词实为学校重于祀孔。③ 后世欧阳修发明此义尤无余韵：

> 荀卿子曰："仲尼，圣人之不得势者也。"然使其得势，则为尧、舜矣。不幸无时而没，特以学者之故，享弟子春秋之礼。而后之人不推所谓释奠者，徒见官为立祠而州县莫不祭之，则以为夫子之尊，由此为盛。甚者，乃谓生虽不得位，而没有所享，以为夫子荣，谓有德之报，虽尧、舜莫若。何其谬论者欤！

可见宋人仍然强调孔子作为学者与师者的角色，释奠礼的意义不在于表彰尊崇从而弥补"生不得位"的遗憾，与尧舜圣王祀典在覆盖范围上比高低也是庸俗之见，而只是述道群体内部的传承；"后之学者莫不宗焉，故天下皆尊以为先圣，而后世无以易。"④ 马端临也认为祀孔必与学校结合方有意义："古者入学则释奠于先圣、先师，明圣贤当祠之于学也。"虽然在财力有限的情况下"姑

---

① 朱溢：《事邦国之神祇》，第279页。
② 《唐六典》卷4，第128页。
③ 刘禹锡论，《文献通考》卷43《学校考四》，第1264页。
④ 欧阳修：《襄州谷城县夫子庙记》，《欧阳修诗文集校笺》，洪本健校笺，上海古籍出版社2009年，第1010页。

茸文庙,俾不废夫子之祠,所谓犹贤乎已",但这并非释奠孔子的本意:"圣贤在天之灵,固非如释、老二氏与典祀百神之以惊动祸福、炫耀愚俗为神,而欲崇大其祠宇也,庙祀虽设而学校不修,果何益哉!"①

从《礼记》及经注中区分明堂有位与无位的释奠制度文本,结合东汉明帝释奠周孔来看,汉代在观念与仪式上延续政教合一的观念,明确周孔圣人,郑玄"先圣,周公若孔子"之语仍以周公为首,可为其说明。但并没有制度化,更没有成为后代遵循的定制。从曹魏齐王芳开始,释奠师者化,孔子作为经典教育的祖师接受祭祀,影响后世深远;但以圣王为观念本位的"周孔"观念延续,北魏就采取了尧舜禹周孔五者并在祀令的礼制。从北魏孝文帝混同行道与述道的圣人崇拜、唐初的周孔圣师之反复来看,周孔之制还有很大影响。但唐代构建释奠制、历代帝王祭祀制,周公最终归入历代帝王祭祀行列,孔子成为述道师儒之祖,圣王、圣师分离。治道二分,君师二分。最终在礼制上确认:周公是最后一位圣王,孔子是第一个无位的圣人。这又进一步影响了学术和思想的认识。

小结:道的偶像与统系

本章缕述周秦汉唐之先代帝王祭礼变迁,及此礼与孔子释奠之礼在中古的构建,目的在于观察治道及其偶像在礼制中的表达方式。反过来说,因为礼制是相对稳定、凝固而且富有实践与社会意涵的观念呈现,这也可见圣王与师儒圣人在思想观念和政治表达中相对稳定的内容,新礼制是在这个基础上创生的,并与之保持着深层次的关联。

道从圣王制作、君圣臣师的统合治道一路发展下来,形格势禁,渐在现实中分化为行道与述道两条脉络,两脉虽叠相交织而道由以传,师者述道的地位上升,体现在礼制上就是先代帝王祀礼和孔子释奠礼的日渐分化成形。先代帝王祭祀和孔子释奠这两个礼制是互动生成的,要理解其一的"所以然",都要与另一个的发展变化结合起来看,才能比较接近真实情况。了解礼制祭法的体系和细节,深思其背后的祭义规定和考量,复将其置于这个礼制分化成形的过

---

① 《文献通考》卷43《学校考四》,第1270页。

程中去看当时具体的讨论和真实的观念,才能看到对先代帝王和孔子的地位措置。如果仅依某个细节便断论孰高孰低,便不免"断章取义"之嫌。

只有在"圣""师"以及"制作"等观念分化而又保持其本来内涵的变迁特型基础上,才能明白释奠礼制中孔子地位的调适与定格。"大圣师表"正是对孔子开启的由述道而传道的儒家道统身份的恰当标识。这是从礼制上确认治道通过行道与述道两轨来传承的过程。高明士认为唐代贞观礼确定孔圣地位及从祀配享等仪节,是孔子及儒家学统的制度化,可谓于此历史转折有见。但由此认为这是道统与治统分离的结果,是《礼记》"欲由教育树立道统,进而以道统优于治统"之设计的实现,"古来主张所谓的道统高于治统说,在制度上始取得立脚之地",则不免由错解"圣""师"等概念,误入视"道统"与"治统"为两分的现代解说格局。①

祭先代帝王和释奠孔子之礼的特点是中古的生成性和过程感,与礼制制作相伴随。汉唐时,王莽、唐玄宗等每次大的礼制改作,帝王与周孔祀礼都列于其中。在这个不断塑形的过程化的礼制生成而非祭有定礼的语境中,治道的断续问题是贯穿其中的思想观念线索。秦汉以降,尽管皇帝不乏英武作圣者,但总的来说已经没有公认的尧舜再世的圣王。与之相伴随的是孔子为祖师的儒家以述道自居并得到认可。但是,对治理和道的理解仍然是整全的。圣王不再的情况下,如何统合这种"分"的局面,表达整全之治道,乃至重新阐释和构建中国本有之治道,就势必会成为庙堂和儒林都不得不面对的问题。在佛家东来、二氏之学影响日盛的情况下,重整儒家信奉的王道正统,使其成为足以抗衡二氏学说的渊源有自、内外整全的自足治道,成为时代召唤。

---

① 高明士:《中国中古的教育与学礼》,第542、556、558、560、640页。高明士的基本出发点是论述中古至唐朝为止的教育"努力实践相对性的发展"。即"在既有专制政体之下,推展教育可发展的空间"。(《自序》,第ⅱ页)这与其持治统、道统两分论具有一致性。

下 篇

第四章
"向上透一著"与道统的成立
——宋代构建理想治道与正统的努力

孔子祖述尧舜,作《春秋》明"义",在无位不能行道的前提下,发挥了述圣明道而存道传道的作用。从圣周师孔到圣孔师颜,唐代学校释奠定制,标识了统合的治道经行道、述道分野而前行。这固然意味着孔子在士人世界中地位的上升,从周孔之道转移到夫子之教;更表征着治道不全、一分为二的残缺,留给士人规复美好治道的压力。

"道出于二"与"治出于二"直接对应,"道"的分化给判道带来了困难,而道的边界不清晰,又为道的正统性和权威性带来负面的影响,整全之治的格局无从推进。中唐以降,释、老二氏之学对儒家王道秩序的思想挑战,分裂的天下对王道正统所在的政治挑战,越来越成为亟待解决的现实问题,加剧了"道"的内在危机。士人的感觉是,因为不能说明行道与述道的关系,不能明确道的传承路径,何为"道"也就无从谈起,于是"道不行"且"不明"于天下。

宋儒欲明斯道,便与汉唐"故事"争高下,与佛、老之学争本原,这个重返"皇、帝、王"之道的推求过程,用朱熹的话说,就是治道"向上透一著"。"儒者得以道学辅人主。"① 在整全之治的视野下,道学就是治道之学。在"意"的层面上讨论治道,超越了汉唐重"迹"的治道,形而上化的正统新标准至此而成,儒家所主之王道由此脱胎换骨,再度树立。经此一役,"伯道"或曰"霸道"以及"霸王道杂之"的治道,彻底被置于闰位,从中国治道的主流叙事中退出。儒家向上援入"皇、帝"之道而义理化的"二帝三王之道"与"王道"互为指称。而在王道内部,如何将行道与明道收归一统,事关"道"

---

① 程颐:《上太皇太后书》,《二程集》,王孝鱼点校,中华书局 2004 年,第 542 页。

的传承与自足，始终是道统构建中的基础问题。

第一节 王道"向上透一著"

一、韩愈的"原道"与"师说"

汉以降，王朝治理经验积累日多，以本朝先帝以及前朝致太平的制度、政策和举措为取法，切近当下形势，成为治道讨论中的重要内容。在汉代，表现为"周公致太平之迹""周公故事""汉家故事""祖宗之制"；唐代时，则为"下采两汉""祖宗故事""祖宗之法"。① 同时，"皇帝王伯"之治仍作为治道思想资源而存在，对近当代治理经验的不满足，对理想治道的憧憬，以及对身国同治的需求，特别是道家思想及道教教义与"皇、帝"之道的密切关系，又让人君求助于具有一定超越性的"上古之道"。前者常被称为"故事"，更多的是具体的政治经验和法度体系；后者则习以"道"或"道德"称之，更多的是形而上化的规律凝练、政治哲学和政治道德。尽管前者也存在"道"的总结和表述，但毕竟不能与后者相比。其结果是，宏观地看，治理中贯穿着效仿"故事"还是崇尚"治道"的竞争（"治道""故事"并非两个没有交集的概念，这里为了表述方便而区分），其实质是务实有为的治理实践如何与源于治理史而形而上化的治理之道妥帖地结合为当代治道的问题。

在整全之治的观念下，心性、社会与政治是一体的。释老二氏之学在各个层面都极大地挑战了王道，这是治道层面的主要问题。面对思想上的挑战与治理上的失序，士大夫希望排佛老而重振儒家之道："幸而好求尧、舜、孔子之志，惟恐不得；幸而遇行尧、舜、孔子之道，惟恐不慊。"② 他们追求"明道"，认为"圣人之言，期以明道"③"文者以明道"④；"遇"，是"行道"的时

---

① 参见：邓小南《祖宗之法：北宋前期政治述略（修订版）》，生活·读书·新知三联书店 2014 年，第 26—43 页；廖宜方《唐代的历史记忆》，第 253—262 页。
② 柳宗元：《送娄图南秀才游淮南将入道序》，《柳河东集》，上海古籍出版社 2008 年，第 415 页。
③ 柳宗元：《报崔黯秀才论为文书》，《柳河东集》，第 550 页。
④ 柳宗元：《答韦中立论师道书》，《柳河东集》，第 542 页。

命机缘，实即君主擢用。士人期待圣王再世，出而为贤相良臣，这是推行儒道的前提条件，否则就述而明道，求得圣人之志。

儒道的内涵及其传承的议题与论说范式，至中唐韩愈而赓续且彰显，后世道统之说亦习以韩愈"原道"为实质的起点。韩愈强调王政制度，"道德"为"天下之公言"而非"一人之私言"，由"博爱""行宜"领起的"仁义道德"的基调是治理及物，指引社会与政治回归儒家王道。古之圣人"为之君，为之师"，"教之以相生养之道"。"圣道"一以贯之：

> 帝之与王，其号名殊，其所以为圣一也。夏葛而冬裘，渴饮而饥食，其事殊，其所以为智一也。今其言曰：曷不为太古之无事？是亦责冬之裘者曰：曷不为葛之之易也？责饥之食者曰：曷不为饮之之易也？①

自帝而王与时俱进，定格于王道制度之治，在现实中开显为一套以纲常制度为秩序的政治社会安排："其文《诗》《书》《易》《春秋》，其法礼乐刑政，其民士农工贾，其位君臣、父子、师友、宾主、昆弟、夫妇，其服麻丝，其居宫室，其食粟米果蔬鱼肉。""德"既"足乎己，无待于外"，又开物成务，这是一个现实世界，并不玄妙："其为道易明，而其为教易行也。"② 这就用仁义礼乐的王制定义了理想的"帝王之道"。后来苏辙批评韩愈之学："朝夕从事于仁义、礼智、刑名、度数之间，自形而上者，愈所不知也。《原道》之作，遂指道德为虚位，而斥佛老与杨墨同科。"③ 是对韩愈从制度之治的层面理解"帝与王之为圣一也"的概括。而这样的定位，想从形而下的法度层面恢复王政，将释老的信徒拉回王道，是在形而下与形而上的不同层面上错位角力，并不能"入室操戈"而有所针对。亦为契嵩所批评：

> 韩子何其未知夫善有本而事有要也，规规滞迹不究乎圣人之道奥耶？韩氏其说数端，大率推乎人伦天常与儒治世之法，而欲必破佛乘道教。嗟

---

① 韩愈：《原道》，《韩昌黎文集校注》，马其昶校注、马茂元整理，上海古籍出版社2018年，第21页。
② 韩愈：《原道》，《韩昌黎文集校注》，第22页。
③ 苏辙语，见《韩昌黎文集校注》，第17页。

夫！韩子徒守人伦之近事，而不见乎人生之远理，岂暗内而循外欤？①

从周公之法定格王道，这是隋唐儒家认知的主流。大儒王通以此阐说帝王之道的内在分野与自己的态度：

> 唐虞之道直以大，故以揖让终焉，必也。有圣人承之，何必定法？其道甚阔，不可格于后。夏商之道直以简，故以放弑终焉，必也。有圣人扶之，何必在我？其道亦旷，不可制于下。如有用我者，吾其为周公所为乎？②

虽然王通描述帝王之道的不同和演进，韩愈强调帝王"所以为圣一也"，但二者都"向后看"，将帝王之道定格在周公集大成的王制伦常层面。

韩愈所卫之道为王道的政治社会现实之治道，其统系从作君作师的圣王发端。一方面承认周公以后无有德有位之圣王，斯道传于孔、孟；另一方面仍强调"位"之于"道"的重要性，传道者存在是否得位的君臣之分，因而承长期以来的"作""述"之别，有"事行"与"说长"之分：

> 斯吾所谓道也，非向所谓老与佛之道也。尧以是传之舜，舜以是传之禹，禹以是传之汤，汤以是传之文、武、周公，文、武、周公传之孔子，孔子传之孟轲，轲之死，不得其传焉。荀与扬也，择焉而不精，语焉而不详。由周公而上，上而为君，故其事行；由周公而下，下而为臣，故其说长。③

这里的"臣"指四民社会中的士人。韩愈所言之"道"及其统系，是由君与士及相应的实践与阐述两个方面组成。士人只能"说"，使"道"之学说传承久长，却不能"事行"。"事行"的主体是君王，"圣王"或"圣人"之治是"治

---

① 契嵩：《非韩上》，《镡津集》卷14，《镡津文集》，钟东等点校，上海古籍出版社2016年，第299页。
② 王通著、张沛校注：《中说校注·天地篇》，中华书局2013年，第57页。
③ 韩愈：《原道》，《韩昌黎文集校注》，第22页。

也是"道",这是儒家构建已久的蕴涵理想政治形态的历史叙事,也是政治现实的理想寄托。但与此同时,韩愈提出"(圣王)传之孔子,孔子传之孟轲,轲之死,不得其传"的命题,在"传"道上,孔、孟与圣王,作用又似乎是一样的,这就留下了一个巨大的张力。"道"本身是得政教之全的治理境界,这也是其理想形态,但因为理想中的圣王难再出世,所以其于现世便存在局限于"说"的可能性,这也是孔子以降的现状,源出圣王治道的"道"遂由实践与言传两个层面传承。与释奠礼中定孔子为师儒之先圣、分立于周公以上的圣王同步,儒家的证道护道叙事中,也明确了在"道"的存续链条上,实践者与论说者共同发挥了"传"的作用,可谓角色不同而事功相若。由此,无位之孔、孟仍可与圣王比拟,韩愈提出孟子"不得位,空言无施"但"拒杨墨"而"功不在禹下"的断论。与"夫子贤于尧舜"相似,都是从传道济世之"功"亦即"事功"来论定其在传道序列中的历史地位:

> 孟子虽贤圣,不得位,空言无施,虽切何补?然赖其言,而今学者尚知宗孔氏,崇仁义,贵王贱霸而已。其大经大法皆亡灭而不救,坏烂而不收,所谓存十一于千百,安在其能廓如也?然向无孟氏,则皆服左衽而言侏离矣:故愈尝推尊孟氏,以为功不在禹下者,为此也。①

从圣王之道出于一,到明道与行道在"道一"的前提下分别为二,在杨倞对道之历史的表述中亦是如此。"昔周公稽古三五之道,损益夏、殷之典,制礼作乐,以仁义理天下,其德化刑政存乎《诗》",东周王道不绝如线,孔子"定礼乐,作《春秋》,然后三代遗风弛而复张,而无时无位,功烈不得被于天下,但门人传述而已"。周公与孔子因为"位"而于道之传承有区别:"周公制作之,仲尼祖述之,荀、孟赞成之,所以胶固王道,至深至备,虽春秋之四夷交侵,战国之三纲弛绝,斯道竟不坠矣。"孟子、荀子阐振孔子之道,也可谓"真名世之士、王者之师"。②杨倞与韩愈同时,可见周、孔制作行道、祖述明

---

① 韩愈:《与孟尚书书》,《韩昌黎文集校注》,第 251 页。
② 杨倞:《荀子序》,《荀子集解》,王先谦集解,沈啸寰、王星贤整理,中华书局 2012 年,第 43 页。

道之别是一时之共识,"时位""功烈"等概念一仍其旧,"道德功烈"的格局仍作为思想基盘有着深刻影响,由此亦可体会周、孔祀典调整的思想背景。

孔子述道而传道已成普遍强调的共识,当代师儒便成为道之所系。但所重者往往恰是所缺乏者,时已至于"今之世不闻有师"①的境地,由此方能理解韩愈庄重"师道",说"古之学者必有师。师者,所以传道授业解惑也"之苦心孤诣。②韩愈所论,正是对道传于述而明之的师儒的确认,因是力图升高师者地位。他"抗颜为师。以是得狂名",柳宗元自称"才能勇敢不如韩退之,故不为人师",除了言语的修辞,亦愈发表明当时儒家的明道之师并不寻常。

在韩愈的时代,论证明晰儒家本有之道并赋予其统系传承的保障,成为儒道存亡的第一号议题,韩愈发挥了承上启下的作用。这个问题不仅限于"空言"的范畴,也是对王朝治道不彰的反思,"不得其传"尤其否定了秦汉以降的治理,其在行道与述道上都是失败的,方有二氏之学的侵袭而得势。所以这也是一个政治议题,并将随着乱离时代的到来而越来越显示出规训政治正当性的意义。在汉唐的孔子地位变迁与儒道本来面目的讨论中,治道这一圣王开创而区别于佛、老之学的家国天下伦常之道的特质越辩越明,开启了宋代的"道统"论。

二、"皇帝王伯"与"向上透一著"

宋人接过了韩愈的道论,并以之应对韩愈时代未能解决、愈演愈烈的问题。宋代儒学与士林面对的时代议题有两大端:一为将惩五代之弊向前推进到惩汉唐之弊,思考汉唐模式的治理为何归于敝坏,长治久安之道为何;一为面对佛、老之学与夷狄的现实冲击,在"四夷不服,中国不尊"③的背景下,思考如何挺立儒家之王道。二氏之学皆擅治心,启发儒家对内在世界的思考,而又始终使其感到威胁,在整全之治的追求下尤为如此——害怕世人因为追求内心的安顿而达致一种不同于儒家王道的总体秩序。这直接与治道的杂霸相关:

---

① 柳宗元语,见《韩昌黎文集校注》,第50页。
② 韩愈:《师说》,《韩昌黎文集校注》,第50页。
③ 欧阳修:《本论》,《欧阳修诗文集校笺》,第1545页。

"黄、老之流为申、韩,机诈兴而末流极于残忍,故君子重恶之也。"① 在大本大原上,此两端实归于一,即中国本有之王道如何在人心与治理之全体上终能达致理想状态,从而内求长治久安、外抗夷狄威胁,在形而上世界中抗衡二氏之学。理想政治中的圣王制作行道,与现实政治中的圣王不再、儒生述道,究竟是何关系,是构建斯道所必须回答与安顿的结构。其进路也归于一,即在王制之治基础上,继续将治道向上追溯,基于全部治理史和治道资源的整合提炼,发明先王之道,讲明圣人之心,树立王道正统。在治道认识论上,从"北宋五子"到朱熹,终于溯圣神、援二氏而升华儒家王道,实现"向上透一著"。与之相应,推明圣人之道的方式也从汉唐注疏向上提而演为义理之学,道学、理学从此推出。中国治道及斯道之学从而皆"向上"升高一阶。

"自先王泽竭,国异家殊。由汉迄唐,源流浸深。"② 自家及国的理想图景的整体紊乱,被归因于秦汉以降不行王道,解决困境的路径指向越过汉唐、规复王道:"国初人便已崇礼义,尊经术,欲复二帝三代,已自胜如唐人。"③ 在宋人眼中,直接原因是汉唐杂霸紊乱了王道:"尧、舜、三代之际,王政修明,礼义之教充于天下,于此之时,虽有佛,无由而入。及三代衰,王政阙,礼义废,后二百余年而佛至乎中国。""佛所以为患者,乘其阙废之时而来,此其受患之本也。补其阙,修其废,使王政明而礼义充,则虽有佛,无所施于吾民矣。"④ 宋人将治道向上提,针对的是汉唐治道,目标是尧舜三代圣王之道。"二帝三王"组合并称,此"帝"即"尧、舜"二帝,是对三代与尧舜一体、帝道援入王道的共识,可以"王道"称之,宋人以此王道斥汉唐之非。"帝、王之号名殊,而其道一也。"⑤ 韩愈之言已成为宋儒的普遍共识。

超汉唐而复三代,归根结底是反本与重塑中国本有之治道,并使其具有明确的价值评判力量。但何为"三代之治",如何在"皇帝王伯"的治道格局中认识和理解"王道",是有待深入的过程。"末世学士大夫不能通知圣人之道,

---

① 王夫之:《读通鉴论》卷 15《宋明帝》,舒士彦点校,中华书局 1975 年,第 450 页。
② 晁公武撰、孙猛校证:《郡斋读书志校证》卷 12,上海古籍出版社 2011 年,第 525 页。
③《朱子语类》卷 129,黎靖德编,王星贤点校,中华书局 1986 年,第 3085 页。
④ 欧阳修:《本论上》,《欧阳修诗文集校笺》,第 511 页。
⑤ 陈亮:《问答下》,《陈亮集(增订本)》,第 45 页。

故常以尧、舜为高而不可及。"① 王安石此语是对汉唐及深受前代影响之风习的批评，其本人虽欲以尧舜为法而实亦"不能通知圣人之道"。在不能超迈汉唐而重为定义圣人之道的情况下，即便有志于三代，也无法以之绳当世、范政治。

欧阳修将"迹"与"德"相较，而于三代以下凭"迹"断之，他的正统论能够帮助我们理解宋代中期以前的治道认识论。以何标准、继承谁之正统，这一政治正当性问题的内在逻辑与治道的关怀结合在一起，使得宋代的正统论颇为盛行。欧阳修论辩的对象，一是连续的统系观，一是五德终始说。②

连续的统系观表现为王朝政权"名年建元"前后相连："（秦汉）而后，直以建元之号加于天下而已，所以同万国而一民也。而后世推次，以为王者相继之统。若夫上不戾于天，下可加于人，则名年建元，便于三代之改岁。"但随着历史发展，政权鼎革现象复杂多样，不合于政治伦理的层出不穷，这种统系观难以为继，正闰的调适与甄别又往往不尽公允："然而后世僭乱假窃者多，则名号纷杂，不知所从，于是正闰真伪之论作，而是非多失其中焉。"③ 重要的是，"正闰真伪"的甄别并没有否定统系观念，而只是贴补，为了维持连续性："凡为正统之论者，皆欲相承而不绝。至其断而不属，则猥以假人而续之，是以其论曲而不通也。"④ 这些"假人"居于不义的闰位，却又以其闰位证明了整个统系的连续与完整性，则统系与治道之"正"便生龃龉。

这个连续的统系是由五德终始来运行的。"论者众矣，其是非予夺，所持者各异，使后世莫知夫所从"的，是"自私之心"以及人心所沉溺的"非圣之学"，直指重"德运"而轻"功德"的五德终始说：

> 自古王者之兴，必有盛德以受天命，或其功泽被于生民，或累世积渐而成王业，岂偏名于一德哉？至于汤、武之起，所以救弊拯民，盖有不得

---

① 王安石：《熙宁奏对日录·熙宁元年》，顾宏义等辑录，《王安石全集》（第4册），复旦大学出版社2016年，第9页。
② 关于五德终始说在当时的影响，参见陈学霖：《欧阳修〈正统论〉新释》《大宋"国号"与"德运"论辩述义》，《宋史论集》，东大图书公司1983年，第153、1页。
③ 欧阳修：《正统论序论》，《欧阳修诗文集校笺》，第494页。
④ 欧阳修：《正统论下》，《欧阳修诗文集校笺》，第500页。

已者,而曰五行之运有休王,一以彼衰,一以此胜,此历官、术家之事。而谓帝王之兴,必乘五运者,缪妄之说也。不知其出于何人?盖自孔子殁,周益衰乱,先王之道不明,而人人异学,肆其怪奇放荡之说。后之学者,不能卓然奋力而诛绝之,反从而附益其说,以相结固。故自秦推五胜以水德自名,由汉以来,有国者未始不由此说,此所谓溺于非圣之学也。①

德运说与连续的统系论实际上是有内在的一致关联的,五德终而复始的运行系统,正需要连续的政权谱系支持,也确认了合乎此"天统"② 之礼制要求的政权的正当性——尽管其在治道上并不被认为正当,从而使得政治正统呈现为连续的谱系。

正统论的问题,饶宗颐、刘浦江等先生已有重要阐发,这里需要补充的是,两汉以降,德运与治道的价值矛盾始终没有解决,如何实现正统判定与德运连续的一致,在德运的序列中展现治道的价值评判标准,政治谱系的这一价值困境,到北宋更加彰显:一是向往三代治道意味着政治正当性的严判,亟待通过严定正统谱系的标准来彰显治道的价值原则。"秦焚书坑儒,汉兴,学者始推五德生、胜,以秦为闰位,在木火之间,霸而不王,于是正闰之论兴矣。"③ 正统的对立面是闰位,王、霸与正、闰相对应,表明正闰之辨包含着治道的评价。但孰王孰霸的标准并未确定,正统所在的标准也始终令人为难。在五德终始循环的系统中设置闰位并非易事,又制约了王霸能否严判。这是天道与人道的张力,"天统""正统"二义之区分从而表出之。二是五代的治道断裂给正统谱系带来了新的挑战,如何重申王纲与礼义,直接表现在五代史的编撰和前世年号的编次上。如欧阳修所言:"大抵其可疑之际有三:周、秦之际也,东晋、后魏之际也,五代之际也。"④ 所重实在五代。

---

① 欧阳修:《正统论上》,《欧阳修诗文集校笺》,第 498 页。
② "得天之统"是五德终始说中的统系观念,至隋唐仍沿用。如《隋书·崔仲方传》所见。
③ 《资治通鉴》卷 69《魏纪一》,中华书局 1956 年,第 2186 页。
④ 欧阳修:《正统论上》,《欧阳修诗文集校笺》,第 497 页。饶宗颐指出:欧阳修"《正统论》之撰著,盖为宋初对五代之统绪如何继承之问题而发。"(《中国史学上之正统论》,第 45 页。)

"尧、舜、三代之一天下也，不待论说而明。"① 这是欧阳修论证新的正统标准的历史依据。"《传》曰：'君子大居正。'又曰：'王者大一统。'"这是来自《公羊传》的经义依据。正统观念即"正"与"一"的理想型，其根本也归结到二帝三王之治道，特别是治道在政权转移上的体现。由此，欧阳修以"帝王之理"和"始终之际"两端为评定正统的依据："尧、舜之相传，三代之相代，或以至公，或以大义，皆得天下之正，合天下于一，是以君子不论也，其帝王之理得而始终之分明故也。"亦即"正"和"一"："正者，所以正天下之不正也；统者，所以合天下之不一也。由不正与不一，然后正统之论作。"②当"正"与"一"分离之世，便是正统尤待论明之时："及后世之乱，僭伪兴而盗窃作，由是有居其正而不能合天下于一者，周平王之有吴、徐是也；有合天下于一而不得居其正者，前世谓秦为闰是也，由是正统之论兴焉。"③

以"正"与"一"为标准，欧阳修提出"绝统"说。必须遵从"圣人之说"，以"天下之至公大义"消除"帝王之理或舛，而始终之际不明"的疑惑，使"心无所私，疑得其决"。正统既为"统"，就要保持一定的延续性，但不必表现为历史上时刻相连的连续状态，帝王可以正道得统、得统而行正道。前提是去除"不正"者，这就意味着正统"有时而绝"，在"绝而复续"中彰显正道：

> 有不幸而丁其时，则正统有时而绝也。故正统之序，上自尧、舜，历夏、商、周、秦、汉而绝，晋得之而又绝，隋、唐得之而又绝，自尧、舜以来，三绝而复续。惟有绝而有续，然后是非公，予夺当，而正统明。④

其中，很可能有韩愈原道"轲之死，不得其传"的影响。

这是以治道入正统论而决定的思路。欧阳修自言"于正统则宜绝，于其国则不得为伪者，理当然也"⑤，正说明了其正统论含有治道褒贬之意，高于政

---

① 欧阳修：《正统论序论》，《欧阳修诗文集校笺》，第494页。
② 欧阳修：《正统论上》，《欧阳修诗文集校笺》，第496页。
③ 欧阳修：《正统论上》，《欧阳修诗文集校笺》，第496页。
④ 欧阳修：《正统论下》，《欧阳修诗文集校笺》，第501页。
⑤ 欧阳修：《或问》，《欧阳修诗文集校笺》，第509页。

权合法性之标准，这种区分比"正、闰"之别更加合理。

欧阳修虽以圣人王道斩断"相承不绝"之正统观，驳斥五德终始的天统说，认为宋可与三代相比："大宋之兴，统一天下，与尧、舜、三代无异。臣故曰不待论说而明。"在论正统时，却仍以"德与迹"并论。在"绝而复续"的正统视界里，对没有"德"的时代采取了以"迹"为标准的评判。"正统，王者所以一民而临天下。"政治正当性的评价只是更彰显了王道而驳斥五德，"王者大一统"的标准就是"迹"。欧阳修具体要据以论正统的也是"终始兴废之迹"："自秦昭襄讫周显德，千有余年，治乱之迹不可不辨，而前世论者，靡有定说。"① 于北魏，坚持王道而认为"功与强，圣人有所不取"；于五代，认为"较其心迹，小异而大同尔"；但于秦，却认为"推秦之兴，其功德（与商、周）固有优劣，而其迹岂有异乎？""此其本末之迹也。其德虽不足，而其功力尚不优于魏、晋乎？"；于晋，认为"其德法之维天下者，非有万世之计，圣人之业也。直以其受魏之禅，而合天下于一，推较其迹，可以曰正而统耳"。除二帝三代之外，秦、汉、唐亦皆"居天下之正，合天下于一"之正统；晋、隋是"始虽不得其正，卒能合天下于一，夫一天下而居上，则是天下之君"的正统；东晋、北魏则"考其迹，则皆正，较其义，则均焉"而不得正统。这个"较其德与迹而然耳"的正统谱系，亦表明其对"君子大居正"的理解不是王道义理上的，而是政权之实迹。② 欧阳修自道其治道史观是："自秦以后，德不足矣"，"必据其迹而论之"。③ 但退而求其次的依据实际上导致放弃了在秦汉以降的治理史中坚持王道价值标准。将"迹"与"功德"平视，"功力"与"德"平视，重视"迹"就意味着轻视和弱化治道的价值阶序。"三代"前后虽然成为正统的分水岭，二帝三王的治道却没有超越进入百世。如此，则王道所蕴之治道价值、政治伦理复被淹没于兴衰得失的史迹之中，鼎革形势、权源正当、天下归一等"迹"的考量压过了治道的价值阶序，政治规则从超越的王道价值关怀退回到具体务实的正当性标准，"正"的道德和价值感随之多歧而弱化。如章望之所批评的："永叔以正统之论肇于《春秋》之学，故引《公羊》

---

① 欧阳修：《正统论序论》，《欧阳修诗文集校笺》，第494页。
② 欧阳修：《正统论下》，《欧阳修诗文集校笺》，第500页。
③ 欧阳修：《或问》，《欧阳修诗文集校笺》，第509页。

'大居正''大一统'之文为据,既曰'大居正',而又以不正人居之,是正不正之相去,未能相远也。"章氏用"正统"和"霸统"来判定之,王道的价值观更加鲜明:"予今分统为二名,曰'正统''霸统'。以功德而得天下者,其得者正统也,尧、舜、夏、商、周、汉、唐、我宋其君也;得天下而无功德者,强而已矣,其得者霸统也,秦、晋、隋其君也。"① 以这个治道价值为标尺,欧阳修的正统论便显得不够纯粹。苏轼认为:"尧、舜以德,三代以德与功,汉、唐以功,秦、隋、后唐、晋、汉、周以力,晋、梁以弑。以实言之,则德与功不如德,功不如德与功,力不如功,弑不如力。"可见"道德功力"的价值阶序历代一以贯之。在当时的讨论中,苏轼认为汉、唐也是霸道,定秦、隋等为霸是拉低了霸的标准:"夫王者没而霸者有功于天下,吾以为在汉、唐为宜,必不得已而秦、隋、后唐、晋、汉、周得之,吾犹有憾焉。"② 对于何为"霸",苏轼与章望之的定义不尽相同,延续汉唐对"霸"持有一定认可的观念,对"霸"的内涵与判属尚不确定,便会影响到王道的界定,进而是汉唐的王霸定位。

摆脱五德终始说的束缚,彰显王道的价值,是欧阳修正统论的义理所在,其中矛盾徘徊之处,则表明了王道内涵仍有待进一步确定,这就关系到如何以王道裁断百世以下的政治正统。王道内涵不明,定义不准,则裁断难立。标准是在"迹"的层面,就意味着对现实世界的不合于王道之统治事实的妥协。这说明在"时"与"道"矛盾的"千有二百一十六年之间",王道并不能统驭现实世界。"正"的价值标准,尚有待于历史与治道的认识论的提升才能看得真切。

重迹的正统论,表出了重迹的治道观。这是欧阳修治道观的底色,也见于他的排佛论。对于佛教,欧阳修认识到"莫若修其本以胜之",但以"王政明而礼义充"为王道之本、"胜佛之本"。他将"王道中绝"的原因只归结为秦"尽去三代之法",也限于对王道的形而下的理解。相应地,对于王道如何"复明","使天下皆知礼义",便在井田、礼制、立学等"王者之政""三代之法"

---

① 章望之:《明统论》,载饶宗颐《中国史学上之正统论·资料一》,第124页。
② 苏轼:《正统论三首》之《辩论三》,《苏轼文集》(第1册),孔凡礼点校,中华书局1986年,第123页。

上盘旋。从"今尧、舜、三代之政，其说尚传，其具皆在"论证，虽然比只从"禁汝之佛而为吾礼义"的禁制一面着力更有见识，但不从义理与心性上着手，而寄望于行政与制度之"具"："民之生也，不用力乎南亩，则从事于礼乐之际，不在其家，则在乎庠序之间。耳闻目见，无非仁义，乐而趣之，不知其倦。终身不见异物，又奚暇夫外慕哉？故曰虽有佛无由而入者，谓有此具也。"还只是外在的功夫。在"迹"的层次上考经疑古，事实上也不能实现"学问明而礼义熟，中心有所守以胜之"。否则汉唐注疏之学即可臻于礼义王道了。①

魏晋以降的"意迹之辨"在哲思框架上已广为宋人所接受，但从欧阳修等人的议论来看，在思想世界中，"迹"仍是前提和基础，"意"是依靠"迹"存在而相对于"迹"的初度抽象，还不是足够超越的认知路径。对于《易》，欧阳修指出，"言不尽意"实"非深明之论"：

> 书不尽言，言不尽意。然自古圣贤之意，万古得以推而求之者，岂非言之传欤？圣人之意所以存者，得非书乎？然则书不尽言之烦，而尽其要；言不尽意之委曲，而尽其理。谓书不尽言，言不尽意者，非深明之论也。

由是，"予谓《系辞》非圣人之作，初若可骇，余为此论迄今二十五年矣，稍稍以余言为然也"。② 结合起来看，欧阳修对"言""辞"等"迹"的信任，说明了其对于"意"的理解是比较形而下的，是以"迹"为前提的。

对迹之真实性的信任，与欧阳修以"事实"为由否定上古"皇、帝"之道的观念出于一辙。欧阳修认为，孔子"欲其传之信也"而明先王之道：

> 故略其远而详其近，于《书》断自唐、虞以来，著其大事可以为世法者而已。至于三皇五帝君臣世次皆未尝道者，以其世远而慎所不知也。……以孔子之学，上述前世，止于尧、舜，著其大略，而不道其前。迁远出孔子之后，而乃上述黄帝以来，又详悉其世次，其不量力而务胜，

---

① 欧阳修：《本论上》《本论下》，《欧阳修诗文集校笺》，第511、517页。
② 欧阳修：《试笔·系辞说》，《欧阳修全集》，李逸安点校，中华书局2001年，第1985页。

宜其失之多也。

以尧舜以来的史迹为可信,且为当世有用,而"三五"之事则难明且不必:

> 尧、舜、禹、汤、文、武之道,百王之取法也。其盛德大业见于行事,而后世所欲知者,孔子皆已论著之矣。其久远难明之事后世不必知,不知不害为君子者,孔子皆不道也。夫孔子所以为圣人者,其智知所取舍,皆如此。①

这是考实征信的历史观,也是重在取法治迹而非从中超越以用于当世的治道观。欧阳修认为,虽然"君子之于学也务为道,为道必求知古,知古明道",但必须以"信"为前提,要能够直接地"履之于身,施之于事"。所以批评"皇道"为缺乏依据的"高言":"述三皇太古之道,舍近取远,务高言而鲜事实,此少过也。"而"思混沌于古初,以无形为至道"不过是"诞者之言"。②太古之道不足述,也便不能垂范当世:"(尧)其前远矣,圣人著书足以法世而已,不穷远之难明也,故据其所得而修之。"③ 于《易》,欧阳修信其为"文王之作也",而不溯至伏羲。④

"定君臣父子之道,述皇王帝霸之基。"⑤ 从三皇讲起,但落脚于王道制度,以此为准的上接"二帝三王"之道,是宋初以降的典型述道模式,可见其对"王道"内涵的定位。可以"宋初三先生"的思想为主要代表来说明。石介认为"圣人之作,皆有制也,非特救一时之乱,必将垂万代之法",用"制""法"讲圣人制作,和欧阳修一样是只就"二帝三王"讲王道的儒家传统思路,也就将自己对治道的思考停留在如此等"迹"的层面:

---

① 欧阳修:《帝王世次图序》,《欧阳修诗文集校笺》,第 1111 页。
② 欧阳修:《与张秀才第二书》,《欧阳修诗文集校笺》,第 1759 页。
③ 欧阳修:《春秋或问》,《欧阳修诗文集校笺》,第 556 页。
④ 欧阳修:《易或问三首》,《欧阳修诗文集校笺》,第 535 页。
⑤ 王禹偁:《仲尼为素王赋》,《全宋文》(第 7 册),曾枣庄、刘琳主编,上海辞书出版社、安徽教育出版社 2006 年,第 241 页。

> 夫礼乐、刑政、制度，难备也久矣。始伏羲氏历于神农、黄帝、尧、舜、禹、汤、文、武、周公、孔子十有一圣人，然后大备矣。夫十一圣人，思之亦已深矣，经之亦已远矣，其巧亦已至矣，其智亦已尽矣。后人有作，乃各尚一时之能，苟肆一时之欲，而尽废古人之制。①

孙复也持类似的观点，认为治道"基于伏羲，渐于神农，著于黄帝、尧、舜，章于禹、汤、文、武、周公"，至孔子"焕然而备"。②孔子述王道，道至孔子而备，即是治道至王道而备、以王道为高为定格之表现。石介认为十一圣人所为之制，"信可以万世常行而不易"，后世没有这样的圣人出世，"则勿请更作制"，有这样的圣人出世，"则请起今之亡而复古之制"。③他喜欢讲"王制"故事，如舜、周公、孔子"明王制以用四诛，用四诛以靖天下"。④虽然认可伏羲是《易》的始作者，但在"迹"的思维模式里，他认为《易》经从伏羲到孔子是应"救乱"而文益繁的发展史，而非天道的展开：

> 夫《易》之作，救乱而作也，圣人不得已也。乱有深浅，故文有繁省。乱萌于伏羲，故八卦已矣；渐于文王，故六十四已矣；极于夫子，故极其辞而后能止。伏羲后有神农氏、黄帝氏、少昊氏、颛顼氏、高辛氏、唐尧氏、虞舜氏、禹、汤，皆圣人也。岂独不能系《易》之一辞？无乱以救也。文王岂独能过是九圣人？乱不可不救也。作《易》非以为巧，救乱也。

由此，他将《易》导入社会发展决定应对之道的轨道，既反对讥文王"不逮省文"，也反对认为"伏羲氏泄道之密，漏神之机，为始兆乱者"。⑤乱日益深，文繁救乱，这仍是"巧""智"的发展史。胡瑗与之有相似的阐释逻辑，说《易》为"伏羲、文王、周公、孔子所以垂万世之大法，三才变易之书"，按照

---

① 石介：《复古制》，《徂徕石先生文集》，陈植锷点校，中华书局1984年，第69页。
② 孙复：《上孔给事书》，《全宋文》第19册，第292页。
③ 石介：《复古制》，《徂徕石先生文集》，第70页。
④ 石介：《明四诛》，《徂徕石先生文集》，第70页。
⑤ 石介：《辨易》，《徂徕石先生文集》，第78页。

儒家《易》的传统，讲求"变易之道，天人之理也"。从伏羲"世质民淳，巧伪未兴，诈端未作"，到夏、商特别是桀、纣之世"民欲丛生，奸伪万状，礼隳乐缺，天下纷然"，颇合于"皇、帝"之世与三王之世"德下衰"的历史认识，贯穿于此进程中的"天地通变之道，万物情伪之理"，则皆在《易》。① 在这样的治道认知上，石介认为道始于三皇而以王道为"成"："伏羲氏、神农氏、黄帝氏、少昊氏、颛顼氏、高辛氏、唐尧氏、虞舜氏、禹、汤氏、文、武、周公、孔子者十有四圣人，孔子为圣人之至。""道始于伏羲氏，而成终于孔子。道已成终矣，不生圣人可也。""孔子之《易》《春秋》，自圣人来未有也。""孔子后，道屡塞，辟于孟子，而大明于吏部。道已大明矣，不生贤人可也。"② 这是中国之道的成形史，以王道制度为最高，是石介一贯的思想，由此深表对韩愈的推重，前文已交代《原道》诸文亦是以二帝三王的仁义王政为王道内涵。"夫万物皆有制，不得其制则反为害。"③ 他在《上赵先生书》中，将唐宪宗比于"羲、轩之资，唐、虞之材"，认为文辞"大者驱引帝、皇、王之道，施于国家，敷于人民，以佐神灵，以浸虫鱼；次者正百度，叙百官，和阴阳，平四时，以舒畅元化，缉安四方"，落脚仍是"教化仁义、礼乐刑政"，指向王道礼乐制度。所谓"羲、轩之资""帝、皇之道"，不过是来自治道世系的修饰语，并无具体的治道规训指向。④

三代的制度魅力吸引儒生"跨"过汉唐杂霸、"直"向三代接续王道，自宋初便成风趋，落脚于规复王制。刘复生注意到"圣人制作说这一古老话题再度流行，古代的纲常伦理被奉为永垂万世的根本大法"⑤，对这一现象的观察是很敏锐的。石介认为自伏羲至周代"有君臣，有父子，有夫妇，有男女，有衣服，有饮食，有田土，有宫室，有师友，有尊卑，有冠婚，有丧祭"等"礼乐刑政制度"⑥，汤革夏、周革商，都能"尽"循前代圣王之道，汉革秦"顺

---

① 《胡瑗周易口义发题》，胡瑗：《周易口义》，白辉洪等点校，中国社会科学出版社2021年，第1页。
② 石介：《尊韩》，《徂徕石先生文集》，第79页。
③ 石介：《兵制》，《徂徕石先生文集》，第102页。
④ 石介：《上赵先生书》，《徂徕石先生文集》，第135页。
⑤ 刘复生：《北宋中期儒学复兴运动（增订本）》，生活·读书·新知三联书店2023年，第118页。
⑥ 石介：《复古制》，第69页。

天应人，以仁易暴，以治易乱，三王之举也"，却"不能尽循周之道"，断论"王道驳于汉"，批评汉代成为王道衰坏的转折。所谓"王道"即王政法制，"区区袭秦之余，立汉之法"，不复施行井田之法、什一之制、封建之治、乡射之礼、学校之教以及度量、衣服、宫室、赋税、养老等之谓。① 石介认为："时在治乱，道在圣人，非在先后耳。""时治则淳，时乱则浇，非时有浇淳也。圣人存则道从而隆，圣人亡则道从而降，非道有升降也。"但对圣人治世之道的理解是制度层面的："示之以三王之政，革之以三王之化，鼓之以三王之号令，明之以三王之律度。"② 他们所重的仍是"迹"，认为三王之政与制是亘万世而不变的，周秦以降的乱世，原因在于"乱古之制。"③ 石介认为必须规复古制才能得治："不反其始，其乱不止。"④

将"道"落在制度上，此道论的结果和典型是王安石新法。和当时流行的道论一样，王安石认为道始于伏羲、成于孔子："夫伏羲既发之也，而其法未成，至于尧而后成焉。尧虽能成圣人之法，未若孔子之备也。"《易》之道至王道而"备"，孔子述王道而集大成：

> 夫以圣人之盛，用一人之知，足以备天下之法，而必待至于孔子者何哉？盖圣人之心不求有为于天下，待天下之变至焉，然后吾因其变而制之法耳。至孔子之时，天下之变备矣，故圣人之法亦自是而后备也。《易》曰"通其变，使民不倦"，此之谓也。⑤

在这样的与时俱进、至王道而备的治道观念下，虽然王安石受老庄思想影响而

---

① 石介：《汉论上》，《徂徕石先生文集》，第111页。由此可知石介虽对举"（陆）贾若能远举帝皇之道致于人君，施于国家，布于天下，（叔孙）通若能纯用三王之礼施于朝廷，通于政教，裕于后世，以高祖之材而不能行之乎？"但如《上赵先生书》一样，"帝皇之道"并无具体的治道指向，批评的是"汉改三王之道"，归宿仍是王道法制。（《汉论中》，《徂徕石先生文集》，第112页。）在《原乱》中，石介亦拈出君臣之礼、什一之制、井田之制以及封建、男女、后妃、宦官等方面的制度。（《徂徕石先生文集》，第65页。）
② 石介：《汉论下》，《徂徕石先生文集》，第111页。
③ 石介：《原乱》，《徂徕石先生文集》，第64页。
④ 石介：《原乱》，《徂徕石先生文集》，第66页。
⑤ 王安石：《夫子贤于尧舜》，《王安石全集》（第6册），侯体健等整理，复旦大学出版社2017年，第1213页。

综合儒家孟子之言，认为"圣之为称，德之极；神之为名，道之至。故凡古之所谓圣人者，于道德无所不尽也。于道德无所不尽，则若明之于日月，尊之于上帝，莫之或加矣"①，但涵有道家思想的"道德"观，并不能改变其重在"礼乐刑政"之王制的治道论。和石介一样，对于何为"尽"，王安石关心的主要在于法度，由此向神宗进言舍唐太宗而法尧舜："陛下当以尧、舜为法，唐太宗所为不尽合法度。末世学士大夫不能通知圣人之道，故常以尧、舜为高而不可及。"② 这是时儒以尧舜之道为准的，从贞观之治向上提的明证。"常以尧、舜为高而不可及"是以汉唐盛世的故事为法，被认为是"末世学士大夫"之言，"通知圣人之道"则是宋儒的努力方向。但荆公只"通"至"尧、舜、三代"，仍在传统儒家以尧舜帝道援救三王之道的格局内，故定位于"法度"。或者说其立足王道法度，故只谈"二帝三王"。熙宁二年，宋神宗问："不知卿所施设以何为先？"王安石答曰："变风俗，立法度，最方今所急也。"③ 这确实是"对塔说相轮"的直接速行之法。在这个治道格局中，王安石虽然以"心异"论王霸之别，认为："王者之道，其心非有求于天下也，所以为仁、义、礼、信者，以为吾所当为而已矣。以仁、义、礼、信修其身而移之政，则天下莫不化之也。""霸者之心为利，而假王者之道以示其所欲。"亦以"王者之大，若天地然"，讲"王者无所劳于天下，而天下各得其治，虽得其治，然而莫知其为王者之德也"。但这样的"无为"观在法度之彀中是无从施展的，便只能销匿无形了。"仁、义、礼、信，天下之达道，而王、霸之所同"的观点，也忽视了"仁、义、礼、信"的义理内涵。④ 范纯仁批评其："欲求近功，忘其旧学。舍尧、舜知人安民之道，讲五霸富国强兵之术。尚法令则称商鞅，言财利则背孟轲。"⑤ 从"心"辨"王霸"而仍被归于"霸"，这是只就法度论"二帝三王"之道的结果，说明只从制度上是无法讲明"王道"的。如王夫之所论：

---

① 王安石：《夫子贤于尧舜》，《王安石全集》（第6册），第1212页。
② 王安石：《熙宁奏对日录·熙宁元年》，《王安石全集》（第4册），第9页。
③《王荆公安石传》，《王安石年谱三种》附录，裴汝诚点校，中华书局1994年，第747页。
④ 王安石：《王霸》，《王安石全集》（第6册），第1216页。
⑤《续资治通鉴长编拾补》卷5，神宗熙宁二年七月丙午，黄以周等辑注，顾吉辰点校，中华书局2004年，第222页。

> 今夫唐太宗之于尧、舜，其相去之远，夫人而信之矣。而非出号令、颁科条之大有异也。借令尧、舜而举唐太宗所行之善政，允矣其为尧、舜。抑令唐太宗而仿尧、舜所行之成迹，允矣其仅为唐太宗而止。则法尧、舜者之不以法法，明矣。德协于一，载于王心，人皆可为尧、舜者，此也。道贞乎胜，有其天纲，汤、武不师尧、舜之已迹，无所传而先后一揆者，此也。法依乎道之所宜；宜之与不宜，因乎德之所慎。舍道与德而言法，韩愈之所云"传"，王安石之所云"至简、至易、至要"者，此也。

治道的讲求仍要由"道"求"治"，而不可停留于"治"之表面：

> 夫尧、舜之学，与尧、舜之治，同条而共贯者也。安石亦知之乎？尧、舜之治，尧、舜之道为之；尧、舜之道，尧、舜之德为之。二典具存，孔、孟之所称述者不一，定以何者为尧、舜之治法哉？命岳牧，放四凶，敬郊禋，觐群后，皆百王之常法。唯以允恭克让之心，致其精一以行之，遂与天同其巍荡。故尧曰"无名"。舜曰"无为"。非无可名，而不为其为也。求一名以为独至之美，求一为以为一成之例，不可得也。①

在这个制度认知规模中，我们可以推知王安石"礼乐之意大而难知"之"意"仍是具体的，与欧阳修等对"意"的认知相去其实不远，尽管他曾批评欧阳修"不知经，不识义理"②，自己也适当此批评。

王夫之的批评，是宋学在治道上会通了"意"与"迹"的辩证法之后才有的认识。李觏"夙夜讨论文、武、周公、孔子之遗文旧制，兼明乎当世之务"③，认为三代与汉唐同属王道，只是纯杂之别，"三代王而粹，汉唐王而驳"，提出"汉唐其卑"的定论，归因于"法制未修""不能纯用先王之制"。只在制度上讨意见，是难以脱离汉唐的规模与层次的。④ 从石介、李觏到王安

---

① 王夫之：《宋论》卷6，舒士彦点校，中华书局1964年，第115页。
② 李焘：《续资治通鉴长编》卷211，神宗熙宁三年五月庚戌，中华书局2004年第2版，第5135页。
③ 祖无择：《直讲李先生文集序》，《李觏集》，王国轩点校，中华书局2011年，第1页。
④ 李觏：《常语下》，《李觏集》，第373页。

石,他们都讲《易》之道,从伏羲始论治道,但以"二帝三王"的法度为归宿,以此可谓"传统儒家"或"旧儒家、旧儒学"的王道见识为准的,虽高倡"复三代",但对于如何"复三代",三代法度经过什么路径方可付诸实践,与之相关的,如何理解和定义王道及其传承,王道与政治正统是何关系,王道是否可以、如何规范当代政治,这些问题都还没有解决。这是王道的价值伦理与当代形势和政治实践的较量。王道的价值裁断问题不解决,便不能树立于当世,仍有"以时胜道"① 之感,而不能维系治道不坠,人心与秩序便被异端学说淆乱:"道之不明,斯人之迷且病,天下之理泯然其将灭也。"② 于此亦可见治道一体、一损俱损的整全性结构。没有认识论上的突破,在义理上便限于汉唐的王道认知,虽有规复王道的雄心,但缺乏对理想治道再现于当世的形而上反思。王道的认识与理解没有新进步,法度的规复便如王莽新制一样不能真正获得共识与有效实施。

在彼时的思想世界中,只有"皇帝王伯"的治道思想资源可供借鉴而生发出新的认识。但上述诸儒从伏羲讲起的"皇帝"世系与泛论的"皇、帝"之道,只是圣人图谱与治道史的起源,而不具备清晰的"道"的指向。李觏为论证"天子也,安得霸哉",揭出"皇帝王霸者,其人之号,非其道之目也"。在这个认识层次上,李觏的王霸观是原初的、界线模糊的:"如使纣能悔过,武王不得天下,则文王之为西伯,霸之盛者而已矣。西伯霸而粹,桓文霸而驳者也。"③ 虽然有其具体语境中的用意,但也道出了对"皇帝王霸"非"道"的认识。这个泛泛而论的谱系虽从历史上证明和支持王道,却无助于王道的提升。这和用三皇源起支持五德终始是一样的:"自伏羲氏以木王,终始之传,循环五周。至于皇朝,以炎灵受命,赤精应谶,乘火德而王,混一区夏,宅土中而临万国,得天统之正序矣。"④

治道与宋学在反思汉唐中走上嬗蜕之路。规复"二帝三王"之道的追求,推动了三代之法行于当世的方法论思考,而其转掇仍在上溯"皇、帝"治道而

---

① 王安石:《送孙正之序》,《王安石全集》(第7册),赵惠俊等整理,复旦大学出版社2017年,第1489页。
② 范育:《正蒙序》,《张载集》,章锡琛点校,中华书局1978年,第4页。
③ 李觏:《常语下》,《李觏集》,第372—373页。
④ 《册府元龟》卷1《帝王部·总序》,第2页。

惩汉唐之衰、救王道之弊。对《易》道的讲求则是通往"皇、帝"之道的门径。

如上文所交代的，从魏晋意迹之辨中走过来的"意"的概念，是宋人常用的认识论和方法论。虽在法度的重视中，且由于"意"的治道义理尚未讲明，"意"只是相对于形而下之迹的初度抽象，但也给超越时空与形迹的制约传承治道提供了思考的线索。李觏借用庄子的"筌蹄之喻"，指出对于治道来说，超越注疏之"学"、"词句"之文，而探求经典中的"意义"尤为重要："惟大君子有心于天下国家者，少停左右，观其意义所归，则文学也者，筌蹄而已。"①

在形而上下杂糅并列的解说格局中，以"泛通六经，长于《易》"著称的范仲淹，以《易》之"意"讲"制器尚象"，强调上古圣人制作"法则"的重要性：

> 器乃适时之用，象惟见意之筌。当制器而何本，实尚象以为先。审彼规模，虽因民而利也；取诸法则，必设卦而观焉。究大易之指归，见上古之仁圣。备其器，则所以足用；存乎象，则不失其正。制皆有度，为后世之准绳；用各从人，遂群生之情性。

后世器、象分殊，而以意为归，"有生于无"：

> 当其备物之始，立意之端，茹毛血者悯疾伤之易及，居巢穴者嗟燥湿之未安。我乃曰杵授时，《小过》之文是则；栋宇易俗，《大壮》之法可观。其用不穷，触类而长。鼎鬻稽火风之义，衣裳着《乾》《坤》之象。弧矢之作，遇其《睽》而必施；舟楫之功，取诸《涣》而有往。由是朴斫之姿日益，陶镕之质星陈。施于田畴，则兆民所赖；设于礼乐，则百代相因。创自三皇，诚利济而可久；体诸八物，故制作而有伦。然则器之未兴也，民愚而俗弊；器之既兴也，人滋而事济。终成乎百代之利，勿谓乎一时之制。登降有数，取资于大衍之中；追琢其章，观理于六爻之际。异

---

① 李觏：《寄周礼致太平论上诸公启》，《李觏集》，第276页。

哉，有生于无，不其然乎！朴未散而器象一致，朴既散而器象万殊。有方有圆，俄成形于梓匠；无小无大，咸得意于羲图。于以见制器之方，于以见尚象之义。必审有益之象，岂陈虚设之器？故曰，圣人立成器，以为天下利。①

"得意于羲图"，揭出虽然经历世情变化，伏羲之卦仍是"指归"。与因乱而文繁的叙事不同，这是一个从伏羲之《易》生发出万物治理，从"立意之端"而开物成务的叙事。它强调的不是至后圣而"备""成"，而是前圣立根本之意可指挥千变万化："昔者有圣人之生，建大《易》之旨。观天之道，察地之纪。取人于斯，成卦于彼。将以尽变化云为之义，将以存洁静精微之理。""上以统百王之业，下以断万物之疑。变动不居，适内外而无滞；广大悉备，包上下而弗遗。至矣哉！无幽不通，唯变所适。"这正是因为"《易》以象设，象由意通"，是"穷理尽性，原始要终"的。② 其中也有老庄所道之"皇道"的影响："老氏有云，圣皇无失。"在黄帝求珠、庄生齐物的境界里，"一者道之本，式者治之筌""上德不德，无为而为"，由此可以"政复结绳，罔有二三之令；理敦执契，自为亿兆之规。我后超五帝之功，迈三王之德，化育而四时为柄，恭默而万邦承式"。③ 这就是"天道"："高明之运也，善行无迹；盛衰之应也，惟变所适。"④ 在此观念下，范仲淹认为"礼义为器"，"崇礼明义，斯以为器"，二者虽然"助政教而可大，贯古今而不坠"，但仍"覆万国而无疆，通大道之不器"。⑤

但是，范仲淹的视野仍受其时代共识的限制，于治道大都还是从尧舜讲起，认为尧是"五帝之最，百王之宗"，要"稽陶唐之道，法有虞之理"。⑥ 他所论的"轩皇""皇王之道"，仍不过是六官之设，"分职无旷，王道行矣"。⑦

---

① 范仲淹：《制器尚象赋》，《范仲淹全集》，范能濬编集，薛正兴校点，凤凰出版社2004年，第683页。
② 范仲淹：《易兼三材赋》，《范仲淹全集》，第437页。
③ 范仲淹：《圣人抱一为天下式赋》，《范仲淹全集》，第447页。
④ 范仲淹：《天道益谦赋》，《范仲淹全集》，第446页。
⑤ 范仲淹：《礼义为器赋》，《范仲淹全集》，第17页。
⑥ 范仲淹：《尧舜帅天下以仁赋》，《范仲淹全集》，第424页。
⑦ 范仲淹：《六官赋》，《范仲淹全集》，第426页。

"无迹""无为"的"天道",如何与"二帝"为尚的职官制度之治绾合在一起,甚至统驭之呢?在范仲淹的著述中,我们看到向上思考的努力和可能性,他重视"意"并将其带入了治理史的理解,但终是差了"一著"而植根于法度之治了。

"通知圣人之道"重在"通"。宋代的治道讨论中也有对"皇、帝"之道与"皇帝王伯"治道格局的好奇心,上溯三皇,希望从这当时所承受之治道思想资源库中阐发出可资于当代政治的有益道理。宋太宗认为"禁民为非者莫大于法",但"法者,为治之末也,乱世之事也"。他信奉的是"皇帝王"之道,将"道德"归于三皇:"皇者用道德,帝者用仁义,王者用礼乐,霸者用忠信。亡者不能用道德、仁义、礼乐、忠信,即复取法以制其衰乱焉。"① 赵普也曾劝太宗"以无为无事,保卜世卜年,自可远继九皇,俯观五帝",② 可见皇道与无为的对应。"真宗初年,殿堂之上有关'皇王之道'的讨论明确频繁。"③ 咸平四年,宋真宗策问求道:"朕奉祖宗,不敢失坠,思得天下方闻之士,习先王之法,明当世之务者,以辅朕之不逮。《传》曰:'三皇步,五帝骤;三王驰,五霸骛。'斯则皇、帝、王、霸之异世,其号奚分?步、骤、驰、骛之殊途,其义安在?"④ 大中祥符八年四月,又将御制皇王帝霸等论给大臣阅读。⑤ 宋真宗认为应抽象地继承圣王之道:"朕以为皇王之道非有迹,但庶事适治道则近之矣。"(《宋史·张齐贤传》)

但在"皇帝王霸"的"治道"内涵没有发明、价值标准没有厘清的情况下,除了泛泛而论的"无为""清净"等汉唐旧义之外,"上比三皇""及尧舜"还只是高上远大的标举符号甚至修辞,它们表征着一种不满于近代的追求,但还不是确定的治道和治法。田锡怀"致君于尧、舜之心",就既要"常以皇王之道致陛下于尧、舜",又要"得以帝霸之道致陛下于尧、舜"。二者区别只是速度上的:"若师皇王之道,日新厥德,必十年之内,能致太平;若遵帝霸之

---

① 宋太宗:《诫家兄明法改科书》,《全宋文》(第3册),第612页。
② 《续资治通鉴长编》卷27,太宗雍熙三年五月丙子,第617页。
③ 邓小南:《祖宗之法》,第408页。
④ 宋真宗:《试贤良方正制策》,《全宋文》(第11册),第21页。
⑤ 《续资治通鉴长编》卷84,真宗大中祥符八年四月癸丑,第1921页。

道，夕惕若厉，则千载之运，永固鸿业。"① 这恰是与"皇、帝、王"之道和"霸"道的本义相反的，"皇王"与"帝霸"两两组合而区别对称也是有违古义的"现代化"。田锡"奏今陛下以何道理天下，愿以皇王之道为理"，宋真宗"宣谕所言皇王为理之道，可款曲著撰进来"，田锡"遂略言《尚书》尧、舜典是帝道"。② 凡此均可见当时对"皇帝王伯"之治道的认知非常含混，"皇帝王伯"实成空头名词。邓小南发现："宋初的皇王帝霸说，基本被理解为一个整体。"③ 正是这种含混笼统的发展阶段的表现。与之相应的，"无为""无迹"的内涵与治道定位也并不稳定，如"永惟皇王之理，思复三代之迹"，将"理"与"迹"并用，似有区别但并不严格区分。④ 义理内涵不清晰，就为"皇王帝霸"说"作为帝王统治的御臣御民之术而被注意"提供了条件。⑤

同时，也值得重视的是，君主的追问，"以皇王之道为心"的追求，毕竟说明"皇帝王伯"仍是相对于汉唐以来故事而言的重要治道思想资源，其中的"皇、帝"也并非仅作为帝王世系上可信或可疑的历史人物存在，而是具有治道的指向。君臣推崇尧舜三代之治，也以"无迹""无为"作为基本政治类型分层的标准。

这就又回到了如何看待"皇帝王伯"的治道思想资源并从中选择、发明应对时势的治道的问题。刘师培曾指出："宋儒之学，虽多导源于佛、老，亦多与九流之说暗合，特宋儒复讳其学术所自来耳。"⑥ 事实上，这不是"九流"的问题，而是反身朝向"皇帝王"之一切旧有的治道思想资源，再度重视和利用、发明的各出手眼。这是相对于欧阳修等考史与行法之"迹"的治道认识论和方法论的另一路向。对"皇王之道"的追问，并非要脱离王道，而是援之以

---

① 田锡：《奏乞不差出》，《咸平集》卷27，罗国威点校，巴蜀书社2019年，第253页。
② 田锡：《进撰述文字草本》，《咸平集》卷27，第252页。
③ 邓小南：《祖宗之法》，第407页。
④ 田锡：《制策》，《咸平集》卷22，第183页。
⑤ 邓小南：《祖宗之法》，第410页。邓小南指出："这与北宋中期邵雍《皇极经世书》、南宋初期胡宏《皇王大纪》颇不相同。相对而言，后二者所反映的基本上是宋儒的古史观念——尽管其中'述皇王帝霸之事，以明大中至正之道'，也寄寓着时人的思想理念，而非单纯的学术史研究。"邵雍的"皇帝王伯"说作为治道思想尚不止于"古史观念"及思想理念的"寄寓"，详见下文。
⑥ 刘师培：《国学发微》，第45页。

入王道,要让王道从而再次树立于后世。"道"的标准应由一套可与二氏之学、杂霸之道抗衡的学说支撑,能够收束人心和"礼乐刑政"的王道规模,朝向仁义道德的理想秩序和治理境界。"心""中道"等治道义理由此不懈追求而讲明。随着王道压抑霸道,儒道也收束了诸子之治道,以获得新生的儒家王道为纯粹追求的治道正统由此逐渐清晰。

继续讲"尽"求"透",超越二帝三王,将道与道统上延至三皇,至朱熹集大成,是要会通"皇、帝、王"之治道,使儒家王道经由吸收全部治理史上形成的治道思想资源,焕发新的活力,而定于一统。这个统合全部治理史上的治道思想资源而成的道统,也就具有了即治理而超越的最高的正统性和权威性。特别是向上古延展,吸纳天道自然的"三皇之道"与早期"帝道"部分,为提升儒家王道的超越性提供了更直接的历史资源和思想格局。较朱熹略早的郑樵也说"天下之理,不可以不会,古今之道,不可以不通。会通之义大矣哉"。要会通天下的"道"和"理",就要学习孔子、司马迁的"会通之法",孔子"上通于尧舜,旁通于秦鲁",司马迁"上通乎黄帝,旁通乎列国",他自己则要"上自羲皇,下逮五代"。这是对宋儒追求的代表性的表达。① 上溯三皇的治道统系是当时的共识,朱熹的道统论深受此益。

"更请问庖牺。"② 宋人将"尧舜"界线之前的早期"皇、帝"之道再发明而收束在治道之内,扩充儒家"二帝三王"之道,"皇帝王伯"的治道论于焉再次彰明而转进。

在讲求"二帝三王"乃至"皇、帝"治道的风潮中,《易》受到特别的重视。其治道前提是结合了《易》之治道史意味的"先天学":"尧之前,先天也;尧之后,后天也。后天乃效法耳。"③ 以"尧"为界,恰是从"二帝三王"再向前推扩治道思考。一般理解,体现伏羲制作八卦或六十四卦的《先天图》为"先天"之学,体现文王制作八卦的《后天图》为"后天"之学,这既是

---

① 郑樵:《上宰相书》,《郑樵文集》,吴怀祺校补,书目文献出版社1992年,第37页。
② 邵雍:《伊川击壤集》卷19《冬至吟》,《邵雍集》,郭彧整理,中华书局2010年,第489页。陈植锷曾点出宋学存在"佛、老亲疏不同的认识":"一是儒家吸收异学,先由道始而次及于佛;二是开始吸收佛学时,往往打着老氏之学的旗号而进行。"(《北宋文化史述论》,中华书局2019年,第457页。)本书更看重老子及道家之学中保留了上古"皇、帝"治道的思想资源这一原因,而不限于"民族意识"。
③ 邵雍:《观物外篇下》,《邵雍集》,第149页。

"《易》道深矣,人更三圣,世历三古"(《汉书·艺文志》)的理解之一,也正是区分"皇、帝"之道与"二帝三王"之王道的表现。

邵雍认为,"昊天之尽物,圣人之尽民"都有"生、长、收、藏"的逻辑过程。① 二者相应:三皇之世是"初春天气早晨时","当日一般情味切";五帝之时"似日中,声明文物正融融",既自然无为又文物昌盛,"古今世盛无如此",这是结合本书第一章所述黄帝之道与尧舜之道而言的帝道之整体;三王之世"正如秋,权重权轻事有由",已经是"深谷为陵岸为谷,陵迁谷变不知休";五伯之时"正似冬,虽然三代莫同风",但仍维持王道的伦常,"管、晏治时犹有体""当初管、晏权轻重,父子君臣尚且宗"。这不是一般的诗歌,而是宋诗言理的典型,是邵雍的道论形式。他不仅认为"皇、帝"高于"王、伯",还指出王、伯有异有同,所以五帝是转折:"过此其来便不同。"而认为遵循王道体统的王、伯是当下可期的:"牺、轩、尧、舜虽难复,汤、武、桓、文尚可循。事既不同时又异,也由天道也由人。"② 而以儒家王道经典《易》《书》《诗》《春秋》为"圣人之四府","《礼》《乐》污隆于其间矣。""圣人以经法天。"③ 四经于是进入"皇帝王伯"的治道格局而各有其义:

> 观春则知《易》之所存乎?观夏则知《书》之所存乎?观秋则知《诗》之所存乎?观冬则知《春秋》之所存乎?
> 皇帝王伯者,《易》之体也。虞夏商周者,《书》之体也。文武周召者,《诗》之体也。秦晋齐楚者,《春秋》之体也。④

"若然,则皇帝王伯者,圣人之时也;《易》《书》《诗》《春秋》者,圣人之经也。时有消长,经有因革。"由此而转入圣王与孔子的关系,"自古当世之君天下者,其命有四焉:一曰正命,二曰受命,三曰改命,四曰摄命。"四者即"皇帝王伯者,命世之谓也",而"仲尼者,不世之谓也"。他不以"人谓仲尼惜乎无土"为然,认为"天子以四海为土,仲尼以万世为土"。这就将孔子不

---

① 邵雍:《观物内篇》,《邵雍集》,第11页。
② 邵雍:《伊川击壤集》卷13《三皇吟》等,《邵雍集》,第388页。
③ 邵雍:《观物内篇》,《邵雍集》,第11页。
④ 邵雍:《观物内篇》,《邵雍集》,第11、13页。

得天命时位而述道明道定为关怀斯道之传的超越事业："可以因则因，可以革则革者，万世之事业也。"正是在"一动一静之间者，天地人之至妙至妙者欤"的层面，才能明白孔子的"继周者，虽百世可知"，从"祖三皇"，才能"知仲尼之所以为仲尼"：

> 孔子赞《易》自羲、轩而下，序《书》自尧、舜而下，删《诗》自文、武而下，修《春秋》自桓、文而下。自羲、轩而下，祖三皇也。自尧、舜而下，宗五帝也。自文、武而下，子三王也。自桓、文而下，孙五伯也。①

这是说孔子儒家之道是统合"皇、帝、王、伯"所有治道的格局，而高扬"皇、帝之道"。他承古人之意，认为"皇帝王伯"对应的是"道德功力"的治道："三皇尚贤以道，五帝尚贤以德"，"三王尚亲以功，五伯尚亲以力"。② 这个格局又对应着"化教劝率"的梯次：

> 善化天下者，止于尽道而已。善教天下者，止于尽德而已。善劝天下者，止于尽功而已。善率天下者，止于尽力而已。
>
> 以道德功力为化者，乃谓之皇矣。以道德功力为教者，乃谓之帝矣。以道德功力为劝者，乃谓之王矣。以道德功力为率者，乃谓之伯矣。
>
> 以化教劝率为道者，乃谓之《易》矣。以化教劝率为德者，乃谓之《书》矣。以化教劝率为功者，乃谓之《诗》矣。以化教劝率为力者，乃谓之《春秋》矣。③

"道德功力""化教劝率"都是连续的整体，不可分而言之。止于功、力、劝、率则低，但治道不可离功而言。邵雍认为，天命也"未始不由积功累行，圣君艰难以成之，庸君暴虐以坏之"。④

---

① 邵雍：《观物内篇》，《邵雍集》，第 20—23 页。
② 邵雍：《观物内篇》，《邵雍集》，第 22 页。
③ 邵雍：《观物内篇》，《邵雍集》，第 19 页。
④ 邵雍：《观物内篇》，《邵雍集》，第 23 页。

"先天之学，心也；后天之学，迹也。出入有无、死生者，道也。"① 在重视"皇帝王伯"的治道价值阶序的背景下，宋儒于上古治道中涵泳体玩，将"道德功力"一路向上提，以讲"尽"说"透"得"大体"为心仪的境界，越"迹"而得"意"与"心"。"物理窥开后，人情照破时。且无形不见，只有意能知。"② 邵雍认为"圣人与昊天为一道"，高标"自然""无为"："夫自然者，无为无有之谓也。无为者，非不为也，不固为者也，故能广。无有者，非不有也，不固有者也，故能大。广大悉被，而不固为固有者，其惟三皇乎？"③ 论"皇帝王伯"之道而有诗云：

> 三皇同意而异化，五帝同言而异教，三王同象而异劝，五伯同数而异率。同意而异化者必以道。以道化民者，民亦以道归之，故尚自然。
> 三皇同仁而异化，五帝同礼而异教，三王同义而异劝，五伯同智而异率。同礼而异教者必以德。以德教民者，民亦以德归之，故尚让。
> 三皇同性而异化，五帝同情而异教，三王同形而异劝，五伯同体而异率。同形而异劝者必以功。以功劝民者，民亦以功归之，故尚政。
> 三皇同圣而异化，五帝同贤而异教，三王同才而异劝，五伯同术而异率。同术而异率者必以力。以力率民者，民亦以力归之，故尚争。④

三皇时，"许大乾坤自我宣，乾坤之外复何言。初分大道非常道，才有先天未后天。作法极微难看迹，收功最久不知年。若教世上论勋业，料得更无人在前"。⑤ 这就将"道、德、功、力"的治道收束到以"极微难看迹"之"意"统领全体，是意迹之辨后，将"意"的概念引入治道讨论的义理化结果。邵雍认为："夫意也者尽物之性也。""尽物之性者谓之道。"乃有体用之别："道德功力者，存乎体者也。化教劝率者，存乎用者也。体用之间有变存焉者，圣人之业也。"所谓"变"就是"昊天生万物""圣人生万民"，进而归于心迹之判：

---

① 邵雍：《观物外篇下》，《邵雍集》，第152页。
② 邵雍：《伊川击壤集》卷11《笑年老逢春诗》，《邵雍集》，第346页。
③ 邵雍：《观物内篇》，《邵雍集》，第13页。
④ 邵雍：《观物内篇》，《邵雍集》，第13—15页。
⑤ 邵雍：《伊川击壤集》卷15《观三皇吟》，《邵雍集》，第417页。

"时有消长，否泰尽之矣；经有因革，损益尽之矣。否泰尽而体用分，损益尽而心迹判。体与用分，心与迹判，圣人之事业于是乎备矣。"① 孔子述道的"亿千万世"事业亦如此："是故知仲尼之所以能尽三才之道者，谓其行无辙迹也。"② 这个义理化过程，吸收了意迹之辨的哲学积淀，在治道上实现了对"迹"的超越。

与"意""心"的超越概念配套，邵雍设置了"元、会、运、世"的时间观、历史观，长时段消融了差异感："千万年之人，千万年之事，千万年之情，千万年之理，唯学之所能，坐而烂观尔。"③ 不再拘泥于"时"。从义理层次来说，便可以"一元"之"理"贯穿三千年之治迹："日月如磨蚁，往来无休息。上下之岁年，其数难窥测。且以一元言，其理尚可识。一十有二万，九千余六百。中间三千年，迄今之陈迹。治乱与废兴，著见于方策。吾能一贯之，皆如身所历。"④ 而有一种"皇王帝伯时，其人长如存。百千万亿年，其事长如新。可以辩庶政，可以齐黎民"之感。⑤ 在这样一个并置的时空里，古今之间可以往复观照"以古观后世，终天露端倪。以今观往昔，何止乎庖牺"⑥。圣人更可以秉"观"之道，"能以一心观万心，一身观万身，一物观万物，一世观万世"，于是通于天道："能以心代天意，口代天言，手代天工，身代天事焉。"⑦

最终，定于"道"："先天之学，心也；后天之学，迹也。出入有无死生者，道也。"⑧ 由此，他强调"皇帝王霸"是治道，而非古史，不受时间限制："所谓皇帝王霸者，非独三皇五帝三王五霸而已，但用无为则皇也，用恩信则帝也，用公正则王也，用智力则霸也。"⑨ 如陈振孙解题之见："穷日月星辰、飞走动植之数，以尽天地万物之理；述皇王帝霸之事，以明大中至正之道。"⑩

---

① 邵雍：《观物内篇》，《邵雍集》，第16、20页。
② 邵雍：《观物内篇》，《邵雍集》，第21页。
③ 邵雍：《伊川击壤集》卷18《观性吟》，《邵雍集》，第479页。
④ 邵雍：《伊川击壤集》卷13《皇极经世一元吟》，《邵雍集》，第392页。
⑤ 邵雍：《伊川击壤集》卷18《诗史吟》，《邵雍集》，第483页。
⑥ 邵雍：《伊川击壤集》卷1《观棋大吟》，《邵雍集》，第181页。
⑦ 邵雍：《渔樵问对》，《邵雍集》，第561页。
⑧ 邵雍：《观物外篇下》，《邵雍集》，第153页。
⑨ 邵雍：《观物外篇下》，《邵雍集》，第159页。
⑩ 陈振孙：《直斋书录解题》卷9，徐小蛮等点校，上海古籍出版社1987年，第278页。

上及三皇，吸纳道家与玄学，再次阐发早期治道与天道相通的特质，获得对"皇帝王伯"治道的新认识，推展王道的超越性，为王道价值确立提供宇宙论和历史观的支撑。这就形成了不同于欧阳修等人拘泥于"迹"的认识论。以"意"讲"心"重"道"，而仍是儒家王道的发明，正是邵雍"先天之学"的治道真义所在："先天事业有谁为，为者如何告者谁。若谓先天言可告，君臣父子外何归。眼前伎俩人皆晓，心上工夫世莫知。天地与身皆易地，己身殊不异庖牺。"①"皇王帝伯中原主，父子君臣万世权。"② 相对于石介等以后王及孔子为重，落脚于治道至王道及孔子而备；邵尧夫以伏羲及三皇为重，以上古治道援救王道，以道贯穿岁月而得"皆如身所历"的超越认知，给宋儒开出一条以"心""意"压倒迹的超越大路。只有在这样的认识里，洪咨夔才能写出"道在皇王帝霸间，古今同是一人寰"这样的诗句。（《用韵答游司直见寄》）

宋儒对邵雍思想中的佛、老元素有所批评，亦指其"才做得识道理，却于儒术未见所得"，如程子之见："尧夫之学，先从理上推意、言、象、数。言天下之理，须出于四者，推到理处，曰'我得此大者，则万事由我，无有不定'。然未必有术，要之亦难以治天下国家。"③ 但邵雍对儒家的贡献也正在于将"理"推展提升到一个新的境界，儒术由此获得了更加贯通、超越的义理规训。其路径是注重"皇、帝"之道与"意"的治道观，援道入儒实为援"皇、帝"治道入王道，以无为天道提升礼乐政刑，儒家王道由此再度对"皇、帝"之道进行吸收整合，义理资源由此扩展，义理境界从而深化，对诸种治道的裁断力和统合力加强，儒学正是从这条道路上战胜霸道的拦阻与迷惑，走出理学、道学的新天地："何者谓之几，天根理极微。今年初尽处，明日未来时。此际易得意，其间难下辞。人能知此意，何事不能知。"④

邵雍的治道思想，源虽多有，而能以王道为本位，流终归于儒：

> 邵子之学源出希夷，实老、庄之宗派。但希夷一言一动，无非神仙面目，而邵子则不尚虚谈，不立异行，不落禅机，不溺丹道，粹然儒者气

---

① 邵雍：《伊川击壤集》卷19《先天吟》，《邵雍集》，第506页。
② 邵雍：《伊川击壤集》卷12《仲尼吟》，《邵雍集》，第378页。
③ 《二先生语二上》，《二程集》，第45页。
④ 邵雍：《伊川击壤集》卷18《冬至吟》，《邵雍集》，第472页。

象,故二程乐与之游。然观其平日所论,微有不满于邵子者,曰放旷,曰偏驳,曰无礼不恭,曰空中楼阁,曰儒术未见所得,曰其说之流有弊。瑕瑜不相掩,亦未可谓推尊之至也。①

这样的源流张力,正显示了儒家王道再度汲取"皇帝王伯"的全部治道资源并将其收束于王道之正统的努力。邵伯温称乃父"于书无所不读,独以六经为本,盖得圣人之深意",正是出入儒释道,而"本六经"又能"得深意"发明儒家王道之超越义理的标榜。②邵雍对宋学影响实深,程、朱等都吸收了他的问道方法,继承了他的问道收获,而从儒门受益的结果越来越体会、认可邵雍的贡献,程颢认其"淳一不杂""自得者多"③,朱熹称其"信道不惑,不杂异端""卓然自信,无所污染,此其所见必有端的处",已纯乎道学中人了。④ 并说:"某看康节《易》了,都看别人底不得。"⑤可见对其先天学的肯定。而其最重要的意义在于完成了"皇帝王伯"之道的义理化,或如今人所谓之理论化,如朱熹所言:"康节以四起数,叠叠推去,自《易》以后,无人做得一物如此整齐,包括得尽。"⑥而此义理化,朱熹认为是在返于伏羲之本、复明伏羲之道的路线上实现的:"此非熹之说,乃康节之说;非康节之说,乃希夷之

---

① 胡渭:《易图明辨》卷10《象数流弊》,郑万耕点校,中华书局2008年,第235页。
② 邵伯温:《邵氏闻见录》卷19,李剑雄等点校,中华书局1983年,第215页。
③ 程颢:《邵尧夫先生墓志铭》,《二程集》,第503页。
④ 朱熹:《答汪尚书》,《晦庵先生朱文公文集》卷30,《朱子全书》(第21册),第1302页。
⑤《朱子语类》卷100,第2545页。朱熹于《易》有言:"盖盈天地之间,莫非太极、阴阳之妙,圣人于此仰观俯察,远求近取,固有以超然而默契于其心矣。故自两仪之未分以,浑然太极,而两仪、四象、六十四卦之理已粲然于其中。……以至于百千万亿之无穷,虽其见于摹画者,若有先后而出于人为,然其已定之形、已成之势,则固已具于浑然之中,而不容毫发思虑作为于其间也。程子所谓加一倍法者,可谓一言以蔽之;而邵子所谓画前有易者,又可见其真不妄矣。"[《易学启蒙》卷2《原卦画第二》,《朱子全书》(第1册),第217页。]这是典型的先天学的认识。杨立华认为:"朱子此说完全是对邵雍《易》学的继承和发明。"并揭:"朱子将《说卦传》的'天地定位'一节理解为伏羲的八卦位序,与《伏羲六十四卦次序图》同属先天之学。这是继承了邵雍的《易》学思想。在朱子看来,伏羲画卦,是'六十四卦一时俱了'。如以体用概念来区别,这是《易》之体。"朱熹引邵雍论文王八卦"乃入用之位,后天之学也"。(《〈周易本义〉中的卦变说》,《思诚与见独之间:中国哲学论集》,北京大学出版社2022年,第349、350页。)
⑥《朱子语类》卷100,第2546页。

说；非希夷之说，乃孔子之说。但当日诸儒既失其传，而方外之流阴相付受，以为丹窖之术。至于希夷、康节，乃反之于易，而后其说始得复明于世。"① 虽经方外转手，但邵雍实是儒家治道的功臣："孔子之后，千载不传，至康节先生始得其说。"② 钱穆认为邵雍"实在能自创一格。他是北宋儒学中一异军突起"，从自东周诸子以"皇帝王伯"之道援救王道的历史看下来，他又不过是中国治道一路转进的路径上情理之中的表现。至于他"太偏重在宇宙论方面，而在人生论方面较不如张、程之谨严"，实恰说明了他对于治道规模的开拓，对打破汉唐式的王道制度之治困境的贡献，宇宙论往往为人生论突破之前提。"后来惟朱子能兼采康节，此是朱子之伟大处。"③ 朱熹正是从邵雍这里接过了对中国全部治道资源的整理与凝练，才能上溯伏羲集道统说之大成，也就是集治道之大成。

"不佞禅伯，不谀方士。不出户庭，直际天地。"④ 这个"超然而默契于其心"的提升儒家王道认识的过程，就是对"理"的体认进程。周敦颐从天道"不见其迹"论自然无为而育成万物万民的"仁义"王道的成立：

> 天以阳生万物，以阴成万物。生，仁也；成，义也。阴阳，以气言；仁义，以道言。详已见《图解》矣。故圣人在上，以仁育万物，以义正万民。所谓定之以仁义。天道行而万物顺，圣德修而万民化。大顺大化，不见其迹，莫知其然之谓神。天地圣人，其道一也。故天下之众，本在一人。道岂远乎哉！术岂多乎哉！天下之本在君，君之道在心，心之术在仁义。⑤

"仁义"王道与乾坤阴阳相通，便超越了形势的限制，对"仁义"的认知由此获得天道的超越。程子对师儒圣人的评价，亦是以意高于迹为标准，圣人无

---

① 朱熹：《答袁机仲》，《晦庵先生朱文公文集》卷38，《朱子全书》（第21册），第1668页。
② 朱熹：《答袁机仲》，《晦庵先生朱文公文集》卷38，《朱子全书》（第21册），第1661页。
③ 钱穆：《中国思想史》，九州出版社2011年，第169页。
④ 邵雍：《伊川击壤集》卷14《安乐吟》，《邵雍集》，第413页。
⑤ 周敦颐：《通书·顺化第十一》，《周敦颐集》，陈克明点校，中华书局1990年，第23页。

迹:"仲尼无迹,颜子微有迹,孟子其迹著。"① 将先王之道、法从"迹"推进到"意"的层次,跨越时间的限制,为义理之"义"的规训功能提供了超越的认识论前提。程颐在《春秋传序》中认为,二帝三王之后,"圣王既不复作,有天下者虽欲仿古之迹,亦私意妄为而已。事之缪,秦至以建亥为正;道之悖,汉专以智力持世,岂复知先王之道也"。他希望阐明《春秋》这"经世之大法"中的"圣人之志","俾后之人通其文而求其义,得其意而法其用,则三代可复也"。(《宋史·程颐传》)"复三代"在时间上不是连续的,而是通过"意""义"的超越,跨过汉唐而"复"。

这不是舍"迹"求"意",而是不拘泥于"迹",在治迹之中及其上推求超越的可为规律与义理的"道"与"理"。"意"既是对象,也是方法。

经典所载圣人之"意"就是"一",只有恢复此"意",克服琐碎的理解,王道才能归于一统而具备收拢人心、匡正秩序的力量。这就超越了宋初诸先生以至欧阳修等人在"礼义""王政"层面的规复认识,超越了与之相应的注疏考迹的求索路径。朱熹指出:"本朝欧阳公排佛,就礼法上论,二程就理上论。"②"理"的前提,正是"意"的认识论。当然,此"理"并非释氏空无之论,而是"全体大用"的治道之理,下节将详论。叶适回顾宋代学术,认为"秦汉崛兴,天下荡然,不复尧舜三代之旧。其欲学者无所据依,于是始皆求之于书,而孔子之经遂行于天下",但"句断章解,补揖坏烂,历世数十而不能相一",宋儒扭转了这一局面:"盖至今百有余年之间,豪杰之士相因而起,始能推明其说,务合尧舜三代之旧,以无失于孔氏之遗意。"③ 亦是讲由"圣人遗意"而超越注疏,从"不能相一"达致"务合尧舜三代之旧",方能进而"复尧舜三代之旧"。就治道而言,它带来的义理超越,仍非史家所能领会。司马光自述:"学疏识浅,于正闰之际,尤所未达,故于所修《通鉴》,叙前世帝王,但以授受相承,借其年以记事尔,亦非有所取舍抑扬也。于汉昭烈之立,尝著论以述其事。"他在三国魏蜀之间,取前者系年,隐含正统观念,于此强为辩白掩饰,亦表出心中的义理苦恼:"夫正闰之论,诚为难晓。""欧阳公谓

---

① 《二先生语五》,《二程集》,第76页。
② 《朱子语类》卷126,第3038页。
③ 叶适:《进卷·总义》,《叶适集》,刘公纯等点校,中华书局2010年,第693页。

正统不必常相继，有时而绝，斯则善矣。然谓秦得天下，无异禹、汤；又谓始皇如桀、纣，不废夏、商之统；又以魏居汉、晋之间，推其本末，进而正之。此则有以来章子之疑矣。"但从"夫霸之为言伯也，古者天子立二伯，分治天下诸侯"的制度渊源说起，批评"后世学者，乃更以皇帝王霸为德业之差，谓其所行各异道，此乃儒家之末失也"①。《道同》一文亦由此"王、伯"之制说起，驳论道："自孟、荀氏而下皆曰：由何道而王，由何道而霸。道岂有二哉？得之有浅深，成功有大小耳。""小大虽殊"，并没有"性"的不同。② 这也是在"迹"之认识论的指挥下，混同王霸之道的说法。

　　超越的"意""心"成为治道的载体，可见于对"中"的负载。从形而上层面把握先王之道的内涵，"中道"是儒家所传之学说。孙复认为"所谓夫子之道者，治天下，经国家，大中之道也"，此道自"伏羲而下，创制立度，或略或繁"，圣师孔子"从而益之损之，俾协厥中，笔为六经"，大中之治道由是"焕然而备。""此夫子所为大也。"③ 程颐认为"中即道也"，而不能说"中者道之所由出"。其思想来源是《尚书》《论语》等经典中留存的圣王授受之准则："圣人之学，以中为大本。虽尧、舜相授以天下，亦云'允执其中'。中者，无过不及之谓也。何所准则而知过不及乎？"经过"意"的升华，"中"的标准是什么，如何获知"中"呢？"意"的超越支撑了"心"的方法论："求之此心而已。"④

　　"先王之意"是与"私意"对峙的至公大义，是"中道"，其"透"其"尽"的标准是"理"，由此有程颢区分三代上下的名言："三代之治，顺理者也；两汉以下，皆把持天下者也。"⑤"理"的直接表现是先王之"心"。"心"也就成为治道理想型的"尽""透"之所，"理"的载体，成为超越千古陈迹束缚的期许："古之学者便立天理，孔孟而后，其心不传，如荀、扬皆不能

---

① 司马光：《答郭纯长官书》，《司马温公集编年笺注》（第5册），李之亮笺注，巴蜀书社2009年，第12页。
② 司马光：《迂书·道同》，《司马温公集编年笺注》（第5册），第458页。
③ 孙复：《上孔给事书》，《全宋文》（第19册），第292页。
④ 程颐：《与吕大临论中书》，《二程集》，第608页。
⑤ 《明道先生语一》，《二程集》，第127页。

知。"① 孟子的地位于焉彰显。张载"大其心则能体天下之物"② 之言，从哲学上构建了正"心"及"物"的链条。中国思想史中被反复讨论的"心"的治道意涵在宋代得到重视与提升。

"心"法与以"意"论帝王治道的潮流一致。刘子翚借用《尚书》《易》所载圣王授受的经典话语指出，道之一统系于"尧舜之心"而非"迹"，须由传心而密知其旨：

> 尧舜有传道之名，而无可传之迹。后世圣人，岂喜托虚名而强追逴躅哉，必有受也。《书》曰"惟精惟一"，此相传之密旨也。昧乎一则莫知元本，滞乎一则入于虚妙，悦于谈听而不可用，岂所谓"允执厥中"耶？《易》曰："天下之动，贞夫一者也。"随动而一，非舍此合彼也。其性外无物，安得有二？一者道也，能一者心也，心与道应，尧舜所以圣也。一之所通，初无限量，敛之方寸，寂然而已。感而遂通，未常变易。意形而自绝，思正而忽无，缓而不息，急而不危，应而不随，受而不蓄，此尧舜之心所以常一也。……学者学为尧舜，可不明其用心哉？③

而心与道，在"事"上是统一的，可见其治道的特质："尧舜之心，见于从事者，兢兢致道而已，孳孳为善而已。"④

刘子翚以道一、心一梳理传道，认为孔子所谓"吾道一以贯之"正是接续了尧舜的"道一"。他指出，道由"尧舜禹口传而心受"，三圣既没，就开始如正统绝而复续一样，进入"斯道散于百家，荡于末流，匿于学者见闻之外"与汤、文王"引而归之，会而通之"的演进周期，文、武、周公"口传而心受"，至孔子出压倒众流归于一家："气足以压其声焰，量足以吞其区穴，排异如摧枯拉朽，引同如川流海会，其言有曰'吾道一以贯之'，此祖述尧舜之妙也。"这个归于一的道，亦即"惟精惟一"的心法，是理解《河图》《洛书》《春秋》

---

① 张载：《经学理窟·义理》，《张载集》，第273页。
② 张载：《正蒙·大心篇》，《张载集》，第24页。
③ 刘子翚：《圣传论十首·尧舜》，《全宋文》（第193册），第159页。
④ 刘子翚：《圣传论十首·尧舜》，《全宋文》（第193册），第160页。

《礼》《乐》《书》《诗》等经典的要旨："发明异用，理则同归，此惟一之旨所以为六艺之渊源、九流之管辖也。""学者学为尧舜，可不明其用心哉？"① 由此通往人人可为尧舜："一日兢兢孳孳，一日尧舜也；一岁兢兢孳孳，一岁尧舜也。日复日，岁复岁焉，洞达流通，与道不隔，则子为尧舜乎，尧舜为子乎，荡荡巍巍，复在吾目中矣。"②

由"心"而论王霸，为王道定格。相对于汉唐注疏、制度之形迹层面的发展，宋儒之"透""尽"讲求从先王之意的抽象层面推求治道的真义理，追求"理""中"的境界。受"意迹之辨"的哲学发展的影响，在总结汉、唐治理之教训后，宋人深入思考治道何在，呈现出义理学形而上化的气息。程颢论"王霸"之道，论三代胜于汉唐，就以"心"为着落：

> 陛下躬尧、舜之资，处尧、舜之位，必以尧、舜之心自任，然后为能充其道。汉、唐之君，有可称者，论其人则非先王之学，考其时则皆驳杂之政，乃以一曲之见，幸致小康，其创法垂统，非可继于后世者，皆不足为也。然欲行仁政而不素讲其具，使其道大明而后行，则或出或入，终莫有所至也。③

可见"明道""行道"，"其道大明而后行"，皆在于"心"。朱熹说："须晓得如何是王，如何是伯，方可论此。宣帝也不识王、伯，只是把宽慈底便唤做王，严酷底便唤做伯。明道《王伯札子》说得后，自古论王、伯，至此无余蕴矣。"④ 超越汉唐，"皇帝王伯"之辨的标准至此义理完备。程颐认为"孔明有王佐之心，道则未尽"。⑤ 朱熹评诸葛亮："忠武侯天资高，所为一出于公。若其规模，并写《申子》之类，则其学只是伯。程先生云：'孔明有王佐之心，然其道则未尽。'其论极当。"⑥ 援皇道而生的"心""意"的认识论，是"向

---

① 刘子翚：《圣传论十首·尧舜》，《全宋文》（第193册），第159页。
② 刘子翚：《圣传论十首·尧舜》，《全宋文》（第193册），第160页。
③ 程颢：《论王霸札子》，《二程集》，第450页。
④ 《朱子语类》卷135，第3228页。
⑤ 《伊川先生语十》，《二程集》，第313页。
⑥ 《朱子语类》卷136，第3235页。

上透一著"的最重要成果。而"心"是以"道"为准衡的"道心","道"之"尽""透"才是最终的价值遵循,由此维系了理想王道的传承,实现了王道的价值评判作用。在这样不断深化的王道标准鉴别下,宋高宗指高倡"二帝三王"之道的王安石,其学却"杂以伯道,取商鞅富国强兵"。①

朱熹认为王通"于事上讲究得精,故于世变兴亡,人情物态,更革沿袭,施为作用,先后次第,都晓得;识得个仁义礼乐都有用处。若用于世,必有可观",是"迹"层面的认识。"只可惜不曾向上透一著,于大体处有所欠缺。"②这是从作为反面的汉唐治道的深刻程度立论。比较而言,"国初人便已崇礼义,尊经术,欲复二帝三代,已自胜如唐人,但未说透在。直至二程出,此理始说得透"。③范仲淹、孙复、石介、胡瑗"皆天资高,知尊王黜霸,明义去利。但只是如此便了,于理未见,故不得中"。④这是理学史、道学史,也正是治道的发明史,从"事"到"体",北宋五子的意义和地位在这个"向上透一著"的链条上彰显。

这是王道经由政治哲学意义上的推进而巩固夯实价值标准的过程,不经此一番淬炼,则帝王之道的价值标准渐已流为空言而不具实际的评判效力。要先在"圣人之学"亦即思想内涵上将王、霸定义清晰,"胸中灼然",方能一去疑惑,真正尊王黜霸。对于宋仁宗将真宗所撰《皇王帝霸论》等教谕大臣,"宰相等奏曰:'愿陛下行皇王之道,而不行霸道。'",罗从彦进而阐释道:

> 孟子曰:"以力假仁者霸,霸必有大国。以德行仁者王,王不待大。"又曰:"霸者之民,欢虞如也;王者之民,皞皞如也。"善乎,孟子之言!昔孔子没,孟子继之,惟孟子为知霸王者也。夫学至于颜、孟,则王道其几之矣。故知圣人之学者,然后可与语王道;不知圣人之学,不可与语也。不知圣人之学,骤而语之曰:"此霸道也,此王道也。"必惑而不信矣。圣人不作,自炎汉以来有可称者,莫不杂以霸道,汉宣之言是也。若唐贞观中,海内康宁,帝曰:"此魏征劝我行仁义之效也。"盖亦假之者

---

① 李心传:《建炎以来系年要录》卷87,中华书局1988年,第1449页。
② 《朱子语类》卷137,第3256页。
③ 《朱子语类》卷129,第3085页。
④ 《朱子语类》卷129,第3090页。

也。神宗时以司马光之学,犹误为之说,又况其下者乎!然则霸王之道,要须胸中灼然,当时宰相未必能知也。①

进而,"学者要须先明王伯之辨,而后可论治体"。② 若不能在义理上获得超越,就无法真正"复礼"。

道学由此在汉唐与三代之间划下鸿沟,亦由此为人主上追三代提供了义理化的认识论和方法论。在宋代思想史上,朱熹与陈亮著名的"王霸义利之辨"为治道上的"意迹之辨"作结,彰显了"向上透一著"之认识论飞跃后的王道的价值裁断。

朱熹继承了邵雍对皇道的认识,以之援救王道,道之标准由"心"察明坚持:"尝谓'天理''人欲'二字,不必求之于古今王霸之迹,但反之于吾心义利邪正之间,察之愈密则其见之愈明,持之愈严则其发之愈勇。"③ 舍迹求心,察密持严方能作三代以上人物,坚持王道标准以行道。王道由此超越,在存有层面提升,可通过行道与述道两条脉络负载传承,也可以穿过不行、不明的黑暗时代"绝而复续"。经过"心"与"意"的超越之后的"绝统"思维,比欧阳修的"绝统"更加彻底和纯粹,欧阳修承认汉唐是正统,朱熹则将其从道的脉络上扫除:

> 夫人只是这个人,道只是这个道,岂有三代、汉、唐之别?但以儒者之学不传,而尧、舜、禹、汤、文、武以来转相授受之心不明于天下,故汉唐之君虽或不能无暗合之时,而其全体却只在利欲上。此其所以尧、舜、三代自尧、舜、三代,汉祖、唐宗自汉祖、唐宗,终不能合而为一也。④

但"道"经"意"而超越后,就是"常存"的,不会因为"绝"而"亡":

---

① 罗从彦:《尊尧录》,黄宝华整理,《全宋笔记》(第 24 册),大象出版社 2019 年,第 230 页。
② 张栻:《汉家杂伯》,《张栻集》,杨世文点校,中华书局 2015 年,第 1007 页。
③ 朱熹:《(答陈同甫)第六书》,《陈亮集(增订本)》,第 360 页。
④ 朱熹:《(答陈同甫)第八书》,《陈亮集(增订本)》,第 365 页。

千五百年之间，正坐如此，所以只是架漏牵补过了时日，其间虽或不无小康，而尧、舜、三王、周公、孔子所传之道，未尝一日得行于天地之间也。若论道之常存，却又初非人所能预，只是此个自是亘古亘今常在不灭之物，虽千五百年被人作坏，终殄灭他不得耳。汉唐所谓贤君，何尝有一分气力扶助得他耶！①

"道未尝息，而人自息之。"道只是在人的实践上被"作坏"，则若后人体道，便可绝而后续："道未尝亡，而人之所以体之者有至有不至耳。"②朱熹以"'人心惟危，道心惟微，惟精惟一，允执厥中'者，尧、舜、禹相传之密旨"讲明"道心"，以之克制"人心"，以传心而传道："以为天下虽大而所以治之者不外乎此。"道由此超越而无待任何牵挂："心则欲其常不泯而不恃其不常泯，法则欲其常不废而不恃其不常废。"③"今若必欲撤去限隔，无古无今，则莫若深考尧舜相传之心法，汤武反之之功夫，以为准则而求诸身。"④ 王道由此"尽""透"："立心之本，当以尽者为法，不当以不尽者为准。"⑤ 而"不当坐谈既往之迹，追饰已然之非"。⑥ 治道的价值标准高举，尧舜心法既是"尽""透"的标准，也是"绝而复续"的依托与路径。

陈亮也坚持王道，批评汉制苟且："君臣相与因陋就简，存宽大之意，而为汉家之制，民亦以是安之。而汉祚灵长，绝而复续者，几与夏、商等。自是功利苟且之政习以为常，先王不易之制弃而不讲，人极之不亡者几希矣。"⑦ 批评"荆公以霸者功利之说，饰以三代之文"⑧。对治道史的认知也同于常人：

昔者生民之初，类聚群分，各相君长。其尤能者，则相率而听命焉，曰皇曰帝。盖其才能德义足以为一代之君师，听命者不之焉则不厌也。世

---

① 朱熹：《（答陈同甫）第六书》，《陈亮集（增订本）》，第361页。
② 朱熹：《（答陈同甫）第八书》，《陈亮集（增订本）》，第365页。
③ 朱熹：《（答陈同甫）第八书》，《陈亮集（增订本）》，第364页。
④ 朱熹：《（答陈同甫）第八书》，《陈亮集（增订本）》，第366页。
⑤ 朱熹：《（答陈同甫）第八书》，《陈亮集（增订本）》，第365页。
⑥ 朱熹：《（答陈同甫）第八书》，《陈亮集（增订本）》，第366页。
⑦ 陈亮：《六经发题·周礼》，《陈亮集（增订本）》，第105页。
⑧ 陈亮：《书欧阳文粹后》，《陈亮集（增订本）》，第246页。

改而德衰，则又相率以听命于才能德义之特出者。天生一世之人，必有出乎一世之上者以主之，岂得以世次而长有天下哉！以至于尧，而天下之情伪日起，国家之法度亦略备矣。君臣有定位，听命有常所，非天下之人所得而自制也。①

亦认为帝道之于王道有体用之意："自黄帝、尧、舜垂衣裳而天下治，而治道于是乎始立，更夏、商、周而忠、质、文之用始备。儒者之言治，不能易于此矣。"② 对于"皇帝王霸"之为治道与其高下之判，也有明确的论说：

  天地人各有其道，则道既分矣。伏羲、神农用之以开天地，则曰皇道；黄帝、尧、舜用之以定人道之经，则曰帝道；禹、汤、文、武用之以治天下，则又曰王道；王道衰，五霸迭出，以相雄长，则又曰霸道。皇降而帝，帝降而王，王降而霸，各自为道，而道何其多门也邪？无怪乎诸子百家之为是纷纷也。③

但立足"二帝三王之道"，主张王道而否定皇道：

  孔子之叙《书》也，上述尧、舜而不道其前，则皇道固已不可为法于后世矣。《书》止文侯之命，《春秋》律五伯以王道，则无取乎霸功矣。帝王之道，万世之法程也，然而子思称夫子之言曰"王天下有三重焉"，则帝道又或可略也。

他认为，儒家之说"一于王道"，汉唐制度则皆"霸王之道杂之"，故有"儒者专言王道，而趋事功者必曰霸王之杂"的断论。"本朝专用儒以治天下，而王道之说始一矣。然而德泽有余而事功不足，虽老成持重之士犹知病之。"又认为"富国强兵之说"是"伯道"，鉴于秦二世而亡的教训，"将贻天下之大忧"。

---

① 陈亮：《问答上》，《陈亮集（增订本）》，第33页。
② 陈亮：《问古今治道治法》，《陈亮集（增订本）》，第167页。
③ 陈亮：《问皇帝王霸之道》，《陈亮集（增订本）》，第172页。

希望能通古今而求得"王霸之杂，事功之会，有可以裨王道之阙而出乎富强之外者"。① 而这样的道仍是王道，不能因其不"尽"而否定汉唐实践王道，道是中性的："天地之间，何物非道？"② 于是，在与朱熹的辩论中，陈亮反对朱熹"义利双行、王霸并用"的批评，认为"诸儒自处者曰义曰王，汉唐做得成者曰利曰霸，一头自如此说，一头自如彼做，说得虽甚好，做得亦不恶；如此却是义利双行、王霸并用"。而他自己却是要求一个能行的王道："如亮之说，却是直上直下，只有一个头颅做得成耳。"③ 他认为此时以"尽"的三代标准斥汉唐于王道之外，与老、庄持皇道以否定三代王道如出一辙，孔子讲明三代之王道而使其树立，由此告别皇道，他则要循此轨辙讲明汉唐之道以裨王道，这是一个与时俱进的治道观：

> 昔者三皇五帝与一世共安于无事，至尧而法度始定，为万世法程。禹、启始以天下为一家而自为之。……夏、商、周之制度定为三家，虽相因而不尽同也。五霸之纷纷，岂无所因而然哉？老、庄氏思天下之乱无有已时，而归其罪于三王，而尧、舜仅免耳；使若三皇五帝相与共安于无事，则安得有是纷纷乎？其思非不审，而孔子独以为不然：三皇之化不可复行，而祖述止于尧、舜；而三王之礼，古今之所不可易，万世之所当宪章也，芟夷史籍之繁词，刊削流传之讹谬，参酌事体之轻重，明白是非之疑似，而后三代之文灿然大明，三王之心迹皎然不可诬矣。后世之君徒知尊慕之，而学者徒知诵习之，而不知孔氏之劳盖如此也。当其是非未大明之时，老、庄氏之至心岂能遽废而不用哉！亮深恐儒者之视汉唐，不免如老、庄当时之视三代也，儒者之说未可废者，汉唐之心迹未明也。④

其前提正是认为皇道无关乎当世之治，而汉唐与三代同一道："本领宏阔，工夫至到，便做得三代；有本领无工夫，只做得汉唐。"⑤ 由此一路降低王道的

---

① 陈亮：《问皇帝王霸之道》，《陈亮集（增订本）》，第172页。
② 陈亮：《又乙巳秋书》，《陈亮集（增订本）》，第351页。
③ 陈亮：《又甲辰秋书》，《陈亮集（增订本）》，第340页。
④ 陈亮：《又乙巳春书之一》，《陈亮集（增订本）》，第344页。
⑤ 陈亮：《又乙巳秋书》，《陈亮集（增订本）》，第351页。

价值标准。他的王道论的另一基础观念是道的连续存在，仍是迹的观念牵绊。他认为王道在人间常存不泯，要维持道的连续性，就要降低道的纯粹程度："夫心之用有不尽而无常泯，法之文有不备而无常废。"以此为"道于何处而常不息"的答案，被朱子指为"关键"。① "心有时而泯可也，而谓千五百年常泯可乎？法有时而废可也，而谓千五百年常废可乎？"② "谓汉唐不无愧于三代之盛时，便以为欺罔者，不知千五百年之间以何为真心乎？"③ "使汉唐之义不足以接三代之统绪，而谓三四百年之基业可以智力而扶持者，皆后世儒者之论也。世儒之论不破，则圣人之道无时而明，天下之乱无时而息矣。"④ 否定"皇道"及其"心""意"的认识论，就与否定拉升王道价值联系在一起。其对王道的认识未经皇道的抬升，便不能高悬一治道标准而裁判、纯化、抬升王道。所以不讲求价值标准的"尽""透"，对汉政苟且也只是具体上批评，总体认可妥协的王道标准。

陈亮自道本意是护持朱熹的"至公"之学："道之在天下，至公而已矣，屈曲琐碎皆私意也。"他"不欲更添一条路，所以开拓大中，张皇幽眇，而助秘书之正学也"。⑤ 但其"大概以为三代做得尽者也，汉唐做不到尽者也"⑥，只是从程度上分别，而非判道，由此怀疑朱熹："一生辛勤于尧舜相传之心法，不能点铁成金而不免以银为铁，使千五百年之间成一大空缺，人道泯息而不害天地之常运，而我独卓然而有见，无乃甚高而孤乎！"⑦ 实际上无疑是与朱熹的"至公"之学说有差距的，而为霸道、为人欲以"道"之名行于天下留出了一条路。朱熹认其为王霸义利双行并用，陈亮自以为补其缺而维系王道。这是尽与不尽的治道价值判道的问题，是坚持纯粹的政治伦理以明道，还是承认等而次之的政治实践。朱熹概括其观点为"不过推尊汉唐，以为与三代不异；贬抑三代，以为与汉唐不殊"，"立心之本在于功利，有非辨说所能文者矣"⑧，

---

① 陈亮：《又乙巳春书之一》，《陈亮集（增订本）》，第345页。
② 陈亮：《又乙巳春书之二》，《陈亮集（增订本）》，第349页。
③ 陈亮：《又乙巳春书之二》，《陈亮集（增订本）》，第350页。
④ 陈亮：《问答上》，《陈亮集（增订本）》，第34页。
⑤ 陈亮：《丙午复朱元晦秘书书》，《陈亮集（增订本）》，第354页。
⑥ 陈亮：《又乙巳春书之二》，《陈亮集（增订本）》，第348页。
⑦ 陈亮：《又乙巳春书之二》，《陈亮集（增订本）》，第349页。
⑧ 朱熹：《（答陈同甫）第八书》，《陈亮集（增订本）》，第366页。

并解释其心思:

> 其所以为说者,则不过以为古今异宜,圣贤之事不可尽以为法,但有救时之志,除乱之功,则其所为虽不尽合义理,亦自不妨为一世英雄。然又不肯说此不是义理,故又须说天地人并立为三,不应天地独运,而人为有息;今既天地常存,即是汉唐之世只消如此,已能做得人底事业,而天地有所赖以至今。①

在治道的价值裁断上看,确乎如此。朱熹已将王道义理化集大成,这个义理化的结果就是"尽""透""备"这些形容词的内涵所在,这是高悬于时势之上的政治伦理与道德,陈亮的妥协折中已不容于这个道统。斯道正因为可"断"方维系其标准,乃成其"亘古亘今只是一体",这个辩证法确实是朱子治道观的高妙之处,这个认识论上的"所以尽与不尽"也正是援入皇道推升王道超越的成果。这是从"意"上还是从"迹"上求的不同见识。一言以蔽之:"心乃利欲之心,迹乃利欲之迹。"②

这正如吕思勉所见的"彻底":"宋儒的政治思想,还有一点,很可注意的,就是彻底。其彻底,一见之于王霸之辨,一见之于君子小人之辨。"而王霸之辨的价值评判之彻底,无疑更是"根本":"立心不同的人,其所做的事,虽看似相同,而实有其大不同者在,所谓'共行只是人间路,得失谁知霄壤分'也,宋儒所以注重于王霸之辨,其原因就在于此。"③ 程颢"以纯王之心行纯王之政"④,亦此之谓。儒者之道学即辨明此间道理之学:"王道与儒道同,皆通贯天地,学纯则纯王纯儒也。"⑤

"意"的认识论与王道结合,王道在存有上超越,在价值标准上尽透,由此可以统驭当世。"意"从"皇、帝之道"中推演出来,获得了作为一切治道与制度认知方法论的意义,弥漫在"二帝三王"之道的言说之中。"意"的提

---

① 朱熹:《〈答陈同甫〉第八书》,《陈亮集(增订本)》,第363页。
② 朱熹:《〈答陈同甫〉第九书》,《陈亮集(增订本)》,第367页。
③ 吕思勉:《中国政治思想史》,中华书局2012年,第105、107页。
④ 程颢:《南庙试策第一道》,《二程集》,第465页。
⑤ 《河南程氏外书》卷11《时氏本拾遗》,《二程集》,第411页。

升,从"意""所以迹"看圣王制作之义理,深化了既有的"礼意""法意"的内涵,对制度的认识提升,对王道的认识随之提升。

欧阳修的"治出于一"是宋代前中期规复三代王制的重要论述之一,"治出于一"就是治出于道,要由完整的"礼乐政刑"规模克服王道不完不全的现状,建设道出于一的理想政治。欧阳修以三代上下为治道存废的历史阶段划分,亦可说是对两种治理形态的优劣比较,表达了对"治出于二"这一现状的批评:"由三代而上,治出于一,而礼乐达于天下;由三代而下,治出于二,而礼乐为虚名。"治出于一,即以礼教为治,道行于天下:"凡民之事,莫不一出于礼。""盖其朝夕从事者,无非乎此也。此所谓治出于一,而礼乐达天下,使天下安习而行之,不知所以迁善远罪而成俗也。"治出于二,即治与教、礼乐与政刑分:"此为政也,所以治民。""此为礼也,所以教民。"(《新唐书·礼乐志》)"治出于二"之一面如欧阳修所明喻的,是"礼乐为虚名",另一面则是欧阳修所暗指而更加惨痛的,是汉唐治道不全之治,治理坠落为形而下的具文与宰制,已不合于治道。因为在治理中,礼、乐是"深"的,政、刑只是"浅"的:"夫礼以治民,而乐以和之,德义仁恩,长养涵泽,此三代之所以深于民者也。政以一民,刑以防之,此其浅者尔。"① 所以欧阳修期待宋仁宗论道德、作礼乐,超迈汉、唐,臻于尧、舜、成周之治:"以天子之慈圣仁俭,得一二明智之臣相与而谋之,天下积聚,可如文、景之富;制礼作乐,可如成周之盛;奋发威烈以耀名誉,可如汉武帝、唐太宗之显赫;论道德,可兴尧、舜之治。"治出于一,方是治本的排佛之道:"尧、舜、三代之际,王政修明,礼义之教充于天下,于此之时,虽有佛,无由而入。"②

对于规复王制的路径,从欧阳修对前代的批评中,可见其对制度之"意"的重视:"习其器而不知其意,忘其本而存其末,又不能备具。""考其文记,可谓备矣,以之施于贞观、开元之间,亦可谓盛矣,而不能至三代之隆者,具其文而意不在焉,此所谓'礼乐为虚名'也哉!"(《新唐书·礼乐志》)他也主张:"通古今者,在知其意、达其理,而酌时之宜尔。"(《议学状》)"虽不能尽合古法,盖得其大意焉。"(《新唐书·兵志序》)王安石高举"法其意"

---

① 欧阳修:《问进士策三首》,《欧阳修诗文集校笺》,第1192页。
② 欧阳修:《本论上》,《欧阳修诗文集校笺》,第511页。

的方法论，以为超越时势不同、辩证地规复三代之法、先王之政的路径：

> 夫二帝、三王，相去盖千有余载，一治一乱，其盛衰之时具矣。其所遭之变、所遇之势，亦各不同，其施设之方亦皆殊，而其为天下国家之意，本末先后，未尝不同也。臣故曰：当法其意而已。法其意，则吾所改易更革，不至乎倾骇天下之耳目，嚣天下之口，而固已合乎先王之政矣。①

但是，未经"向上透一著"之洗礼而停留于制度之治的王道认知限制了对"意"的理解，此"意"仍止步于"意迹之辨"的哲学成果，是制度之治的规模中相对于"器、文"的初度抽象存在而已，在欧阳修那里尤其以"迹"为前提。欧阳修、王安石所论的制度之"意"虽有一定的义理指向，也并不精审，其在治道讨论中的意涵基本在圣王用意、制度本意或大意的范畴，是如何规复与运用"礼乐刑政"之制度格局的方法思考，并非治道中有重要意义的概念应用，与以义理规训法度之治尚有一段距离。

道学家则要讲明王道之"意"，提炼义理，据以指挥礼乐刑政。求治道整全之本统，以治出于一规训制度，眼界不可停留在制度之治上，而是要以义理之"意"论"法"。张载深化了欧阳修的忧心，而将"道学"作为治出于一的题中之义，要以道学入治，以保证治出于道："朝廷以道学、政术为二事，此正自古之可忧者。"② 这就比用"礼乐"提升"政刑"要更加"向上"。程颐《春秋传》溯及伏羲，从"义"说"法"："上古之时，自伏羲、尧、舜，历夏、商，以至于周，或文或质，因袭损益，其变既极，其法既详，于是孔子参酌其宜，以为百王法度之中制，断之以义。此其所以《春秋》作也。"③ 程颢以此"精意"论先王之法，为法意思考之典范："必有《关雎》《麟趾》之意，然后可行周公法度。"④ 进而及于制度损益："学礼者考文，必求先王之意，得意乃

---

① 王安石：《上仁宗皇帝言事书》，《王安石全集》（第6册），第750页。
② 张载：《答范巽之书》，《张载集》，第349页。
③ 转引自苏舆：《春秋繁露义证》卷4《王道第六》，第113页。
④ 《传闻杂记》，《二程集》，第428页。

可以沿革。"① 将法度之"义"与"意"引入天理、道心的境界，以纠正荆公新法之于制度和人心的负面影响，这是超越汉唐制度而将治道向上提的明证。其义理的规定性，较之欧阳修、王安石也已更上层楼，由此突破了制度之治对治理格局和治道境界的束缚。

告别在制度格局中谈法理，转入在义理天地中经由意会治道大体而观照整全之治，再造王制体系，这是理学之于中国治道的提升之功。其与具体制度的关系，朱熹说得比较清楚：

> 礼乐法度，古人不是不理会。只是古人都是见成物事，到合用时便将来使。……如今礼乐法度都一齐散乱，不可稽考，若著心费力在上面，少间弄得都困了。②

这是古今之变引出的治道门径之义理化。重构一个义理的人间，人皆"复性"，才能自然达成"复礼"。以"意"论道，王道价值超越了古今形势，经过这一番"向上透"的发展，道出于一、治出于道在当世方成为可能，治道大体复明，在义理上表现为体用兼赅，治道由此转进新境。最为经典、具有指引作用的论点，是程颐的"体用一源，显微无间"③ 之说，成为宋儒共识。治道是从正心诚意一路做将去，修齐治平、开物成务的整全治理之道。"此道与物无对，大不足以名之，天地之用皆我之用"，仁者以天地万物为一体，如此才达到"备言此体"的境界。④

体用兼赅的格局与行道、明道合一的思想互为表里。张载的名言"为天地立心，为生民立命，为往圣继绝学，为万世开太平"正是将行道与述道合一，以述道而延续道统的追求，将道归结于"天地之心"，由此开出"万世太平"，是超越的思维。而为生民所立之"命"，仍是天命，是政治之命，是行道对述道的范围。这样的体用思想落实在治理与制度论上，就是重申并发明了孟子的

---

① 《二先生语二上》，《二程集》，第 23 页。
② 《朱子语类》卷 120，第 2896 页。
③ 程颐：《易传序》，《周易程氏传》，《二程集》，第 689 页。
④ 《二先生语二上》，《二程集》，第 17 页。

"徒善不足以为政、徒法不能以自行"和"仁心、仁政"相辅相成之说,朱熹等在《近思录》等理学基本文献中都重视有加。

第二节 道统论蔚兴与朱子集大成

"道,所谓正者也。"① "统",就是"正"之所在,就是"一"。儒家与帝王多以"统"言先王道之所在。荀子认为"俗儒"子思、孟轲"略法先王而不知其统"(《荀子·儒效》)。本书第一章列举了迄于汉代,以《易》道、三统五德说收束治道的努力。汉武帝正是忧心"五帝三王之道"不传于世而"失其统"。

但只有在宋代面对深重的治道危机、正统论大兴的思想语境中,经过长期对"道"之所在的思辨,才能有"道统"作为一个日臻定型的概念登场。在治道和政治正当性的压力下,宋代出现了"意识形态领域中对'统'的普遍追求","许多文化领域内,几乎都发生过关于'统'的大论战"。各种"统"实即各领域中的"正统"。"统者,一也。""夫正者以有贰也。"② 如钱锺书所言,"统"意味着"一统和传统。换句话说,天下只此一家,古今相传一脉"。③ 政治上的"正统"不单由政权所自、德运位序、礼制符号来标识,更有治道的考量。正统是治道的载体和表现形式,统、正统之所在,与道之所在一致,尤为宋人所重视。在治道整全的观念下,治之正统的讨论与道之正统的讨论交融互动,合并于如何以中国之道治心治国。欧阳修的"本论""正统论"与"治出于一论",正是这种交织的集中反映。刘子健认为,宋儒道统论受到政治承续和历史编纂上的"朝代正统"、佛家特别是禅宗"争夺单线式的正统"的影响,这种影响也可以概括为对二者"双重的借用"。④ 但必须强调的是,道统是包

---

① 柳开:《答陈昭华书》,《全宋文》(第6册),第293页。
② 陈师道:《正统论》,载饶宗颐《中国史学上之正统论·资料一》,第127页。
③ 参见:王水照《北宋三大文人集团》,上海古籍出版社2021年,第10页;中国社会科学院文学研究所编《中国文学史》,知识产权出版社2010年,第467页。
④ 刘子健:《宋末所谓道统的成立》,《两宋史研究汇编》,联经出版事业公司1987年,第259页。《作为超越道德主义者的新儒家:争论、异端和正统》,臧清译,田浩编《宋代思想史论》,第236页。

括正统在内的治道之统，宋儒用道来讲明朝代正统，"道"的正统所在，不仅是儒学正统这一个侧面的问题，更是把政治与人心这两方面问题在"道"的层次一并解决。后世杨维桢高倡的"道统者，治统之所在"正是对这一主张的凝练。道统论在模式和逻辑上与正统论中形成的标准机制深刻互动，欧阳修正统"绝统"之说与韩愈"不得其传"的道论颇相契合，又对朱熹、叶适、叶采等诸儒"道"有统而又"绝而复续"的观念不无影响。① 到两宋之际特别是南宋，道统作为一个重要概念得到越来越多的讨论。在"意""心"等超越概念的推动下，基于"统"的普遍认知的变化，抽象、超越的统系观念形成，影响了道统论的构建。道不明于天下千年，仍可接续此统，由此表彰了义理标准的严格，突出了"续统"与"正统"的神圣性。这是以"道"说明和规训"治"的成熟，也是儒家之道在与佛老之学论辨中"向上透一著"的表现。二者交汇到一处，就是对"道"的体用兼赅的思考，包括现实的政治社会秩序、治理体系，以及为其哲学基础的宇宙论和认识论。道不断向上超越，不断强化统驭现实治理的力量，深化了韩愈"原道"的认识。治与道一体而为"治道""道统"的思想，通过"体用一源，显微无间"的哲学指引，趋于成熟。这仍是从属于"道"之所在这一大哉问的，因为政治秩序的挑战与外来宗教的人心挑战一样，都是三代之后治道不完不备的结果。

通过断续来彰显的正统传承，只有在治道义理化之后才能实现。与之配套的，就是经过前文交代的长期的扬意贬迹、明道传道、讲"透"讲"尽"的"向上"追索，具有义理内涵的"道心"和"心法"论的形成。"子程子曰：'不偏之谓中，不易之谓庸。中者，天下之正道，庸者，天下之定理。'此篇（《中庸》）乃孔门传授心法。"（《中庸章句》第一章）"古之学者便立天理，孔孟而后，其心不传。"② 两宋对"心"与"心法"的强调，成为朱熹道统思想的直接背景。这个治道出于一的理想型固然古已有之，其思想与精神内核亦自《尚书》《论语》而有标举，但其进一步向上超越而确定的内涵，是在程、朱手上接力完成的，亦最为后世所认可。

---

① 刘浦江指出，朱熹以"无统"论正统，与"欧阳修的绝统说是一脉相承的"。见《"五德终始"说之终结——兼论宋代以降传统政治文化的嬗变》，《正统与华夷》，第65页。
② 张载：《经学理窟·义理》，《张载集》，第273页。

经过"意""心"对连续的时间生成之迹的超越，在同样被"意""心"超越化了的"绝统"观的影响下，"圣学湮而复明，道统绝而复续"① 成为可能。既将治道向上提，"述道"的"发明"必然受到重视而为义理的超越奠基。

"道之未行兮，其命也在天。"② 程颐称其兄之学为"道学"，亦以此自称。在道学家对道的论说中，治道通过"学"与"行"两趋得以传承，治出于一而又由"学""行"两端组成的结构更加成熟，让人想到传承有自的"作-述""行道-明道/述道"的分化。在著名的《明道先生墓表》中，程颐从"行圣人之道"与"传圣人之学"两个层面构建道统系谱，很明显地沿用了韩愈论说中之结构，而对"传学"有更大程度的强调：

> 周公没，圣人之道不行；孟轲死，圣人之学不传。道不行，百世无善治；学不传，千载无真儒。无善治，士犹得以明夫善治之道，以淑诸人，以传诸后；无真儒，天下贸贸焉莫知所之，人欲肆而天理灭矣。③

"圣人之学"的内容即是"圣人之道"，"道"在不能行的时候，通过"学"得以保存以待圣王出世付诸实践，从而传承永久。程颢"得不传之学于遗经，志将以斯道觉斯民"，"使圣人之道涣然复明于世"，克服了"人欲肆而天理灭"这一根本秩序紊乱的溃败局面，则说明基于道自人心、人伦至于治理、整体社会秩序的整全内涵，在其不能自君王付诸实践时，士人传道而泽及社会，也是退而求其次的事功。这就不仅以系于程颢一人之力的方式，解决了韩愈提出的"轲之死，（道）不得其传"的终极问题，而且续写了"说长"，提出了在"道不行"的条件下，以"学"传"道"，"道"之"天理"这一最为基础、超越层次的内涵得以保存并规范社会人心。而此源于圣王之道之学，仍是体用兼全、上下一体，指向理想之治的中国本有之道。朱熹如此论说道学、明道的意义：

> 秦汉以来，道不明于天下，而士不知所以为学。言天者遗人而无用，

---

① 叶采：《近思录集解序》，《近思录集解》，程水龙校注，中华书局2017年，第1页。
② 邵雍：《伊川击壤集》卷1《寄谢三城太守韩子华舍人》，《邵雍集》，第186页。
③ 程颐：《明道先生墓表》，《二程集》，第639页。

语人者不及天而无本；专下学者不知上达而滞于形器，必上达者不务下学而溺于空虚；优于治己者或不足以及人，而随世以就功名者，又未必自其本而推之也。夫如是，是以天理不明而人欲炽，道学不传而异端起，人挟其私智以驰骛于一世者，不至于老死则不止，而终亦莫悟其非也。①

对于"夫子贤于尧舜"，程颐亦从"行道"与"传道"来解释："语圣则不异，事功则有异。夫子贤于尧舜，语事功也。盖尧舜治天下，夫子又推其道以垂教万世。尧舜之道，非得孔子，则后世亦何所据哉？"（《孟子集注·公孙丑章句上》）仍是在"述"的层面界定孔子之功。

"道学"的道统身份即是"述道"，目的仍是"行道"，二程将治道向上提而不离实践及物。"纯王"的"心"与"政"是体用一源的："纯王之心，纯王之政，老吾老以及人之老，幼吾幼以及人之幼，此纯王之心也。使老者得其养，幼者得其所，此纯王之政也。""虞、夏、商、周之盛王，由是道也。"②所以"传圣人之学"仍有待于"可行"：

> 陛下擢臣于草野之中，盖以其读圣人书，闻圣人道。臣敢不以其所学，上报圣明？窃以圣人之学，不传久矣。臣幸得之于遗经，不自度量，以身任道。天下骇笑者虽多，而近年信从者亦众。方将区区驾其说以示学者，觊能传于后世。不虞天幸之至，得备讲说于人主之侧，使臣得以圣人之学，上沃圣聪，则圣人之道有可行之望，岂特臣之幸哉？③

"闻圣人道"是"闻而知之"，"以身任道"而"传""圣人之学"亦限于述道而传道。士人固可以道学教养君主，但"圣人之道"之"可行"端赖后者。程颐在为其兄求取墓志的书信中，以"道学"概括乃兄之学问，而将其一生的遗憾总结为"道不得施于时，学不及传之书"，这与程颐书写的墓表中的道之结构

---

① 朱熹：《韶州州学濂溪先生祠记》，《晦庵先生朱文公文集》卷79，《朱子全书》（第24册），第3768页。
② 程颢：《南庙试策第一道》，《二程集》，第465页。
③ 程颐：《上太皇太后书》，《二程集》，第546页。

是一样的。①

汉唐杂霸,不仅是实践与法度上的缺憾,更是王道内涵与标准的"不明",于是,明道之重要有甚于行道:

> 帝、王本无异道,王通分作两三等,已非知道之言;且其为道,行之则是,今莫之御而不为,乃谓不得已而用两汉之制,此皆卑陋之说,不足援以为据。若果见得不传底绝学,自无此蔽矣。今日许多闲议论,皆原于此学之不明。

道心"卷而退藏于密",要靠明道的儒者坚持和传承王道准则:

> (圣人)于本根亲切之地,天理人欲之分,则有毫厘必计、丝毫不差者。此在后之贤所以密传谨守以待后来,惟恐其一旦舍吾道义之正,以徇彼利欲之私也。……但要自家见得道理分明,守得正当,后世到此地者自然若合符节,不假言传。②

朱熹有感而发自叙:"不传之绝学一事,却恐更须讨论,方见得从上诸圣相传心法,而于后世之事有以裁之而不失其正。"③ 由此引出朱子的道统论,目的是规范后世不失其正。可见道统论确是正统论的升格转进,是治道的裁断。

陈亮亦不能自外于"明道"的时代氛围之中。他认为:"孔孟以天下之贤圣而适当春秋、战国之乱,卒不得行其道以拯民于涂炭者,无其位也。"位是天命之位、事业之位:"《易》曰:'天地之大德曰生,圣人之大宝曰位。'又曰:'垂象著明莫大乎日月,崇高莫大乎富贵。'"④ 于是,周公有位而集制作之大成:

---

① 程颐:《上韩持国资政书》,《二程集》,第602页。在《上孙叔曼侍郎书》中总结其兄长"功业不得施于时,道学不及传之书"。(《二程集》,第603页。)在《答杨时慰书》中使用了"道学行义"。(《二程集》,第603页。)
② 朱熹:《(答陈同甫)第九书》,《陈亮集(增订本)》,第368页。
③ 朱熹:《(答陈同甫)第八书》,《陈亮集(增订本)》,第367页。
④ 陈亮:《问答上》,《陈亮集(增订本)》,第34页。

> 自伏羲、神农、黄帝以来，顺风气之宜而因时制法，凡所以为人道立极，而非有私天下之心也。盖至于周公，集百圣之大成，文理密察，累累乎如贯珠，井井乎如画棋局，曲而当，尽而不污，无复一毫之间，而人道备矣。人道备，则足以周天下之理，而通天下之变。变通之理具在，周公之道盖至此而与天地同流。①

孔子则皆是"述"，《春秋》也是"述"，位的权力差异，孔子尊王从周的态度，决定了其《春秋》只能是述道之作：

> 世儒遂以为《春秋》孔子所自作，笔则笔，削则削，虽游夏不能赞一辞于其间，言其义圣人之所独得也。信斯言也，则《春秋》其孔氏之书乎？夫《春秋》，天子之事也，圣人以匹夫而与天子之事，此王法之所当正也，不能自逃于王法而能正人乎？乱臣贼子其有辞矣。夫赏，天命；罚，天讨也。天子，奉天而行者也，赏罚而一毫不得其当，是慢天也，慢而至于颠倒错乱，则天道灭矣，灭天道，则为自绝于天。夫子，周之民也。伤周之自绝于天，而不忍文武之业遂坠于地也。……然则《春秋》者，周天子之书也，而夫子何与焉。

但定位"述之者，天也；作之者，人也"，为述道张大其地位：

> 圣人之于天下也，未尝作也，而有述焉。近世儒者有言："述之者，天也；作之者，人也。"《诗》《书》《礼》《乐》，吾夫子之所以述也。至于《春秋》，其文则鲁史之旧，其详则天子诸侯之行事，其义则天子之所以奉若天道者，而孔子何作焉？孟子之所谓作者，犹曰"整齐其文"云耳。

《春秋》乃孔子述天道之书：

---

① 陈亮：《六经发题·周礼》，《陈亮集（增订本）》，第104页。

> 谓《春秋》孔子之所自作，宜非亮之所敢知也。《春秋》所书，无往而非天。学者以人而视《春秋》，而谓有得于圣人之意者，非也。故将与诸君以天下之公而观之，毋以一人之私而观之，辞达而义畅，庶乎可以窥天道之全也。①

可见孔子述道、明道在陈亮心目中的地位。

如"在下之圣人"所示，以上诸说或明或暗的前提是，与圣王相比，孔子仍居于述道的地位，这是道不行的无奈："又问：'述而不作'，如何？曰：'此圣人不得位，止能述而已。'"② "尧制舜度，绵今亘古；周作孔述，炳星焕日，是曰《六经》，为世权衡。"③ 道仅靠"述"来传承究是无奈的保存方式。这个分裂的传道格局，不是圣王治道的本来面目。"道"并非基于单纯的述传而超越，只有恢复"明道"与"行道"一体才能"德形于内"而挺立百世。大明而行的完整开显的道才是真正的道，否则，就"道不完而有迹"④，历史表明"行道"与"明道"皆由此而绝，给二氏之学、僭统之行提供了得隙而入的空间。宋人所高倡的回到圣王之治，是从君（圣王）、师（孔子为师者之圣）两分向君师一体回归。他们常谈"一道德，同风俗"，要规复政教合一、治出于一的王道，就是要将治道归于一统的表现。从欧阳修等开始，这种"道不完"的压抑贯穿了宋儒的努力。而"治出于一"的道统完备，首先要靠述道的儒者来明道，在定义道统、规范治道的千秋事业中，势必要庄重界定"明道"与"行道"的关系，及二者在"治出于一"的治道中的一体之关系。

道统、行道、道学之"道"都是圣王治道，行道与道学是传承道统或曰传道而形成道统的不同方式。二程三传弟子尤袤论道一而化为三，不同历史条件下的政教形态皆赖道而成："夫道学者，尧、舜所以帝，禹、汤、武所以王，周公、孔、孟所以设教。"（《宋史·尤袤传》）便是此意。三者实不过是行道与述道两端。

---

① 陈亮：《六经发题·春秋》，《陈亮集（增订本）》，第106页。
② 《伊川先生语八上》，《二程集》，第294页。
③ 孙何：《文箴》，吕祖谦编《宋文鉴》卷72，齐治平点校，中华书局2018年第2版，第1043页。
④ 借用叶适语，见叶适：《序》，《习学记言序目》卷49，中华书局1977年，第735—741页。

道为圣王治道,以"中"为心法,以"皇极"为主导,靠"学"来绝而复续,道统关键词若此者已是时人耳熟能详的日常用语。如李流谦称颂张浚:

> 然则当今之世,有斯人为荣越、为回,可不急见而疾师之乎?恭惟学为帝师,智为帝谟,见于开济之勋,经纶之业者,特太仓一稊而太山一木耳。至于承列圣之道统,振千载之绝学,中和之功,皇极之用,位天地而育万物者,盖未可以笔舌授而传闻得也。①

"道统"成为常用语,成为社会上常见常用的期许与赞辞,甚至用于干谒,说明韩愈至二程对"道"的理解、对治道传承的认识成为渗透士人日常生活的共识。② 道统的言说如此流行,同时对治道何在的追问,又遇到二氏之学影响下"过高"的心性之学与汉唐治道延伸的"过低"的事功之学挑战。于接续道学事业的朱熹而言,就一士林流行之概念,梳理道统,明确儒家本有之道及其传承,是顺理成章的。陈淳有"道学体统"之概念,也是从"体用一源,显微无间"来论证的:"圣贤所谓道学者,初非有至幽难穷之理、甚高难能之事也,亦不外乎人生日用之常尔。盖道原于天命之奥,而实行乎日用之间。"从"心"到"身",到"人事":"自一本而万殊,而体用不相离也;合万殊而一统,而显微无少间也。"如此明道,才能行道,尽向心性幽微上走,则背离易知易行的中道常道矣:

> 此其理盖较然甚易知,而坦然甚易行也。是岂有超乎日用常行之外,别自为一物至幽而难穷、甚高而难能也哉?如或外此而他求,则皆非大中至正之道,圣贤所不道也。

说明随着二程以降道学的发展,在"学"的层面明确"体统"何在,使道

---

① 李流谦:《上张和公书》,《全宋文》(第 221 册),第 183 页。
② 关于干谒,参见刘成国:《9—12 世纪初的道统"前史"考述》,《史学月刊》2013 年第 12 期。

"明",已经越来越重要了。① 朱熹道统说之集大成,其表现之一亦是对道学的历史定位,以宋儒道学接续不传之孔孟述道,融入道统的系谱之中。其结果,则如黄榦所谓"道之正统""任传道之责、得统之正"。② 道之"行"与"学"的正统,均于此定格。

"此伏羲、神农、黄帝、尧、舜,所以继天立极。"(《大学章句序》)明确将"圣神"界定为"皇、帝"。这是将上古治道注入儒家王道的直接表达。朱熹对先天学体现三皇之道有自己的体会:"《先天》乃伏羲本图,非康节所自作,虽无言语,而所该甚广。凡今《易》中一字一义,无不自其中流出者。"③"若识无心涵有象,许君亲见伏羲来!"④ 其道为"本":"据邵氏说,先天者,伏羲所画之易也;后天者,文王所演之易也。伏羲之易初无文字,只有一图以寓其象数,而天地万物之理、阴阳始终之变具焉。……必欲知圣人作易之本,则当考伏羲之画;若只欲知今《易》书文义,则但求之文王之经、孔子之传足矣。"⑤ 这个本来之道,正是邵雍复明的。

朱熹以"上古圣神继天立极"为开端论道统,是从三皇讲起,将"皇帝"之道注入王道,扩展了儒家治道的视野。门人陈淳继承之:"粤自羲皇作《易》首辟浑沦,神农、黄帝相与继天立极,而宗统之传有自来矣。"⑥ 由此而扩大中国固有之道的影响是深远的,理宗皇帝御制御书《道统十三赞》,即以伏牺、尧、舜、禹、汤、文王、武王、周公、孔子、颜子、曾子、子思、孟子为道统谱系,序中称:

> 朕获承祖宗右文之绪,祗遹燕谋,日奉慈极,万几余闲,博求载籍,推迹道统之传,自伏羲迄于孟子。凡达而在上,其道行;穷而在下,其教

---

① 陈淳:《道学体统》,《北溪先生大全文集》卷15,张加才校点,《儒藏》精华编第240册下,北京大学出版社2018年,第1019页。
② 黄榦:《朝奉大夫华文阁待制赠宝谟阁直学士通议大夫谥文朱先生行状》,《勉斋先生黄文肃公文集》卷34,周国林校点,《儒藏》精华编第240册上,北京大学出版社2018年,第557页。
③ 朱熹:《答黄直卿》,《晦庵先生朱文公文集》卷46,《朱子全书》(第22册),第2155页。
④ 朱熹:《答袁机仲》,《晦庵先生朱文公文集》卷38,《朱子全书》(第21册),第1668页。
⑤ 朱熹:《答袁机仲》,《晦庵先生朱文公文集》卷38,《朱子全书》(第21册),第1665页。
⑥ 陈淳:《师友渊源》,《北溪先生大全文集》卷15,第1020页。

明。采其大指，各为之赞。虽未能探迹精微，姑以寓尊其所闻之意云耳。

所行、所明，皆原于上古治道，赞伏牺曰："继天立极，为百王先。法度肇建，道德纯全。八卦成文，三坟不传。无言而化，至治自然。"①

　　朱熹对道的理解是"治而教之"的治道，对其起点的理解是作君作师的圣王，是政教合一的治理结构："一有聪明睿智能尽其性者出于其间，则天必命之以为亿兆之君师，使之治而教之，以复其性。此伏羲、神农、黄帝、尧、舜，所以继天立极，而司徒之职、典乐之官所由设也。"（《大学章句序》）朱熹所理解的"教"与"治"是高度混同的："性道虽同，而气禀或异，故不能无过不及之差，圣人因人物之所当行者而品节之，以为法于天下，则谓之教，若礼、乐、刑、政之属是也。"（《中庸章句》第一章）"儒教自开辟以来，二帝三王述天理，顺人心，治世教民，厚典庸礼之道；后世圣贤遂著书立言，以示后世。"②治教崩解而圣王不再之后，孔子不得君师之位，但"诵而传"亦即"述"先王之法，政教之道得以传续："及周之衰，圣贤之君不作，学校之政不修，教化陵夷，风俗颓败，时则有若孔子之圣，而不得君师之位以行其政教，于是独取先王之法，诵而传之以诏后世。"孔子所传的先王之法落在学上，就是"大学"之学，这套包纳政教之社会整体秩序的全体大用之学，兼有人君躬行心得与民生日用彝伦、性分与职分，达成"治隆于上，俗美于下"的美好社会。但大学自孔子传曾子、传孟子而止，带来的结果是儒学陷入记诵、词章、注疏之学，佛老虚无异端之学趁机侵入人心，一者过低而无用、一者过高而无实，权谋功利百家之学泛起，社会"坏乱极矣"。直至二程上接孟子，"古者大学教人之法、圣经贤传之指"才"粲然复明于世"，朱熹效仿孟子定自己为"私淑而有闻"，其理想指向的仍是道统源头的治教结构："国家化民成俗之意，学者修己治人之功。"（《大学章句序》）通贯全文的是对政教一体的政治理想型的期待，与儒者不得其位而以学传圣王之道的自任。朱熹强调了孔子虽然不得位而不能行道，却独能使其绵延，这与程颐强调"学不传"之严重性的逻辑是一样的。但仍严判君臣之位，如陈来所论：

---

① 潜说友纂：《咸淳临安志》卷11，浙江古籍出版社2012年，第416页。
② 《朱子语类》卷125，第2993页。

朱子根据二程"《大学》孔氏之遗书"的说法，认为孔子既非尧、舜这样的"君"，也不是司徒、乐正这样的"师"，无法施行君师之政教；所以孔子在当时只能把古代小学、大学的先王之法"诵而传之"于后，《大学》一篇就是对于古代大学明法的阐扬。①

从朱熹对老子述道的描述，也可理解他心目中孔子的角色："盖老聃，周之史官，掌国之典籍、三皇五帝之书，故能述古事而信好之。如五千言，亦或古有是语而老子传之，未可知也。"②

"濂溪先生虞部周公心传道统，为世先觉。"③朱熹也论述了"心"之于"二帝三王"之仁义道统的重要性：

> 孔子传之孟轲，轲之死，不得其传，此非深知所传者何事，则未易言也。夫孟子之所传者何哉？曰仁义而已矣。孟子之所谓仁义者何哉？曰仁，人心也；义，人路也；曰恻隐之心，仁之端也；羞恶之心，义之端也，如斯而已矣。然则所谓仁义者，又岂外乎此心哉！尧舜之所以为尧舜，以其尽此心之体而已。禹、汤、文、武、周公、孔子传之，以至于孟子，其间相望有或数百年者，非得口传耳授，密相付属也。特此心之体，隐乎百姓日用之间，贤者识其大，不贤者识其小，而体其全且尽，则为得其传耳。虽穷天地、亘万世，而其心之所同然，若合符节。

这就将仁义王道系于"心"，尧舜圣王能"尽此心之体"，传道诸圣则能于"百姓日用之间"而"体其全且尽"，于是得乎传。"心"是超越的，能天地万世"所同然"，"仁义"由此向上超越，而不再是局限于礼乐刑政的制度之治格局中的"仁义"。"由是而出，宰制万物，酬酢万变，莫非此心之妙用，而其时措之宜，又不必同也。"④在跨越时空、中绝而续的条件下，强调超越的"此心

---

① 陈来等：《中国儒学史·宋元卷》，北京大学出版社2011年，第339页。
② 朱熹：《答汪尚书》，《晦庵先生朱文公文集》卷30，《朱子全书》（第21册），第1293页。
③ 朱熹：《又牒》，《晦庵先生朱文公文集》卷99，《朱子全书》（第25册），第4582页。
④ 朱熹：《李公常语上》，《晦庵先生朱文公文集》卷73，《朱子全书》（第24册），第3525页。

之体"的力量，为道统传承提供了具有说服力的可能性，也使得道与道统真正在义理层面实现了"向上透一著"。

在《中庸章句序》这篇集中讨论道统的文章中，朱熹郑重揭出超越的"道心"与"心法"之于"道统"的重要性，但"行道"与"传道"的区别仍在，"道心"虽是由儒家讲明的，却有待建极之帝王执行，这是由道与道心皆源自圣王这个治道原型决定的，道心亦是治道之道心。朱子放大《论语》"尧曰"篇尧以之授舜、舜亦以命禹的"允执其中"，与原本古文《尚书·大禹谟》的十六字心传结合，成为"心法"。这个追求"中道"的心诀，被朱熹称为"尧、舜、禹、汤、文、武相传治天下之大法"。[①] 禅让是古圣先王的政权传承制度，而心法是得位且得道亦即传承治道正统的凭据，只有完整把握十六字心法，才能体会而获得"道"的教诲："道统之传有自来矣。其见于经，则'允执厥中'者，尧之所以授舜也；'人心惟危，道心惟微，惟精惟一，允执厥中'者，舜之所以授禹也。尧之一言，至矣，尽矣！而舜复益之以三言者，则所以明夫尧之一言，必如是而后可庶几也。"而此"心法"，其前提是"人心、道心之异"，亦即"或生于形气之私，或原于性命之正，而所以为知觉者不同，是以或危殆而不安，或微妙而难见"，人皆有人心与道心，心法即以"道心"主"人心"之法、之道："精则察夫二者之间而不杂也，一则守其本心之正而不离也。从事于斯，无少间断，必使道心常为一身之主，而人心每听命焉，则危者安、微者著，而动静云为自无过不及之差矣。"（《中庸章句序》）朱子在注释《大禹谟》时也以"治之法"论"人心、道心之中"：

> 心者，人之知觉主于身而应事物者也。指其生于形气之私者而言，则谓之人心；指其发于义理之公者而言，则谓之道心。人心易动而难反，故危而不安；义理难明而易昧，故微而不显。惟能省察于二者公私之间以致其精，而不使其有毫厘之杂；持守于道心微妙之本以致其一，而不使其有顷刻之离，则其日用之间思虑动作自无过不及之差，而信能执其中矣。尧之告舜但曰'允执厥中'，而舜之命禹又推其本末而详言之，盖古之圣人将以天下与人，未尝不以其治之法并而传之。其可见于经者不过如此，后

---

① 《朱子语类》卷78，第2016页。

之人君其可不深畏而敬守之哉!①

这是尧、舜、禹"天下之大圣",在实行"以天下相传"这等"天下之大事","授受之际,丁宁告戒"之语,所以朱子对道统之原型的描述仍是圣君贤相的格局:"自是以来,圣圣相承:若成汤、文、武之为君,皋陶、伊、傅、周、召之为臣,既皆以此而接夫道统之传。"作为圣王之治的指南,"天下之理,岂有以加于此哉"?而既升为"理",就为在政治之外,以思想与学术为载体传承打开空间。"放之则弥六合"是行道而传,"卷之则退藏于密"是述道而传。从而为"夫子贤于尧舜"提供了更好的解释:"若吾夫子,则虽不得其位,而所以继往圣、开来学,其功反有贤于尧舜者。"因为是在"学"的层面上传道统,所以仍如程颐所言是在"事功"的层面上"反有贤于尧舜",亦即主要是"述"之功而非"作"之原。既然是"心传",其中最重要的是"心",孟子"能推明是书(《中庸》),以承先圣之统",孟子没后,此心不明于世,"微程夫子,则亦莫能因其语而得其心也",可见"心传"之于道统的不可比拟的重要性。克制"人心",提升"道心",臻于中庸境界,便是宋明理学所致力的"心法"。(《中庸章句序》)

如此,则"道心"与"性命之正""义理之公"相应,成为"道"的超越存在,存于圣王治道、百姓日用之中,经贤者体会察识而述传于世。道心说是治道向上提的最大成果与标识。治道向上提,以"心",以道心,为治道立极,归宿仍是人间之治。这正是"大学"的真义,从其关怀可见:

> 俗儒记诵词章之习,其功倍于小学而无用;异端虚无寂灭之教,其高过于大学而无实。其他权谋术数,一切以就功名之说,与夫百家众技之流,所以惑世诬民、充塞仁义者,又纷然杂出乎其间。使其君子不幸而不闻大道之要,其小人不幸而不得蒙至治之泽,晦盲否塞,反覆沉痼,以及五季之衰,而坏乱极矣!(《大学章句序》)

---

① 朱熹注释《尚书·大禹谟》,《晦庵先生朱文公文集》卷65,《朱子全书》(第23册),第3180页。

我们由此反观朱熹与陈亮的辩论，其以超越后的王道为范围当世的治道价值准则，当更有所会心：

> 此其相传之妙，儒者相与谨守而共学焉，以为天下虽大，而所以治之者，不外乎此。……夫人只是这个人，道只是这个道，岂有三代、汉唐之别？但以儒者之学不传，而尧舜禹汤文武以来转相授受之心不明于天下，故汉唐之君虽或不能无暗合之时，而其全体却只在利欲上。此其所以尧舜三代自尧舜三代，汉祖唐宗自汉祖唐宗，终不能合而为一也。今若必欲撤去限隔，无古无今，则莫若深考尧、舜相传之心法，汤、武反之之功夫，以为准则，而求诸身，却就汉祖、唐宗心术隐微处，痛加绳削。①

朱熹亦由此论君主如何修德："只看合下心不是私，即转为天下之大公。将一切私底意尽屏去。"② 这是富有操作性的道论。

支撑心传的，正是"意"的方法论。朱熹认为子思作《中庸》，是"推本所传之意，质以所闻之言，更相反复"而成，最重要的当然是"意"，"言"只是载体。孟子之后不传也在于失"意"："汉之诸儒虽或擎诵，然既杂乎传记之间而莫之贵，又莫有能明其所传之意者。"③ "意"是不能仅通过言辞之传诵而明的。《中庸章句序》中也贯穿了这样的认识论，指出道正是因为失其"意"而不传，二氏之学得以乱理："及其（孟子）没而遂失其传焉。则吾道之所寄不越乎言语文字之间，而异端之说日新月盛，以至于老佛之徒出，则弥近理而大乱真矣。"

沿着治道上的意迹之辨，道心成为批评汉唐，亦即从汉唐治道向上提的依据和标准。这在欧阳修与朱熹对汉唐之治的认识比较中可以看出来。在结合了历史与政治反思的意迹之辨的脉络中，欧阳修的"德与迹"思维模式代表了宋初儒家的一种见解，它的义理化和形而上思辨的程度都被后儒超越。针对有人问"欧阳以'除隋之乱，比迹汤武；致治之美，庶几成康'"赞美唐太宗是

---

① 朱熹：《〈答陈同甫〉第八书》，《陈亮集（增订本）》，第365页。
② 《朱子语类》卷108，第2679页。
③ 朱熹：《中庸集解序》，《晦庵先生朱文公文集》卷75，《朱子全书》（第24册），第3639页。

否合适，朱熹就批评"欧公一辈人寻常亦不曾理会本领处"，此"本领"即理学"纯而又纯"之后超于行迹之上的心术本领，这是在前贤基础上继续以"意"（理）抑"迹"、压抑汉唐。① 意迹之辨，辨出三代与汉唐的高下，"意"是永恒的圣王标准，亦是三代之治的境界，"迹"是现象，亦是汉唐之治的水平。"意"是对"迹"的超越，也是宋朝君臣超迈汉唐的努力方向。而三代圣王之意，只能从"道心"去把握。

关于道统中儒者与圣王的关系，我们可以颠倒此文中开端的两句话，使朱子之意更为明白："盖自上古圣神继天立极，而道统之传有自来矣。""《中庸》何为而作也？子思子忧道学之失其传而作也。"道统是道创立、实践、传承的统系，它是自成体统而排斥异端的，因为圣王不再这一现实困扰，它分为两个部分表达：一是将道付诸治理实践的圣王之治，这是政教合一之治，是至高之政治、社会整体秩序理想型；二是传其道的儒者之学，亦即道学，这是不在位者以"述""明""学"的方式传此统系保其维持不坠，即得道而不得位，这是儒家的信守。此即道统的两个层面的内涵，所以孔子虽不得位，朱熹认为"引孔子之言，以继大舜、文、武、周公之绪，明其所传之一致"（《中庸章句》第二十章），孟子亦因得心法而"承先圣之统"，所谓"继绪""承统"，都是在说其以述道而"传道"，成为"道统"之一部分。这就突出了"明道"之于传道的地位："由不明，故不行。"（《中庸章句》第五章）"颜子盖真知之，故能择能守如此，此行之所以无过不及，而道之所以明也。"（《中庸章句》第八章）但其"道"施之于世，则仍寄望于圣王，《中庸》言君王"修身则道立"，朱熹认为即是"道成于己而可为民表，所谓皇建其有极是也"。（《中庸章句》第二十章）

对于得位之圣王与无位之儒者于道之存续的角色与作用之区别，《近思录》末卷论圣贤，叶采解题揭示其意，说得更为明白：

> 断自唐虞尧舜、文武周公，道统相传，至于孔子。孔子传之颜、曾，曾子传之子思，子思传之孟子，遂无传焉。……迨于本朝，人文再辟，则周子唱之，二程子、张子推广之，而圣学复明，道统复续，故备著之。

---

① 《朱子语类》卷134，第3208页。

这是"要人识个大模范"。① 在圣王不能出世的情况下，朱熹要求重视儒者述道明道的努力。宋代祖宗只是为道之再现提供了生态，其本身并不能比于圣王。但"三代"是源于历史而又驾于整部中国历史之上的政治理想型，从整体的儒家及朱熹思想来看，圣王制作行道，"大哉精一传，万世立人纪"；孔子删述圣王经典而传道，"鲁叟何尝师，删述存圣轨"。② 先王与先师，梯序昭然。道统心法虽然是出自《中庸》，却是圣王之言，而非以孔孟之言为据。这是道统源自圣王的显著标识。在时人心中，"行道"与"明道"是非常清晰的两个概念，黄榦为朱熹作行状，就称乃师"虽达而行道不能施之一时，然退而明道足以传之万代"。"行道"须"达"亦即"得位"，其意显然。③ 陈淳也沿用了圣王贤相授受道统，"跻天下文明之治"，而孔子"不得行道之位，乃集群圣之法，作六经，为万世师"的一贯说法。④

经过朱熹的集大成的道统论说，治道理想归一，而现实中可通过"行道"与"明道"两种方式"心传"的道统体系义理化而定型不移。道统兼就帝王行道与儒家明道而言，这既解决了道之正统"绝而复续"的传承主体和路径问题，也从义理上将"行道"与"述道"归于理想治道之一体。治出于一、治出于道、道出于一的正统由此树立，"道"的内涵更加确定，价值裁断力量由此彰显。行道与述道两分的路径，从作君作师的圣王到明道的儒者，以"分"而传道之"全"，在维护了王道的固有价值的同时，又留下了现实中道不得全的缺憾。

黄榦论道统，先定位"道"之治道属性："道原于天，具于人心，著于事物，载于方策。明而行之，存乎其人。圣贤迭兴，体道经世，三纲既正，九畴既叙，则安且治。"著于事物，说明是体用合一、开物成务的格局。然后以道术分裂而天下大乱的历史逻辑佐证："圣贤不作，道术分裂，邪说诬民，充塞仁义，则危且乱。"两相对比，就归结到"圣贤"之于"道统"的重要作用："世之有圣贤，其所关系者甚大。……尧、舜、禹、汤、文、武、周公生而道

---

① 《近思录集解》卷14，第306页。
② 朱熹：《斋居感兴》，《晦庵先生朱文公文集》卷4，《朱子全书》（第20册），第362页。
③ 黄榦：《朝奉大夫华文阁待制赠宝谟阁直学士通议大夫谥文朱先生行状》，《勉斋先生黄文肃公文集》卷34，第584页。
④ 陈淳：《师友渊源》，《北溪先生大全文集》卷15，第1020页。

始行，孔子、孟子生而道始明。孔孟之道，周、程、张子继之；周、程、张子之道，文公朱先生又继之。此道统之传，历万世而可考也。"① 基于上文的梳理，黄榦的意思就更容易理解，他从"道"说起，"道"是兼形而上下、可"行"可"明"的，行道与明道，因是否得位而分别"存乎其人"，两者有清晰的分野。在《汉阳军学五先生祠堂记》中，黄榦也说："夫道统之传，自尧、舜、禹、汤、文、武、周公，躬是道以化天下；周之衰，斯道不行，孔子、孟子及其门人相与推明之。"② 同时，明道、行道，又都是从不同形式上对"道"及"道统"的传承，"愈讲而愈明""传道而教人"，于是共同构成了"道统之传"亦即传道的统系。③ 这不是"故意将'道统'与'道学'打并归一"④，而是"行道"与"明道/道学"本来就是"道"的不同传承方式，是"道统"的组成部分；这也不是"从此'道统'的尊号基本上便属于有'德'无'位'的儒家圣贤"的问题，而是在缓解"德"与"位"不能兼得的压力之后，"道"得以传承，"道统"得以绵延，而其最终的期待，仍是圣王。

朱熹系道统于心法，但道之本旨与施行条件未变，述心法只是传道，行道仍须圣王。心法首先是帝王心法，正心首先是"格君心之非"。道之义理的明确，严格了"中"的标准。关于《尚书·洪范》中"皇极"的解释，有不同的传统，王安石、朱熹等继承了汉人以"君""王"释"皇极"之"皇"的传统。⑤ 中道与尊王在这个重要概念的理解上相辅相成。这里不讨论朱熹、陆九渊等辨"皇极"这一宋学史上的著名公案，但犹可提出的是，朱熹意在以"极"论"中"，追求"天下之纯德""至极之标准"，而不可泛泛地以"中"论"极"，从而丧失治道之价值准的，这与王霸之辨中的王道价值准则之争是一致的：

> 皇者，君之称也；极者，至极之义、标准之名，常在物之中央，而四外望之以取正焉者也。故以极为在中之准的则可，而便训极为中则不

---

① 黄榦：《徽州朱文公祠堂记》，《勉斋先生黄文肃公文集》卷17，第277页。
② 黄榦：《汉阳军学五先生祠堂记》，《勉斋先生黄文肃公文集》卷18，第279页。
③ 黄榦：《圣贤道统传授总叙说》，《勉斋先生黄文肃公文集》卷26，第417页。
④ 余英时：《朱熹的历史世界》，第16页。
⑤ 王博：《从皇极到无极》，《北京大学学报》2018年第6期。

可。……人君以眇然之身履至尊之位，四方辐凑，面内而环观之，自东而望者，不过此而西也，自南而望者，不过此而北也，此天下之至中也。既居天下之至中，则必有天下之纯德，而后可以立至极之标准。①

蔡沉在《书集传》中也沿用了这个解释：

皇，君；建，立也。极，犹"北极"之"极"，至极之义，标准之名，中立而四方之所取正焉者也。言人君当尽人伦之至……以至一事一物之接，一言一动之发，无不极其义理之当然，而无一毫过不及之差，则极建矣。②

"位"的差异，一以贯之，同时，传道的地位也得到强调。"行圣人之道"与"传圣人之学"的一道两传结构得以巩固。对于道及道统的发明与传承中圣王与士人的角色分野，吕大临认为"议礼、制度、考文"是"王天下有三重"之所指，三者"惟天子得以行之，则国不异政，家不异俗，而人得寡过"，亦即维持治道。礼、度、文，治国三大方面，惟圣王可为创作之事。朱熹亦沿此有德有位之逻辑阐释何为"吾从周"："三代之礼，孔子皆尝学之而能言其意；但夏礼既不可考证，殷礼虽存，又非当世之法，惟周礼乃时王之制，今日所用。孔子既不得位，则从周而已。"（《中庸章句》第二十八章）孔子虽为圣人，但不得位，便不能制作，只能复礼从周。对于《孟子·公孙丑上》中夫子与尧舜的比较，朱熹认为是在"设问孟子，若得位而行道"的语境中展开的，接续得位与行道之关系以及孔子与圣人之比拟的思考，而将"夫子贤于尧舜"置入一个假设的语境之中。（《孟子集注·公孙丑章句上》）朱熹延续孟子"亦一治也"的说法，从传道论孔孟述作之圣。"孔子作《春秋》以讨乱贼，则致治之法垂于万世，是亦一治也。"进而认为孟子虽不得位而"亦一治"："孟子虽不得志于时，然杨墨之害，自是灭息，而君臣父子之道，赖以不坠。是亦一治也。"（《孟子集注·滕文公章句下》）经过朱熹创造性的集注工作，唐代

---

① 朱熹：《皇极辨》，《晦庵先生朱文公文集》卷72，《朱子全书》（第24册），第3454页。
② 蔡沉：《书集传》卷4，王丰先点校，中华书局2018年，第165页。

以来的行道与明道两轨传道的内在逻辑更加巩固,历史叙事得以延展。重申了"道学"之于"道统"绵延的意义,融于"道统"的构建。

道统说的流行,也势必影响政治场域中对治道的追求、对政治正当性的构建。正统观面临的深刻矛盾与紊乱之局,只有治道超越化并推动治道正统传承的形而上化才能解决。刘浦江指出,欧阳修、朱熹等代表的宋代正统之辨的"最大收获就在于,它第一次将王朝的更迭由'奉天承运'的政治神话变成了'居天下之正'的政治伦理问题"。坚持政治道德的标准,就不再"顾全德运的连续性"。① 仍有未尽之义。宋以降治道确实呈现出道德、伦理化的特点,但道德、伦理本身并不足以实现新的谱系化,如果可以,"皇帝王伯"的治道在两汉就可以自主解释周以降的接续了,但仍屈服于三统五德的天道观。所以,对新正统论的期待实为治道的超越。治道向上提与道统成立互为因果,这并非朱子一人孤明独发,而为世所共趋,反映了对整全治理的形而上化的认知。道统论的提出,解决了此前正统论在逻辑完整性上的缺陷。道统论通过行道与述道二维结构论证"道"虽不行、不明千年仍可延续,传道之责也由君主和士人分工承担。而"心传"说尤使治道穿透时间与物质的界隔,跨过无道帝王的统治时期,实现古今传承。这就巩固并深化了王道价值树立带来的绝统与续统问题,并转入以何种方式传统地超越认知轨道。只有明"意"、传"心"的治道,才能超越现实治道的失坠甚至不堪,超越形势的限制和时间的断裂,改造人对于时间连续性的执念,构建"道"的价值历史。使得人们不再拘滞于治之历史连续性与现实功利性即"迹"这一事实层面,而是关切坚守治之价值即"道"之超越的传承。朱子不满司马光《资治通鉴》以魏为正统,而有《通鉴纲目》之作,亦是以义理之意裁断政治"不正"之迹:

> 问《纲目》主意。曰:"主在正统。"问:"何以主在正统?"曰:"三国当以蜀汉为正,而温公乃云,某年某月'诸葛亮入寇',是冠履倒置,何以示训?缘此遂欲起意成书。推此意,修正处极多。若成书,当亦不下

---

① 刘浦江:《"五德终始"说之终结——兼论宋代以降传统政治文化的嬗变》,《正统与华夷》,第63页。

《通鉴》许多文字。但恐精力不逮,未必能成耳。若度不能成,则须焚之。"①

道统从"上古圣神继天立极"而来,是天道的人间化,而非别有一极神秘之天道。通过义理化的心而非神秘的天来体现与传承天道,德运说从而在义理上被清算,新的政治信仰从此树立。这种形而上化又不能是二氏去伦常、去及物的"自了"空无之道,而应是儒家植根治理实际的仁义宽大之治道。这是在汉唐治道教训和释老二氏之学挑战的双重冲击下,儒家通过治道认知升华的表现。

需要注意的是,正统的义理化是有限度的。王道于当代正统可以分毫不让、痛加刮剔,表现于治道讨论中对历史援引的价值裁断,却难以将此义理纯粹化、彻底、直接应用于有着悠久传统的史学。同一段历史,在指向义理评判和用于历史著述时,处理的态度不尽相同,尽管历史书写中也不乏政论的用意和治道的求索,但毕竟受到书写体裁和学术传统的限制。朱子不满于《资治通鉴》的正统观,却在为整部历史作"纲目"时面临着比欧阳修"五代之际"的前朝史书写更加复杂的处境,其复杂性以终未成稿证明之。朱子的正统论中,一方面强调"正谊不谋利,明道不计功;尊王,贱伯"之义,要如李方子所言"陶铸历代之偏驳,会归一理之纯粹";另一方面又面临如何评价秦汉晋隋唐之正统地位的难题。如束景南所言,"这种义法与史法的矛盾又进一步导致了他的正统先验历史框架同他的理学体系的矛盾",正统与仁政、道统、天理相龃龉,"他的史学同理学不能相容了"。朱子借助胡寅"存天理,遏人欲,崇王道,贱霸功"以至于"事事绳以虞夏商周""不近人情,不揆情势"的《读史管见》等,"一笔一削",向"大义独断"的义理化方向前进,但历三十余年始终难以勒定,"不能卒业,以为终身之恨"。而从其宁可"焚之"也不成书问世来看,他的王伯义理坚持是确定不移的。② 朱子的历史观与理学的矛盾,难以化解协调,正统的道化而又在纯粹的王道义理之外保持史学的法例,成为中国历史哲学中一个重要而复杂的问题。毋宁说,这仍然是"意""义"与"迹"

---

① 《朱子语类》卷105,第2637页。
② 束景南:《朱子大传:"性"的救赎之路(增订版)》,复旦大学出版社2016年,第270—272页。本段引文均见于该书。

之间的纠葛，历史书写毕竟是要于"迹"求实求真的。

而这个"行道、明道"始并而终分的传道谱系，面对"治出于一"的治道追求，也在判明纯驳的同时，存在不稳定性。郝经赞同道统通过有位圣王与无位圣人接续传承，但提出了将"心传"狭义化而与"位传"并举的道统脉络：

> 道之统一，其传有二焉：尊而王，其统在位，则以位传；化而圣，其统在心，则以心传。位传者，人人得之，故常有在不忘；心传者，非其人则不可得，是以或绝或续，不得而常也。三代而上，圣王在位，则道以位传，尧、舜、禹、汤、文、武、周公是已。三代而下，圣人无位，则道以心传，孔子、颜、曾、子思、孟子是已。

这个谱系书于《周子祠堂碑》中，可见是庄重之论。这就与程朱对心传道统的理解颇不相同，而加重了"位"之于传道的作用，可见圣王道统说根深蒂固，这是治道的属性所在。①

第三节 "心法""道体之全"与"全体大用"

如何认识朱熹评王通之学"于大体处有所欠缺"，是理解道学家治道关怀的关键。刘子健认为，朱子针对北宋"儒学主流侧重经世，侧重制度"，"忽略了北宋五子的一脉真传"即"基本哲理"的问题，从形而上突破，构建一套"内外互通"的"整体"：

> 朱熹和他的师友，认为北宋儒者多半太浮，缺乏形而上学的基础。这正是北宋五子的贡献。把宇宙论弄清楚，才能把孔子以下的伦理哲学讲明白，才能把源出儒教以外的若干精华吸收进来，综合在一起。非有这样综合的一套整体，绝不能把五经一直讲到眼前，排除道家的信念，对抗佛教

---

① 郝经：《周子祠堂碑》，《郝经集编年校笺》，张进德等编年校笺，人民文学出版社 2018 年，第 890 页。

的信仰。非有这样一套整体，绝不能把宇宙的看法和日常生活结合起来，使所感所思所行都有它永恒的道德意义。这就是北宋儒学所缺和朱子学派等大声疾呼的要义。因此，做学问有内外两面，内则正心诚意，外则格物致知。内外互通，才成整体。这并不是说北宋所重的经世和制度并不重要，而只是说那只是儒学行之于外的一部分，居于次要。①

这个"内外"的规模，朱熹又以"体用"来看，提出"全体大用"的格局，非"主次"逻辑可以概括净尽。治道向上提，以道心为心法，以道体为本体，但不可以空谈心性的流弊观心法，亦不可以今人纯乎形而上的"本体"概念观道体，治道是在不外于天下国家的前提下向上提，从"体用一源"归于"全体大用"。道是在治上言，无论始点还是归宿都始终是治道。

讨论宋儒之道，就要体会辨析治道与心性之学的关系和边界。道体是治道的大本大原，是心性之学的本体寄托："大本者，天命之性，天下之理皆由此出，道之体也。"余英时认为"'道体'是道学的最抽象的一端"，其属性是"形而上的"。而治道只是政治范围内的，是"内圣外王连续体的始点"。② 但前文已缕述古代帝王与诸子以降所论之道皆为"务于治"之治道，而此"治"是整全之治的观念，治心治国统于一体；"治"与"道"亦非二分，"治"必有其"所由"，在一个整全的体系中贯通共生。在儒家，道本就是从人心到制度的一体的轨辙。斯道历经世势变迁而不断转进，但始终以"整全"为特质，只有对"整全"认识水平之不同。故朱熹以"体其全且尽，则为得其传"为标准，亦以此"全体"为法三代之标准批评汉唐之迹："不当坐谈既往之迹，追

---

① 刘子健：《宋末所谓道统的成立》，《两宋史研究汇编》，第 257 页。
② 余英时：《朱熹的历史世界》，第 8 页。具体而言，余英时认为：宋代"初期儒学的关怀大体偏重在政治秩序方面，对于'道德性命'之说则测涉未深；易言之，'外王'为当务之亟，'内圣'可且从缓。"（第 45 页）"重建秩序是北宋儒学的主线"，"秩序的观念虽然有越来越扩大的倾向，但建立秩序必自政治（'治天下'或'治道'）始"。（第 47 页）"其间显然有一发展历程，即儒家思想的重点从前期的'外王'向往转入后期的'外王'与'内圣'并重的阶段，而王安石则是这一转折中的关键人物。"（第 56 页）笔者则认为，即以余英时使用的"内圣""外王"概念而言，宋儒也是在深化治道认识、将治道向上提的过程中不断将"内圣外王"的规模推至完善的，而非有两个领域划分并以"当务之亟""可且从缓"之步骤渐次及之。治道向上提是一以贯之的主线，侧重制度事功抑或道德性命特别是义理的逐渐深入只是"向上提"过程中的表现。

饰已然之非，便指其偶同者以为全体，而谓其真不异于古之圣贤也。"① 只有保持"全体"的状态，才是超越的。黄榦认为《中庸》中既有"道之体用"，更讲求"全道之体用"。② 沿着朱熹对"政，大体也"的指示、对"尽"的追求，黄榦对"道之体用"重在其"全"的阐发，或可对"道体"观的本然有所体悟，对道学论述中所呈现的中国传统本体观之特质有新的认识。宋儒用"体用"来讨论治道追求。治道从来源上看是圣王之治、圣王之道，从治理结构上看是君明臣良，从体制范式上看是君师一体、政教合一，这就是人间治理的"体用一源、显微无间"，就是"全体大用"。胡安国甚至认为应包括夷狄而为全体："无不覆载者，王道之体；内中国外四夷者，王道之用。"③ 治与道、道统与道学、治统与道统皆非二分，而是一道、一统、一体，可以"治道"指称之，其统系即为"道统"。故不宜作"治道（政治秩序）""外王（治道）"的概念等同。此"体"或中国思想中的"本体"，并非形而上之抽象体，而是体用兼赅之整全的"全体"，是整全之治的治道呈现。它因"全体"而得超越，并非因抽象空无而永恒。

"道者，所繇适于治之路也，仁义礼乐皆其具也。"（《汉书·董仲舒传》）宋人讲明三代之道，梳理此道的正统传承，将其向上超越而又始终保持"及物"的底线，达致兼形而上下的境界，正是为了在汉唐之治的政治教训下，在佛老之学的思想冲击下，外克霸道功利之陋，内攻佛老异端之空，重建中国固有"本末始终，精粗该备"之道，以之融通狭义的"治"与"道"，规复"治道"，规范政治与人心，建设具有美好秩序的现实世界。如张栻所论：

> 自秦汉以来，言治者汩于五伯功利之习，求道者沦于异端空虚之说，而于先王发政施仁之实，圣人天理人伦之教，莫克推寻而讲明之。故言治若无预于学，而求道者反不涉于事。孔孟之书仅传，而学者莫得其门而入，生民不克睹乎三代之盛，可胜叹哉！

---

① 朱熹：《〈答陈同甫〉第八书》，《陈亮集（增订本）》，第365页。
② 黄榦：《〈中庸〉续说》，《勉斋先生黄文肃公文集》卷26，第413页。
③ 胡安国：《春秋胡氏传》，转引自吕祖谦《春秋集解》卷1，李解民点校，浙江古籍出版社2017年，第13页。

其现实典型,亦如张栻论周敦颐之明道施治:

> 惟先生崛起于千载之后,独得微旨于残编断简之中,推本太极,以及乎阴阳五行之流布,人物之所以生化,于是知人之为至灵,而性之为至善,万理有其宗,万物循其则,举而措之,则可见先生之所以为治者,皆非私知之所出,孔孟之意于以复明。至于二程先生,则又推而极之,凡圣人之所以教人与学者之所以用工,本末始终,精粗该备。于是五伯功利之习无以乱其正,异端空虚之说无以申其诬,求道者有其序,而言治者有所本。其有功于圣门而流泽于后世,顾不大矣哉!①

这是"凡先生之所施设,皆其学之所推"的内生关联推演,周敦颐太极之学,直抵人群秩序之根本与君子修养之大法:"先生之学,渊源精粹,实自得于其心,而其妙乃在《太极》一图,穷二气之所根,极万化之所行,而明主静之为本,以见圣人之所以立人极,而君子之所当修为者,由秦汉以来,盖未有臻于斯也。"这就可以因应时势,随处开物成务:"故其所养,内克暗然而日章,虽不得大施于时,而莅官所至,如春风和气,随时发见,被饰万物,百世之下,闻其风者犹将咨嗟兴起之不暇。"② 张栻屡次将周敦颐之"崛起"置入"秦汉以来"的道统绝亡的语境中,由此亦可见周敦颐在宋代道学家心目中接续道统的开创地位。秦汉以来所绝、周敦颐所续的,正是道统,亦正是治道,它的要义是"本末始终,精粗该备",能使"求道者有其序,而言治者有所本",而令"五伯功利之习无以乱其正,异端空虚之说无以申其诬"。宋儒面对的两大议题由此解决,其义甚明,无须多辨。

朱熹认为,在二氏之学的影响下,学者脱离、扭曲了儒家经典中的圣人本意:

> 大抵近世说经者,多不虚心以求经之本意,而务极意以求之本文之外,幸而渺茫疑似之间略有缝罅,如可钩索,略有形影,如可执搏,则遂

---

① 张栻:《南康军新立濂溪祠记》,《张栻集》,第915页。
② 张栻:《濂溪周先生祠堂记》,《张栻集》,第914页。

极笔模写,以附于经,而谓经之为说本如是也。其亦误矣。①

归之于"高",亦即一味形而上的追求:

> 今之谈经者,往往有四者之病:本卑也,而抗之使高;本浅也,而凿之使深;本近也,而推之使远;本明也,而必使至于晦,此今日谈经之大患也。②
>
> 近日学者病在好高,读《论语》,未问学而时习,便说一贯;《孟子》,未言梁王问利,便说尽心;《易》,未看六十四卦,便先读《系辞》。③

另一极端则是限于形而下的汉唐治道,二者共同成为朱熹"向上透一著"的处境与对手:

> 今世学者,语高则沦于空寂,卑则滞于形器,中间正当紧要亲切合理会处,却无人留意,此道之所以不明不行,而邪说暴行所以肆行而莫之禁也。④

道学不明,大学、小学皆无以自处,二氏虚无、功令权谋之学则蛊惑人心:

> 俗儒记诵词章之习,其功倍于小学而无用;异端虚无寂灭之教,其高过于大学而无实。其他权谋术数,一切以就功名之说,与夫百家众技之流,所以惑世诬民、充塞仁义者,又纷然杂出乎其间。(《大学章句序》)

他追求的"向上透一著",不是一味向上、向高里去,而是于器求道、以道致治。

---

① 朱熹:《答万正淳》,《晦庵先生朱文公文集》卷51,《朱子全书》(第22册),第2415页。
② 《朱子语类》卷11,第193页。
③ 《朱子语类》卷19,第434页。
④ 朱熹:《答刘子澄》,《晦庵先生朱文公文集》卷35,《朱子全书》(第21册),第1534页。

道是治之由、之理，从孔子到朱熹，不断援引上古以来治道思想资源援救完善王道，将"礼乐政刑"不断向上提，义理由此而出。但义理的内核仍不能脱离制度载体与治理实践，其终极理想只能是人间的圣王之治。在至朱熹而集大成的道学思想中，"道"是兼形而上下的，道虽经"道心"而再次向上超越，但不离日用彝伦，否则就是过"高"而"无用"的释老之学了。斯道源于君师的政教规模和纲常枢轴，寄望于圣王再世的实践。在这个意义上说，"道"离"治"则不明、不完。对于《易经》中"有孚，在道，以明，何咎"一句，程颐想到的就是明道之后尚须继之以行道，必要开物成务，由此解之曰："古之人有行之者，伊尹、周公、孔明是也，皆德及于民，而民随之。其得民之随，所以成其君之功，致其国之安，其至诚存乎中。"① 对《中庸》中"考诸三王而不缪"的"君子之道"，朱熹认为"君子"就是"王天下者"，其"道"就是"议礼、制度、考文之事"（《中庸章句》第二十九章）。"道"亦可称为"帝王之道"，就是对社会整体秩序的治理，对于"文不在兹乎"之"文"，朱熹就解释为"道之显者谓之文，盖礼乐制度之谓。不曰道而曰文，亦谦辞也"（《论语集注》之《尧曰》《子罕》）。于是，在《大学章句》中，朱熹从"即物而穷其理"论"全体大用"：

> 所谓致知在格物者，言欲致吾之知，在即物而穷其理也。盖人心之灵莫不有知，而天下之物莫不有理，惟于理有未穷，故其知有不尽也。是以《大学》始教，必使学者即凡天下之物，莫不因其已知之理而益穷之，以求至乎其极。至于用力之久，而一旦豁然贯通焉，则众物之表里精粗无不到，而吾心之全体大用无不明矣。此谓物格，此谓知之至也。（《大学章句》第五章）

"吾心之全体大用无不明"的境界，建基于"即凡天下之物，莫不因其已知之理而益穷之，以求至乎其极"，是在"物"与"心"之间建立的"豁然贯通"的理解关系。他也表述为："人受天地之中以生，故人之明德非他也，即天之

---

① 程颐：《周易程氏传》卷2，《二程集》，第786页。

所以命我，而至善之所存也。是其全体大用，盖无时而不发见于日用之间。"①
这需要体用兼全求"尽"而不"偏"的工夫，如《大学》所指示的学道之路：

> 理固自有表里精粗，人见得亦自有高低浅深。有人只理会得下面许多，都不见得上面一截，这唤做知得表，知得粗。又有人合下便看得大体，都不就中间细下工夫，这唤做知得里，知得精。二者都是偏，故《大学》必欲格物、致知。到物格、知至，则表里精粗无不尽。②

所以在"本然"层面上，体与用就是异义而又不离的"非两截事"。道之"本体"不是空灵的本体，而是源于物亦还用于物的，这是朱熹努力证明的虽向形而上之道升华但仍不离于形而下之器的"君子之道"，是拥有了"体"而必在治理及物上证明，以"用"而证成其"体"的治道。

对于道的传承，行道与明道既因位差而事功不同，又须结合乃成为道之全体。从道一而出传道两端，传道两端亦须合为一而证道之成。黄榦讨论《中庸》就很自然地用了"明之行之"的表述。③它反映了对治教合一而天下清明的追求。不仅朱熹将二程上接孟子归结于宋代治教之美，黄榦也认为"岂非治教休明、文风周浃、天运之所开、地灵之所萃、旷古之创见而一代之极盛者欤"，期待士人读朱子之书可以"道之明且行，世之安且治"。④

道待圣王而行于天下的思想，也是由朱子全体大用的治道与道统观的理解推出的。黄榦认为：

> 有太极而阴阳分，有阴阳而五行具，太极、二、五妙合而人、物生。赋于人者秀而灵，精气凝而为形，魂魄交而为神，五常具而为性，感于物而为情，措诸用而为事。物之生也，虽偏且塞，而亦莫非太极、二、五之所为。此道之原之出于天者然也。圣人者，又得其秀之秀而最灵者焉。于

---

① 朱熹：《四书或问·大学或问》，《朱子全书》（第6册），第516页。
② 《朱子语类》卷16，第324页。
③ 黄榦：《〈中庸〉续说》，《勉斋先生黄文肃公文集》卷26，第413页。
④ 黄榦：《徽州朱文公祠堂记》，《勉斋先生黄文肃公文集》卷17，第278页。

> 是继天立极，而得道统之传，故能参天地，赞化育，而统理人伦，使人各遂其生，各全其性者，其所以发明道统以示天下后世者，皆可考也。

圣人之道原出于天、上承太极，统理人伦、全性遂生，也就是人群之全部思想与生活之养成化成。

理学对治道的理解，"心"是结穴。援古道之意提升王道，义理化的结晶是心法，心法是治道全体大用的精神内核。心法决定道统继承，进而决定治之正统所在，这是王道之于正统的价值标准的树立。但程颐强调："天有是理，圣人循而行之，所谓道也。圣人本天，释氏本心。"①"道心"与"心法"源自圣人继天立极，要在全体大用的格局中理解，而不可流于心性，堕入释氏之学。

治道向上提，落实在"道心"的讲求。道心展开为心法，掌握心法，修养道心，既是政治正统的依据，也展开为具体的方法范式，即以心论治。治与道合而为治道，体现于心法之于治法的重要性。程子认为"圣人治天下之道"只有"治之道"和"治之法"二端："治身齐家以至平天下者，治之道也。建立治纲，分正百职，顺天时以制事，至于创制立度，尽天下之事者，治之法也。""治之道"与"治之法"合于"治天下之道"，可见就治之本与治之用而言，治道是全体大用的。"治道亦有从本而言，亦有从事而言。"也可为证。也只有合道之治天下，以与道体用一源之法治天下，才能称之为"治"："先王之世，以道治天下。后世只是以法把持天下。"于与治法相区分之狭义治道之中，则重视皇极，强调"君心"的决定地位：程子"王者如天地之无私心焉"。②"从本而言，惟从格君心之非，'正心以正朝廷，正朝廷以正百官'。""'格其非心'，使无不正。非大人其孰能之？"批评唐"三纲不正"。张载将合"道学"与"政术"为一事，归结于"推父母之心于百姓"，王道、治德皆从此讲起，如此则"帝王之道，不必改途而成。学与政不殊心而得矣。"③朱熹也发扬此意，重视君心的指挥与决定地位："臣之辄以陛下之心为天下之大本者，何也？天下之事千变万化，其端无穷而无一不本于人主之心者，此自然之理也。故人主之心

---

① 《伊川先生语七下》，《二程集》，第274页。
② 《近思录》卷14，第306页。
③ 《近思录》卷8，第226页。

正，则天下之事无一不出于正；人主之心不正，则天下之事无一得由于正。"①他重视纪纲，视君心为纪纲的前提，治国理政"其本在于正心术以立纪纲"。②格"君心之非"而修养"道心"，但此"心"必用于"事"，臻于全体大用之境，才是"道心"的归宿。朱子进言："古先圣王兢兢业业，持守此心，虽在纷华波动之中、幽独得肆之地，而所以精之一之，克之复之，如对神明，如临渊谷，未尝敢有须臾之怠。然犹恐其隐微之间或有差失而不自知也。"而其境界则是："由内及外，自微至著，精粹纯白，无少暇翳。"这就是"先王之治"的所以然，亦是先王之治"遗风余烈犹可以为后世法程"的所以然。③ 归宿是全体大用的格局，而非空谈心性。

现实中由治道向上提而成全体大用的规模，在治道统系的历史构建中，也可掉转过来由圣王心法一以贯之而渐次建成全体。黄榦以"制心制事"为线索，考述从尧至朱子历代道统传承，颇见"全体"方能"大用"之意。"存诸心、措之事"之"中"道，至虞舜而有人心道心、曰精曰一的结构，至成汤"以义制事，以礼制心"而生成治制规范体系："因尧之中、舜之精一，而推其制之之法，制心以礼，制事以义，则道心常存，而中可执矣。"传至孔子乃有《大学》"八条目"之体系，"亦无非数圣人制心制事之意焉"。至于朱子亦然：

> 先师文公之学，见之《四书》，而其要则尤以《大学》为入道之序。盖持敬也，诚意、正心、修身，而见于齐家、治国、平天下，外有以极其规模之大，而内有以尽其节目之详。此又先师之得其统于二程者也。④

"以义制事，以礼制心。"用外化的礼制来约束内在的心，用发于内在之心的义来处置外在的事，不仅"制心制事"是一个内外合一的全体大用的格局，具体到"制心"或"制事"，也均是内外合一的全体大用的格局。这个过程与格局，也可以这样表述：

---

① 朱熹：《戊申封事》，《晦庵先生朱文公文集》卷 11，《朱子全书》（第 20 册），第 590 页。
② 朱熹：《庚子应诏封事》，《晦庵先生朱文公文集》卷 11，《朱子全书》（第 20 册），第 585 页。
③ 朱熹：《戊申封事》，《晦庵先生朱文公文集》卷 11，《朱子全书》（第 20 册），第 592 页。
④ 黄榦：《圣贤道统传授总叙说》，《勉斋先生黄文肃公文集》卷 26，第 415 页。

> 道原于天，具于人心，著于事物，载于方策。明而行之，存乎其人。圣贤迭兴，体道经世，三纲既正，九畴既叙，则安且治。①

关于心作为道、治之必要条件，而论心则着眼于行道致治，蔡沉《书集传序》集理学论说之大成，值得尽列于下以观其详：

> 二帝、三王之治本于道，二帝、三王之道本于心，得其心则道与治固可得而言矣。何者？精一执中，尧、舜、禹相授之心法也；建中建极，商汤、周武相传之心法也；曰德、曰仁、曰敬、曰诚，言虽殊而理则一，无非所以明此心之妙也。至于言天则严其心之所自出，言民则谨其心之所由施。礼乐教化，心之发也。典章文物，心之著也。家齐国治而天下平，心之推也。心之德，其盛矣乎！二帝、三王，存此心者也；夏桀、商受，亡此心者也；太甲、成王，困而存此心者也。存则治，亡则乱，治乱之分，顾其心之存不存如何耳。后世人主有志于二帝、三王之治，不可不求其道；有志于二帝、三王之道，不可不求其心。求心之要，舍是书何以哉？
>
> 文以时异，治以道同。圣人之心见于《书》，犹化工之妙著于物，非精深不能识也。是传也，于尧、舜、禹、汤、文、武、周公之心，虽未必能造其微，于尧、舜、禹、汤、文、武、周公之书，因是训诂，亦可得其指意之大略矣。②

"道心"与"全体大用"是相互证成的，治道向上提至"道心"之后，全体大用之说赋予了治道兼形而上下的境界。体是内外整全之体，全体与大用是一个整合的全体。以"道心"为方法和载体，治道由"全体大用"而超越。这是整全之治的境界升华，道不全便有迹，不能实现自完之体，便是残缺，即便形而上化，也是道不完，不完之道便是"迹"。从这样的"全体大用"，方能理解钱穆的论断："宋人之最努力者，厥在复兴儒学，又恢复了以往最高领导全

---

① 黄榦：《徽州朱文公祠堂记》，《勉斋先生黄文肃公文集》卷17，第277页。
② 蔡沉：《九峰蔡先生书集传序》，《书集传》，第13页。

体人生之思想大传统。"①

《中庸》一书"皆言道之体用，下学而上达，理一而分殊也"。黄榦重申程子名言"体用一源，显微无间"，论证"自理而观，体未尝不包乎用""自物而言，用未尝不具乎体""体用未尝相离"。具体而言："首言性与道，则性为体而道为用矣。次言中与和，则中为体而和为用矣。又言中庸，则合体用而言，无适而非中庸也。又言费与隐，则分体用而言，隐为体费为用也。"② 这种"体用不离"的关系是体用交相成的："统体太极，各具太极，则兼体用。"③

由此全体大用，则可对"道体"之"全体"有更完备的、兼体用的理解。虽然体、用有分际，朱熹更强调"道体之全"："理无巨细精粗之间，大者既立，则虽毫发之间，亦不欲其少有遗恨，以病夫道体之全也。"④ "道体"不仅是哲学与精神性的，还要通过"毫发"来成全，巨细靡遗、体用兼赅，才是"全体大用"，才是"道体之全"。勉斋承师说，论"道体之全"：

> 道体之说，此更宜讲究，谓但指隐而言者，岂所以为道体之全耶？"体"字不可以体用言，如今所谓国体、治体、文体、字体，亦曷尝对用而言耶？所谓道体者，无物不在，无时不然，流行发用，无少间断。⑤

体用一原，道兼体用，包括在"用"、在具体处定义的意涵。"道体"并非指纯粹形而上的哲学依据，而是"无物不在，无时不然，流行发用"的"道体之全"。此"道体"固然可凭儒者"愈讲愈明"，但徒讲明显然不能使得其贯彻流行于万事万物，还是要待圣王出世，方能成此"道体之全"。须在全体大用的格局中观"体"，而不取纯粹形而上的视野，这就是治道作为儒家王道向上提而不离及物之现世关怀的特质。

其哲学依据，仍是体用一源、显微无间。程子认为虽然"形而上为道，形

---

① 钱穆：《民族与文化》，九州出版社2011年，第31页。
② 黄榦：《中庸总论》，《勉斋先生黄文肃公文集》卷23，第364页。
③ 黄榦：《复叶味道书》，《勉斋先生黄文肃公文集》卷6，第108页。
④ 朱熹：《跋郑景望书吕正献公四事》，《晦庵先生朱文公文集》卷81，《朱子全书》（第24册），第3855页。
⑤ 黄榦：《复胡伯量书》，《勉斋先生黄文肃公文集》卷6，第103页。

而下为器",但"器亦道,道亦器","凡物有本末,不可分本末为两段事"。①朱熹进而阐释道:"此器则有此理,有此理则有此器,未尝相离,却不是于形器之外别有所谓理。亘古亘今,万事万物皆只是这个。"②"须是就事上理会道理。"这就是从具体的事物向上提。"道理"也不是象牙塔中玲珑剔透之体,而是"理无精粗本末,皆是一贯"。③虽然"体"是"骨子"、是"基骨",但同时也要讲"全体","天体物不遗,犹仁体事而无不在也"。圣人之道,不仅"入乎耳,存乎心,蕴之为德行",还要"行之为事业",否则便陷入空谈心性的释老之学了。从周敦颐、张载到朱熹、吕祖谦,这是理学家共同的意见。④

清初胡煦解道之"全体大用",颇与朱子本意契合:"道也者,性中之大用,天命之充周,广大精微,内外一如,显微无间。"⑤ "道"既不限于"大本",也不限于"大用",具体来说:

> 因道之大用,而推道之所以然,仍在大用中见出,与孔子因贯而说一相似,非以道为大用之所以然也。又如夫妇天地,子臣弟友,行远登高,发育峻极,暗然日章诸说,为言大本乎?为言大用乎?若为言大用,则道之未达,必另有所以然者在也。若于《中庸》解为犹路,便将道字看死了。若以为形器之所以然,又将道字看在大本里面去了。均非道字之的旨。⑥

道是全体大用的,是统合"大本""大用"于一身的:

> 道为充塞天地物事,其所以然则隐而不可知。充塞天地,故其用最广。乃不可知,故其体最微。孔子一以贯之,正体用一如之说。……若谓

---

① 《二先生语一》,《二程集》,第 4 页;《伊川先生语一》,《二程集》,第 148 页。
② 《朱子语类》卷 95,第 2421 页。
③ 《朱子语类》卷 49,第 1209—1210 页。
④ 《朱子语类》卷 98,第 2509 页;《近思录集解》卷 1,第 31 页;《近思录集解》卷 2,第 38 页。
⑤ 胡煦:《周易函书》别集卷 7《篝灯约旨一·道》,程林点校,中华书局 2008 年,第 976 页。
⑥ 胡煦:《周易函书》别集卷 7《篝灯约旨一·道》,第 976 页。

阴阳为形器，以道为形器之所以然，则将道字占却大本地位，与隐字相似，无以见道用之充塞而费矣。如谓道为充塞之物，为形器之所以然，而道之隐处又另有所以然，则是床上安床，屋上架屋矣。亦不得专以费处为用，隐处为体。程子曰内外一如，显微无间，是本末流通之妙，一贯之旨也。《中庸》之言费而隐，皆此旨也。①

可见程子"体用一源、显微无间"之重要，朱子全体大用乃其发挥，而源头仍是先天之《易》道：

太极者，道之大本。两仪四象八卦由此而渐分者，道之大用。伏羲画图但从两仪而起，太极之中一无所有，而其出不穷，不可名言，不可图画者也。其由两仪四象八卦，然后始达于用者，明大用之实出于大本，而大本之实发为大用，此正察来彰往，微显阐幽之妙。所云本末流通，隐在费中者，此也。②

此道参赞位育，仍是治道：

道也者，参赞之妙，位育之能，裁成辅相，曲成范围，皆其妙用也。其事则礼乐刑政而已。后之学者开口言道，便趋向不可知不可说处，非道之真指也。参赞位育，裁成辅相，圣人之道也。

尧舜禹汤文武相传之道，皆见诸行事者也。文武以后，道不行于天下，孔子起而修明之，何非修齐治平之道，可见于行事者也？观于三月而鲁国大治，圣学之美富可知。汉唐以后，孔孟之道衰而弗振者凡二千年，至宋儒起而振之。然观周程之政事，司马之《通鉴》，邵子之内圣外王，张子之《西铭》，莫不各有达而可行之道。圣门学者，如愚鲁辟喭之伦，大都惟处则修行、出则致用之为兢兢，故颜子亦有为邦之问。而勇艺明达，莫不各就其所长，若无真实作用，将位天地育万物，与天下归仁，万

---

① 胡煦：《周易函书》别集卷7《篝灯约旨一·道》，第977页。
② 胡煦：《周易函书》别集卷7《篝灯约旨一·道》，第977页。

物皆备之道，恐不解干办此事。①

在朱熹的时代，全体大用成为士大夫的范式共识。周必大就认为："大凡深于学，必能合乎内外之道。"但不容易切实做到："近世士人稍通其说，则谓施于事者便与圣贤合，自信太早，而不知他日未免害道。"可见所"害"之"道"仍是就"合内外"而言的，"合内外"已经成为标准。② 即使颇讲功利之学的陈亮，也不能外于这个框架，以之论证重在事功的学说："天下岂有道外之事哉？""夫道，非出于形气之表，而常行于事物之间者也。"③ "夫道之在天下，无本末，无内外。"④ 对"道"与"事"的体用关系理解，是共享着一个范式的。

"全体大用"成为共识的追求，也表现在成为标准而施于人物是否与于道统的品评上。阐发全体大用之道，是评定当代学者与其学的一般标准，如邢恕以"通儒全才"推服程明道，包括尧舜三代帝王之治道，礼乐制度兴造，甚至用兵之法、夷狄情状、控带之要，吏事操决、文法簿书。⑤ 朱熹、陈淳认为韩愈"说见大体"，识道之"大用流行"，却不知"本然之全体"；"于大体处见得，而于作用施为处却不晓"；"虽是见得个道之大用是如此，然却无实用功处"。⑥ 可见对"全体大用"所持标准之严格。"求道过高"而入于"空无之境"，"立论过卑"而陷于"功利之域"，都是不能臻于全体大用之境界的"乱吾道、惑人心"之说。⑦ 后学魏了翁对朱子的评定亦在这个范式中展开：

> 盖自《易》《诗》《中庸》《大学》《论语》《孟子》，悉为之推明演绎，以至三礼、《孝经》，下迨屈、韩之文，周、程、邵、张之书，司马氏之史，先正之言行，亦各为之论著，然后帝王经世之规、圣贤新民之学，灿

---

① 胡煦：《周易函书》别集卷7《篝灯约旨一·道》，第978页。
② 周必大：《与郑景望吏部书》，《全宋文》（第229册），第190页。
③ 陈亮：《勉强行道大有功》，《陈亮集（增订本）》，第100页。
④ 陈亮：《经书发题·论语》，《陈亮集（增订本）》，第108页。
⑤ 《近思录集解》卷9，第241页。
⑥ 《朱子语类》卷137，第3255、3260页。
⑦ 陈淳：《师友渊源》，《北溪先生大全文集》卷15，第1020页。

然中兴。学者习其读,惟其义,则知三才一本、道器一致。幽探乎无极太极之妙,而实不离乎匹夫匹妇之所知;大至于位天地、育万物,而实不外乎暗室屋漏之无愧。盖至近而远,至显而微,非若弃伦绝学者之慕乎高而哗世取宠者之安于卑也。①

仍是在针对佛老与功利之学的两端挑战,而树立"三才一本、道器一致""至近而远,至显而微"的治道,接续"帝王经世之规、圣贤新民之学"的道统,这正是"三代以前规模在胸次"对当代之治与学的提升力量,超越了"只在汉晋诸儒脚迹下盘旋"的困境。②

但中道毕竟难得,言"全"便有所"偏",③虽有程子"圣人本天,释氏本心"的警句在前,心性之学的讲求仍不免耽于心性的流弊。经过朝廷与道学家们的推广成为一世风潮之后,士庶言心,难免其"偏"。高言"正学"的套式话语,以"心"论治也成为普及性的认识。如魏希德引用的足以说明"当时考生中流行的一种趋势"的评注所云:"圣朝崇正学,晦翁先生之说盛传于世,对策者多引用为话头。(程申之)此策全篇以君心之私主张,结尾以大臣格心献策,皆引晦翁之说为证。如官员坐法断案相似。"④

以"行道、明道"为基本结构而以"明道"接其传的道统叙事,自"行道"而思道之全体者便觉不满。叶适认为"道之本统"⑤ 是"尧舜以来内外交

---

① 魏了翁:《朱文公年谱序》,《全宋文》(第310册),第52页。魏了翁对"正学"的定义与此相同:"夫所谓伊洛之学非伊洛之学也,洙泗之学也非洙泗之学也,天下万世之学也。索诸天地万物之奥,而父子夫妇之常,不能违也;约诸日用饮食之近,而鬼神阴阳之微,不能外也。大要以六经、《语》、《孟》为本,使人即事即物,穷理以致其知,而近思反求、精体实践,期不失本心焉耳。"(《上殿论敷求硕儒开阐正学札子》,《全宋文》第309册,第98页。)
② 魏了翁:《答巴州郭通判书》,《全宋文》(第309册),第381页。
③ "偏"成为南宋论道及其流弊的常用语,往往即指偏向心性,如朱熹,叶适对其更为敏感:"近世又偏堕太甚,谓独自内出,不由外入。往往以为一念之功,圣贤可招而致。"(《宋元学案》卷54《水心学案上》,黄宗羲原著、全祖望补修,陈金生等点校,中华书局1986年,第1785页。)
④《(精选)皇宋策学绳尺》卷8,见魏希德:《义旨之争:南宋科举规范之折冲》,胡永光译,浙江大学出版社2015年,第270页。
⑤ 叶适:《序》,《习学记言序目》卷49,第735—741页。

相成之道"①，尧舜以至周公所作、孔子所述皆此开物成务之人道"本统"，尽管有位、无位者之于治道毕竟有别，"尧舜，君道也，孔子难言之"，②但孟子"开德广，语治骤，处己过，涉世疏，学者趋新逐奇，忽亡本统，使道不完而有迹"。后世学者传习孟子的方法更是以此"迹"为路，遂将"道"一路向形而上推进，以其为无尽的玄思："学者不足以知其统而务袭孟子之迹，则以道为新说奇论矣。"③因为形而下的政治与治道一面的缺失，导致"道不完"，而使对道的心解坠入"迹"的层面，可见中国传统中的形而上下之别并非如吾人今日所想之单线标准：兼有治、道，才是超越了不完不醇的心之"迹"的"道"。风行于世的理学重"心"而不能"内外合"：

> 虽然，是下之教也，上何以治？上不以治则不求，下虽以教而不辅，然则天下何以治！……今之为道者，务出内以治外也；然而于君臣、父子、兄弟、朋友、夫妇，常患其不合也。守其心以自信，或不合焉，则道何以成？

叶适认为这就导致无以为"行道之功"："故夫昔以不知道为患，而今以能明道为忧。"④

朱子强调明道而成全体大用，叶适则提示不可由此忽视"本统"之治理事功。水心之学在贵德贱力、汉唐杂霸甚至心传绝统等论域上都与朱子一致，同归宿于治理和治道，求治道明、行之一体，故一言"全体大用"，一言"道完"。但义理根基上不尽相同，看低周敦颐等对《易》之天道的发明，认为"不足以入尧舜之道""非孔子作，则道之本统尚晦"⑤，故于"向上透一著"则不足。郝经批评道学，也认为道是"全体大用"的：

> 夫圣人，道之至也。自宓牺、神农、黄帝，至于尧、舜氏，道之全体

---

① 叶适：《习学记言序目》卷14，第207页。
② 叶适：《习学记言序目》卷14，第200页。
③ 叶适：《序》，《习学记言序目》卷49，第739页。
④ 叶适：《进卷·总述》，《叶适集》，第727页。
⑤ 叶适：《序》，《习学记言序目》卷49，第735—741页。

著见，以为斯人用，天下莫不学之，道学之名无有也。增修制作，自禹、汤、文、武、周公至仲尼氏，郁郁乎文，洋洋乎盛，道之大用极尽无余，载在方策，以为后世用，天下莫不学之，道学之名无有也。

他反对的正是从战国"道之全体始坏，大用始分"沦至"自以为名"的"道学"。① 可见，"全""完"是对道的追求的共识，这是整全之治的表征。这让我们想到程颐曾言："君子之道，贵乎有成。有济物之用，而未及乎物，犹无有也。"②

朱子后学亦颇为防范耽于心性。黄震解《尚书》"人心惟危"一章，批评注重以"心"解"道心"忽略了"心法"本为圣人传位授受治天下之大法，从篇章整体语意语境来看，此"心"实为"帝王之心"、政治之"心"，治道才是其"本旨"：

> 盖舜以昔所得于尧之训戒，并其平日所尝用力而自得之者尽以命禹，使知所以执中而不至于永终耳，岂为言心设哉。近世喜言心学，舍全章本旨而独论"人心""道心"，甚者单撷"道心"二字，而直谓"即心是道"，盖陷于禅学而不自知，其去尧舜禹授受天下之本旨远矣。蔡九峰之作《书传》，述朱子之言曰"古之圣人将以天下与人，未尝不以治之之法而并传之"，可谓深得此章之本旨。九峰虽亦以是明帝王之心，而心者治国平天下之本，其说固理之正也。其后进此《书传》于朝者，乃因以三圣传心为说，世之学者遂指此书十六字为传心之要，而禅学者借以为据依矣。

顾炎武于此深表认同，由此论治道不是一般意义上的"心"，"道心"是"理"即具有客观必然性的法则与规律：

> 愚按心不待传也，流行天地间贯彻古今而无不同者，理也。理具于吾心而验于事物，心者所以统宗此理而别白其是非，人之贤否，事之得失，

---

① 郝经：《与北平王子正先生论道学书》，《郝经集编年校笺》，第617页。
② 《河南程氏粹言》卷2，《二程集》，第1268页。

天下之治乱，皆于此乎判。此圣人所以致察于"危微精一"之间，而相传以执中之道，使无一事之不合于理，而无有过及之偏者也。禅学以理为障，而独指其心曰"不立文字，单传心印"，圣贤之学，自一心而达之天下国家之用，无非至理之流行，明白洞达，人人所同，历千载而无间者，何传之云！俗说浸淫，虽贤者或不能不袭用其语，故僭书其所见如此。①

用即事即物的"理"，来祛"心"（实即相对于"道心"的"人心"）、辟禅，是明清之际的思想动向，而为其提供思想资源的，仍是宋儒理学。其前提，仍是以全体大用的圣王治道为儒家之道的本来根源，而定心性之偏为"陷于禅学而不自知"。这是"道心"之"心法"的治道规定性所在。此"法"经"道心"而超越传承，成为不受形势所限的传道"心法"，但并非陷溺在"人心"上。

凡此都是在治道向上提而生"太高"之流弊后，将心性化的"道"向治道收束的努力。真德秀《大学衍义》正式将朱熹全体大用展开应用于政务之中来展示其治道实际，启沃人君。用"明道术、辨人材、审治体、察民情"来讲"格物致知之要"。与之相对，他批评老、庄言理不及事，是"天下有无用之体"；管、商言事不及理，是"天下有无体之用"。② 以老庄为"无用之体"，固不会蹈其虚无之体的覆辙。

综上可见，朱熹与叶适两方面所论之"体""道体""本体"，皆非抽象的琉璃塔中之物，中国传统所言之本体恰是以为万世不变不坏之治道全体，其所渊源之天道性命，所展开之伦常制度，皆为此体不可或缺之物，唯其全而不缺，方可谓之本体，亦谓之大体、全体。抽象而不坏的本体，则被判入佛、道或异端之说。朱熹与叶适的分歧，在于侧重这"全体"之向上超越性抑或现实实践性，亦即对于如何传承圣王道统的理解之不同，这是从儒家治道体系中走出来的两条路。叶适提出的"道之本统"说，也可说明"道"与"道统"之治道整全的巨大思想势力。

朱子对"向上透一著"的治道的追求恪守不渝，而又临深履薄。胡瑗以"经义""治事"二斋教人，针对王安石法度之学的缺失，胡氏门人刘彝对君主

---

① 顾炎武：《日知录》卷18《心学》，《日知录集释（全校本）》第717页。
② 真德秀：《铅山县修学记》，《全宋文》（第313册），第409页。

说明本门乃"明体达用之学":

> 圣人之道,有体、有用、有文。君臣父子,仁义礼乐,历世不可变者,其体也。《诗》《书》史传子集,垂法后世者,其文也。举而措之天下,能润泽斯民,归于皇极者,其用也。……今学者明夫圣人体用,以为政教之本,皆臣师之功,非安石比也。①

从中可见,虽然王安石本人也是治道向上提的早期有功之人,但其变法的缺失更成为宋儒进一步推动治道向上提的机缘。但面对安定之学,朱熹却在尊卑之间非疑而有疑,于是在与薛季宣的信中请教:

> 窃尝读安定之书,考其所学,盖不出乎章句诵说之间。以近岁学者高明自得之论校之,其卑甚矣。然以古准今,则其虚实淳漓、轻重厚薄之效,其不相逮至远。是以尝窃疑之,敢因垂问之及而请质焉。②

薛季宣复曰:

> 教以安定之传,盖不出于章句诵说,校之近世高明自得之学,其效远不相逮。要终而论,真确实语也。……尝谓翼之先生所以教人,得于古之"洒扫、应对、进退"。……成人成己,众人未足以知之。且君子道无精粗,无小大,是故致广大者必尽精微,极高明者必道中庸。滞于一方,要为"徒法""徒善"。汉儒之陋,则有所谓"章句""家法";异端之教,则有所谓"不立文字"。稽于政在方策,人存乃举,礼仪威仪,待人以行,智者观之,不待辩而章矣。③

永嘉薛季宣认为只有向古之"洒扫、应对、进退"的实处用功,以中庸校正高

---

① 《宋元学案》卷1《安定学案》,第25页。
② 朱熹:《答薛士龙》,《晦庵先生朱文公文集》卷38,《朱子全书》(第21册),第1697页。
③ 《宋元学案》卷1《安定学案》,第29页。

明,才能真正突破汉儒与异端两个极端,"高明自得"无疑已是一弊。这一番话深深触动了朱熹,但并未改变他对"全体大用"之治道向上境界胜于国初之学的坚信:

> 垂谕湖学本末,不胜感叹。而所论胡公之学盖得于古之所谓"洒扫、应对、进退"者,尤为的当,警发深矣。窃意高明所以成己成物之要未尝不在此,而广大精微之蕴,其所超然而独得者,又非言之所能谕也。①

面对王安石新学,胡安定"圣人体用"之学卓然而立,但到了"向上透"集大成的朱子,已经不够"广大精微""超然独得"了,然而在实践的最终效果上,却又是实、淳、重、厚的。"向上透"之后如何真正做到"全体大用","高明而成己成物",而不仅是"高明自得",这是"胡公之学盖得于古之所谓'洒扫、应对、进退'"的"警发",是朱熹面对安定之学的困惑,也一定是他胸中盘桓的疑虑。

以欧阳修批评"治出于二而礼乐为虚名"为代表,宋初儒者就开始规复完整意义的"道"。但斯道悬于古史和理想之中,既不行、不明已千年之久,便难于现身当下,"道"由"意"的认识论而超越之后,行道与述道的结构发挥了超越形势限制的传道作用,道统的塑造由此成为可能,而不使道屈服于现实。程朱都强调明道的极端重要性,在道不行的背景下,述道而发明之是存道传道的唯一方式。秉持"治出于一"的理想,面对"治出于二"的现实,道统由此树立,合一治道的理想由此再造。士人述道而明道,君师制作重握道统,都是对此的展开。

如何以儒家治道达致整全意义上的道治,是宋儒究心所在。宋儒既辟二氏之学,亦惩汉唐之弊,心性的哲学辩论与王霸义利的政治辩论同时展开而相互促进,其交集是深化源自"二帝三王"的王道,通过汲取二氏之学、激活并援入"皇道"而将治道向上提,构建了包含心性、政治、社会三个层次的治道格局,这便形成了"八条目"的规模,是一个"全体大用"的治道。缺少其中任何一个层次,"治"都无从谈起。在这个格局中,"治出于道"的理想型愈趋明

---

① 朱熹:《答薛士龙》,《晦庵先生朱文公文集》卷38,《朱子全书》第21册,第1697页。

朗,"治出于二"则成为必须祛除的积弊。宋儒之治道讲"心法"而不空谈心性,从而与释、老二氏之学相区别,而辟二氏正是道统主要用意之一。宋孝宗区分三教曰:"以佛修心,以道养生,以儒治世。"① 虽"以佛修心"颇不合于儒家心法,然亦正可见一般认知中儒家区别于佛、道二氏的对现实治理之关切。

于此回望余英时的道统论,其点出圣王与道统的对应关系,从而引人思考道统的政治意涵,可谓独具慧眼,有首发之功。但自政治思想而言,亦有可进一步讨论处:

一是将"道统"求之过深,认为"道统"与圣王之治是对应关系,从而将其实质化,以之划分三代上下之历史阶段:"朱熹有意将'道统'与'道学'划分为两个历史阶段:自'上古圣神'至周公是'道统'的时代,其最显著的特征为内生与外王合二为一。"② 但是,将"道之传承"的"道统"转入狭义的"道统传承"的讨论逻辑,不合于宋人本意。余先生以孟子"创业垂统"之"统"来理解"道统"之"统",并无问题。但所谓"垂统",可理解为具体、直接的事业的延续,如一个政权的统系传承;也可以理解为长期的、超越了具体现象制约的政治与文化之道的传承,可以断而复续,不必代相沿,如今日所习知的"传统"之"统",这已由"不得其传"说发其先声,"意"之赋予"道"向上透的超越性,正是要破除"致太平之迹"的束缚。余先生认为:"'道统'是'道'在人的世界的外在化,也就是'放之则弥六合',内圣外王无所不包","自周公以后,内生与外王已不复合一,孔子只能开创'道学'以保存与发明上古'道统'中的精义——'道体',却无力全面继承周公的'道统'了"。③ 这是取了"统"的第一层所指,将"道统"等同于内圣外王合一的具体的政治范式了,并不符合道及道统的超越性特质,系求之过实之误。④

二是进而视"道学"为继"道统"之后的一个与之对等的概念:"周公以

---

① 宋孝宗:《原道辨》,《全宋文》(第236册),第297页。
② 余英时:《朱熹的历史世界》,第15页。
③ 余英时:《朱熹的历史世界》,第13页。
④ 赖区平亦将"道统"之"统"训为"绪-业",认为"道统即道之'统绪-事业'",据以否定道统作为道之传授谱系、系统的理解,也是失之穿凿。(《朱子的"道学-道统"论重探》,《中国哲学史》2016年第1期。)

后，内圣与外王已分裂为二，历史进入另一阶段，这便是孔子开创的'道学'的时代。"① 从而彰显士人"虚君"、以道抗势的主体性。如其所言，"道统-道学"的结构正是为了论证士人政治主体性的觉醒："以'道统'言，朱熹之所以全力建构一个'内圣外王'合一的上古三代之'统'，正是为后世儒家（包括他自己在内）批判君权提供精神的凭借。""上古'道统'的'密旨'不但保存在'道学'之中，而且不断获得新的阐发，因此后世帝王欲'治天下'，舍此便无所取法。这是朱熹的微言大义，旨在极力抬高'道学'的精神权威，逼使君权就范。"② 论者已指出："毫无疑问，上古圣王到周公、孔子到宋朝，很明显代表'内圣外王兼得'与'内圣独存'两个截然不同的时期，只是未必可以用'道统''道学'两词来代表。"③ 前文已详论，"行道"与"明道"两脉共成一统，君师的尊王之义恰寓于整个的"道统"概念之中，于此不再赘述。"道学"不过是孔子学而述道之学。

"道统"即"道之正统"，针对申韩、佛老等外道及其羼入儒家而产生的异端而言。"道统"是在传承中形成的，本身也有谱系之意涵。"道统之传"，即"道之正统，待人而后传"，指此正统之传承有绪。按照宋儒的道统观念，"自周以来，任传道之责、得统之正者，不过数人，而能使斯道章章较著者，一二人而止耳"。④"道统"与"道统之传"并无二义，不必刻意区分。朱熹使用道统一词，正是要表明道的传承有统，这个统实际上就是道的正统，是道的体统所在，与汉唐现实的治道、佛老的虚无之道对立。而不是将道统与道学分开立论。黄榦与朱熹所使用的"道统""道学"概念也是前后一致的，并没有转进之别。

三是将"道统"与"道学"对举之后，为了论证士大夫政治主体意识觉醒、"道尊于势"观念崛起的凭借，便以形而上的"道体"为从"道统"向"道学"过渡的纽带："打穿后壁说，上古圣王所发现和实践的'道体'，通过宋代道学家（包括朱熹自己在内）的阐释，已取得与世俱新的意义。在位君主

---

① 余英时：《朱熹的历史世界》，第15页。
② 余英时：《朱熹的历史世界》，第23页。
③ 苏费翔：《宋人道统论——以朱熹为中心》，《厦门大学学报》2015年第1期。
④ 黄榦：《朝奉大夫华文阁待制赠宝谟阁直学士通议大夫谥文朱先生行状》，《勉斋先生黄文肃公文集》卷34，第584、588页。

只有掌握了当代'道学'所提供的'治天下'的原则，才能使自己的统治合乎'道'。这是理学家所谓的'致君行道'的主要涵义。"黄榦"故意将'道统'与'道学'打并归一，从此'道统'的尊号基本上便属于有'德'无'位'的儒家圣贤"。如果道体可以摆脱"位"的束缚，则其当然应该"是指一种永恒而普遍的精神实有，不但弥漫六合，而且主宰并规范天地万物（'能为万象主'）"，"太极、天理、理、性、心"等种种形而上概念都是"'道体'的描述词"。①但自本书第一章交代的"道即治道"、第二章析分的圣王与夫子的"作-述"结构来看，作为与"行道"对举的传道方式，儒家述圣王之道是无位以制作的前提下不得已的存道之举。圣王所行与儒家所明之道，都是合内外为一体的，并非只有在认识到抽象的形而上的道体存在之后才能"发明斯道"。宋人所感受到的时代任务是按照三代的理想型将治道向上提，他们借助了体、用这样的哲思框架来深化自己对治道的认识，来建设全体大用的治道，恢复圣王之治，但并不需要一个抽象的"道体"来为张扬主体、规训君王背书。他们信奉的是全体大用的格局："现实的根本组织原则不仅能在把人与自然结合在一起的内部王国中找到，而且也能在人们必须关心的礼节、音乐、法律和政府的外部王国背后找到。"②并不存在为了彰显"'道'尊于'势'的观念"，朱熹将"道统"与"道学"并举，黄榦"打并归一"，"宋以后所流行的道统论是由朱熹正式提出，而在黄榦手上完成"的"朱—黄道统论"建构史。虽然治道向上提，体用有分际，但仍须从全体大用的格局中观察"体"方可得其"全"而不缺。在这里，余英时仍是被其自觉跳脱的"道统论大叙事"束缚，因为他本来意识到："在'大叙事'中'道德性命'（或'内圣'）指一种超时空的精神实体，因此有时也称作'道体'。"③可见其重视的"道体"概念的学术渊源之一。究其实质，叙事逻辑分歧的背后，仍是一个讲君主与士大夫之"分"还是讲治与道之"合"的"道之本统"的问题，"意迹之辨"是隐于其后的认识论，"分"的逻辑似更多现代政治的认识，"合"则以当时的治道认知为复原历史的目标。

---

① 余英时：《朱熹的历史世界》，第16、24页。
② 史华慈：《儒家思想中的几个极点》，田浩编《宋代思想史论》，第108页。
③ 余英时：《朱熹的历史世界》，第107页。

四是将治道向上提而成体用一源、全体大用的道的全局，理解为以治道为"内圣外王连续体的始点"。治道不仅是余英时定义的"政治秩序""不过是（秩序）其中的一个部分而已"，更是政治社会的整体秩序和教养之境界，是整全的人间治理。① 着眼"治而教之，以复其性"发动的"治隆于上，俗美于下"（《大学章句序》）的理想治道和教养世界，治道不是"始点"，而是一路向上提又不"过高"以致脱轨，这是治道的固有格局，由此方能理解"全体大用"之体用有分际而不可离的规模。

综上，按宋人乃至传统中国的本体观，本体固然是不坏的，但并非纯是因为抽象而超越。体用一源显微无间，全体大用，在哲学上是体用关系的辩证，在治道来看，则都是"向上透一著"而不离治道的表达。自天而生的万物与其秩序，从人心到治道再到天下国家的展开，这个"全体"是历千万世而不坏的"大体"，"天不变，道亦不变"，这个全体大用、本末兼备的体系才是中国固有之本体，而与佛家相区别。治道由此向上提却并未进入虚无缥缈的境界，由体用一源、全体大用的金线所加固，保持中国文化与政治思想一以贯之的，是仍然强调先王之道包括"心法"的思想指引，礼乐刑政的制度体系，以及其规范下的治之、养之、教之的政治社会治理体系。追求人间整全之治的美好境界，这就是中国固有之治道、中国之道的本统所在。圣王再世，君师一体，"治而教之""治隆于上，俗美于下"，都是其题中应有之意。

治道最有共识的政治哲学是"中"，要靠"道心""心法"去掌握之，这是宋代儒家治道的核心要义。从韩愈的仁义礼乐到朱熹的道心与心法，整全治道之治心与治国两维更好地融会，治道向上提开花结果。与全体大用的规模和格局对应的，是明良之圣王政治，传统中国唯一的理想政体模型于此巩固。王纲与王道之维持整个世界的秩序枢轴作用更加突出。道心实际上就是治道之心，以中

---

① 余英时：《朱熹的历史世界》，第118页。余英时也在将"道学"放回"儒学"、将"道体"放回"道学"的"哥白尼式的回转"范式转换中，看到宋初三先生"推明治道""必然仍是道学的中心关怀"，提倡"确切把握住'推明治道'在宋代所谓'道学'或'理学'的中心意义"。但因其以"秩序重建"代替整体的政治与治理，以"政治秩序"定义"治道"，以"内圣外王连续体"定义"全体大用"之规模，区分文化史与政治史、理学与治道、"内圣"与"外王"等一系列收缩性的认识，仍然忽视了宋儒将治道向上提的努力的整全性，最终以士大夫政治主体性这一治道演进中的局部问题，遮蔽了更为广阔而复杂的治道全局的深刻变化，亦即"治出于道"。

道为主要内涵，与皇极一致，是维系与追求治道的形而上圭臬，成为帝王学的主要内容。道心转化为心法，既是得道出治之法，也就成为获得政治正统的钥匙。

第四节　"治出于一"与"追俪三五"①

"天运循环，无往不复。宋德隆盛，治教休明。于是河南程氏两夫子出，而有以接乎孟氏之传。"《大学章句序》中这一句，提示今人追觅道统论中的本朝治教德运观念背景，以及王道中的王纲要素作为前提条件的重要意义。

治出于一，意味着行道、明道合一，也意味着道出于上。王安石寄望于君主学尧舜，以上率下，"人各上同而自致，则礼出于一，而上下治"。② 既然对道的讨论即是对源出圣王之治道的思考，道之心法即是圣王之心的传授，则斯道之任，便仍寄望于帝王。治出于一，而"一"的枢轴与主体，是皇极、君王、朝廷。如程俱所言："古之盛，王与道为一。"③ 陆九渊论古今之变有言："古者势与道合，后世势与道离。""势与道合则是治世，势与道离则是乱世。"④ 与欧阳修等前贤的感慨和规复之心如出一辙。祖无择曾感慨，"位"之分正是"治"之二的原因：

> 孔子没千有余祀，斯文衰敝。其间作者孟轲、荀卿、贾谊、董仲舒、扬雄、王通之徒，异代相望而不能兴衰救敝者，位不得而志不行也。苟得位以行其志，则三代之风吾知其必复。嗟乎！秦汉以来，礼乐则不为，而任刑以殴其民，将纳于治，适所以乱之也。

---

① 王璧《御书无逸图赞》有言："庆历、嘉祐之治足以追俪三五，为万世无疆之休。"（《全宋文》第185册，第370页。）
② 王安石：《周官新义》卷8，程元敏等整理，《王安石全集》（第3册），复旦大学出版社2016年，第303页。
③ 程俱：《西汉诏令序》，《宋代序跋全编》，曾枣庄主编，齐鲁书社2015年，第586页。
④ 陆九渊：《语录上》，《陆九渊集》卷34，钟哲点校，中华书局1980年，第412页。

"位"与"志"的结构,与柳宗元同调。"历世浸久,皆谓天下当如是,可以致治而不治者,时耳"一句,则与朱子的德运观若合符节。① 治与道合,成为贯串两宋的一条思想主线。

治与道合是治道向上提的一般标准,"势与道离"就会导致"道不行",而"道不明"亦在所难免:"姬周之衰此道不行,孟子之没此道不明。"② 陆九渊在信中虽引孟子"不得志,独行其道"之豪杰语,却仍有此世所公认的"道不行"之感慨,可见"行道"非就"独行"而言,而是"大道之行"之谓。"王与道为一"的出发点和归宿是"行道",亦即治与道为一,道学与政术为一事,王道见于实行:"大都君相以父母天下为王道,不能推父母之心于百姓,谓之王道可乎?所谓父母之心,非徒见于言,必须视四海之民如己之子。"③ 王道落实之要,在于君王传心且能付诸实践。

"礼乐刑政"之治出于一、出于道,前提是王道的社会政治秩序。王纲既是"治"与"道"的组成部分,又是其秩序基础。在义理化的正统论推动下,尊王与王道突出地结合在一起。伦常是宋初规复王道的入手大着,被认为是三代治道之最重要的表现。君权是正统的主要内涵:"正统者,恶夫天下之无君而作也。""一身之正"是"私正","天下有君"才是"公正"。可见"有君"较诸私德,在伦理上具有优先地位。④ 这个秩序正统是辟佛的根本:"礼义者,胜佛之本。"礼义天下的源头,是"尧、舜、三代之为政";反之,"及周之衰,秦并天下,尽去三代之法,而王道中绝"。⑤ 与佛老争人心,取决于王纲人伦,视乎圣王治道兴衰而后决。

"必也正名乎。"(《论语·子路》)义理上的"正统"与"大一统",君臣一伦是要点。与事实上的统一天下之间,是"文与"对"实与"的正名关系,这是中国政治正当性规训政治现实的重要内容。⑥ 王政与王纲之治道,是《春秋》垂示的儒家正统与大一统思想的前置条件。"尊王攘夷为《春秋》要旨,

---

① 祖无择:《直讲李先生文集序》,《李觏集》,第1页。
② 陆九渊:《与赵然道三》,《陆九渊集》卷12,第157页。
③ 张载:《答范巽之书》,《张载集》,第349页。
④ 苏轼:《正统论三首》之《辩论二》,《苏轼文集》(第1册),第121页。
⑤ 欧阳修:《本论上》,《欧阳修诗文集校笺》,第512页。
⑥ "实与而文不与"是公羊义法,以之申"诸侯之义不得专封也""大夫之义不得专废置君也"等(《春秋公羊传·僖公元年春正月》),刘敞在《春秋传》中亦有所沿用。"'文'是原(转下页)

得孙（复）、胡（瑗）二氏为之申明，天水一朝之舆论与政治，遂均受其重大影响。"①亦如杨向奎所概括的，两宋思想家"以《春秋》解重围、树纲常"，"以伦理说历史，以历史证伦理，乃宋代'春秋学'之特点"。②"孔子伤圣王不作，周道之绝"而"中国遂绝"，成为一个重要的调子。孙复认为，孔子希望"攘夷狄救中国之功在乎天子，不在乎齐桓、管仲矣"。天子失政意味着政治秩序的崩溃，纲纪自此无复可言：

> 前此犹可言也，后此不可言也。天子失政自东迁始，诸侯失政自会溴梁始。故自隐公至于溴梁之会，天下之政、中国之事，皆诸侯分裂之；自溴梁之会至于申之会，天下之政、中国之事皆大夫专执之；自申之会至于获麟，天下之政、中国之事，皆吴、楚迭制之。圣王宪度、礼乐、衣冠、遗风旧政，盖扫地矣。中国沦胥，逮此而尽。③

汉以降，春秋学传统中的尊王之义因得以发扬，而被视为孔子春秋微言大义之根本。以"尊王"说《春秋》，也是欧阳修论辨正统的重要内容：

> 仲尼以为周平虽始衰之王，而正统在周也。乃作《春秋》，自平王以下，常以推尊周室，明正统之所在。故书王以加正月而绳诸侯。王人虽微，必加于上，诸侯虽大，不与专封，以天加王，而别吴、楚。刺讥褒

（接上页）则，'实'是当时的实际。""文不与是经，实与是权。"（见杨向奎：《大一统与儒家思想》，第69、71、157页。）苏轼亦以"名实"论正统，归正统于"名"，又以"德"的价值序列为"实"。（《正统论三首》，《苏轼文集》第1册，第120页。）可见除了事实之"实"以外，"实"还有义理的内涵，"正"本身就是"实"。清人何焯认为："居正者，实也；一统者，名也。二者不可得兼，以居正为治世之本，一统为传世之号。"（《义门读书记》卷38，转引自《欧阳修诗文集校笺》第500页"集评"。）即是一例。这是治道价值规范百世的超越力量之"实"，宋儒对此义明于世发挥了重要作用。

① 牟润孙：《两宋〈春秋〉学之主流》，《注史斋丛稿（增订本）》，中华书局2009年，第70页。
② 杨向奎：《大一统与儒家思想》，第147、170、172页。
③ 孙复：《春秋尊王发微》卷5，赵金刚整理，中国社会科学出版社2020年，第81页；卷12，第231页。

贬,一以周法。①

周制经孔子之发明,而成"百王不易之大法",其要义是以尊王立极:"王与天同大,人道立矣。"② 理学兴起之后,赋予此人道伦常以超越的义理支持,巩固了其权威性。经王霸之辨的淬炼,尊王之"王"的"圣王"意涵更加确定,这又推动"时王"经此义理向"圣王"靠拢。程颐要承传讲明的亦是此道之"义"与"意":

> 后王知《春秋》之义,则虽德非禹、汤,尚可以法三代之治。自秦以下,其学不传,予悼夫圣人之志不明于后世也,故作《传》以明之,俾后之人通其文而求其义,得其意而法其用;则三代可复也。③

朱熹《资治通鉴纲目》以正统的标准量度大一统,而王道之纲常义理为正统之内核,其《凡例》强调就是要对《资治通鉴》中那些"于君臣父子之教,所害尤大"的书法,做"今正之"的努力。④ "正之"就是"文与"或"名与",朱熹的工作就是要树立义理化的正统标准,实已开治统系于道统之先河。"尊君抑臣"与"贵王贱霸""内夏外夷"同步互证,都是《春秋》"正谊明道"的表征与目标。⑤ 在这个正名的过程中,君王之位是"义",是"道",是"与天同大"的,王道同步彰明,在告别德运神秘主义的王权论的同时,君主之道化的神圣性在义理论证中强化。

尊王而行王道的义理又强化了"治出于一"的治道秩序。胡安国认为"《春秋》大一统之义"就是"天无二日,土无二王,家无二主,尊无二上,道无二致,政无二门"。"道术"与"国政"皆然:

> 故议常经者黜百家,尊孔氏,诸不在六艺之科者勿使并进,此道术之

---

① 欧阳修:《原正统论》,《欧阳修诗文集校笺》,第 1552 页。
② 程颐:《春秋传》,《二程集》,第 1086 页。
③ 程颐:《春秋传序》,《二程集》,第 584 页。
④ 朱熹:《凡例》,《资治通鉴纲目》附录一,《朱子全书》(第 11 册),第 3483 页。
⑤ 朱熹语,《宋元学案》卷 87《静清学案》,第 2940 页。

归于一也。言致理者,欲令政事皆出中书,而变礼乐,革制度,则流放窜殛之刑随其后,此国政之归于一也。若乃□私门,废公道,各以便宜行事,是人自为政,谬于《春秋》大一统之义矣。①

治道向上提,与尊王同趋,其结果便表现为对君主圣化的期待。杜甫"致君尧舜上,再使风俗淳",只是一种缺乏具体定义的期待,可移用"此意竟萧条"来概括之。但宋代将"致君尧舜"推至新的高度,称颂并希望君主"跨唐而逾汉,驾商、周而登虞、夏"②,使之成为治道与君道以规复唐虞三代之治为目标的新发展。宋代的圣王观,是治出于一、治出于道的观念框架下的期待,对理想王道的期待意味着对君主圣化的期许,希望君主成为"二帝三王"那样集行道、明道于一身的圣王。以追法三代、与于道统为标准,比拟对象更为严格,期许更为远大,随着王道的逐渐辨明而越来越清晰确定,是义理化的正统观的表现。尽管其中也有谀辞、颂君的一面,但其表达方式仍然传达了时代的观念。王安石认为政刑不过是礼乐之助,而与时人同怀尚未制作的焦虑:"二帝、三王之所以基太平而泽后世,必曰礼乐云",但"宋之为宋久矣,礼乐不接于民之耳目何也?抑犹未可以制作邪?"③ 制作可指向礼乐,其礼乐则是超迈汉唐的三代法度的代名词。"在上之圣人,莫如文王。"王安石劝导君主法尧舜、学文王,"居先王之位,创立法制"。④ 虽不乏为变法说辞,但对君主以二帝三王为法的圣王化期待也是真实的。程颢希望君王讲求"为治之大原"而作后圣:"圣人创法,皆本诸人情,极乎物理,虽二帝、三王不无随时因革,踵事增损之制;然至乎为治之大原,牧民之要道,则前圣后圣,岂不同条而共贯哉?"⑤

虽然围绕变法与守成的政治话语权争夺,"复三代"与本朝"祖宗家法"之故事因各有所指而有所消长——如曹家齐认为"三代"与当朝的祖宗家法及

---

① 胡安国:《春秋胡氏传》,转引自吕祖谦《春秋集解》,第4页。
② 石介:《三朝圣政录序》,《徂徕石先生文集》,第209页。
③ 王安石:《策问六》,《王安石全集》(第6册),第1265页。
④ 王安石:《上仁宗皇帝言事书》,《王安石全集》(第6册),第768页。
⑤ 程颢:《论十事札子》,《二程集》,第452页。

作为其具体表现的嘉祐之治存在升降的演变①——但总体上看，复三代之治始终是宋朝政治的基调，尽管调子的高低会因形势而波动，对"二帝三王"治道的追慕则延绵不已。"宋人心目中的'祖宗之法'，是一动态累积而成、核心精神明确稳定而涉及面宽泛的综合体。它既包括治理国家的基本方略，也包括统治者应该循守的治事态度；既包括贯彻制约精神的规矩设施，也包括不同层次的具体章程。""其出发点着眼于'防弊'，主要目标在于保证政治格局与统治秩序的稳定。"②虽然先有"祖宗之法"的表述，后来才有"复三代"的雄心，也有"祖宗治道"③之说，但纵览赵宋一朝对政治纲领和治道的总括式表达，可以说"祖宗之法"是在"二帝三王"治道之下更具实际操作性和现实目的性的法度守则，后者虽对前者有改革性的冲击，但总体上看二者比较契合，三代治道是提升祖宗之法的精神内核，二者共同维系成为宋朝的政治纲领，塑造了宋代的治道与政治文化。元祐七年，范祖禹上哲宗乞法仁宗五事：

> 臣掌国史，伏观仁宗皇帝在位四十二年，丰功盛德，固不可得而名，言所可见者，其事有五：畏天、爱民、奉宗庙、好学、纳谏。仁宗能行此五者于天下，所以为仁也。……臣愿陛下深留圣思，法象祖宗，日新辉光，昭示所好，以慰答群生之望，则天下幸甚。④

还是比较具体的施政"故事"，不是区别于三代圣王的治道类型，更无法驾而上之，所以仍然以"成康之隆"为期望："陛下诚能上顺天意，下顺民心，专法仁宗，则垂拱无为，海内晏安，成康之隆不难致也。"⑤从目标上看，虽然认为"庆历、嘉祐之治，为本朝甚盛之时"，也仍以"远过汉、唐，几有三代之风"为评价⑥，或"庆历、嘉祐之治，上参唐虞，下轶商周，何其盛哉"⑦，

---

① 曹家齐：《赵宋当朝盛世说之造就及其影响——宋朝"祖宗家法"与"嘉祐之治"新论》，《中国史研究》2007年第4期。
② 邓小南：《祖宗之法》，第9页。
③ 《续资治通鉴长编》卷434，元祐四年十月癸丑，第10464页。
④ 范祖禹：《迩英阁奏对札子》，《全宋文》（第98册），第153页。
⑤ 范祖禹：《迩英留对札子》，《全宋文》（第98册），第171页。
⑥ 陈师锡：《上徽宗论任贤去邪在于果断奏》，《全宋文》（第93册），第253页。
⑦ 《宋史全文》卷26上《宋孝宗五》，汪圣铎点校，中华书局2016年，第2152页。

可见"三代"或帝王之治仍是不变的最高理想。一个突出的例子是,大观元年,方軫劾蔡京动辄以"三代"为尊,方氏以唐太宗君臣为对比,但仍以三代治道推许贞观之治:

> 京凡妄作,必持说劫持上下曰:"此先帝之法也""此三代之法也"。或曰:"熙丰遗意,未及施行。"……天下之事无常是,亦无常非,可则因之,否则革之。惟其当之为贵,何必三代之为哉。李唐三百年间,所传者二十一君,所可称者太宗一人而已。当时如房、杜、王、魏,智虑才识,必不在蔡京之下。窃观贞观间未尝一言以及三代。后世论太宗之治者,则曰除隋之乱,比迹汤、武;致治之美,庶几成、康。自古功德兼隆,由汉以来,未之有也。京不学无术,妄以三代之说欺陛下,岂不为有识者之所笑也?①

高宗内禅,也援用尧舜故事,加"光尧寿圣"的尊号。②

道统论与正统论交织促进而同步成熟,正统的治道化、义理化,给皇权正统展示了新的可能性,这就是道化的君主形象和治道模式。"人主之职,以道出治"是宋人的共识,恢复"上世以道为治","约一代治体归之于道",是宋人的共同事业。③ 以道颂君、教辅君主,相对于天书、封禅、宗教等(当然还有不可企及的武功),成为士大夫期望、鼓励和接受的宋朝最稳定的政治文化塑形。④ 君主治国,从汉唐故事、祖宗之法中汲取经验,也从"皇帝王伯"特别是"二帝三王"之道中获得更高远的指导。"约一代治体归之于道"标识的

---

① 王明清:《挥麈后录》,燕永成整理,大象出版社 2019 年,第 121 页。
② 参见柳立言:《南宋政治初探——高宗阴影下的孝宗》,王健文主编《台湾学者中国史研究论丛:政治与权力》,中国大百科全书出版社 2005 年,第 357 页。
③ 叶适:《习学记言序目》卷 47,第 695 页。
④ 关于"天书时代"的政治宣示模式及其转型,参见张维玲:《从天书时代到古文运动:北宋前期的政治过程》,台大出版中心 2021 年。方诚峰对宋理宗御制《敬天图》的研究显示,宋理宗掌握了道学话语并将敬、诚等核心概念作为政治旗号,展现君主持敬、诚意以与天理合一的姿态,回应了士大夫修实德以应天的呼声。(《"天"与晚宋政治——释理宗御制〈敬天图〉》,《中山大学学报》2017 年第 2 期。)可见理学对君主圣化形态的影响,也可见君主圣化与悠久的帝王敬天传统的结合与展现。

君权形态塑造同样值得我们关注,士大夫希望君主成为"二帝三王"那样的圣王,接续帝王以来治道之统,治出于一、作君作师,兼握治教之大权,以此为治出于道的体制保障。按照他们对王道的理解,这是规复王道理想国的唯一道路,却在行道、明道复归一体的期待与营造下,赋予了君主行道、明道集于一身之大权,具体表现为君师论、学校论和道统论等。

依《春秋》尊王之义,宋人尊周天子而反对有所谓"新王"。因为新王与孔子"素王"有着内在的逻辑关系,便否定"素王"之说。欧阳修驳斥"黜周而王鲁"等"泥其说于私鲁。殊不知圣人之意,在于尊周,以周之正而统诸侯"。① 刘敞批评"新王"之义:

> 所谓"新周,故宋,以《春秋》当新王"者,亦非也。圣人作《春秋》,本欲见褒贬是非,达王义而已。王义苟达,虽不新周,虽不故宋,虽不当新王,犹是《春秋》也。圣人曰:"不怨天,不尤人,知我者其天乎!"今天不命以王天下之任,而圣人因怼而自立王天下之文,不可训也。且周命未改,何"新"之说?……既无足以辅经,而厚诬圣人,不亦甚乎?

究其根本,便是以尊时王为大,以君臣之义压抑素王通变制度之学说:

> 又曰:"变周之文,从殷之质。"夫《春秋》,褒贬本也,文质末也,车服、器械、封建、制度,皆《春秋》所后言也。居周之世,食周之粟,擅合其爵,擅易其时,岂仲尼所谓"非天子,不制度,不议礼,不考文"者乎?此不可通之尤者。而儒者世世守之,意乃欲尊显仲尼,而不知陷于非义也。虽然,为章句者则守之矣,为道者则未之守也。②

王者握有行道之权是尊王的题中之义,不仅行道与述道之别由尊王而更加清晰,明道之权也寄托于君主。前揭王安石论"夫子贤于尧舜",注重"位"

---

① 欧阳修:《原正统论》,《欧阳修诗文集校笺》,第1552页。
② 刘敞:《春秋权衡》卷8,吕存凯等点校,中国社会科学出版社2022年,第132页。

之得否，从上下之位谈起：

> 昔者道发乎伏羲，而成乎尧、舜，继而大之于禹、汤、文、武。此数人者，皆居天子之位，而使天下之道浸明浸备者也；而又有在下而继之者焉，伊尹、伯夷、柳下惠、孔子是也。①

"在上之圣人，莫如文王；在下之圣人，莫如孔子。"② 而如若圣王在位，则道"浸明浸备"，不待在下者补苴罅漏。宋人反复申说治道发端于圣王至孔子"集大成"而"备"的历史，重视"述者之谓明"。③ 孔子与其他"在下者"不同，他使道得以"成"、得以"备"，这也是"仁义隆""礼乐备"的达成。但孔子之明道仍受制于位权。王安石认为，孔子之"备"是顺势而为，道的创造仍赖历代圣人的积累："故其所以能备者，岂特孔子一人之力哉？盖所谓圣人者，莫不预有力也。孟子曰'孔子集大成者'，盖言集诸圣人之事，而大成万世之法耳。此其所以贤于尧、舜也。"④

道统中的位置，也始终与"时王"之朝堂上的位置相关。汉唐以降，对孔子及其弟子的追赠、爵封日益升高。⑤ 宋徽宗崇宁元年追封子思为"沂水侯"，大观二年诏祀孔庙二十四贤之列。虽然"熙丰新经盛行，以王安石为圣人"，但从祀时仍需爵位张大其势，也说明了从属于皇权的"位"的重要性。杨时亦批评"加以王爵，配飨孔子庙庭"的制度安排，希望"追夺王爵，明诏中外，毁去配享之像"。⑥ 庙堂之位与圣域之位、政治"得位"与道统的相应关系，耐人寻味。至于君王以"百世师"尊孔，则不过是"师"位之虚尊。后周太祖谒曲阜孔子祠，左右大臣曰："仲尼，人臣也，无致敬之礼。"太祖道："文宣百代帝王师，得无拜之！"遂拜奠于祠前。大臣所言乃是时王之制下的王纲观念，后周太祖所言则是君主尊师重道的礼仪象征，一实位、一虚荣，并行不

---

① 王安石：《夫子贤于尧舜》，《王安石全集》（第6册），第1213页。
② 王安石：《上仁宗皇帝言事书》，《王安石全集》（第6册），第768页。
③ 范仲淹：《礼义为器赋》，《范仲淹全集》，第17页。
④ 王安石：《夫子贤于尧舜》，《王安石全集》（第6册），第1213页。
⑤ 唐代的封赠情况可参见《唐会要》卷35，第637页。
⑥ 黄进兴：《学术与信仰：论孔庙从祀制与儒家道统意识》，《优入圣域》，第291、296页。

悖。胡寅于此论道："人为谀谄，趋利而不顾义者也。孔子大圣，途之人犹知之，岂以位云乎？如以位，固异代之陪臣也；如以道，则配乎天地；如以功，则贤乎尧舜。"无位固可传道而有功，但仍不能改变臣位事实，不能弥补无法行道之憾。"学乎学乎，岂非君臣之急务哉！"① 胡寅所感慨的，固可视为尊师学道的呼吁，但同时呈现了"以位云乎"的现实，不能无视"位"之于"道"的限定一面。在王纲的笼罩下，朱熹等宋儒心目中，道统与朝堂之"位"亦必非毫无干系之两事。

有趣的是，尊王的严格性也表现在评判王安石之于君相关系的态度上。王安石《虔州学记》中写道，对于士之"道隆德骏"者，"虽天子，北面而问焉，而与之迭为宾主，此舜所谓承之者也"。这是一段颇具个人风格的论说，未必说明荆公内心真的想与皇帝"迭为宾主"，但却成为陈瓘质疑王氏"性命之理"的依据：

> 自安石唱此说以来，几五十年矣，国是之渊源，盖兆于此矣。臣闻天尊地卑，乾坤定矣，定则不可改也。天子南面，公侯北面，其可改乎？今安石性命之理，乃有天子北面之礼焉。夫天子北面以事其臣，则人臣何面以当其礼？②

其依据，正是尊王这《春秋》大义："临川之所学，不以《春秋》为可行，谓天子有北面之仪，谓君臣有迭宾之礼。礼仪如彼，名分若何？此乃衰世侮君之非，岂是先王访道之法？"③ 王纲乃治道之枢轴，这与程朱道统说中的君臣位差与作用不同的认识是一致的。

因为孔子述圣王之道而为至圣先师，欲作圣王、复三代的皇帝就要上接道统独揽孔子所传发明圣学之权，表现为垄断比拟孔子之资格，作成"君师一体"的古代样貌。孔子既为世所共奉之圣人，治道合一的圣王追求的结果之

---

① 马端临：《文献通考》卷43《学校考四》，第1266页。
② 陈瓘：《四明尊尧集序》，《宋忠肃陈了斋四明尊尧集》卷1，《续修四库全书》（第448册），上海古籍出版社2002年，第360页。
③ 陈瓘：《进四明尊尧集表》，《宋忠肃陈了斋四明尊尧集》卷1，《续修四库全书》（第448册），第358页。

一，是强调孔子因为对圣王治道之"备"之"集大成"而具有与圣王特殊的传承关系，其述道的成就已成为道统的重要组成部分，这种神圣性的关系只有皇帝可以继承，从而将得位之皇帝比于孔子，进而推导出士人不可比拟孔子，这是现世君臣位差的一种表现。从孟子将孔子比拟于圣王，到君主自比于孔子，孔子与儒家以述道而传道的现世尊荣由此可见，其中政权之于治道的垄断和治道的实践性则一以贯之。陈瓘便以此种观念批评王安石承孔子之说是"轻君"："光乎仲尼，乃王雱圣父之赞；比诸孔子，实下等轻君之情……今比安石为钦王之臣，则方神考为何代之主？"因为孔子述王道而为圣人，从而士大夫也不能"比"，如果"比"而为圣人，则皇帝便被压下一头。① 宋徽宗时，文宣王始加天子冕旒，陈渊认为："仲尼之道，覆焘如天，持载如地，错行如四时，代明如日月。原其法之备，则比尧舜为远过；要其德之至，则视三圣为大成。则其所以为圣，自生民以来，盖未之有。宜其无所不能，于教人为有余，而于学无不足矣。"这段话对孔子之于圣王之道的贡献，虽"法备""德至"而仍着重在"教"与"学"，并且这并不意味着作为孔子后世门徒的儒生可以傲视君王，而是君王独揽孔子之圣："今陛下躬仲尼天纵之圣，居得志之位，操可为之势，以先王之道启后学之蒙蔽，可谓千载一人矣。"② 宋高宗称颂孔子："大哉宣圣，斯文在兹；帝王之式，古今之师；志则《春秋》，道由忠恕；贤于尧舜，日月其誉。"③ 由此，只有帝王通过孔子接续圣王之道，表彰陈瓘对王安石僭越道统的批评："无非明君臣之大分，深有足嘉。《易》首乾坤，孔子作《系辞》，亦首言天尊地卑，《春秋》之法，无非尊王。王安石号通经术，而其言乃谓道隆德骏者，天子当北面而问焉，其背经悖理甚矣。"④

"易位乱伦，名教之大贼也。"⑤ 这是当时普遍的秩序意识，明道、行道之分际系于此。余英时以"得君行道"为宋儒一贯的追求，可谓得其三昧，而其背后，仍是"得位"与"行道"的紧密关系。程颐认为：

---

① 陈瓘：《进四明尊尧集表》，《宋忠肃陈了斋四明尊尧集》卷1，《续修四库全书》（第448册），第357页。
② 陈渊：《代廷试策》，《全宋文》（第153册），第157页。
③ 蔡涵墨、李卓颖：《新近面世之秦桧碑记及其在宋代道学史中的意义》。
④ 《建炎以来系年要录》卷173，第2856页。
⑤ 林栗：《西铭说》，转引自朱熹《记林黄中辨易西铭》，《晦庵先生朱文公文集》卷71，《朱子全书》（第24册），第3409页。

> 天在上，泽居下，上一作天。下之正理也。人之所履当如是，故取其象而为履。君子观履之象，以辨别上下之分，以定其民志。夫上下之分明，然后民志有定。民志定，然后可以言治。民志不定，天下不可得而治也。

决定"民志"的"上下之分"就是"位"："古之时，公卿大夫而下，位各称其德，终身居之，得其分也。位未称德，则君举而进之。"以王纲为前提："士修其学，学至而君求之，皆非有预于己也。"这是一个追求稳定秩序的伦常结构，最怕的是"上下无定志"而不能"各当其分"。① 朱熹亦强调"知其性分之所固有，职分之所当为，而各俛焉以尽其力"（《大学章句序》），君臣知遇而行道，遂系之天命："人之遇不遇，道之行不行，固有天命。"②

值得注意的是，对于朱熹与陈亮围绕治道王霸的争论，陈傅良亦归于君位之神圣性与王纲之庄重性，约束治道向上提而不过高。他批评陈亮："'功到成处，便是有德；事到济处，便是有理。'此老兄之说也。如此，则三代圣贤枉作功夫。"积功成德，但不能将功成业定视同道德，否则治道无从自立与超越，三代圣君贤相也就不必继天立极、树立理想治道了。与朱熹商榷："'功有适成，何必有德；事有偶济，何必有理。'此朱丈之说也。如此，则汉祖、唐宗贤于盗贼不远。"认为朱熹对汉唐的全盘否定缺乏对其治理事功中超越了偶然性的治道的总结，从而天命帝王与侥幸盗贼相仿。他认为两者会导致的政治后果是："以三代圣贤枉作功夫，则是人力可以独运；以汉祖、唐宗贤于盗贼不远，则是天命可以苟得。谓人力可以独运，其弊，上无兢畏之君；谓天命可以苟得，其弊，下有觊觎之臣。二君子立论，不免于为骄君乱臣之地，窃所未安也！"③ 陈傅良这一段话是在君主之"位"系于天命、成于功德的庄重性基础上展开论述的，以此证明道理所在。"位"不仅是作为政治权力现象的君位，更意味着天命与王纲，王纲本身就是治道的枢轴，有天命而得位的君主行道，

---

① 程颐：《周易程氏传》卷1，《二程集》，第750页。
② 陆九渊：《与王顺伯》，《陆九渊集》卷11，第152页。
③ 陈傅良：《答陈同父三》，《陈傅良先生文集》，周梦江点校，浙江大学出版社1999年，第460页。

是治道向上提的一个前提性约束。现世君王行道出治，是王道建设的稳健方案。若依陈亮之说，则君主信力不信德，以人力与事功为道德、道理之依据，意味着朝廷与君主不必对纯粹的王道孜孜以求；若依朱熹之说，则汉唐君主治绩不过偶成、大位不过苟得，无道德、天理可言，天命的神圣性无从谈起，意味着一路向上的治道最终消解了王纲。总之，君王行道方能驱动治道在理想的轨道上"大明而行"，君位与行道二者缺一不可，都必须捍卫周详。陈傅良对论争双方的折中驳正，代表了当时一般的政治思想认识。

在这样的理想治道规模中，君臣共治之明良朝局成为君主和士大夫共同的期望。三代圣君贤相的共治模型并非虚君之寄托，而是对君明臣良，政府中君师合一、道明而行的体制期待。"圣人之治天下也，宽猛相资，君臣之间，可否相济。"① 三代之治是圣君贤相相辅成的结构，这启发了宋代追求复三代的君臣遵循"共治"的结构。从北宋到南宋，士大夫常谈及君明臣良、明君贤相的"共治"结构。君臣共治是"道统"这一行道与明道不无内在张力的统一体绾合的纽带之一。但是，这个在今天看起来颇有士人政治主体性的结构，在当日并不意味着君主让出权威，君臣共治、君主集权、士人参政这个今天看起来似乎有些矛盾的政治权力结构，在当时运行无碍，有君臣共享的思想支撑其权力结构观念。邓小南解释"共治"道："在北宋中期专制皇权的历史条件下，文彦博'与士大夫治天下'的说法，并不意味着君臣'共有天下'，不是对于国家权力利益共同平等的分享，而是君臣'共治天下'。在中国古代的帝制社会中，权力结构始终有其层次，这使得'共治'不仅有必要，也有可能。"② 宋人据三代圣君贤相的模型，构建"共治"的明良朝局，或未可从现代政治学观察士人政治主体性上升的趋势。

尧舜三代圣君贤相的明良朝局深入人心，不仅意味着对再造圣王的期待，也意味着对士大夫为人臣的很高的修养要求。程子论"君臣相遇"："天地不相遇，则万物不生；君臣不相遇，则政治不兴；圣贤不相遇，则道德不亨；事物不相遇，则功用不成。遇之道，大矣哉！"③ 而君、臣，皆有道德的要求：

---

① 苏轼：《辩试馆职策问札子二首》之二，《苏轼文集》（第2册），第790页。
② 邓小南：《祖宗之法》，第422页。
③ 《河南程氏粹言》卷1，《二程集》，第1172页。

>利见大德之君，以行其道。君亦利见大德之臣，以共成其功。天下利见大德之人，以被其泽。大德之君，九五也。①
>
>帝王之道也，以择任贤俊为本，得人而后与之同治天下。天下之治，自身及家而治，故始于以睦九族也。注云："或疑亲睦九族，岂待任俊德乎？"盖言得贤俊而为治，治之始，自睦九族为先，故以次序言之也。以王者亲睦之道，岂不赖贤俊之谋乎？②

杨时认为大臣是人主之治的辅成部分：

>人主，天下之利势也，而辅之以庸人小夫，则虽有利势，其能为治乎？予观虞、周之间，何其盛哉！以舜、武之为君，后稷、周、召之为臣，而相与共成帝王之业。

三代之治胜于汉唐，亦在于贤臣的水平：

>汉唐之治，号称近古，而文采足以表见于后世者，抑亦兹数人（汉之萧、曹、丙、魏，唐之房、杜、姚、宋）之力。其致治之方，所操之术，亦必有可言者。然卒不能追复舜、武之盛，以自附于伊、周、舜、稷之列者，其故何哉？岂所操之术有未尽欤？然是数人者之器业远近优劣，亦可以概见。③

范仲淹意气风发的"先忧后乐"的天下观，如果理解为在三代圣君贤相的格局中，主动向贤相的定位努力，或许更加合适。

治道分化出处于离合之际的"行道-明道"结构，"治出于一"的"二帝三王"之道则是统合二者的治道框架。只有君主作圣人，恢复君师体制，道才能复明于天下。所谓"共治"即是圣王明良之治，这是规复三代治道的题中之

---

① 《周易程氏传》卷1，《二程集》，第696页。
② 《经说》卷2《书解》，《二程集》，第1035页。
③ 杨时：《策问五》，《全宋文》（第124册），第372页。

义，以圣王为中心是不可或移的君臣之纲，虽有辅养、规戒等制度安排，① 君臣位差仍在巩固之中，这正是道学家常谈的核心义理。政治上的唐宋变革，是以君主权力和士人地位同步上升这两个看似矛盾的变化组成的结构性的政治变化。对君主成为"二帝三王"那样集行道、明道于一身的圣王的期许，与对理想王道的期待相伴随。

宋人对道、道统及其担当者的认识，对君主于其中所应扮演的角色的理解，可由其学校论进一步观察。治道向上超越，追求制度之礼义，亦反复讨论在何等意义上规复古制。三代的代表性制度中，学校尤为后世所仍之制度遗存："古之为国者四，井田也，肉刑也，封建也，学校也。今亡矣，独学校仅存耳。"② 尹洙更曾指出："三代何从而治哉？其教人一于学而已。"③ 这也正是朱子《大学章句序》的主旨，学校尤关乎道学之成立。士人由学校制度而发之治道论，为今人了解其治道理想提供了通道，亦可为理解朱子的"大学之法"提供参照。宋初教育重要推动者胡瑗有言：

> 致天下之大治者在于人材，成天下之人材者在于教化，职教化者在于师儒，弘教化而致之民者在于郡邑之任，而教化之所本者在学校。学校之兴，莫过于三代，而三代之兴，莫过于周。大司徒以六德、六行、六艺教万民，而宾兴之纠，其有言异者诛，行异者禁，其所言者皆法言，所行者皆德行。四海之远，万民之众，若符节之合，影响之随，是何耶？教化明于上，而风俗成于下也。故其材之成也，大则可以论道经邦，小可以作而行事。其出也，可以长，其入也，可以弟，左之左之而无不宜，右之右之而无不有，无他故焉，盖本于学校之教而已矣。

> 三代而下，言治者称汉唐，然其知先王教化之意而人自为学，汉之士则党同门，妬道真，以□歆、向父子有战□者焉。唐之文则天宝之风尚党，大历之风尚浮，正元之风尚荡，元和之风尚怪，则于教化固可知矣。④

---

① 程颐：《上太皇太后书》，《二程集》，第 543 页。
② 苏轼：《南安军学记》，《苏轼文集》（第 2 册），第 373 页。
③ 尹洙：《岳州学记》，《全宋文》（第 28 册），第 37 页。
④ 胡瑗：《儒学记》，李伟国编《宋文遗录》（第 1 册），上海书店出版社 2022 年，第 229 页。

"教化明于上而风俗成于下"是宋儒一般的学校观,王安石《虔州学记》、苏轼《南安军学记》两篇学记有集中的表现。朱刚于两文思想之差异条分缕析,笔者则认为,政治思想不尽相同甚至曾经对立的两人写出这两篇大同小异的文章,共同表征了士人对治道理想型特别是作为其重要制度载体的学校的理解,似未可以"士大夫文化的两种模式"概括之。① 在他们笔下,学校都是先王的国家制度设计,在机构上,"为之官师,为之学";在施行上,"先王于是乎有政矣"。故可以"学政"称之,具有举国一致的属性:"诸侯之所以教,一皆听于天子,天子命之矣,然后兴学。"目标是培养行政治理的卿大夫、士。他们所不能乐见的是"上失其政,人自为义",学校的论政与取士都应在圣王的体统内进行。苏轼虽然认为"有学而不取士、不论政,犹无学也",但对于"学莫盛于东汉""取士论政,可谓近古"却"卒为党锢之祸",仍归于无圣王主持于上,而对士人私议不能报以同情:"此王政也。王者不作,而士自以私意行之于下,其祸败固宜。"他们所期待的,都是恢复"辟雍学校之事",王安石企盼"今天子以盛德新即位,庶几能及此乎!",苏轼亦强调"夫学,王者事也。故首以舜之学政告之"。这就是王安石慨叹"呜呼,道之不一久矣"的言下之意,是规复三代君师体制的憧憬,与欧阳修的"治出于一"论是一样的。王安石认为唯其如此,才能造就良风美俗,无为而臻于郅治:

> 命不在是,则上之人不以教而为学者不道也。士之奔走、揖让、酬酢、笑语、升降,出入乎此,则无非教者。高可以至于命,其下亦不失为人用,其流及乎既衰矣,尚可以鼓舞群众,使有以异于后世之人。故当是时,妇人之所能言,童子之所可知,有后世老师宿儒之所惑而不悟者也;武夫之所道,鄙人之所守,有后世豪杰名士之所惮而愧之者也。尧、舜、三代,从容无为,同四海于一堂之上,而流风余俗咏叹之不息,凡以此也。②

---

① 参见朱刚:《士大夫文化的两种模式——读王安石〈虔州学记〉与苏轼〈南安军学记〉》,《唐宋"古文运动"与士大夫文学》,复旦大学出版社2019年,第174页。
② 王安石:《虔州学记》,《王安石全集》(第7册),第1446页。苏轼:《南安军学记》,《苏轼文集》(第2册),第373页。

这是两宋共有的学校观念，普遍见于《学记》文体。如张孝祥之《衡州新学记》："先王之时，以学为政，学者政之出，政者学之施，学无异习，政无异术。自朝廷达之郡国，自郡国达之天下，元元本本，靡有二事。……后世言治者常不敢望先王之时，其学与政之分与！"①可见对自上而下的理想型学校教化的认同。政教合一意味着以君为师而道合，魏了翁重申古制之义："古者民以君为师，仁鄙、寿夭，君实司之，而臣则辅相人君以师表万民者也。自孔子以前，曰圣曰贤，有道有德，则未有不生都显位，没祭大烝者，此非诸生所得祠也。"反之，则"经各立师"而道裂：

> 自君师之职不修，学校废，井牧坏，民散而无所系，于是始有师、弟子群居以相讲授者，所谓各祭其先师，疑秦、汉以来始有之，而《诗》、《书》、礼、乐各立师，不能以相通，则秦、汉以来为士者断不若是之隘也。此亦可见世变日降，君师之职下移，而先王之道分裂矣。②

马端临在《文献通考》中引用了苏轼《南安军学记》，表达了对"此王政也"的认可，对"王者不作"的叹息，可见这种观点是作为共识的制度论而写入制度史的。③

朱子大学之"学"的理想型就是圣王体制下的"学"。"《大学》之书，古之大学所以教人之法也。"他论"大学"及其学，即由君师与王官"治而教之"的学校制度立言，大学学习的内容是"穷理、正心、修己、治人之道"，也是治与道一体而涵盖社会政治秩序相关涉之全体知与行的：

> 其所以为教，则又皆本之人君躬行心得之余，不待求之民生日用彝伦之外，是以当世之人无不学。其学焉者，无不有以知其性分之所固有，职分之所当为，而各俛焉以尽其力。此古昔盛时所以治隆于上，俗美于下，而非后世之所能及也！

---

① 张孝祥：《衡州新学记》，《全宋文》（第254册），第111页。
② 魏了翁语，马端临：《文献通考》卷43《学校考四》，第1246页。
③ 马端临：《文献通考》卷40《学校考一》，第1191页。

君师合一的体制衰败已久,但"天运循环,无往不复",至本朝而反:"宋德隆盛,治教休明。于是河南程氏两夫子出,而有以接乎孟氏之传。实始尊信此篇(《大学》)而表章之,既又为之次其简编,发其归趣,然后古者大学教人之法、圣经贤传之指,粲然复明于世。"朱熹继之,勤力于"国家化民成俗之意、学者修己治人之方"。(《大学章句序》)在朱熹的理解中,《大学》之义的复明,表征着圣王治道的复兴,二程的努力是以"宋德隆盛,治教休明"为生态的。

"世衰道微。""作于其心,害于其事;作于其事,害于其政。"(《孟子·滕文公下》)学与治、人心与政治相应互动的"一治一乱"历史叙事,就其发源来看,不仅是政治史的认知与书写逻辑,更是治道的发展逻辑,表达着治道的演变规律。这个道统显微盛衰的叙事,在宋代被扩展应用于汉唐以降的历史,强化了自古至今、无远弗届的普遍性意义,成为论证道统的必要性与内涵,论证儒家的圣王之道方为治道正统、坚持治道正统就意味着排斥中国异端与外来佛家等道统题中之义的基本历史依据,从而不断复写。其中尤为耐人寻味的是君主和士人的道统角色。

在君师治而教之的理想型中,"治出于一"与"道归于一"是一体之两面。圣王之治出于一道,思想学术多元则是世衰道微之象,须担负道统的圣王出世而整齐之。张载"尝病孔孟既没,诸儒嚣然",认为道术为天下裂即是道不行于天下:"不知反约穷源,勇于苟作。"① 王安石希望神宗能"一道德以变风俗",每事断以义理,止异论,直接背景是变法,宏观上也针对"庆历之际,学统四起",而变法与统学都是为了规复三代返于圣王之道。② 治与道不能合一,则道不明、不行于天下,则异议纷出,则世衰,这是共同的认识。拟孟子与二氏之说辩,接续孟子的道统,成为豪杰之士的角色认同。如范育对其师张载学以明道的表述:

> 自孔、孟没,学绝道丧千有余年,处士横议,异端间作,若浮屠、老子之书,天下共传,与六经并行,而其徒侈其说,以为大道精微之理,儒

---

① 《张载集》之《拾遗》,第376页。
② 王安石:《熙宁奏对日录·熙宁三年》,《王安石全集》(第4册),第28页。

家之所不能谈，必取吾书为正。世之儒者亦自许曰："吾之六经未尝语也，孔、孟未尝及也。"从而信其书，宗其道，天下靡然同风，无敢质疑于其间，况能奋一朝之辩，而与之较是非曲直乎哉！

子张子独以命世之宏才，旷古之绝识，参之以博闻强记之学，质之以稽天穷地之思，与尧、舜、孔、孟合德乎数千载之间。闵乎道之不明，斯人之迷且病，天下之理泯然其将灭也，故为此言与浮屠、老子辩，夫岂好异乎哉？盖不得已也。①

但明道也是君王的事业，君师一体、君臣位差为圣王道统再兴做足了铺垫。这是以王纲为枢轴的道论，治出于一、道出于一、治出于道相互为用，统为一体。"一道德，同风俗"是"治出于一"的题中之义，源出圣王而"道一"的治道亟待"绝而复续"，士人明之仍待有为者推行，否则便归于道裂天下，君主取法圣王，集行道、明道于一身，成为终极理想。断而后续的具有超越性的道统，就是要统于圣王之"道一"。正统性是道统的重要意涵，道统论者构建了三代以上圣王主持一统，周衰而"无所折衷，异论肆行""私智横议者出"，导致"道统益微""此道堕地"的历史叙述。②"道之不明也，阐之者晦之也；道之不行也，执之者拘之也。圣人既没，步骤圣人者日益众，此甲彼乙，不能相统，心心有主，喙喙争鸣，承舛听讹，浸失其本。"如何将此衰微散乱之"道"再次"统"起来，是道统亦即道之正统的题中之义。反于道之本，就是道之一统：

用其所长，陷于所短者，由失其本故也。不睹其本，各守其偏，圣人之道始离；互攻其异，不反其同，圣人之道始孤。不有卓然英睿出焉，孰能引而归之、会而通之哉？夫道一而已，尧舜之心，不间乎此。视听言动，必有司也；仁义礼乐，必有宗也。③

---

① 范育：《正蒙序》，《张载集》，第 4 页。
② 刘才邵：《乞颁圣学下太学札子》，《全宋文》（第 176 册），第 17 页。李若水：《上何右丞书》，《全宋文》（第 185 册），第 183 页。
③ 刘子翚：《圣传论十首·尧舜》，《全宋文》（第 193 册），第 158 页。

欲使本朝追摹三代，君主可比于圣王，便要让道统复续于当世。接续道统，由此成为君主圣化的最大期待和颂君谀德的最漂亮剧目，二者扭合而成一代潮流，又形塑了治道与其外在演示。本朝史与道统论紧密结合为一体，"治出于一"的理想景象再现于宋朝。

刘才邵称颂宋徽宗兼全君师之任，就从维系道统说起：

> 天佑下民，作之君，作之师，惟其克相上帝，宠绥四方。盖治之之谓君，教之之谓师。治之教之之功，天不能以自为，必付之帝王。帝王以盛德履尊位，克称君师之任，用能相天而成其能，四方之民，赖以宁谧。唐虞三代之盛，见于《诗》《书》之所传，率由此道。其后去圣既远，无所折衷，异论肆行，而道统益微。

作君作师、治之教之的治体，是天命所赋，帝王有德在位所成之功，宋朝君王振兴此道，徽宗"兼全君师之任"，学者"以圣王为师"：

> 恭惟国家膺受骏命，圣圣相承，云章奎文，光辉相烛，非若前代历世十数，而好文之主才一二见也。陛下温恭濬哲之资，缉熙光明之学，绍开兴运，纂修列圣之丕绪。……独得于心术之妙。虽尧、舜、禹、汤、文、武汲汲以成帝王之极功，何以过此，岂留意于章句之同异者得以望清尘哉！天相斯文，世道交兴，宗社再安，兵革偃息。……导民设教之意，勤勤如此，君师之任，可谓兼全之矣。夫学者以圣王为师，亲逢斯时，诚千载之遇也。①

李若水认为，堕地之道，"汉兴，力扶而举之，汉末复坠"，"至唐，力扶而举之，唐末接乎五代则亡矣，不特坠地而已也"，宋太祖使道统绝而复续："天厌丧乱，眷命有德，艺祖以勇智之资、不世出之才，袪迷援溺，整皇纲于既纷，续道统于已绝。"仁宗"缵承"之。② 太祖、仁宗为后世君主提供了

---

① 刘才邵：《乞颂圣学下太学札子》，《全宋文》（第176册），第17页。
② 李若水：《上何右丞书》，《全宋文》（第185册），第183页。

榜样。

帝王作君作师,治出于道,证成了理想的治理形态。宋人本以三代自期,歌颂今圣亦表现为对本朝史的进一步的道化构建。在士大夫的论述中,仁宗居于宋朝道统复续的关键位置,朱熹在《大学章句序》中对宋代帝王的赞颂,从年代推测,亦以仁宗为主。余英时论证从复三代压汉唐的追求一路发展至称颂宋"足以追攀'三代'"的观念演进,① 可以帮助我们理解宋帝使道统复续这一观念的背景。

在这个历史书写中,"道理最大""用读书人"等祖宗之法成为典型故事。"艺祖造宋,首崇经术,加重儒生。列圣相承,先后一揆,感召之至,七八十年间,豪杰并出。"② 其为当时习称共享的观念,被写入序文之中:"艺祖救百王之弊,以'道理最大'一语开国,以'用读书人'一念厚苍生,文治彬郁,垂三百年,海内兴起未艾也。"③ 吕中总结道:"我朝以儒立国,故命宰相读书,用儒臣典狱,以文臣知州,卒成一代文明之治。"④ 而"豪杰并出""一代文明之治",都指向"道统"复兴。其结果是上接三代:"祖宗承五代之后,士风极衰,而一旦作兴之,至过汉、唐,而无愧三代。"⑤ 在异族一方的郝经也称颂宋仁宗复圣王制作,神宗由盛转衰:"制礼作乐如成康,渐仁摩义期唐虞。不幸熙丰方有为,祖宗良法尽铲除。"更反映了当时一般的认识。司马光则"问学德度兼名节"纯粹可拟于三代贤臣。⑥

"家法"也由"心传",帝王治道与本朝治法在"心"的传承方式上贯通起来。"窃迹本朝家法之详,究观列圣心传之要,规模一以经术,事业付之书生。"⑦ "经术""书生"等本朝兴道之治的标志性做法,是以"心传"来实现的,这与道统心法一致。史浩也以心传讲家法:"列圣传心,至仁宗而德化隆

---

① 余英时:《朱熹的历史世界》,第 188 页。余英时亦论曰:"朱熹所谓'国初人……欲复二帝三代',大体上指仁宗时期而言。"(第 195 页)
② 魏了翁:《成都府府学三先生祠堂记》,《全宋文》(第 310 册),第 260 页。
③ 吴渊:《鹤山集序》,《宋集序跋汇编》,祝尚书编,中华书局 2010 年,第 1931 页。
④ 吕中:《类编皇朝大事记讲义》卷 3《太祖皇帝·幸太学》,张其凡等整理,上海人民出版社 2014 年,第 69 页。
⑤ 陈傅良:《内引札子》,《陈傅良先生文集》,第 327 页。
⑥ 郝经:《温公画像》,《郝经集编年校笺》,第 227 页。
⑦ 陈傅良:《乾道壬辰进士赐第谢太上皇帝》,《陈傅良先生文集》,第 391 页。

治。至于朝廷之上，耻言人过，故本朝之治，独与三代同风，此则祖宗之家法也。"① 吕中在《讲义》中有总结式的表述：

> 三代而上，传家之法备，而传心之法为尤详，故不惟人主之成德也易，而子孙之成德也亦易。三代而下，传家之法既略，而传心之学不复续，故不惟人主之成德也难，而子孙之成德也亦难。惟本朝以家学为家法，故子孙之守家法自家学始，此范祖禹《帝学》一书，极言我朝承平百三十年，异于汉、唐，由祖宗无不好学也。②

传心之学，绝而复续，与道统的逻辑一致。

圣王再世的希冀随着治道向上提的演进而高昂，与君主集权的步伐一致，但以位而分的传道结构也保有于其中。宋高宗表彰自己"首开学校，教育多士"，在崇儒右文中，体会到"其于治道，心庶几焉"。③ 晚近发现与得到研究的秦桧撰《先圣先贤图赞碑记》亦是在道统"一治一乱"的模式下展开论证帝王与道统的。此文首言王者之道与儒者之道"同宗"，在此共同的治道规范之内，儒生辅佐王者治理天下，只是"上下之位异"：

> 王者位天地之中，作人民之主，故《说文》谓王者通天地人，信乎其为说也。扬子曰："通天地人曰儒。"又以知王者之道与儒同宗。出治者为纯王，赞治者为王佐，直上下之位异耳。

在叙述东周王者之迹熄而孔子儒道设教的历史后，提出必纯乎儒道亦即王道，方可成圣王事业："共成一王之业，必无邪杂背违于儒道者也。""儒道"即"王道"，决定"王业"，这已开启后世"道统者，治统之所在"一说的端绪。

接下来，如同此前已经出现的祖宗故事，碑记认为当代君主佐佑纯文，道统复续。"主上躬天纵之圣，系炎正之统；推天地之大德，沃涂炭之余烬。"这

---

① 李心传：《建炎以来朝野杂记》乙集卷3，徐规点校，中华书局2000年，第545页。
② 吕中：《类编皇朝大事记讲义》卷6《真宗皇帝·圣学 经筵》，第123页。
③ 蔡涵墨、李卓颖：《新近面世之秦桧碑记及其在宋代道学史中的意义》。

不仅是赵宋正统所在决定的,也是因为基于一治一乱、圣王收拾异论而复兴有道盛世的历史观念:

> 搢绅之习或未纯乎儒术,顾驰狙诈权谲之说,以侥幸于功利;曾不知文王之文,孔圣传之,所谓文在兹者,盖道统也。前未遭宋魋之难,讵肯易言之。今氛瞳已廓,由于正路者,盍一隆所宗,上以佐佑纯文之收功,下以先后秉文之多士。国治身修,毫发无恨。方日斋心服形,鼓舞雷声,而模范奎画,其必有所得矣。①

关于此碑记的时代语境与用意,可见蔡涵墨、李卓颖的论文,这里不详论。本文关注的是,文中明言王与儒虽然道同但"上下之位异";所谓"文王之文,孔子传之",既强调了"所谓文在兹者,盖道统也"的"道出于一",也提示了道统中圣王与师儒的传道之位的差异。收拾乱世仍待圣王亦即"纯王",但朝野上下"一隆所宗""国治身修",是通过"出治者为纯王,赞治者为王佐""上以佐佑纯文之收功,下以先后秉文之多士"两两并行而实现的,一则言"治",一则言"文",均有上下之分:纯王出治、"佐佑纯文",儒生赞治、"先后秉文"。从前文"圣王盛世—王道衰微—孔子述经传道—思想多元—天下大乱—圣王出世、治道彰显"的道统历史叙事来看,秦桧的论述逻辑完全在其轮廓之内,这是当时论证道统传承的标准论述模式。尽管"赵鼎主程颐,秦桧尚安石"②,但对道与位的关系的认识是一致的,这是一世共有的治道知识。

比拟圣王、兼作君师的意思,秦桧在更早完成的《诗经》碑记中说得更加简单明了:"臣闻之《书》曰:'天降下民,作之君,作之师。'自古圣王在上,则君师之任,归于一致。尧舜之世,万邦咸宁,比屋可封者,治教之明效大验也。"宋高宗"拨乱世反之正"的作为,让他感到:"尧舜君师之任,乃幸获亲见之。夫以乾坤之清夷,世道之兴起,一人专任其责。"但只论证了圣王在上的"治教之明效大验",《先圣先贤图赞碑记》之于上、下分担其责的论说则更

---

① 此碑记保留在明人吴讷的文集中,本文所引系蔡涵墨、李卓颖以氏著《吴文恪公大全集》中的录文为底本整理的文本(《新近面世之秦桧碑记及其在宋代道学史中的意义》)。
② 宋高宗语,见《建炎以来系年要录》卷173,第2847页。

第四章 "向上透一著"与道统的成立

为详细，虽然这与"君师之任，归于一致"并不矛盾，是宏观的君师体制下的职分。秦桧引用《诗》中"思皇多士，生此王国，王国克生，维周之桢"表达了这样的理想国中"王"与"士"上下一体、治教休明的规模。①

学校特别是太学成为作君作师以接续道统的重要展示场域。淳熙四年，宋孝宗《幸学诏》称艺祖皇帝以此为治道之原，开创宋室传统而为家法：

> 开基之月，首幸国学，越二月，又幸。既宏先圣先师之宇，复审象而为之赞。本原治道，厥有深旨。然则扫五季之陋，削诸侯之僭垂万世之统，不在斯文乎？列圣相承，遂为家法。

参知政事龚茂良等在跋文中更翔实地将君师兴教与道统传承的历史结合起来，学是"帝王之学"，靠君王方成"全功"，本朝接续三代此统：

> 臣闻道在域中，惟圣人为成能；教行天下，惟王者为全功。学之为王者事，其已久矣。自尧舜以来，宇宙之间始晓然知有帝王之学，如华星丽日万目所属，谓道以是传而教所由兴也。尧以是传之舜，舜谓是道也，吾将与天下共之。有虞氏之上庠、下庠，盖欲以是达之天下也。禹、汤、文、武亦皆以其所传者达之天下，故夏后氏有东序、西序，商人有右学、左学，周人则兼用四代之学，是故人伦以明，典礼以行，嗜好以平，谣俗以成，此数者皆由太学来也。国家开造之初，艺祖皇帝以峻极之摹、生知之性，视唐虞三代不约而同，故于逾月之顷，再幸太学，二百年来以是为家法。②

宝庆三年，宋理宗诏谕内外学官，国子祭酒周直方跋文以"皇帝陛下钦承道统，丕阐化原"起首。③

道统与正统、与政治权威的关系是非常亲近的。朱熹的道统谱系没有给三

---

① 中下邦彦：《书道全集》第16册，转引自蔡涵墨、李卓颖：《新近面世之秦桧碑记及其在宋代道学史中的意义》。
② 潜说友纂：《咸淳临安志》卷11，第405、407页。
③ 潜说友纂：《咸淳临安志》卷11，第412页。

代以后的君主位置,这是严定"王道"以及相应的行道与明道标准的表现。朱子只明确程子明道而传道,道统由此接续。但在道的传承复兴,在明道的背景上,又表彰了本朝君主的功德:"宋德隆盛,治教休明。于是河南程氏两夫子出,而有以接乎孟氏之传。"给宋代君王的道统历史定位是保护人一样的角色。虽然孔、孟等可以在衰世述道而承道统,宋人的本朝认知则是一代文治鼎盛而接续道统。这里虽然没有像某些谀辞那样将弘道功业全归于君师,没有强调帝王之于孔子发明之道的垄断,但也并不构成对其的否定,与"上以佐佑纯文之收功,下以先后秉文之多士"的结构是一致的,程氏得道于遗经是以宋德为"大环境"的,不可视为道统尽归程朱而已。宋代的治道气象是治教休明的盛德气象,这是就"出治者为纯王"的整体性的政治社会秩序与文化景象而言,又可视为"作君作师"在宏观上的成立。道统是三代以来这个治道传承的统系,固然系于弘道之人,却不是专就与君主区分的士人群体而言,不是与社会政治结构中的某一群体画等号。道统的传承不是以道抗势的历史,而是实践与理解理想治道的历史。君师合一的理想在宋明理学的政治与文化秩序框架中延续转进,为后世儒者对理想秩序的认识提供了思想资源。

结合当世士大夫的论证来看,道统的接续实有待于圣王,这是君主圣化的总体定位的重要标志。吕祉认为虽然"士大夫之学,宜以孔孟为师",但指示此正学的正是圣旨,宋高宗"圣有谟训,学者不迷于所向,道术裂而复合"。①这可以说是从宏观方向上的"圣训"和直接学习内容上的"学",为君师和孔孟之明道各自留了位置。张栻更详细地阐发了宋帝治教与道统绝续的关系:

> 宋有天下,明圣相继,承平日久,元气胥会,至昭陵之世盛矣。宗工巨儒,磊落相望。于是时,濂溪先生实出于舂陵焉。

宋室世运之下,周敦颐始能将"孔孟之遗意复明于千载之下"。此道"复明",是针对儒家失统而坠入经生、文士之学,霸道功智之治、异端二氏之学从此而入,以致治不出于道、道则流于空:

---

① 吕祉:《论君子小人之中庸奏》,《全宋文》(第184册),第202页。

> 盖自孔孟没，而其微言仅存于简编，更秦火之余，汉世儒者号为穷经学古，不过求于训诂章句之间，其于文义不能无时有所益。然大本之不究，圣贤之心郁而不彰，而又有专从事于文辞者，其去古益以远，经生、文士自歧为二途。及夫措之当世，施于事为，则又出于功利之末，智力之所营，若无所与于书者。于是有异端者乘间而入，横流于中国。儒而言道德性命者，不入于老，则入于释……言学而莫适其序，言治而不本于学，言道德性命而流入于虚诞，吾儒之学其果如是乎哉？陵夷至此，亦云极矣。

周、程"明道"以"推之于治"，指导"行道"：

> 其教人使之"志伊尹之志，学颜子之学"。推之于治，先王之礼乐刑政可举而行，如指诸掌。于是河南二程先生兄弟从而得其说，推明究极之，广大精微，殆无余蕴，学者始知夫孔孟之所以教，盖在此而不在乎他，学可以至于圣，治不可以不本于学，而道德性命初不外乎日用之实。其于致知力行，具有条理，而诐淫邪遁之说皆无以自隐，可谓盛矣。然则先生发端之功，顾不大哉！①

可见，道大明而行虽以周子发端，源头却在宋室的"明圣相继"，元气至于仁宗而极盛。

周必大在《皇朝文鉴序》中认为"昔者帝王之世，人有所养而教无异习"，气盛而理明；"后世家异政，人殊俗"，委靡之习盛，非僻之说入，这是异端学者之过，也是"上之教化，容有未至"的结果；宋朝则否极泰来，"（太祖）汲汲乎以垂世立教为事。列圣相承，治出于一。援毫者知尊周孔，游谈者羞称杨墨"。② 这不啻是对欧阳修"治出于二"的回应，强化了道在现世的圣王色彩。

朱熹论及的"本朝"君师弘道，被其门下与"五百年王者兴"的周期论结合，进而阐释为周敦颐、朱熹等大儒起于南方的原因，愈发突出了道统接续的

---

① 张栻：《道州重建濂溪周先生祠堂记》，《张栻集》，第906页。
② 周必大：《皇朝文鉴序》，吕祖谦编《宋文鉴》，第1页。

王道圣功：

> 窃惟自昔圣贤之生，率五百余年而一遇，孟子既殁，千有五百余年无闻焉。考其世系，则皆中土之所生，而南方则又无闻焉。历世之久舆地之广，其间岂无闳博俊伟之士而不足以与闻斯道之传？至我本朝，周程张子既相望于一时，而文公复兴于未及百年之后。周子既生于舂陵，而文公复生于新安，岂非治教休明，文武周浃，天运之所开，地灵之所萃，旷古之创见而一代之极盛者欤！①

道出于一也成为治道向上提的动力，与之合辙。治道向上提，在时人的历史特别是治道发展史认知中是有确切的轨迹的。圣王继天立极，体天行道，周室衰落之后，孔子集大成是一次重要的"明道"之机，但孟子以后不传，学术为天下裂的主要表现就是"言道者祖虚无，论治者尚功利"。天理湮晦千余年后：

> 圣宋龙兴，德配天地，尊道以儒，出治以仁，经术文章，一根于理。鸿儒硕士，彬彬辈出。上拟三代，下轶汉唐，何其盛哉！渐摩积累，斯道之久蚀者复明焉。

经周、二程子至朱子，道明于天下。自超越的眼光来看，历史就是道史，道是始终存在的，但在"学者无所见，而异端祸之"的情况下，也会"道不明"。②道由立而"湮晦""久蚀""不明"，再"复明"的过程，在时人看来是返于先王之道使之明于当世的复古过程，也是"向上透一著"的治道形而上升华的过程。而这个过程是以"圣宋龙兴，德配天地，尊道以儒，出治以仁"为前提的。

这是一个为士大夫所共有的道统史及道学史认识。淳祐八年，叶采在《近思录集解序》中说：

---

① 黄榦：《徽州朱文公祠堂记》，《勉斋先生黄文肃公文集》卷17，第278页。
② 黄榦：《鄂州州学四贤堂记》，《勉斋先生黄文肃公文集》卷18，第281页。

> 皇宋受命，列圣传德，跨唐越汉，上接三代统纪。至天僖、明道间，仁深泽厚，儒术兴行。天相斯文，是生濂溪周子，抽关发朦，启千载无传之学。既而洛二程子、关中张子，缵承羽翼，阐而大之。圣学湮而复明，道统绝而复续，猗与盛哉！中兴再造，崇儒务学，遹遵祖武，是以巨儒辈出，沿溯大原，考合绪论。①

从北宋一直说到南渡，"上接三代"，"绝而复续"，可见世运文明之隆。

淳祐十二年，叶采在《进近思录表》中说宋朝一扫孟子身后之道绝衰世，"治""学"皆系于王道：

> 邹轲既殁，而理学不明；秦斯所焚，而经籍几息。汉专门之章句，训诂仅存；唐造士以词华，藻绘弥薄。天开皇宋，星聚文奎。列圣相承，治纯任于王道；诸儒辈出，学大明于正宗。②

将行道与明道并称，而归于"天开皇宋"。

在宋理宗的谥号阐释中，总结本朝道学历史，颇可见庙堂上于君师道统的认识和表达方式。其以为"君师"与"先儒"是传道的结构，宋朝治道纯粹，上同三代：

> 太极，理之根源也；二气五行，理之流布也。天下万事万化皆于理乎出，而君师则主张乎是，先儒则讲贯乎是也。自我艺祖皇帝开国之初，与韩王赵普发明道理最大之说，由是本朝治体之纯，道学之粹，远同三代。庆历、嘉祐间，豪杰并出，濂洛之学，上接洙泗，熙宁之用程颢，元祐之起程颐，绍熙之聘尹彦明，绍兴之召朱熹，列圣相传，皆欲表显而尊崇之矣。

---

① 叶采：《近思录集解序》，《近思录集解》，第 1 页。
② 叶采：《进近思录表》，《近思录集解》，第 8 页。

宋朝祖宗继续三代、开道统，但中经王安石、秦桧、韩侂胄等"奸臣"阻断，道学与世运同消长，可见道与治之密切关联：

> 奈之何王安石则邪说诬民也，秦桧、韩侂胄则奸臣擅国也，以新经、《字说》胥天下，为黄茅白苇，则安石之为也；反国事仇，率兽食人，谓学为伪，谓道为禁，则桧、侂之为也。理学之废兴，关于世道之消长，可胜言哉。

但宋理宗又兴起尊崇道学，所以宋朝祖宗可谓始终是道学的护佑者，是得道心之圣王，理宗尤其彰显圣道、接续圣统：

> 先皇帝自初践祚，始御讲筵，即未尝以名呼先儒。若周元公颐则曰濂溪，张郿伯载则曰横渠，二程则曰伊川、明道，而尤为尊用朱文公熹之《四书》。自时厥后，或锡之美谥，或赠之封爵。淳祐视学，首诏祀五臣而斥荆、舒、熄邪说、正人心，为去圣继绝学，为万世开太平，制缉熙一《记》，制道统十三赞，造诣精矣。书《无逸》一篇，书"思无邪、毋不敬"六字，儆戒备矣。其土苴既足以治天下，其精微又以传之圣子，资善堂有《记》，元良有《规》，道心精一之旨悉在焉。……往古来今，内圣外王，一正理而已。发挥正理，不在孔孟乎！微关、洛诸儒继之，则大道之与异端，果孰胜而孰负哉？主张正理，不在我朝之列圣乎！微先皇帝继之，则圣传之与俗学，果孰显而孰晦也？会群献之精蕴，订百家之异指，接二帝三王群圣人统宗会元之粹，而扫秦汉以来千数百年习浮踵误之失。谓非有功于是理乎。理也者，天之所为，而非人之所设也。圣人本天命之性，躬率性之道，而阐修道之教，有功于是理者，即有功于天也。

谥号"理宗建道备德大功复兴烈文仁武圣明安孝皇帝"，集合了"道德功"等价值标签。① 将"发挥正理"的儒者与"主张正理"的君王并称，有似于吕祖之言，亦为理解张栻、朱熹的道统观念的意识形态背景提供了资料。

---

① 《宋史全文》卷36《宋理宗六》，第2929页。

这里，我们可以从李心传在《道命录》自序中对本朝道学史与政治史关系的总结，来进一步理解上文多次显示的道依赖世运的紧密关系。该文认为，道学系于天命、人事共同决定的"天下安危、国家隆替"。

如一般所论，李心传解释程子道行、学传之语，将道分为行道与明道，认为这是"圣贤在上、在下"决定的：

> 程子曰："周公没，圣人之道不行。孟轲死，圣人之学不传。"夫道即学，学即道，而程子异言之，何也？盖行义以达其道者，圣贤在上者之事也；学以致其道者，圣贤在下者之事也。舍道则非学，舍学则非道。故"学道爱人"，圣师以为训，倡明道学，先贤以自任，未尝歧为二焉。

但李心传继续论及"行道"的另一层含义，即"圣贤在上者"之于道学兴废的决定作用，这就是"天下安危、国家隆替"之于道与道学的决定作用：

> 盖以为天下安危、国家隆替之所关系者，天实为之，而非惇、京、桧、侂之徒所能与也。虽然，抑又有感者：元祐道学之兴废，系乎司马文正之存亡；绍兴道学之兴废，系乎赵忠简之用舍；庆元道学之兴废，系乎赵忠定之去留。

圣贤去而奸佞当政，就导致"自数十年，不幸憸邪谗诐之小人立为'道学'之目，以废君子。而号为君子之徒者，亦未尝深知所谓道，所谓学也，则往往从而自讳之"。所以，"窃考道学之废兴，乃天下安危、国家隆替之所关系，未尝不叹息痛恨于惇、京、桧、侂之际也"。他虽然将世运放在宰相这个层次的"在上者"而讳言君主，但对"有天下国家者"的重视和劝诫是显然的。①

道以国运隆替、文治兴衰为生态，君主和士人皆以作君作师为高上，共同给君主之于道统的分量增加了砝码。作与述，行道与明道，是从整合到分化的概念，而"发挥正理"与"主张正理"，又是在治道之整全和君王之位差的权力结构格局中，君主不可能让出明道之权（或者说也没有人认为其有让出此权

---

① 李心传：《道命录序》，《宋元学案》卷30《刘李诸儒学案》，第1089页。

的必要），而将制作、行道、明道重为组合的产物。它是作君作师的一种折中与表现，使得君主保留了道统和明道的权力。文及翁取行道与明道双行论述，而以宋代君臣分别接续道统谱系，作《道统图》："以艺祖皇帝续伏羲、尧、舜、禹、汤、文、武之传，以濂溪周元公续周、孔、颜、曾、思、孟之传。"自许"猗欤休哉"，标准仍是"心传"，认为"洞开殿门数语，真得帝王传心之妙；《太极》《易通》等作，真发前圣未发之蕴"。① 道通过行道与明道传承，但行道与明道在现实中并非截然两分地对应于朝廷和士人，而是有分有合，三代"治出于一""道出于一"的观念一旦大行其道、高度共识，其绾合力量便于焉彰显。

在理学氛围里，道统赖学以传，特指《中庸》《大学》为正学，可于体现士人正统与普及价值之科举场域见之。《古今源流至论》论"君师尊崇"与"宗师讲明"的治道传承之责：

> 尊崇正学在君师，讲明正学在宗师。大矣哉《中庸》《大学》之书，盖帝王立治之根本，圣贤进德之阃奥也。是故表章圣经，崇重正学，使天下享至治之泽，此其责在君师；继续绝学，演析奥义，使天下闻大道之要，此其责在宗师。②

既有"君师""宗师"之别，"师"便不仅在于"宗师"。并且君师为一本，宗师乃其不完之衍生："三代而上有君师以任道统，固不待宗师之功；春秋以来无君师以任道统，不得不赖宗师之学。"本朝接续此统传承治道："及五季之衰而坏乱极矣。斯文未丧，阴剥阳复，我宋龙兴，五星奎聚，列圣相承既示尊崇，周程大儒复加讲贯，接尧舜之宗派，发孔孟之渊源，而正学始昭昭于人心。"仁宗得《中庸》之本，哲宗得《大学》之旨（没有提及高宗）。"帝王正道至祖宗而续，至今日而盛。孔氏正经至伊洛而传，至晦翁而著。"③ 君师与宗师在本朝上下一体："上有君师任尊崇之责，下有宗师任讲明之责者，其惟

---

① 文及翁：《道统图后跋》，《全宋文》（第 354 册），第 383 页。
② 林駧：《古今源流至论》，上海古籍出版社 1992 年，第 15 页。
③ 《古今源流至论》，第 17 页。

我朝乎!"①

在以学明道的道统实现逻辑中,仅有负责的意识是不够的,还要以"正学"为标准,具体来说:

> 夫自大原不传之后,其道寥寥不知几载。汉唐以来,或尊经、或隆儒、或右文,固有任君师之责矣,而不能接圣道之正统。此愚幸国朝有君师以尊正学也,然此特上人之责耳。春陵之墟,周子出焉;关洛之间,程张出焉。二三先生口传心授,圣经贤传绅绎奥旨,其言幽探乎阴阳五行之迹,而其实不离乎仁义中正之际。其道极乎乾道变化各正性命之奥,而其实不出乎忠恕之心。其学造乎立极开太平之博,而其实不外乎格物之微。不曰《中庸》为终身之用,则曰《大学》为入德之门。次其简编,发其归趣,而子思不言之蕴尽矣。夫自二学不明之后,诸说纷纷,盖不一家。汉唐以来,或训诂、或正义、或著论,固有任宗师之责矣,而不得圣经之本旨。此愚幸国朝有宗师以讲正学也。②

"正学"是《中庸》《大学》之学,是体用之全的治道:

> 且尧舜之相授,惟精一执中之道;夏周之相因,自皇极之道无间焉。精则见于授受之妙,粗则寓于耕桑之末;微则存于人心禀赋之初,显则著于日用常行之际。而中庸之道尊矣。

《中庸》《大学》成为帝王治道的经典,而中庸之道成为"显微无间"的全体大用之学。③

君师与宗师各任其责,但以"正学"为传道载体,说明在君师治道的一体理想型中,行道与述道固可以分化表功,更基于共同载体而交织贯通,相辅相成而为传道体统,为后世再现"君师以任道统"提供了义理可能。

---

① 《古今源流至论》,第15页。
② 《古今源流至论》,第16—17页。
③ 《古今源流至论》,第15页。

道学家的道统论与君王的道统论并无本质不同，追求的都是规复圣王治道。圣王难再的困境中，以治道为关怀的道统是有天然张力的。儒家不得位而传道，受到一系列基于"位"的身份功能区隔之思想与制度的限制，直接反映在之于道的"作"与"述"上。"作"是对于政治社会治理之理想形态与制度的创造，而无位者对于斯道的传承与阐发，虽然具有重大的哲学突破与思想创造，仍属于"述"。道只有一个演生与传承的系统，道统涵纳道学，而非对等的概念。因为源自圣王之治，道与道统向来有行道与明道两个层面，而又在理想上合为一体。圣王不再的现实限制下，儒家并未拉低道与道统的标准向不完美的现实低头，而是阐发并确立不得位者以学承道统的传道模式。道仍是治道整全的概念，理想寄托于此，道学成为其在现实中传承的载体，纵有不甘与期待，也只能属望未来。于是道统就即"二"而归"一"，期待圣王再世，由道而治，"势"与"道"合而为"王道"，治道得以完整，理想之治再现。朱熹的道统说并未透露出士人独担道统的意思，仍有君臣之位差，行道与明道之别。蔡涵墨认为道统从帝系转入私人传承，是以士人据道统批判治统之说为默会前提的误解。① 于宋儒而言，在行道与明道的现实基础上，如何建设道之理想型，规复治道全体，是世所共趋的思想观念，朱子集道统说之大成。此一世共奉的理想型是圣王治道，其先，道统并未全归于现实的君王；其后，亦未落入私家。

如何看待宋人致君尧舜？邓小南曾从秩序着眼总结：

> 所谓追复三代，实际上反映着他们心目中超越汉唐、兴复"大道"的两方面政治理念：一、建立"君君臣臣父父子子"名分井然的理想社会政治秩序；二、为保证理想秩序的建立，必须"致其君为尧舜之君"。

同时重在政治精神和君主政体的权力目标：

> 宋儒对于三代的追慕，不是简单地希望恢复三代之制，而是以承认历史变迁为前提，试图恢复三代的气度与精神；"追复三代"的理念在当时

---

① 蔡涵墨、李卓颖：《新近面世之秦桧碑记及其在宋代道学史中的意义》。

所起的作用，主要的并不体现于具体制度的仿效回归，而表现为特定条件下对于君主政体的权力目标所做的思考与反省。①

但宋人心目中的尧舜之君、三代之治已不仅是符号标榜，而是有更确切具体的治道范式内涵，在政治模式甚至制度治法上有所反映和讨论。它既不是具体制度的仿效复古，也不只是气度和精神，还表现为若干模式、体制安排，可以"治出于一"表出。"国之修短，当观其治体。治乱，当观其制度。强弱，当观其国势。"正如吕中所言，"盖我朝有唐虞三代之治体、制度"的"治体、制度"之谓。② 这是两宋政治与思想中一条超越了政治势力消长、政治局势发展、政策路线调整等政治现实具体变动的"一以贯之"的线索。其当然与这些政治要素的变化相应而动，但也要看到作为"大型"的特点。君臣、君师、学校、道统诸治教讨论均已入此"大型"之中，宋代的治道追求和塑形与理学的发展紧密互动，对君权样貌的塑造于后世有深远的影响，斯亦唐宋变革在政治和治道上的重要表现。

这样的治道范式关乎君主权力问题，但也可跳出君主与士大夫权力消长的竞争逻辑，看君主与士大夫等各方的权力和角色是在什么样的治道范式与治理体制中被塑造期待和措置安排的。尧舜从泛泛的偶像和符号到特定内涵的标准和榜样，其本身以及三代之治也是动态地生长的，而其与当代、与各方面的故事和家法之经验与制度积淀结合的当否、路径与程度，结合后的样貌，更是复杂多歧的。对于"赵宋一朝存在许多看似矛盾的现象。从政治史的角度来看，这一时期君主集权、忠君观念逐渐强化，而对于君权的限制因素也在增强"③，从"道"及行道、明道的二元分化而又向一体回归的角色结构来看，也可别有会心。

小结：行道、明道与道统

道化是治道从治理史中提炼塑形的过程。"皇、帝"时代的治道因为文字

---

① 邓小南：《祖宗之法》，第413页。
② 吕中：《类编皇朝大事记讲义》卷1《国势论》，第42页。
③ 邓小南：《宋代政治史研究的"再出发"》，《朗润学史丛稿》，中华书局2010年，第516页。

不足等原因，并无确切记载，经传说与道化而流传并逐渐定型。但继续超越化、形上化，则尚须漫长的实践教训和外来学说刺激与启发，至宋代方基本告成。而这个继续发展，也为王道向上提以树立于世提供了重要帮助。《易》之先天学作为"皇帝王"之道、儒家与道家思想融会的主要媒介，发挥了"向上"的作用。"意""心"超越"迹"，认识论飞跃，王道才能真正贯通"百世"。从王安石"法其意"到程氏"精意"说，基于制度之治的更为理想的王道真义被讲"尽"说"透"，"道心"与"心法"由此重要。述道、明道、道学由此在传道的事业中位置昭然，为正统不可或缺的组成部分。

何为王道，也就决定了王道能不能贯通后世。如果仅是制度设施，就或容易坠入申韩法术，或泥古而不能实现。只有在"意"上认识，才能激活制度活力，百世可知，而这样基于认识论的王道超越，需要援入"皇、帝"之道提升之。走出"迹"的藩篱，将制度之治引入"意"的超越境界和"全体大用"的规模，以去其束缚与功利面，而保持秩序与人道的活力与效力，这是宋学的治道真精神所在。"意"并不是纯粹形而上的，而是兼形而上下的，是与即而不离地将治道向上提的任务匹配的思想工具。

汉唐之道就是杂霸，就是"事功"；二氏之学即为虚无，即为"心性"。"秦非正统，奚所发明？"[1] 如果治道不发明、不固定，人心和社会秩序就会被释、老所夺，被霸术所乱。从五德终始到道统，经过"皇、帝、王"之整全的治道资源的融会，儒家传述的中国本有治道终于获得了合内外、斥杂霸的力量，道之正统由此在挑战的背景下确定，"治出于道"由此愈发深刻而成熟。治道"向上透一著"，是唐宋变革的重要标志和动力，不是转向"内在"[2]，是"向上"而使王道臻于"全体大用"之境，这是贯穿两宋的治道追求，不能舍"社会模式"与"政治秩序架构"而言之。这是一个治道价值近似于"判教"的生成过程，从在制度之治的现实政治生态中实用、动态、多样的治道，到治道之价值由超越而挺立，人间的"皇、帝、王、伯"与"道、德、功、力"的

---

[1] 宋真宗：《试贤良方正制策》，《全宋文》（第11册），第21页。
[2] 刘子健认为，两宋之际中国文化在整体上发生了"转向内在"的变化："新儒家哲学倾向于强调儒家道德思想中内向的一面，强调内省的训练，强调深植于个体人心当中的内在化的道德观念，而非社会模式的或政治秩序架构当中的道德观念。"（《中国转向内在：两宋之际的文化转向》，赵冬梅译，江苏人民出版社2012年，第10、169页。）

阶梯与褒贬终于固定下来。治道由此获得了"全体大用"的规模，这是传统中国治道即物超越的定型，奠定了迄于明清的治道观念与思维范式。

余英时认为，自春秋战国之际道统与政统两分后，士成为"道的承担者"，而与政治权威分庭抗礼。虽然他认识到中国与其他发生了"哲学的突破"的古文化一样，道统与政统"有相互依存的一面，也有紧张和冲突的一面"，由于中国二者不能"清楚分野"的特点，"中国道统与政统之间的复杂关系也是别具一格的"。但这种"复杂关系"是建立在治、道两分的前提之下的。并且由于道统没有组织，"'道'缺乏具体的形式，知识分子只有通过个人的自爱、自重才能尊显他们所代表的'道'"。① 这种治统与道统、治与道两分的认识，成为中国思想史研究的一个经典范式。张灏也认为："君师对立政教二元的论调，在宋明的传统里，维持大约四百年的光景。"② 在宋明理学与政治文化的系列研究中，余英时对这个框架进行了优化："内圣外王"连续体归宿于秩序重建，儒家的整体规划中的秩序是包括社会秩序、文化秩序的，并不专就政治秩序即治道而言，治道只是始点。行文至此，我们已可发现，王官解体、道与势分只是中国政治与政治思想的一个侧面，"治"与"治道"都是整全的而非仅等同于政治与政治秩序，"治出于道"的理想型在中国思想中作为正统和主流认知而存在，三代治道复现于世在士人中有强大的号召力。特别是当社会政治秩序发生异动时，圣王治道就会成为乞灵的对象。他们所信奉的"道"，虽可进行无远弗届的形而上的求索，但并非全然"缺乏具体的形式"，更不是与治或政两分，而是与治理表里精粗一体"无间"，是谓"治道"。士是治道的追求者和承担者，从而在"势"之中的士大夫成为士的主流，辅成明良朝局是最高期望，而不是站在政统与"势"的对立面成为独立的批判者。

"道"与"势"的关系，是中国传统知识分子与官僚政治加总为士大夫政治的题中之义。阎步克以社会分化之"有限分化"视角观照士大夫政治演生，认为封建时代的礼治具有功能弥散性质，成为形塑传统中国士大夫政治的"'文化基因'和政治传统"，"政统、亲统、道统"不能纯以"分"之眼光视之，其独特的结构与精神是"和"："'和'之进一步阐释是'和而不同'，这一

---

① 余英时：《道统与政统之间——中国知识分子的原始型态》，《士与中国文化》，第90页。
② 张灏：《传统儒家思想中的政教关系》，《幽暗意识与时代探索》，第88页。

理念首先承认了万事万物之分化的实然性和必要性,但是其所致力寻求的,却是在已分化要素之间建立一种相异相维、互渗互补的和谐关系,而不是去极意推进分化。"①

本书认为,在有限分化及随之而来的"和"之外,还可从高悬的"一"亦即"合"与"全"的理想型来思考时人心中的逻辑。"治道"就是这样的整全概念,它既是对人间秩序的安排,又具有超越意义。对治道的理解与阐释或异代而不同调,但其兼形而上下并不断付诸实践的特质,一直是中国固有之道,是维系着中国政治史与政治思想史基本样貌的深沉动力。当然,这个治道的理想型,某种意义上也是传统中国政治思想的"穹顶"。

"治出于一"是治道向上提的动力和目标。沿着治道"向上透一著",我们也能理解整全超越而非"转向内在"的治道提升。蒙文通曾论宋儒与汉儒之不同:

> 孟子之学,主于"以不忍人之心,行不忍人之政"。汉儒言政,精意于政治制度者多,究心于社会事业者少。宋儒则反是,于政刑兵赋之事,谓"在治人不在治法",其论史于钱谷兵刑之故,亦谓"则有司存",而谆谆于社会教养之道。②

是对治道"向上透一著"的非常好的概括。在儒家与中国主流政治思想中,治与道始终都是整全的概念,对应着一个面向世俗世界构建、具有强烈政治属性而又治与教并重的治道体系。所以陆九渊也说:"儒者虽至于无声、无臭、无方、无体,皆主于经世;释氏虽尽未来际普度之,皆主于出世。"③ 治道即便"向上透"而至于心学,仍以"经世"为旨趣而与释氏不同。治道是身国天下大治之道,故不限于政治秩序。治理是包括心性、政治社会组织、文化生活方式在内的"治而教之"的整体关怀,是天人之际的秩序追求,也是人群的美好境界。在郡县大一统体制下的制度之治的初期阶段,汉唐重视用礼法制度规范人心和秩序,以注疏之学从经典考求"周公致太平之迹"的本来面目。宋代理

---

① 阎步克:《士大夫政治演生史稿》,北京大学出版社1998年,第415页。
② 蒙文通:《宋明之社会设计》,《儒学五论》,第162页。
③ 陆九渊:《与王顺伯》,《陆九渊集》卷2,第17页。

学反向经典求"先王本意",用超越的治道驾驭制度,兼内外从二氏手中夺回人心、匡正秩序。惩汉唐"治出于二"而偏重政刑之弊,将仁义礼乐的"社会教养"收回王道之内,以成"全体大用"之规模。中国本土产生的道家思想,西来的佛学,都促使治道中的形而上化思维不断提升。修道的工夫有次序,这是"入道之序"①、"为学之法"②;但道本身是全体、全局,亦即"体用一源、显微无间""全体大用""道体之全"。"宋儒无论是在体上做文章,还是于用上下工夫,其体用是合一的。体上做文章,用从体开出;用上下工夫,体即在用中。"③ 辨护道之正统所在也是历代儒者建构道统谱系的用意所在,在对道统的反复辩论中,"道"之"全体大用"夯实彰明。读《四书》而后"进诸经","读天下之书、论天下之事",其目的仍是"王佐事业,而致开物成务之功用"。④ 固守本有之道的儒家始终不外于家国天下,并因体用、本末、意迹、精粗等思辨而完善。这可以针对荆公新法,程、朱论三代制度的经典《周官》为代表。"必有《关雎》《麟趾》之意,然后可行周公法度",是彻上彻下的著名论断,在清人制度论中亦多有回响。

"内圣外王"是庄周之语,虽然宋代及其后在政治场域中成为常用的话语,特别是颂圣,但仍是"顺俗而言",似不宜以之表达道学家的思想。⑤ 道学家的思想与话语是"体用"和"本末"。程颐《易传序》中"体用一源,显微无间"一语可以尽之。⑥ 近人熊十力以"本末"演说之,亦颇近宋人,而可以帮助我们体会"诚正格致修"与"齐治平"是体用相摄互涵的整体,就是广义的治道,而不可如余英时所说是"内圣外王的连续体,治道是始点":

> 庄子以内圣外王言儒者之道,其说当本之《大学》。然内外二字,但

---

① 黄榦:《圣贤道统传授总叙说》《朝奉大夫华文阁待制赠宝谟阁直学士通议大夫谥文朱先生行状》,《勉斋先生黄文肃公文集》卷26、34,第416、585页。
② 陈淳:《读书次序》,《北溪先生大全文集》卷15,第1023页。
③ 何俊:《叶适与朱熹道统观异同论》,《事与心:浙学的精神维度》,北京大学出版社2013年,第145页。
④ 陈淳:《读书次序》,《北溪先生大全文集》卷15,第1024页。
⑤ 梅广:《"内圣外王"考槃》,《清华学报》2011年12月新41卷第4期。
⑥ 关于程朱的"体用"论,参见陈荣捷:《朱子言体用》,《朱子新探索》,华东师范大学出版社2007年,第179页。

是顺俗而言，不可泥执。《大学》经文只说本末，不言内外。前言物有本末，后结归修身为本。修身总摄诚正格致以立本，由身而推之家国天下，皆与吾身相系属为一体，元无身外之物。但身不修则齐治平无可言，故修是本而齐治平皆末。本末是一物，（如木之根为本，其梢为末，元是一物。）不可剖内外。通乎本末之义，则三纲、八目无论从末说到本或从本说到末，总是一个推扩不已的整体，不可横分内外。①

熊十力论学虽亦常以"内圣外王"为结构，但这段话阐明不以庄子言儒道为儒道之本然，"本末是一物，不可剖内外"。其意甚明，不待发余蕴矣。十力之学虽以心学为基础，但以"本末一贯，体用兼备""立本不宜遗末，明体必须达用，修身必可以施之天下国家"为己任，②更认可王夫之"每以天德王道，总括六经之理要，修辞较精"，而"庄生称孔子以内圣外王，意固是，而辞不甚洽"，③皆可见他认同儒家之道即是圣王治道，故于治道之全颇有体会。在格局与规模上看道，更不宜视为容易引起时序错觉的"连续体"，从"全体大用""内外交相成"或黄榦对道体的体系解释来认知，或更为准确。

蒙文通所见之道，是"形上、形下之无间"的，正是宋儒体用大全之道。他论理学的理气、物则之间"形上于形下见"的关系有云："有物有则。则于物上见，理于气上见，形上于形下见。'则'是有条理的意思，是节文的意思。若把理也看成空无，非所敢知也。"④他说这是一种宋儒从孟子推出的"道不离器"的"即"的关系："'天生烝民，有物有则'，此孟子诵孔子之说，而为性善作根本者也。有物而后有则，宋人衍之为道不离器，即形上，即形下，初非有二，于理气之说尤详言之。此与耶教、佛学之论迥殊，而与马列无所违。儒家与佛、道之争，端在于此。唯宋儒阐明性善之说，诚不免有张皇过甚而反违孔孟之旨者。"⑤全体大用与唯物主义理解的中国之"道"确有相通之处。蒙文通由此批评法、道两家不得道之真谛："'有物有则'，形下之谓物，形上

---

① 熊十力：《答牟宗三》，《十力语要》，上海古籍出版社 2019 年，第 292 页。
② 熊十力：《与贺昌群》，《十力语要》，第 189 页。
③ 熊十力：《读经示要》，上海古籍出版社 2019 年，第 60 页。
④ 蒙文通：《理学札记》，《先秦诸子与理学》，广西师范大学出版社 2006 年，第 295 页。
⑤ 蒙文通：《致张表方书》（1952 年），《先秦诸子与理学》，第 299 页。

其则也。惟物之有则，故践形、尽则之谓圣人，岂以物为外而足以累乎心耶！""法家者流，以较量于事物之际，而未达人心本然之理，故滞于有。道家者流，以物诱为累，遂遗物而游心于虚无之乡，不达宇宙、吾心之不可二，故沦于无。""是皆未晓然于形上、形下之旨，故终不得合于圣道之正。"他认为："入圣之学，原有二途，故由道家可进于儒学之正，而法家终不免世俗之见。则道家固优于法而于儒为近也。"① 也是为历史发展所证实的儒家治道发展路径。

什么是他们心目中的圣王及其治道？道是从治心到治国的全体大用之治道，道统就必然以圣王制作行道而"治出于道"为理想，士人明道只是必要的思想前提和存续条件。这就涉及对中国思想中什么是"超越"与"永恒"的认识。长期以来，习惯以为只有抽象的、超越于人间烟火以上的才是超越与永恒。余英时提出"历史世界"的命题，立即受到心性立场的批评，他又从"道体"的哲学化角度来为自己辩护，以示并未抽离朱熹思想中重要的超越一面。但其实，中国思想中的永恒恰是不离世间事物的，在政治与社会建设的实践与实际中寻求永恒的道理，是"体用一源、显微无间"的超越。唯其如此，才与佛老之学相区别。"治道固不能不与时迁移，然亦有清静宁民，可以坐销四国之患，使古意自存者。"② 以"意"言"古"，在重探并向上延展"皇帝王伯"治道思想资源之后，王道制度之治的现实与"皇帝"天道无为结合，义理化支撑治道的价值阶序挺立，王纲为中心的伦常体系巩固。由此圣王治教获得新的意涵，迈入新的境界，"治出于道"而归"一"，成为更加炽烈的愿望并在义理上更加可能。

"所谓王道，则有之矣，安天下也。"③ "不一则无君，无君则人道尽矣。"④ 整全的治道，仍有内在的德与位、学与行的张力。它的解决，只能有待于圣王再世。对孔子明道之于道的传承地位的确认，并不能代替行道的缺憾，更不能代替对治道一统的圣王再世的期待。治、道合一不是谁的政治思想的问题，而是世所共趋的政治与学术理想，治道理想型在思想与观念上保有不灭，甚至成为应对世变的理想追求与至上圭臬。如前揭朱熹所痛心疾首的："夫人只是这

---

① 蒙文通：《儒家哲学思想之发展》，《儒学五论》，第23页。
② 叶适：《习学记言序目》卷11，第155页。
③ 李觏：《常语下》，《李觏集》，第372页。
④ 陈师道：《正统论》，载饶宗颐《中国史学上之正统论·资料一》，第127页。

个人，道只是这个道，岂有三代、汉唐之别？"在理论建构和政治理想型上，"道"是贯穿古今的，这是"不信人间有古今"的所以然。从朱熹以降关于治道的思想来看，"三代"与"圣王"之治始终是其理想型，划分"三代"与"三代以下"，在"三代以下"区分狭义的"治"与"道"，主要是为了维护"三代治道"的典范之纯粹，并以之为目标、动力和标准去规复之，使正道接续而成统。究而言之，道统说的指向是主"合"而非"分"，治道论与之相表里。只有在这个意义上才能明白"及周之衰"的衰世景象，孔子"有德无位"是此治道沦落之世的见证。治与道合，三代治道再世，才能迎来盛世。所以朱熹说："国初人便已崇礼义，尊经术，欲复二帝三代，已自胜如唐人，但未说透在。直至二程出，此理始说得透。"

治从道出，圣王道统所蕴涵的"正统"标准由此树立与完备。以"皇、帝、王"之治道为裁断正统的标准，以此天理破除五德终始的天道。杨维桢的"道统者，治统之所在"已呼之欲出。欧阳修对"正统"亦即政治正当性的认识仍是拘泥于"迹"的。从这样的正统观到"道统者，治统之所在"，是不断探求治道使之超越时势成为驾驭政治的价值标准的结果。圣王道统通过行道与明道可分可合的两条线索传承，以"道心"和"心法"为传承要诀。在道不行的条件下，明道者通过道学而非功业传承斯道。斯道甚可以跃过道不行、道不明的黑暗时期，绝而复续。五经、四书、《近思录》是道学之正学的体系："《四子》，六经之阶梯；《近思录》，《四子》之阶梯。"[1] 朱子之语甚是明了。基于"全体大用"的治教认识，斯道亦必须付诸实践，而不可徒付诸心性、腾于口说。这是圣王道统的另一面。

道统论的定型，将儒家不得位而只能述道的无奈身份义理化。明道、行道都是担道传道的方式，是组成道统的不同角色。道统概念及其内涵的构建过程，就是道的发展与确定边界的过程。从"道之本统"来看，"道"的承传者的正统谱系意味着"道"的正统意涵究竟为何，"道统"不啻为"道"在时间与意涵上的开显，所以"道统"的组成是对"道"的界定，这也是历代君臣士人高度重视道统序列归属的原因所在。道统论的定型，是中国固有之治道及其本来之"作-述"分际经典化成为"中国传统"的定型。既保持了中国之道作

---

[1]《朱子语类》卷105，第2629页。

为治道的实践属性,也通过超越的绝续观判政治闻统于传道之外,赋予述道、明道以传道正统的身份,从而使得治道对于治理的价值规训不受具体条件的限制。不能分道统与道学为两截,道统与治统的区分也因道统涵纳政治、明道与行道共同传道而益形复杂。到明代理学乃至其后的中国思想发展中,"知行"关系绵延成为一个基本问题。今日理解"知行",尚可注意其政治意蕴,上溯明道与行道之关系,而体会其全体大用之格局。

对君主"内圣外王"的谀辞实则正是对"圣王"共识的表达,所以"内圣外王"不为儒家学术所惯用,却成为政治场域中一个结合了儒家体用本末修养结构与圣王理想的通用话语。宋太祖入道统谱系图,宋仁宗、宋哲宗、宋高宗、宋理宗都曾被认为是接道统的圣王,说明道统往往被用来颂君和强化君权,尤其是创业受命的祖宗。从宋代君臣论说可见,道统逐渐成为治统的标准。

治出于道、出于一的反分化思想,发展为道统政治学,集中在帝王政教之权和士大夫共治辅佐,建设理想的政治与社会,这个治理形态及其理论基础就是"治道"。行道与明道现实中分野、理想上复合的道统叙事,重视道在圣王治下的实行,这是"全体大用"现于人间的必要条件。遵循君臣伦常,实现圣君治下的明良政治,而非士大夫主体崛起,是理想的政治结构。君臣朝野实则共享着一套以君臣之伦(位差)为政治伦常之枢轴的政治观,这个思想体系始终保持内在的张力,但并非余英时、蔡涵墨等既有研究中视为历史固然的士人主体性上升的公私、君臣竞争逻辑。[①] 士人并不因明道而成为道统主体,他们只是掌握道统之"空言"者,以"述""学""明"而维系与表彰道和道统,不能在完全意义上开显道、承道统,完全意义的道与道统仍寄托在"大明而行之"的君主身上。士人构建并不断推高源自圣王并以圣王为偶像的道统,本身却并不因此而具有政治的主体性。同时,士人通过明确"行道-明道"的双线传承,获得道统中的地位。宋代君主"与士大夫共治天下"的局面,是特定的政治权势格局中的理念实践,"行道-明道"观念下的君臣之伦与明良之义恐怕更高过士大夫政治主体性的理解。刘子健、邓小南、方诚峰等宋史研究者更注

---

① 如蔡涵墨等所言:"在早期的用法中(秦桧碑记亦然),'道统'乃指称古代圣/王传承至徽、高宗的文化/政治权威,是着落于君王与体制的、公的'道统'。朱熹创造私的'道统',将权威归诸学者,从而有二程之兴与他自己的继起,以传承道统;这是对帝王权威修辞的严厉挑战。"(蔡涵墨、李卓颖:《新近面世之秦桧碑记及其在宋代道学史中的意义》。)

意政治面的作用。"宋代专制君权与忠君观念皆处在逐渐强化的过程之中,与此同时,限制君权的制衡程序同样在增强,这两种趋势构成为一种'张力';而出现于这一背景之下的'张力',无疑正是由士大夫与君主双方各自的努力所共同塑就。"① 重新界定道之正统、强化道统的王纲之义就是"逐渐强化的忠君观念"的表现,中国治道"向上透一著"的转进为君主观念提供了怎样的思想资源,影响着当事人的言行,塑造着他们权力表达的话语,也值得重视。"士大夫并非是要从权力角度限制君主,而是要使君主成为圣君,因为完美之治必有完美之君。因此决不能把士大夫对于君主角色的重新定义拉低到权力分配的技术层次去理解。"② 圣王之治义理化为百世以下以道统规约的王道,圣王难再的背景下,其自身就存在的理想与现实、行道与明道的"内在张力",是两种趋势"张力"的重要影响要素。

张灏论政教合一,从天人之际说起,但事实上,正是在针对五德终始的人道化的治道与"道统"论中,君师一体的政治思想基础才更加巩固。宋学中对圣王君师的再论证是与道统说同时形成的,说明道统本来就是涵纳治理和治统于其中的理想型,这是宋明理学对"治"的思考的升华。今人认为道在治外,是受西方现代思想独立于政治的框架的影响,并非中国传统思想之本有逻辑。

余英时不离"合"而说"分",展示中国的"轴心突破"虽然有上古的延续性,但宋明士人相对于王权而具有政治主体性的力量,从"得君行道"向"觉民行道"伸展。阎步克、张灏在"分"的既有认知之上说"合",强调"有限分化"、政教合一。这是对中国政治传统的两种解释和态度。本书希望在此之外,复原传统中国治道与道统思想的本来逻辑,提供更富有"合"乃至"全"之特质的结构、秩序、状态或境界的一种逻辑。

史华慈认为"政教合一"是"中国政治思想的深层结构","这一世界观本身拥有相当大的力量,而且,即使它只是被士人当作'乌托邦',它也还是拥有巨大的力量。中国历史上大部分士人似乎并不太相信乌托邦理想可能立即在现世实现"。二帝三王的治道虽然并未被认为可以"立即在现世实现",但它并

---

① 邓小南:《祖宗之法》,第414页。
② 方诚峰:《北宋晚期的政治体制与政治文化》,北京大学出版社2015年,第281页。

不仅是"乌托邦",更是构造现实政治的实用指南,是"全体大用"的日常明道与行道准则,是要努力去在"一功""一事"中贯彻的目标。史华慈继而论曰:

> 传统士人既能如此清醒地认知这个乌托邦之局限性,但何以仍旧依附盘旋于其中?我想,也许是因为传统士人惯于把这个深层结构的替代面想成就是"乱",故不敢去改变它。……能不能守住社会秩序似乎占着最优势的位置,正因为怕"乱",所以不敢质疑或挑战这个深层结构。①

这段话以强烈的因果关系为推论的逻辑,未必符合士人的真实心态,绝大多数士人或许并未"如此清醒地认知这个乌托邦之局限性",更没有想过要去"质疑或挑战",而非"不敢"。直到近代新世界逐渐呈现在眼前,他们才看到另一种可能,而那个新世界,又沿着理想型的意义被建构。背后仍是"道不离器,即形上,即形下,初非有二"亦即"理事不二"的思想基调,而以郅治为目的。②

治道向上提而出于一,就是在君主与士大夫关系、学派异同等政治史、思想史主流议题与叙事脉络之外,宋元明清政治思想史上共通性的脉动。如陈寅恪所言,在"个性之真实"外,还要观照历史"通性之真实":"若乃代表当时通性之真实,其个性之真实虽难确定,然不足致疑也。"③ 在近世中国,影响了道以及道统之内涵的若干因素一直存在,比如佛、老二氏之学的挑战,异族的政治威胁或入主。确立道之正统所在的必要性也就一直存在,并且深刻影响了政治与思想。道统发明后,治道由分而合,祭祀也由分而合。只有厘清中国政治思想传统中——特别是为明清两朝所认受的——道统与"治道"的内涵,才能明白明、清对政治及其制度设施的理解。

---

① 史华慈:《中国政治思想的深层结构》,王汎森整理,许纪霖、宋宏编《史华慈论中国》,新星出版社2006年,第25页。
② 蒙文通:《致张表方书》,第299页;《〈理学札记〉补遗》,《先秦诸子与理学》,第316页。
③ 陈寅恪:《隋唐制度渊源略论稿》,第44页。这是陈寅恪研究历史的"心法"之一,亦以此论《剧谈录》之史料价值:"《剧谈录》所纪多所疏误,自不待论。但据此故事之造成,可推见当时社会重进士轻明经之情状,故以通性之真实言之,仍不失为珍贵之社会史料也。"(《唐代政治史述论稿》,生活·读书·新知三联书店2001年,第272页。)

第五章
"道统者,治统之所在"与"道权"问题
——明代成型的道统本朝化

叶适论道统决定政权转移有言:

> 当尧、舜之时,与其臣四岳、九官、十二牧建之。其最大者,禹以水土,稷以百谷,伯夷典礼,皋陶明刑,皆建极者也。其后桀不能建,汤以诸侯建之,其臣伊尹、莱朱之徒与其后世更起而建之。其后纣不能建,文、武以诸侯建之,其臣若周公者建之最备,其极最大,故天下之言治者归于周。①

王道的价值标准日益明晰,便必然发挥政治规训作用,这是治道规复其全而成其"统"的内在要求。

朱熹的道统说集大成,为"治出于道"的理想提供了理论基础。尽管宋代君王以绍传圣王、佐佑斯道为标榜,但真正将道统说与正统论结合在一起,为君师一体、制作行道塑形的,是元、明帝王和儒者"道统者,治统之所在"的论说与实践,至明代而成型。道统化的治统观浮出水面,道统之于政治正当性的规训由此强化,政治权力也同时放大了道统本来即有的王纲之义,道统从而意识形态化,与君权集中的趋势并存,形塑了此下中国的政治与治道。士人亦在心传此道统上转进,由治道的继续"向上"而影响现实世界。

---

① 叶适:《皇极》,《水心别集》卷7,《叶适集》,第729页。

第一节 帝王"直接"道统

一、"道统者,治统之所在"

"纲纪既定,而示以正大光明之道,则治统得矣。"① 我们不能确知"治统"一词形成的时间②和缘由,大概是在道统论蔚兴之后,与指称治道之正统、兼有行道与述道序列的道统相对应,指称现实政权之正统的治统一词开始被使用。道统化的治道观,进一步强化了"治"的"全体大用"之整全规模。道统既本为圣王开创,便涵纳治统之最高境界,可惜后世治统行道有缺,遂使道统不完而转入儒家明道以传的绝续脉络。在这个思想框架里,规复二帝三王的治道,实现治出于道,便成为政权正统最合义理、最有力的证明。治统是在与完整意义的道统的相对区分中限定的,便不能脱离道统的规训。若只是得位而不能与于道,便不能在治统中居正称胜。

"正统之说,祸天下后世甚矣。恨其说不出乎孔孟之前,得以滋蔓弥漫,而不知剪遏也。"③ 朱熹的历史编纂事业中正统不决的困境是时代难题,也延伸到此下的中国政治史叙事之中。正统论是在多个语境中展开的。究其要义而言,我们可以大体划分为政治上的世系传承与道统中的圣王治道绝续两大端。本朝正统地位的讨论,在政治史语境中,以神秘的天道和外在的政权传承来源为依据,如禅让抑或征诛等政权转移形式、传国玺等物质载体、德运序位等,有王道与王纲的考量,但不重在治国之道德,连续性观念仍然较强,也重视治理空间规模上的"大一统",秦可能在正统之列,甚至呈现为"既不以逆取为嫌,而又以世系、土地为之重"④;在道统语境中,则高标王道价值裁断,以"三代"为分水岭,不仅秦之暴政不在正统之列,汉、唐也不能与于传承,中

---

① 林希逸:《太玄精语》,《竹溪鬳斋十一槁续集》卷25,清南阳讲习堂抄本,第21页。
② 廖宜方认为,14世纪左右,出现了"治统"一词(《王权的祭典》,第362页)。但林希逸已使用"治统"一词,所以这个词出现得可能更早,不可仅以杨维桢的名言断其出现的年代。
③ 杨奂:《正统八例总序》,《全元文》(第1册),李修生主编,江苏古籍出版社1999年,第127页。
④ 杨奂:《正统八例总序》,《全元文》(第1册),第128页。

断达"千五百年"之久。至于史学和历史编纂中的正统与历史连续问题,与以上相关而又不尽相同,本文不作讨论。

王道决定正统,既要勘破治功与治道之同异,又要确定"大一统"的真义。用杨维桢的话说,就是"宜莫严于正统与大一统之辨矣"。如果不能解决此点,让王道之意借道统彻底贯通百世、裁断治统,便如朱熹《通鉴纲目》,虽然"主意"在"正统",仍兼容杂糅。正统也不是前后相继:"天之历数自有归,代之正闰不可紊,千载历数之统,不必以承先朝、续亡主为正,则宋兴不必以膺周之禅接汉接唐之闰为统也。"① 杨奂更决绝地从历史中抽身出来,以道统叙事反对"大一统"的治迹标准:"汤之七十里,文王之百里,以王道为正也。王道之所在,正统之所在也。不然,使创者不顺其始,守者不慎其终,抑有以济夫人主好大喜功之欲,必至糜烂其民而后已,其为祸可胜计耶!"② 对"世系、土地"之"迹"意义上的大一统观念的批判,为王道决定正统开路。"春秋大居正""王者大一统"的《春秋》大义仍是正统的遵循,但"大一统"的内涵已转入王道义理意义上的"大一统",是由道之正而统,并非空间一统之谓。王道政治伦理的超越与裁断由此挺立。郑思肖提出圣人正统观:

> 中国之事,系乎正统;正统之治,出于圣人。中国正统之史,乃后世中国正统帝王之取法者,亦以教后世天下之人所以为臣为子也。岂宜列之以嬴政、王莽、曹操、孙坚、拓跋珪、十六夷国等……圣人、正统、中国,本一也,今析而论之,实不得已。是故得天下者,未可以言中国;得中国者,未可以言正统;得正统者,未可以言圣人。唯圣人始可以合天下、中国、正统而一之。③

这样的正统观才具有教后世所以为君、为臣、为子的规训意义。其重在义理之"正",而非空间广、地势正等外在标准:

---

① 杨维桢:《正统辨》,《全元文》(第42册),第488页。
② 杨奂:《正统八例总序》,《全元文》(第1册),第127页。
③ 郑思肖:《古今正统大论》,《全宋文》(第360册),第56页。

> 大哉"正名"一语乎！其断古今之史法乎！名既不正，何足以言正统与？正统者，配天地、立人极，所以教天下以至正之道。彼不正，欲天下正者，未之有也，此其所以不得谓之正统。或者以正而不统、统而不正之语，以论正统，及得地势之正者为正统，俱未尽善。

他还对比"古之人君有天下而不与，以天下为忧；后之人君执天下为己物，以天下为乐。夫以天下为忧，则君子道行；以天下为乐，则小人道行。此古今治乱之由分也"，形成了对空间上所谓"大一统"作为治道标准的否定。他认为，朱熹《通鉴纲目》"犹有未尽"，欧阳修"《正统论》辨秦非闰位，亦未然"，所以自己有志于写一部《正统通鉴》。此书的正统标准在于经典所蕴之"理"，可裁断千载，而不在于屈从历史连续性的功利得失：

> 大抵古今之事，成者未必皆是，败者未必皆非。史书犹讼款，经书犹法令。凭史断史，亦流于史；视经断史，庶合于理。谬例、失实、泛书，史之通弊，最不可不察。或曰："数千载事，今约以一篇之文断之，不亦太简乎！"曰，古今一理耳，千古之下，论正统决不易于是。惟识大体者，必以我言为当，庶几正统永不坠绪。……断以己见，惟主于理，以为权衡。①

用三代以前的圣人的整全的"道统"来规范"治统"，只有臻于"一"的道统与圣王境界，才称得上是"正统"所在。在道统的王道标准裁定下，三代以下的世系"得""传"都是不正的，只具有讽喻劝诫的"变例"作用：

> 孰为得？若帝挚而后，陶唐氏得之，夏、殷绝而汤、武得之，是也。以秦、隋而始年，必书曰"得"，何也？庶几乎令其后也，未见其甚而绝之，私也；见其甚而不绝，亦私也。一世而得，再世而传，固也。武德、贞观之事，既书高祖曰"得"，继之曰太宗得之，何也？原其心也。其心如之何？谓我之功也。功著矣，夺嫡之罪，其能掩乎？而曰"传"者，诞

---

① 郑思肖：《古今正统大论》，《全宋文》（第360册），第59—60页。

也。悲夫！虔化之兵未洗，灵武之号又建，启之不正，习乱宜然，是故君子惜之。此变例之一也。孰为"传"？曰尧而舜，舜而禹，禹而启，周之成、康之类，是也。①

这是对既有的政治史书写的颠覆："史则书之受禅，先儒则目曰正统，训也哉！"②

道统不完的缺憾，催生了以表彰三代治道之道统限定政权的思想，析分出现实政治之治统并规训之，道统化的治统观由此成形。"历代离合之殊，固系乎天数盛衰之变；万年正闰之统，实出于人心是非之公。"从林希逸乃至上溯朱熹、欧阳修，皆此正统观塑形之努力，而以杨维桢集大成：

> 道统者，治统之所在也。尧以是传之舜，舜以是传之禹、汤，禹、汤传之文、武、周公、孔子。孔子没，几不得其传，百有余年，而孟子传焉。孟子没，又几不得其传，千有余年，而濂、洛、周、程诸子传焉。……朱子没，而其传及于我朝许文正公。此历代道统之源委也。然则道统不在辽、金而在宋，在宋而后及于我朝，君子可以观治统之所在矣。

究其原，正是因为治统源出上古以迄三代圣王，取决于道统决定的"正统之义"：

> 其惟世祖皇帝以汤、武而立国，皇帝陛下以尧、舜而为君。建极建中，致中和而育物；惟精惟一，大一统以书元。……正统之说，何自而起乎？起于夏后传国，汤、武革世，皆出于天命人心之公也。统出于天命人心之公，则三代而下历数之相仍者，可以妄归于人乎？故正统之义，立于圣人之经，以扶万世之纲常。③

---

① 杨奂：《正统八例总序》，《全元文》（第1册），第128页。
② 杨奂：《正统八例总序》，《全元文》（第1册），第129页。
③ 杨维桢：《正统辨》，《全元文》（第42册），第490、485页。

"上接唐韩愈及宋诸儒道统之辨,下启明清人学统、道统、文统之述。"① 杨维桢的断语是儒家以道统裁断一切,特别是论政治、论治权臻于成熟的典型,为界定治统特别是异族入主之政权的正闰提供了理论框架,具有典范意义:"辨出,见者韪之,谓其正大光明,虽百世之下无以易之者。"被辽、金、宋三史总裁官欧阳玄赞叹为"百年后,公论定于此矣"②。陶宗仪也称"一洗天下纷纭之论,公万世而为心者也"③。道之所在不必君主,述道可也,而治权正当性由此道之所在传承接续,亦不必帝王之授受,为治权正统的判断依据提供了新的统系标准,为道统化的治统打开了空间。

与杨维桢相同,方孝孺亦以道统论正统所在。方孝孺认为正统是要"寓褒贬,正大分,申君臣之义,明仁暴之别,内夏外夷,扶天理而诛人伪",只有"仁义而王,道德而治"的三代才是正统,余皆不足道:"智力而取,法术而守者,汉唐宋也;强致而暴失之者,秦隋也;篡弑以得之,无术以守之,而子孙受其祸者,晋也;其取之也同而身为天下戮者,王莽也。"这就不能用"大一统"来论断正统:"苟以全有天下,号令行乎海内者为正统耶?则此皆其人矣。然则汤武之与秦隋可得而班乎,汉唐之与王莽可得而并乎?"也不能用得势成功、世系延绵来论:

> 莽之不齿乎正统久矣,以其篡也。而晋亦篡也,后之得天下而异乎晋者寡矣,而犹黜莽,何也?谓其无成而受诛也。使光武不兴,而莽之子孙袭其位,则亦将与之乎?抑黜之乎?昔之君子未尝黜晋也,其意以为后人行天子之礼者数百年,势固不得而黜之。推斯意也,则莽苟不诛,论正统者亦将与之矣。呜呼,何其戾也!正统之说,何为而立耶?④

正统不是历史的,而是义理的,是直指人心的"公议",以树政治伦理之百世法则:

---

① 赵春宁、师雅惠:《明史文苑传笺证(上)》卷1,凤凰出版社2012年,第13页。
② 贝琼:《铁崖先生传》;《明史》卷285《文苑一·杨维桢传》,俱见《明史文苑传笺证(上)》卷1,第9页。
③ 陶宗仪:《南村辍耕录》卷3,载饶宗颐《中国史学上之正统论·资料一》,第165页。
④ 方孝孺:《释统上》,《方孝孺集》,徐光大点校,浙江古籍出版社2013年,第66页。

> 侥幸而得天下者，虽其势力之强，无所为而不成。然其心私计而深念，未尝不畏后世之公议。今将立天下之大法，以为万世劝戒。不能探其邪正逆顺之实，以明其是非，而概以正统加诸有天下之人，不亦长侥幸者之恶，而为圣君贤主之羞乎！

"正"是"道"的准则，"正统"有如"道统"，皆以心裁量：

> 古之能统一宇内，而动不以正者多矣，秦隋其尤也。动不以正，而以正统称之，使文、武、周公而有知，其不羞与之同此名乎？故谓周、秦、汉、晋、隋、唐、宋均为正统，犹谓孔子、墨翟、庄周、李斯、孟轲、扬雄俱为圣人而传道统也，其孰以为可？非圣人而谓之圣人，人皆知其不然。不可为正统，而加之以正统之号，则安之而不知其不可，是尚可以建之万世而无弊乎？

所以，汉唐宋只是"附统"而已："三代正统也，如汉如唐如宋虽不敢几乎三代，然其主皆有恤民之心，则亦圣人之徒也。附之以正统，亦孔子与齐桓、仁管仲之意欤？"变统更无论矣。可见经过道统的定格，王道拥有了明确的判定正统所在的价值标准。①"附统、变统"的安排，皆是为了彰显正统的力量，"附之正统"是为了劝勉希望，而非褒扬汉唐宋之合于王道：

> 正统之说立，而后人君之位尊。变统之名立，而后正统之说明。举有天下者皆谓之正统，则人将以正统可以智力得，而不务修德矣。其弊至于使人骄肆而不知戒。举三代而下皆不谓之正统，则人将以正统非后世所能及，而不勉于为善矣，其弊至于使人懈怠而无所劝。其有天下同也，惟其或归诸正统，或归诸变统，而不可必得，故贤主有所劝，而奸雄暴君不敢萌陵上虐民之心。

---

① 方孝孺：《释统上》，《方孝孺集》，第67页。

更为严格地区分"正统"与"变统",正是对朱熹《纲目》"主意"的进一步严格化:

> 朱子之意曰,周、秦、汉、晋、隋、唐皆全有天下矣,固不得不与之以正统。苟如是,则仁者徒仁,暴者徒暴,以正为正,又以非正为正也,而可乎?吾之说则不然。所贵乎为君者,岂谓其有天下哉?以其建道德之中,立仁义之极,操政教之原,有以过乎天下也。有以过乎天下,斯可以为正统,不然,非其所据而据之,是则变也。以变为正,奚若以变为变之美乎!①

"立变统所以扶人极,能言抑变统者,君子之所取也。"② "附统"亦然。

从杨维桢到方孝孺,自元至明,"道统者,治统之所在"已经成为治道的普遍认知。"道统"之"统"的力量更加彰显,士人更加尊视道统的权威,强调以"统"传"道"、以"道"正"统",纯正政治统系。杨慎以道统论正统有云:

> 国之统也,犹道之统也。尧以是传之舜,……轲之死,不得其传。则如荀、如杨者不敢轻以道统与之。夫不以道统轻与之,则道犹尊而统犹在也。如使道统而可以承乏,可以假借,秦之道统,可付之斯、高,汉之道统,可属之萧、曹,而晋、宋、齐、梁之道统,可移之佛图澄、鸠摩罗什乎!道统不可以乏而假之斯、高、萧、曹、澄、罗,三灵之主、大宝之位,而以夷狄腥膻之、女主荦秽之、篡弑戕贼之,亦何以异于道统与斯、高、萧、曹、澄、罗乎!③

从中尤可见"道统"是重要的政治力量。而"国之统也,犹道之统也"的"犹"字,正是道统规训治统的表达。支撑不可承乏假借的,是王道的树立:

---

① 方孝孺:《释统中》,《方孝孺集》,第68页。
② 方孝孺:《释统下》,《方孝孺集》,第71页。
③ 杨慎:《广正统论》,载饶宗颐《中国史学上之正统论·资料一》,第204页。

> 班固作《历》志，引《易传》曰"古者庖牺氏之王天下也"，继之曰"庖牺氏没、神农作，神农没、黄帝氏作，黄帝既没、尧舜氏作"，此即正统之说也。夫庖牺氏之后，神农之前，其共工氏，伯九域，祭典存之，而《周易》不载其序，以其任知刑以强而不王也。德之劣者，圣人且黜之不载焉，有易天明、反天常、乱天纪而可以承正统乎！①

在道统论的进攻下，不仅五德终始说已衰，拘泥世系和物质凭借的正统观念也被否定。郝经作《传国玺论》，直指传国玺不过是"名器"和"宝器"，"而不以为传"，不是政权传承的标志，"其所以为传受而守之，而莫或敢以置者，在夫道而已矣"。其理论依据正是道统：

> 初自道传而极，极传而天，天传而地，地传而人与万物。圣主受命，为天地人物立主，乃复以道为统，而以为传。故尧传之舜，舜传之禹，禹传之汤，汤传之文、武。本于天命，根于皇极，原于心性仁义，谨于存养畏敬，明于夫妇父子、君臣上下，察于纲纪礼乐、文物政事，是以为二帝三王，而道高万世，生民之治，古今莫及，未闻有后世帝王所谓传国玺者也。

治道失坠，才导致"天下之人，遂以为帝王之统，不在于道而在于玺。以玺之得失，为天命之绝续，或以之纪年，或假之建号，区区数寸之玉，而为万世乱阶矣"。于是，玺传而治道不传：

> 由汉以来，始有传国玺，十余代千有余年，竟不能复二帝三王之治，所谓天命心性，仁义礼乐，与夫纲纪法度治世之具，而皆不传。始则杂乎王霸，终则尽为苟且。其篡弑夺攘，蹂躏血肉，污秽皇极者，不可胜言。呜呼！传者而弗传也，弗传者而传，其治乱相反也，宜哉！

这是莫大的道器之辨："不明尧舜禹汤文武之道，竟宝吕政亡国之器，袭讹踵

---

① 杨慎：《广正统论》，载饶宗颐《中国史学上之正统论·资料一》，第203页。

陋，莫以为非，可为叹惋也。"①

道统绝续意味着治道存亡，不仅决定正统所在，还决定长治久安："取之以道，治之以道，其统一以远；取不以道，治之以道者次之；取与治皆不以道者，随得而随失也。""三代而下，千有余岁，竟不能复其治。"②

道统决定下的正统论，常见于历史书写和史论之中。虽然不能以之斩断历史的连续展开，却可不同程度地褒贬政治事实，在王道对史迹的驾驭指挥之间，表达对理想治道的向往和路径规划，指向规复道统。其与历史之连续性折中的结果，有时是寓言寄托式的，如杨奂所谓"五代而与明宗、柴、郭，何也？贤明宗之有王者之言也，愿天早生圣人是也。周祖以其厚民而约己也，世宗不死，礼乐庶几可兴"。这就在现实中没有完美王道的条件下，将王道寄寓于历史之中，从而形成了《春秋》义法、义例的效应。③ 有时是更为直接地以典型之标准评论治绩，郝经指出，汉代"虽王道未纯，而有三代之遗风"。④ 在历史书写中，王道的价值标准更稳固地树立起来。道统与正统虽究非一物，在道统对正统的规训中，道统的价值标准和统系规则还是日益发挥建构和重构政治正统谱系的作用。

"道统者，治统之所在"的背后，是治道之于治理的价值裁断和决定力量的确定，理学的发展为其提供了义理支撑。

"皇、帝、王、伯"的治道分期标准呈现出理学化、道统化的发展。前揭郝经以理学话语评价从伏羲到尧舜的"皇、帝"时代"道之全体著见，以为斯人用"，三王至孔子时代"道之大用极尽无余，载在方策，以为后世用"。⑤ 这与由来已久的三皇五帝乃天道浑朴、三王以降礼制之治的位差一脉相承，而又使其义理化了，"全体大用"等概念的运用增进了对天道无为与礼乐制度之治道价值阶序的超越理解，在形而上化的进程中巩固了治道的价值标准。特别是王霸之别，如吕坤所言：

---

① 郝经：《传国玺论》，《郝经集编年校笺》，第525页。
② 郝经：《思治论》，《郝经集编年校笺》，第506页。
③ 杨奂：《正统八例总序》，《全元文》（第1册），第129页。
④ 郝经：《辨微论·时务》，《郝经集编年校笺》，第524页。
⑤ 郝经：《与北平王子正先生论道学书》，《郝经集编年校笺》，第617页。

伏羲以前是一截世道，其治任之而已，已无所与也。五帝是一截世道，其治安之而已，不扰民也。三王是一截世道，其治正之而已，不使纵也。秦以后是一截世道，其治劫之而已，愚之而已，不以德也。

三皇是道德世界，五帝是仁义世界，三王是礼义世界。春秋是威力世界，战国是智巧世界，汉以后是势利世界。

"世道"不同取决于"治"，"世界"的衰退是治理的衰败所致："世界一般是唐、虞时世界，黎民一般是唐、虞时黎民，而治不古若，非气化之罪也。"① 述道与行道，皆须回到道统之本初："求道学真传，且高阁百氏诸儒，先看孔、孟以前胸次。问治平要旨，只远宗三皇五帝，净洗汉、唐而下心肠。"②

宋儒以道统否定汉唐之治，以"心"严判王霸，为元、明两代上接圣王道统的治道观提供了义理遵循。道统与理学话语下的治道认知，从思想上确定了王道的至上性和传承法则：

君子之学，至于王道而止。学不至于王道，未有不受变于流俗也。三代圣人，以心学传天下后世，见于伊尹、傅说之训，君子将终身焉。明王不兴，诸子各以其意而言学，学者不幸而不得见古人之全体。盖桓、文功利之说兴，而羲、尧、舜、文之意泯矣。③

"心术、学术、政术"成为三位一体、在在"不可不辨"的要项："心术要辨个诚伪，学术要辨个邪正，政术要辨个王伯，总是心术诚了，别个再不差。"④ 王阳明也由此辟二氏与"伯术"，而定格于王道，可见一世之治道与学术标准：

世儒只讲得一个伯者的学问，所以要知得许多阴谋诡计，纯是一片功利的心，与圣人作经的意思正相反，如何思量得通？

---

① 吕坤：《呻吟语》卷4《外篇·世运》，《吕坤全集》，王国轩等整理，中华书局2008年，第775页。
② 吕坤：《呻吟语》卷1《内篇·存心》，《吕坤全集》，第629页。
③ 赵复：《杨紫阳文集序》，《全元文》（第2册），第203页。
④ 吕坤：《呻吟语》卷2《内篇·问学》，《吕坤全集》，第708页。

> 羲、黄之世，其事阔疏，传之者鲜矣。此亦可以想见其时，全是淳庞朴素，略无文采的气象。此便是太古之治，非后世可及。……（迄于周末）其治不同，其道则一。……专事无为，不能如三王之因时致治，而必欲行以太古之俗，即是佛、老的学术。因时致治，不能如三王之一本于道，而以功利之心行之，即是伯者以下事业。后世儒者许多讲来讲去，只是讲得个伯术。①

以王道、道心来裁断正统的义理趋于稳定、成熟，背后是理学发明"天理"提供的理论依据。将"王道"与"天理"作为标准。"王道之不明、赏罚之不修，久矣。然则发天理之诚，律人情之伪，舍是孰先焉？"以"理"为最高遵循，指向当代治理与治道，这是道统的正统观的义理所在：

> 前哲之旨，果中于理，所取也，敢强为之可否；苟有外于理，所去也，必补之以鄙见者，将足成其良法美意也。而忍肆为斩绝不根之论，徒涉于乖戾耶！盖得失不尔则不著，善恶不尔则不分，劝戒不尔则不明。虽绵历百千世，而正统之为正统，昭昭矣。卓然愿治之君，苟察斯言，而不以人废，日思所以敦道义之本，塞功利之源，则国家安宁长久之福，可坐而致。其为元元之幸，不厚矣乎！②

"一理初不殊，万化各所之。""今昔本无异，至理万世一。"③ 以"理"超越尘迹的思维和表达，仍深受邵雍的影响。"理"的地位确定之后，便亘古亘今，与现实之"势"较量。④ 郝经认为：

> 夫天下有定理而无定势，圣人驭天下之大柄，本夫理而审夫势，不执

---

① 王守仁：《王文成公全书》卷1《传习录上》，王晓昕等点校，中华书局2015年，第11—12页。
② 杨奂：《正统八例总序》，《全元文》（第1册），第127页。
③ 郝经：《幽思》，《郝经集编年校笺》，第112、114页。
④ 关于朱熹及理学中的"理势"观，参见赵金刚：《朱熹的历史观：天理视域下的历史世界》，生活·读书·新知三联书店2018年，第203、221页。

于一，不失于一，而惟理是适，是以举而措之，成天下之事业。以天下之至静，御天下之至动；以天下之至常，应天下之至变；以天下之至无为，而为天下之至有为。势莫能定，而理无不定，推理而行，握符持要，以应夫势，天下无不定也。

凡天下之事，无有出于理之外者。以理而观，得失自见也；以理而处，胜负自知也；以理而行，通塞自见也。苟不计夫一定之理，而求夫不定之势，欲以一己之势，而易天下之势，天下之势卒不可易，而一己之势自穷，未有不贻祸于天下者。①

言下固有当时南北攻守之特定背景与用心，但所言之"天下有定理而无定势""凡天下之事，无有出于理之外者"，确是理学中治道的要义和话语方式，故以之表达心中所想。明人方孝孺亦言："盖其所可致者，势也；不可僭乎后世者，义也。势行于一时，义定于后世。"② 吕坤也以"理与势"两维为论："天地间，惟理与势为最尊，虽然，理又尊之尊也。"势，"帝王之权"；理，"圣人之权"。"庙堂之上言理，则天子不得以势相夺，即相夺焉，而理则常伸于天下万世。""帝王无圣人之理，则其权有时而屈。然则理也者，又势之所恃以为存亡者也。"③ 这实是"道统者，治统之所在"的转语。

元、明两代，虽然致治之道林林总总，但由王道而治，成为最高的指导，从二帝三王而来的道统传承也成为本朝正统的最高依据和宣示。道统化的治统观，说明了道统观在宋元以降的中国的政治存在。今日固以道统之独立于治统之外为其全乎义理、发挥政治批评作用的社会与思想前提，但于古人而言，道统是内在于政治而促使其归于王道的规训力量。当然，治统的评价并非全为道统所包括净尽，治统之正仍保持其政治系统自身的评价标准，比如"大一统"的治理规模仍不时被视为正统的依据，连续性的政治世系与礼制依据也仍被视为正统的源头之一，而非已被置之度外。道统可以视为治统的正统性的最高标准，而非全部标准，这正是道统与治统相对区分的义理分野和治道缘由所在，

---

① 郝经：《上宋主陈请归国万言书》，《郝经集编年校笺》，第1033、1039页。
② 方孝孺：《释统下》，《方孝孺集》，第69页。
③ 吕坤：《呻吟语》卷1《内篇·谈道》，《吕坤全集》，第646页。

也是二者的张力所在。道统与治统成为存在交集——特别是在"行道"上——而又各有侧重的两个概念,可以说是因圣王治出于道这一最高理想型而区分。相对区分的意义,是在符合道与道统标准的行道之治与述作明道两条传承线索之外,将单纯的政权谱系标示出来,从而规训其合道。道统与治统两个相对区分的概念并存,既表明严格的道统不能完全代替与表达现实的政治正统,因为现实政治的不如人意,正统的道化终有其限度,也意味着道统与治道将日益发挥对现实政治与政权的塑造作用。

二、帝王"直接"道统与"圣学心法"问世

> 周室东亡,秦人西并,只一王位,屹为争夺之具,得之者非血战之豪杰,则推刃之子孙,其心则盅于佛、老,散于辞章,弊于法律,憎于功利,坏于智术。圣人不作,强有力者挈位而不置,不复传道,而道统紊矣。①

道是治道,系于王者之治。郝经论道之语,将道之衰废归于不得心传的王者霸力得"位",期待以"位""传道"的圣王再世,一整道统。道与道统源出圣王的历史构建深入人心,规复三代治道、时王担道统的观念在政治场域中世所共趋,这既是治出于一而道得以行的要求,也是治统寻求与维护自身正当性的需求。

杨维桢将两宋儒者传道统作为宋朝正统依据,这意味着政权只要佐佑道统便可拥有正统。但在圣王道统之正统地位与治道功德的典型示范下,元、明两代帝王都宣称自己握有道统。以"我朝"为单位,道统在兹,治统在兹。高扬道统以规范区分出来的治统,其蕴涵的道统与治统的关系又是参差交互的。帝王建极,传承道心,治道规训的力量固然要拜程朱道学向上超越的"心传"所赐,同时圣王授受之"心法"本不乏政治意涵,又赋予君王极大的能动性。

在元代,道统颂君已成为王朝与君主正统的重要依据。如前揭杨维桢所言:"惟世祖皇帝以汤、武而立国,皇帝陛下以尧、舜而为君。建极建中,致

---

① 郝经:《周子祠堂碑》,《郝经集编年校笺》,第890页。

中和而育物；惟精惟一，大一统以书元。"

欧阳玄认为元世祖与许衡就是道统理想型中圣君贤相的组合。君臣明良，"必以道统为先，而后及功业"。① 元世祖上接周武王以来不传之圣王统系："洪惟圣元，度越千古。世祖皇帝以天纵之资，得帝王不传之学，上接伏羲、神农、黄帝、尧、舜、禹、汤、文、武以来数圣人不传之统，而为不世出之君。"与"帝王不传之学""圣人不传之统"相对应，许衡"以天挺之材，得圣贤不传之学，上接周公、孔子、曾、思、孟轲以来数君子不传之道，而为不世出之臣"②。君臣共担道统：

> 尝观三代而下，汉、唐君臣，未闻以道统系之者。当世儒宗，或知足与知，仁未足与居也。宋濂、洛数公，克续斯道，然未尝有得君者。世祖龙潜，诸儒请尚其号曰"儒教大宗师"。呜呼！汉、唐、宋创业之主，乌得而有是号哉？此天以道统属之世祖也。先生出际斯运，一时君臣，心以尧、舜为心，学以孔、孟为学，中外如出一喙，号公"鲁斋先生"。呜呼！鲁者，曾子传道之器，历代佐命之臣，虽欲为此号，岂可得也？非天以道统属之先生乎？③

许衡与元世祖同传道统，体现于治理与治道，以王道化为功业：

> 之于道统，非徒托诸言语文字之间而已，盖自谨独之功，充而至于天德王道之蕴。故告世祖治天下之要，惟曰"王道"。及问其功，则曰"三十年有成矣"。是以启沃之际，务以尧舜其君、尧舜其民为己任。④

许衡之谋国，"臣之道无愧于伊尹""仁之言无负于孟轲"，行道与明道合："故中统、至元之治，上有不世出之君，能表章其臣继述往圣之志；下有不世出之

---

① 欧阳玄：《许先生神道碑》，《圭斋文集》卷9，《欧阳玄全集》上册，汤锐校点整理，四川大学出版社2010年，第178页。
② 欧阳玄：《许先生神道碑》，《欧阳玄全集》上册，第177页。
③ 欧阳玄：《许先生神道碑》，《欧阳玄全集》上册，第183页。
④ 欧阳玄：《许先生神道碑》，《欧阳玄全集》上册，第185页。

臣，能赞襄其君宪章往圣之心。于是我元之宏规，有非三代以下有国家者之所可及矣。"① 姚燧《祠堂记》称许衡："五百年必有王者兴，其间必有名世者出，惟公足以当之。"欧阳玄解释道："盖太祖皇帝建国丙寅，而先生生于己巳，上距宋庆元庚申朱子之卒才十年，当兴王之会，续传道之业，必有数存焉。"②

"天以道统属之世祖、先生"，说明君主与士人同在道统之内而承传之，可以帮助我们理解《宋史·道学传》的道统观念背景。《传》首叙道学缘起，从三代行道说起：

> 三代盛时，天子以是道为政教，大臣百官有司以是道为职业，党、庠、术、序师弟子以是道为讲习，四方百姓日用是道而不知。是故盈覆载之间，无一民一物不被是道之泽，以遂其性。于斯时也，道学之名，何自而立哉。

孔子无位，开启述而明之的传道路径：

> 文王、周公既没，孔子有德无位，既不能使是道之用渐被斯世，退而与其徒定礼乐，明宪章，删《诗》，修《春秋》，赞《易象》，讨论《坟》《典》，期使五三圣人之道昭明于无穷。故曰："夫子贤于尧、舜远矣。"（《宋史·道学传》）

这是与宋儒一样的认识，是道统从一体到以言载道、行道与明道皆可传道的历史叙述和学统论定，而非从"道统"向"道学"的发展。

欧阳玄所论"君臣以道统系之"，实与杨维桢"道统，治统之所在"的逻辑一样，说明当时道统已成为包含、规训治统，决定其正当性所在的标准，这正是治道向上提的政治影响。

在此思想潮流之下，朱元璋、朱棣父子顺势而为，将自己塑造为道统化

---

① 欧阳玄：《许先生神道碑》，《欧阳玄全集》上册，第183页。
② 欧阳玄：《许先生神道碑》，《欧阳玄全集》上册，第185页。

身。朱棣与方孝孺这对立的君臣实共享着时代的正统思想范式。

"去胡元弊政,一复中国先王之旧,所谓拨乱世反之正",为"杂伯道而不纯"的汉高祖所不及。① 在理学发展与特定的开国气运背景下,治教合一的"先王"理想型在明初成为深刻共识。洪武初,明太祖问宋濂:"三代以上所读何书?"宋濂便以行道化民作答:"上古载籍未立,不专读诵而尚躬行,人君兼治教之责,躬行以率之,天下有不从教化者乎?"② 比之于古代帝王,"兼君师之任""兼治教之道",是儒臣的期待,也是太祖的自我期许。③ 朱元璋以君主为圣人:"若君天下则圣人矣。"④ 认为天命决定道统所在,自己便是这样的承天命与道统的人主:"今朕菲才,承上天之命,古之道统,育黔黎。"⑤ 从明太祖开始,界定行道与明道,进而恢复道统之完的原初状态,使之握于君王之手,高调重塑作君作师的理想状态,成为明代政治思想中的重要议题。洪武初年,吴沉认为古代圣王作君作师,明确判定孔子只是不得位的"师":"二帝三王尽君师之责者也,若夫子则不得为君,而为师。"孔子以师位而尊:"师也者,君之所不得而臣者也。"但这是以人臣身份为前提的:"王,君之号也;夫子,人臣也。""臣而王之,于名正乎?于言顺乎?"这正是孔子所反对的:

> 春秋之时,诸侯有僭称王者矣,麟经之笔削而黜之。盖名者,实之著也;无其实有其名,谓之淫名。夫子之生也,不获有尺寸之土,今而以有天下之号归之,在天之灵其肯歆之哉?或曰:"夫子之道,王者之道也。谓仲尼素王,其来久矣。奚至今封之而不可哉?"谓夫子有王者之道则可,谓夫子有王者之号则不可。⑥

---

① 《明太祖实录》卷153,洪武十六年四月,《明实录(附校勘记)》,"中研院"史语所校印,上海书店出版社1982年影印,第2392页。
② 郑楷:《潜溪先生宋公行状》,《潜溪录》卷2,《宋濂全集》,浙江古籍出版社2014年,第2556页。
③ 朱鸿林:《明太祖的教化性敕撰书》,《明太祖与经筵》,生活·读书·新知三联书店2021年,第216页。
④ 朱元璋:《拟问心》,《明太祖集》,胡士萼点校,黄山书社2014年,第376页。
⑤ 朱元璋:《谕举到人才》,《明太祖集》,第136页。
⑥ 吴沉:《孔子封王辩》,黄训编《皇明名臣经济录》卷12,《明代经济文录三种》,于景祥等校点,辽海出版社2009年,第1289页。

观察明人论说，颇有延续宋儒道统论，从"行道-明道"双线传道而论明太祖接道统者。姚允恭认为尧舜三代传道为治，孔子以迄朱子则述道集成，经此演进积淀而确定的治道准则，至朱元璋而大行："我高皇帝之圣也。盖道相传而为治，自曩有统也。唐虞昉焉，焕起于文王、周公，至素王会极，而训证于朱子，乃斟定而实用之，则大行于高皇帝。"① 亦有跨过汉唐宋元，直溯孔子，实以孔子为述道之代表："穷而道明，惟以孔子。达而道行，惟我高祖。高祖以斯道重造乾坤，沐浴于光天化日下者，不知谁之功，此高祖所以为大也。"② 本朝师儒则宪章明祖，祖述孔子师儒明道，从而"行道"与"明道"在三代以后以明太祖为结点交织迭进：

> 盖我师（杨起元）之学，实得之明德罗子。罗子祖述宣尼，宪章高皇。……高皇"益世无穷"之语，殆为我师道乎？噫！尧舜千五百年而有孔子，孔子千五百年而有高皇。其间治乱相寻，道统相继，历数有在，匪偶然者。……高皇闻知，罗子见知，师言信不虚矣！③

杨起元认为在君师体制前提下，其师罗汝芳如孔子"宪章文武"一样成为明道而传道统的儒者："我高皇帝揭六谕以作君师，而吾师罗子宪章之。""高皇帝其大智也，与中庸之道行矣。吾师其仁者，与中庸之道明矣。"④ 这无疑是经典的道统论中"行道-明道"的君臣结构。如朱熹论证宋代皇帝为濂洛诸儒辈出提供了时代条件一样，明太祖与儒者的关系也被摹写。

然细绎其言说之意，既已强调道统之兼括行道与明道的治道内涵，便不以孔子及儒家述道（虽然所述之道是完整的圣王治道）为道统之完，重点实在于明祖"直接"圣王。明太祖的谥号是"开天行道肇纪立极大圣至神仁文义武俊德成功高皇帝"（《明史·太祖本纪》），他跨元、宋、唐、汉而"直接"三代

---

① 姚允恭：《经世实用编序》，冯应京《皇明经世实用编》卷首，《四库全书存目丛书》（史部267册），齐鲁书社1996年，第4页。
② 杨起元语，见邹元标：《嘉议大夫吏部左侍郎兼翰林院侍读学士贞复杨公传》，杨起元《证学编》附录二，谢群洋点校，上海古籍出版社2016年，第274页。
③ 佘永宁：《刻证学编叙》，杨起元《证学编》，第1页。
④ 杨起元：《一贯编序》，《重刻杨复所先生家藏文集》卷3，《四库禁毁书丛刊》（集部63册），北京出版社1997年，第595页。

以上之道统，是明代意识形态的要点，这个论断界定了现实中道统的"本朝"属性。在明代治出于一的观念下，仇英绘制了著名的《帝王道统万年图》，包括伏羲、神农、黄帝、少昊、舜、后稷、大禹、夏启、商汤、商高宗武丁、周文王、周武王、周成王、汉高祖、汉文帝、汉武帝、汉明帝、宋孝宗、宋太祖、宋仁宗等二十位前代君王。此图大义在于将道统归于帝王，而非挑战将汉以降的君主排除在道统之外的一般道统谱系。明成祖认为，秦汉以后，道"不明不行"，直至明朝接续道统，行道纯、成至治：

> 朕惟昔者圣王继天立极，以道治天下，自伏羲、神农、黄帝、尧、舜、禹、汤、文、武相传授受，上以是命之，下以是承之，率能致雍熙悠久之盛者，不越乎道，以为治也。下及秦汉以来，或治或否，或久或近，率不能如古昔之盛者。或忽之而不行，或行之而不纯，所以天下卒无善治，人不得以蒙至治之泽，可胜叹哉！①

明人说"帝王道统"，主要是指称本朝的道统地位："宋元之道统分于下，而法纲且疏。我朝之道统握于上，而法纪且密也。"②"乾德统天，终古不息。三五盛时，治与道皆自上出。""其后也，孔、孟、程、朱咸在下位，上有赏罚，下有是非，治与道歧为二，而民不得蒙至治之泽者二千余年"，明太祖出，"兴道致治，乃复合而为一，此宇宙一大运会也"。③

嘉靖帝亦以君师合一、身肩道统自任。嘉靖二十六年策试有言："朕惟人君受天之命而主天下，任君师治教之责。……继天立极，经世牧人，功德为大，是故道统属之，有不得而辞焉者。"他反对道统传于下："自尧舜禹文之后，孔孟以来，上下数百年间，道统之传归诸臣下，又尽出于宋儒一时之论，此朕所深疑也。"怀疑明道而传道统的成说，认为述道不能与行道相比："宋儒

---

① 朱棣：《御制性理大全书序》，胡广、杨荣、金幼孜等纂修《四书大全校注》，周群、王玉琴校注，武汉大学出版社2009年，第8页。
② 管志道：《从先维俗议》卷2，《四库全书存目丛书》（子部88册），齐鲁书社1996年，第296页。
③ 冯应京：《编次解》，《皇明经世实用编》卷首，《四库全书存目丛书》（史部267册），第9页。

谓周敦颐、程颢兄弟、朱熹四子为得孔孟不传之绪，而直接夫自古帝王之道统。果若是班，与其讲求著述之功，果可与行道者并与？抑门人尊尚师说，递相称谓而忘其僭与？"君主应以行道功德承道统，甚至认为："唐宋而下虽不能比隆唐虞三代之盛，其间英君谊辟、抚世宰物，德泽加于四海、功烈著诸天地者，不可概少，果尽不可以当大君道统之传与？"高看唐宋，实系为本朝铺垫，强调本朝太祖、成祖列圣相承到自己，一百八十余年功德心学之成就可证远绍帝王道统：

> 洪惟我太祖高皇帝体尧舜授受之要而允执厥中，论人心虚灵之机而操存弗二。我成祖文皇帝言帝王之治一本于道，又言六经之道明则天地圣人之心可见、至治之功可成，斯言也直有以上继皇土道统之正、下开万世太平之基。……兹欲远绍二帝三皇大道之统，近法我祖宗列圣心学之传，舍是又何所致力而可？

希望士子们不负于"学先王之道"，能"审于名实之归"。① 当然就是要正"道统"之名而归于君王。这个策试对士林影响深远，管志道便重申："我肃皇之所以发为策问，意谓道统在天子、不在臣庶也。"②

杨起元认为明太祖"直接"圣王及孔子道统："近日理会得宇宙间一件大事，此道之统，自尧、舜、汤、文、孔子而来几二千年，至我高皇直接之，无纤毫不满之遗憾。"③"惟取高皇御制文集，手自誊释，乃见千百年道统集于高皇，其前后诸儒种种论说皆难为言矣。"④ 实是要论证明太祖直接二帝三王整全的道统，详为阐发道与治的分合，将道统内涵为"以道治天下"、道统不完而区分出"治统"的道理说得甚是明白，定位于本朝"直接"圣王道统而合：

---

① 《明世宗实录》卷321，嘉靖二十六年三月，第5966—5968页。
② 管志道：《从先维俗议》卷2，《四库全书存目丛书》（子部88册），第294页。
③ 杨起元：《与管东溟》，《重刻杨复所先生家藏文集》卷7，《四库禁毁书丛刊》（集部63册），第682页。
④ 杨起元：《与周海门》，《重刻杨复所先生家藏文集》卷7，《四库禁毁书丛刊》（集部63册），第683页。

汉董生之告武帝曰："春秋大一统者，天地之常经，古今之通义也。今师异道，人异论，百家殊方，指意不同。上无以持一统，下不知所守。臣愚以为，诸不在六艺之科、孔子之术者，皆绝其道，勿使并进，然后统纪可一、法度可明。"洋洋乎董生之对，可谓明于统矣。而世儒相沿之说曰：三代而上，治统、道统合于一；三代以下，治统、道统分于二。夫治与道亦何可分也，而况以匹夫与天子分统乎？盖自尧、舜、汤、文、武，皆圣人在天子之位，以道治天下，故得以言统。悠悠千余年，而我高皇接之。此千余年间，治有污隆，道有离合，然皆以圣人之位存道，而非圣人之德，故不可与统。虽不可与统，然群生之治乱系之，亦自有其统也。若我高皇帝则直接夫帝王而上之者也，何可若是班也？……道在孔子，不能兴周，守之以待高皇。

高皇功德不在孔子下，至于再辟混沦，肇修人纪，尤当集二五以来君师之大成者也。世儒尝疑自孔子以后何无圣人，而不知高皇已得其统。又尝称三代以后，道统、治统分为二，而不知高皇已合为一。①

王启元从尊儒道的角度也认为太祖高皇帝"初辟天下，定庠序乡会之制，尽黜二氏百家，专尊孔子。皇皇乎大圣人之制，真可谓度越汉唐宋，直接二帝三王，有万世之大功矣"。②

刘宗周认为道以圣人功德济世为重，孔、孟及宋儒是在道不行的背景下以"空言"维持教化风俗，理想治道则不现于世。理想中的，仍是德位一体的圣王：

臣闻天下之生久矣，一治一乱。古之圣人，达而在上，则以大道济时艰；穷而在下，则以空言持世教。故孔、孟布衣也，而功过禹、周，乃其所汲汲焉托之空言者，亦惟是生心害政之说。盖三代而后，天下之乱未有不始于人心者也。又千余年，而有宋诸儒继之，为力愈以艰已。

---

① 杨起元：《贞复杨先生学解》，第24页；《训行录》，第3页。均转引自高海波：《从"师道"与"君道"关系看晚明清初社会改革理论与实践的三种路向——以王艮、管志道、黄宗羲为中心》，《哲学研究》2022年第5期。
② 王启元：《清署经谈序》，《清署经谈》，陈玄点校，上海古籍出版社2017年，第1页。

至明太祖出，方"直接"道统，明代恢复了三代治道：

> 惟我太祖高皇帝用夏变夷，重开混沌。即位之后，即表章朱熹之学，以上溯孔、孟，直接尧、舜以来相传之统。于时世变风移，人心之正，几于三代。列圣承之，递加培养，其为人心世教如一日。①

以本朝圣王"直接"道统，这是君臣位异观念的结果，也是以圣王压低孔子的理据与底气。

治统而兼道统，行道兼明道之意，乃本朝"行道"与"明道"关系的新境界。罗汝芳借用程子"善治-真儒"的论说理路，论整全道统的善治而明道之境界：

> 前时皆谓千载未见善治，又谓千载未见真儒。计此两段，原是一个。但我大明今日更又奇特，盖古先多谓善治从真儒而出，若我朝，则是真儒从善治而出。盖我太祖高皇帝天纵神圣，德统君师，只孝弟数语，把天人精髓，尽数捧在目前，学问枢机，顷刻转回脚底。

这就是本朝帝王直接道统而"皇极之世复见"，作成普天之下的王道：

> 未有如我太祖高皇帝圣谕，数语之简当明尽，直接唐虞之统，而兼总孔孟之学者也。往时儒先每谓天下太平原无景象，又云皇极之世不可复见。岂知我大明开天，千载一日，造物之底蕴既可旁窥，举世之心元亦从直指，尽数九州四夷之地，何地而非道？尽数朝野蛮貊之人，何人而非道？……敢说天下原未尝不太平，而太平原未尝无景象，而王道极其荡平，亦且极其正直，不容作好作恶于其间也。然则皇极世界，舍我大明今

---

① 刘宗周：《三申皇极之要以决万世治安疏》，《刘宗周全集》（第4册），吴光主编，浙江古籍出版社2012年，第109页。

日,更从何求也哉?①

"直接尧舜之统,而兼总孔孟之学。""表章朱熹之学,以上溯孔、孟,直接尧、舜以来相传之统。"是最典型、最堪玩味的帝王道统话语。中间既有孔孟、朱熹,又实际上被忽略于治道统系之外,而以"后王"直接"先王"。貌似语义杂糅,实则蕴涵真义。这说明,在作君作师的体制框架中,君王握有最高的行道而兼明道之权,孔孟程朱之述道只在道统不完条件下具有整理、发明、保存以传道的意义,在整个道统传承中处于次要的、辅助的位置。这个体制给儒家圣人孔子留下了"师"的位置,然而孔子虽能述尧舜三代整全之治道,也只是"守之",只是"二帝三王"与本朝圣主之间的师儒桥梁而非一代王者,这和汉人定孔子为汉制法的治道位置是一样的。以治道知识而言,尚予孔孟程朱一席之地;以"明道"且"行道"出治而言,本朝君主则直接圣王,孔子以降的师儒都被隔离在这圣王统系之外。

管志道曾详为论说天子统道,本朝君主所接续者乃圣王之道统,而非濂洛关闽之道统。他批评孟子撤去时位之于道统的限制而开偏重"明道"一系传道之先河:

> 如我圣祖之再造区夏,荡数百年之腥风,而以礼乐陶之,此于道统与耶、不与耶?如曰与于道统,此续诸尧舜汤文耶,续诸濂洛关闽耶?语至于此,则又当阐孔子之幽,而稽孟子之疏也。子思但言仲尼祖述尧舜,而孟子则以生民未有尊之,似断文王之前无孔子,将无难为古之开天立极如羲皇以上者。尼父但谓继周百世可知,而孟子则以无有乎尔伤之,似逆孔子之后无文王,将无难为后之振古重光如我圣祖者。此孟子之不逮孔子处也。何怪乎昌黎之截道统于孟氏,伊川之续道统于明道先生哉!

以"明道"系道统,则无从"统"起:

---

① 罗汝芳:《近溪子续集》,《罗汝芳集》,方祖猷等编校整理,凤凰出版社2007年,第233—234页。

且道统亦难言矣，朱子虽原道统之传来自上古神圣，而递及洙泗濂洛之间，义多疏略。以一贯之心宗为道统耶，则六祖五宗之直指单传岂离一贯，而奚以独归于儒圣？以五常之世教为道统耶，则汉祖唐宗之因时立政岂外五常，而奚以独隶于儒师？以六经之删述为道统耶，则书契未兴，道统何在，删述后，亦有汉儒之传经，隋儒之续经，孰非述作？胡为乎轲死后，寥寥千有余年，曰君、曰相、曰师，无一与于道统者，直待河南程氏两夫子出而始续其传？

故虽有"明道"之功，但不得道统之全，匹夫夺天子道德之统，紊乱了以"德位"为枢纽的纲常系统：

此立论之不无遗义者，而意则在于辟邪崇正，举性命而纲常之，举纲常而性道之，良亦非过。然道绪不从天子统而从匹夫统矣。当知天下有出世之道，非法王不统；天下有治世之道，非人王不统。统不法王、不人王，而以纲常中之匹夫当之，德则无首而有首，位则有上而无上。无乃上帝之笃生为不纲，而天子亦何所持以重于天下？①

在明代意识形态的塑造推动下，"帝王道统"的理想架构和叙事更加成熟，在明代帝王之道统传承角色的比对下，宋帝的道统地位被改写，更加突出其承传而不完备、为明代君主铺垫的作用。王洙解释在所撰《宋史质》中将元修《宋史》之《道学传》改为《道统》之用心："今改名《道统》而置诸卷末。呜呼！盖绝望于宋、有待后世之意与！"宋之太祖、太宗并不能纯乎行道：

宋之贤君非无太祖、太宗。由今观之，太祖常师辛文悦，所得者章句之末，而驰马呼卢之习尚未尽除；太宗日御经筵，然而《太平御览》之外无余事焉，稽其修身齐家之化，视太祖犹有愧者也。真之东封西祀，仁之废嫡立宠，高之忍耻事仇，孝之惑佞宠寺，皆不足以有为者也。

---

① 管志道：《从先维俗议》卷2，《四库全书存目丛书》（子部88册），第295页。

在其庙堂之上，道学家不能立足，当政则非有道者也：

> 是故周、程生于熙宁，上下一时，所用者安石、惠卿辈，元公未尝一日立朝，明道虽为御史，裹行而随监酒税，伊川以司马光荐为崇政殿说书，而卒有涪州之行，文公在光、宁间阻于王淮、林栗，酿成伪学之祸。呜呼！一时君相皆东邻丘耳，乌足以语道哉！

宋代只是为明代道统复完之基础："盖伏者，见之机也；隐者，彰之自也。四先生注书立言，倡名道统，所谓'为天地立心，为生民立命，为往圣继绝学，为万世开太平'者是也。宋人之不幸，固后此者之幸哉！"① 其书"大旨欲以明继宋"②，故有幸之"后此者"非元而实明。当代方为道统大光之世：

> 濂洛关闽，后孔孟一见者也。当时君相举不足以语是，迨至我昭代太祖、列圣暨我今上皇帝统一圣真，推而行之，内而朝廷，外而海宇……君子道长，小人道消，纲常伦理之化，礼乐衣冠之俗，凡夫尧、舜、禹、汤、文、武之所已行，与孔、孟、程、朱之所欲行而未行者，皆章章宇宙间。呜呼！叙史质而终道统，伤于宋而幸于今，视诸获麟治乱之感，异矣。③

王洙在论"道统"，更是在"发挥祖宗及我皇上治政休明、卓绝千古、覃绥万方"。其著史以"《春秋》之教""《春秋》圣笔"为榜样，认为"作史者或略以示义，或微以示褒，或削以示贬"，故有"史质"之名以达义理。所以，其首以《天王正纪》而终于《道统》，正是表彰当代帝王道统的创构："祖宗创业之功与皇上中兴之德，大略见矣。"④

洪武十年冬十月，明太祖建造观心亭于宫城，并在亭中召学士宋濂，向其

---

① 王洙：《宋史质》卷97《道统一》，大化书局1977年，第456页。
② 《四库全书总目》，参见王德毅：《由〈宋史质〉谈到明人的宋史观》，载《宋史质》书前第1页。
③ 王洙：《史质叙略》，《宋史质》卷首，第5页。
④ 王洙：《史质自序》，《宋史质》卷末，第470页；《史质叙略》，《宋史质》卷首，第2页。

讲论对"心"与"道"的理解。宋濂将太祖"十有五年,大统斯集,政平人和"的治功归于"观心之明验",称赞:"古先哲王传心要法,所谓'精一执中'之训,亦何过此!"一百七十多年后,王洙更高扬赞美之辞:"我圣祖观心之学言近指远、守约施博,其在十六字之上乎!"① 君王跨越中间的"断统、绝统、无统"的状态,实现"直接"道统,依据是道统的"传心"论,靠的是以心法为治法。甚至将不得位的孔、孟模糊化,而强调"直接二帝三王"。这是五德终始的统系论不能提供的思想资源。

明代君臣以帝王通过"心法"而接道统作圣王为本朝家法。黄冕堂、朱鸿林等已揭出经由朱熹、蔡沉著作的影响,"心法"成为明太祖的重要治道思想。② 朱元璋认为"心"通于"大道",是高于"法"的治道所在。为政施治要体认道统心法,追求全体大用之治,实现道体之全:"三代而上,治本于心;三代而下,治由乎法。本于心者,道德仁义,其用为无穷。由乎法者,权谋术数,其用盖有时而穷。然为治者违乎道德仁义必入于权谋术数甚矣,择术不可不慎也。"③ 与礼部侍郎曾鲁论尧舜君心,是典型的道统心传的话语:"朕求古帝王之治莫盛于尧舜,然观其授受,其要在于允执厥中,后之儒者讲之非不精,及见诸行事往往背驰。""人君一心,治化之本,存于中者无尧舜之心,而欲施于政者有尧舜之治,决不可得也。"④ 朱棣撰有《圣学心法》一书,将"圣学心法"定义为指导"为治"的"精一执中之蕴"。⑤ 张璁认为按照传心的理论,明世宗可以直接圣人之心:"皇上仁义中正,断之以心,所谓唯圣人能知圣人者也。"⑥ 将明代的"心"和"心法"观念置入帝王道统的语境中,可感知其对于表彰本朝人主道统地位的妙用。

"心"成为统揽"全体大用"的精微之蕴。曾棨用"圣人全体大用之道/

---

① 王洙:《宋史质》卷100《道统四》,第466页。
② 黄冕堂、刘锋:《朱元璋评传》,南京大学出版社1998年,第392页。朱鸿林:《明太祖对〈书经〉的征引及其政治思想和治国理念》,《明太祖与经筵》,第63页。
③《明太祖实录》卷66,洪武四年六月,第1249页。
④《明太祖实录》卷77,洪武五年十二月,第1410页。
⑤ 朱棣:《圣学心法序》,《圣学心法》,《古代帝范文献荟要解题》(第1册),影印永乐七年内务府刻本,学苑出版社2020年,第112页。
⑥ 张璁:《议孔子祀典第三》,《张璁集》,张宪文校注,上海社会科学院出版社2003年,第194页。

学"来展开成祖要求的"明体适用之学"。而斯道亦即斯学之行端赖圣王出世，得位以时而施治天下："大哉圣人之道……斯道之全体大用，实有待于圣人乎！臣尝稽之于古、揆之于今，自皇帝、尧、舜以来，未有不由斯道者也。恭惟皇上受天明命，居圣人之位，得圣人之时。"①"圣道精微之蕴"，就是"自伏羲、神农、黄帝、尧、舜继天立极，而道统之传有自来矣"之"道"。曾棨认为此道由"心"不由"迹"："天地之道，可一言而尽也，亦曰求之于心而已矣。"②"圣人复起，必不拘拘于有迹之粗，以为无形之妙，其所以察之齐之，在于圣人心术之微，必不专倚于器数之末也。"③ 由"心法"，方能契于圣人之心，超越后世之法，臻于圣人之道："皇上但求之圣人之心，不假于后世之法，而后能合于圣人之道耳。"④ 由此心，便可像朱元璋一样直接圣王道统，成为继述乃父事业的圣王：

> 臣愚知皇上之心，即黄帝、尧、舜之心也。先黄帝、尧、舜而圣者，此心也；后黄帝、尧、舜而圣者，亦此心也。太祖圣神文武钦明启运俊德成功统天大孝高皇帝，实同此心也。皇上所以善继人之志、善述人之事也。⑤

"其重则在于皇极也。"⑥ 治天地民物、明圣贤道学，"实在于皇上之一心"。"人主一心，万化之原，万事之干，万物之休戚所由关，万几之治忽所由系，千万年圣人道统之所由继，中两间而立为三才之主宰。"此心之规训，须恃圣人之道："可不以圣人全体大用之道任之于身而力行之欤？"此全体大用之道展开，即为天地万事之治：

> 论黄帝、尧、舜之道而探其精微之蕴者，圣学之全体也；明于天之经，察于地之义，周于万物之务者，圣学之大用也。非圣人之道不足以为

---

① 曾棨：《廷试策》，《刻曾西墅先生集》卷1，《四库全书存目丛书》（集部30册），齐鲁书社1997年，第82页。
② 曾棨：《廷试策》，《刻曾西墅先生集》卷1，《四库全书存目丛书》（集部30册），第83页。
③ 曾棨：《廷试策》，《刻曾西墅先生集》卷1，《四库全书存目丛书》（集部30册），第86页。
④ 曾棨：《廷试策》，《刻曾西墅先生集》卷1，《四库全书存目丛书》（集部30册），第91页。
⑤ 曾棨：《廷试策》，《刻曾西墅先生集》卷1，《四库全书存目丛书》（集部30册），第82页。
⑥ 曾棨：《廷试策》，《刻曾西墅先生集》卷1，《四库全书存目丛书》（集部30册），第88页。

学,非圣人之学又何以明斯道也哉?又因圣问所及,析而言之,亦各有体用焉。明于天之经曰钦曰敬为体,而器数之属为用焉。察于地之义曰祗曰德为体,而政治之事为用焉。周于万物之务曰中曰极为之体,而三德八政为用焉。兴学校必以躬行心得为体,而以教育之方为用焉。作礼乐必以和敬为体,而仪文度数为用焉。①

这就是体用遍布于心性至伦常、政治、制度之治理全局,而心性、伦常、政治、制度之每一方面又莫不有体有用,是谓"全体大用之道",亦即治道之全,又以知行合一为备,而以时、学、德、位为前提:"圣道之体用固无不在矣。然必在知之至而行之笃,而后体之具而用之全,必其时与学俱进、德与位俱隆。"这就在总结中道出了唯"有德有位者"方能担道统、行治道的真谛,此心、此道,也只有在有德有位之圣王身上才能得之:"而后先黄帝、尧、舜而圣者,质之此心而无愧;后黄帝、尧、舜而圣者,揆之此道而无异。"②

这是明代普遍的治道认识。吕柟亦由道统传心论元朝之治:"有百年天下,其始虽夷,取天下虽非汤武,然亦有'为天地立心,为生民立命'处。这个血脉,亦与尧舜之心相通,但其道未广大纯粹耳。"③说明"道统"对于治统及华夷问题的评价力量,"尧舜之心"亦即"心法"是与于道统的标准。

"心法"在修身施治的实践中贯通礼乐刑政,合内外之道、之理而成己成物的特质更加明显,因"道体之全"复明于世而为帝王接续道统的证据。后人汇辑许衡《语录》而成的《鲁斋心法》,"察其分类,则有日月、阴阳、理、仁、致知、论文、论官等门,非专言心也"。④ 明成祖《圣学心法》也包括君道、父道、臣道、子道等方面。"朕惟古之帝王平治天下有至要之道,诒训子孙有不易之法。载于经传为可见矣。夫创业垂统之君,经历艰难,其虑事也周,其制法也详,其立言也广大悉备,用之万世而无弊。有聪明睿哲之资,遵而行之,则大业永固而四海攸宁。"按照这个治国平天下的实用之法的标准,唐太宗《帝范》"虽未底于精一执中之蕴,要皆切实著明。使其子孙能守而行

---

① 曾棨:《廷试策》,《刻曾西墅先生集》卷1,《四库全书存目丛书》(集部30册),第95页。
② 曾棨:《廷试策》,《刻曾西墅先生集》卷1,《四库全书存目丛书》(集部30册),第96页。
③ 吕柟:《泾野子内篇》卷8《鹫峰东所语第十三》,赵瑞民点校,中华书局1992年,第64页。
④ 陈荣捷:《"心法"与"心学"》,《朱子新探索》,第222页。

之，亦可以为治。"① 陈荣捷将"心法"理解为"要法"，即"心法"之此义。②但此实用之心法仍以超越之"道心"为依据。心法不是一般的"要法"，而是如明人所谓"帝王传心之要法，致治之要道"。③ 它是"道"，是治道全体大用的表现和思想内核。湛若水《孔门传授心法论》定义"心法"之"心"乃"出于天"而"无内外"："无过不及，其中庸之心法乎！心包乎万物之外，事物行乎心之中，内外合矣。此其法也。""此合内外之道也。大哉《中庸》，斯其至矣。"④ 亦如明成祖所言："万事必根于一心，先明诸心，力求其至，使本体之明贯通透彻，无毫发之蔽，裁制万物，各得其宜，则体周而用备。"⑤ 治道是全体大用的。"礼乐兴则天地泰而君臣正，刑罚中而长养遂。故曰礼乐刑政四达而不悖，则王道备矣。"⑥ 明成祖的"心法"论"超越汉唐，正式建立以宋儒理学为核心的政治思想。""帝国治理与'心法'理论相结合，开启新的政治模式。帝王心法，是君主理论与儒家伦理高度结合的产物，核心在于'存心以体道，体道以出治'。"⑦ 道统与心法紧密结合，成为流行而常见的意识形态话语。"太祖心法、家法"成为最被看重的经世要诀。⑧ 冯应京以《拟问心》为《太祖高皇帝御制文》之《心法九章》之首，将其解释为明太祖明道心而得"道体之全"，而接道统：

> 宇宙文明在唐虞成周之际，孔子祖述宪章以教万世，千余年来，鲜有会其全者。我高皇帝天纵聪明，洞见道体，其云"圣贤君子之心"，即惟微之道心也；"强窃盗贼奸人小人之心"，即惟危之人心也。"运之至精"，即惟精之智也；"守之永久"，即惟一之仁也。用斯言者昌，不用斯言者亡，即四海困穷、天禄永终之戒也。而约其要指，则神役心尽之矣。

---

① 朱棣：《圣学心法序》，《圣学心法》，《古代帝范文献荟要解题》（第1册），第112页。
② 陈荣捷：《"心法"与"心学"》，《朱子新探索》，第222页。
③ 《明世宗实录》卷69，嘉靖五年十月，第1578页。
④ 湛若水：《孔门传授心法论》，《湛甘泉先生文集》（第4册），广西师范大学出版社2014年，第1220页。
⑤ 朱棣：《圣学心法序》，《圣学心法》，《古代帝范文献荟要解题》（第1册），第113页。
⑥ 朱棣：《圣学心法序》，《圣学心法》，《古代帝范文献荟要解题》（第1册），第119页。
⑦ 朱冶：《元朝朱子学的递嬗：〈四书五经性理大全〉研究》，人民出版社2019年，第139页。
⑧ 冯应京：《编次解》，《皇明经世实用编》卷首，第8页。

明太祖能复君师之任而担道统:"以神役心,以一心之神役万人之心、之神,圣人之蕴其在兹乎!""孔子得其神为万世师,高皇帝得其神兼君师之任。"①

"由其法以见其心。"② "心法"的治道论述逐渐展开,日益丰赡、深化。如论"心"的核心概念:"畏之一字,万世帝王心法也。"③ 论创业之心与守业之心一道:

> 夫道一而已矣。人主必有守天下之心而后可以创,亦必有创天下之心而后可以守。……无二道,无二心也。故善法祖者,先法其心。心无忝于对扬,举而措诸治国之大事,惟祀与戎,指其掌矣。此又司理以"心法"冠篇意也。④

这样的展开又回到"理一分殊"之辨,引得读者思考"全体大用"的治道格局:"乃知政先务大,出治有原,不惟纲领毕挈,并精微之义而传之。"从而,"道揆"与"法守"合一,又回到了"治统、道统合于一"的憧憬。⑤

"心法"与"全体大用"相得益彰,治出于道、合内外之治的治理规模成为日益巩固的理想模型。《大学》与《大学衍义补》的治道地位由此而彰。"《大学》一书,儒者全体大用之学也。原于一人之心,该夫万事之理而关系乎亿兆人民之生。"如丘濬所言,《大学》是孔子承二帝三王之传而述"传心经世之遗法也","所以为学为教为治之道皆不外乎是",于君主治道修行尤为重要。"儒者之学有体有用,体虽本乎一理,用则散乎万事",这是"一功""一事"都不可缺的"全体":"阙其一功则少其一事,欠其一节而不足以成其用之大,而体之为体亦有所不全矣。"同时,"用之所以为大者,非合众小,又岂能以成之哉?"必须:

---

① 冯应京:《拟问心》按语,《皇明经世实用编》卷1,第10页。
② 冯应京《编次解》,《皇明经世实用编》卷首,第9页。
③ 冯应京:《皇明祖训解·持守》按语,《皇明经世实用编》卷2,第23页。
④ 顾起元:《皇祖四大法序》,《皇祖四大法》卷首,《四库全书存目丛书》(史部51册),齐鲁书社1996年,第431页。
⑤ 罗朝国:《皇祖四大法序》,《皇祖四大法》卷首,《四库全书存目丛书》(史部51册),第428页。

先其本而后末，繇乎内以及外，而终归于"圣神功化之极"，所以兼本末、合内外以成夫全体大用之极功也。①

治出于一、以道为治发展到"道统者，治统之所在"，儒家发明王道之于政治的规训确定下来，与之伴随的是道统的本朝化、意识形态化。本朝直接道统，其重点不是对前代王朝正统所在的评定，而是对本朝正统依据和地位的确定与宣示，以及与之绾合的取法王道而成本朝治道的表达，可以"道统"一言尽之。本朝接续道统，呈现出意识形态化的道统形象。故亦可以"本朝化"这个不尽精准的概念指称道统论在元、明以降中国政治中的主要表现，以明了其"本朝化"定位和"意识形态"特质。

第二节 圣王道统的表达与"制作"

"杨侯一语崇经学，士子争相读四书"② 一句道出了元代理学官学化的发展。在道统观念与人主幽怀的交相作用下，明代的道统崇奉更加成熟。道统在政治场域中的确立和成熟，便意味着对治道与道统中兼容的圣王与儒者、行道与明道的权力边界和传道地位进行论证、厘定和确认。与帝王"直接"道统对应的，是君王的制作之权。"君、师""作、述"等古典概念与关乎政治之"位"的纲常和礼制重又受到重视，是明代政治史与制度史上一显著现象，继唐代的分梳之后，圣王和孔子的祀典又发生了新的变化甚至是反动。秦汉以降历朝在道统观中皆被压抑，体现其治道观而制作之礼亦被解构。将道统与礼制置于一局，能够对两者都有所会心。

一、《四书》、行道与明道

在朱熹身后的岁月里，包括他在内的儒家仍被作为明道而传道的角色信

---

① 丘濬：《自序》，《大学衍义补》（上），金良年整理，上海书店出版社2012年，第15页。
② 张宇：《闲述》，《全元诗》（第2册），中华书局2013年，第257页。

奉，孔子是述中之作的祖师，朱熹则是孟、荀那样的传述者，在广泛使用的士子科举用书中有这样的理学化表述：

> 三代而上，累圣之经，至大圣而定。三代而下，诸儒之说，至大儒而定。……是天生仲尼于晚周，盖为累圣而阐述作之功也。天又生朱子于我宋，盖为诸儒加考订之功也。然仲尼非能以己见而述作，朱子亦非能以己见而考订。古今一理，万理一心尔。①

经过宋人的确定和转进，"道"及"道统"传承之"行"与"明"分化而又朝向"以道为治"的张力格局形成："道之统一，其传有二焉：尊而王，其统在位，则以位传；化而圣，其统在心，则以心传。"② 宋元之际的胡炳文、许谦之言载入明人编纂的《四书大全》。胡炳文也以"行道""明道"来表达，明道归于理学与圣贤相传、发明圣道的《四书》：

> 夫子以前，传道统者，皆得君师之位，而斯道以行；夫子以后，传道统者，不得君师之位，而斯道以明。故明尧舜禹汤文武之道者，夫子六经之功；而明夫子之道者，曾子《大学》、子思《中庸》之功也。③

和胡氏认为得位行道、无位明道皆传道统大体意同而侧重不同，许谦强调，道学是有位无位者皆学的，道统主要是就有位行道者而言，但没有圣人在位之世的孔子也承担了道统，由此对《中庸章句序》中的"道学""道统"之语做进一步的说明：

> 《中庸》专言道，故起首便言道学、道统。道学主于学，兼上下言；道统主于行，独以有位者言。（至孔子之生，他无圣人在位，则道统自在

---

① 《璧水群英待问会元》卷45，第7页，转引自魏希德：《义旨之争》，第213页。
② 郝经：《周子祠堂碑》，《郝经集编年校笺》，第890页。
③ 胡炳文语，《四书大全校注》，第134页。

孔子。)凡言"统"者,"学"亦在其中。"学"字固可包"统"字。①

他强调了"行道"对于道统的意义,亦即道之实践与义理两方面的整全意涵,同时也指出了在道之不行的条件下,道学即是道统之传:"凡言'统'者,'学'亦在其中。'学'字固可包'统'字。"这一句回环,已将道统与道学在是否得位的不同条件下之于道的不同的、不可或缺的承担与发扬的作用,说得甚是明白概要。而其决定条件,仍是圣王与儒者的位差,如许谦由读《中庸章句序》所展开论述的"圣人有两等":

> "上古圣神继天立极,而道统之传有自来矣。"此是言尧舜以前。夫子翼《易》,始于伏羲,今之言圣人者必自伏羲始。然自开辟生物以来,即有首出庶物之圣人与天同道,而立乎其位者,但前圣所未道,故不知其名。此但言"上古圣神",盖混言之,又不如《大学章句序》专以伏羲为始也。圣人大率有两等:有自然之圣,生知安行,所谓性者也;有学而成之圣,积而至于大而化之,所谓反者也。此不言圣人,而言"圣神",是指性之自然神明不测之圣也。此言"上古",创始有位,道与天合之圣人,言动皆可为天下法则者,为道统之始,下此皆是接传其统者。②

凡此都在表达儒家无位而明道之传道地位的同时,流露出对"圣人在位""传道统者,皆得君师之位"的期冀。而当世君王一旦以接续道统自任,便要恢复三代以上圣王"作君作师"的角色定位和体制模型,不仅施治行道,还要明道以垂示天下,为教化之本。

明太祖、成祖围绕理学新经典《四书》的一系列敕撰书工程③,都是在以儒家王道为治道和意识形态前提的背景下,接道统、作君师,希望将"明道"之权握于己手的表现。我们不仅可以看到其文化专制的一面,尤以《孟子节

---

① 许谦语,《四书大全校注》,第131页。许谦:《读中庸丛说》卷上,《读四书丛说》卷2,《许谦集》,蒋金德点校,浙江古籍出版社2015年,第49页。
② 许谦:《读中庸丛说》卷上,《读四书丛说》卷2,《许谦集》,第49页。
③ 参见朱鸿林《明太祖的教化性敕撰书》、朱冶《元明朱子学的递嬗》等。

文》为最，还应看到道统塑造治统这一国家治道的宏观演进。

敕撰书以明道的意识形态工程，至明成祖《四书五经性理大全》而达顶峰。永乐十三年十月，朱棣《御制性理大全书序》，将统揽明道，从而集行道与明道于一身的心绪抒发详切。他认为，三代以下，世道不治，在于"道"之"不明不行"：

> 夫道之在天下，无古今之殊；人之禀受于天者，亦无古今之异，何后世治乱得失与古昔相距之辽绝欤？此无他，道之不明不行故也。道之不明不行，夫岂道之病哉？其为世道之责，孰得而辞焉？夫知世道之责在己，则必能任斯道之重而不敢忽，如此，则道岂有不明不行，而世岂有不治也哉？

要由道而治，首在明道，见心方可传心，这是明成祖宣称的"任君师治教之重"：

> 朕缵承皇考太祖高皇帝鸿基即位以来，孳孳图治，恒虑任君师治教之重，唯恐弗逮，切思帝王之治一本于道。所谓道者，人伦日用之理，初非有待于外也。厥初圣人未生，道在天地；圣人既生，道在圣人；圣人已往，道在六经。六经者，圣人为治之迹也。六经之道明，则天地圣人之心可见，而至治之功可成。六经之道不明，则人之心术不正，而邪说暴行侵寻蠹害，欲求善治，乌可得乎？

具有理学特点的《四书五经性理大全》便是寄寓明道而"一道德，同风俗"的标准读本：

> 朕为此惧，乃者命儒臣编修《五经》《四书》，集诸家传注而为《大全》。凡有发明经义者取之，悖于经旨者去之。又辑先儒成书及其论议格言，辅翼《五经》《四书》，有裨于斯道者，类编为帙，名曰《性理大全》。书编成来进，总二百二十九卷，朕间阅之，广大悉备，如江河之有源委，山川之有条理，于是圣贤之道粲然而复明，所谓考诸三王而不缪，建诸天

地而不悖，质诸鬼神而无疑，百世以俟圣人而不惑。大哉！圣人之道乎，岂得而私之？遂命工悉以锓梓，颁布天下，使天下之人获睹经书之全，探见圣贤之蕴，由是穷理以明道，立诚以达本，修之于身，行之于家，用之于国，而达之天下。使国不异政，家不殊俗，大回淳古之风，以绍先王之统，以成熙皞之治，将必有赖于斯焉。①

二、明太祖制礼中的孔子与帝王

道统作为意识形态确立，当世人主"君师"地位明确，直接关系到先代帝王和孔子的国家祀礼规格，结果是礼制地位的调整与祀典改作。

"若构立新祠，以义起礼可也。"礼义在于道统："尊道有祠，为道统设也。""道统于一，祀典亦当定于一。"由此，"学校之祀典，不正久矣"，"承讹踵谬，乐因循、惮更改，此汉唐千载弊政也"。颠覆贞观、开元之礼制，构建体现道统之古礼，以之改革学校祀典，动议以元儒熊鉌为典型。②

熊鉌认为，道统之"道"是全体大用的，是"道德功言"之"总名"，立德、立功、立言三者皆得于道，方成"道体之全"，方能进入"道统之正"的序列：

> 太上立德，其次立功，其次立言，是三者皆非有得于道不可。立德者，道之本也；立功者，道之用也；立言者，所以载道之文也。言学而无见于道，则不足以为学；言道而无得乎道之全体，则亦不足以为道矣。是故一善之德，亦可以言立德；一时之功，亦可以言立功；一语之有关于世教，亦可以为立言，而皆无见乎道体之全，则亦不足与乎道统之正矣。

按照这个标准，六经是德、功、言皆得于道的，尧、舜、禹、汤、文、武、周公、孔子"之传在是"，颜、曾、思、孟一脉单传，然后进入"道丧千载"的

---

① 朱棣：《御制性理大全书序》，《四书大全校注》，第8页。
② 熊鉌：《祀典议》，《熊勿轩先生文集》卷4，上海商务印书馆1936年，第48页。

时代,"直至濂溪、明道、伊川、横渠、晦庵五先生,而后此道始大明于世"。① 熊鉌曾作《帝尧万世之功论》,认为尧"立人之道,以参赞天地化育之所不及者,盖万世之功也"。② 许衡称道熊鉌之学正是"全体大用"之学,"具天地之纲常,寿斯民之命脉,绍圣贤之统绪"。③

熊鉌认为,"礼家谓诗、书、礼、乐,各有其师,所以为祀亦异,则疑出于汉儒专门之附会",表达了对汉唐注疏之学下的礼制规范的否定。他上溯上古,要使礼制合于古初原貌:"三代以上,大道未分,必不至此。"古代"五学之制,中为天子之学,所谓太学是也",在由道而治的道统礼制认知下,太学祀典便应以圣王道统为依据:

> 天子太学祀典,宜自伏羲、神农、黄帝、尧、舜、禹、汤、文、武,自前民开物,以至后天致用,其道德功言,载之六经,传在万世,诚后世天子公卿,所宜取法者也。若以伏羲为道之祖,神农、黄帝、尧、舜、禹、汤、文、武,各以次而列焉。皋陶、伊尹、太公望,皆见而知者;周公则不惟为法于天下,而《易》《诗》《书》所载,与夫《周礼》《仪礼》之书,皆可传于后世;至若稷之立极陈常,契之明伦敷教,夷之降典,益之赞德,傅说之论学,箕子之陈范,是皆可以与享于先王者,天子公卿所宜师式也。以此秩祀天子之学,礼亦宜之。

这就是恢复了道统古风的太学祀典创构。可谓将欧阳修"治出于二"的批评落到了礼制更革的实处。天子之学垂范天下,为国家道统所在,以圣王道统为祀典。熊氏虽然在讨论儒家及朱子的祭典的场合,对孔子及其祀典崇重不减:"恭惟元圣,祖述宪章;《春秋》素志,法则一王;损益先世,岂不考议;允矣大成,实惟通祀。"④ 但从上文可见,这样的崇重并不能改变孔子有德无位、不得与于圣王之列的事实。与圣王祀典不同,"师儒"孔子之祀贯通太学与

---

① 熊鉌:《祀典议》,《熊勿轩先生文集》卷4,第49页。
② 熊鉌:《帝尧万世之功论》,《熊勿轩先生文集》卷4,第43页。
③ 许衡:《许序》,《熊勿轩先生文集》,第1页。
④ 熊鉌:《鳌峰祭先圣文》,《熊勿轩先生文集》卷4,第65页。

乡校：

> 若孔子实兼祖述宪章之任，集众圣大成，其为天下万世通祀，则首天子，下达夫乡学，春秋释奠，天子必躬亲蒇事，养老乞言，退就师保，一言行、一政事，天子一是以此为法。教化本原，一正于上，四方其有不风动也哉？

斯礼成为天子太学之道统祀典与郡县学校之祀的联结，共成复古之学制的精神指引，以朱熹憧憬规复的小学、大学，造就达道之才，复兴"圣人全体大用之道"：

> 夫然后公卿近臣，各举天下道德学问之士，以礼延聘，萃于京师，馆之太学。一如明道先生熙宁之所奏，讲明正学，以次传授，自国学达于郡邑乡校。其为学一依古人小、大学教法，凡近世学官，一切无用之虚文，悉以罢去，学问必见之践履，文章必施之政事，使圣人全体大用之道复行于世。不数十年，作养成就，士习丕变，人材辈出，先王至治之泽，不患不被乎天下。①

由此，我们可以更好地理解熊氏所谓"尊道有祠，为道统设也"②，并非为孔子张目，而是力图论证崇祀道统所属之圣王的合理性。

"复三代典礼"③是宋儒的义理与实践追求。"道统正传，先后一揆。礼有常行，百世可俟。"④熊鉌将朱熹的道统说转为改革学校祀典的义理指南。政教合一，恢复治道之统，这是当时的礼制兴作潮流的基调。马端临也主"合"："要之太学与辟雍固不可析为二处，养老、大射其与传道授业亦岂二事哉。"⑤

与君师"道权"相应，作为得位之君主特别是意图"大有为"的君主的专

---

① 熊鉌：《祀典议》，《熊勿轩先生文集》卷4，第54页。
② 熊鉌：《祀典议》，《熊勿轩先生文集》卷4，第48页。
③ 熊鉌：《刊仪礼经传通解疏》，《熊勿轩先生文集》卷4，第57页。
④ 熊鉌：《鳌峰祭先圣文》，《熊勿轩先生文集》卷4，第65页。
⑤ 《文献通考》卷40《学校考一》，第1187页。

力，明代君王尤其重视"制作"。明成祖曾言："古者礼乐皆有书，今《仪礼》《曲礼》《周礼》仅存，而乐书阙焉，朕惟欲考三礼之文，补乐书之缺，定黄钟之律，极制作之盛。"① 礼制兴革成为明代政治中一个突出现象。道统决定正统，帝王传心而接圣王道统的观念成为共识，用道统论重塑先代帝王和孔圣祀礼，一逞圣王制作的抱负，也就付诸实践了。

洪武元年二月，明太祖曲阜祭孔："仲尼之道，广大悠久，与天地相并，故后世有天下者莫不致敬尽礼，修其祀事。朕今为天下主，期在明教化，以行先圣之道。"② 在尊礼孔子的同时，也以明教行道自任。朱元璋对孔子的祀礼有所反复（《明史·钱唐程徐传》），学者论之颇多，兹不赘述。洪武三年正诸神祀典，惟有孔子保留了元代的"大成至圣文宣王"之封号，理由是孔子明道："惟孔子善明先王之要道，为天下师，以济后世，非有功于一方一时者可比。"③ 洪武十五年，明太祖首赴新落成的太学行释菜礼，大臣建议"孔子虽圣，人臣也，礼宜一奠而再拜"，太祖则"以为孔子明道德以教后世。岂可以职位论哉"，两行再拜礼，"成为历史上空前之举，超过了后周太祖再拜孔子的纪录"。但据此即认为"在太祖的名实相副理念中，孔子确是正式的'素王'"④，似并非实际情况。综合御制祭文、敕文、诰文等文书，"文庙之设，是尊先师也，因之而国学焉"。⑤ 孔子为先师的地位是确定不移的。明太祖强调孔子的定位是"先师"，是"述"道：

> 三皇五帝之道，明陈攸叙，大展彝伦，协天地阴骘，定民居者为此也。至周，文繁于三坟，道迷于五典，兼八索九丘之泛，而诸家之说并生，是致道纵途横，虽欲驰之，莫知所向。独先师孔子，明哲心，枢睿智，定真析伪，以成《诗》《书》。其修道之谓教，可谓至矣；率性之谓道，可谓坚矣。⑥

---

① 曾棨：《廷试策》，《刻曾西墅先生集》卷1，《四库全书存目丛书》（集部30册），第81页。
② 《明太祖实录》卷30，洪武元年二月，第516页。
③ 《明太祖实录》卷53，洪武三年六月，第1034页。并参见朱鸿林：《明太祖的孔子崇拜》，《明太祖与经筵》，第119页。
④ 朱鸿林：《明太祖的孔子崇拜》，《明太祖与经筵》，第125、141页。
⑤ 朱元璋：《谕祭酒乐韶凤敕》，《明太祖集》，第131页。
⑥ 朱元璋：《袭封衍圣公孔讷诰文》，《明太祖集》，第57页。

重在孔子针对百家异说,整理、编订"三皇五帝之道"的明道之功。

"为庙以祀之,其可不稽于古之礼乎?不以古之礼祀孔子,是亵祀也。亵祀不敬,不敬则无福。奈何今之人与古异也。"洪武四年,宋濂《孔子庙堂议》引用熊鉌的建议:"以伏羲为道统之宗,神农、黄帝、尧、舜、禹、汤、文、武,各以次而列焉;皋陶、伊尹、太公望、周公,暨稷、契、夷、益、傅说、箕子,皆可与享于先王,天子公卿所宜师式也。当以此秩祀天子之学。若孔子实兼祖述宪章之任,其为通祀,则自天子下达矣。"而表赞同:"苟如其言,则道统益尊,三皇不汩于医师,太公不辱于武夫也。"进而援古论道:"昔周有天下,立四代之学,其所谓先圣者,虞庠则以舜,夏学则以禹,殷学则以汤,东胶则以文王。"贤臣则辅圣王而为先师:"复各取当时左右四圣成其德业者,为之先师以配享焉。""此固天子立学之法也,奚为而不可也。"①"以伏羲为道统之宗"是典型的圣王道统论,"天子公卿所宜师式"也道出了以君王为本位的礼意。这个"道统益尊"的建议方案便是彰显圣王在祭祀礼制中的位置。

宋濂引用熊鉌之议,可见这是当时儒林的主流意见之一。国子助教贝琼则与唐臣分而祀之的思路相同,从礼制之"义"论说宋濂的祀典之议。"三皇、孔子,其道一也。崇孔子之祀,当崇三皇之祀焉。""三皇继作而后,人之为道始备,此众人疑其不祀三皇者。"这说明道统说深入人心之后,不祀三皇这圣王道统之源成为问题,视之为"缺典",已在礼制层面引发反思。但贝琼反对"祀三皇于学,以孔子配之"的方案,因为"义各有所当也"。"孔子不得如三皇修君师之职,于是删《诗》《书》,正《礼》《乐》,赞《周易》,修《春秋》,以明纲常于万世,德虽同而事则殊矣",道统中"位"与"事"的不同,导致学校释奠礼制中安排的不同。从礼制历史来看,"唐虞与周所主先圣、先师,固无定名,未有于三皇也。……唐宋所主先圣、先师,已有定名,未有及于三皇也"。在太学祭祀三皇,于礼无据。"三皇宜祀,而不得祀之于学也。"而孔子是传道者,祀孔与礼制合:

  惟孔子当周之不振,忧道之失也,与诸子讲于洙泗之间,以述三皇之所传……宜为百王之所宗,万世之所法,所以祀之于学也。……学之有

---

① 宋濂:《孔子庙堂议》,《潜溪前集》卷2,《宋濂全集》,第135、137页。

庙，由孔子而建，则宜以孔子为先圣，颜子为先师，而三皇不预也。

否则，于三皇无益，而破坏了礼有常制的祀孔之礼，便可谓"不伦不类"之祀礼矣："今欲崇三皇为先圣，使居孔子之上，不足以褒其功；降孔子为先师，使混于高堂生之列，适所以贬其德。故吾的然以为不可也。"他建议："宜定其制，设官主之，以丰其祀可也。祀于学，则非义矣。"这就维护了"贞观之制"。①

吴沉质疑孔子祀典混同于王礼不合于古制："后世之礼，有似是而实非者，不可不察也。且以追谥夫子为王，言之夫子圣人也，生不得位，没而以南面之礼尊之。其说似矣。……生非王爵，死而谥之，可乎哉？"② 孔子是"述"而传道，并非行道的君王。

既有道统标准与传心之法在，君臣便不满足于上接汉唐宋元，而是以接道统为更高的期许，表现于历代帝王祀礼之制作。宋濂之议未被采用，但明太祖肇立历代帝王庙之祀，历代名臣从祀，却庶几近之。宋元两代仅于地方祭帝王，首都不建帝王庙。洪武初，遣官赴各地帝王陵所分别致祭。六年，御史答禄舆权认为既然"我朝继正统而有天下"，便应按照礼经所载"法施于民则祀"之祀典，弥补"躬祀三皇之礼独阙"的遗憾：

> 伏羲、神农、黄帝号称三皇，盛德大业被于万世，使天下后世三纲正、九法叙，三圣人之功莫大焉。故尧、舜、禹、汤、文、武相承而为道统，孔子、颜、曾、思、孟相传而为道学。统以续其业，学以传其心。后世有天下百举不违其成法，此其所以继天立极而为帝王之所宗。

此"正统"实已非被朱熹斥为霸道的汉唐所能标识。道与治的合并与张力，标准的模糊游移，亟待新的祭礼解决。此建议得到朱元璋与礼部的支持：

> 上纳其言，命礼部参考历代帝王开基创业有功于生民者立庙祀之。于

---

① 贝琼：《释奠解》，《贝琼集》，杨叶点校，浙江古籍出版社 2019 年，第 144 页。
② 吴沉：《孔子封王辩》，《明代经济文录三种》，第 1289 页。

> 是礼部尚书牛谅奏，三皇开天立极，大有功德于民，京都有庙，春秋享祀，宜令太常掌之。伏羲以勾芒配，神农以祝融配，黄帝以风后、力牧配。

同时，按照朱元璋的要求，"五帝三王，及汉唐宋创业之君俱宜于京师立庙致祭"①，遂在中央建历代帝王庙，祭三皇、五帝、三王及汉、唐、宋、元创业之君，祭礼规格高于祀孔（《明史·礼志四》）。"合庙京国，岁修享礼，古未之闻。"此礼之义重在道统论决定的"皇帝王之正统"："圣天子受天明命，肇修人纪，以建民极。缵皇帝王之正统，衍亿万年之洪基，稽古定制，作庙京邑，以祀历代帝王，重一统也。"洪武二十二年，宋讷所作《历代帝王庙碑文》言："两仪判而人极立，大统建而君道明。粤自上古，神圣继作，代天理物，以开万世太平之治。故天地以之而位，四时以之而序，万物以之而育，大经大本以之而立。盛德相继，传至于今。"② 已是典型的道统话语，天道由君道而位育万物，斯道亘古亘今，为治道之大经大本。

明太祖改定《乐章》中有《先圣三皇历代帝王乐章》，在《圜丘乐章》《方丘乐章》《合祭天地乐章》《合祭社稷乐章》之后。③ "朕惟历代先圣，立纲陈纪，相继为君。朕制祀礼已有常规。今秋在迩，特遣尔奏差某等，体朕至意，赍帛各诣陵所，命有司涓洁致祭。"④ "昔者奉天明命，相继为君，代天理物，抚育黔黎。彝伦攸序，井井绳绳，至今承之，生民多福。思不忘而报，特祀以春秋。惟帝兮英灵来歆来格。尚飨！"⑤ "立纲陈纪""彝伦攸序，井井绳绳，至今承之"指纲常，而朱元璋认为"道"的核心就是"三纲五常"。洪武十五年通祀孔子的上谕中强调孔子"明道"，而将其所明的"帝王之道"归于纲常："孔子明帝王之道以教后世，使君君臣臣父父子子，纲常以正，彝伦攸序，其功参于天地。"⑥ "三纲五常之道，始上古，列圣相承，率修明以育生民。至于

---

① 《明太祖实录》卷84，洪武六年八月，第1496—1498页。
② 宋讷：《敕建历代帝王庙碑》，《全元文》（第50册），第117页。
③ 朱元璋：《先圣三皇历代帝王乐章》，《明太祖集》，第242页。
④ 朱元璋：《命使赍帛祭历代先圣》，《明太祖集》，第120页。
⑤ 朱元璋：《先圣三皇历代帝王祝文》，《明太祖集》，第401页。
⑥ 《明太祖实录》卷144，洪武十五年四月，第2263页。

中古,将欲坠焉,非先师孔子,孰能修明之!今生民多福,惟三纲五常之道备耳。"① 在对帝王与孔子之道的赞颂中,纲常彝伦一以贯之,这说明了朱元璋心中之"道"的最重要内涵,也将孔子牢牢置于"明道"的位置上,帝王道统由此彰显。

但帝王庙呈现的统系是:"正名定统,肇自三皇,继以五帝。曰三王,曰两汉,曰唐,曰宋,曰元,受命代兴,或禅或继。功相比,德相侔,列像于庭。"② 增重三皇、五帝、三王等治道偶像祭祀,同时也容纳了汉、唐、宋、元的明主贤君,这还不是纯粹的道统呈现。与"太祖不从"宋濂等"道统益尊"的新礼制建议一样,道统论正在发挥对治道圣人偶像祀礼的规范作用,但受到既有的正统观和孔子师道祀礼观念的限制,尚未底成。后来,丘濬就建议:

> 本朝于京师有帝王庙而以当时功臣配享,与铄此议合,但不领于学官耳。请于帝王庙设宫悬、备佾舞,一如文庙,每岁春秋传制,遣官致祭,一如祀孔子,而太学则祀宣圣如故。③

这也是沿着分而祀之的思路完善帝王庙礼制、折中调剂分别安排。事实表明,新祀礼的成熟需要漫长的过程。为治道之统制作祀礼是大势所趋,不夺文庙祀孔的师儒释奠也是比较确定的共识,但由道统祀礼的成立而在多大程度上改革祀孔礼则尚待权衡。直到"世宗仿其意行之",方有更大的进展(《明史·礼志四》)。

三、 明世宗"正祀典"

北京的历代帝王庙兴建于嘉靖九年,嘉靖十年春第一次举行祭典。同时,明世宗也对孔庙祀典进行了改革。最后,构建了"圣师祭"这一明代系治统于

---

① 朱元璋:《祭孔希学文》,《明太祖集》,第429页。
② 宋讷:《敕建历代帝王庙碑》,《全元文》(第50册),第117页。
③ 丘濬:《大学衍义补》卷66《释奠先师之礼下》,第494页。

道统的祭礼。"位"的论辩贯穿其间的这一连串礼制改革应统合而观,以见其时对先王先圣祭祀礼意的理解与寄托。(《明史·礼志四》)

(一) 今天子制礼作乐

明世宗"自排廷议、定大礼,遂以制作礼乐自任"。(《明史·张璁传》)认为帝王制礼作乐是治道之本:"夫礼乐制度自天子出,此淳古之道也。故孔子作此言以告万世。如今世人良性固在,本无不同。"①

嘉靖的姿态得到了大臣的支持,右春坊右中允廖道南认为恢复天子制礼的古制,方能使礼制会通秩然:

> 知礼乐之情者能作,识礼乐之文者能述。大人举礼乐,天地将为昭焉。臣愚以为三代以上,道未隐,礼载诸经,而典则明备;三代而下,大道既隐,礼载诸史,而议论纷纭。自非天子建中和之极、圣人通幽明之故,安能息群言之淆乱,以嘉典礼之会通也哉?②

意见逐渐集中到希望当今天子"大有为"、兴礼乐,行使天子制作礼乐之权:

> 亲逢圣人之在位,切幸礼乐之可兴。昨者伏睹……明主欲举三代之治,宜观万化之源,尊奉神灵,孰与天地?……陛下为天地神人之主,操制作礼乐之权,圣本生知,才不世出,诚宜恢定大礼,丕扬鸿烈,上对高穹,下理万物,立万世太平之基,实有在于日。③

群臣"仰承陛下大有为之志"。张璁也在讨论孔子祀典时表达了自己的拥护和期待:"非大圣人在上,为礼乐之宗主,集祀典之大成,孰能察悉于此而厘正哉?"④

---

① 《明世宗实录》卷109,嘉靖九年正月,第2565页。
② 《分郊会议第一疏》,《嘉靖祀典考》卷1,北京大学图书馆藏,第17页。
③ 《分郊会议第一疏》,《嘉靖祀典考》卷1,第7页。
④ 张璁:《议孔子祀典第二》,《张璁集》,第193页。

嘉靖帝以"义理"为自己论证：

> 朕惟我圣祖高皇帝应天作辟，以继羲农尧舜而君天下，传至我皇兄升遐，以朕为我皇考至亲之子，命入奉大统，继宗承祀，以主郊庙百神尔，岂敢于义理不当为者而率为之。兹所议祀典俱未为轻，而号称、服章实又重焉。①

认为于"法久弊生"之处，便应改革：

> 朕惟为人臣尽臣道之云者，终始生死非有所私也。孔子曰：三年无改于父之道。朱子释之曰：祖父所行之事不待三年，虽万世亦不可改也，小有可变，岂可待之三年。夫成法固不可改，其于一切事务未免法久弊生，不可不因事制宜。

更何况似帝王、祀孔诸礼皆"事关纲常者，又不可不急于正之也"②。

户科都给事中夏言以功成治定而制作为世宗改制礼乐的理论依据，汉人治有功德方可制作的观念，周公致太平方制礼作乐的事迹，都成为否定守成之主不得制礼作乐之说的依据：

> 陛下今日之举欲复古礼以大报天也，欲遵祖初制以求尽善也，欲远迹三代之隆而一正千古之谬也，将以建一代中兴之业而陋汉唐宋于下风也。所谓功光祖宗、业垂后裔之事，未有大于此者也。是故文武之制未备，周公作礼乐以成之，未闻周公变文武之旧也。况礼乐必积德百年而后兴，今以其时考之则可矣。太祖天造草昧、规模宏远，讦谟范懿可守者多矣，乃若礼乐亦有不能不待于后者，至于振起而扩充之，虽我圣祖之心，岂无所望于后世之圣子神孙者乎？此正今日之事也。岂有泥于祖宗已然之迹，遂一成而不变耶？《中庸》曰：非天子不议礼、不制度、不考文。孔子曰：

---

① 嘉靖帝：《正孔子祀典说》，《嘉靖祀典考》卷15，第18页。
② 嘉靖帝：《正孔子祀典申记》，《嘉靖祀典考》卷15，第21页。

礼乐征伐自天子出。然则所谓天子者,岂专指创业之君言邪?信如诸臣之议,则守成之主皆无所事矣,虽周公、孔子之圣亦不敢作礼乐矣。所谓善继人之志、善述人之事矣,皆无所用其力矣,无乃失之远乎?①

嘉靖帝与祖宗一致之处也被捕捉,"继志述事"的依据更加确定,这是一脉相承而又与时为新的政治活力的表现:

> 乃知我太宗文皇帝建庙之谋当时已有成说,稽首仰而叹曰:惟我皇上当天应运,制礼作乐,聿兴追崇之典,同符文祖创业垂统之谟,继志述事之孝,先后一揆,缉熙重光,夫岂偶然之故哉?②

(二) 孔子祀礼之"师"位

强调天子制作之权、规复君师合一的帝王道统、重提孔子述道明道而不同于行道,其交集是"位"之于礼、之于道的前提性地位。改革孔庙祀典,正是"位"的问题在君臣心目中萦绕不去的反映。"有人于此,列尧、舜、禹、汤、文、武之像而祀之,其罹刑禁也必矣。孔子虽三尺童子皆得以祀之尊之,以师故也。"③ 圣王之祀,为君王所独擅,通祀对象之别已反映政治考量,但道统说还指引君王与士大夫反复斟酌如何对待有德无位之孔子。中国传统中政治与学术的紧密关系于此彰显,但又不宜轻以诸如"政治与学术"这样的二元结构分析其中的运行逻辑,毕竟,道统与治道都是整全的概念。熊鈇论证将圣王之祀高过孔子以彰显道统之本,又以孔子通祀而崇道教化天下,就是礼制为道统提供的既彰显正统所在,又通过传道之师来实现教化万民的制度弹性。

弘治十四年,陈白沙弟子林光应诏陈言,首讲"明祀典以求圣心之安"。针对"成化间,礼官建议以天子礼乐祀孔子,加乐舞之数、增笾豆之品,朝廷重道崇儒,遂准其奏,颁行天下,所以尊孔子可谓至矣极矣",林光认为"读

---

① 《分郊会议第一疏》,《嘉靖祀典考》卷1,第28页。
② 《庙器》,《嘉靖祀典考》卷14,第18页。
③ 张璁:《先师孔子祀典或问》,《张璁集》,第196页。

孔子之书，缘孔子之心，恐有未安"，"若夫天下之大分，礼之所不可逾者，万世臣子之所当守也。况孔子为礼乐之宗主，有一毫之可苟乎"？不仅建议"祀孔子宜从太祖高皇帝所定，仍用王爵，礼秩皆然"，而且题额还要去掉王号："宜曰'至圣先师孔子之神'，则尊严之意自在其中矣，不必加以繁辞、隆之过礼也。"①

嘉靖九年十月二十四日始，张璁上《覆考定先师祀典疏》（即《议孔子祀典第一》）等三道奏章。② 明世宗认为："孔子祀典未正，久关朕心，将欲命议，览卿此奏，考论精详，核实名分，崇师尊道，足见至意。"③ 乃御制《正孔子祀典说》《正孔子祀典申记》，支持张璁的建议，参与讨论决定，申明改祀之义。综合这些文件，可见对孔子祀典之义的讨论主要集中在以下方面。

"孔子祀典之紊，实起于谥号之不正也。"④ 正祀典，以明确"名""位"为先，以"核实名分"为务。张璁援引国初吴沉《孔子封王辩》的"详明"论说为据："后世之礼，有甚似而实非者，不可不察也。""孔子，圣人也。生不得位，殁而以南面之礼尊之，其说似矣。然王，君之号也。夫子，人臣也。生非王爵，死而谥之，可乎哉？"加孔子王号不符合夫子"必也正名乎"的主张，与孔子《春秋》正名的实践不一致："臣而王之，于名正乎？于言顺乎？春秋之时，列国有僭王称者矣，麟经之笔，削而黜之。盖名者，实之著也。无其实，有其名，谓之淫名。夫子之生也，不获有尺之土，今而以有天下之号归之，在天之灵，其肯歆之哉？"夫子批评子路"无臣而为有臣"，他自己断然不认同"非王而可以称王"。孔子有德无位，但不能以此而使名实不一："有德必有位，理之常也。有其德而无其位，此则夫子之不幸也。曾谓以无实之称，而足以为圣人荣乎？"这是夫子有道也不能改变的事实："谓夫子有王者之道则可，谓夫子有王者之号则不可。"从经典中其门下高弟之称孔子也可看出这个义理："观其门人弟子不敢过号其师，则知以无实之谥加于圣人，必非圣人之

---

① 林光：《应诏陈言疏》，《南川冰蘗全集》卷1，黎业明点校，上海古籍出版社2021年，第19页。
② 张璁：《议孔子祀典第一》，《张璁集》，第181页。
③ 《嘉靖祀典考》卷15，第16页。
④ 张璁：《议孔子祀典第二》，《张璁集》，第192页。

意也。"①

张璁认为，孔子符其实的号是"师"或"先圣先师"，二帝三王本身兼君师之职，孔子则得而为师，师本来就是源自二帝三王的尊号：

> 夫子之泽不被于当时，而其教实垂于万世，褒之以王之贵，曷若事之以师之尊乎？《书》曰："天降下民，作之君，作之师。"古者治教之职不分，君即师也，师即君也。二帝三王，尽君师之责者也。若夫子则不得君而为师者也。师也者，君之所不得而臣者也。故曰，虽诏于天子无北面，所以尊师也。彼以王爵之贵为隆于称师者，习俗之见也。

师道足以尊矣，尊圣人"在明其道，不在乎王不王"②。师者自尊，不必妄加谥号，张璁认为后世皆称"先师孔子"，"以见圣人所以为万世尊崇者，在道不在爵位名称"。③

从学礼来看，称"师"也更为合适。"《记》云：'凡立学，必释奠其先圣先师。'则知古学宫之祭，惟尊之以师，而未尝有王号也。"

"礼莫大于分，分莫大于君臣。"④孔子既无王号，其从祀者更无论矣，张璁认为王者文庙参拜造成了礼制失序：

> 夫以冕旒之尊，而临夫俎豆之地，圣人百世之师，坐而不起，犹之可也；若夫从祀诸儒，皆前代之缙绅，或当代之臣子，君拜于下，而臣坐于上可乎？臣知非独名分之乖舛，而观瞻之不雅，窃恐圣贤在天之灵亦有所

---

① 张璁：《议孔子祀典第一》，《张璁集》，第181页。嘉靖也用孔子恪守王道纲常来支持自己的正名论："孔子当周家衰时，知其不能行王者之道耳，乃切切以王道望于鲁、卫，二国之君竟不能用孔子之道。孔子既逝，后世至唐玄宗乃荐谥曰'文宣'，加以王号。至元又益以谥为'大成'。夫孔子之于当时诸侯有僭王者皆笔削而心诛之，故曰：孔子作《春秋》而乱臣贼子惧。孔子生如是，其死乃不体圣人之心，漫加其号，虽曰尊崇，其寔因为乱贼子之徒，是何心哉？"(《正孔子祀典说》，《嘉靖祀典考》卷15，第19页。)
② 张璁：《议孔子祀典第一》，《张璁集》，第182页。
③ 张璁：《议孔子祀典第一》，《张璁集》，第183页。
④ 张璁：《议孔子祀典第二》，《张璁集》，第192页。

不安也。①

孔子与文庙从祀诸儒皆被纳入君臣之位差的礼制体系中打量，便生出诸般不妥。与之配套的是，从祀者中"子坐于上，父坐于下"的安排也被建议调整，以明人伦之礼。② 这是要用现实的君臣、夫子之伦常礼法重整孔庙祀典，使之成为现世伦常的严格、如实的展示。

嘉靖帝认为张璁的更革之议"为名分也，为义理也，非谀君也，非灭师也"，自己也是一样，而非"以位而凌先师"。③ 孔庙祀典"事关纲常"，"不可不急于正之"。关乎纲常者，最重要的是"号与服章"，"亦关于朕者"。而"至于服章之加，因其位耳"，所以最重要的还是"位"及标识之号。嘉靖帝断言："朕惟孔子之道，王者之道也；德，王者之德也；功，王者之功也；事，王者之事也；特其位也，非王者之位也。"④

在讨论中，嘉靖帝彰显本朝圣王继承道统。张璁认为孔子固有"大德"，但无"真实之德"，所谓"大成"（"集大成"）只是孟子于"乐"之譬喻假设："成者，乐之一终也。孟子以乐之始终兼圣智之全，譬喻孔子之圣兼伯夷、伊尹、柳下惠之清、之任、之和，而时出之，盖假设之辞，非真实之德也。"⑤嘉靖帝虽然提出孔子之德有与王者之德重合的部分，但仍认为唯有君主方能成尧舜圣王之德，明代太祖君师合一，德与尧舜并肩，相形之下，孔子仅是师者，不能居于王位，"圣仁神智、武功文德"亦等而下之：

> 至于称王，贼害圣人之甚者，以有是德、宜居是位，尧舜是也；无其德而居是位者，昏乱之君桀纣幽厉是也。若后世之为君而居王者之位者，其德于孔子，或二三肖之、十百肖之，未有能与之齐也。至我太祖高皇帝，虽道用孔子之道，而圣仁神智、武功文德直与尧舜并矣，恐有非孔子所可拟也。由是观之，王者之名不宜伪称，王者之德不容伪为。伪称者近

---

① 张璁：《议孔子祀典第一》，《张璁集》，第184页。
② 张璁：《议孔子祀典第一》，《张璁集》，第186页。
③ 嘉靖帝：《正孔子祀典说》，《嘉靖祀典考》卷15，第20页。
④ 嘉靖帝：《正孔子祀典说》，《嘉靖祀典考》卷15，第18页。
⑤ 张璁：《议孔子祀典第一》，《张璁集》，第183页。

于僭乱,伪为者近寔未有尽之也。①

认为孔子的角色和地位是"明道":"君父有兼师之道,师决不可拟君父之名。孔子本臣于周,与太公望无异。所传之道,本羲、农之传,但赖大明之耳,否则不必言祖述尧、舜。"② 对于张璁定孔子为"先师",嘉靖帝大加赞赏,并强调将孔子之为师与帝王相区别:"孔子为帝王师,特以道与德为帝王师法耳,在孔子先亦有帝王,岂可无别?况非礼之正,岂得谓之尊师?览卿此奏,论辨甚正。礼部上紧会议更正,勿得避畏小人邪说。"③

嘉靖认为孔子必不认同"僭王"的谥号与服章之礼:"夫孔子设或在今,肯安享之?昔不观鲁僭王之礼,宁肯自僭祀天之礼乎?果能体圣人之心,决当正之也。"而张璁发现的服章、从祀等诸问题,根源皆在于名位紊乱:

> 孔子尝曰:名不正则言不顺,言不顺则事不成。何其不幸,身遭之哉!夫既以王者之名横加于孔子,故使颜回、曾参、孔伋以子而并配于堂上,颜路、鲁晳、孔鲤以父从列于下,安有子坐堂上,而父食于下乎?此所谓名不正者,为皆由纲领一紊,而百目因之以隳。……今也不正,滋来世非道将见子不父其父,臣不君其君,内离外叛,可胜言哉?④

张璁作《先师孔子祀典或问》,上承宋濂的讨论:"不以古之礼祀孔子,是亵祀也。亵祀不敬,不敬则无福。"所谓"古之礼",就是纠正唐宋加封孔子王号及相关礼制安排。张璁认为:"孔子祀典自唐宋以来,溷乱至今,未有能正之者。""乱""正"何所指?唐宋正是孔子祀典升格的时代,张璁一语道破实质。

张璁引用《政监》之论,认为唐玄宗加封孔子王号不过是一系列礼制错误将错就错的结果,甚至以老氏、武夫之道涓乱儒道:

---

① 嘉靖帝:《正孔子祀典说》,《嘉靖祀典考》卷15,第19页。
② 《明世宗实录》卷119,嘉靖九年十一月,第2831页。
③ 嘉靖帝圣旨,《嘉靖祀典考》卷15,第27页。
④ 嘉靖帝:《正孔子祀典说》,《嘉靖祀典考》卷15,第20页。

唐玄宗开元既尊老子为玄元皇帝，尊太公为武成王，则追谥孔子，盖有不得而阙然者也。夫自汉元始初追谥孔子以来，历魏、晋、隋、唐各有加封，然释奠于学校，止称先圣，岂可专以开元二十七年李林甫不学无术之谬制为万世成式乎？且宣之一字，于谥法为轻，当时不过以配太公武成之号，岂足以赞孔子大圣人乎？①

其祀礼更革，不只一端，但将孔子之"位"还原、降低，"孔子撤王封，从祀弟子削爵称"，是最重要的一个方面。② 张璁此议并非迎合世宗之突发奇想，而是来自太祖以降的议论，从上文可见。

嘉靖帝也认为唐玄宗以前的汉唐贤明之君未予孔子王号，是"不敢拥虚名以示尊崇之意"，而"林甫之请、玄宗之加，意必有为，林甫之为臣也，何等样臣也，其意或假尊崇师道以欺玄宗，与玄宗之所加也，何其巧也"。对于孔子之"王"号，究系二帝三王之王亦即同于人主，还是秦汉以降皇帝位之下的诸侯王，本有不同意见。嘉靖帝认为开元以后所加之"王"不过是皇帝下位之王，实属混入老学、虚假崇儒，并造成礼制紊乱：

自秦而后，王天下者称皇帝，汉方以王号封臣下，玄宗之封谥孔子，何不以皇帝加之？是不欲与之齐也。特以一王号，犹封拜臣下耳。尊崇之意何在哉？这个"王"字非王天下之"王"，寔后世封王者之王也。由是夷君武宗假托之而加谥，宋徽宗荐十二章服，徽宗之加，欲掩其好道教而设此以尊崇耳。况以诸侯王而僭天子之服章，诬之甚也。③

而在批评唐玄宗君臣的背后，是王道衰坏、释老侵入的道统绝续大叙事，嘉靖君臣宣称改正孔子祀礼之意正在于续道统、卫圣道。君师道一才能"一道德，同风俗"，孔子继君为师，维系王道，王道得传，统系在兹：

---

① 张璁：《议孔子祀典第一》，《张璁集》，第182页。
② 黄进兴：《学术与信仰：论孔庙从祀制与儒家道统意识》，《优入圣域》，第306页。
③ 嘉靖帝：《正孔子祀典申记》，《嘉靖祀典考》卷15，第21页。

《书》曰：天降下民，作之君，作之师。盖古者帝王继天立极，而君师之道一，故人皆以君为师，所以治教体明，道德一而风俗同也。世至春秋，圣王不作，教化陵夷，孔子推明王道，以身设教，为天下人宗师，故门人有品其事功，以为贤于尧舜，道统之传于是在矣。自是以后，上自天子，以至庶人，苟志于道，莫不宗孔氏为先师，盖心悦诚服如七十子者也。

释、老侵入，王道之师道不尊，乃封孔子为王，实则废弃师道：

自汉以来，功利益炽，佛老继出，虽世不乏明道之儒，又往往不遇圣明主张斯教以一道德、同风俗。至于开元之际，一时君臣不知道为何物，且不知孔子先师之名之为重，乃以王爵封之以为尊孔子，而先师之名遂泯，是虽欲尊孔子而实不知所以尊也。乃使帝王所谓能得师者王，遂贸焉莫之或知，而师道废矣。

嘉靖帝出，方还孔子以正道真义，一洗千古礼制之陋：

仰惟皇上继天德立人极，首正君臣、亲父子，明大伦于天下。又惟孔子祀典未正，实大伦所系，于是仍身体孔子之心，御制《正祀典说》并《申记》，其所以正名分，申明君师之道，以淑人心至矣备矣。且并下辅臣所集今昔诸儒臣之议令廷臣集议，臣等仰惟圣明至见，真所谓百世以俟圣人而不惑，而一洗千古之陋者也。其以孔子之道尊孔子，孰有大于是乎？①

"位"既辨明，"礼"便从之。嘉靖帝认为："又至八佾之舞、十二俎豆，又僭礼之甚也。决所当正。"礼制调整为：

今宜称先圣先师，而不称王。祀宇宜称庙，而不称殿。祀宜用木主，其塑像宜毁撤。笾豆用十，乐用六佾。叔梁纥宜别庙以祀，以三氏配。公

---

① 《嘉靖祀典考》卷15，第27页。

侯伯之号宜削，只称先贤、先儒。①

祭告祝文亦一准之"先师"之位，与圣王相区别：

> 皇帝遣　　致告于至圣先师孔子曰：自昔混沌之初，天命羲农轩圣创世开物，以至尧舜禹汤文武周公及先师，列圣相继，奉天行道，立教诲人。肆我圣祖，再造区宇，化行天下。我圣祖崇礼于先师者，御制有文，典册具在，予惟寡昧之人，近仰遵祖宪，去胡元亵慢之偶像，如祖制崇礼之圣谟，号称核实，俎豆究本，以遵祖典，兼体先师至意，予实不聪，赖先师默鉴，及良辅鸿儒所替之也。爰择令辰，特命南京礼部堂上官府州县掌印官奉安先师神位以及配从之位于此。惟先师鉴知永依，陟降大运神化教我君臣，俾予性理早开而无负皇天付托之眷命，暨士庶学业咸正，而无违先师传道之至情。予实有望焉。惟先师觉之。②

从唐宋以降道统构建与孔子称号变化之过程，可见明世宗此举的广阔历史脉络，平心而论，不乏理据与前人铺垫。今日学者仅以君威专断、专制理解之，强调反对的声浪，认为沈德符"上素不乐师道与君并尊"之语"实一语道破世宗的心结"，则只是基于事件的截面而有所放大。③ 或尚不如庞钟璐评张璁"意虽私而论则公"之语公正。④ 世宗改定祀典，虽以"大礼议"等机缘为特定背景，张璁之议论，不无对世宗之迎合，但特定历史条件、个人用意所引出的礼制改革内容与方向，却正表明了时人心中孔子道统身份的张力与升降的调适。明人陈建反对杨守陈《请尊孔子帝号议》，而赞同吴沉、丘濬定于"师位"之说，亦可表明时人之一般观念：

---

① 《明世宗实录》卷119，嘉靖九年十一月，第2823页。《嘉靖祀典考》卷15，第29页。
② 《嘉靖祀典考》卷15，第37页。
③ 黄进兴：《道统与治统之间：从明嘉靖九年（1530）孔庙改制论皇权与祭祀礼仪》，《优入圣域》，第165页。
④ 庞钟璐：《文庙祀典考》卷4，《历代文庙研究资料汇编》（第8册），国家图书馆出版社2012年，第318页。

吴、杨二公之论，皆所以尊孔子，然不若吴氏为得圣心所安，而亦不失其为尊崇也。或曰："天生圣人，为万世道德宗主，不加以谥号，将何以称？"琼山丘氏曰："千万世之下，惟曰先师孔子，以见圣人所以为万世尊崇者，在道，不在爵位名称也。"斯言确矣。至嘉靖中，我皇上英明卓见，断然行之，一如吴氏所议、丘氏所称。且撤去塑像，易以木主，尽洗前古之陋，一正百王之典，猗与！伟与！①

值得注意的是，张璁在论证中运用了"心法"的逻辑："仰惟皇上仁义中正，断之以心，所谓唯圣人能知圣人者也。"②

（三）帝王庙与"圣师祭"

"圣师祭"作为道统新祀典的压轴出场，尤其值得再三体会，也为明代的帝王和孔子祀典更革"画龙点睛"。

与五德终始说相应的五帝祭祀，经嘉靖的改革，在明清两代消失了。这是宋代以来"试图建构不依据超自然的新王权理论"的结果。③ 值得注意的是，嘉靖之历代帝王庙并非简单沿袭太祖之制，还有一个渊源：朱元璋在洪武六年兴建历代帝王庙之后，也在洪武二十一年以历代帝王从祀圜丘祭坛，以历代名臣从祀帝王庙。"帝王一坛开载祖训，春于大祀坛从祭，秋祭于本庙。"④ 这让人想起王莽时代的人帝、人官配祀天帝之制。

嘉靖九年郊祀改为天、地分祀，郊坛从祀随之调整，天神从祀天坛，地祇从祀地坛，"二十四坛祈谷，俱不从祀"⑤。右春坊右中允廖道南奏，历代帝王属于人鬼，跻身天地神祇之间，比于岳渎之列，其位不正：

> 《舜典》曰：咨四岳，有能典朕。三礼蔡沈注谓，祀天神、享人鬼、祭地祇之礼也。《周礼》大宗伯掌建邦之天神、人鬼、地祇之礼，天、地、

---

① 陈建：《皇明通纪·历朝资治通纪》卷24，钱茂伟点校，中华书局2008年，第939页。
② 张璁：《议孔子祀典第三》，《张璁集》，第194页。
③ 妹尾达彦：《隋唐长安与东亚比较都城史》，第88页。
④ 《历代帝王祀典疏》，《嘉靖祀典考》卷14，第7页。
⑤ 《历代帝王祀典疏》，《嘉靖祀典考》卷14，第7页。

人臣之位既不可以混而无别,天、地、人鬼之祭尤不可杂而无纪也。今之郊祀历代帝王一坛,于五岳、四渎之间,是跻人鬼于天地神祇,非所以别嫌明微以通幽明之故也。《礼》王制,五岳视三公、四渎视诸侯,以帝王而视之岳、渎,亦不伦矣。况南畿历代帝王庙每岁致祭,宜归其本庙礼也。夫郊庙一体也,天人一道也,未有郊祀宜急而庙祀独缓者。①

礼部赞同此议:"郊礼从祀天神地祇各以类从,以帝王人鬼杂于其间,诚为弗当。"② 但对于如何春秋致祭,并无主意:

> 伏检《大明会典》,历代帝王庙遇子午卯酉年,朝廷传制遣道士赍香帛致祭,各陵寝本庙不祭。嘉靖十年辛卯,正遇停祭之年,今奉加添春祭一坛,不知停祭年分于庙一体行礼,惟复别有定夺,再照本庙每年止是秋祭,今加春祭,合另用祝文。

奉旨再奏建议:

> 看得历代帝王,先奉有圣谕,于京都建庙致祭,其南京春祭不必加添,但营庙宇非旬月可完,有误春祭。合无嘉靖十年暂于南京本庙权添春祭一次,况文照旧物,令行应天府支给官钱买办,以后春祭俱在北京,著为常例。其明年系停祭年分,各照旧例奉行。

嘉靖帝旨曰:

> 古先帝王春祭,南京不必增添,待庙成,春、秋俱在京行礼,今来春暂于文华殿设坛,朕亲一举,后朕亦亲往一次,继是俱命官传制行礼。③

---

① 《嘉靖祀典考》卷3,第30页。
② 《历代帝王祀典疏》,《嘉靖祀典考》卷14,第7页。
③ 《历代帝王祀典疏》,《嘉靖祀典考》卷14,第8页。

于是，建历代帝王庙于北京。① 先代帝王不再为神而配天，这正是祀典中人间治道进一步从天道中分离出来的表现。而此前长期存在的以历代帝王从祀天地的做法，则提示今人对先代帝王祀典，应从禘郊祖宗和五帝之古代祭礼中追溯远源，不可仅取汉唐特别是唐代狭义的先代帝王崇祀而论。即便到了明代，古制仍留下了踪影。

嘉靖议作帝王祀礼具有示范性。修撰姚涞依样主张"惟祀事有三，曰天神、地祇、人鬼，载之礼经，义各有在。而人鬼之祭则所以续往烈而示来世也"。当今既然"遵祖宗之典，崇帝王之祀，人鬼之尊且大者，宜莫重于是"。而华夷大分亦是纲常之重，"中国之与夷狄，其限至明，而其防至明而至严也，是故内中国而外夷狄，尊中国而卑夷狄，进中国而退夷狄，贵中国而贱夷狄。若天地之不可交覆，君臣之不可易置，若茵足之不可倒悬"。应重议帝王庙中祀及元世祖之礼，"正祀典以光圣治"。② 从中亦可见此番制作帝王祀礼的影响力。

十年春，历代帝王庙未建成时，同于文华殿设祭的，是"圣师祭"。明世宗在文华殿东室兴"圣师"之祭礼，可谓在偶像系统上集成道统正统谱系，表达直接其传的向往："奉皇师伏羲氏、神农氏、轩辕氏，帝师陶唐氏、有虞氏，王师夏禹王、商汤王、周文王武王，九圣南向。左先圣周公，右先师孔子，东西向。每岁春秋开讲前一日，皇帝服皮弁，拜跪，行释奠礼。用羹酒果脯帛祭于文华殿东室。"（《明史·礼志四》）③ 此前，大臣许诰撰《道统书》，言宜崇祀五帝、三王，以周公、孔子配享，圣师祭即采用其言。（《明史·许进许诰传》）嘉靖自述用意："朕奉先圣先师神位于此，庶有所起敬起慕，以为进

---

① 赵克生：《明朝嘉靖时期国家祭礼改制》，第129页。
② 《论元世祖疏》，《嘉靖祀典考》卷14，第9页。
③ 《奠告先圣先师仪》："仲春、仲秋奠告。皇师伏羲氏圣位、皇师神农氏圣位、皇师轩辕氏圣位、皇师陶唐氏圣位、帝师有虞氏圣位、王师夏禹氏圣位、王师商汤氏圣位、王师周文王圣位、王师周武王圣位，以上俱南面。先圣周公之位，东；先师孔子之位，西。正祭日昧爽，太常寺陈设酒果笾豆祀帛讫，候上具皮弁服由文华殿出，内替对引导上至拜位，奏就位；上就御拜位，内替导上至伏羲氏前，奏'搢圭'，奏'上香'，讫，奏诣各神位前上香，讫，奏'出圭'，奏'复位'，上复位，奏'再拜'，读祝官启祝，跪，内替奏'跪'，上跪，替读讫，附伏，具平身，读祝官安祝退讫，奏'再拜'，讫，奏'焚祝帛'。上退拜位之东，立捧，祝帛官出门奏'礼毕'，内替对引导上出，回宫。"（《嘉靖祀典考》卷15，第60页。）

修之地。朕不聪，赖先圣先师启佑于冥冥之中。"张璁等亦明白此举系"天子之学"，兼有治教之意，并不限于师教，而是"皇上景仰哲王，以图治化"。嘉靖又告于奉先殿、崇先殿，敕谕张璁等曰："朕以奉安圣师告于祖考，礼成。朕惟祖考、圣师岂无以加教于朕者？"这又从告于祖宗之礼隆重了传承治道之意。① 这个新礼制在很大程度上回到了《周礼》《礼记》等经典所载的治道本来意义上的"作者之谓圣，述者之谓明"之"圣"，"凡有道者、有德者，使教焉"之"师"。张璁立即想到了韩愈、朱熹的道统说对圣人之位的谱系排列，认为这是世宗"圣明致使报本之意"，"然在今日，继古圣王之道统者，非圣明其孰能之"？② 历代帝王庙建成行礼后，仍举行圣师祭。自嘉靖十年，每年春、秋开经筵之日，皆对从伏羲到周武王、周公以及孔子等"先圣先师"先期行礼，用祝式。③ 嘉靖亲祭历代帝王庙的一应仪注俱照文华殿行礼。历代帝王祭礼与圣师祭在文华殿这一空间的重合并非偶然，从中可见圣师祭之于崇拜先代帝王之不可或缺，共同组成道统祭典。

嘉靖兴作圣师祭，而告于奉先殿，是因为奉先殿是明代比太庙更加具有实质性的祖先崇祀场所，这也说明圣师祭的重要性。历代帝王庙建成后，礼部题请嘉靖帝诣庙行礼，嘉靖帝圣旨："是还以殿成朕往之意，预闻皇祖即前朝后寝行礼。"④"前朝后寝行礼"具有深意。明朝太庙从洪武三年就形成了内外之祀的格局："国家有太庙，以象外朝；有奉先殿，以象内朝。"⑤ 明人视外朝为限于形式，多重内朝（内阁即其明证），如王鏊《亲政篇》所申：

> 愚以为欲上下之交，莫若复古内朝之法。盖周之时，有三朝：库门之外为外朝，询大事在焉；路门之外为治朝，日视朝在焉；路门之内曰内朝，亦曰燕朝。《玉藻》云："君日出而视朝，退适路寝听政。"盖视朝而见群臣，所以正上下之分；听政而适路寝，所以通远近之情。……盖天有三垣，天子象之：正朝，象太微也；外朝，象天市也；内朝，象紫微也，

---

① 《明世宗实录》卷120，嘉靖九年十二月，第2868页。
② 张璁：《议祀先圣》，《张璁集》，第199页。
③ 《明世宗实录》卷121，嘉靖十年一月，第2904—2905页。
④ 《亲祀仪注》，《嘉靖祀典考》卷14，第4页。
⑤ 孙承泽：《春明梦余录》卷18《奉先殿》，王剑英点校，北京出版社1992年，第261页。

自古然矣。①

故太庙的礼仪形式意义已大于实质，方有奉先殿之祭。嘉靖九年正月，明世宗欲改郊礼，即与张璁商定告卜于奉先殿太祖之位前："今内之奉先殿我太祖室前设有一神签筒，闻未尝用者，我圣祖垂制，或为今日之事乎。"而"朕惟此在内欲预告占，或先询群臣"的内外分际正说明了其空间意义所在。② 其肇始的历代帝王庙与圣师祭的组合结构之深意亦如是。

清代沿用圣师祭之礼，在文华殿东设传心殿，祭十一位圣贤，经筵前告祭奉先殿、传心殿。孔子去王号，称"至圣先师"，亦为清代沿用：

> 给事中张文光言：圣至孔子，赞美难以形容。曰"至圣"则无所不该，曰"先师"则名正而实称。顺治初年仍元旧谥而不称王爵，追王固属诬圣，即加"大成、文宣"四字，亦不足以尽孔子，宜改主为"至圣先师孔子"。诏从之。③

历代帝王庙和圣师祭，表征了总体上连续的帝统与"千五百年"不明不行的道统相互补充，成为治道正统的复合式礼制呈现。圣师祭和传心殿不能取代历代帝王庙，反之亦然。王权、道统等源流统系都予以呈现，历代帝王庙突出王权象征，圣师祭则彰显道统与治道遵循。这是一个复合因革的礼制，兼顾了道统的传承和治统的接续，但道统无疑是涵纳且高于治统的，圣师祭和传心殿才是崇祀历代帝王的精神寄托和价值标榜。道统之圣王治道内涵的彰显，使其对政治正统观念发生了重要影响，君主以这日益神圣的道统观，改造先代帝王与孔子祀典，在礼制的损益中，我们看到了近世中国政治与学术深刻的内在关联。经过王道对当世治理的提升，对治理之道的理解也日益与学术、伦常等整体秩序的构建整合在一起。考虑到家礼等礼仪变迁即是在宋儒理学发明古礼的思想动力与社会实践下逐渐生成的，祀圣王这一礼仪变迁虽未最终成形，仍表

---

① 王鏊：《亲政篇》，《王鏊集》，吴建华点校，上海古籍出版社2013年，第294页。
② 张璁：《谕对录》卷13，明万历蒋光彦宝纶楼刻本，第15页。
③ 庞钟璐：《文庙祀典考》卷1，第148、145页。

征了圣王道统之理想型的影响力。治道"全体大用"必将形而为礼。

第三节 "位""道权"与"政教之全"

帝王君师合一，拥有对"道"的最高实践权与解释权。道统的"本朝"化、意识形态化，并不意味着国家与君王完全垄断道与道统的传承事业。皇帝直接道统，但仍保留帝王自居之君师与"先师"孔子以降之师儒的并存，亦已见于围绕"位"的孔子祀典调整。"明道"之于国家而言，是握有意识形态的权力，士人在国家标准思想的指导下，特别是在王纲框架内，传道授业，明道而辅成明良的朝局。行道与明道的分与合在多个层次上展开，高低错落，交织竞合。在王道"向上透一著"而又落入政治网罗的时代，士人何以自处，又如何影响治道整全之"统"？

一、"明道-行道"与"知行合一"

"王道"之社会政治秩序内涵本以纲常为大。本朝君主直接道统，作君作师，道统内蕴的王纲之义彰显。这个义理化的秩序，以"位"为基础："《春秋》大一统，在天下尊王，在国尊君，在家尊父，这三件起来便治，这三处失位便乱。在人身尊德性，德性用事便治，才性用事便乱。圣人汲汲说忠、信、孝、悌、仁、义，只是为这几处说。"① 这是当然之天理："自然谓之天，当然谓之天，不得不然谓之天"，"君尊臣卑，父坐子立，夫唱妇随，兄友弟恭，此之谓当然"。②

在这样的意识形态和思想观念中，对治道的认识，保有基于"位"的行道与明道之别。曹元用以"帝王之政"和"孔子之教"来论说程颐的基调，可见"道统者，治统之所在"的决定论意味，也可见得位行道的重要性："孔子之

---

① 许衡：《许文正公遗书》卷1《语录上》，《许衡集》，许红霞点校，中华书局2019年，第56页。
② 吕坤：《呻吟语》卷4《外篇·天地》，《吕坤全集》，第772页。

教，非帝王之政不能及远；帝王之政，非孔子之教不能善俗。教不能及远，无损于道；政不能善俗，必危其国。"① 明人陈建用"帝王之统"和"圣贤之统"来系统之：

> 有帝王之统，有圣贤之统。如汉祖、唐宗、宋祖开基创业，削平群雄，混一四海，以上继唐、虞、夏、殷、周之传，此帝王之统也；孟子、朱子距异端，息邪说，辟杂学，正人心，以上承周公、孔子、颜、曾、子思之传，此圣贤之统也。②

王洙强调道统为一，因"位"而化为行道、明道两端：

> 道也者，天道也。天不变，道亦不变。惟圣君贤相得以行之，惟真儒得以明之。③
>
> 统，一也。有自行道而言者，有自明道而言者。行道者，圣人在天子之位是也，辅相赞襄之功不可无；明道者，匹夫有圣人之德是也，师友讲明之益不可缺。④

在理学讲明圣人王道义理的学术氛围中，明人继续在明道上用功。陈献章论明道与行道，以"明"为前提：

> 三代以降，圣贤乏人，邪说并兴，道始为之不明；七情交炽，人欲横流，道始为之不行。道不明，虽口诵万言，博极群书，不害为末学；道不行，虽普济群生，一匡天下，不害为私意。⑤

---

① 曹元用：《代祀阙里孔子庙碑》，《全元文》（第24册），第262页。
② 陈建：《学蔀通辨终编卷下》，《陈建著作二种》，黎业明点校，上海古籍出版社2015年，第270页。
③ 王洙：《史质叙略》，《宋史质》卷首，第5页。
④ 王洙：《宋史质》卷100《道统四·道统后叙》，第468页。
⑤ 黄宗羲：《明儒学案》卷5《白沙学案上》，沈芝盈点校，中华书局2008年第2版，第89页。

吕坤说得更为直截明了:"道之不行也,我知之矣,不明故也。道之不明也,我知之矣,不明明故也。"故作有《明庸》《明诚》《明明》《明恒》《明定》《明敬》等一系列文章。①

明道在于"道心",心法是帝王与士人共守的治道要法。"圣人之学,心学也。学以求尽其心而已。尧、舜、禹之相授受曰:'人心惟危,道心惟微,惟精惟一,允执厥中。'"②于是,周敦颐、程颢、王阳明"远接孔、曾,以上溯道心精一之旨"的语录,就被称为"此正学心法也",且以名书。③

并明道与行道而道统归一,是儒家王道在明代的具相,为朝野所共同信奉,作为帝王的意识形态,又深远影响读敕撰书的士子,推高了士林的信守与追求。"心"与"心法"的讲求,推动了个体之"心""良知"作为治道运行之本位的生成,为明道与行道合一提供了新的思想基础,塑造了道之个体实践的新形态。

道统于一的时代政治与思想语境,"心"和"心法"的运用,引王阳明以"心体"为"头脑"勘破了"物-理""物-知""理-心"之客观外在与主观内在的分际处,发扬"心即理",从"良知""天地万物一体之仁"推出"知行合一",宋儒以来的"合内外之道、之理"转进而入于自心。相较而言,如"众物之表里精粗无不到,而吾心之全体大用无不明"之说,朱子的"全体大用"是在"外-内"的格局中展开的。王阳明从宋学式的全体大用走向一元化的心本位构建,以"心"为"一":"虚灵不昧,众理具而万事出。心外无理,心外无事。"④由此看去,朱子论道皆限于"二""分",如:"心一也……今曰道心为主,而人心听命,是二心也。"⑤"朱子所谓'格物'云者,在即物而穷其理也。即物穷理,是就事事物物上求其所谓定理者也。是以吾心而求理于事事物物之中,析心与理而为二矣。"⑥他批评:"此理岂容分析,又何须凑合得?圣人说精一,自是尽。"⑦朱子则说:"'致知格物'者,尧舜所谓精一也。'正心

---

① 吕坤:《明明》,《吕坤全集》,第273页。
② 王守仁:《重修山阴县学记》,《王文成公全书》卷7,第311页。
③ 胡直:《刻正学心法序》,《胡直集》,张昭炜编校,上海古籍出版社2015年,第164页。
④ 王守仁:《王文成公全书》卷1《传习录上》,第19页。
⑤ 王守仁:《王文成公全书》卷1《传习录上》,第9页。
⑥ 王守仁:《答顾东桥书》,《王文成公全书》卷2《传习录中》,第55页。
⑦ 王守仁:《王文成公全书》卷1《传习录上》,第19页。

诚意'者，尧舜所谓执中也。"①

"心体"之一元的成立，进而推出不待外物、"知行合一"的行道新面向。从道之社会政治权力结构的"行道-明道"语境，来看王阳明的"知行合一"论，对其治道面相别有所领会。他说："知者行之始，行者知之成：圣学只一个功夫，知行不可分作两事。""知之真切笃实处，即是行；行之明觉精察处，即是知。知行工夫本不可离。"其隐语结构正是明道与行道："须于心体上用功，凡明不得，行不去，须反在自心上体当，即可通。盖四书五经不过说这心体，这心体即所谓道。心体明即是道明，更无二：此是为学头脑处。"这是将明道与行道都收归个体一心之领悟与驱动。②

不以社会政治条件为前提的，"致良知"后的个体行道实践由此证成。王阳明、王畿、吕坤都使用了"行道之人"的概念。③ 吕坤论"惟精惟一"：

> 圣人以见义不为属无勇，世儒以知而不行属无知；圣人体道有三达德，曰智、仁、勇，世儒曰知行只是一个，不知谁说得是？愚谓自道统初开，工夫就是两项，曰"惟精"，察之也；曰"惟一"，守之也。千圣授受，惟此一道，盖不精则为孟浪之守，不一则为想像之知。

将明道与行道集合在明德修道的个体一己之上："曰'致知'，曰'力行'。""曰'非知之艰，惟行之艰'。曰'非苟知之，亦允蹈之'。"④ 儒家"知行"的政治与治道意义，是由区别于二氏的治平关怀决定的。儒学亦有个体意义上的"笃行"，但"行"一定会涉及政治、治理之实践的意涵，当"心"成为第一义时，"知行合一"势必指向政治、治理的"行"。阳明常举事父事君、治民听讼等自治、治人之例，"我何常教尔离了簿书讼狱，悬空去讲学？"⑤，这样的

---

① 朱熹：《壬午应诏封事》，《晦庵先生朱文公文集》卷11，《朱子全书》（第20册），第572页。
② 王守仁：《王文成公全书》卷1《传习录上》，第17、19页。《答顾东桥书》，《王文成公全书》卷2《传习录中》，第52页。
③ 如：《明儒学案》卷12《浙中王门学案二》，第254页；吕坤《纲目是正序》，《吕坤全集》，第86页。
④ 吕坤：《呻吟语》卷2《内篇·问学》，《吕坤全集》，第710页。
⑤ 王守仁：《王文成公全书》卷3《传习录下》，第117页。

"行"与"知行合一"固然可以称之为"道德行动"①,亦可称之为"治理行动",是不依赖而又不离事物的"实学"。

心外无理、心外无事,"肯信良知原不昧,从他外物岂能撄!"②这样的以超越的心本体为治道价值挺立的思想推演,仍在宋儒"向上透一著"的王道建设脉络之内。它固有思想演进的内在动力,如顾宪成相对超脱而公允的评价:"自宋程、朱既没,儒者大都牵制训诂,以耳目帮衬,以口舌支吾,矻矻穷年,无益于得,弊也久矣!阳明为提出一'心'字,可谓对病之药。"对读书人进学的启发是突破性的:"宪少不知学,始尝汩没章句,一旦得读阳明之书,踊跃称快,几忘寝食。"③钱穆亦言:"即心即理,即知即行,易简直捷,无他道也。而推其极,亦归于'以天地万物为一体'。""夫'以天地万物为一体'者,此北宋以来理学家精神命脉之所寄也。"

> 今要以言之,则宋、明六百年理学……皆不出寻求"天地万物一体"之意,惟渐寻渐细,渐求渐近,乃舍本体而专论工夫,舍外物而专重我心,乃归结于即以我心独知之独体,为天地万物一体之体焉。此则六百年理学趋势之大要也……此六百年理学,亦可以一语括之曰:"大我之寻证"是已。④

我们要再为申明的是,此"大我"之哲学追问的背后,仍是治道的关怀,是王道的超越。"今夫天下之不治,由于士风之衰薄;而士风之衰薄,由于学术之不明。"⑤阳明心学从道统心法而来,治道为其关怀所在。知行合一,是要作用在开物成务、"治家国天下"上的。只要"致其本然之良知",就能"大本立而达道行"。阳明常谈"规矩尺度之喻",亦为王艮等门人所沿用,个体的良知、心、身就是"规矩",节目时变、制度名物、国家等外在的一切则不过是

---

① 陈立胜:《入圣之机:王阳明致良知工夫论研究》,生活·读书·新知三联书店2019年,第132页。
② 王守仁:《居越诗三十四首》之《月夜二首》,《王文成公全书》卷20,第934页。
③ 顾宪成:《泾皋藏稿》卷2,李可心点校,中国社会科学出版社2021年,第39页。
④ 钱穆:《国学概论》,商务印书馆1997年,第236、245页。
⑤ 王守仁:《送别省吾林都宪序》,《王文成公全书》卷22,第1014页。

"方圆长短"。

由"心即理"而尊王黜霸，显著于《拔本塞源论》。阳明高揭"圣人之心，以天地万物为一体"，以之释道统心法之传："推其天地万物一体之仁以教天下，使之皆有以克其私，去其蔽，以复其心体之同然。其教之大端，则尧、舜、禹之相授受，所谓'道心惟微，惟精惟一，允执厥中'。"但"三代之衰，王道熄而霸术焻；孔、孟既没，圣学晦而邪说横：教者不复以此为教，而学者不复以此为学。霸者之徒，窃取先王之近似者，假之于外，以内济其私已之欲，天下靡然而宗之，圣人之道遂以芜塞"。他反对从制度名物的层面恢复圣人之道，认为不可行：

> 世之儒者，慨然悲伤，搜猎先圣王之典章法制，而掇拾修补于煨烬之余，盖其为心，良亦欲以挽回先王之道。圣学既远，霸术之传积渍已深，虽在贤知，皆不免于习染，其所以讲明修饰，以求宣畅光复于世者，仅足以增霸者之藩篱，而圣学之门墙遂不复可睹。

举凡训诂、记诵、词章，皆此不归之学。道之不明，则"行道"无从谈起：

> 间有觉其空疏谬妄，支离牵滞，而卓然自奋，欲以见诸行事之实者，极其所抵，亦不过为富强功利五霸之事业而止。圣人之学日远日晦，而功利之习愈趋愈下。其间虽尝瞽惑于佛、老，而佛、老之说卒亦未能有以胜其功利之心；虽又尝折衷于群儒，而群儒之论终亦未能有以破其功利之见。盖至于今，功利之毒沦浃于人之心髓，而习以成性也，几千年矣。

明道不在于制度而在于义理：

> 谓圣人为生知者，专指义理而言，而不以礼乐名物之类，则是礼乐名物之类无关于作圣之功矣。圣人之所以谓之生知者，专指义理而不以礼乐名物之类，则是学而知者，亦惟当学知此义理而已，困而知之者，亦惟当困知此义理而已。

良知便是此义理。从"心学纯明"便可"全其万物一体之仁"。"规矩在我，而天下方圆不可胜用。"王阳明由此将理学王道之"心"的超越面发扬光大，认为唯有复心体之同然的知行合一之道，才能回复王道的天下：

> 所幸天理之在人心，终有所不可泯，而良知之明，万古一日，则其闻吾拔本塞源之论，必有恻然而悲，戚然而痛，愤然而起，沛然若决江河而有所不可御者矣！非夫豪杰之士无所待而兴起者，吾谁与望乎？①

"大人者，以天地万物为一体也。"意味着不依赖外界条件，发明《大学》"明德、亲民、止于至善"之义，正是超越空无的二氏之学与功利的霸道，达致王道之治：

> 昔之人固有欲明其明德矣，然或失之虚罔空寂，而无有乎家国天下之施者，是不知明明德之在于亲民，而二氏之流是矣；固有欲亲其民者矣，然或失之知谋权术，而无有乎仁爱恻怛之诚者，是不知亲民之所以明其明德，而五伯功利之徒是矣：皆不知止于至善之过也。是故至善也者，明德亲民之极则也。天命之性，粹然至善。其灵昭不昧者，皆其至善之发见，是皆明德之本体，而所谓良知者也。②

他自述"立言宗旨"就是以精一之心求王道之真：

---

① 王守仁：《答顾东桥书》，《王文成公全书》卷2《传习录中》，第66页；《明儒学案》卷12《浙中王门学案二》，第259页。王阳明并非否定人伦、制度，但认为其不过是"心"的配套设施，如在《重修山阴县学记》中论及："今之为心性之学者，而果外人伦，遗事物，则诚所谓禅矣；使其未尝外人伦，遗事物，而专以存心养性为事，则固圣门精一之学也，而可谓之禅乎哉！""有纪纲政事之设焉，有礼乐教化之施焉，凡以裁成辅相、成己成物，而求尽吾心焉耳。心尽而家以齐，国以治，天下以平。故圣人之学不出乎尽心。"（《王文成公全书》卷7，第312页。）他认为"圣人于礼乐名物不必尽知，然他知得一个天理，便自有许多节文度数出来。"（《王文成公全书》卷3《传习录下》，第120页。）在《稽山书院尊经阁记》中，又将六经置于心之下："求之吾心之纪纲政事而时施焉，所以尊《书》也。""故六经者，吾心之记籍也，而六经之实则具于吾心。"（《王文成公全书》卷7，第309页。）这是以"心"为本，驭物而治天下，并非格物穷理。
② 王守仁：《亲民堂记》，《王文成公全书》卷7，第305页。

> 我如今说个心即理是如何,只为世人分心与理为二故,便有许多病痛。如五伯攘夷狄,尊周室,都是一个私心,便不当理。人却说他做得当理,只心有未纯,往往悦慕其所为,要来外面做得好看,却与心全不相干。分心与理为二,其流至于伯道之伪而不自知。故我说个心即理,要使知心理是一个,便来心上做工夫,不去袭义于外,便是王道之真。此我立言宗旨。①

《拔本塞源论》与朱子论道统行文相似,或为有意之构拟。正如陈龙正所评:"此条之论,乃先生直接道统处。智略技能,至先生极矣,然一毫不恃,尽劈破之,而惟求复心体之为贵;解悟灵通,至先生极矣,然一毫不恃,尽劈破之,而惟躬行五伦之为贵。其心则惟欲安天下之民,惟共成天下之治。道学一点真血脉,先生得之。"② 阳明学将治道落脚在"致良知",从而"人者,天地之心。天地万物,本吾一体者也",推出一世之治:"世之君子惟务致其良知,则自能公是非,同好恶,视人犹己,视国犹家,而以天地万物为一体,求天下无治,不可得矣。""圣人之治天下,何其简且易哉!"③ "诸君每相见时,幸默以此意相规切之,须是克去己私,真能以天地万物为一体,实康济得天下,挽回三代之治,方是不负如此圣明之君,方能报得如此知遇,不枉了因此一大事来出世一遭也。"④

由此继续向上透,他又将邵雍的"先天之学,心也"从世道之"意"进一步落实在了"羲皇以上人"的个体"良知"上:

> 人一日间,古今世界都经过一番,只是人不见耳。夜气清明时,无视无听,无思无作,淡然平怀,就是羲皇世界。平旦时,神清气朗,雍雍穆穆,就是尧、舜世界。日中以前,礼仪交会,气象秩然,就是三代世界。

---

① 王守仁:《王文成公全书》卷3《传习录下》,第150页。
② 陈龙正:《阳明先生要书》卷2,《四库全书存目丛书》(集部49册),齐鲁书社1997年,第111页。
③ 王守仁:《答聂文蔚》,《王文成公全书》卷2《传习录中》,第98页。
④ 王守仁:《与黄宗贤》,《王文成公全书》卷6,第266页。

日中以后，神气渐昏，往来杂扰，就是春秋、战国世界。渐渐昏夜，万物寝息，景象寂寥，就是人消物尽世界。学者信得良知过，不为气所乱，便常做个羲皇已上人。①

"良知"之于"气"，便是"意"之于"迹"，这一段话不啻是邵雍以先天学援救王道的缩影，其指归皆在"向上"、向超越处走。由此，孔子之明道就更加具有超越的意义："孔子气魄极大，凡帝王事业，无不一一理会，也只从那心上来。"②

阳明提出的知行合一论，表面上看并无意与现实政治扞格。他认为伦理与治平是"良知"题中之义："彼顽空虚静之徒，正惟不能随事随物精察此心之天理，以致其本然之良知，而遗弃伦理，寂灭虚无以为常，是以要之不可以治家国天下。"③ 十六字心法就是"明伦之学"，"明伦之外无学"，"假此而行者，谓之伯术"。④ 如陈龙正所见，他强调"其节目，则舜之命契，所谓'父子有亲，君臣有义，夫妇有别，长幼有序，朋友有信'五者而已"⑤。当被问及"程子云'仁者以天地万物为一体'，何墨氏'兼爱'反不得谓之仁"时，他认为"墨氏'兼爱'无差等，将自家父子兄弟与途人一般看，便自没了发端处"⑥。与王艮关于"君子思不出其位"的对话，显示其对"位"之为行道条件的大体遵循。在"大礼议"的禁制语境下，申明自己议礼并无意于挠君王制作之权："非天子不议礼制度，今之为此，非以议礼为也，徒以末世废礼之极，聊为之兆以兴起之。"⑦ 时王既已宣称"直接"，他的著述中便罕言"道统"，多讲"圣学"而已。

但将明道与行道都收束在个体内在之心本位上，便会形成如前文所引述的对礼乐王制的轻视。朝廷的道统一体，与理学重视"道心"结合，阳明发明"心学"后，赋予的哲学后果是个体层面的知行合一，这是每个士人都能付诸

---

① 王守仁：《王文成公全书》卷3《传习录下》，第143页。
② 王守仁：《王文成公全书》卷3《传习录下》，第141页。
③ 王守仁：《答顾东桥书》，《王文成公全书》卷2《传习录中》，第58页。
④ 王守仁：《万松书院记》，《王文成公全书》卷7，第307页。
⑤ 王守仁：《答顾东桥书》，《王文成公全书》卷2《传习录中》，第67页。
⑥ 王守仁：《王文成公全书》卷1《传习录上》，第32页。
⑦ 《王文成公全书》卷34《年谱三》（嘉靖五年三月，与邹守益书），第1478页。

努力的方向，义理胜于制度，良知不待外物，隐含着对德位的权力秩序的挑战乃至解构。治道一体是信仰，知行合一是在位的前提下的辅相功业中实现，还是在去掉位的限制后的社会构建中实现？"时位"这个横亘在士人"明道"与"行道"之间的必要条件被撤除。

王畿以君相、师友时位之上下为良知"世教"之社会政治基础，是儒家辟佛的体制：

> 今日良知之学，原是范围三教宗盟。一点灵明，充塞宇宙。羲皇、尧舜、文王、孔子诸圣人，皆不能外此别有建立。灵性在宇宙间万古一日，本无生死，亦无大小。圣学衰，佛氏始入中国，主持世教。时有盛衰，所见亦因以异，非道有大小也。①
>
> 唐、虞在上，下有巢、由。中国巢、由之辈，即西方之佛徒也。儒学明，有圣人主持世教，爱养此辈，如乔松贞璞，偃仰纵姿，使各得以遂其生，无所妨夺，大人一体曲成之仁也。圣学衰，此辈始来作主称雄。号为儒者，仅仅自守，不复敢与之抗，甚至甘心降服，以为不可及，势使然也。若尧、舜、姬、孔诸圣人之学明，自当保任廓清，光复旧物。虽有活佛出世，如唐、虞之有巢、由，相生相养，共证无为，无复大小偏全之可言。缘此灵性在天地间各各俱足，无古今无内外，浑然一体。在上则为君为相，都俞吁咈，以主持世教；在下则为师为友，讲习论辨，以维持世教。师友之功与君相并。统体源流，各有端绪，未尝一日亡也。不此之务，而徒纷纷然同异之迹，与之较量，抑末也已。②

但师友虽在下，而讲习成其功德，便已削弱了"位"之于行道的必要性。内里复以良知为"位"，在"无思之思"上论"思不出其位"：

---

① 查刻本《龙溪会语》卷5《南游会纪》，彭国翔：《明刊〈龙溪会语〉及王龙溪文集佚文——王龙溪文集明刊本略考》，《良知学的展开：王龙溪与中晚明的阳明学（增订版）》附录二，生活·读书·新知三联书店2015年，第622页。
② 查刻本《龙溪会语》卷5《南游会纪》，彭国翔：《明刊〈龙溪会语〉及王龙溪文集佚文——王龙溪文集明刊本略考》，《良知学的展开》附录二，第619页。

> 《易》曰"乾知大始",乾知即良知,乃混沌初开第一窍,为万物之始,不与万物作对,故谓之"独"。以其自知,故谓之"独知"。乾知者,刚健中正,纯粹精也。七德不备,不可以语良知,中和位育皆从此出,统天之学,首出庶物,万国咸宁者也。良知者,无所思为,自然之明觉,即寂而感行焉。①

> 心之官以思为职,所谓天职也。位为所居之位,不出其位,犹云"止其所"也。不出位之思,谓之无思之思,如北辰之居其所,摄持万化而未尝动也;如日月之贞明,万物毕照而常止也。②

这就用"良知"之本位悬置了社会政治权力的"时位"。

王艮较之更进一步,用"位育"代替了"时位"。知行合一的要点是一己由知而行,为王艮等不待"命""位",冲出"行道-明道"的社会政治权力结构的限制,以"匹夫"而实践"尧舜君民之心"奠定了哲学基础。王艮认为"位育之功"不待"时位":"六阳从地起,故经世之业,莫先于讲学以兴起人才,古人位天地、育万物,不袭时位者也。"④ 如钱德洪所言:"吾心本与民物同体,此是位育之根。"⑤ 只要致良知便可位育万物:"大人者,正己而物正者也。故立吾身以为天下国家之本,则位育有不袭时位者。"⑥"吾人必须讲明此学,实有诸己,大本、达道,洞然无疑,有此把柄在手,随时随处无入而非行道矣。"⑦ 由此,孔子不得位的缺憾转为"贤于尧舜"的自得,这是对"得位行道"的突破:

> 致中和,天地位焉,万物育焉,不论有位无位,孔子学不厌而教不倦,便是位育之功。⑧

---

① 王畿:《致知议略》,《王畿集》,吴震编校整理,凤凰出版社2007年,第131页。
② 王畿:《艮止精一之旨》,《王畿集》,第184页。
③ 《明儒王心斋先生遗集》卷3《年谱》,《王心斋全集》,江苏教育出版社2001年,第70页。
④ 王艮:《明儒王心斋先生遗集》卷1《语录》,《王心斋全集》,第18页。
⑤ 《明儒学案》卷11《浙中王门学案一》,第233页。
⑥ 王艮:《明儒王心斋先生遗集》卷1《语录》,《王心斋全集》,第4页。
⑦ 王艮:《明儒王心斋先生遗集》卷1《语录》,《王心斋全集》,第20页。
⑧ 王艮:《明儒王心斋先生遗集》卷1《语录》,《王心斋全集》,第6页。

> 盖尧舜之治天下，以德感人者也，故民曰：帝力于我何有哉！故有此位乃有此治。孔子曰："吾无行而不与二三子者，是丘也。"只是"学不厌，教不倦"，便是致中和、位天地、育万物，便做了尧舜事业，此至简至易之道，视天下如家常事，随时随处无歇手地。故孔子为独盛也。①

他在九五得"天位""君位"而治之外，认为孔子九二"见龙"亦治，"见"并非"隐"，而是"治"。圣人"在上""在下"皆可为治：

> "飞龙在天"，上治也，圣人治于上也；"见龙在田""天下文明"，圣人治于下也。惟此二爻，皆谓之"大人"，故在下必治，在上必治。②

"得位"在于"天命"，儒家行道端赖明君知遇，王艮则认为孔子明道且行道，是"不谓命"，是"造命"：

> 舜于瞽叟，命也，舜尽性而瞽叟厎豫，是故君子不谓命也。陶渊明言"天命苟如此，且尽杯中物"，便不济。孔子之不遇于春秋之君，亦命也。而周流天下，明道以淑斯人，不谓命也。若天民则听命矣。故曰"大人造命"。③

"位"与"治"并不对应，无命无位亦可成治。用社会化的"位育"之位、明道之位挑战了基于政治认定的"时位"，"明道-行道"之社会政治分野的藩篱被拆除了。

得位行道被置于以个体为本位的取舍之下打量。"求之在我，必有一定之道，当量而后入，不可入而后量也。"在无位亦可行道的思想影响下，得位行道被分解为多个层次，而不具有必然的合理性了："若君相求之，百执事荐之，然后出焉，此中节之和，吾之道可望其行矣，吾之出可谓明矣。"反之，"在我

---

① 王艮：《明儒王心斋先生遗集》卷1《语录》，《王心斋全集》，第17页。
② 王艮：《明儒王心斋先生遗集》卷1《语录》，《王心斋全集》，第11页。
③ 王艮：《明儒王心斋先生遗集》卷1《语录》，《王心斋全集》，第9页。

者虽有行，行不过敬君命而已矣"①。或者说，"行道而仕，敬焉、信焉、尊焉，可也"。反之，"不待其尊信，而衒玉以求售，则为人役，是在我者不能自为之主宰矣，其道何由而得行哉？道既不行，虽出，徒出也"。如果是"为禄""为贫"而仕，只是"尽其职而已矣"："道在其中，而非所以行道也。"② 可见他对行道严肃性的坚持。亦可见其心中之"出处""明道""行道"皆是庄重的概念，而非泛泛之论。

"先生之学先知本，故立其身以为天下国家之本，则位育有不袭时位者，此旨归也。"③ 讲"一"，又在"心"上讲"一"，于是重己轻物，就走向对"时位"的解构。王艮之学的重心在于"位育"，冲破了"时位"的条件前提，才将"出处"对"行道"的限制，或者说基于一般的"得位行道"观念而在出仕和退隐两端间必选其一的困境化解。由此，其所谓："有王者作，必来取法，是为王者师也。""出不为帝者师，是漫然苟出，反累其身，则失其本矣；处不为天下万世师，是独善其身，而不讲明此学，则遗其末矣。皆小成也。故本末一贯、合内外之道也。"④ 便具有挑战时位秩序而以匹夫明道且行道之意。而其所谓"非敢为出位之思，自取罪戾"，不过是自解之语。⑤ 如其子王襞所述："不袭时位而握主宰化育之柄，出然也，处然也""非遗世独乐者侔，委身屈辱者伦也。"这就是取法孔子的"大成之圣"，实则赋予了孔子基于"位育"的"行道"之圣人地位。⑥ 赵贞吉称他"以九二见龙为正位，以孔氏为家法"⑦；胡直接着讲："先生《录》中有云：'出则为帝者师，处则为天下后世师。'予则以为圣人出为帝师，而未尝不师天下后世；处为天下后世师，亦未尝不师帝者。是故时潜时跃、时见时飞，而未尝有家舍用舍，行藏莫不在天地万物，是乃先生所学孔子家法，学者亦善观善学之而已矣。"⑧ 皆是相知之言。其族弟

---

① 王艮：《明儒王心斋先生遗集》卷2《答林子仁（又二）》，《王心斋全集》，第44页。
② 王艮：《明儒王心斋先生遗集》卷1《语录》，《王心斋全集》，第16、20页。
③ 胡直：《重刻王心斋先生遗录序》，《胡直集》，第216页。
④ 王艮：《明儒王心斋先生遗集》卷1《语录》，《王心斋全集》，第21页。
⑤ 王艮：《明儒王心斋先生遗集》卷2《答侍御张蘆冈先生》，《王心斋全集》，第48页。
⑥ 王襞：《明儒王东厓先生遗集》卷1《上昭阳太师李石翁书》，《王心斋全集》附，第218页。
⑦ 赵贞吉：《泰州王心斋墓志铭》，《赵文肃公文集》卷18，《四库全书存目丛书》（集部100册），齐鲁书社1997年，第505页。
⑧ 胡直：《重刻王心斋先生遗录序》，《胡直集》，第217页。

王栋亦以后学而张大其言：

> 圣人经世之功，不以时位为轻重。今虽匹夫之贱，不得行道济时，但各随地位为之，亦自随分而成功业。苟得移风易俗，化及一邑一乡，虽成功不多，却原是圣贤经世家法，原是天地生物之心。①

与前揭宋讷帝王庙碑文中所强调的君道位育之功对比，可见对治道秩序的颠覆。

关于阳明学的秩序关联，在岛田虔次关注士大夫性与庶民性（严格来说是包含在士大夫本身存在中的庶民性）之间②、沟口雄三注重君臣与绅民之间③的分际之异动基础上，余英时后出转精，在宋明士大夫与政治文化的历史脉动中揭出一条变化的轴线：与宋人乃至两千年来"得君行道"的方向相反，明代发生了"觉民行道"这"儒家政治观念上一个划时代的转变"。王阳明及后学"眼光不再投向上面的皇帝和朝廷，而是转注于下面的社会和平民"。余英时点出"行道"朝向的不同，但重视的仍是由来已久的民间社会与平民的"下行路线"面向，而与社会经济史的变动契合："明代理学一方面阻于政治生态，'外王'之路已断，只能在'内圣'领域中愈转愈深。另一方面，新出现的民间社会则引诱它掉转方向，在'愚夫愚妇'的'日用常行'中发挥力量。王阳明便抓住了这一契机而使理学获得了新生命。"④衡诸时人言论，本书认为仍应更加充分地关注和理解君臣之际的"时位"异动问题。从前面的介绍已可了解，"行道"并非因应时势而在"得君"与"觉民"之间选择与切换这么简单。君臣一伦乃人间伦常的枢轴，王道与王纲的总规定，因天命、德位的界定而具有神圣性，是"道"与"行道"的权源所在和体统依托，阳明学引发的秩序异动正是因为触及这个层面才深刻而被批判。君与臣之间存在的行道"时位"条件

---

① 王栋：《明儒王一庵先生遗集》卷1《会语续集》，《王心斋全集》附，第186页。
② 岛田虔次：《中国近代思维的挫折》，甘万萍译，江苏人民出版社2005年，第134页。陈来提出的士大夫儒学与民间儒学的冲突［《明代的民间儒学与民间宗教——颜山农思想的特色》，《中国近世思想史研究（增订版）》，生活·读书·新知三联书店2010年，第470页］，可视为岛田虔次之说的延伸。
③ 沟口雄三：《两种阳明学》，李晓东译，生活·读书·新知三联书店2014年，第208页。
④ 余英时：《宋明理学与政治文化》，第190、196页。

之界隔的拆除或模糊化，在社会经济与共同体秩序的近世化、现实政治的高压驱动转向等解释外尚有剩义，或亦可从道统归一、心法传道的政治与思想语境来领会时人的治道风尚与求索路径。其间具体的思想转进逻辑和观念转轨机制颇耐人寻味，而不可视为放弃"得君"后的自然而然。从"行道-明道"到"知行合一"、从"道心""正心诚意"到"心即理""致良知""以天地万物为一体"，正是王道价值超越汉唐杂霸一路向上提的逻辑必然。根深蒂固的天命、德位与"行道-明道"的社会政治权力观念，是横于眼前、内化于心的雷池，要克服"行道"、在完整意义上担任"道统"的时位条件的观念障碍，只有在王道继续"向上提"而落在心本体上之后才能实现。这是在治道演进的大脉络中实现的，非人力所可独运。明代理学的转向不是"只问'内圣'，而且是专从个人受用的观点追求'内圣'，与'外王'已彻底分家了"①，而是治道的"向上一路"，是治道归一、心传道统的哲学成果，出发点与归宿仍在治平。

　　道之明、行以"位"而分，是社会政治的权力分野，是一种原秩序。宋儒为无位者确立了以明道而传道的道统地位，但不挑战"得位行道"与"王者制作"的基本社会政治秩序。心学以知行合一将"行道"导入个体实践的范畴，以王畿、王艮、何心隐等为代表，挑战和否定"命""位"的限制，拆解明道与行道的权力界隔，撼动了政治实践的伦常。何心隐释"圣人之大宝曰位，何以守位曰人"，倡言："位非君临，是斯文之所属也。人非帝王，是布衣之圣人也。"② 治出于道、道统决定治统，明代在意识形态上强化了治道的现实政治属性，这是士人明道与行道的变化了的处境。士人明道要在君师文治的大框架之下，但士人与君师的冲突不在于泛泛的明道解释权，而在于治道的政治属性部分：明道不能与王朝意识形态违忤，行道不能溢出现实政治与社会伦常的框架。

　　对"位"的拆解，在"向上透"中造成了王道的自我解体，王纲伦常与制度设施皆面临崩解的危险。"天下有道，则礼乐征伐自天子出。"王道是治道，大本是王纲与制度之治，道统归一的本来要义是治出于道，以位为前提条件，

---

① 余英时：《宋明理学与政治文化》第 190 页。
② 叶向高：《嘉议大夫兵部左侍郎赠南京工部尚书许敬庵先生墓志铭》，《苍霞草》卷16，《苍霞草全集》（第 3 册），江苏广陵古籍刻印社 1994 年，第 1628 页。

巩固时王之位，实施礼乐法意之治。经过宋儒"向上透一著"的努力，王道达到全体大用、体用一源的境界，这是治道形上化的极限。由格物而至物之理，以此为前提正心诚意，而非高悬良知以正物，朱子学中凡被王阳明及其后学视为"二"的结构，实皆为"行道-明道"这一王道根本治道结构的宇宙论和认识论基础，"行-明"本身就是有分际的整全，物、事、位是王道存在其中的客观条件与政治设施。伦常是王道最大、最恒常、自不容已的"当然之则""定理"，其核心就是"位"以及由位而生的"分"。这也是儒家自别于二氏之学的本原，是整全的王道对心性的规范，与现实政治世界为表里。如李光地对知行之"一"与"二"的"不偏"的强调："朱子之所谓知行者，初未尝离而二之也，虽未尝离而二之，而终不得混而一之，此朱子之教，所以为不偏而无弊也。"① 道出了朱子学与王道秩序深相契合的一面。道统是行道与明道一体，是全体大用的人间治道，它即物、即治而向上超越，既要"向上透"而不屈服于功力、不委曲求全于不完美的现实治绩，但又不能完全不考虑外在制约而脱离现实世界与秩序设施，即滑向去王道制度的二氏之学。"一著"是分寸所在，否则就是"过高"。治道与哲学不同，世间无不待外物之治，不能仅以形而上之超越为追求，不能无限度地从"二"归于抽象的"一"。从"格物穷理"，到"全体大用"，这是一个从明道到行道、合内外之道的循环框架。王道的形而上化是有限度的，不能舍外求内。只向明道着力，实际上会脱离这个治道合一的道统，"心即理"毋宁说实际上是脱范。王阳明不仅奠定了解构时位的哲学基础，还以此超越而轻视礼乐制度，制度的顶端、秩序的枢轴就是"时位"，离时位则王道不再恒常。进一步将王道价值向超越方向推进，道统向上提开启了王道自我解构的动力，解构了位也就解构了王道，虽以家国天下之治谓之治为追求，但已与释老无异。由"心"之"一"而解构王纲，可以说是王学在社会与政治上的必然后果。

从治道的视角来看，在"良知"的心本位驱动下，"明道"与"行道"，亦即"知"与"行"都已脱轨范，非复王道旧物：

---

① 李光地：《读书笔录》，《榕村全书》（第 8 册），陈祖武点校，福建人民出版社 2013 年，第 66 页。

> 其所谓知者非知，而行者非行也。知者非知，然而犹有其知也，亦惝然若有所见也。行者非行，则确乎其非行，而以其所知为行也。以知为行，则以不行为行，而人之伦、物之理，若或见之，不以身心尝试焉。……是其销行以归知，终始于知，而杜足于履中蹈和之节文。①

二、"必以天子为主"

王艮也有纲常秩序共识，如他说：

> "禘"之说，正"不王不禘"之法也。知不王不禘之说，则知君臣上下，名分秩然，而天下之治，诚如示掌之易矣。②
> 有心于轻功名富贵者，其流弊至于无父无君；有心于重功名富贵者，其流弊至于弑父弑君。③
> 门人问："先生云出则为帝者师，然则天下无为人臣者矣？"曰："不然。学也者，所以学为师也，学为长也，学为君也。"④

他甚至否定"革命"之说，而主张"君臣之义"与"救世之仁"可以"全美""道并行而不相悖"：

> 纣可伐，天下不可取。彼时尚有微子在，迎而立之，退居于丰，确守臣职，则救世之仁，君臣之义，两得之矣。⑤

但他讲学论道中的"出位之思"，已经直接或间接地在理论上挑战了君臣之伦与治道之序，并在传播中放大。

---

① 王夫之：《尚书引义》卷3《说命中二》，王孝鱼点校，中华书局1962年，第66页。
② 《明儒王心斋先生遗集》卷1《语录》，《王心斋全集》，第16页。
③ 《明儒王心斋先生遗集》卷1《语录》，《王心斋全集》，第11页。
④ 《明儒王心斋先生遗集》卷1《语录》，《王心斋全集》，第20页。
⑤ 《明儒王心斋先生遗集》卷1《语录》，《王心斋全集》，第14页。

一般的道统观坚持圣王之治与王纲对社会的纲维作用。道统与治道成为整个社会政治秩序的义理枢轴与秩序前提，由此方有"政教之全"。在"道权"的判定下，影响到儒家在道统中的角色和地位的一系列问题。

同为阳明后学，管志道所持的道统观或更接近一般的认识。他认为，基于君臣得位之辨，孔子"述而不作"只能说担当了"文统"，而非"道统"：

> 观《鲁论》中侍坐言志，诸子可验，其事则皆"述而不作"。遇桓魋之难，但曰"天生德于予"，不曰"天以万世之道统属予也"。遇匡人之难，但曰"文不在兹乎"，不曰"天之将丧斯道也，后死者，不得与于斯道也"。何哉？道不以仲尼之生不生而有存亡。圣人不在天子之位，但可任文，不可任道也。此仲尼之所以"述而不作"也。①

朱熹也认为孔子是明道之师，但"文不在兹乎"之"文"是"道"的开显之物，实际上也就是"道"的表达："道之显者谓之文，盖礼乐制度之谓。不曰道而曰文，亦谦辞也。"（《论语集注·子罕》）但文王制作而呈现之"文"，确可从行道与明道两个侧面去理解。管志道受"道统"本源于圣王制作这一思想的影响，侧重以"述"解"文"，未尝不可。他强调"作"与"述"之于传道的不同地位，尽管"世咸谓孔子以删述接千古帝王之道统"，但"愚独阐其终身任文统，不任道统。道统必握于有三重之王者"。②

值得特别重视的是，管志道认识到，道及道统皆有其权，亦即"道权"："盖礼乐征伐之权自天子出，则道权亦自天子出。"而尤其将"制作"之"道权"归于创业垂统之天子："礼乐征伐之权，继世之天子皆出。而议礼、制度、考文之道权，非创业之天子不出。故曰：'作礼乐者，必圣人在天子之位也。'"而"名世之士，特以议道辅天子耳"，"辅有道之天子以统道权者

---

① 管志道：《从先维俗议》卷2，《四库全书存目丛书》（子部88册），第293页。关于管志道的思想，参见：魏家伦《晚明地方社会中的礼法与骚动：管志道〈从先维俗议〉研究》，施珊珊编，王硕、王坤利译，浙江大学出版社2016年；魏月萍《君师道合：晚明儒者的三教合一论述》，联经出版事业公司2016年，第111—196页。

② 管志道：《从先维俗议》卷4，《四库全书存目丛书》（子部88册），第380页。

也"。① 这就由"作""位"等与"道"相关的一系列经典甚至古典的社会政治权力观念，将"道权"回归到有德有位之圣王所独有。"道权"的概念鲜明地标识了"本朝"化的道统的意识形态和权力属性。

"盖天子所以理天下，唯治与教。盛王之世，君师道合，而治教之权翼如也。以匹夫而为万世师，自仲尼始，然仲尼不任斯道而任斯文，不比作者而比述者，何居师之道？天畀之君，君畀之司徒、乐正等官，仲尼敢以匹夫擅其权哉？"② 但是，"以此为训，即从君子之时中起祖，未有不一再传而结局于小人之无忌惮者也。盖至于泰州之衰，而其敝大起"③。与道统相关的是"师道"，"师道"亦有其"位"与"权"的界定，自"天"至"君"而来。管志道认为，周制"师道已统于天子"。④ 其笔锋所指，不是一般意义上的师儒明道之"师道"，而是王艮那样与君主"道权"冲突中的师道宣扬，是"开讲坛于制礼作乐之会则妄矣"⑤，是"张斯文为道统，而高标其帜曰：'吾以匹夫明明德于天下也'"⑥。"凡愚所恶于身任师道者，非指传道授业，若《周礼》所谓都鄙乡遂之师也。谓任天作之师，与作君者匹，且鄙君不能握道统以善一世，而自抬身任君师之道统以善万世，嫌于无君而有师也。"⑦ 士大夫不能在总体的"道"上挑战圣王的"道权"。管志道反对王艮"张皇道统"，认为"孔子生春秋之世，其事莫大于尊天子、卑诸侯、强公室、弱私门"，"至于杏坛讲学，不过本周礼中师儒得民之条，又承鲁多君子之国而相聚切磋云尔"。这是基于"臣道"的师儒之道。⑧

管志道认为"道权"握于帝王，圣王拥有最高的明道之权，各级学校中的师儒皆应"从君所假之师道仍挈而还之君者也"。⑨ 对道统的理解，关乎君臣

---

① 管志道：《从先维俗议》卷2，《四库全书存目丛书》（子部88册），第294页。
② 管志道：《赠别府教授张近初先生之国博任》，《惕若斋集》卷3，《明别集丛刊》第3辑第72册，第98页。
③ 管志道：《从先维俗议》卷2，《四库全书存目丛书》（子部88册），第295页。
④ 管志道：《从先维俗议》卷2，《四库全书存目丛书》（子部88册），第302页。
⑤ 管志道：《奉复天台耿先生笔示排异学书》，《惕若斋集》卷1，第13页。
⑥ 管志道：《续答先生教札中意》，《惕若斋集》卷1，第19页。
⑦ 管志道：《答耿操院书》，《酬谘续录》卷2，《管东溟先生文集（18）》，第44—45页，转引自魏月萍《君师道合：晚明儒者的三教合一论述》，第184页。
⑧ 管志道：《续答先生教札中意》，《惕若斋集》卷1，第18页。
⑨ 管志道：《从先维俗议》卷2，《四库全书存目丛书》（子部88册），第302页。

之伦:"奈何以千古绝学,昂中庸之道,借孔子为桓、文,而抬之为尧、舜、汤、文之盟主也?尧、舜、汤、文之圣主尚不有,而何有于当代之君乎哉?此即无父无君之隐机,何可不察?"① 士人担道统、立师道,就是"抬匹夫之师道以压帝王"。他强调孔子固非"素王":

> 然以空王尊佛犹可,而以素王尊孔子,则窃以为不可。素王之称,起于何时?盖本汉儒附会《家语》之说,以仲尼为素王,左丘明为素臣,而杜预引之以入《春秋传》也。其曰素王,盖谓帝王以位王,而孔子以德王;位尊于一时,而德尊于万世,则素王贤于二帝三王远矣。②

因为对"素王"的认同与否,决定了对"时王"的态度:

> 圣祖实握君师之统,以三重王天下,而儒者犹沿其说。泰州有王氏者,侈谓"达则兼善天下,穷则兼善万世",以一布衣跨尧、舜、汤、文而上之。名虽推尊孔学,而实起狂儒藐视时王之心。是乌可以为训?③

论"师道",亦有助于澄清"道统"之本义,管志道认为自己把握了朱熹《中庸章句序》中圣王道统之内涵,而心学则不明于"道心",以致堕入"人心"之险境,究其要,仍须以全体大用的治道理解道统:

> 宋儒推尊师道,乃有匹夫接道统之说,其流至于好树道标而蔽帝王之道,此非夫子垂教之初意也。人心、道心之辨,序中以形气、性命言之,义甚精细。近世王文成公以为原无二心,道心即在人心中。而盱江罗氏则曰:心虽在人中,而道实在心中。日用不知,则道心而人矣;日用而知,则人心而道矣。其提掇尤为紧切。然而体察唐虞禅受景象,未必如此。盖

---

① 管志道:《从先维俗议》卷2,《四库全书存目丛书》(子部88册),第296页。
② 管志道:《奉答天台先生测易蠡言》,《师门求正牍》卷中,《管东溟先生文集(9)》,第31页,转引自魏月萍《君师道合:晚明儒者的三教合一论述》,第184、157页。
③ 管志道:《志练川明德书院缘起》,《惕若斋续集》卷1,第175页。

殿廷之上，岂类儒生居间讲究，析理欲之毫芒，不过以君道相警惕耳。①

推崇朱子为从周而"等百世"之学，认为陆象山、王阳明不过是其诤友、忠臣：

> 晦庵之学，处于大小精粗之间，其以居敬穷理为脉络，而以忠孝节义为堤防，最得《春秋》家法，以树末法众生榜样，真命世之豪杰也。我朝用其学而治二百余年之天下有以矣。……后儒不察，啜（陆、王）二先生之余吻，换寡禅宗之狂解，遂轻视晦庵之学，而相哄入其窠臼。堤防一溃，不至于无父无君不止矣。②

其要义正在于"忠孝节义"，而警惕"无父无君"。

管志道既为君臣之判，批评"四民""匹夫""庶人""布衣"等针对帝王道统的"越位"现象③，复论"士庶亦自有辨也"④。维护君臣之序，捍卫士庶之别，是为了整个社会秩序伦常的稳定：

> 先王之世，士非载贽求仕不出疆，非裹粮寻师不出疆；庶民非避地远害不出疆，非行货四方不出疆。并未有担道统、聚游徒、侵司徒、乐正之教权以出疆者。⑤

可见，在管氏看来，道统、传道之权向士、庶的一路下移，导致了严重的社会问题，秩序崩裂，根源在于对"道统"与"道权"的不当认识。

对管志道的认识，多拘于其"大抵鸠合儒释"乃至"三教"的定位。⑥ 其以上论述，或不无降低孔子的位格，升高君王道统，提升朱元璋作三教合一论

---

① 管志道：《续订中庸章句说》，《惕若斋集》卷3，第79页。
② 管志道：《奉复天台耿先生笔示排异学书》，《惕若斋集》卷1，第12页。
③ 魏月萍：《君师道合：晚明儒者的三教合一论述》，第182页。
④ 管志道：《从先维俗议》卷1，《四库全书存目丛书》（子部88册），第208页。
⑤ 管志道：《从先维俗议》卷2，《四库全书存目丛书》（子部88册），第287页。
⑥ 《明儒学案》卷32《泰州学案一》，第708页。

述的权威性，从而推动三教合一的深刻用心。① 但他对道及道统之君臣异位的理解，仍可表征一种普遍的政治与思想观念。从前文一路看下来，便可知这种认识固非特出，而是渊源有自，亦将有其流。

尊儒而反对释氏、天主之说的王启元也认为本朝"祖宗重道崇儒"："洪惟我太祖高皇帝，初辟天下，定庠序乡会之制，尽黜二氏百家，专尊孔子。皇皇乎大圣人之制，真可谓度越汉唐宋，直接二帝三王，有万世之大功矣。"② 而他理解的孔子之道，是圣王道统之道，发端于"首出御世"的伏羲，先王已将《诗》《书》《礼》《乐》"备矣"，但在"春秋之世，百家纷出，大抵师异教、士异学"的背景下，孔子使圣王经典"得与天地并传"，"为学为教，且传且藏，帝王之经遂永为后来修齐治平之法，可谓万世之功"。孔子尊王："《春秋》之义，奉天正王，奉王以正天下"，"诸侯不得僭天子，大夫不得僭诸侯，夷狄不得僭中国，则大纲固正矣"。而集成师教："有《中庸》以立本，有《孝经》《大学》以妙用，且咸试于《论语》，以教育英才而备国家之任使。试思孔子即经而完具体用，且豫立如此，是人臣格君之本，又人师身教之本也。"孔子的"人臣""人师"角色于此确立，虽然"宾师不与臣同"，但孔子结合两种身份，固非"素王"。孔子与圣王仍有述、作之别："即专尊不能外孔子，然亦相继为述者之明，而我太祖高皇帝实为作者之圣矣。""述者之明"与"作者之圣"，是对"传道"与"行道"结构的转写，是"述""作"异位的明白区分。"郊社之体，合祀天地，世宗亲自定之，非天子不议礼。"世宗改定祀典被认为是体现天子制作之专权的"合经"之举。③

王启元强调王纲为治道之本，是天道之人道表现。他援引韩愈的传道谱系，认为"相传之统则是"，但应以三皇为始："论道必始于天地，论统必首乎三皇，论征信必以孔子之言为定，道德一定，余可次第定矣。"④ "吾所谓天地，即人道而言者也。""尝合宇宙人道，其大纲有三：曰君臣、曰父子、曰师弟。此三大纲者，自天地开辟以至于今，又自今以迄于混沌，所谓断断乎必不

---

① 魏月萍：《君师道合：晚明儒者的三教合一论述》，第192—194页。
② 王启元：《清署经谈序》，《清署经谈》，第1页。
③ 王启元：《清署经谈》卷1，第3页。
④ 王启元：《清署经谈》卷2，第10页。

可易者。"王政与天地合而为治:"夫以是德也,居是制也,行是政也,而致是治也,一一与后天符合,而犹谓天道不在是乎?"这是全体大用的格局下的治道观:"以天子之后天(圣德、圣制、圣政、圣治),合天道之生物;以天子之先天(夫妇、父子、祖宗、亲族),合天道之自生,体用一源,显微无间,则天道之全局,无一毫之欠缺矣,而犹谓人道之中天道有不全乎?"①

以尊王为内核,这是圣人经典之本。针对当时"讲学者好标宗旨,各立门户",王启元坚持:"圣经原有定宗,虽千圣复起,有不得而易者。""一言以蔽之,则以天子为主是也。"天人合一,归于尊王,这是儒家之道与释老百家之根本不同:"天子者为天下臣民之所共尊而设也,天者又为天子之所独尊而设也,是千圣百王之所不能易,而二氏百家之所不能同者也。"② 王者则以中道而建极得位。王启元认为,天地有"大中",帝王有"大中","以是建极于上而为天下臣民之所效法,则人皆可以与知,可以与能,道德安得不一,风俗安得不同?""故论圣教之定宗,必以天子为主,而天子又以天为法。至于天之所以为天,则有现在之中,又有千古之中,为天子之所执中而建极者,必如是而后尽也。"圣王出,一道德、同风俗,道统说向来以息异端为目标,从王安石到王启元,这个思路是一致的。尊王既定,学术中亦以纲常为断,百家二氏乃至儒家内部之杂说自息:"论而至是,则圣经原有定宗,世儒即欲各标宗旨,各立门户,其如天子之不可僭而天之不可得而贰何?世儒且不得私,二氏百家又安得而混,然则圣道之大明中天,岂非千古大快耶?"③ 在晚明心学冲击与西学传入背景下,中国自身之道的辨正再次成为时代议题,圣王道统再次成为统合政治社会秩序的寄托。批评崇佛、崇洋之人"于王制为不忠""于圣门为

---

① 王启元:《清署经谈》卷2,第14页。
② 王启元:《清署经谈》卷3,第16页。
③ 王启元:《清署经谈》卷3,第17页。讨论《中庸》"中天之义"时,王启元又对中道进行了展开论述:"《中庸》前以三皇神道不可及,后以五伯诈力不可训,所祖述宪章者,惟尧舜文武,是千古之大中,先圣已定之矣。"这是在历史中定政治之"中"道。"君子语大莫能载,遂或侈言六合之外;语小莫能破,遂或琐究鸢鱼之内。博而寡要,劳而罔功,使人徒敝精神于无用,其贻害非一日矣。乃《中庸》小不谈鸢鱼之内,大不论六合之外,但曰造端夫妇,察乎天地而已,是现在之大中,先圣又定之矣。"这是在当下定人伦社会之"中"道。天人之际由此详审,"合而言之,天人以为经,古今以为纬,宇宙之规模备矣","中道"格局由是有源有流、有本有末,这就是全体大用之"全局"了。(《清署经谈》卷6,第122页。)

不义"。①

道是治道,道须"行"亦即施于治,方为有效、有功:

> 其行之于君者,是上之以尊经而收效者也;其行之于臣者,是下之以尊经而收效者也。
>
> 夫节义之有功于人伦,功业之有功于王政,固显而易知、实而有据也。文章理学则止于言矣,其时措而为节义、功业之用,犹可言也,不然则无用之空言耳。以专尊孔子之世而乃有无用之空言,无乃负太祖定制之初意,且非孔子立教之本心乎?是不可不愧也,是不可不惧也,更不可不思也,更不可不图其实,以求其无负于孔子,无负于太祖也。②

对于圣经儒道定于天子之说与"先儒分道统、治统为二,以合于作君作师之义"的矛盾,王启元特撰《圣真统一篇》《圣教尊周篇》以纠正后者之谬,为今人理解"道统"在分合之间富有张力的本义提供了生动的解说。王氏立论本原仍是圣王道统与孔子"述"道而使师无异教、士无异学,"一惟天子六经之教是遵是行":

> 古者在天子之位皆圣人也,惟皇建其极而臣民效法焉。故天子之学定而臣民之学皆定,此道德所以一,风俗所以同也。故孔子非能创之也,惟合而守之耳;非能别增益之也,惟聚而定于一耳。孔子曰:"述而不作,信而好古。"孟子曰:"守先王之道以待后之学者。"又曰:"吾为此惧,闲先圣之道。"然则儒者家法,断以天子为主,第就六经考其所为不可缺与不可易者而深思之,则其义自见矣,岂在多言哉?③

他认为,在"天无二日,民无二王"的前提下,自开辟以至当时,"所以为天下臣民之主者"只有天子,这就从根本上否定了治、道两统之说,在此前提

---

① 王启元:《清署经谈序》,《清署经谈》,第1页。
② 王启元:《清署经谈》卷1,第7页。
③ 王启元:《清署经谈》卷3,第19页。

下，君师、政教虽有所分工，但"师"仍是君之"臣"，道一而体一，仍统一于天子作君作师的体制之内，此所谓"政教之全"：

> 虽曰作君作师皆有助于上帝，其实君为之主，师为之辅，故曰学焉而后臣之也。孔子知君师之道无二，而君师之分不同，故尊天子以为天下之主，而即奉天道以正天子之心。若曰天子之制定而天下之制皆定矣，此治统出于一也；天子之学定而天下之学皆定矣，此道统出于一也。合政教一出于天子，此道德所以一，风俗所以同也。

而孔子自己更无分统而己居之之念，成此"政教之全"，乃成师德之大："明政教之全以归之天子，率天下胥效法之而己不自居焉。此孔子之德所以为盛，而圣人之教所以为尊也。""天子之尊与天相始终者也，儒者之道与天子相始终者也。"指揭治统、道统分立之"世儒以礼节为急，以文字为雄，以性命为重，故纲常之大反有所忽耳"。这是一而二、二而一的道体之全："知孔子立教之大旨，在乎天下不可一日无君，与为天下之君者不可一日不奉天以正其德，而为天下臣民之极，则孔子之教有不可须臾离者，又孰得而易之哉？"①

王启元与管志道的论证逻辑是一样的，即尊王以示自己主张之正确，所以王启元认为三教并立或混而为一，甚至尊二氏高于儒道，实乃"世人知孔子为儒教之主，而不知孔子立教尊天子以为主，而不自居以为主耳"。② 王、管皆以"尊王"为大本营，说明君王为道统之本，维系社会秩序，这一伦常观念深入人心。

王启元论辨"道统与皇极不同"，而证明道统归于天子。"道统以天地为主，非得天地之全局不可以入统"，"道统所重在道"，并非"以位而已矣"。而皇极"则以帝王为宗，非得天地之全局亦不可以立极"，"原于《易》之太极，发于尧舜之执中"的《洪范》相当于"帝王传国之玺"。"圣如孔子犹不敢以下位生今而反古，则圣人以下可知矣，固知皇极以位为尊也。""道统"与"皇极"都要"得天地之全局"。王启元强调，虽然"作君师皆曰以助上帝，则师

---

① 王启元：《清署经谈》卷3，第20页。
② 王启元：《清署经谈》卷3，第19页。

道亦有重时",但"一道德,同风俗,使天下之政出于一,必以天子为主"。也就是说,"所重在道"、并非"以位而已矣"的"道统"只有与"皇极"合一,以"皇极"驱动"政教之全"的真正意义上的"天地之全局",才能行道而不限于明道,"政出于一",这才是真正意义的道统。在理想状态里,它只能属于天子,这就绕了一个论证的逻辑圈子,回到了"尊王":

> 此孔子惓惓于从周,而《春秋》之义所为,一禀于尊王也。且以尊王为主,盖有深义焉。……夫既以天地古今之道统之于天子,又以身率天下后世臣民,以效法天子之学焉,此其心为何心,而其识为何识耶?信生民以来所未有矣。

这就是"圣教尊周"的大义。① "孔子六经之教,总以成'尊王'二字耳。"圣王合道统与治统,而孔子不居:

> 《易》言乾坤,奉天地以正王也;《书》《诗》《礼》《乐》,引帝王之奉天者以正王也,奉天自正而王者正矣,是合天地古今之道统归于一人者也。王者奉天以正天下,而天下皆归于正矣,是合天地古今之治统归于一人者也。合道统、治统以归一人,所谓圣人在天子之位,礼乐征伐皆自天子出者非乎?如是而天地有不位,万物有不育,天下有不治,万世有不安乎?天地位,万物育,天下治,万世安,圣人之心慰矣,圣人之志毕矣,而其本自尊王始。故曰:孔子之教,"尊王"二字尽之矣。若孔子果以道统自居,则不应曰"述而不作",曰"为下不倍",曰"吾为东周矣"。②

通过道统与治统、道统与皇极两个结构关系的申说,王启元回应了疑虑,论证了道统尊王而得"政教之全"。"有人不可无道,则天地为之祖;有道不可无人,则尧舜为之宗;合宇宙以论道统,则三皇为之首;执道统以按行事,则

---

① 王启元:《清署经谈》卷3,第21页。
② 王启元:《清署经谈》卷3,第23页。

尧舜又为之冠也。"① 从圣王道统到道统尊王，是他对儒家之道的理解与推重。他对"道"的理解是全体大用的"全局"："道之全局以性、命、德、业四义约之，人之任道又以君、相、师、士分之。"从"尧曰'执中'，舜曰'精一'"发动的，是一个"天地规模备"的整全之治的景象："无一不备于治矣。君明臣良，民安物阜，礼备乐和，犹自交儆无虞，太和在唐虞宇宙间，如方春之景遐想其盛，岂不与天地全局若合符节哉？"②

以上并无意于辨析攻守双方的胜负，也不是在具体语境和个体动机中拎出管志道、王启元两位的著述予以讨论的，我认为，二者言说的交集让我们看到了明代治道和道统观念自始至终的一般情形。王学引起的思想与政治、社会异动为士林所排斥，在明清之际因为政治危机而达到高峰。学界既有论说多以"攻守"为取态，带有浓重的"趋势"性的"转型"叙事味道，本书则认为，在当时的历史中，不一定只是"重新""转向""重返"的前进与回归的动态过程、"路线"的选择，也不一定是"借助皇权"这样侧重目的性的动机，而是可以从中看到明代的治道塑形，其"大型"所在。③ 这是治道观念的"浪底"。

"本朝化"的道统具有浓郁的意识形态属性，是当代意识形态的根基，道统中本有的王纲之义被放大，支撑当下的社会政治伦常。所以，管志道敏感地意识到"匹夫明明德于天下"撼动了"道统"，挑战的是本朝化的、君王纲常为枢轴的道统，即当代的君师王纲。这仍是道统与治道中本有的"时位"问题的触发，是事实上道统不完或曰分化后行道与明道的矛盾的展开。

小结："本朝化"的道统

当代君王"直接"道统，厘定圣王、帝王、孔子之位并重为制作祀礼，这一系列的政治言说、思想观念的转进和礼制的变化，都是道统决定政治正统、

---

① 王启元：《清署经谈》卷6，第103页。
② 王启元：《清署经谈》卷6，第104页。
③ 除前揭余英时、魏月萍论著外，并见葛兆光对魏月萍论文的审查报告，载魏月萍书，第4页；高海波：《从"师道"与"君道"关系看晚明清初社会改革理论与实践的三种路向——以王艮、管志道、黄宗羲为中心》，《哲学研究》2022年第5期。

规范整全之治的地位确定以后，政治影响力日益深入的结果，它们是道统的政治赋形与象征表达，是道统的配套设施。王洙从"传心"肯定嘉靖的制作改革："皇上以圣王敬一之心，行圣王敬一之道……伸公道者所以胜私也，息邪说者所以扶正也。明此于朝廷也，则为尧舜精一之心；达此于制作也，则为郊庙仁孝之道；颁此于皇猷也，则为程朱合一之学。"① 其内里的逻辑正是"心法"与"制作"的配套系统化。

宋人道统论使明道者与行道者共同传承圣王之统。"道统者，治统之所在"之说将道统之于政治的作用力推进到正统决定权的程度，明道与行道、学说与政治重又呈现出结合的动向。"以道统配合治统，道统观念弥为人所重视。"② 道统在元明两代的政治化，是值得重视的历史现象。这有道统本涵之治理与治道的因子，也是政治权源观念演进的结果。至此，道统所统括的内涵结构，即其所整全关注与影响的政治治理与思想学术两方面，都已付诸实践，作用于当下。

治出于道、道统决定治统，意味着道统必然"本朝化"、意识形态化，源自圣王的道统在当世再度政治化。本朝化的道统是意识形态化的道统，与士人明道而传道之道统源出于一，但在内涵上也存在重要区别。其重点不是对圣王之道的发明，也不是对历代政治与学术正统所在的评定，而是在塑造本朝治道的同时，宣示本朝正统地位，裁夺本朝政治和思想正统标准，维护既定的政治与社会秩序。道与道统的社会政治权力结构内涵由此现世化、本朝化。言治统即必以道统为约束，正是圣王道统兼摄治与道的表征。但理想、学说的模型与社会政治权力的实践是有张力的。道统之全系于圣王作君作师，无位的儒者只能传宗道学、阐发道统。明道与行道通于心法，共同继承道统与治道。道统从"行道-明道"双线传承向理想上合一、现实中明良结合的格局发展。因为认同治出于一的圣王之道，儒家追求的君师道统，要求士人在纲常时位的秩序框架内明道和行道。在此局中的君主和士人双方看来，行道与明道的界线都清晰地保有着。本朝帝王握道统对士人的明道与行道有压抑的一面，但这种压抑是有场合、分层次的。君主握有最高权威，但予士人师儒明道身份和辅弼行道之

---

① 王洙：《宋史质》卷100《道统四》，第468页。
② 饶宗颐：《中国史学上之正统论》，第84页。

责。当士人在行道或明道上意图挑战君王的权威、冲破时位的限制，而与纲常秩序发生竞争时，便会受到来自君主和士人内部卫道者的压抑。当此之时，深入人心而为理想型的整全道统，就成为否定匹夫位育甚至本来不是问题而成为问题基础的"行道-明道"双线传道统的依据。管志道所言"圣人不在天子之位，但可任文，不可任道也。此仲尼所以'述而不作'"，即此之谓。魏月萍、刘增光①、解扬②等对晚明三教合一、太祖崇拜、回归祖制等现象的研究中，管志道等人是常见的身影，具体情境中的思想反应固然是常见的逻辑，但从治道与道统发展的全过程视之，其思维框架的特点或许是有明一代乃至元明清所共有的，而非晚明所独有，亦非阳明后学的某一支系所独擅。

"心传"义理化之后，君主凭"心法"而"直接"圣王道统，是重要的政治变化，为恢复君师合一的圣王政治提供了超越路径，是"绝统""无统"之后的超越时间连续性的义理解决。规复圣王道统以实现治道，究其要是治道向上提。掌握心法这"向上透一著"的成果，臻于圣王治道，与于道统之传，成为帝王正统性的最高标准。中国政治思想史多以"革命""禅让"等论正统性问题，而视道统为外在于治统的思想学术领域中的判道。其实，南宋以降，道统与心法成为政治正统性的重要标识，历元、明而愈加成熟，为政治论说中所惯用常见。在王洙、王启元的世界里，世宗制作是天经地义的圣王之举。

整全一体的治道观，意味着君臣、朝野一体的政治观，这是政体所系、体统所在。得位行道是王纲在治道上的表现。本朝化的道统观突显了"时位"的纲常感，这是"皇极"内在于"道统"的存在。道统意味着治出于道、君臣一体，而不强调士的政治主体意识。这是彼时的国家观、治体观，而非划分国家为君与臣、治与道。曾棨有言："古者君臣一体，非若后世之有嫌疑形迹于其间也。"③恰似提示今天学者反省君主—士大夫、治统—道统诸二元论说结构。这是中国传统政治理想型的题中之义，在君臣一体中，又是尊卑一定的。明成祖申明此秩序：

---

① 刘增光：《寻求权威与秩序的统一——以晚明阳明学之"明太祖情结"为中心的分析》，《文史哲》2017 年第 1 期。
② 解扬：《话语与制度：祖制与晚明政治思想》，生活书店出版有限公司 2021 年。
③ 曾棨：《廷试策》，《刻曾西墅先生集》卷1，《四库全书存目丛书》（集部30册），第 87 页。

> 夫天地者，尊卑之位也；君臣者，贵贱之等也。尊卑之义明，贵贱之等辨，则天地定而阴阳和，人伦序而名分正。是故圣王之于天下也，不使卑逾尊、贱陵贵、小加大、庶先嫡，君君臣臣、父父子子各得其所，而礼义立。孔子论为政，必先于正名；《春秋》纪王法，必严于谨分。治天下者必明乎此，则君臣正、父子亲、夫妇别、长幼顺，上以统下，大以维小，卑以承尊，贱以事贵，则朝廷之义明而祸乱之源塞矣。

同时，君权又不可横肆于上：

> 人君之于臣下，必遇之以礼，待之以诚，不如是不足以得贤者之心。夫君不独治，必资于臣。敬大臣，非屈己之谓也。以道在是，而民之所观望者也。是故待下有礼，则天下之士鼓奋而相从。①

在"名分"世界中，士人亦非对君权无条件服从："夫有君有臣，名分正矣，然君非圣主，臣非圣辅，人之弗存，政于何举？"②《尚书·益稷》篇的君臣为"元首、股肱"之喻，明太祖、成祖都常引用。明太祖曾引"舜有卿云之歌"说君臣"相与共治"。成祖在《圣学心法》中说："夫君者，元首也；臣者，股肱也。君统乎臣，臣辅乎君，匡弼左右，务引君以当道。""致其君为尧舜之君，致其民为尧舜之民。如皋夔稷卨为名世之臣，岂不曰盛哉！"③"明良"仍是集权君主的期待，只是对孰为"明"、孰为"良"的理解或已不同。

关于明代士大夫与政治文化的关系，有两种比较重要的研究理路。一是前揭余英时文中提出的："不是因为他们不知道或忘记了孟子'平治天下'的儒家大义，而是扼于明代的政治生态，只能'独善其身'，而绝望于'兼善天下'了。"④"觉民行道"的理学转向是"扼于""阻于"特定的政治生态和政治文

---

① 朱棣：《圣学心法序》，《圣学心法》，《古代帝范文献荟要解题》（第 1 册），第 119 页。
② 王启元：《清署经谈》卷 6，第 122 页。
③ 朱棣：《圣学心法序》，《圣学心法》，《古代帝范文献荟要解题》（第 1 册），第 123 页。关于明太祖的引用，参见朱鸿林：《明太祖对〈书经〉的征引及其政治思想和治国理念》，第 69、74 页。
④ 余英时：《宋明理学与政治文化》，第 174 页。

化压力——或者直接说是"绕过专制的锋芒"——的结果。他说的是士人与政治之相反的逻辑，在这条因果线上理解"明、清两代的君主专制对于儒学新基调的形成具有决定性的影响"。① 二是赵园提出的"政治文化内化"的解释：

> 明代的政治暴虐，非但培养了士人的坚忍，而且培养了他们对残酷的欣赏态度，助成了他们极端的道德主义，鼓励了他们以"酷"（包括自虐）为道德的自我完成——畸形政治下的病态激情。
>
> 处"酷"固属不得不然，但将处酷的经验普遍化（也即合理化），不可避免地会导致道德主义；更大的危险，还在于模糊了"仁""暴"之辨，使"酷虐"这一种政治文化内化，造成对士人精神品质的损伤。这种更隐蔽也更深远的后果，是要待如王夫之这样大儒才能发现的。②

这是士人被政治塑造的逻辑。就本章内容而言，同样是在明代士人与政治的关系上，我们还看到二者合力演成政治文化的一面，共同信守道统归一，在政治、社会和思想的不同场域中推进王道的理想型再现，王道又在"向上一路"中孕育了解构自身的力量。在合力与解构中，我们看到了理想型的政治实践对士人的反噬，也看到了士人在时代框架中的念力光辉，但框架都是"道统者，治统之所在"。

宋代确立了明道的地位，强调只有明道才能传道、行道的道统逻辑。经过元代理学家的阐发，到明代形成了朝野共同信守的道统观，治出于道、行道与明道一体证成的理想形态成为堪称治道之信仰的存在，它不只是治道的大本大原，还是要在当代实现的政治模型。趋"一"而生"二"，士人内部形成了基于治道一体的分化：王艮等要去掉时位的限制，由"致良知"而在个体层面知行合一，以逸出师儒之位的师教而位育愚夫愚妇，无位之匹夫直接道统，鼓起社会风潮；管志道、王启元等则在社会政治结构上坚持"位"的正统认识，强调君师与师儒的德位区别。"天下之人，凡天子、公侯、大夫、士、庶，皆有

---

① 余英时：《现代儒学的回顾与展望——从明清思想基调的转换看儒学的现代发展》，《现代儒学论》，上海人民出版社1998年，第31页。
② 赵园：《明清之际士大夫研究》，北京大学出版社1999年，第10、14页。

定分，惟师无定分，不可以等级拘也。"① 如何在作为社会政治基本伦常的君臣一伦中安置"师"位，表征了对"明道"与"行道"、"述"与"作"的条件界隔的不同认识。不论时位的以士人为主体的治道一体，超越后入世施治，解构了王道；认同时位的作君作师、君臣明良的治道一体，保守着王道的天下。

程朱理学的全体大用、体用一源就是王道的治道，是整全之治的理想状态，格物穷理、修齐治平，划定了"成己成物，合内外而一之"的限度。只讲"外""用"，是汉唐杂霸功利之学；偏重"内""体"，则解构了王道秩序——二者都不是王道的制度之治。从王道视角来看，王学流弊的后果，一是以明道为本位，解构了行道的王道伦常前提；二是所明者偏重心性，整全之道的路径工夫已不具备，礼乐制度之道实际上已被搁置。"明道"与"行道"的治道内涵都被改变。这是又一次深刻的"失其统"，代价是"亡天下"。道统观已深入人心。"统"残缺、紊乱，便要使之恢复正常。王启元等维护的治出于道的道统，在王夫之等明清之际儒者的思考中得到加强。道统或决定治统之正朔，或于治统之外保持其本有之价值，皆是观测时势而求"治出于一"的表现，是合狭义之治、道而成"治道"理想型的追求不灭的明证。晚明的秩序异动说明了以心本体动摇解构"位"的危险，印证了朱熹对心学的怀疑："向上一路未曾拨转处，未免使人疑着，恐是葱岭带来耳。"② 于是，历史"浪底"深沉驱动的步伐又循着道统理想型的架构上追三代。阳明学因为秩序异动的后果而被清算。从道统归一，又引出与古为新的学术路向。

---

① 陆世仪：《思辨录辑要》卷 22，景海峰校点，《儒藏》精华编 196 册上，北京大学出版社 2016 年，第 271 页。陆世仪认为师无定分，可依祭者之分，定其祭孔等级："祭礼佾数，天子当用八，诸侯当用六，大夫当用四，各以己所应用为尊师之极致，既无僭越之怨，亦无贬损之咎，随分致虔，各得其尽，与礼'祭用生者之禄'义特相符，斯为至当。"（第 272 页）
② 朱熹：《寄陆子静》，《晦庵先生朱文公文集》卷 36，《朱子全书》（第 21 册），第 1564 页。

第六章
道统复合与治道定型
——清代前中期对政治理想型的讨论与实践

在清代前中期的研究中，论者已揭示治统与道统合一是清代政治文化的一大特征。近年清史研究中对清初统治者确立本朝"正统"地位的问题颇有新获，即清初君王作为异族征服者面对汉族和儒家政治文化的压力，采取了一系列措施塑造政权合法性，道统与治统合一，被当作一种新发展，置于这一"正统论"的格局中进行解释，如姚念慈对康熙帝"自古得天下之正莫如我朝"一语的讨论："康熙后期，由于政治形势和满汉关系的紧张，玄烨对待为学与政事之间的关系，以及他在学术上的身份和姿态，均发生变化。他不甘心仅凭治统干预道统，而必欲以道统自居，裁断学术，令汉人折服。这对于理解玄烨何以必须、并且可能倡清得天下之正以及重新安排历代王朝正统，甚有关系。"① 高翔则强调理学名臣和康熙帝之合力。康熙接受并发展了清初理学的"道统与治统合二为一论"，确立了儒家学说的统治地位。至于当时理学何以"竭力鼓吹"此说，提倡者何以不限于"以理学名臣为代表的汉族官僚"，此道统论及相关概念的具体内涵为何，则未加申说。②

"凡风气必有所因而转之。"③ "道统""治统"这两个处于分合之际、竞合之间的领域何以高标复合一体，或非君臣一厢情愿即可告成，亦须交代其在时代思想上如何推演导出而不悖于士林所信。如前文所述，源出上古之治的道统

---

① 姚念慈：《康熙盛世与帝王心术：评"自古得天下之正莫如我朝"》，生活·读书·新知三联书店2015年，第224页。对于这一路径的研究，并见杨念群：《何处是"江南"》。较早的研究，见黄进兴：《李绂与清代陆王学派》（郝素玲、杨慧娟译，江苏教育出版社2010年）、《清初政权意识形态之探究：政治化的道统观》（载氏著：《优入圣域》，此文主要由氏著前书第七章而来）。
② 高翔：《康雍乾三帝统治思想研究》，中国人民大学出版社1995年，第22页。
③ 陈澧语，见钱穆：《中国近三百年学术史》，商务印书馆1997年，第679页。

决定政治正统,圣王再世握有道统,在宋以降的中国政治思想史上已作为一种理想型存在。清代的治统与道统合一问题,向为学界所共识。但由已设置为前提知识的治、道两分,以道抗势的认知模式,便站在被现代学者人为区分出来居有独立地位的士人立场(如黄进兴"独立于政权的道统"之语所指),而从"当局统治者操纵"或"专制政权在意识形态方面的跃进"的视角,定其原因或为统治者威压强制,或作为"康熙最突出的文化政治策略","成功占用了儒家长期追求的政治理想"。① 视治教合一或道治合一为康熙等清代帝王的政治思想固然不错,但似乎不宜仅视之为某一统治策略的结果。更不能忽略的是,这是当时的主流共识。关键是"心明于天下","心法"之于"治法"有决定性作用,能传心则"直接三代","合而为一"。这个治道理想型及其"要法"已由明代君主屡为申说,在清代再次成为王朝治道模式的选择,成为政治话语中的主流,亦非强权钳制思想之一端便可定论,而要到明清之际至清中期的历史发展中去寻找定型于此的动力。

本章试图跳出统治者谋划正统性与士林向异族政权低头,或"政治势力"延伸到"文化领域"、"治统"侵夺"道统"等在二元化认知格局中颇具政治与意识形态斗争色彩的历史叙事,从思想资源和时代因缘的维度获得新的理解。清朝前中期存在一个庙堂与儒林之主流对政治之道同趋共向的构建过程。这是道统在中国历史上最后的堂皇的政治实践,向我们展示了道统作为治道理想型的巨大思想魅力和实践价值。如果说自宋至明是道统从理论发展定型到付诸政治实践的直线行进,明清之际以迄清代中期则是从纠正匹夫出位之念出发的复古反经而合于道的回环,端正治道归一、格物穷理的全体大用观念,上溯三代

---

① 余英时:《道统与政统之间——中国知识分子的原始型态》,《士与中国文化》,第 99 页。黄进兴:《李绂与清代陆王学派》,第 138 页。黄进兴总结此政治变迁认为:"'治教合一'虽为儒家长远以来的政治理想,但这个理想落实在制度结构上,却是分而为二,各由'统治者'和'士人阶层'所承担;宋代以降,'道统观'逐渐发展成形,更赋予'士人'义理的基础,倚之与政权抗衡。但在康熙皇帝的御理期间,由于'道统'和'治统'的结合,使得'治教合一'的象征意义和结构上(皇权)真正化而为一,致使士人失去批判政治权威的理论立足点。"(《清初政权意识形态之探究:政治化的道统观》《优入圣域》,第 99 页。)仍是夸大了"二元"的认识。张灏也认为:"君师对立政教二元的论调,在宋明的传统里,维持大约四百年的光景;但在十七世纪下半叶以后便逐渐消沉下来。这个消沉的直接背景就是清朝康熙皇帝对这个问题明白露骨地表态。"(《传统儒家思想中的政教关系》,《幽暗意识与时代探索》,第 88 页。)

第六章 道统复合与治道定型

重树君师而复全道统，这是一个反思与规复的阶段。明、清两代君王握有道统的论调差相似之，但不同的历史机缘形塑了不同的内在逻辑，进而影响了有清一代政治文化与思想学术之特质。道统是传统中国无可替代的治道理想型，它既以治出于道、作君作师为最高追求，又在不同历史条件下演绎为"行道-明道"在多个层次上的具体展开、演化与组合，从而具有强大的韧性。

本章以清初至乾嘉的思想资料为主，这是清代正统政治思想从发展到定型的阶段。为观其流，亦使用了嘉道变局初现时代的材料。从其源观其流，慎谈变而出新，有助于我们认识正统的、主流的思想一路贯通、流向晚清的情况。

第一节 "复三代之治"与"道统在上"

沿着明代中后期捍卫道统的思路，在明清鼎革的深切冲击下，士人普遍认为，行道与明道两分则道不行、不明，匹夫致良知而位育万物是走不通的，道统复合于君师方能天下治。这个至治范式以三代为理想型，以君师在上为纲维，转化为对现世之治与道合成一体的憧憬。

一、"道与治之统复合"

明中叶以降到清初，从伦常紊乱到"亡天下"，此一"天崩地解"的大变局所涵盖的范畴，可以用"秩序"来指称，以当日之概念则"风俗"庶几近之。顾炎武即重在此："论世而不考其风俗，无以明人主之功。"他认为这是上绍圣人之义理："余之所以斥周末而进东京，亦《春秋》之意也。"[①]"风俗"崩坏，便是"亡天下"："仁义充塞，而至于率兽食人，人将相食，谓之亡天下。"士人反思的路径之一，是学术问题导致政治与社会问题。顾炎武即曰："魏、晋人之清谈，何以亡天下？是《孟子》所谓杨、墨之言，至于使天下无父无君而入于禽兽者也。"[②] 所指则是心学。亦如陆陇其对王学导致"风俗"

---

① 顾炎武：《日知录》卷13《周末风俗》，《日知录集释（全校本）》，第750页。
② 顾炎武：《日知录》卷13《正始》，《日知录集释（全校本）》，第756页。

恶化、"百病交作"的批评：

> 王氏之学遍天下，几以为圣人复起。而古先圣贤下学上达之遗法，灭裂无余。学术坏而风俗随之，其弊也至于荡轶礼法，蔑视伦常，天下之人恣睢横肆，不复自安于规矩绳墨之内，而百病交作。①

其中的具体情形与程度，则张烈所论颇为形象。张氏认为，背弃"圣人教人下学、即物求理、多闻多见，自能渐达于本心"之教，导致了"举礼仪威仪三千三百，尽等于戏场；三纲五常礼乐刑政，尽付之游戏。老庄以为糟粕，释家以为幻影，皆此见也。"二氏已在儒门之内，儒者为释老所化，在学术上将"人伦庶物，一切视之为外"，等之于"糟粕""幻影"，则有形与无形的人伦纲常、礼乐刑政等制度、秩序的设置便被解构为"戏场、游戏"，于是，王道危殆，"举世化为佛、老、杂伯而不可救止"。② 这是和宋人同样的紧迫感，同样的话语表达，立道统、辟二氏、辨王霸以澄清治道的任务仍未完成，在新的历史危局中还显得愈发严峻。

德位知行的异动被归因于道统不立、二氏羼入的学术之本，以致在儒学谱系的整理中遮蔽了晚明儒者本来对于德位知行问题的不同见解。黄宗羲将"赤手搏龙蛇""非名教之所能羁络"的泰州学派斥于王门之外，单立"泰州学案"。所谓："掀翻天地，前不见有古人，后不见有来者。""赤身担当，无有放下时节，故其害如是。"皆就其挑战纲常而言，而其"学术"源头则在于"时时不满其师说，益启瞿昙之秘而归之师，盖跻阳明而为禅"。虽然注意到管志道在君师臣位问题上与王艮、何心隐等意见并不一致，仍将其附于泰州学案之内，批评其"大抵鸠合儒释""只是三教肤廓之论。平生尤喜谈鬼神梦寐，其学不见道可知"。"掀翻天地"的严重后果放大了不能道统判教的危害，这是要一代人去承担的历史罪责，彼此间的差异已经不重要了："泰州张皇见龙，东溟辟之，然决儒释之波澜，终是其派下人也。"③

---

① 陆陇其：《学术辨上》，《陆陇其集》，王群栗点校，浙江古籍出版社 2018 年，第 25 页。
② 张烈：《王学质疑》，黎业明校点，《儒藏》精华编 196 册上，第 537 页。
③ 《明儒学案》卷 32《泰州学案一》，第 703、708 页。

从道统挺立,方能理解清初的尊朱之势。陆陇其论必以道统收束治道:

> 天下之盛衰,自道统之明晦始。君子之欲维持世教者,亦必自辨道统始。唐虞三代之世,其道不待辨而明者,统出于一也。唐虞三代而后,不辨则不明者,统散于下也……居今之世,而不明道统之所自,在上者何以为临民出政之本,在下者何以为立身行己之方乎?

当世就是要以程朱理学为道之正统:"今日道统之辨,溯其源则本于洙泗,而求其要则必宗于宋儒。洙泗之学晦,而道统息矣;宋儒之学晦,而洙泗之统息矣。"①"朱子之学,即孔子之学……今之论学者无他,亦宗朱子而已。宗朱子者为正学,不宗朱子者即非正学。"② 直到乾隆时学者陈梓评张履祥,仍以廓清道统、"道得其传"为高:"天生阳明于明季,以'满街圣人'混儒释,则必生杨园以续程、朱之统。"③

"统纪可一,而法度可明。"④ 对于述道之学统,士大夫认为有着与治统同样的秩序规范,可见这两个仅是相对区分的场域的内在规则是一致的。其源头在于"治"的全体大用的整全性和一贯性。风俗不正的源头是学术不正:"夫风俗之讹,必有权宜之学术以召之。"要扭转世风,便须崇尚经典:"诚欲易其辙,是在有世道之责者黜权以崇经,经正庶民兴,然后简魁垒杰出之士,与之讲求。"和治统一样要以法度绳之以归正学轨辙:"学统犹治统,然有纪纲法度焉,有是非邪正焉,有褒贬赏罚焉。"⑤ 这与"道统者,治统之所在"的逻辑是一样的,只是反过来表述而已。道统与治统本来就是一而二、二而一的一体。道统包括作与述,也就涵纳治统与学统,虽然治统与学统如不能传道则与道统无缘,但既然道统包括学统,也就出现了用学统指称道统的情况,这并不意味着士人仅认同空文传道,他们实际上还是期待圣王出世,治道规复。

---

① 陆陇其:《道统》,《陆陇其集》,第 323 页。
② 陆陇其:《经学》,《陆陇其集》,第 322 页。
③ 陈梓:《重辑年谱跋》《杨园先生小传》,张履祥《杨园先生全集》附录,陈祖武点校,中华书局 2002 年,第 1528 页。
④ 陆陇其:《经学》,《陆陇其集》,第 322 页。
⑤ 杜濬:《学统序》,《变雅堂遗集》卷 2,《清代诗文集汇编》(第 37 册),上海古籍出版社 2010 年,第 189 页。

清初从辟二氏于儒家之外,到尊程朱、辟陆王清理门户,都可以从道统内判别正闰乃至正邪来看,而其归宿,仍是作为起点的纲常、风俗,亦即王道。李绂重视以纲常伦理为贯穿的社会政治秩序,认为其比职分、身份等都更为重要,伦常的纲维就是儒家王道天下的命脉:"彼皆有君臣、父子、夫妇、昆弟、朋友之道者,即皆圣人之教也。"他强调王道就是伦常之教化:

> 《中庸》言"修道之谓教"。道恶在?君臣、父子、夫妇、昆弟、朋友是也。道在于是,则教在于是矣。……人伦明于上,小民亲于下。然则舍五达道、弃人伦,无所谓教也。……天下无伦外之道,即无道外之人。天下无道外之人,即无人外之教。自二帝三王以来莫之或易也。

治出于道、道出于一,只有此一秩序体系,李绂很有自信,认为释、道二教不能提供替代方案:"吾儒之道固万古流行于天地,何必取彼二氏者塞而止之而后流且行哉?"此秩序亦无古今之别:

> 或谓圣人之教后世未必能如二帝三王之修之也,本之不足,则从彼者众,乌在其能必胜也?曰:本固未尝不修也,后世之修之,虽实心实政,亦与时为盛衰,然未有舍五伦之说而可以治天下者也。是吾之本无日而不修也。①

从明清之际的讨论来看,儒者的共同追求是巩固整全之王道,他们感受到严重的破坏和挑战,所以竟有重建之感。而压抑出位之思便表现为对"伦"和"位"之道的反复强调。"秩序"志向由此呈现为"一个相当大规模的思想典范"。儒林内部的不同则是次一位的:"在这些思想家之间的相互冲突,包含哲学思想层面的差异与更为现实的政治计划,就并非是多么本质性的问题,而可以理解为是在同一平面上置放了不同'力度'所导致。"② 由此治道追求可以指引我们跳出程朱抑或陆王的宗派归属框架,不必拘泥于"王学化"的朱学、

---

① 李绂:《原教》,《穆堂初稿》卷18,《清代诗文集汇编》(第232册),第201、203页。
② 伊东贵之:《中国近世的思想典范》,杨际开译,台大出版中心2015年,第91页。

王学修正派、调停折中等中间状态的分辨，看到儒林更本质的究心所在。

匡扶王道的共性答案是"复三代之治"。① 这不仅被视为解决现实政治社会秩序崩坏的出路，还可以进而规复道统的理想国。"三代之治"不仅是时人认为可资师法的历史事实，更具有作为抽象模型的政治哲学意义。与陆陇其、张烈等时人一般所持的道乖而治乱的逻辑一致，三代之治的精髓是由道而治。王汎森认为，"三代以上"和"三代以下"是贯穿《明夷待访录》各篇大义的"两种政治原理之争"，差别是君主"公天下"抑或"私天下"。② "三代"上下更表现为治、道分合之别：三代以上，有道而治；三代以下，治理无道，也就有乱无治。这是古已有之而为宋儒道统论所义理化的治道观和世道观，也是明清儒者的共识。与黄宗羲相似，吕留良认为，是否有"德"，是三代与三代以后的本质区别，是超乎治迹"大一统"分合之上的道化的治乱标准："若周以后天下之为治乱，止是一分一合皆以力，不以德，虽合一之时，亦与三代之治不同，故但可云分合，不可云治乱也。""第德非三代之德，故治亦无三代之治耳。"③ 这就又回到了"皇帝王伯"之"道、德、功、力"的治道价值阶序。这是当时人的共识，"三代"不只是一个历史时代，更是理想的政治模型，是治道价值所在，这一点，吕留良说得最为直接："'三代'二字即天理也。"④ 这是理学化了的"皇帝王伯"的治道观。

"治出于道"这个体系中，道是核心，是决定性的力量。政事是治、道合一之政事，而非仅就"政术"而言。对于《近思录》载张横渠《答范巽之书》，张伯行认为：

> 此言道学、政术之出于一，而二之者非也。张子答巽之来书，以为道学明其理，政术行其事，非有二也。朝廷分而二之，正自古之可忧者。彼盖以道学非为政之急务，而不知孔孟之学即孔孟之政，不可不熟思明辨也。因设一问，谓起孔孟于今日，必推其学之所得，而施诸天下之政；必

---

① 黄宗羲：《破邪论·题辞》，《黄宗羲全集》（第1册），浙江古籍出版社2012年，第192页。
② 王汎森：《何以三代以下有乱无治？——〈明夷待访录〉》，《权力的毛细管作用：清代的思想、学术与心态（修订版）》，联经出版事业公司2014年，第212页。
③ 吕留良：《四书讲义》卷30，陈钺编，俞国林点校，中华书局2017年，第659页。
④ 吕留良：《四书讲义》卷18，第438页。

无以平昔学术所不为者，而强欲施其政术于天下。①

茅星来也批评道学缺失的治术是无效的："讲求治术者，必以道学为本，而非徒如后世法制禁令之为也。"②

张伯行进而指出，以"王道"为内核与指挥，则政事自成：

> 道学、政法岂诚二事哉？故冀之而欲为朝廷计，不在规规适间于用人行政之间，但能以王道导其君，使君尽父母斯民之道，则治必日新，而何政之可间？进必良士，而何人之可适？以是行五帝三王之道，不必改途易辙，而政术成矣。而要不外于平昔之道学而得之，非有殊心也。否则学之不明，政于何出？慎勿谓道学为迂阔不适用也。③

这就进入到"治德""治道""治体"的讨论。渊源"二帝三王"的"治道"不仅是"道"，还涵盖"治""法"，是一个"全体大用"的体系。从张载到清初诸儒，他们汲汲于"道学、政术之出于一"。茅星来认为，"深明道学、政术非二事之意"，就"治德必日新，则不忧为政之失矣"。也就是说，基于"道学"与"政术"合为一体的认识，会有一种整体性的"治德"的提升。他强调，二者是一体之体用，而非"二事"：

> 道学，体也；政术，用也。就其所得于身心者而言则曰道学，而以之施于天下，即政术也，无二事也。自后世分为两途，而道学无用，则非所以为道学；政术无体，则又何以为政术哉？故特引张子此言，以见学与政非有二事，以结全篇之意。④

这是对程朱理学"体用一源，显微无间"的治道认识论的发扬。体与用是一体

---

① 张伯行：《近思录集解》卷8，罗争鸣校点，华东师范大学出版社2015年，第292页。
② 茅星来：《近思录集注》卷8，朱幼文校点，华东师范大学出版社2015年，第243页。
③ 张伯行：《近思录集解》卷8，第293页。
④ 茅星来：《近思录集注》卷8，第243页。

的，如果"道学无用、政术无体"，就都不成其为自己了。

清初儒者所论的"先王之道""王道"，就是治、道合一、治出于道的一个整体。颜元论曰："欲法三代，宜何如哉？井田、封建、学校，皆斟酌复之，则无一民一物之不得其所，是之谓王道。不然者不治。"① 井田、封建、学校这些制度安排，体现天道天理，是臻于"王道"之"道"，也就具有了"道"的意涵。王道是礼乐刑政的制度之治，"道"由"法"开显，以"法"言"道"。陆世仪有详细的阐述："封建、井田、学校，是孟子一生大学问，即孔子'富之，教之'意也。必如此，然后可以称三代之治，然后可以为王道。张子曰：'治不法三代者，终苟道也。'"而"道"与"治"的一致性与一贯性，可以归之于"治"在人间的一贯性："古之为治者，治心、治身、治家、治国、治天下，一而已矣。"② 这正是本书多次强调的中国之"治"的整全性。他本来强调在郡县制下，"治国"与"治天下"因规模层级而在具体的治理之道上有差异："治国之道贵密，治天下之道贵疏。"③ 但显然，修齐治平同时又是相通而且相同的，"一而已矣"。王道内嵌于"礼乐政刑"的制度体系而成为秩序规范之网的精神枢轴，这是一个整体性的文化的秩序之网："礼乐是儒家一个阵法。"④

王道不仅在体与用上是一体的，在"明"与"行"上也是一体的，具有实践属性，要在治理中完成与证成：

> 孔孟之学，王道也。大都君相以父母天下为王道，则政即学耳。苟不能推父母之心于百姓，非政之善者矣，而以为王道之学，可乎？学与政，只在空言、实事之别，然所谓父母之心者，原非欲托空言也，必须行之于政，视民如己子。设使其政之行，真能视民如己子，则其平居讲治之学术，必以王道为准，而不为秦汉之惨覈少恩，五霸之假仁义以沽名也，明矣。⑤

---

① 颜元：《存治编·王道》，《颜元集》（上），王星贤等点校，中华书局1987年，第103页。
② 陆世仪：《思辨录辑要》卷18，第218页。
③ 陆世仪：《思辨录辑要》卷12，第158页。
④ 陆世仪：《思辨录辑要》卷21，第243页。
⑤ 张伯行：《近思录集解》卷8，第293页。

对空立心本体的反思，进一步强化了全体大用的道体观，黄宗羲认为不能离用以言道体：

> 道无定体，学贵适用，奈何今之人执一以为道，使学道与事功判为两途。事功而不出于道，则机智用事而流于伪；道不能达之事功，论其学则有，适于用则无，讲一身之行为则似是，救国家之急难则非也：岂真儒哉！①

"用"是道的固有内涵，也是道保有而运作的机制条件。离"用"而言"体"，徒生出位之思，遇事则无补于天下，缺乏对事功的规训，反为霸道之帮凶：

> 自仁义与事功分途，于是言仁义者陆沉泥腐，天下无可通之志；矜事功者纵横捭阖，龃舌忠孝之言：两者交讥，岂知古今无无事功之仁义，亦无不本仁义之事功。②

正是在王道与事功归一的思考中，黄宗羲表彰讲开物成务之学、立"道之本统"的叶适：

> 异识超旷，不假梯级，谓"洙泗所讲，前世帝王之典籍赖以存，开物成务之伦纪赖以著"；"《易》彖、象，夫子亲笔也，《十翼》则讹矣"；"《诗》《书》，义理所聚也，《中庸》《大学》则后矣"；"曾子不在四科之目，曰参也鲁"；"以孟子能嗣孔子，未为过也；舍孔子而宗孟子，则于本统离矣"。其意欲废后儒之浮论，所言不无过高，以言乎疵则有之，若云其概无所闻，则亦堕于浮论矣。③

"异识超旷，不假梯级"颇有发明儒道大旨之意，他反对黄潜"直目水心为文

---

① 黄宗羲：《姜定庵先生小传》，《南雷诗文集》（上），《黄宗羲全集》（第10册），第623页。
② 黄宗羲：《国勋倪君墓志铭》，《南雷诗文集》（上），《黄宗羲全集》（第10册），第498页。
③ 黄宗羲案语，《宋元学案》卷54《水心学案上》，第1794页。

士",将水心的对立面定为"浮论"。正是据此肯定的案语,冯云濠反对陈直斋《书录解题》对《习学记言》"大抵务为新奇,无所蹈袭,其文刻削精工,而义理未得为纯明正大"的诋语,认为"然如梨洲及谢山所录,又何尝不纯明正大邪?"①,可谓为叶适翻案。可见梨洲对叶适"道之本统"的称许。

这种对"道"的理解,直接表现为希望兼制度与义理,于之亦可见黄宗羲等对儒家之道与道统的理解。对于永嘉学派及薛季宣之学,黄宗羲认为可由事物与经制而避免空谈心性:"永嘉之学,教人就事上理会,步步著实,言之必使可行,足以开物成务。盖亦鉴一种闭眉合眼,蒙瞳精神,自附道学者,于古今事物之变,不知为何等也。"此语固有针对明季道学流弊而断论之意,但他又担心舍义理而入刑名:"以计较亿度之私,蔽其大中至正之则,进利害而退是非,与刑名之学殊途而同归矣。此在心术,轻重不过一铢,茫乎其难辨也。"② 全祖望认为:"主礼乐制度,以求见之事功。然观艮斋以参前倚衡言持敬,则大本未尝不整然。"③ "大本整然"正是"全体大用"的转语。

当日痛定思痛,士人志业与学术被激迫出一派由圣王之道而推演全体大用之学的磅礴大势。既保有义理的规训,又以"经世"为标识抬升了"开物成务"的地位,这既符合王道的治道本质,又赋予治理以"道"的提升。富有象征意味的一个例子是推动经世名臣以"行道"的标准从祀孔子。黄宗羲反对专守"从祀者辨之于心性之微,不在事为之迹"的"经师""传道"之标准,建议诸葛亮、陆贽、韩琦、范仲淹、李纲、文天祥、方孝孺等七位"至公血诚,任天下之重"的士大夫以"能行孔子之道"而从祀孔庙。他指出,要在"与治乱相关"中看出诸儒"私欲净尽""醇乎其醇",方不入"释氏之学",在这样的经世标准下,"视孔子门墙窄狭,行焉比迹,诵必共响,名节重于国事,莫肯硬着脊梁,肩此大担"的"后来儒者",视同于"外道"可也。"七公之从祀为小。使弥纶天地之道,不归于孔子,其害可胜既乎?"④ 所论重视行道事功之于"道统"的重大价值,而将文庙中的道统祀典从偏重"明道"拉回兼重

---

① 冯云濠案语,《宋元学案》卷54《水心学案上》,第1795页。
② 黄宗羲案语,《宋元学案》卷52《艮斋学案》,第1696页。
③ 全祖望案语,《宋元学案》卷52《艮斋学案》,第1690页。
④ 黄宗羲:《破邪论·从祀》,《黄宗羲全集》(第1册),第193页。参见黄进兴:《学术与信仰:论孔庙从祀制与儒家道统意识》,《优入圣域》,第326页。

"行道"的平衡状态,从而回归"道统"的本统。这不啻是继"圣师祭"之后,在孔庙这一更大的象征空间中更大规模地改组祀典以彰显道统本义的实践,从而使得文庙祀典也恢复了几分周礼中治教合一的师儒释奠的意味。

王夫之也高倡学治一体:"古之圣王,后治而先学,贵德而贱功,望之天下者轻,而责之身心者重。"① "君天下者,道也,非势也。"② 治道不限于政治,而是整个社会的治理。"道"是基础,但此道是"内外交相成之道",而不限于抽象之道:"德立而后道随之,道立而后政随之。"③ 从"天理"而铺展为礼乐刑政:"在人为心,在天为理,故天地之间,四海之内,古今之遥,幽明上下,治教政刑,因革损益,无非此理之著而已矣。"④ 礼乐之政的要义是人间伦常:"尊卑等秩,各安其所,正所谓政也。"⑤ "政"是面向整体社会政治的治理,"治"是其目的,更具有整全性:"政者,所以治也。立政之志,本期乎治,以是而治之。"⑥ 而其仍可从"心"说起:"治之所资者,一心而已矣。以心驭政,则凡政皆可以宜民,莫非治之资。"⑦ 此"心"当然是会于"道心"之心。学者往往理解的狭义的实践性的"治道",实即王夫之所言之"政"。而"内外交相成"的一体整全,才是"治"与"治道"。

王夫之释道统:

> 若夫百王不易、千圣同原者,其大纲,则明伦也,察物也;其实政,则敷教也,施仁也;其精意,则祗台也,跻敬也,不显之临,无射之保也;此则圣人之道,非可窃者也。⑧

这仍是面向"治出于道"的道统观,如论者所言:"这种'明伦''察物''敷教''施仁'等实际上仍是仁义主导的理想化政治的核心内容,这也是王夫之

---

① 王夫之:《读通鉴论》卷 22《唐玄宗十八》,第 670 页。
② 王夫之:《读通鉴论》卷 15《宋武帝一》,第 413 页。
③ 王夫之:《读通鉴论》卷 16《齐明帝二》,第 471 页。
④ 王夫之:《礼记章句》卷 24《祭义》,岳麓书社 2011 年,第 1131 页。
⑤ 王夫之:《读四书大全说》卷 9《孟子·离娄下》,中华书局 1975 年,第 619 页。
⑥ 王夫之:《读通鉴论》卷 19《隋文帝十》,第 549 页。
⑦ 王夫之:《读通鉴论》卷末《叙论四》,第 955 页。
⑧ 王夫之:《读通鉴论》卷 13《东晋成帝七》,第 353 页。

毕生所坚持的政治理想的目标。因此，道统是治统的一个理想化要求，也是其自身可以存在下去的根本依据。从这点来看，如果说治统是以客观历史现实为基础的可视的、表面的存在，那么道统则是潜藏的内在主流。"① 王夫之论"一治一乱"，强调超越的"道"决定"治"："天下之生，一治一乱，帝王之兴，以治相继，奚必手相授受哉？道相承也。"② 同时也表明了他以"治"为"道"的重要内涵与作用场域的思想。凡此都不是他个人思想的特质，而是道统论的本来要义，在"亡天下"的刺激下更加彰显。由此，王夫之虽也延续将"道统"与"治统"区分言之的语式："天下所极重而不可窃者二：天子之位也，是谓治统；圣人之教也，是谓道统。"③ 但这里的"治统"仍只是不完整的"道统"的呈现。他说出了明清之际可谓最强调儒者之独立的几句话："儒者之统，孤行而无待者也；天下自无统，而儒者有统。道存乎人，而人不可以多得，有心者所重悲也。虽然，斯道亘天垂地而不可亡者也，勿忧也。"但我们知道道统分为明道与行道的结构之后，便可明白他不过是在强调当道不可行时，儒者述道明道保持传道以维系圣人道统的责任，而终极关怀仍是治道分而后合，仍期待圣王出世，以道而治，道统归一："儒者之统，与帝王之统并行于天下，而互为兴替。其合也，天下以道而治，道以天子而明；及其衰，帝王之统绝，儒者犹保其道以孤行而无所待，以人存道，而道可不亡。"④ 所谓"孤行无待""以人存道"，都是无奈之语，仍以得位行道为道明且行、天下大治的最高理想，只是在不具备此道治条件时，希望儒者存道。他把明道与行道的最佳状态都寄托在"天子"身上，憧憬圣王再世、道统复完、明良之治，其论述逻辑则有似于王启元的"道统"与"皇极"之辨。

君臣一伦由此巩固。王夫之以"行道"之义理为纲，批评陶渊明"岂能为五斗米向乡里小儿折腰"之言：

> 此言出而长无礼者之傲，不揣而乐称之，则斯言过矣。君子之仕也，非但道之行也，义也；其交上下必遵时王之制者，非但法之守也，礼

---

① 李润和：《王夫之"道统论"的复合性》，《孔子学刊》2019年11月第10辑。
② 王夫之：《读通鉴论》卷22《唐玄宗十九》，第670页。
③ 王夫之：《读通鉴论》卷13《东晋成帝七》，第352页。
④ 王夫之：《读通鉴论》卷15《宋文帝十三》，第429页。

也……贤人在下位而亢,虽龙犹悔,靖节斯言,悔道也。庄周曰:"无所逃于天地之间。"君子犹非之。君臣之义,上下之礼,性也,非但不可逃也,亢而悔,则蔑礼失义而不尽其性,过岂小哉? 非有靖节不能言之隐,而信斯言以长傲,则下可以陵上;下可以陵上,则臣可以侮君;臣可以侮君,则子可以抗父。①

孔子述道而传道,是在基于"位"的源于行道、承传复待于行道的结构中富有意义的。顾炎武认为"位"是秩序井然的,如论《易传》中言"定位"之义:"'列贵贱者存乎位',五为君位,二、三、四为臣位,故皆曰'同功而异位'。而初、上为无位之爻,譬之于人,'初'为未仕之人,'上'则隐沦之士,皆不为臣也。故《乾》之'上'曰'贵而无位',《需》之'上'曰'不当位'。"② 在这样的"定位"观念下,他认同有位者方能制作行道的道统观,孔子无位只是"述道",故有诗云:"尼父道不行,喟然念泰山。空垂六经文,不睹西周年。"③ 孔子述道之心同于行道,以述道而传治道:"孔子之删述六经,即伊尹、太公救民于水火之心。"不以传承治道为目的的学术则不能与于此:"今之注虫鱼、命草木者,皆不足以语此也。"④ 对于圣王之道,孔子虽不能行之,且"无所创",但述道而成功,犹如收获庄稼而"集大成":

> 有周之治,垂拱仰成而无所事矣。"周监于二代,郁郁乎文哉。"而孔子之圣,但曰"述而不作,信而好古",又曰"文武之道未坠于地,在人"。是故六经之业,集群圣之大成,而无所创矣。虽然,使有始之作之者,而无终之述之者,是耕而弗获,畜而弗畚也,其功为弗竟矣。⑤

这是标准的圣王道统论中对孔子述道的定位,是孔子述作之真义所在:"故曰:

---

① 王夫之:《读通鉴论》卷15《宋文帝六》,第422页。
② 顾炎武:《日知录》卷1《六爻言位》,《日知录集释(全校本)》,第14页。
③ 顾炎武:《登岱》,《亭林诗集》卷3,《顾亭林诗文集》,华忱之点校,中华书局1983年第2版,第329页。
④ 顾炎武:《与人书三》,《亭林文集》卷4,《顾亭林诗文集》,第91页。
⑤ 顾炎武:《日知录》卷1《不耕获不菑畬》,《日知录集释(全校本)》,第21页。

'载之空言,不如见诸行事。'夫《春秋》之作,言焉而已,而谓之行事者,天下后世用以治人之书,将欲谓之空言而不可也。"由此而有顾炎武的名言:"愚不揣,有见于此,故凡文之不关于六经之指、当世之务者,一切不为。"①

孔子为述道祖师,在整全之治的观念下,在明道而传道的背景下,"学"之于"道"是不可或缺的。学是道之学,统既是传道圣贤的序列,也是道之真谛所在,如熊赐履所言:"统者,即正宗之谓,亦犹所为真谛之说也。要之,不过'天理'二字而已矣。"②康熙中叶,熊赐履作《学统》,将孔、孟、程、朱等明道之儒列为学之正统,以正学术。王新命在序中说:"人心之不正,由于道统之不明;道统之不明,由于学术之不端。"说的正是"学"之于"道"和"道统"的重要价值。"后世聪明才辩之流,假良知以附禅宗",与杨朱、墨翟、荀卿、告子一起,被列为"皆足以乱吾学,即足以害吾道"。③ 学统即"道学之统",以道统为前提,而以传道无位之孔子为开端:"孔子上接尧、舜、禹、汤、文、武、周公之统,集列圣之大成,而为万世宗师者也,故叙统断自孔子。"④

从清人的例子来看,"道学""道学之统"的概念是存在的,但不宜将其与道统并列。虽然"道统相传,而必待孔子以集大成",但孔子的作用也仅限于述言传道。"盖尧、舜治天下,世远言湮,非得孔子,则后世亦何所据?"却与圣王位差秩然:"令孔子达而在上,行道济时,亦止如皋、夔、伊、傅、周、召之事业,何暇以道学之统垂之万世?"⑤熊氏门下倪灿也认为:"三代以上,若尧、舜、禹、汤、文、武,皆以帝王而立斯道之宗。至周公则降而为相,孔子则降而为师,而其势一变。"由"帝王"至"相"再至"师",倪灿认为是"降",是"势""降"之变。⑥ 在道统不完的情况下,"天佑下民,作之君,作之师"不能一体,分任为"君天下者存乎治,师天下者存乎学",道由学传,便如程颐所论,"无真儒"比"无善治"更为重要,"学统"比"治统"更为重

---

① 顾炎武:《与人书三》,《顾亭林诗文集》,第91页。
② 熊赐履:《学统自序》,《学统》,徐公喜、郭翠丽点校,凤凰出版社2011年,第17页。
③ 《王新命序》,《学统》,第11页。
④ 熊赐履:《学统凡例》,《学统》,第18页。
⑤ 《王新命序》,《学统》,第11页。
⑥ 《倪灿序》,《学统》,第16页。

要:"此春秋时之不用孔子,殆天之重学统甚于重治统也。"① 这里再次重申了"学统"就是"道学之统"的共识,学统是道统之下位的范畴。"学"就是述道、明道的转语:"道也者,理也。理具于心,存而复之,学也。学有偏全,有得失,而道之显晦屈伸遂从而出于其间。有志者,是乌可不为之致辨乎?辨其学所以晰其理,而道以明,而统以尊。"②

如同孔子述圣王之道而集大成,"学"的规模就是"道"的规模,以学得传之道,仍是全体大用的:

> 斯道之所以合外内、一微显、包巨细、彻始终而一以贯之者也。世远言湮,异端蜂涌,百家失之偏驳,二氏沦于虚无,举未知夫圣人全体大用之真、天德王道之实,无怪乎贸贸无知,相率而入于禽兽之归也。③

以治道之"全""备"为指归,再筑"全体大用"的规模,重视行道指向,是对心学论道的反动,是当时的潮流:"序古今有道之君为统典,序古今文武忠义为弼辅录,序录七十子传人为道脉谱……三者备而后圣门之学始全、古经之旨始备。"④ 在这个"完备"的道与道统的论说体系中,费密定"吾道"亦即儒家之圣道为"中实之道":"既中且实,吾道事也。舍是不可尽谓非道,不可谓之吾道,以其太深而易惑,太高而难行,非所以通天下之志。"这是针对空谈心性,强调"道"通诸四民、见诸实行,在治理中开显,他认为如此方得三代之治的真义:"先王以制度颥画,不以议论铺张;以要道经营,不以意见凑合。无不出之于实,无不行之以中,而国治天下平矣。""吾道"从孔子"传七十子以先王之法而定之",这是费密心中的明道之义,他结合孔安国的话来表出:

> 孔安国曰:先君孔子生于周末,遂乃定礼乐、明旧章,断自唐虞以下

---

① 《李振裕序》《王新命序》,《学统》,第 13、11 页。
② 熊赐履:《学统自序》,《学统》,第 17 页。
③ 熊赐履案语,《学统》卷 1《正统·孔子》,第 21 页。
④ 蔡廷治:《题辞》,费密《弘道书》,《续修四库全书》(第 946 册),第 3 页。

迄于周，艾黄烦乱，剪裁浮辞，举其宏纲，撮其机要，足以垂世立教，所以恢弘至道，示人生以轨范也。帝王之制坦然明白，可举而行，三千之徒并受其义，盖欲具实于文、传中于文，使后世得闻先王所以安平四海之故，因文以得中也、实也，修身而家国天下赖之，岂欲播流空文，令后世之士假肆高谈、各执一说，自名为道也耶！

由此而为万世治道：

> 圣人自孔子而止，王道亦自孔子而存，上承二帝三代之典谟，下开修齐治平之学脉。学以出治者，帝王公卿也；学以从政守文者，师儒生徒也；学以安身立业者，农工商贾也。古经之外，其言道也不中，不中必多虚少实，可以自全，不可以齐家治国平天下。①

斯道斯学，皆务为治。孔子之学系集成而保存先王之法的意思，是"述"对"作"、明道对行道的传承关系的表达，清人普遍奉行此说，亦多方论证，留待后文详述。对"中"的重视仍说明"中道"是当时政治思想的基础价值与基本遵循，指引着道之"全体大用"而不偏堕一边。

既然道要施诸用，费密也回到了道统讨论中"位"之于"行道"的必要性考量。"空言高于实事"的道论，与"草野重于朝廷""不以帝王系道统"的道统观相系，这是清谈言道去实就虚、陋平喜高之风至于"私立道统"的结果。他认为只有君师一体才能称得上是"统"："古之二帝三王皆在位，伦无弗叙也，政无弗平也，方隅无弗安，而教化无弗行也。其民淳质，以下从上，无所异趋。君师本于一人，故为统。"孔子不得位，述王道以存之："孔子当其时，欲以道兴治，天命不与，先王所遗传焉，虽世异政殊，后世修述尚与道不违。孔子虽位不同于二帝三王，而圣则一。"但毕竟君师二分、"道具而统失"，就给空言乱道者以机会，所以，必以上述"中实"的行事之道，以将先王治平之学转化为现实事业维系之。这是一个社会政治权力视野下的王道兴废与治乱问题：

---

① 费密：《吾道述》，《弘道书》卷中，第47页。

> 司马迁曰：天下重器，王者大统。传天下若斯之难也。统止天子名之，诸侯不敢与也，况士乎？后世圣人如孔子不得在位，列国殊政多未合于道，各趋嗜好，习久相化而道亡天下，日就沉溺，孔子述往古以为久远安宁之本，后世听其损益，道始有绪。孔子在下，君师分为二人。君师分则杂焉乱于道者其说多矣。孔子道具而统失，道在先王之事，其得存也；系于孔子之言，非事不足以定民志而养天下，非言不足以记典章而教天下，岂先王规程越品物之外，孔子又欲托空言以为道也？惧先王所以仁天下者散亡不可收采，一时失之，千万世失之，圣王不兴，天下孰能宗子？其言尚彰彰也。①

他将行道、明道展开为"上之道"与"下之道"亦即"道统"与"道脉"之别，而"王天下者"才是道之本：

> 孔子欲先王之政教行之于万世而无斁也，乃以为六经传之而绵绵永存为道脉矣。故上之道在先王立典政以为治，其统则朝廷，历代帝王因之，公卿将相辅焉；下之道在圣门相授受而为脉，其传则胶序，后世师儒弟子守之。前言往行存焉，苟无帝王受天明命宰育万汇，有磨砺一世之大权，优善惩恶，公卿行之以动荡九服，取儒生空辞虚说，欲以行教化而淳风俗，必不能矣。王天下者之于道，本也。公卿行焉，师儒言焉，支也。②

"道脉"正是道统通过明道而得传于后世的表述，但更强调"行道"为"道统"的要义：

> 先王所以为道，孔子之旨则然也。以孔子之道自治则德修，以孔子之道治天下国家则政备。宗孔子则二帝三王之道可明矣。故一于帝王，道则为统；传于孔子，道则为脉。……统也者，道行于当时，薄海内外莫不化

---

① 费密：《统典论》，《弘道书》卷上，第 4—5 页。
② 费密：《统典论》，《弘道书》卷上，第 5 页。

洽也；脉也者，道传于万世，王侯下逮庶人，莫不取则也。合历代帝王公卿，称曰"道统"，庶可也。无帝王则不可谓之统矣。①

他将孔子定在圣王之间承上启下的位置上，即"祖述宪章"。先王为"有位在上，立而行之为王道"，圣门为"无位在下，述而明之为吾道"："非先王之远谟鸿烈，则孔子无所述；非孔子之纂修删定，则先王无所存。先王以君道振之于前，孔子以师道集之于后。"于是上下之道"盖分而无不合，合而中有分也。天以孔子木铎万世，故令无位，然道不行而纂修删定，孔子之大不得已也"。②要彻底屏除"空言"乱道，空谈"性命""传心"，以至"圣王修身安人开国承家之实咸为后儒所坏乱"的现状，理想状态仍归于圣王再兴，"帝王然后可言道统"③："欲正道统，非合帝王公卿以事为要、以言为辅不可。"宋学的当代观感则是"议论为主，实事为末"。他要"重述旧章，道统还之帝王"，便认为汉唐以来有"睿帝哲王""追继三代无疑也"，应"许列道统中，承三代之后"。④"先子言帝王历数皆天所命而兼人谋，非尽人力可致也。宜遵先圣孔子以《秦誓》继典谟训诰之旨，取两汉而下异姓受命之君接三代之后，方合圣门旧法。"⑤

费氏作《天子统道表》，以"二帝三王"为"作之""君师"，以孔子接之为"作""师"，亦即为"述"中之"作"，继之以"历代帝王统道：君师之尊，治教所本"，辅之以"公卿"（"辅行道统，修齐治平实行之"）和"师儒"（"讲传道脉，修齐治平讲明之"）。⑥"道"是中实之道，须帝王自上行之，此政治社会景象便近于儒者惯于描述的"三代之隆"。他号召恢复汉儒"讲经"，反对"今世"之"讲道"，认为"圣人之经即圣人之道"，而经中呈现的治道与道统世界是：

---

① 费密：《统典论》，《弘道书》卷上，第5页。
② 费密：《祖述宪章表》，《弘道书》卷上，第22页。
③ 费密：《弼辅录论》，《弘道书》卷上，第8页。
④ 费密：《统典论》，《弘道书》卷上，第6页。
⑤ 费密：《大统相继表》，《弘道书》卷上，第7页。
⑥ 费密：《天子统道表》，《弘道书》卷上，第7页。

> 证以圣人古经，帝王天命统道，为首出庶物之尊；公卿百僚，布道之人；师儒，讲道之人；生徒，守道之人；农工商贾，给食成器，尊道之人；女妇，织纫酒浆，助道之人。朝廷，政所从出，立道之源；有司公堂，行道之所；胶庠，言道之所；乡塾，学道之所。六经，载道之书；历代典章，续道之书；文章辞赋，彰道之书。冠婚丧祭，吉凶仪物，安道之用；军务边防，五刑百度，济道之用。此圣门所谓道也。①

道统的主体是帝王，从公卿百僚到生徒之士大夫群体，从朝廷到乡校，从经典到百般制度，这是一个用"道"编织起来的、人人行道的有序的理想社会。与《宋史·道学传》中"三代盛时"天子、大臣、师儒、百姓皆行"是道"，"盈覆载之间，无一民一物不被是道之泽"的景象是一样的。而此见诸"行事"的"道"之流布景象，却已是针对明儒道学流弊而立论："圣门所谓道也，非后儒'宗旨'之谓也。"费密自陈心曲，他的"艰苦患难"的沉痛经历，才照亮了"古注疏"中的"道之实"，读来令人触动不已：

> 盖密事先子多年，艰苦患难，阅历久，见古注疏在后。使历艰苦患难，而不见古注疏，无以知道之源；使观古注疏，而不历艰苦患难，无以见道之实。今已老齿，其于经传征明定旨，伤汉唐遵圣合经有用实学晦塞既久，诸儒辨论亦多，然公卿大夫主持吾道者也，名儒贤士发明吾道者也，皆于圣门有卫道之责焉。②

"艰苦患难"与"古注疏"相发明的成果，就是对重在"遵圣合经有用实学"之"吾道"的认识。

规复三代之治，就是要归之于再出世的圣王。圣王之为"圣王"，主要表现就是作君作师、明道行道、规复道统，实现天下大治，治出于一、治出于道的整全之治也意味着整全不分的治理体制。清初的治道论，固然继承了前代的思想资源，但还是在明末清初的政治与社会秩序异动的具体情境下讨论而达成

---

① 费密：《圣门定旨两变序记》，《弘道书》卷下，第60页。
② 费密：《圣门定旨两变序记》，《弘道书》卷下，第60—61页。

共识，有源有流、不乏特质。五伦首举君臣，为李绂的君师合一观铺平了道路："二帝三王之时，教主于上，作之师者即作之君者也。"① 亦如陆世仪所述："尧、舜而下，历禹、汤、文、武，皆君师道合。若周公，已为臣道，然负扆而朝，成王之治，皆周公为之。至于孔子，始以匹夫为万世师，而万世之道统归之，然所谓君师道合者，已得半而失半矣。"这是以君师道合的三代之治为本位的描述，"得半而失半"不无遗憾与无奈。他指出，与圣王相比，孔子的地位，仅是在历史中弥合治、道分离的"事功"层面的贡献："顾后世不以失半为歉者，垂教万世，其功大也，故曰'孔子贤于尧、舜'，语事功也。"② 与阳明后学一度张大"孔子贤于尧、舜"之完整的道统意义、确认孔子在"道"上便贤于尧舜不同，他又将孔子"述而不作"的历史贡献和地位拉回"事功"层面。这不是简单地拉低孔子相对于三代圣王之历史地位的解释，而只是在论说孔子遭逢"上无明君，下不得任用，故作《春秋》，垂空文以断礼义，当一王之法"之不得位的"空文"的历史地位，这也是朱子《大学章句序》中"时则有若孔子之圣，而不得君师之位以行其政教，于是独取先王之法，诵而传之，以诏后世"之意。陆世仪在追求以三代治道规复现实秩序时，如此解释是合乎逻辑的，这就回到了圣王制作之权的道统本统。颜元也强调："圣人学、教、治，皆一致也。"③ 抛开其重视践履的思想本色，这个论断也反映了当时儒者回归古典政治形态的共同追求。

治道理想以圣王"作之君，作之师"为大关节，便引出相对区分的道统与治统复合为一。治统与道统合一，治与道合成全体，是治、治道与道统的题中应有之意。君王代表的行道与儒家之述道，在理想状态上不是两分的，而是合一的。清初治出于道的氛围中，对治统有"行道"的期待，由此在道统规复中居于主导地位。在反思秩序异动的时代背景下，在道统归一的三代模型普遍流行且要付诸实践的思想背景下，在王道纲常为唯一的秩序原理的社会背景下，圣王之治的历史与政治典范的建构，决定了君王重握道统的可能性。其前提是：圣王出世。孙奇逢就说："唐、虞三代之时道统在上，春秋、战国而后，

---

① 李绂：《原教》，《穆堂初稿》卷18，第202页。
② 陆世仪：《思辨录辑要》后集卷7，第366页。
③ 颜元：《存学编》卷1，《颜元集》（上），第39页。

道统在下。"① 他特重治统之于道统的意义，如其所说，道统传承的内核似即是"治统"，当现实政治不合于道时，便寄之于学统：

> 文、武以前，道统在上，治统即道统也。孔子以后，道统在下，学统寄治统也。大人之实事，圣人之训述，显晦殊途，本源一致，总不出"圣学本天"一语，不本于天，则异端耳。天一命也，命一性也，性一善也，达而在上与穷而在下，同一命也，性也，则同一善也。君道以此治天下，师道以此觉天下，理一而已。穷理尽性至命，一以贯之。

在重"治"的道统观中，行亦可兼知："非知天必不能知人，盖行足以兼知，未有能行而不知者；知不足以兼行，耻躬不逮，圣人固虑之矣。"② "道统在上"，即是治统兼摄道统："三代以前治统即道统也，三代以后有治统而无道统，道统于是乎归之儒。"这就又回到了君主以"心法"而"直接"道统的认知，他认为值得列入"圣学录"的明代醇儒，"溯其源渊，盖缘明二祖列宗心学之密，直接一中之传，真以身行道于天下者也"。他纂《圣学录》的用意，不仅是"使列圣之精神炳如日星"，而且要让"后之学者知诸儒之兴起由作君作师者之钧陶"，亦即兼摄君师的圣王的陶铸作用。③ 君师一体，以圣王为道统所在。这是表彰故国君王之语，亦是时代观念的反映，而引出清朝的君师观。

学、道决定治的状态，已见于前揭陆陇其的痛切之语。而在圣王治道模型中，明主就是道统的枢轴。王夫之提出"治道之极致"的议题：

> 治道之极致，上稽《尚书》，折以孔子之言，而蔑以尚矣。其枢，则君心之敬肆也；其戒，则怠荒刻核，不及者倦，过者欲速也；其大用，用贤而兴教也；其施及于民，仁爱而锡以极也。以治唐、虞，以治三代，以治秦、汉而下，迄至于今，无不可以此理推而行也；以理铨选，以均赋

---

① 孙奇逢：《道一录序》，《夏峰先生集》卷4，朱茂汉点校，中华书局 2004 年，第 137 页。
② 孙奇逢：《答魏石生》，《夏峰先生集》卷2，第 86 页。
③ 孙奇逢：《圣学录序》，《夏峰先生集》卷4，第 144 页。

役，以诘戎兵，以饬刑罚，以定典式，无不待此以得其宜也。①

圣王治道之"理"可行于万世，可施诸一切治理领域，可见其神圣性。"上稽《尚书》"即尧、舜、禹圣王相传"治天下"之大法、心法，治、道合一之治道的枢纽是君主，于此顺理成章。这是治之体、治之本。与王夫之对君心之枢要地位的认知相似，黄宗羲憧憬"以仁得天下"的"一人"之治：

> 天地之生万物，仁也。帝王之养万民，仁也。宇宙一团生气，聚于一人，故天下归之，此是常理。自三代以后，往往有以不仁得天下者，乃是气化运行，当其过不及处，如日食地震，而不仁者应之，久之而天运复常，不仁者自遭陨灭。②

他不是反对君王的权威，而是希冀圣王出世。他认为"治平"系于"时位"："使举一世之人，舍其时位而皆汲汲皇皇以治平为事，又何异于中风狂走？"③这与明人王艮等拆解"时位"恰成对照。

清儒高度认同，圣王思想在理学中是由来有自的："程、朱言治，皆自格其君心之非始。"④ 朱子编辑《近思录》，《朱子语类》"逐篇纲目"记"八治国平天下之道，九制度"，后世通行本的目录则为八"治体"或"治道"、九"治法"，但也有定第八卷为"君道""治君"的。可见儒者认为，"君道""治君"是"治道""治体"的枢纽，在"治体"与"治法"的格局中居于首要位置。⑤李光地即以一体之"君师"为"根本"、为"圣人"：

> 治天下，样样皆当讲求。第一是要有根本。汤曰："朕躬有罪，无以

---

① 王夫之：《读通鉴论》卷末《叙论四》，第954页。
② 黄宗羲：《孟子师说》卷4，《黄宗羲全集》（第1册），第90页。
③ 黄宗羲：《与友人论学书》，《南雷诗文集》（上），《黄宗羲全集》（第10册），第152页。
④ 汪绂：《读近思录》，丁红旗校点，华东师范大学出版社2015年，第39页。
⑤ 参见余英时：《朱熹的历史世界》，第9页。程水龙：《〈近思录〉集校集注集评（修订本）》，上海古籍出版社2019年，第709页。杨伯峤：《泳斋近思录衍注》，程水龙校点，华东师范大学出版社2014年，第109页。黄克武在对《皇朝经世文编》的研究中也发现，"君主"是最重要的具有"杠杆"作用的"位"。（《鸦片战争前夕经世思想中的杠杆观念——［转下页］

万方;万方有罪,罪在朕躬。"武王曰:"作之君,作之师,有罪无罪,惟我在,天下何敢有越厥志?""一人横行于天下,武王耻之。"有此,便要算他是圣人。《论语》"尧曰"章,能得几行书,直是说尽。①

黄宗羲希望辅圣主而造盛世,成伊吕事业,《明夷待访录》的"题辞"中明白道出:

> 余常疑孟子一治一乱之言,何三代而下之有乱无治也?乃观胡翰所谓十二运者,起周敬王甲子以至于今,皆在一乱之运。向后二十年交入"大壮",始得一治,则三代之盛犹未绝望也。前年壬寅夏,条具为治大法,未卒数章,遇火而止。今年自蓝水返于故居,整理残帙,此卷犹未失落于担头舱底,儿子某某请完之。冬十月,雨窗削笔,喟然而叹曰:昔王冕仿《周礼》,著书一卷,自谓"吾未即死,持此以遇明主,伊、吕事业不难致也",终不得少试以死。冕之书未得见,其可致治与否,固未可知。然乱运未终,亦何能为"大壮"之交!吾虽老矣,如箕子之见访,或庶几焉。岂因"夷之初旦,明而未融",遂秘其言也!②

又与人言:"今圣主特召,入参密勿,古今儒者遭遇之隆,盖未有两。五百年名世,于今见之。朝野相贺,拭目以观太平,非寻常之宣麻不关世运也。"③与后文李光地等的贤相期许和自期合而观之,可见明良之局,是当时士林的普遍期冀。

[接上页]以〈皇朝经世文编〉学术、治体部分为例之分析》,《亚洲文化》1987 年 4 月第 9 期,第 153 页。)直到清末章梫编纂《康熙政要》,首谈"君道",次谈"政体",或非为教导幼主而特定体例,而是一般的认识:"君道"即是"治道",是"治体"或"政体"中居于统摄地位的"道"的部分,而"治体"或"政体"中总揽政务的部分,则等而下之。"君道"与"治道"在政治思想上的紧密关联乃至等而视之,与作君作师、治出于道的思想特别是其在宋明以降的发展有重要的交互影响。
① 李光地:《榕村语录》卷 27,《榕村全书》(第 6 册),第 316 页。
② 黄宗羲:《明夷待访录·题辞》,《黄宗羲全集》(第 1 册),第 1 页。
③ 黄宗羲:《与徐乾学书》,《南雷诗文集》(下),《黄宗羲全集》(第 11 册),第 67 页。

二、"圣人在上"

圣王政治是当时的理想型,在现行体制内只能由帝王统道。

康熙九、十年间,李颙南行江南毘陵,当地士人吴光撰文记其事,感慨道统与治统相维系而同盛衰:"古今有治统,有道统,治统不可一日无人,道统亦不可一日无人,而道统与治统尝相为盛衰而终始,故治统开,道统始开,而道统盛,治统愈盛。"明末道统丧乱,导致社会秩序紊乱:"近今以来,学之不讲,知有利不知有义。"值此之际,睹二曲先生,而"道统又有其续"。但道统之开,端赖治统,而其开,又将推动治统更加兴盛:"先生归矣,治统开,道统始开;先生归而与关中诸子力扶正学,以天下为己任,道统盛,治统愈盛。"① 江南士人对康熙盛世有此等认同与期许,可见不宜只强调满汉冲突的一面。在清代君王兼摄治统与道统的发展中,余英时曾表达了对于康熙二十三年南巡的重视。而从上文看来,士林与社会的心态实非在帝王的某项"政治操作"下"突然转变",而是有着长远的思想渊源。② 不宜放大重要历史时刻的意义,而忽视治道一脉蜿蜒的"内在理路"。

在成书于康熙四十四年的《五子近思录发明》中,施璜以士人为本位,但以帝王兼作君师为"明道"之前提,由此论述士人公而无私的治道之责:

> 治天下之道,吾儒分内事也。使不预求讲明,则不知帝王作君作师之大任,所以欲明明德于天下者何为。故出处之义既明,则治道不可不讲。然欲讲明治道,须知天之明命,有生之所同得,非有我之得私也。是以君子之心,廓然大公,其视天下,无一物而非吾心之所当爱,无一事而非吾职之所当为。虽或势在匹夫之贱,所以尧舜其君、尧舜其民者,未尝不在吾之分内也。

由此便可提升儒者济世的规模与境界:"学者有如此心胸,则规模广大,私吝

---

① 李颙:《二曲集》卷10,陈俊民点校,中华书局1996年,第86页。
② 余英时:《序》,黄进兴《李绂与清代陆王学派》,第5页。

之心自消。推而行之，岂有一民不被其泽，一物不得其所哉？此儒者之学，必至参天地，赞化育，然后为功用之全也。"他的指归，已不是儒者无位之位育，而是辅成君王"治道"，复三代之治："有志之士，尚当勉力以成善治，兴教化，美风俗，三代可复也。"①

儒林皆以此为大，并非谀君起见的政治套语。汪绂论并无"治外之道统、道外之治统"，天地间的秩序"皆赖乎道以为之治"。他有"道学骨董"之称，治学守朱子家法，却全未提及宋代有遥承道统的荣光，判定汉唐以下治统与道统二分而无治。"道之外，无所为治也"，前提是"圣人在上"：

> 三代而上，治统与道统合；三代而下，治统与道统分。其信然与！曰：道者，天下古今之所共也。上非道则无以为治，下非道则亦无以为人矣。顾人心有欲，道体无为，要必有人焉立乎斯道之极，而为之维持调护之，以示之准，而后天下之人有所会归，以不至逾越于斯道。当其时者观感而化，而既没之后，流风余韵犹足以系著乎人心至于四五百年之久，此则道统之所系，而天下古今之所重赖焉者也。至于圣人渐远，则流风日微，世教日衰，而人心日荡，此则气化所趋，自有不能不衰之势。而终则有始，反复其道，天又必为之笃生圣人以继续之。此贞元之理，剥复之常也。独是圣人在上则道无不尽，而治极其隆，虽有在下之圣人，亦为之赞襄协理而已。道之外，无所为治也。作而在上者不皆圣人，则虽能拨乱为治，而道有未尽，则治亦有未纯。于是又赖乎在下之圣人为之修明以补救之。此亦天道之变而圣人之权也。要之，世之所以不终于极乱，而人之所以不胥于禽兽者，皆赖乎道以为之治，而又安得有治外之道统、道外之治统与？顾自周道衰而圣人之治不复，孔子殁而圣人之道不明，而一切老庄杨墨刑名术数功利纵横之说丛起于天下，日增月益，愈引愈蔓，以至于不可拼埽。汉唐而下，虽有英辟，皆与时苟简，上下浮沉，不复有志于唐虞之治，徒以小成自安，而道统乃不得不下属之师儒，由来久矣。而宦

---

① 施璜：《五子近思录发明》卷8，李慧玲校点，华东师范大学出版社2015年，第412页。

官、宫妾之辈犹日以尧舜谀其君,以欺君者欺天下也。反诸寤寐,岂无愧邪?①

将泛泛地拟君于尧舜,断为谀辞,为宦官、宫妾"以欺君者欺天下"之举,可见清儒规复三代并非沿袭前代旧习或遵从君王喜好的政治套语,而是有其自觉的追求在里面。汪绂一生未尝入仕,这一番治统与道统并归于"圣人在上"的论说并非为了取悦当朝,而是他自己理解与认同的道路。

三代圣王之治的想象,直接对应着君臣明良的政治图景。明清之际的政治论说中,"大有为"是个常见的关键词,其虽以君臣相得为共同主体,但所重的、第一位的主体仍是君主,如王夫之论诸葛亮之不得已,领起的道理依据是:"夫大有为于天下者,必下有人而上有君。"② 方苞对朱轼表明自己作《周官余论》的心迹,便以君主"大有为"为立场批评士大夫:"今上信大有为,而士大夫结习未除,凡吾所云必君相一德、众贤协心,然后,为之而可成、成之而可久。不然,上求其诚心而下应以苟道,民不见德,反受其殃。"③ "大有为"就是复三代:"欲大有为,须是大样更张,以复于古。果遇尧、舜之君,得禹、皋陶之助,复古非难事。"④

士林对政治与政制的如上讨论,三代之治的道统模型,影响了清代统治者的政治实践。"朕向意于三代。"⑤ 自康熙帝起,即延续杨维桢的正统定论,希望将道统与治统合一,作成圣王。"朕惟天生圣贤作君作师,万世道统之传即万世治统之所系也。""道统在是,治统亦在是矣。历代圣哲之君创业守成莫不尊崇表章,讲明斯道。"而这就是最大的"学术":"每念原风俗必先正人心,正人心必先明学术,诚因此编(《日讲四书解义》)之大义,究先圣之微言,则以此为化民成俗之方,用期夫一道同风之治,庶几进于唐虞三代文明之盛也

---

① 汪绂:《理学逢源》卷11,《续修四库全书》(第947册),第620页。
② 王夫之:《读通鉴论》卷10《三国五》,第266页。
③ 《朱文端公年谱》引《国朝先正事略》,朱瀚编:《朱文端公年谱》,光绪十年广仁堂刻本,第34页。
④ 汪绂:《读近思录》,丁红旗校点,华东师范大学出版社2015年,第38页。
⑤ 《圣祖仁皇帝实录》卷190,康熙三十七年十月,《清实录》(第5册),中华书局1985年,第1016页。

夫。"① 成为清帝治道话语之统系与轨辙。乾隆帝亦言："夫治统原于道统。"②

康熙十九年，李光地应康熙帝之要求进呈"家居所作文字"，作序将自己奉敕呈文，拟于殷高宗与傅说"言学"，在"学之关于治道有如此"的盛世郅治因果中，高揭帝王之学与儒生之学都是要"穷性命之源，研精微之归，究六经之指，周当世之务"，并无不同。康熙之学已达到"非汉、唐以下之学，唐、虞、三代之学也"的程度。由此发为道统与治统合一之论：

> 道统之与治统，古者出于一，后世出于二。孟子序尧、舜以来，至于文王，率五百年而统一续，此道与治之出于一者也。自孔子后五百年，而至建武，建武五百年，而至贞观，贞观五百年，而至南渡。夫东汉风俗，一变至道。贞观治效，几于成、康。然律以纯王，不能无愧。孔子之生东迁，朱子之在南渡，天盖付以斯道而时不逢。此道与治之出于二者也。自朱子而来，至我皇上，又五百岁，应王者之期，躬圣贤之学。天其殆将复启尧、舜之运，而道与治之统复合乎？③

道统决定气运，气运决定道统规复。早前，张履祥便曾论到，明中叶以来以阳明、东林为代表的学术皆非正脉，败坏天地人心："百余年来，学术晦冥，邪说暴行塞乎天地，入于膏肓。窃谓姚江之教，如吴、楚称王，蛮夷猾夏，僭食上国。东林之教，如齐、晋之称伯，尊周攘夷，而功罪不可相掩。"他盼望也认为将否极泰来，此气运就在"数十年之内"，将有"大贤"出世，重振道统："天道循环，无往不复，数十年之内，应必有大贤之士起而任斯道之责，揭日月于重渊，而使之复旦者。"④ 针对所谓"胡无百年之运"的谶语，道统可以证明或争得气运。略晚，黄宗羲的学生郑梁也将"治复三代"与天命之运联系在一起："金华胡仲子以《易》六十四卦定生民治乱十二运，识者谓今庚申辛酉之后，运交阳晶，守政从此治复三代者一千一百五十二年。而今天子正在稽

---

① 康熙帝：《日讲四书解义序》，《圣祖仁皇帝御制文集》卷19，《影印摛藻堂四库全书荟要卷一万三千一·集部》，台湾世界书局1985年，第187页。
② 《高宗纯皇帝实录》卷128，乾隆五年十月，《清实录》（第10册），第876页。
③ 李光地：《进读书笔录及论说序记杂文序》，《榕村全书》（第8册），第256页。
④ 张履祥：《答沈德孚（二）》，《杨园先生全集》卷4，第87页。

古右文，安知不于偃武之余，修举周礼以治天下？……呜呼！昔之叹为世道之变者，今而后又何必不一变而复古王政也哉？可喜而志也。"①"偃武之余"一语可见此判断与平定三藩时局大定有关。这是否全系言不由衷的谀君之语？衡诸当时追求治道的语境，门生李绂所言或更合乎实情："康熙十九年，先生奉敕进所作文字。因进读书笔录及论学之文。自为之序，推尊圣祖皇帝继五百年圣人之统。盖隐然以伊、莱、望、散自居，故为文必衷于道，而非末世雕章绘句之文所可及。"②李光地有感于时代风气，欲尊圣主而自为贤相，"天纵之君，帝赍之佐，孳孳相勉，若将不及"，这正是方苞、汪绂所憧憬的"大有为"中的君相之选，李氏所言或非虚构。③

李绂并非特为烘托其师，三代式的圣君贤相再现于世是当时一种广为接受的比拟。如前文所述，费密亦将道统付诸天命之帝王与佐辅之良臣一体担当："帝王所以创基保土，非一人之得已也，皆有良臣为之股肱焉、心膂焉、爪牙焉，乃能永定弘业，传世葆位。"④这是由帝王统御之"君道"、文臣弼辅于内之"臣道"、武臣弼辅于外之"臣道"构成的政治体："君统于上，文武臣僚奉令守职，自上古至今无有逾此而可致治者。"这也是对儒者实行救世而不能静坐谈性理的要求："言道而舍帝王将相，何以称儒说？"⑤只有这样的一个政治全体而非帝王"一人之得已"，道统才是稳固的。"帝王为道之本，行之以公卿，讲之以师儒，此支也"，道统也只有在这样的体用结构中才能实现。⑥康熙二十九年，熊赐履的弟子刘然为乃师文集作序，亦有言曰："天下想望风采，以为伊、周无以过。"熊赐履以"相"的身份辅成三代治道，"相业"以统合"进德修业"为资格：

> 间尝读《易》，至乾之九三，窃叹千古相业，断自忧勤惕厉始矣。三以阳爻居阳位，任大责重，恒极天下之至危，非进德修业不足以胜之。而

---

① 郑梁：《天雨庵记》，《寒村诗文选·五丁集》卷1，《清代诗文集汇编》（第148册），第277页。
② 李绂：《榕村文集序》，《榕村全书》（第8册），第15页。
③ 李光地：《进读书笔录及论说序记杂文序》，《榕村全书》（第8册），第255页。
④ 费密：《弼辅录论》，《弘道书》卷上，第8页。
⑤ 费密：《文武臣表》，《弘道书》卷上，第11页。
⑥ 费密：《天子统道表》，《弘道书》卷上，第7页。

> 三之变复为离，离，文明象也，修辞于文明固宜，而孔子系其辞则曰"立诚"，何哉？

世无宰相，而以"相业"自期，不是权势冀盼，而是"君—臣/相"之基本治理框架下的观念使然。"立诚"就是以三代为典型的德、业合一：

> 三代以上，德、业出于一，故行成而言以居之，辞即忠信达于外者，所谓"诚"也。三代而下，德与业判为二矣，或内体醇备，则讷于著述之才；或高文典册，则短于表率之力。伊、周不作，鼎轴弗光。识者有慨于衷，非一日也。①

可见治与道分、治统与道统分，并非士人所乐见，士人并无倚之抗衡政府之心思，更多的是对道统不完的无奈表达，与之相伴的不是以道抗势的奋发，而是衰颓变乱的学与道："哗犷者驰骛于具搜博览之途，而昧其本原；朴陋者束缚于章句训诂之末，而罔知通变；二氏之颇缪，百家之淆乱，纷然错出，又皆足以为吾名教之大蠧。"熊赐履正是以其德、业合一之"诚"匡救此秩序失坠之乱象，规复了理想的秩序："其不至澌尽灭没而遂已者，恃先生一诚有以破其妄，而树之以轨范也。"② 士人孜孜以求的仍是治出于道、治统合于道统，这维系着治与道的理想状态。圣君与贤相的组合，可见治、道二统兼摄于皇帝，亦落实于士大夫，体现为一代之治，不可仅以君主专擅凌压道统视之。

康熙帝将"明道之圣，立言以垂宪"与"行道之圣，得位以绥猷"并举。③ 孔子述道明道而为"师"的传道位置在政治上以隆重的礼遇确认。康熙二十六年，建孔子庙碑，御制碑文肯定孔子"师道"而传道统："孔子生周之季，韦布以老，非若伏羲、尧、舜之圣焉而帝，禹、汤、文、武之圣焉而王，周公之圣焉而相也，巍然以师道作则，与及门贤哲绍明绝业，教思所及，陶成万世。伏羲、尧、舜、禹、汤、文、武、周公之统，惟孔子继续而光大之矣。"

---

① 刘然：《序》，熊赐履《经义斋集》卷首，《清代诗文集汇编》（第139册），第1页。
② 刘然：《序》，熊赐履《经义斋集》卷首，《清代诗文集汇编》（第139册），第2页。
③ 《清朝文献通考》卷73《学校考十一》，第5535页。

"朕忝作君,启牖下民,深惟夫子师道所建,百王治理备焉。"① 康熙二十八年,颁御制孔子赞及颜、曾、思、孟四赞于太学,御制序在表彰孔子传道之功的语境中,仍归于"探二帝三王之心法以为治国平天下之准":

> 尧、舜、禹、汤、文、武,达而在上,兼君师之寄,行道之圣人也;孔子不得位,穷而在下,秉删述之权,明道之圣人也。行道者,勋业炳于一朝;明道者,教思周于百世。尧、舜、文、武之后,不有孔子,则学术纷淆,仁义湮塞,斯道之失传也久矣。后之人而欲探二帝三王之心法以为治国平天下之准,其奚所取衷焉?然则孔子之为万古一人也,审矣。

可见理想的君师治道才是尊孔的目的所在:"百世而上,以圣为归;百世而下,以圣为师。非师夫子,惟师于道。统天御世,惟道为宝。"以"皇极"摄"人极"是治道理想:"清浊有气,刚柔有质。圣人参之,人极以立。行著习察,舍道莫由。惟皇建极,惟后绥猷。作君作师,垂统万古。"② 这是"作"与"述"两阶段的道统论的转述,在将道统之"师"的权威从"夫子"夺归"道"的同时,表明了"道"对"治"有决定性。孔子传二帝三王之心法,在治、道合一的治理规模中,这是至为重要的治道思想资源,孔子因维系传承圣王道统而重要:

> 大道昭垂,尧舜启中天之圣,禹汤文武绍危微精一之传,治功以成,道法斯著。至孔子,虽不得位,而赞修删定、阐精义于六经,祖述宪章、会众理于一贯,为往圣继绝学,为万世正人心,使尧、舜、禹、汤、文、武之道灿然丕著于宇宙,与天地无终极焉。③

此圣王道统至清朝而回归。《皇朝文献通考》的编纂者认为本朝"以臻唐虞三

---

① 《清朝文献通考》卷 73《学校考十一》,第 5534 页。
② 《清朝文献通考》卷 73《学校考十一》,第 5535 页。
③ 《清朝文献通考》卷 73《学校考十一》,第 5535 页。

代之治，而非汉唐后所能仿佛于万一也"①，甚至"国朝列圣相承，治法、道统远迈唐虞"②。师道而明道固然绵延道统，从"行道"到"明道"，"圣""师"概念中"位"的内涵发生了变化，但"行道"与"明道"的社会政治权力内涵不变：

> 古之立学者必释奠于先圣先师，所以崇德报功以示民有则也。三代以前皆以其国之明君为先圣，而以其时之贤臣为先师。汉魏以来，始各以其所受业者为先师，而推尊周孔为先圣。自唐贞观中诏以孔子为先圣、众儒为先师，而后世乃独尊孔子，不言周公。盖由周公而上，尧舜禹汤文武，非儒生所敢师也；由周公而下至孔子，而二帝三王之道益彰明于万世，是以历代宗之，无或废焉。③

道统握于君王，表彰颜回则曰："礼乐四代，治法兼备。用舍行藏，王佐之器。"④ 这已将颜子塑造成一个隐于民间的相才了。凡此都是将明道之"师"纳入行道之"圣"的权威之内，孔子及其传人成为圣王治道的传人，乃至今天的可用之才。

正是在"行道"与"明道"的道统结构中，儒者教化并接受清帝治、道两统合一。张伯行就是在行道与明道的道统历史叙述中，明确以清帝接道统的。

张伯行心目中的儒家之"道"因为原自天、系于人伦，而必无穷极："是道也，正纲维，立人极，端风化，开泰运，曲学杂霸不得假，百家邪说莫能乱，昭著流布于两间，真如日月之经天，江河之行地者矣。天地无终极，是道之统，圣圣相承，亦无终极。"这个纲维社会根本秩序的道必然与治教合一的道统相维系，道统具有强烈的匡扶圣王治道之正统的意味："上自尧、舜、禹、汤、文、武，下及周、程、张、朱，君相师儒，为治为教，统而一之，而假与似者不列焉。"既然注重"君相师儒，为治为教"，就由"行道之权"、之"位"

---

① 《清朝文献通考》卷63《学校考一》，第5435页。
② 《清朝文献通考》卷73《学校考十一》，第5529页。
③ 《清朝文献通考》卷73《学校考十一》，第5529页。
④ 《清朝文献通考》卷73《学校考十一》，第5535页。

的有无，而接续"行道"与"明道"的位差：

> 自世有行道之人，而道以行；无行道之人，而道以息。有明道之人，而道以明；无明道之人，而道以晦。究之息而未尝绝，晦而不终昧者，则恃有仔肩斯道之人，似相续于不坠焉耳。羲、农、黄帝、尧、舜、禹、汤、文、武之为君，与皋、益、伊、虺、傅说、周、召、望、散之为相，皆有行道之权者也。故继天立极，赞襄辅翊，而道以位而行。孔子虽不得位，然集群圣之大成，古今性命事功不出其范围。后之言道者，必折衷焉。颜、曾、思、孟以及周、程、张、朱，皆任明道之责者也。故穷理著书，授受丁宁，而道以言传。

虽然"行道"与"明道"之人皆"仔肩斯道"，使道"相续于不坠"，但很明显，"道以言传"和"道以位而行"是不同的历史阶段。这也正是三代上下之不同的内核。此序作于康熙四十七年，此道无极，也终于迎来了它的圣王：

> 我皇上崇儒重道，文教聿兴，御制四书、《孝经》、《易经》讲义，颁行天下，披览周、程、张、朱之书，时书其诗文以赐群臣。又命儒臣纂修诸书，次第告成，斯固正学光昌之会，大儒兴起之日也。天下其必有能阐明历圣相传之道，出而佐我皇上咸五登三之治者。然则余之增订是书也，又岂特为学者之备观云尔已乎？①

这正是对治统而兼道统的委婉赞扬，而张氏增订《道统录》的当下语境，也和盘托出了。

道统亦由儒生述道而传的观念并未改变。在康熙帝"治统而兼道统"之下，门生高裔认为熊赐履传道统：

> 国家开基六十余年，皇上诞敷文教，海内清和咸理，士风丕变，谓非讲明理学之功不至此，而力任其责者则惟先生。先生无论在朝在野，其议

---

① 张伯行：《道统录序》，《道统录》，苏敏点校，凤凰出版社2015年，第399—400页。

论之正大,德业之纯深,自足以维持道统于不坠,而今又大用矣。

也是强调学之于治的重要性:

一代之兴必笃生大儒,接千古正学之统以振士风,正朝廷以正天下。盖天下之治乱在士风,士风之善否在师儒之讲明而倡率,自古以来化行俗美之效必由乎此,然其人甚难,恒旷世而一见焉。①

在《幸阙里赋》序中,高士奇认为君师一体不仅在上古"理同事一",在三代以下君、师二分后,因为师儒所述之道出自圣王,君、师之理也是"同条共贯"的:

隆古之世,作君作师,理同事一。三代以还,君师之统分矣。夫祖述尧舜,宪章文武,圣人之学,本师帝王。贵贵贤贤,彼此迭尚。君、师之理,何尝不同条共贯哉?②

重视"行道","建君师之极则",在内朝的孔子祀礼上突出表现为延续明世宗的"圣师祭"而设置的"传心殿"。"康熙二十五年二月,文华殿告成经筵前一日,圣祖仁皇帝诣传心殿行礼,始垂令典。"③ 其形制见于上章,不赘述。唯其见于《野叟曝言》这部小说,值得略作交代。这部小说以"得志行道"④为寄托,颇持行道高于述道之观念,而以"功、德"表出。对主角文白(字"素臣")之母水夫人,天子亲母纪太后,尧母、舜母推尊当代"圣君贤相"之行道有功:

---

① 《高裔序》,熊赐履:《学统》,第 14 页。
② 高士奇:《幸阙里赋并序》,孔继汾《阙里文献考》卷 40,周海生点校,上海古籍出版社 2019 年,第 372 页。
③ 《清朝文献通考》卷 73《学校考十一》,第 5530 页。
④ 西岷山樵:《光绪壬午申报馆本序》引夏氏语:"士生盛世,不得以文章经济显于时,犹将以经济家之言,上鸣国家之盛,以与得志行道诸公相印证。是书托于有明,穷极宦官、权相、妖僧道之祸,言多不祥,非所以鸣盛也!"(夏敬渠:《野叟曝言》,黄珅校注,三民书局 2005年,第 1 页。)可见时代氛围与作者心绪之一斑。

> 此堂序德不序齿，今日之会，更序功不序德。母以子显，德以功高。某等虽生圣子，开道学之宗，而老、佛披猖，仅存一线，非纪后笃生圣君，太君笃生贤相，辟邪崇正，为万世开太平，则圣道几于熄灭矣！此席特为二位而设，某等合在陪侍之数。

对于水夫人因为尊崇"圣帝明王"和"至圣"而不敢从命，尧母、舜母再申其尊重当代行道之意，而彰显王纲秩序所在：

> 至圣删述六经，垂宪万世，使历圣之道，如日中天，其功远过某等之子，序德序功，本该圣母首座。因其执君臣之义，不肯僭本朝后妃，故列周家二后之下。若太君则时移世隔，可无嫌疑。而老、佛之教尽除，俾至圣所垂之宪，昌明于世，功业之大，千古无伦。纪后首坐，太君次之，实为允当！

孟母、程母、朱母从旁也各有说辞。程母、朱母让位水夫人："妾等之子，虽稍有传注之劳，而辟异端，卫圣道，不过口舌之虚，较素父之实见诸行事者，迥不侔矣，如何敢占太君。"虽然诸母最后按"各帝王圣贤照旧列坐，素父居末"的位次传统就座，但一番争论中实已表达了对当代行道立功的向往。① 文素臣在梦中见到"薪传殿"：

> 内设伏羲、神农、黄帝、唐尧、虞舜、夏禹、商汤、周文王、武王、周公、孔子十一座神位，临末一位，红纱笼罩，隐隐见牌位上金书明孝宗三字。旁立皋陶、伊尹、莱朱、太公望、散宜生、颜子、曾子、子思子、孟子、周子、两程子、朱子十四座神位，临末一位，也是红纱笼罩，隐隐见牌位上金书"文子"字样。②

---

① 夏敬渠：《野叟曝言》第一五四回，第2735页。
② 夏敬渠：《野叟曝言》第一五四回，第2742页。

黄进兴认为："以奉祀对象而言，不外是'圣君'与'贤相'的配套模式。以历史渊源视之，夏氏显然取法明世宗的'圣师'之祭，或清圣祖的'传心殿'。"① 颇耐寻味的是，从对嘉靖改孔子祀礼的批评，可见同出于圣王思维、尊圣王道统，方式却可完全不同：

> 至明嘉靖时，议礼诸臣进退从祀，贬损礼仪，盖感于匹夫不敢干天子礼乐之说，是以逞其鄙私臆断，夫吾夫子以万世为上，春秋笔削已撰二百四十二年，南面之权安在，无土不王，曲学陋儒，何从涯量高深……我皇上……以天子尊天子之师，用天子之制，然后典礼崇重，万世无以复加。②

在此语境中，雍正时已经"说者动以唐虞拟之"。③ 乾隆五年，吴澄复祀。清帝承道统成为普遍的认识。"今圣天子在上，躬承道统，复（吴澄）文正公从祀。"④ 士大夫视清代之治为规复三代之治，自认为生逢三代，成为日常政治话语。如对皇帝的礼赞以政教合一、心法相传的圣王形象为画像。朱轼认为康熙、雍正二帝："圣祖仁皇帝久道化成、功巍文焕。我皇上丕绍鸿基，神圣广运，凡善政善教之昭布于宇宙者，莫非中正仁义，圣圣相传之道法。"⑤

女画家陈书延续仇英，于雍正时作《历代帝王道统图》，其子钱陈群献于乾隆帝。画册共包括上自皇帝、下逮唐宋的十六幅圣主图，包括《伏羲龙马负》《神农遍尝百草》《黄帝画井制亩》《帝尧钦若授时》《帝舜凤仪麟舞》《夏禹随山刊木》《周文王废政施仁》《周武王访箕衍畴》《汉高帝太牢祀圣》《汉光武锡封褒德》《唐太宗屏书刺史》《宋太祖洞开重门》等，"或德启文明，或功俾造化，或撮其一事，或采其一言，莫不优入圣域，远承道脉"。而其颂君之辞，不啻为道统系于行道、传于道心、在于君王这一正统认知的总结："钦惟

---

① 黄进兴：《〈野叟曝言〉与孔庙文化》，《儒教的圣域》，第135页。
② 《雍正八年重建先师孔子庙碑》，《石头上的儒家文献——曲阜碑文录》下册，第863页。
③ 《抄录唐孙镐揭帖》，《雍正朝汉文朱批奏折汇编》（第17册），第929页。
④ 李绂：《草庐书院会课序》，《穆堂别稿》卷25，《清代诗文集汇编》（第233册），第236页。
⑤ 朱轼：《稽古斋文钞序》，《朱文端公文集》卷1，《清代诗文集汇编》（第214册），第457页。

皇上质备生知，志深时敏，以圣道未见之心，收学古有获之效，周情孔思，与日月而迈征；作圣述明，实后先而同揆。"①

乾隆以"复三代之治"为鹄的，认为君王应身兼君师，这不仅与本朝士大夫一致，与王夫之等人所论的治、道关系也是一样的。乾隆读《贞观政要》感言："夫三代以上，君明臣良，天下雍熙，世登上理。自东迁以降，风俗日薄，天下无复熙皥之美。虽有质美之主，望治甚切，而所以屈己从谏、力行善政者，终不能有以震古而铄今。"虽然肯定唐太宗君臣"亦庶几乎都俞吁咈之风矣"，仍以"人君当上法尧舜，远接汤武，固不当以三代以下自画"为最高标准。② 可见"不当以三代以下自画"已经成为一个不言自明的理想。他在《修道之谓教论》中将天命君师作为道行于世的必要条件：

> 道之大，原出于天……欲日以引，而道或有所不行。上天眷命，作之君师，使有以节民之情而复性之善，以行其道。故曰"修道之谓教"，非道之外别有所谓教也……古昔圣王之治民也，渐之以仁，摩之以义，节之以礼，和之以乐，熏陶涵养使德日进而道自修。自十五入学，迪以性之所固有……君师之责修，而道乃不虚。

不仅治与道要统一，"道"与"教"也要统一于君师。由此才"道乃不虚"，熊赐履也曾说"道不虚悬"。这与茅星来"道学无用，则非所以为道学"的观念是一致的。"道"必付诸治教之"行"，才成其为道。但三代以下，君王皆不能治道合一、教化万民，道不能由治而行乃归于虚化。汉文帝、唐太宗、宋仁宗固有"致治之盛"，但"不图其本，而务其末；徒有惠爱之政，而无教养之实"，较之三代圣王，不过是"庸君"而已，"此无他，教不能行，则道无由明于天下也""此三代之治不可以一日复，而民之固有之道不可以一日明也"。他定论道，要以君王"正身以正朝廷"为起点，立教行道，"因我之教以复性，

---

① 李湜：《〈石渠宝笈〉著录女画家作品的敬献入宫——以陈书画作为重点的考察》，《紫禁城》2015年第9期。
② 乾隆帝：《贞观政要序》，《乐善堂全集定本》卷7，《乾隆御制诗文全集》（第1册），中国人民大学出版社2013年，第101页。

而古先王所为牖世而觉民者在是矣,其于复三代之治乎何有?"① 实与陈廷敬所论"行其政教之实"相仿。而握其大柄的,是身兼君师的君主。

科举尤为论说取法三代圣王、治统与道统合一的场域。朱轼认为,雍正帝科举选材恢复了三代善法:"所取皆所用,超汉唐宋而上之。"希望士子有所感兴,"为三代以上之人才"。② 策问中再为指出,道统与治统一以贯之,一方面皇帝以道"播诸政事"而行道,另一方面则"皇极建于上"而兼摄道统:

> 我皇上秉生知之德,加以逊志时敏,择精守一而执其中,每与廷臣论天人性命之旨,极深研几,发先儒所未发,而播诸政事,莫非三极大中之矩。盖道统、治统,一以贯之矣。皇极建于上,而臣民皆得近天子之光,诸生读书讲学尤训行之有素者也。③

乾隆主政时期,治、道合一,治统与道统合一的治道认识,基本构建定型。立身庙堂,面对天下士子,张廷玉在会试策问中引用朱子及蔡沉阐释书经"心法"等语,且述且问:

> 道统为治统之本,心法为治法之原。二帝三王之治本于道,二帝三王之道本于心。是故精一执中者,尧、舜、禹相传之心法也。建中建极,商汤、周武相传之心法也。曰德、曰仁、曰敬、曰诚,言虽殊,而理则一。可得而会其指归欤?夫精之所以一之,一者何也?即中也,中涵于心为德,祗厥德曰敬,敬而后能诚,诚者实体此生生之理,乃全乎仁。所谓一以贯之者,可悉言欤?

而乾隆帝"道统、治统、心法、治法,一以贯之,直与尧、舜、禹、汤、文、

---

① 乾隆帝:《修道之谓教论》,《乐善堂全集定本》卷1,《乾隆御制诗文全集》(第1册),第57页。
② 朱轼:《甲辰科会试录序》,《朱文端公文集》卷4,第557页。
③ 朱轼:《策问》,《朱文端公文集》卷4,第568页。

武,前后同揆,若合符节矣"。① 这是对乾隆帝的礼赞,也是士大夫营造至上的治道的努力。

三、重思"学校"与"师儒"

在作君作师的治道中,治是道的关切,道是治的内核,也要靠治来推行,治与道旋为主宰之"全体大用",微妙地达成了。这成为清代制度设计与实践之道,也是清人论说政治与制度的一个前提结构。清人保有对"学校""师儒"制度之本义的追求,相关讨论很能见出对治、道合一之治道的追求。作君作师的体制使行道有实于上,儒者亦向往成为通经致用的师儒,躬行实践。

黄宗羲奉古制而论"学校":"学校,所以养士也。然古之圣王,其意不仅此也,必使治天下之具皆出于学校,而后设学校之意始备。"今人多注重其"天子之所是未必是,天子之所非未必非"的政治批判一面,黄宗羲所言之学校制度的总枢纽实则把握在理想的"圣王"手里,这是培养"治天下之具"的学校,学校是圣王政治的组成部分。"非谓班朝,布令,养老,恤孤,讯馘,大师旅则会将士,大狱讼则期吏民,大祭祀则享始祖",其主语都是圣王,"天之生斯民也,以教养托之于君",黄宗羲说得很是明白,"行之自辟雍"正是圣王治道合一、"行礼乐宣德化"的最高礼制。② "古之圣王"型天子堕落而为"三代以下"之天子,"治天下之具"化为"俗吏",才导致"士之有才能学术者"往往"自拔于草野之间,与学校初无与也",这恰说明黄宗羲理想中的学校在庙堂而不在江湖,与他"待访"的取态是一贯的。

顾炎武也认为:"三代之世,凡民之俊秀皆入大学,而教之以治国平天下之事。"孔子施教于弟子也亦然,"然则内而圣,外而王,无异道矣"。《易》系传,说的就是君和君德:

其系《易》也,曰:"《九二》曰'见龙在田,利见大人',何谓也?

---

① 张廷玉:《丁巳恩科会试策问五道(乾隆二年)》,《澄怀园文存》卷6,《张廷玉全集》,江小角、杨怀志点校,安徽大学出版社2015年,第136页。
② 黄宗羲:《明夷待访录·学校》,《黄宗羲全集》(第1册),第10页。

子曰:'龙德而正中者也。庸言之信,庸行之谨,闲邪存其诚,善世而不伐,德博而化。《易》曰'见龙在田,利见大人',君德也。'""君子学以聚之,问以辨之,宽以居之,仁以行之。《易》曰'见龙在田,利见大人',君德也。"

由此重申"师也者,所以学为君也"。①

陆世仪与黄、顾略同,认为三代圣王设学校讲论治道,道、学、学校都是唯一的:"天下古今,止是一个道,则知天下古今,止是一个学。凡道术而不出于学校之中者,皆王道所当禁也。"后代此制度崩坏,在陆世仪的心目中,若治道不能合一于上,则宁可治道合一"在下"。于是他一边希望治道合一:"周衰,百家并兴,其原皆起于学校之坏。后世人主莫不思崇学校,而听天下各为异说,杂然与学校争持短长,何由致一道同风之盛哉?"② 一边爱惜虽不合学校古制,然尚"存其微意"的书院:

> 书院之设,非古,亦非礼也。此即是学校,在下者岂宜私设?但在上者既不重学,则在下者不得已而私创一格,以存其微意,其为志亦苦矣。乃后王既不能留心学校,而又有并书院而禁之者,斯文一脉,危乎殆哉!③

但归根结底,他向往的还是"三代"。他认为程颢的《请修学校札子》、程颐的《看详学校》、朱熹的《贡举私议》"皆论学校,然语其等第,则伊川不如文公,文公不如明道。盖伊川、文公不过就近代而言,明道则通于三代矣"。④ 他努力呼吁的还是"尽复古初之意",仿古制而创制,认为学校选人才,要兼有"德行、政事、礼仪、文学"四科,"乡学之中,则备治一乡之法;国学之中,则备治一国之法;太学之中,则备治天下之法"。这是治道合一的教育。所以

---

① 顾炎武:《日知录》卷6《师也者所以学为君》,《日知录集释(全校本)》,第369页。
② 陆世仪:《思辨录辑要》卷20,第235页。
③ 陆世仪:《思辨录辑要》卷20,第237页。
④ 陆世仪:《思辨录辑要》后集卷8,第340页。

第六章 道统复合与治道定型

不仅"师尊与君等",甚至"师又尊于君。非师之尊,道尊也,道尊故师尊"。① 这是对已经消逝的真正意义上的古之师傅的讨论,对治道合一的师儒理想型的尊高,此系讨论学校制度专章时的专论,为突显学校和师儒理想而尊高其地位。未可由此判定陆世仪认为在整个政治体系中都是"师高于君",他已说明自己向往的三代之治是"君师道合"的,明言对人主在上兴学校、一治道,达致"一道同风"的期许,虽然三代以下历史之"实然"是君主失道,但陆世仪对整个政治体制的顶点的应然设计仍是治与道合的圣王。

王夫之亦以"学统于上"为三代之治的典型。他批评以"天子作君师"而"道术咸出于一"为理由,打击"草茅之士私立门庭以亢君师,而擅尸其职",毁坏书院聚讲,是"妨贤病国,祖申、韩以虔刘天下"。但认为理想状态是"三代之隆,学统于上"。所以,对于这些"妨贤病国"之语,"听其言,恣其辩,不核其心,不揆诸道,则亦娓娓乎其有所执而不可破也"。它们的外形是合乎理想体制的。君子"以道自任",也不过是"不嫌于尸作师之权",虽然是"分天子万几之劳,襄长吏教思之倦","有裨于治化"而不悖于"一王",可"诚无愧",但毕竟非其本来之分,亦实非"学"之理想形态。②

"道与治之统复合",与作君作师是一体之两面。陈廷敬从儒家道统的始点与理想型讲起,论证"道统在上",圣人居"君师"之位,方可"行政教之实":

> 惟天阴骘下民,笃生圣人,作之君,作之师,自伏羲、神农、黄帝、尧、舜、禹、汤、文、武,皆以圣人之德居君师之位,以行其政教,道统之传,常在上而不在下也。若有其德而无其位,则不得君师之位以行其政教之实,故自孔子以来,道统之传常在于下。揆之天降生民之意,岂适如此哉?

比较而言:"在下者传之师儒,仅寄于语言文字,而在上者则见诸行事之实。"并从"自周子、二程子、朱子而来,至于今五百年矣"的"正其时也"加以说明:"且夫天道贞观,无往不复,故知今日者道统之传果在上而不在下矣。"

---

① 陆世仪:《思辨录辑要》卷20,第238页。
② 王夫之:《宋论》卷3,第53页。

"惟是师儒之统,转而属之帝王,则五百年之期,断然其不爽者将复合焉。此所谓后之由下以归于上者,莫不皆然也。""此乃天之所以降生下民之意也。"①而康熙"崇朱子之学","举而措诸天下之民,使尧、舜、禹、汤、文、武之道常在上而不在下,故道统之传由下以归于上";康熙之治,"莫不与古先圣王之道异世而同符矣"。总之,"道统所归实有本末,兼该源流共贯"。② 最重要的,仍是治、道合一作为标准。

朱轼认为后代君王"不复有志于唐虞之治,徒以小成自安,而道统乃不得不以下属之师儒",认识与陈廷敬相似,"不得不"一语蕴含着君师道合的期冀。在科举场域中论说治统与道统一贯,必然及于政教关系。乾隆元年,朱轼在《丙辰科会试录序》中从"孔子系《易》于'临'之象"说起,更为周详地论说帝王重教,而整个行政系统同时亦为教育教化系统,政教合一,这不啻是黄宗羲等人之呼吁的体制内回声:"帝王临万方以观天下,不外乎教。故唐虞三代必五教敷而后文治洽,必九德行而后常吉彰。周自司徒下至闾胥,无非司教之人;自闾塾上至国学,无非设教之地。"汉唐以来"平时不能造就栽培以储才于学校,而登进之途又歧而杂",而如今又当"圣世,道学昌明",即以朱子之道为道。可复三王之盛、尧舜之治,"非近代所得比拟于万一者也"。③

由道统与治统合于学校,而治成教化、道一风同,是士林所期。汪绂认为三代的学校是师儒教习诗书礼乐、德行道艺,而贤能由此选举进入朝堂:"古圣王设为学校以教其民,由家及国,小大有序,使其民无不入乎其中而受学焉。""其所以居之者无异处,所以官之者无异术,所以取之者无异路。是以士有定志而无外慕。"这是政教合一,也是体用兼修:"若夫三代之教,艺为最下,然皆犹有实用而不可缺。其为法制之密又足以为治心养气之助,而进于道德之归。此古之为法所以能成人材而厚风俗,济世务而兴太平也。"④

黄宗羲憧憬"行之自辟雍"的圣王。乾隆三年,真的临雍礼成,"煌煌盛典,千载一时",继续抬高治、道合一,治统之主兼摄道统的氛围。张廷玉所

---

① 陈廷敬:《癸未会试录序》,《午亭文编》卷35,《陈廷敬集》,张建伟点校,三晋出版社2015年,第581页。
② 陈廷敬:《癸未会试录序》,《陈廷敬集》,第582页。
③ 朱轼:《丙辰科会试录序》,《朱文端公文集》卷4,第560页。
④ 汪绂:《理学逢源》卷8,第530页。

作之颂,虽是仪式套语,却浓缩时代气氛。在他的笔下,乾隆帝"明理立诚",勤于进学,"有非承学之士所能及其万一者",以此儒学造诣而臻于治道:"是以御极以来,敷政宁民,无非本天德而行王道,作君作师,一以贯之。实有以接洙泗之心传,而臻二帝三王之治。"①

君王与师儒统于上,说明道统观、君师观、师儒观已与学术研究深入地融合互动。一代之学中,蕴含着学者的治道思索;一代治道之形成,也不乏学术研究的支撑。古史研究佐成清人君师道合的追求,时代氛围也推进了对古代历史上君师之道的复原,二者之间的因果已难确切分辨,通而观之,则可对治道之统的源流多几分认识。

章学诚认为,圣人"立官分守"是文字纪录的开端,在圣王之治中,学问之道与治理之法是一体的:"有官斯有法,故法具于官;有法斯有书,故官守其书;有书斯有学,故师传其学;有学斯有业,故弟子习其业,官守、学业皆出于一,而天下以同文为治。"② 提出对道与法、君/官与师之分合的制度史解释:"先王道、法,非有二也。""盖自官师治教分,而文字始有私门之著述,于是文章学问乃与官司掌故为分途,而立教者可得离法而言道体矣。""周官三百六十,天人之学备矣。其守官举职,而不坠天工者,皆天下之师资也。东周以还,君师政教不合于一,于是人之学术不尽出于官司之典守。"③ 由此,我们可以对章氏的名言"六经皆史"有新的认识。"六经皆史也。古人不著书,古人未尝离事而言理,六经皆先王之政典也。"④ 综观此语,六经皆史,即皆政事与政典之留存;古人不离事而言理,即不离政事而言理。这是彻头彻尾的治、道合一的经史观。具体言之,"六经之文,皆周公之旧典,以其出于官守,而皆为宪章"。⑤ 按他的君师、政教、道法合一论,周官诸"史""皆守掌故,而以法存先王之道也"。"所存之掌故,实国家之制度所存,亦即尧舜以来因革损益之实迹也。故无志于学则已,君子苟有志于学,则必求当代典章,以切于人伦日用;必求官司掌故,而通于经术精微。则学为实事,而文非空言。所谓

---

① 张廷玉:《圣主临雍礼成颂(谨序)》,《澄怀园文存》卷1,《张廷玉全集》,第20页。
② 章学诚:《原道第一》,《校雠通义》内篇一,《章学诚遗书》,第95页。
③ 章学诚:《史释》,《文史通义》内篇五,《章学诚遗书》,第41页。
④ 章学诚:《易教上》,《文史通义》内篇一,《章学诚遗书》,第1页。
⑤ 章学诚:《汉志六艺第十三》,《校雠通义》内篇三,《章学诚遗书》,第102页。

有体必有用也。"① 因为"经"与"史"的内容皆是作为先王治道之载体的"国家之制度",所以"六经皆史"也就等于是"六经皆法""六经皆治迹",是治道合一的思想对于历史遗存的一种判定。周官典守才是治、道合一的学问正途,周官失守之后遂至于私意竞胜而背离大道,在清代思想与学术语境中,"私意"是针对违背圣人本意的流行的批评:"诸子百家,不衷大道,其所以持之有故而言之成理者,则以本原所出,皆不外于周官之典守。其支离而不合道者,师失官守,末流之学,各以私意恣其说尔,非于先王之道全无所得,而自树一家之学也。"②

"孔子有德无位,即无从得制作之权,不得列于一成。""孔子学而尽周公之道,斯一言也,足以蔽孔子之全体矣。祖述尧舜,周公之志也;宪章文武,周公之业也。"③ 章学诚认为:"官守失传,而师儒习业。"④ 魏源、龚自珍等强调,周官典守所标示的士大夫形态,才是师儒之理想型。魏源于此说得甚是明白。他认为"君师道一"不仅是"以君兼师",而且通贯了整个士大夫群体,这使得治、道合一,"礼乐为治法":"三代以上,君师道一而礼乐为治法;三代以下,君师道二而礼乐为虚文。古者岂独以君兼师而已,自冢宰、司徒、宗伯下至师氏、保氏、卿、大夫,何一非士之师表?"春秋以降,体统日分而治道日坏,"有位与有德,泮然二途;治经之儒与明道之儒、政事之儒,又泮然三途"。⑤ 他追求的仍是一统的治道,"治出于一",从而寄望于师儒将有位与有德,将道、学、政,合而为一,魏源表述为"君师道一",以复古代之体统:

> 三代以上,君师道一而礼乐为治法;三代以下,君师道二而礼乐为虚文。古者岂独以君兼师而已,自冢宰、司徒、宗伯下至师氏、保氏、卿、大夫,何一非士之师表?"小德役大德,小贤役大贤",有位之君子,即有德之君子也,故道德一而风俗同。自孔、孟出有儒名,而世之有位君子始自外于儒矣;宋贤出有道学名,而世之儒者又自外于学道矣。《雅》《颂》

---

① 章学诚:《史释》,《文史通义》内篇五,《章学诚遗书》,第41页。
② 章学诚:《易教下》,《文史通义》内篇一,吕思勉评,上海古籍出版社2008年,第8页。
③ 章学诚:《原道上》,《文史通义》内篇二,《章学诚遗书》,第10页。
④ 章学诚:《汉志六艺第十三》,《校雠通义》内篇三,《章学诚遗书》,第102页。
⑤ 魏源:《默觚上·学篇九》,《魏源集》,中华书局2018年,第25、26页。

述文、武作人养士之政，辟宗、辟雍、振鹭、西雍、棫朴、菁莪，至详且尽，而十三国风上下数百年，刺学校者，自《子衿》一诗外无闻焉；春秋列国二百四十年，自郑人游乡校以议执政外无闻焉；功利兴而道德教化皆土苴矣。有位与有德，泮然二涂；治经之儒与明道之儒、政事之儒，又泮然三涂。荀子曰："昊天不复，忧无疆也；千岁必反，古之常也；弟子勉学，天不忘也。"《诗》曰："纵我不往，子宁不嗣音！"

付诸治理实践，即"以经术为治术"：

> 道形诸事谓之治；以其事笔之方策，俾天下后世得以求道而制事，谓之经；藏之成均、辟雍，掌以师氏、保氏、大乐正，谓之师儒；师儒所教育，由小学进之国学，由侯国贡之王朝，谓之士；士之能九年通经者，以淑其身，以形为事业，则能以《周易》决疑，以《洪范》占变，以《春秋》断事，以《礼》《乐》服制兴教化，以《周官》致太平，以《禹贡》行河，以三百五篇当谏书，以出使专对，谓之以经术为治术。①

由治道一体推导出通经致用，"以经术为治术"正是清儒追求的治、道一体之理想治道的路径，"师儒"正是此营造链条的制度中枢。经典就是治道载体："先王制作之原，亦能以近世人情上推之，而原其终始。"

君师视野下的"学"，主要是治道。魏源、龚自珍皆有所论。魏源从治道之通变论学之所在，师儒之所掌：

> 人积人之谓治，治相嬗成今古，有汙隆、有敝更之谓器与道。君、公、卿、士、庶人，推本今世、前世道器之汙隆所由然，以自治外治，知从违、知参伍变化之谓学。学为师长，学为臣，学为士庶者也。格其心、身、家、国、天下之物，知奚以正，奚以修，奚以齐且治平者也。②

---

① 魏源：《默觚上·学篇九》，《魏源集》，第26页。
② 魏源：《皇朝经世文编叙（代贺方伯）》，《魏源集》，第155页。

龚自珍亦从学、治、道一体的治道观论师儒：

> 自周而上，一代之治，即一代之学也；一代之学，皆一代王者开之也。有天下，更正朔，与天下相见，谓之王。佐王者，谓之宰。天下不可以口耳喻也，载之文字，谓之法，即谓之书，谓之礼，其事谓之史。职以其法载之文字而宣之士民者，谓之太史，谓之卿大夫。天下听从其言语，称为本朝、奉租税焉者，谓之民。民之识立法之意者，谓之士。士能推阐本朝之法意以相诫语者，谓之师儒。王之子孙大宗继为王者，谓之后王。后王之世之听言语、奉租税者，谓之后王之民。王、若宰、若大夫、若民相与以有成者，谓之治，谓之道。若士、若师儒法则先王、先冢宰之书以相讲究者，谓之学。师儒所谓学有载之文者，亦谓之书。是道也，是学也，是治也，则一而已矣。①

他认为孔子定位是"述道"："仲尼未生，先有六经；仲尼既生，自明不作；仲尼曷尝率弟子使笔其言以自制一经哉？乱圣人之例，淆圣人之名实，以为尊圣，怪哉！"② 后世治、道二分，而于两者实皆不知的"师儒"，是龚自珍批评的对象：

> 后之为师儒不然。重于其君，君所以使民者则不知也；重于其民，民所以事君者则不知也。生不荷耰锄，长不习吏事，故书雅记，十窥三四，昭代功德，瞠目未睹，上不与君处，下不与民处。由是士则别有士之渊薮者，儒则别有儒之林囿者，昧王霸之殊统，文质之异尚。其惑也，则且援古以剌今，嚣然有声气矣。是故道德不一，风教不同，王治不下究，民隐不上达，国有养士之赀，士无报国之日，殆夫，殆夫！终必有受其患者，而非士之谓夫？③

正是要唤起师儒的真精神，期待通经致用的经世之才，规复道、学、治合一的治道与治世。

---

① 龚自珍：《乙丙之际箸议第六》，《龚自珍全集》，第4页。
② 龚自珍：《六经正名》，《龚自珍全集》，第38页。
③ 龚自珍：《乙丙之际箸议第六》，《龚自珍全集》，第5页。

在道统复合的追求下，魏源建议"学校应增祀先圣周公"。他认为，按古法，"周、汉时已皆祀周公为先圣、孔子为先师"。中国经典乃治道载体，"学校所崇五经，《易》《诗》《书》《礼》皆原本于周公而述定于孔子"。礼经"尤皆出周公一圣之手，惟《春秋》因鲁史之旧而笔削于孔子耳"。孔子认同"作-述"的身份限定：

> 《中庸》所谓"车同轨，书同文，行同伦""虽有其位，苟无其德，不敢作礼乐焉；虽有其德，苟无其位，亦不敢作礼乐焉"，洵乎非德位皆隆如周公者不足当之矣！
>
> 夫子自言"述而不作"，盖作者之谓圣，述者之谓明。孔子一生梦周公而师文王。

鉴于礼制中，"文王已在历代帝王祀典之列，则以师道兼治道者，惟周公、孔子而已"，建议朝廷复周、汉之制，将天下学宫祭祀孔子父祖之启圣殿改为"先圣殿，中供先圣周文公之神位，恭请御书'祖述宪章'四字匾额悬之中央"，崇德报功，昭明"礼乐教化之源"，与先师孔子成"先圣-先师"之格局。① 这无疑是传心殿的普及版本。在道统复合的潮流下，圣师崇祀已有走出宫中，冲击本来广及社会各层面的孔子释奠的可能。

龚自珍理想中的三代是重视"本朝"的，"先王""后王"皆是就本朝而言。援救师儒衰退之道，是师儒之学皆归并于"本朝先王"一源："必以诵本朝之法，读本朝之书为率。师儒之替也，源一而流百焉，其书又百其流焉，其言又百其书焉。各尊所闻，各欲措之当代之君民，则政教之末失也。虽然，亦皆出于本朝之先王。""以孔子之为儒而不高语前哲王，恐蔑本朝以干戾也。"② 这是龚自珍心中的王纲之于学道的秩序决定作用，是百流之枢纽。他期待的，便是"行政道而惟吾意所欲为，天子百官之所以南面而权尊也"的"明良"之治，这也正是三代上下之别："为天子者，训迪其百官，使之共治吾天下，但

---

① 魏源：《学校应增祀先圣周公议》，《魏源集》，第 153 页。
② 龚自珍：《乙丙之际箸议第六》，《龚自珍全集》，第 4、5 页。

责之以治天下之效,不必问其若之何而以为治,故唐、虞、三代之天下无不治。"① "敷奏而明试,吾闻之乎唐、虞;责贤而计廉,吾闻之乎成周。累日以为劳,计岁以为阶,前史谓之停年之格,吾不知其始萌芽何帝之世,大都三代以后可知也。"② 上有礼、下有节,全耻而得体,对君主与士人的希望,是"明良"之体的保全,其上仍是"本朝之先王"。

"治教合一"就是治、道合一,"道统在上"与"治出于道"是一体辅成的。对于所谓"政教二元"在清代向着"治统"权威高过并兼握"道统"的发展,张灏指出:"表面看起来,康熙皇帝的现实权威的吓阻作用是明显的原因,因此有些学者就夸大它的重要性,认为这是二元权威不能在宋明儒学有开花结果发展的主因。但在我看来,这是对儒家思想传统过分简化的认识。皇权的吓阻作用只是一个因素。除此之外,宋明道学的内在限制对于政教二元观念的式微也是一个重要原因。"③ 了解清代前中期庙堂内外"复三代之治"的讨论和"道与治之统复合"的努力之后,就能看到源流有自又在特定历史条件下演绎传统的更为广阔的治道及思想、学术塑形发展,就能对张灏所言,在政教一元或二元之外,有更为丰富的理解。通贯清代来看,亦仍能看到一贯的线索,这是超越了学术方法之潮流(浪花)的政治思想的底层(浪底)力量。

雍正九年,朱轼等奉命驳吕留良《四书讲义》,对立双方呈现出颇多对治道的共识,可为时代思想之一斑。兹举三例。吕留良有言:

> 良知家欲奋其私智,而废从古圣人之道,谓"周公制作,尧、舜何不先尽为,而待周公?必遇其时,方有其事,故但须心明,不须讲求",不知周公若不曾讲求尧、舜之道,虽遇其时,心仍不明,如何制作?故夫子曰:"周监于二代,郁郁乎文哉!"周公之逸于制作者,正以其能"监"前古也。

朱轼也赞同:"惟是心明必由讲求,而欲绝去讲求以期心明,是则良知家言之

---

① 龚自珍:《明良论四》,《龚自珍全集》,第34页。
② 龚自珍:《明良论三》,《龚自珍全集》,第33页。
③ 张灏:《传统儒家思想中的政教关系》,《幽暗意识与时代探索》,第89页。

蔽耳。"二人在格"古"讲求之重要性上的态度是一致的。① 对于吕留良云"至善,谓明明德、新民各有极至之则。止至善者,如学圣必孔子,而夷、惠非所由;治法必唐、虞、三代,而五伯、汉、唐不足效之谓也",朱轼也持同样的治道以纯的观念,以复唐虞三代为"归宿之地",只是认为还须强调循序渐进的工夫:"今但云'学圣如孔子,治法如唐、虞、三代',是专就归宿之地言之也。苟不能于条目工夫处,随事随物求当然之极则而止之,欲'学圣如孔子,治法如唐、虞、三代',安可得乎?"② 吕留良有言:

> "述""作"本无低昂,"述而不作",正为理不当"作"耳。

这是在行道与明道而传道统的观念下,对"述""作"平等对待的表达,但"理不当'作'"仍蕴含对"作"的特定条件的强调,且上升到了"理"的层面。朱轼则以为"不分低昂"仍然显示了吕留良对"述、作"之别的认识不够明确,须从治道本来之义予以界定:"《乐记》曰:'知礼乐之情者,能作;识礼乐之文者,能述。作者之谓圣,述者之谓明。''明''圣'者,'述''作'之谓也。岂得谓'述'与'作'不分低昂乎?"进而论曰:

> 谢上蔡云:"事有'述'有'作',至于道,则无'述''作'之殊。"《或问》谓:"圣人不敢当折中之名,而自托于传述,谢氏以其卑而耻之,故必侈其说以自高,失圣人之意远矣。"本注所谓"事虽'述',而功倍于'作'",理固如此。若夫子意中,正以"述"之远逊于"作",犹可以之自居耳。留良拾谢氏之余唾,矜为妙解,而不知其谬于圣人立言之意也。③

这就以朱子为遵循,否定了由明道与行道共同传道而带来的模糊二者的社会政治权力分野的倾向,而"反经"归于三代。

---

① 朱轼:《驳吕留良四书讲义·下孟上》,邵逝夫整理,《朱轼全集》(第7册),彭林主编,复旦大学出版社2021年,第322页。
② 朱轼:《驳吕留良四书讲义·大学》,《朱轼全集》(第7册),第18页。
③ 朱轼:《驳吕留良四书讲义·上论下》,《朱轼全集》(第7册),第194页。

第二节 "为国家者，由之则治"

"心法"仍是清代治道论之主脉，以之传道统、正王道。明人讲"心"的流弊证明，先立心本体，只从"心"讲"心法"，必然造成治道的紊乱。清人重又讲求格物穷理，高倡返于三代的王道路径，虽袭用"心法""直接"，但已是内里大为不同的"复写"，行道与明道又呈现出新的特征。

一、"心法"与"治法"

"治道之极致，上稽《尚书》。"清人追求治统与道统合一，希望达成有道之治，本原在于"心法"论。经理学的阐发，"心法"成为中国政治哲学中原典性、指导性的思想资源。虽由二程阐明而接续道统，但践行的主语仍是君王："'人心惟危'以下十六字，乃尧、舜、禹传授心法，万世圣学之渊源。人主欲学尧舜，亦学此而已矣。"①

明末清初追求三代之治的努力中，在政治哲学上的主要表现是要恢复《尚书》"心法"为标识的圣王之学。王夫之认为先王之"心"是先王之治、之道的内核："尧、舜之治，尧、舜之道为之；尧、舜之道，尧、舜之德为之。二典具存，孔、孟之所称述者不一，定以何者为尧、舜之治法哉？命岳牧，放四凶，敬郊禋，觐群后，皆百王之常法。唯以允恭克让之心，致其精一以行之，遂与天同其巍荡。"② 魏裔介论治道曰："治道之要，具于《尚书》，以心法出为治法。"③ 尧"开万世以心学之统宗也"，"首揭中字以授之舜，乃钦明之本体，无物不有，无时不然，传心之大法，即治天下之大法"。④ 这是拟朱子之言而为论。在治、道合一的治道内涵中，如果刻意相对划分，则"心法""传心"属于道和道统范畴，"治法""治天下之大法"属于治和治统范畴，但"心法"本身就是圣王与贤臣所传治理天下之道统："圣圣相承：若成汤、文、武

---

① 真德秀：《大学衍义》卷2，朱人求校点，华东师范大学出版社2010年，第26页。
② 王夫之：《宋论》卷6，第115页。
③ 魏裔介：《治道论》，《兼济堂文集》，魏连科点校，中华书局2007年，第360页。
④ 魏裔介：《尧》，《兼济堂文集》卷20，《清代诗文集汇编》（第57册），第239页。

之为君，皋陶、伊、傅、周、召之为臣，既皆以此而接夫道统之传。"(《中庸章句序》)治与道合一，治统与道统合一，在滥觞于《尚书》的圣王政治哲学中便是如此，在程朱以降道统与道学的体系中亦是如此。心法乃道统之心法，帝王言心法，即表明其接受圣王道统的治道范式。

在"以心法出为治法"的治道逻辑下，凡治法身后，必求心法为其本。如论周官典制："自古帝王经国致治之大法，至成周而大备。""《周礼》一书，刘歆末年知周公致太平之迹具在斯，紫阳谓其广大精深，不可谓无与于心性。"这就是在"致太平之迹"中寻觅"心性"的指挥。周公"其学一文王法天之学，而仁智、忠敬、诚笃，臣道于此而极，治法、心学亦于此而极"。①

"须知武王兢兢于四方之政，是帝王相传以来的道统心法。"② "心法"说盛行，固因其源出《尚书》是三代圣王治道所本，亦因其是程朱理学的题中之义。在明代王学"心本体"的哲学影响下，士大夫流于以"一心"讲"心法"、讲圣人与君主治道，视"吾心"为一个无差异的、"广阔却缥缈的普遍准则"，从而悬置"三代"，轻视甚至不讲"三代之法"。③ 明清之际儒学复合道统，反对空悬一本体，坚持在万事万物上去穷致其理，由此融通古今治道，而反于三代之治，是回归程朱理学工夫的主张。

在精粗一体、显微无间的哲学指导下，心法与治法的关系表现为不将心法本体化和神秘化，而是强调心法与治法一体，格治格法而穷理，这也是清初政治哲学中治与道合一的一种面貌。吕留良由此说"一以贯之"：

> "一以贯之""之"字，正指所学所识，就这上见个总统关通处，不是于学识之上之先，别有一件东西也。正惟异端别有一件东西，看得世间琐碎繁重，皆成外物，却要凭此件东西，起灭有无，不道打成两橛，毕竟凑合不上，于世间一切有为法颠倒错乱，废弃溃裂。说者谓其知一而不知贯，不知其一原不是，故不可贯也。圣人之一即在多学而识处，舍却学识，贯个甚么！朱子之言真圣人精髓，凡为先一贯而后学识之论者，即为

---

① 魏裔介：《周公论》，《兼济堂文集》，中华书局2007年，第343页。
② 吕留良：《四书讲义》卷23，第512页。
③ 参见魏月萍：《君师道合：晚明儒者的三教合一论述》，联经出版事业公司2016年，第317页。

邪禅所陷溺，入德之贼也。①

他又在《论语》"吾与点"处将儒家"心"与"世法"精粗"只作一事"，和禅宗"打做两截事"区分开：

> 禅子看得心体精，世法粗，故将明心与度世打做两截事，学禅人便将出仕与隐居，亦分为两截，不知吾儒只作一事。耕莘之乐，与纳沟之忧，不是两心，故暮春游咏，与尧舜事业，不是两境。后人于圣学欠分明，便看得此章书只是度世上事，则曾点之清闲自在，反不如三子之慈悲普救矣。要之看得世法粗处，却正是心体粗也。②

这里虽是就"心"与"世"之分合而言，主要是谈入世与出世的一体，"心"不等于"道"，但从"心体"与"世法"对举来看，仍反映出对"道"与"治"的认知，总体上更不出朱子学对"道"的穷理与"治"紧密相关的格局，并且由"世法"而进一步说到了俗世的政治和制度层面了。

"圣人之法，所以循天理而达之也；圣人之经，所以传天心而播之也。"③这个"一以贯之"的"道"或"心"，是具有普遍性的"天心""道心"，只有经过朱子学的格致、熟玩的工夫才能求得。"心"而"无法"，便非天心、道心，而是"私心""己意"，即朱熹道统论中的"人心"，是禅宗与心学安立本体，清儒更为强调"心"——包括帝王之心——是要有"法"的。陆世仪认为，正因为"心是活物"，更"须与他个规矩才可入道"，有"法"，才能将"心"导入"道"的正轨，这个"规矩"就是"古人所谓心法也"。这正是朱子学与陆王心学的不同所在：

> 只此一个字，心宗家所最不乐闻。他动说无法，"无法"二字，不知

---

① 吕留良：《四书讲义》卷18，第420页。
② 吕留良：《四书讲义》卷14，第331页。
③ 方苞：《周官辨伪二》，《方苞集》卷1，刘季高校点，上海古籍出版社2008年第2版，第21页。

陷害多少后生在。心法"法"字,即圣人不逾矩"矩"字。圣人至七十可以从心矣,然犹说不逾矩,则知圣人终身只行得一"矩"字。以圣人终身之所行者,而吾人一旦欲举而废之,且欲出于其上,谬哉!殆哉!①

从陆世仪之"心法"说,可见清人不仅在哲学上反思心学鼓荡人心、瓦解社会秩序,还在政治哲学层面更直接地反思明代学术与治道之弊,重视"心法"之"法"的规范一面,亦即讲求工夫和过程的理学修养。

康熙五年,汤斌在为孙奇逢《理学宗传》所作序文中以儒家兼形而上下之道来区分儒、释。"吾儒之道,本格致诚正以为修,而合家国天下以为学。自复其性谓之圣学,使天下共复其性谓之王道,体用一原,显微无间,岂佛氏所可比而同之乎!""佛氏之言心言性,似与吾儒相近",但"外人伦,遗事物,其心起于自私自利,而其道不可以治天下国家"。"或专记诵而遗德性,或重超悟而略躬行"的"近世学者",也偏离了全体大用的正途。儒家体用兼赅之道,以尧舜心法提领人伦:"此圣学之渊源、王道之根柢也。由汤、文、武、周公、孔子以至颜、曾、思、孟,成己成物,止有此道,在上在下,止有此学。"儒者贵在明守本分而不逾位:"知明处当,乃吾性中自有之才能;参天赞化,亦吾性中自有之功用;止如其本性之分量,而非有加于毫末也。"这是由天赋之"五常"而参赞化育的观念,与王艮等正成对照:

> 天之所以赋人者无二理,圣人之所以承天者无二学。盖天命流行,化育万物,秀而灵者为人,本性之中五常备具,其见于外也,见亲则知孝,见长则知弟,见可矜之事则恻隐,见可耻之事则羞恶。不学不虑之良人固无异于圣人也。惟圣人为能体察天理之本然,而朝乾夕惕、自强不息,极之尽性至命,而操持不越日用饮食之间,显之事亲从兄,而精微遂至穷神知化之际。

孙奇逢的《理学宗传》不只是谱系之书,"其大意在明天人之际,严儒释之辨,盖五经四书之后,吾儒传心之要典也。八十年中躬行心得,悉见于此"。其目

---

① 陆世仪:《思辨录辑要》后集卷9,第359页。

的在于以理学格物致知之"心"辟心学狂禅,体会圣贤之道,落实在自身"大本达道"上:

> 诚由濂、洛、关、闽以上达孔、颜、曾、孟,由孔、颜、曾、孟而证诸尧、舜、汤、文,得其所以同者,返而求之人伦日用之间,实实省察克治,实实体验扩充,使此心浑然天理而返诸纯粹至善之初焉,则寂然不动,感而遂通,中和可以位育,而大本达道在我矣。①

在汤斌的表述中可见,"道"是可以体会并落实于自身的,但在圣王与儒者之间仍有位差,所以孔孟可以"上达",尧舜却只能由孔孟之"述"而"证诸"。

这正是孙奇逢自作《叙》与《义例》中的一条文脉。他认为"国之统有正有闰,而学之宗有天有心",理学正宗"本天"而不"本心",故以"天理"贯穿。此理一以贯之,而在开显及物上,又有得位而行道与不得位而明道之别:

> 学以圣人为归,无论在上在下,一衷于理而已矣。理者,乾之元也,天之命也,人之性也。得志则放之家国天下者,而理未尝有所增;不得志则敛诸身心意知者,而理未尝有所损。故见之行事,与寄之空言,原不作歧视之。舍是,天莫属其心,人莫必其命,而王路道术遂为天下裂矣。②
>
> 唐虞之际,道行于君臣;洙泗之间,道明于师友。明良不作而诸儒代兴,总所以维持三纲五常,以承天佑下民、作君作师之意。③

可见行道、明道虽"原不作歧视之",最高理想仍是明良复作、"作君作师"。明良与儒生既有位差,"理"复能一以贯之,就是明道传道之谓。永恒之"理",就是由"道心"而达"中道"的心法之传,将理宗与"好高眩外、伪而多惑"的明学流弊区别开来:

---

① 汤斌:《理学宗传序》,孙奇逢《理学宗传》,万红点校,凤凰出版社2015年,第11、12页。
② 孙奇逢:《理学宗传叙》,《理学宗传》,第15页。
③ 孙奇逢:《义例》,《理学宗传》,第17页。

第六章 道统复合与治道定型 519

《宗传》成，或疑予《叙》内"本天、本心"之说，问曰："虞廷之'人心、道心'非心乎？孔子之'从心所欲'非心乎？何独禅学本心也？"曰："正所谓心有人心、道心，人心危而道心微，必精一之，乃能执中。中即所谓天也。人心有欲，必不逾矩，矩即所谓天也。释氏宗旨，于'中'与'矩'相去正自千里。"①

在此道心一贯与行道有差的张力下，孙奇逢构筑了圣王与儒家有合有分的统系，即大小两套"元亨利贞"的道统叙事：

道之大原出于天，神圣继之。尧、舜而上，乾之元也；尧、舜而下，其亨也；洙泗邹鲁，其利也；濂洛关闽，其贞也。分而言之，上古则羲皇其元，尧、舜其亨，禹、汤其利，文、武、周公其贞乎！中古之统，元其仲尼，亨其颜、曾，利其子思，贞其孟子乎！近古之统，元其周子，亨其程、张，利其朱子，孰为今日之贞乎？②

圣王与儒者的安顿，可谓煞费苦心。明圣王之统，与明儒者之统，都是理学祖宗谱系的题中之义。学不离治，治不离学，在一以贯之的"天理""道心"之"心心相印"的联结中，仍能看到中古以降道统不完的内在紧张。

匡心学流弊而复学统，由心法而直接圣王，学与治两方面的发展于此合辙。"心法"与治道，是常见的启沃帝学、修身施治的进言。顺治亲政之初，魏象枢建议"凡遇亲临便殿，或驾御午门，即召满汉辅臣二员"辅导讲说，内容就是"帝王用人行政之本，人心道心之微"，以"弼盛德"。③康熙六年，熊赐履在著名的《应诏万言疏》中，对皇帝"诏书有曰，今闻直隶各省人民多有失所"而责及官吏贪酷、法制未便，便以"皇上此心乃二帝三王之心，皇上此言乃二帝三王之言"来勉励康熙帝。他引用孟子、董仲舒关于天子正心的论说，指出："从古帝王，圣如尧舜可谓至矣。而危微精一之诚，不啻谆谆焉。

---

① 孙奇逢：《义例》《理学宗传叙》，《理学宗传》，第17、16页。
② 孙奇逢：《理学宗传叙》，《理学宗传》，第15页。
③ 魏象枢：《圣德勤修日懋等事疏》，《寒松堂全集》卷1，《清代诗文集汇编》（第60册），第234页。

盖虽生知之圣，亦借学问之力也。"需要注意的是，熊赐履论"心法"而说到《大学衍义》，以"大学衍义"来讲明体会"心法"之路径：

> 《大学衍义》尤为切要下手之书，其中体用包举、本末贯通、法戒靡遗、洪纤毕具，诚千圣之心传，百王之治统，而万世君师天下者之律令格例也。伏愿皇上延访真儒深明厥旨者，讲求研究，务晓畅其精微奥妙之理，于是考之以六经之文，监之以历代之迹，实体诸躬，默会诸衷，以为敷政出治之本。①

"治统"与"心传"并非两事，希望幼主超迈汉唐宋明，"直接"心法、"直接"三代：

> 君志清明，君身强固，举夫立政敷教、知人安民，无非天德之流行、天则之昭著，而坐收体乾行健之成功。是皇上直接夫二帝三王相传之心法，自有以措斯世斯民于唐虞三代之盛，而非汉唐宋明之所能望其项背也，又何吏治不清、民生不遂之足虑哉？

熊氏高揭的"心法"，就是"圣谕之所未及，而臣推本言之者也"的"本"。② 此"本"即是"心法"，亦与李绂所论纲常之"本"一脉贯通，治道的思想，是超越程朱抑或陆王之辨的。高举"直接"之定位，正是对道统自三代以下不能以其本来面目行之于世，而孔子以降不过是"述"道之学的气运的匡正。值得补充说明的是，在清代，《大学衍义》位于武英殿藏贮的内务府书版之列，也藏于国子监，是国家"交直省布政使敬谨刊刻，准人刷印，并听坊间刷卖。原欲士子人人诵习，以广教泽"之书。③

"直接"之赞语并非康熙的发明，常见于明代君王自诩，而其标准则系于"心法"。但从上述孙奇逢等对"心"的辨正已可感知到，自明至清的理学与治

---

① 熊赐履：《应诏万言疏》，《经义斋集》卷1，《清代诗文集汇编》（第139册），第34页。
② 熊赐履：《应诏万言疏》，《经义斋集》卷1，《清代诗文集汇编》（第139册），第29页。
③ 乾隆三年上谕，素尔讷等纂修：《钦定学政全书校注》卷4，霍有明等校注，武汉大学出版社2009年，第19页。

道嬗变和匡复,已赋予"心法"的复写以更加丰富的内涵。

"心法"的抽象性决定了道统的超越属性,虽有绝统不传的时期,亦可超迈而直接。三代以下不如三代之治,根源在于道统与心法的不传。熊赐履认为:"三代而降,贤君代有,修文德者鲜武功,正大纲者遗万目。盖道术有纯驳,斯治术有隆污。秦汉以后,均不得与于三代之盛也。"但顺治帝"以道统为治统,以心法为治法,禀天纵之资,加日新之学,宜其直接乎帝王之传而允跻于三五之隆"。① "以心法为治法"是对"以道统为治统"的加强,杨维桢的义理经三百年流衍而加密。

康熙十年二月,熊赐履经筵进讲《尚书》:

> 舜命禹之辞,实千古帝王传心之要也……表里交修,体用俱备,治天下之能事毕矣。舜命禹之言如此,臣因是而绎思之。帝王治本于道,道本于心,惟君心正,斯内外大小无有不正,此虞廷授受所以开万世圣学之源也。

希望康熙"绍精一之传,立训行之极""显微无间,建中作则",则将"道统即治统,心法即治法。化神广运,求之宸衷而有余"。② "圣学"即"帝学",反复申说的"道统即治统,心法即治法"是此学内容之核心。康熙听后认为"今日可为得行其言矣"。③ 亦是自抒"直接"圣王之志。

远承先王制作、先师述而存之的"心法",成为康熙帝对修身治国之道的信奉和追求对象。康熙二十五年二月二十五日,太常寺题请经筵前一日祭文华殿,康熙坚持亲诣行礼圣师,"以彰景仰之意":"先圣先师道法相传,昭垂统绪,炳若日星。朕远承心学,稽古敏求,效法不已,渐近自然。然后施之政教,庶不与圣贤相悖耳。"④

---

① 熊赐履:《恭拟大清孝陵圣德神功碑文》,《经义斋集》卷2,《清代诗文集汇编》(第139册),第56页。
② 熊赐履:《经筵讲义》,《经义斋集》卷2,《清代诗文集汇编》(第139册),第53页。
③ 《熊文端公赐履年谱》,钱仪吉纂:《碑传集》卷11,靳斯校点,中华书局1993年,第256页。
④ 《康熙起居注》,康熙二十五年二月,中华书局1984年,第1440页。

讲求有一定的规范和修养程序的"心法""道法",进而求得"治法",是康熙帝主要的治道指引,并成为雍正、乾隆等继承的"统绪"。康熙圣谕有云:"先圣先师,道法相传,昭垂统绪,炳若日星。朕远承心学,稽古敏求,效法不已,渐近自然,然后施之政教,庶不与圣贤相悖。"① 这个"远承"帝王心学的路径,与明代君王所言"直接道统"是相似的,但"稽古敏求,效法不已,渐近自然"的过程,是经过心学挑战复归于程朱理学的权威后,在工夫论指导下研求古法、达致有法之心法的表现,道法、心法的修养达致"自然"的境界后,方可施之于政教。

《书传序》有云:"二帝三王之治本于道,二帝三王之道本于心,得其心,则道与治固可得而言矣。"康熙庭训引用《书传序》而论"心法"的具体内涵:

> 道心为人心之主,而心法为治法之原。精一执中者,尧、舜、禹相授之心法也。建中建极者,商汤、周武相传之心法也。德也仁也,敬与诚也。言虽殊而理则一,所以明此心之微妙也,帝王之家所必当讲读。②

康熙又论"心法"之"详密":

> 盖治天下之法,见于虞夏商周之书,其详且密如此,宜其克享天心,而致时雍太和之效也。所以然者,盖有心法以为治法之本焉。所谓敬也,诚也,中也。……心法之存亡,治道之升降分焉,天命之去留系焉,曷其奈何弗鉴?③

这些论说大体上援引且不超出蔡沉《书集传序》的论说范围。"心法为治法之原""有心法以为治法之本",成为模式话语。同以程朱理学为宗的康熙帝、熊赐履、陆陇其等的认识是一样的,作为治法之本原的"心"是"天心""道

---

① 《康熙政要》卷16《崇儒》,章梫纂,华文书局1969年,第731页。
② 康熙帝:《庭训格言》,中州古籍出版社2012年,第17页。清末,瞿鸿禨为《康熙政要》作序,仍强调:"圣祖《庭训》尝曰:'心法为治法之原。'此所以上接尧舜之心传,而克成尧舜之治道也。"(《康熙政要叙》,《康熙政要》,第3页。)
③ 康熙帝:《日讲书经解义序》,《圣祖仁皇帝御制文集》卷19,第188页。

心",而非被划入心学异端的"人心"或"私意";它是从包括古代治迹、治器在内的客观的万事万物中格致穷理得来,而非"心体精,世法粗"、离世间粗迹而自成本体。它具体展开为德、仁、敬、诚等,进而表现为"中"的状态和境界。对"道心",对敬、诚、中的讲求,都是朱子学主敬穷理的影响,这是帝王之家的政治思考的哲学根柢。这与康熙帝定朱子学为正统,并部署补订再版《性理大全》、编纂《性理精义》等一系列理学整理工程的步调是一致的。

在政治与制度的言说中,康熙帝也沿宋儒而反复申说心法与治法、治法与治人合一,既重视由经典而求先王之治,"二帝三王之治,优然尚已,后之人兴于千百世之下,而欲遐稽往烈以为多闻蓄德之资,非载籍是赖,厥道无由",更以"致其用"为宗旨,于制度之间、治法之上,追求心法:

> 顾载籍极博大,而道德之浅深、政理之因革,小而声名、度数、采章、文物之繁,靡弗该也,靡弗悉也。若徒习其文辞,侈其浩博,而不深考其道法之大原,得诸心而致诸用,古人之言皆陈迹耳,于我何与焉?……端居乾清宫,取六经之书发而读之,以求契夫古圣人之心,将以致其用,而未能也。又上下古今旴衡数千载,思昔人之所以致其用者,而求之乎纪、志、表、传、编年、纪事之文,将以考其用而知其心之所存,朝斯夕斯,怡然忘倦,盖浩乎其未有涯,悠然其未有艾也。比者海宇乂安,国家闲暇,而风俗人心未能登进淳良、聿臻上理,每一念之憪然于怀,将以得之于心者而实致诸用焉。①

"道法之大原"就是治道,将经典参悟与历史上的治理实迹结合起来,从"古人之言"这"陈迹"中,经由"思昔人之所以致其用者",获悉"用"中的道理,体会"圣人之心",正是即物穷理、于迹求意的治道工夫修养过程。这个"得诸心而致诸用"的治道希冀,以"风俗人心"为依归,亦是三代治道的话语。

道统系于"心法"。清帝大谈心法,便已表示身兼治统与道统,追摹三代之治道。康熙帝的理学化的"心法—治法"认识,集中表现在著名的《性理大

---

① 康熙帝:《乾清宫读书记》,《圣祖仁皇帝御制文集》卷20,第192页。

全序》中。在这篇著名的序文中,他总结了对圣王之治本于"心法道法"的认识:

> 朕惟古昔圣王,所以继天立极,而君师万民者,不徒在乎治法之明备,而在乎心法道法之精微也。执中之训,肇自唐虞,帝王之学,莫不由之。言心则曰:"人心惟危,道心惟微。"言性则曰:"若有恒性,克绥厥猷惟后。"盖天性同然之理,人心固有之良,万善所从出焉。

这就是本于天而于人心所同然的"道心",它是治道的大本:"本之以建皇极,则为天德王道之纯;以牖下民,则为一道同风之治。欲修身而登上理,舍斯道何由哉?"康熙帝自述深受程朱理学的教益,"积淀辨析心性之理,而羽翼六经,发挥圣道者,莫详于有宋诸儒",从永乐间儒臣纂集的《性理大全》便可见道学"穷天地阴阳之蕴,明性命仁义之旨,揭主敬存诚之要,微而律数之精意,显而道统之源流,以至君德圣学,政教纪纲,靡不大小兼该而表里咸贯,洵道学之渊薮,致治之准绳也"。在此基础上,康熙帝反复思考"二帝三王之治本于道,二帝三王之道本于心":"精思格言,探讨绪论,以遐稽乎古帝王心法、道法之微,亦欲天下臣民究心兹编,思降衷之理,安物则之恒,庶几咸尽其性,以复臻乎唐虞三代熙皞之治云尔。"以上率下,目标仍是复三代之治。① 以往学者多从谋求正统的角度讨论这篇文章,认为"心法"不过是"治法"的"辅助工具"而已。② 立足前揭当日士林与庙堂治道思考之情形,本文更倾向于走出"帝王心术"的视角,从形塑"治道"的角度来看这篇序文及康熙帝的政治学,他是要以三代的圣王之治为榜样,基于士林对心学害道、乱治的反思,追求理学定义的"心法""道法",以之统摄治法,进而规复治出于道、礼成法立的三代之治。这也是清代政治之"正统"的内涵,只是它并不限于政权之正闰的"正统",更指的是王朝正式确立的衡量政治纲领与施政路线的正误、正异、正邪的"正统",亦即清圣祖追求的理想的"治道"。这也是宋明以降义

---

① 康熙帝:《性理大全序》,《圣祖仁皇帝御制文集》卷19,第186页。
② 参见:朱昌荣《清初程朱理学"复兴"标志论略》,《史学集刊》2009年第5期;杨念群《何处是"江南"》,第282页。

理化的正统论的表现。

"心法"成为统治思想的惯用表达，其旨归在于治、道合一以臻于圣王治道的境界。乾隆二年，乾隆帝在《乐善堂全集》自作序文中，道出自己所接受的教育以及由此对"道德"之境的理解：

> 朕少读《尚书》，见二帝三王以及继世之哲后，君臣咨儆，惟是身心性命之本原，其敷政命官，亦惟根柢道德，而不规规于事为之末。及考《诗》、《易》、四子之言，凡论政者，皆与《书》所称同其指归，互为表里。其后，博涉诸史，则虽明盛之世，所殚心竭虑者，大概详于事功而略于本原，教化之升降，治象之崇卑，其分歧实判于此。用是，日有孜孜求所以取道入德之门。①

这是对亦步亦趋于"二帝三王"由"心法"而治、道合一的转述。"日有孜孜求所以取道入德之门"是文眼，表出了程朱理学的心法工夫。研考经典、讲论历史，都以"心法"为指归，仍是修养心法的过程。有了这样的修养，他就自认为能得"心法"，而能够辨识、评判历史上因为"详于事功而略于本原"的教化降、治象卑的镀金"盛世"，这不过是程朱理学的治道论中对汉、唐、宋的批评的转述。

乾隆五年，乾隆帝运用理学的道统构建话语，再次表达治理系于心法之关系：

> 夫治统原于道统，学不正则道不明。有宋周程张朱子于天人性命大本大原之所在，与夫用功节目之详，得孔孟之心传，而于理欲公私义利之界，辨之至明，循之则为君子，悖之则为小人。为国家者，由之则治，失之则乱。②

这与晚明以来程朱学者的由道/学而治的逻辑是一样的。

---

① 乾隆帝：《乐善堂全集序》，《乾隆御制诗文全集》（第1册），第28页。
② 《高宗纯皇帝实录》卷128，乾隆五年十月，《清实录》（第10册），第876页。

君师道合与"心法""治法"合一，成为清儒称颂圣君的话语模式。张伯行由"本心法为治法"来论证道统复归君师一体：

> 溯自皇古以来，道统相承在君相；而迄素王以降，心传代嬗于师儒。何幸天运循环，睹圣皇建极，由洛闽而溯邹鲁，远接千余年未续之传；自宋代以至今兹，正际五百岁昌期之会。我皇上应运而兴，乘乾以御，本心法为治法，统古今天地之道而咸宜；以作君兼作师，合帝王圣贤之传而为一。①

在康熙晚年臻于成熟。康熙六十年时，方苞引用《尚书》称颂君德：

> 臣闻《尚书》之言君道也，曰："作之君，作之师。"自二帝三王以后，虽有贤君，能兼尽作师之道者鲜矣。惟我皇上徇齐敦敏，既凤具于圣性；体道务学，又时切于圣心。故自御极以来，至今六十年。凡四海内外，无一民一物，不安其性命而共乐乎圣德之高深；朝廷草野，无一官一士，不仰荷甄陶而终不能窥圣学之万一。兼尽乎作君作师之道而建其有极，未有如我皇上者也。②

作为掌握了"十六字心传"、治统与道统萃于一人的康熙帝，兼作君师是其形象的最好的形容。

心法乃道统之心法，相对于"绝"的遗憾，"远承""直接"道统之源已经成为一个不言自明的理想。"心法"在政治中直贯上下，是共同遵循的政治原则。《尚书》及其所载之二帝三王之心法，在清代治、道合一的治道塑型中，被运用为日常奉行的符号，在官僚体系中发挥劝勉作用。雍正九年五月初六，河臣嵇曾筠等在治河前线收到皇上恩赐的《书经传说汇纂》一部，具疏谢恩，称美雍正帝"德媲尧文，功敷禹甸，作君兼作师之极，治统与道统交隆"。这

---

① 张伯行：《恭进濂洛关闽书表》，《正谊堂续集》卷1，《清代诗文集汇编》（第182册），第246页。
② 方苞：《万年宝历颂》，《方苞集》卷15，第440页。

般治道即是清朝"统绪",其渊源仍追溯到康熙帝:"仰惟圣祖仁皇帝建极绥猷,崇文敷教,以《尚书》记载为治法纲维,乘十六字之精微,开千万年之统绪。研性道于典谟训诰,直接心传;溯渊源于虞夏商周,益隆德化。"这个"统绪",就是治统与道统合一之统绪,而皇帝颁赐之《书》经传说著述,即是其体现,或者说皇帝通过编纂经传说解奠定自己在治道中的正统性,确定对经典的正统解释,并通过颁赐臣工等仪节统一认识,将正统认识周流体制之内,昭示天下士庶一体知晓:"统编成夫解义,普示寰区,复集说于诸家,折中圣鉴。仰赖煌煌巨制,俾成奕奕鸿文。"雍正帝接力推进:"我皇上继述功宏,表扬念切,当校刊之竣事,弁御序于简端,阐发心源,显著精华于万世,昭宣道法,弥彰蕴奥于千秋。勒金石以珍藏,香生玉殿;布笥函而俯锡,露湛枫宸。"受赐之臣,一方面感恩"欣逢复旦,幸际文明""仰平成之治""河洛呈祥,骏业与鸿篇并永;车书献瑞,麟章共宝历常新";另一方面,更加自省自励忠心办事:"捧全编而敬读,愈深寅亮之忱。"①

君臣以"心法"为圭臬,以上拟《尚书》而创作本朝"心法"为追求。"心法"的创作者是圣王,主体是君主:"自古帝王之文,《尚书》尚矣,其载尧以来典谟誓诰焜耀简册,然征词纪事多出诸史臣之手,惟相传'精一'数言独为万世心法治法之要,何也?为其敷言自出也。"②这是追慕三代的风气在统治集团内部臻于精熟的标志。心法之于治道如此重要,从古代圣王之心而本朝祖宗之心,以祖宗之心为心,法祖宗之法,便顺理成章地成为治道标榜。嘉庆帝宣示:"以皇考之心为心,以皇考之政为政。"③

二、士大夫之学与"治道"追求

"《日知录》上帙经学,中帙治法,下帙博闻。"④清初的义理与事功并重之风,对清代思想与学术,对士大夫安身立命、治学治事影响深远。

贯穿于经学、治法、博闻之间的,是作为思想正统的理学。钱穆反对"说

---

① 嵇曾筠:《恭谢钦赐〈书经传说汇纂〉》,《防河奏议》卷9,雍正十一年刻本。
② 刘统勋等:《跋》,《乾隆御制诗文全集》(第10册),第568页。
③《仁宗睿皇帝实录》卷56,嘉庆四年十二月,《清实录》(第28册),第721页。
④ 陈澧语,见钱穆:《中国近三百年学术史》,第677页。

者莫不谓清代乃理学之衰世",认为清学是理学的一种自我完善:

> 宋元诸儒,固未尝有蔑弃汉唐经学之意。观《通志堂经解》所收,衡量宋元诸儒研经绩业,可谓蔚乎其盛矣。清代经学,亦依然沿续宋元以来,而不过切磋琢磨之益精益纯而已。理学本包孕经学为再生,则清代乾嘉经学考据之盛,亦理学进展中应有之一节目,岂得据是而谓清代乃理学之衰世哉?

他认为:"要之有清三百年学术大流,论其精神,仍自沿续宋明理学一派,不当与汉唐经学等量并拟,则昭昭无可疑者。"宋明理学并未终结,即便其明代的发展路向终结,总体上仍在延伸。而此等认识实自钱穆对儒家思想流变的整体认识而来,他认为,儒家思想"在两汉以迄隋唐则曰经学,在宋明以迄清季则曰理学",后者与前者之间的关系,不是"蔑弃而别创",而是"包孕而再生"[1],并且"汉学诸家之高下浅深,亦往往视其所得于宋学之高下浅深以为判"[2]。

道统归一,而以朱子学为正统。"道统云者,言道在己而天下宗之,己因得为道之统,而统天下之道以归于一也。"[3] 道统是有正闰而排他的,治、道合一之道,即朱子之道,这是共识之治道正统,也是清朝的意识形态。康熙五十三年,康熙帝为编辑成书的《朱子全书》赐序。与陆陇其否定阳明之学呼应,李光地以明代盛衰为据,说明了坚持"朱子之道"才能通往"治":

> 切念朱子之书,在前朝列之学宫,著为功令,弘、正以前,家习户诵,经学醇明,则明之所以盛也。嘉、隆以后,王守仁等异说汩之,浸淫至于万历、天启,言语文字,诡怪百出。此明之所以衰也。然则朱子之道,关乎治乱,是其明征矣。

---

[1] 钱穆:《〈清儒学案〉序》,《中国学术思想史论丛》(第8册),安徽教育出版社2004年,第357、359页。
[2] 钱穆:《中国近三百年学术史》,第1页。
[3] 陆世仪:《思辨录辑要》后集卷7,第366页。

今日君主以朱子为道统正宗，从道为治，臻于三代之治，可承三代之统：

> 然方其盛时，亦惟学士书生，相与讲明，未有南面之君，深嗜笃好，积数十年沉潜体味之勤，以造其道，以待其心，而且实验于躬行，发挥于政事，至于武功文德，巍然焕然，而犹兢兢业业，与治同道，由濂、洛、关、闽，以承尧、舜、禹、汤、文、武、周公、孔子之统，如我皇上今日者。儒家言五百之运，术家言上元甲子之岁，今日皆适当之，自非天开文明，圣贤之道将亨，不能及此也。①

这是以朱子之道为本位论治、道关系的道学治道论。在当时政治的主流叙事中，理想秩序以"三代"为模型，而以程朱之道为道。荒木见悟梳理了理学史上的道统讨论，呈现了程朱道学与陆王心学两脉之间"争道统"的轨迹，指出："道统只有与治统合一才能保持其正常的形态。而当两者分裂之时，思想界便会混乱，国运便会发生危难。这是当时朱子学者所拥有的共同理念。"② 可以说，清初的治、道合一，与明清之际朱子学者廓清理学内部道统纷争相伴随，两者相互为用，共同塑造了清代的治道。

道即治道，而非偏重心性；斯道源于圣王制作之经，从经典求圣王本意，反经便合于道而胜于一己私心。在秩序危机的冲击下，明清之际回望圣人与经典中的治道本原。回归圣人本意是一种标准，此时士人则颇有回归道统"本统"，沿着纠正忽视"用"而向体用不二回归的趋势，机制是"反经"。针对当下可与春秋相比拟的秩序崩解时代，何为可以拨乱反正的学术？时人以孟子为据，提出"反经"的宗旨。张履祥认为，纲常伦理紊乱是天下大乱的主要原因：

> 天之恒道，民实秉之，存亡显晦，而治乱以分。由古准今，百世无改也。故纲常者，经世之本。父子君臣之道得而国治，犹恒星不忒，而五气

---

① 李光地：《御制朱子全书序文发示恭谢札子》，《榕村全书》（第9册），第200页。
② 荒木见悟：《道统论的衰退与新儒林传的展开》，吴震、吾妻重二主编《思想与文献：日本学者宋明儒学研究》，华东师范大学出版社2010年，第43页。

顺布，四时序行也。邪慝生于心，则祸乱中于世，洪水猛兽之害，胥是焉起，殆非朝夕之故矣。①

再往深处思考，其本原则是"大经不明"，以致"邪慝肆起，上失其所以教，下失其所以学，浸淫既久，习俗遂成，政事不能救，以及此祸也"。当时，"议者方之春秋之末，禽兽逼人而食之"。张履祥认为"抑有甚矣"！既然"大经不明"，应对之道就是孟子所说的"君子反经而已矣"。② 世道必由学术而规复，学术则必由"反经"而端正："极阴生阳，无往不复，有开必先，非学术不为功。窃取反经之义，爰辑旧闻，举其要约，手订是编（《经正录》），以资下学之助，或正其本云尔。"③ 顾炎武更有"经学即理学"的名言。④ 王夫之亦有"六经责我开生面，七尺从天乞活埋"的题壁语，正是以"反经"为己任，要从"反经"中开出新的天下的自白。⑤

对于清代学术的"反经"，至清末的学术总结期已有鲜明感受。梁启超从顾炎武等"教学者脱宋明儒羁勒，直接返求之于古经"讲清代学术开端，并指出趋势是"节节复古"。对于其动因，梁启超认为是"对于宋明理学一大反动"，注意到了学术发展的"公例"："学派上之'主智'与'主意'、'唯物'与'唯心'、'实验'与'实证'，每迭为循环。大抵甲派至全盛时必有流弊，有流弊斯有反动，而乙派与之代兴，乙派之由盛而弊而反动也亦然。然每经一度之反动再兴，则其派之内容，必革新焉而有以异乎其前。"⑥ 针对此"理学反动"说，余英时揭出从理学发展到经学的"内在理路"，世界思想史上存在"回向原典"的普遍现象，取证于儒学的原始经典方能"'定'程朱陆王之

---

① 张履祥：《经正录序》，《杨园先生全集》卷15，第461页。
② 张履祥：《经正录旧叙》，《杨园先生全集》卷15，第462页。
③ 张履祥：《经正录序》，《杨园先生全集》卷15，第461页。
④ 全祖望认为"经学即理学"是可以概括顾炎武学术主张的"名言"，并将顾炎武论理学与经学的关系转述为："古今安得别有所谓理学者，经学即理学也。自有舍经学以言理学者，而邪说以起，不知舍经学则其所谓理学者，禅学也。"（《亭林先生神道表》，《鲒埼亭集》卷12，《全祖望集汇校集注》上册，朱铸禹汇校集注，上海古籍出版社2018年第2版，第227页。）至于其中蕴含的训诂与义理的张力，待另文详论。
⑤ 王夫之：《鹧鸪天·自题小像》注，《船山鼓棹初集》，《王船山诗文集》，中华书局1962年，第546页。
⑥ 梁启超：《清代学术概论》，俞国林校，中华书局2020年，第17、125、23页。

'净'""解决几百年来儒学内部争讼不息的中心问题",这也可以说是清代经学兴起的"哲学的背景"。① 余英时展开"内在理路"说的内涵为：

> 每一个特定的思想传统本身都有一套问题，需要不断地解决；这些问题，有的暂时解决了；有的没有解决；有的当时重要，后来不重要，而且旧问题又衍生新问题，如此流传不已。这中间是有线索条理可寻的。怀德海（A. N. Whitehead）曾说，一部西方哲学史可以看作柏拉图思想的注脚，其真实涵义便在于此。你要专从思想史的内在发展着眼，撇开政治、经济及外面因素不问，也可以讲出一套思想史。从宋明理学到清代经学这一阶段的儒学发展史也正可以这样来处理。②

余先生以"尊德性""道问学"的升降来具体阐述这一条"内在理路"，所言实与梁启超的"学派循环公例"有相似处，但强调了"思想传统本身需要不断解决的中心问题"，故较任公之说更为周延。受余英时启发，林庆彰以经学为本位，提出"'回归原典'在经学史上曾发生过好几次，是一种解决经学问题的妙方"，唐中叶至宋初、明末清初、清末民初都由此回应经典诠释过程中产生的问题。这是一个更为长时段的视野，也进一步落脚在"问题"上。③ 余英时、林庆彰目光所及主要在于思想史、学术史、哲学史，但在整全之治的规模中，政治、社会、治理与思想、学术、哲学是难以切割的，理想治道正是贯穿中国思想与学术史的一个莫大的问题。以二帝三王之王道为理想型，规复明道与行道合为一体的道统、实现治出于道是总目标，朝向这个目标的正确方法和路径是纠葛所在。"道与治之统复合"，整全之道明而行之，或为此内在理路在明清之际的再寻正路，而"尊德性-道问学"只是次一位的方法层面的循环转进。

从"反本"中"开新"，是儒家治道生生不息的活力和动力所在。中国思

---

① 余英时：《清代学术思想史重要观念通释》，《中国思想传统的现代诠释》，联经出版事业公司1987年，第411页。
② 余英时：《清代思想史的一个新解释》，《论戴震与章学诚——清代中期学术思想史研究》，三民书局2016年修订2版，第358页。
③ 林庆彰：《中国经学史上的回归原典运动》，《中国文化》2009年总第30期。

想学术总是在求索圣人本意中求得进步,历代皆然。因革损益的逻辑,亦由其因应的具体条件的不同,而形成不同的结果。清代返本开新因其惩明之弊的时代条件,与直接圣王、返于三代治道同条共贯,而呈现出反于经学和圣人本意、复合道统本来面目的特点,重视从具体实行中考求义理。如四库馆臣之言:"在濂洛未出以前,其学在于修己治人,无所谓理气心性之微妙也。其说不过诵法圣人,未尝别尊一先生号召天下也。"① 此评语系针对明中叶以降心学而言,但欲扫积弊,必考辨源流,上溯源头以矫之的立场是明显的。全体大用中"体""用"不二、"理""事"不离只是理想和理论的状态,在学术和思想的展开中,总是会偏向某一端,亦表现为入手之路径与方法工具:宋明理学的主流是偏向"理"甚至"心",这从朱熹所标举的"心"是在体用兼赅的格局中展开,而至阳明心学流弊之"心"则陷入本体玄思,即可见其脉络;清学则偏向从具体事物中格物穷理,复以此不离事物之理为治道渊源,颇有叶适所谓道之"本统"意味。

反经,就是返于道统之初,在圣王治出于道的境界上讲求治道。清初儒者追溯道统本意。前文已述及,费密将"道"和"道脉"系于"经":

> 二帝三王前规盛制,先圣孔子撰录简策,定之为经,所以宣演徽猷、翼赞崇化。传七十子,七十子又传之,如父于子、子于孙,使学者谨守不敢乱紊。悠久至今,成为道脉。……圣人之道,惟经存之,舍经无所谓圣人之道,凿空支蔓,儒无是也。②

"古经旨"在于实行先王已备之道,"实政实教"之谓,而不在衍生心性之发明:

> 古经之旨何也?圣人之情见乎辞,惟古经是求而通焉,旨斯不远矣。大道之行,圣王不一,皆敦本务实以率天下。夫善不善者,意也;治乱者,时也;得失者,政也;存亡者,人也。圣人传其要,待后世推行焉

---

① 《四库全书总目》卷91,中华书局1965年,第776页。
② 费密:《道脉谱论》,《弘道书》卷上,第12页。

耳。古经备矣，不待后世别有所发明其旨始显也。①

汉唐诸儒之注疏训诂由此为明道的方法："古今不同，非训诂无以明之，训诂明而道不坠。后世舍汉儒所传，何能道三代风旨文辞乎？"②

后之崔述认为"二帝、三王之与孔子，无二道也"，由此一致之"道"论证孔子述道的地位："二帝、三王、孔子之事，一也；但圣人所处之时势不同则圣人所以治天下亦异。是故，二帝以德治天下，三王以礼治天下，孔子以学治天下。"其出发点则是古典以来通行当世的观念："至周之衰，礼亦敝矣，非圣人为天子不能维。而孔子以布衣当其会，以德则无所施，以礼则无所著，不得已而订正六经，教授诸弟子以传于后。""其尤刺谬者，叙道统以孔子为始，若孔子自为一道者。岂知孔子固别无道，孔子之道即二帝、三王之道也！"③"尧、舜者，道统之祖，治法之祖，而亦即文章之祖也。"这是一个整全的治道：

> 孔子之道非孔子之道，乃尧、舜之道；人非尧、舜则不能安居粒食以生，不能相维系无争夺以保其生，不能服习于礼乐教化以自别于禽兽之生。然则尧、舜其犹天乎！其犹人之祖乎！④

就当时的知识资源来看，"道"主要载于四书、五经即程朱理学与经学两个有所叠合的思想学术体系之中，求治道即必精研四书与经史。顺治二年，户科给事中杜立德疏言"治平之道有三"，首为"敬天"，次即"法古"，亦即学习古法："古者事之鉴也，是非定于一时，法则昭于百代。故合经而后能权，遵法而后能创。凡建学明伦，立纲陈纪，皆法古事也。"此疏得到嘉许："上嘉其所奏有裨治理，采纳之。"顺治八年，杜立德又疏言："自古帝王致治，必由经术。"希望举行经筵，"裨益圣治"。⑤可见，经典与经义是治道与治法的来

---

① 费密：《古经旨论》，《弘道书》卷上，第20页。
② 费密：《原教》，《弘道书》卷上，第24页。
③ 崔述：《洙泗考信录自序》，《崔东壁遗书》，第261—262页。
④ 崔述：《唐虞考信录自序》，《崔东壁遗书》，第51页。
⑤ 《清史列传》卷7《杜立德》，王钟翰点校，中华书局1987年，第484页。

源,而其沿袭之道是先"合""遵"、后"权""创",并非刻板照搬。康熙、乾隆都重视古经史之学,康熙帝为《文献通考》制序有言:"治天下之道莫详于经,治天下之事莫备于史。人主总揽万几,考证得失,则经以明道,史以征事,二者相为表里,而后郅隆可期。"① 乾隆帝曾言:"惟经学为出政之原,史册为鉴观之本。"② 道为治本,学以求道,这就在"学"与"治"之间建立了紧密的关系。

在康熙帝的时代,程朱理学与重视古经不仅并不矛盾,而且相对于二氏之学的冲击和明人张大心性的"六经注我",还为经典研究提供了"信古"的理论和观念基础:

> 自孔子殁而异端邪说纷争并起,互相抵牾,大道愈晦,于是不知而妄作肩相望也。赖有宋濂洛关闽诸儒起而阐明经学,圣人之道复著,使后之人笃信其说,以求古人之所为是者,是亦世道之幸矣。③

"直接"与"反经"的学术追求是一体并进的。"圣人之心"载于六经,与士人所见相似,康熙帝认为六经就是三代政典、"帝王道法",为治就要"以经学为治法",才能符合"治理"即治理之理:"帝王道法载在六经。……朕夙兴夜寐,惟日孜孜,勤求治理。思古帝王立政之要,必本经学。尝博综简编,玩索精蕴。……庶称朕以经学为治法之意也夫!"④

理学与经学结合,相辅为治。乾隆曾论到,理学乃正学,治理明道与实功所在:

> 夫治统原于道统,学不正则道不明。有宋周程张朱子于天人性命大本大原之所在,与夫用功节目之详,得孔孟之心传,而于理欲公私义利之界,辨之至明,循之则为君子,悖之则为小人。为国家者,由之则治,失之则乱。实有裨于化民成俗、修己治人之要,所谓入圣之阶梯、求道之途

---

① 康熙帝:《文献通考序》,《圣祖仁皇帝御制文集》卷19,第186页。
② 《高宗纯皇帝实录》卷759,乾隆三十一年四月,《清实录》第18册,第357页。
③ 康熙帝:《信古解》,《圣祖仁皇帝御制文集》卷21,第202页。
④ 康熙帝:《日讲易经解义序》,《圣祖仁皇帝御制文集》卷19,第188页。

第六章 道统复合与治道定型

辙也。学者精察而力行之，则蕴之为德行，学皆实学；行之为事业，治皆实功。此宋儒之书所以有功后学不可不讲明而切究之也。

针对"今之说经者，间或援引汉唐笺疏之说"而重汉轻宋之偏差，强调：

夫典章制度，汉唐诸儒有所传述考据，固不可废。而经术之精微，必得宋儒参考而阐发之，然后圣人之微言大义，如揭日月而行也。惟是讲学之人，有诚有伪，诚者不可多得，而伪者托于道德性命之说，欺世盗名，渐启标榜门户之害。此朕所深知，亦朕所深恶。然不可以伪托者获罪于名教，遂置理学于不事，此何异于因噎而废食乎！……朕愿诸臣研精宋儒之书，以上溯六经之闳奥，涵泳从容，优游渐渍，知为灼知，得为实得，明体达用，以为启沃之资，治心修身，以端教化之本。①

"夫尧、舜之学，与尧、舜之治，同条而共贯者也。"② 对治道正统的追求，便与经学的兴起大有关系，清帝对儒家经典都确定了正统注解，从政治角度来看这一治道正统的塑造举措，也成为经学兴盛的意识形态基础。于此，我们便可理解乾嘉士大夫在阐述经学隆盛于清朝时，何以必从君王组织与认定的编纂工作说起，且以程朱为矩："我朝圣圣相承，稽古阐道，钦定诸经义疏集条理之大成，实前古所未有，士生其间，研精正业，勿敢蹈于歧趋，是以今日儒林之目，必以笃守程朱为定矩也。"③ 或如四库馆评陈澔《云庄礼记集说》所言：

国朝定制，亦姑仍旧贯，以便童蒙。然复钦定《礼记义疏》，博采汉、唐遗文，以考证先王制作之旨，并退澔说于诸家之中，与《易》《诗》《书》三经异例。是则圣人御宇，经籍道昌，视明代《大全》抱残守匮，执一乡塾课册以锢天下之耳目者，盛衰之相去，盖不可以道里计矣。④

---

① 《高宗纯皇帝实录》卷128，乾隆五年十月，《清实录》（第10册），第876页。
② 王夫之：《宋论》卷6，第115页。
③ 翁方纲：《与曹中堂论儒林传目书》，《复初斋文集》卷11，《清代诗文集汇编》（第382册），第106页。
④ 《四库全书总目》卷21，第170页。

"圣人御宇，经籍道昌"，这是身兼治统与道统的士大夫对于自己"国朝"的骄傲。

清人思想世界中的道与治是不可分的，这直接影响到清代的学术与政治。要学道也要行道，在"学"内部，学术与治术也是不分的一体之全。清代士大夫群体扮演了道与治，亦即学术与政治的纽带角色。钱穆认为："清儒学风，其内里精神，正在只诵先王遗言，不管时王制度。"① 实则"先王遗言"正是"时王制度"之本原指引。清代并未改变士大夫政治的基本形态，思想和学术势必与政治、制度相互影响。陆陇其、张伯行等理学名臣"代不乏人"，"或登台辅，或居卿贰，以大儒为名臣，其政术之施于朝廷，达于伦物者，具载史戒"。② 纪昀、翁方纲、阮元等高居庙堂的学术领袖，钱大昕等学术名家，戴震、焦循、章学诚等名臣与士林之间的幕府学人，也都是学术与政治之间的桥梁。

经典成为治、道合一的思想指引，尤其富有规训"治事"的意涵。熊赐履从治事论"经术"：

> 问圣王为治，必本经术以立教。夫经而曰术，定非无用之物可知矣。盖经犹义也，义著于篇，道之可见者也。道不虚悬，故经非空设，意必明体达用，切实躬行，乃得与于斯文之列与。③

门人高菖生认为乃师《经义斋集》"不越论治、论学两端而已"，"论学则有醇无疵，辟邪卫正，足以守先待后无疑。论治则先本后末，黜霸崇王"。重要的是，他认为这种佐治施政之道就是来自经典："不独为一时兴礼乐，直欲为万世开太平，非得力于六经而实见诸行事者，其能勉措一词乎？"他进而由宋儒胡安定始创"经义斋"之名而兼包治与道即事与理、德与功论乃师之风："安定之'经义'原包括学治，初未尝岐事理、分德功而二之也。"而面对宋主"胡瑗文章与王安石何如"的问题，胡氏弟子刘彝高标的："圣人之道有体有用

---

① 钱穆：《前期清儒思想之新天地》，《中国学术思想史论丛》（第 8 册），第 9 页。
② 江藩：《国朝宋学渊源记》卷上，中华书局 1983 年，第 154 页。
③ 熊赐履：《庚辰科会试策问五道》，《澡修堂集》卷 4，《清代诗文集汇编》（第 139 册），第 324 页。

有文,臣师明体用之学以授诸生,不专词赋,故今时学者皆能知政教之本。"高菖生认为:"斯言也,惟安定先生昔以之造士,遂开洛学;惟我孝感夫子今以之致君,用赞皇极。然则'经义斋集'之取名岂泛然也!"① 胡瑗以"经义"合治道,开启程朱理学,熊赐履延续此传统,"以之致君,用赞皇极",正是在治理上见道、践道,是治道在清初的规复与再现。所以,熊氏的学生也认为他是逢世运而出的圣人:"或者谓孔子删诗无楚风,屈原《离骚》,风之余也;孟子后千百年而得周子,犹周公、孔子之似续也。今先生备周孔之道而兼有屈周二子之文,抑何楚材之盛也!虽然,孟子不云乎'地之相去千有余里,世之相后千有余岁,若合符节,其揆一也',又何疑于先生哉!"② 规复三代盛世,确是当时一种普遍的观感与认知,固非李光地之谀辞也。

诚如翁方纲所言:"熟乎六经,则于道无所疑,而于天下之事无难言者。""士君子读书致用,效一官、治一事,莫不原于所养。""要其根柢六经,以发于事业,非一日之积矣。"③ 士人所见相同,汉学士人虽与理学名臣的立身姿态不同,但同样究心"时王制度",只是要从古典考求圣人制作之原。惠栋高揭:"夫儒林不通达国体,经术不润饰吏事,匪特学不足以经世,而其治之及于民者,亦不能服教畏神而至于久远。"④ "汉儒以经术饰吏事,故仲舒以通《公羊》折狱,平当以明《禹贡》治河,皆可为后世法。"⑤ 在他们的思想世界中,这可为后世所取法者,就是治理之学。一定意义上说,能通达致用于"吏事"的"经术",才是他们心目中真正的"经术":有"经"有"术"、通经为术而致用。于此,惠栋非常赞同阎若璩之语:"潜邱语:以《禹贡》行河,以《洪范》察变,以《春秋》断狱或以之出使,以《甫刑》校律令条法,以《三百五篇》当谏书,以《周官》致太平,以《礼》为服制以兴太平。斯真可谓之经术矣。"⑥ 经典中不仅有治法,还有人心与治乱之原。阮元由此论《诗》《书》之重要:

---

① 高菖生:《跋》,熊赐履《经义斋集》卷首,《清代诗文集汇编》(第139册),第8页。
② 洪嘉植:《跋》,熊赐履《经义斋集》卷首,《清代诗文集汇编》(第139册),第11页。
③ 翁方纲:《书方正学先生溪喻后》,《复初斋文集》卷17,第175页。
④ 惠栋:《三贤祠记(代)》,《松崖文钞》卷2,《清代诗文集汇编》(第284册),第65页。
⑤ 惠栋:《九曜斋笔记》卷1《经术饰吏事》,光绪间刘世珩辑聚学轩丛书刻本,第12页。
⑥ 惠栋:《九曜斋笔记》卷2《经术》,第5页。

极至暴秦，杂烧《诗》《书》，偶语《诗》《书》者弃市，动辄族诛杀降，以杀戮为功德。《诗》《书》所系，岂不大哉？汉兴，祀孔子，《诗》《书》复出，朝野诵习，人心反正矣。……盖因汉、晋以前，尚未以二氏为训。所说皆在政治言行，不尚空言也。①

治乱系于经典，正因为经典乃治道载体。从经典到金石，求见三代治道之载体的强烈愿望，还推动着汉学的资料扩充，如阮元论商周二代之铜器乃有德有位者推行王道之凝结与凭借，道与器相辅而成商周之治，于今人而言，以器藏礼、载道与九经同：

形上谓道，形下谓器，商、周二代之道存于今者，有九经焉，若器则罕有存者，所存者，铜器钟鼎之属耳。古铜器有铭，铭之文为古人篆迹，非经文隶楷缣楮传写之比，且其词为古王侯大夫贤者所为，其重与九经同之。……今之所传者，使古圣贤见之，安知不载入经传也？器者所以藏礼。故孔子曰："唯器与名，不可以假人。"先王之制器也，齐其度量，同其文字，别其尊卑。用之于朝觐燕飨，则见天子之尊，锡命之宠，虽有强国，不敢问鼎之轻重焉。用之于祭祀饮射，则见德功之美，勋赏之名，孝子孝孙，永享其祖考而宝用之焉。且天子诸侯卿大夫非有德位，保其富贵，则不能制其器；非有问学，通其文词，则不能铭其器。然则器者，先王所以驯天下尊王敬祖之心，教天下习礼博文之学。商祚六百，周祚八百，道与器皆不坠也。且世禄之家，其富贵精力必有所用，用之于奢僭奇邪者，家国之患也；先王使用其才与力与礼与文于器之中，礼明而文达，位定而王尊，愚慢狂暴，好作乱者，鲜矣。故穷而在下，则颜子箪瓢不为俭，贵而在上，则晋绛钟镈不为奢。此古圣王之大道，亦古圣王之精意也。自井田封建废，而梓人凫氏亦失传矣。故吾谓欲观三代以上之道与器，九经之外，舍钟鼎之属，曷由观之？②

---

① 阮元：《序》，《诗书古训》，赵阳点校，广陵书社2021年，第12页。
② 阮元：《商周铜器说上》，《揅经室集》（下），第632页。

段玉裁亦极论圣人制作之完:

> 自古圣人制作之大,皆精审乎天地民物之理,得其情实,综其始终,举其纲以俟其目,举其利以防其弊,故能奠安万世,虽有奸暴,不敢自外。

戴震的经学研究就是要明此全体完用之治道:

> 先生之治经,凡故训、音声、算数、天文、地理、制度、名物、人事之善恶是非,以及阴阳气化、道德性命,莫不究乎其实。盖由考核以通乎性与天道,既通乎性与天道矣,而考核益精,文章益盛,用则施政利民,舍则垂世立教而无弊。浅者乃求先生于一名、一物、一字、一句之间,惑矣。①

清人不认同士人特别是无政教事功的读书人以"空言"承道统,表示惋惜甚至批评。王鸣盛论王通不能担道统:"腐头巾村学究,牛宫傍教三五儿童,日长渴睡,无以自遣,援笔辄效圣经,开口自任道统,非王通、阮逸辈为之作俑哉?"② 这实是清人重行道而道统在上的观念下的嘲讽,对"圣经"和"道统"皆持整全的神圣感,影响到他们对学而明道、由道而治的认识。钱大昕追求有义理的经学:"夫训诂、名理,二者不可得兼,然能为于举世不为之日者,其人必豪杰之士也。"而此追求,则以先圣本意为目的,超迈宋人,直造三代义理,复二帝三王之治:"重为注解,俾六经廓然莹然如揭日月,以复虞、夏、商、周之治,其意气可谓壮哉!"③ 王鸣盛也总结道:"义理其根也,考据其干也,经济则其枝条,而词章乃其花叶也。""四者皆天下之所不可少。"④ 段玉

---

① 段玉裁:《戴东原集序》,《经韵楼文集补编》卷上,赵航等整理,凤凰出版社2010年,第10页。
② 王鸣盛:《十七史商榷》卷84《王通隋唐二书皆无传》,黄曙辉点校,上海书店出版社2005年,第743页。
③ 钱大昕:《重刻孙明复小集序》,《潜研堂文集》卷26,《嘉定钱大昕全集(增订本)》(第9册),凤凰出版社2016年,第397页。
④ 王鸣盛:《崇雅堂稿序》,王植《崇雅堂稿》卷首,乾隆二十四年刻本。

裁祭戴震，由"圣人之道，下学乃精。诂训制度，物有其情"说必一事一物考据研究方可达于圣人之道，而落笔处则惋惜"先生之才，而不公卿，礼乐黼黻，以光太平"。足可见即便是以智识主义著称的汉学家，也以担治道、致太平为心中的追求，"不公卿"而仅"光太平"，实是憾事。① 段玉裁自标其训诂研究的旨趣："不知虞、夏、商、周之古音，何以得其假借、训诂？不知古贤圣之用心，又何以得其文义而定所从，整百家之不齐与？"②

对从圣王道统中导出现世治道的追求，贯穿于清人的学术中。戴震强调孔子无位而述王道法度，发明王道之所以然，以此定义"明道"及"性与天道"：

> 周道衰，尧、舜、禹、汤、文、武、周公致治之法，焕乎有文章者，弃为陈迹。孔子既不得位，不能垂诸制度礼乐，是以为之正本溯源，使人于千百世治乱之故，制度礼乐因革之宜，如持权衡以御轻重，如规矩准绳之于方圆平直，言似高远而不得不言。自孔子言之，实言前圣所未言，微孔子，孰从而闻之！故曰"不可得而闻"。

这就将"性与天道"拉到了治道的本原位置上。而孟子与人辩"大本"，以卫王道："盖言之谬，非终于言也，将转移人心，心受其蔽，必害于事，害于政。"③ 将"孔孟"一致归于王道礼义上来，所述作发明者亦在于此。孟子从宋明理学中心性之学的宗师被改造为继孔子之王制述道者，明道乃重在明圣王所行之王道而为其承传载体的传道意义得到强调。戴震"隐然以道自任，上接孟子"④，乃斯道之谓。洪榜也认为戴震将孔孟之道从"性命之旨"拉回王道制度："夫戴氏论性道莫备于其论孟子之书，而所以名其书者曰《孟子字义疏证》焉耳。然则非言性命之旨也，训故而已矣，度数而已矣。要之，戴氏之学，其有功于六经、孔、孟之言甚大，使后之学者无驰心于高妙，而明察于人

---

① 段玉裁：《祭戴东原先生文》，《经韵楼集》卷7，赵航等整理，凤凰出版社2010年，第174页。
② 段玉裁：《经义杂记序》，臧琳撰、梅军校补《经义杂记校补》（下），中华书局2020年，第762页。
③ 戴震：《序》，《孟子字义疏证》，何文光整理，中华书局1982年第2版，第1页。
④ 段玉裁：《答程易田丈书》，《经韵楼集》卷7，第177页。

伦庶物之间，必自戴氏始也。"① 以至姚鼐定其为："跨越宋君子"②，"欲言义理以夺洛、闽之席"③。

焦循在《孟子正义》中沿着戴震对孟子学说的阐释方向展开，以王道之制度与六艺为孔孟之学，以行道为明道之内容，而以"心悟"释孟子所距之"杨墨"。孟子既传孔子述圣之学，便与"心悟为宗"划清了界限：

> 圣人治天下，教学为先，师氏以三德、三行教国子，保氏养国子以道，教之六艺、六仪，大司徒以六德、六行、六艺教万民而宾兴之，《王制》言"乐正崇四术，立四教，顺先王诗、书、礼、乐以造士，春秋教以礼、乐，冬夏教以诗、书"。习于诗、书、礼、乐，则不致以邪说害政。孔子好古敏求，下学上达，"古"即先王之道也，"学"即诗、书、六艺之文也。……舍六德、六行、六艺、诗、书、礼、乐而以心悟为宗者，皆乱天下之杨墨也。④

由此便以王道界定"心"的规矩依凭，而非先立本体之泛滥无归，以王道六艺与伦常框架内的行道之学拆解心学之立足点：

> 不以先王之道，则心无所凭。明人讲学，至徒以心觉为宗，尽屏闻见，以四教六艺为桎梏，是不以规矩，便可用其明；不以六律，便可用其聪。于是强者持其理以与世竞，不复顾尊卑上下之分，以全至诚恻怛之情；弱者恃其心以为道存，不复求诗、书、礼、乐之术，以为修齐治平之本；以不屈于君父为能，以屏弃文艺为学，真邪说诬民，孟子所距者也。⑤

---

① 洪榜：《上笥河朱先生书》，《初堂遗稿》卷2，《清代诗文集汇编》（410册），第101页。
② 姚鼐：《复蒋松如书》，《惜抱轩诗文集》，刘季高标校，上海古籍出版社1992年，第96页。
③ 姚鼐：《与陈硕士》，《姚鼐信札辑存编年校释》，卢坡编年校释，安徽大学出版社2020年，第275页。
④ 焦循：《孟子正义》卷13《滕文公章句下》，沈文倬点校，中华书局2017年，第380页。
⑤ 焦循：《孟子正义》卷14《离娄章句上》，第392页。

由治道反思而引出训诂等汉学方法重光，势必重行定义治道之哲学基础。戴震以经为先王治国六艺之载体，由训诂求义理，由字义、制度、名物而通语言文字，"六艺之赖是以明""以求适于至道"①，"为之卅余年，灼然知古今治乱之源在是"②。这不仅表现在名物制度层面的考证上，还延伸进入了对治道之义理概念的追本溯源式的再造。

他们心中的"道"是精粗一体、全体大用的"中道"。戴震补注《中庸》有言："人所行即道，威仪言动皆道也。""道不出人伦日用之常。"又说"人伦日用之常，由之而协于中，是谓中庸"，更赋予其现实秩序的具体遵循之色彩，乃至"制度"之意。③ 他在注"君子之道，费而隐"一句中有针对性地申明了对"道"的具体化理解："君子之道，虽若深隐难窥，实不过事物之咸得其宜，则不可徒谓其隐，乃费而隐也。后儒以隐为道之体，是别有所指以为道，非圣贤之所谓道也。道即人伦日用，以及飞潜动植，盈天地之间无或违其性，皆是也。"④ "人之为道若远人，不可谓之道。素隐行怪之非道，明矣。"⑤ "道"的重点是对人间秩序的实践："天下之事，尽于以生以养。而随其所居之位，为君为臣，为父为子，为昆弟、夫妇、朋友，概举其事，皆行之不可废者，故谓之达道。指其事而言则曰事，以自身行之则曰道。"⑥

阮元以"行事"训孔子之"一贯"，与戴震之意实同：

> 《论语》"贯"字凡三见……元按：贯，行也，事也。三者皆当训为行事也。孔子呼曾子告之曰："吾道一以贯之。"此言孔子之道皆于行事见之，非徒以文学为教也。"一"与"壹"同，壹以贯之，犹言壹是皆以行事为教也。……曾子若因一贯而得道统之传，子贡之一贯又何说乎？不知子贡之一贯亦当训为行事。……夫子恐子贡但以多学而识学圣人，而不于行事学圣人也。……亦谓壹是皆以行事为教也……故以"行事"训"贯"，

---

① 戴震：《尔雅文字考序》，《戴震集》，上海古籍出版社2009年，第51页。
② 戴震：《与段若膺论理书》，《孟子字义疏证》，第184页。
③ 戴震：《中庸补注》，《孟子字义疏证》附录，第188、191、192页。
④ 戴震：《中庸补注》，《孟子字义疏证》附录，第194页。
⑤ 戴震：《中庸补注》，《孟子字义疏证》附录，第196页。
⑥ 戴震：《中庸补注》，《孟子字义疏证》附录，第205页。

则圣贤之道归于儒。以"痛彻"训"贯",则圣贤之道近于禅矣。①

"因一贯而得道统之传",便是"因行事而得道统之传"之谓,虽然曾子不得位而不传严格的完整的道统,但亦以保存完整的道统之义而传道统,相对于宋明儒重视心性的发动,此"完"便重在强调"行事"一面。以行事为道统之要义,阮元强调"学必兼诵之行之,其义乃全":

> "学而时习之"者,学兼诵之、行之。凡礼乐文艺之繁,伦常之纪,道德之要,载在先王之书者,皆当讲习之,贯习之。《尔雅》曰:"贯,习也。"转注之习,亦贯也。时习之习,即一贯之贯。贯主行事,习亦行事。故时习者,时诵之,时行之也。《尔雅》又曰:"贯,事也。"圣人之道,未有不于行事见而但于言语见者也。故孔子告曾子曰:"吾道一以贯之。"一贯者,壹是皆行之也。又告子贡曰:"汝以予为多学而识之者与?予一以贯之。"此义与告曾子同,言圣道壹是贯行,非徒学而识之。两章对校,其义益显。此章乃孔子教人之语,实即孔子生平学行之始末也。②

心法(道法)与治法本末精粗一体,治道本末该贯,由博返约,成为清代政治与制度论说的出发点和常用语。到乾隆时,《四库全书总目》评陆陇其之文便有语曰:

> 圣贤之道,本末同原,心法治法,理归一贯。《周礼》惟述职官,《尚书》皆陈政事,周公、孔子,初不以是为粗迹。③

这种治道的正统学说,也体现在清儒对经典的研究中。

翁方纲批评阎若璩、毛西河《古文尚书》疑伪的工作,就以"心法"为依据:

---

① 阮元:《论语一贯说》,《揅经室集》(上),第53页。
② 阮元:《论语解》,《揅经室集》(上),第49页。
③ 《四库全书总目》,《陆陇其集》,第3页。

> 愚窃尝深思复思，古文诸篇皆圣贤之言，有裨于人国家，有资于学者，且如大戴记之有汉昭冠辞、小戴记之言鲁未尝弑君，不闻有人焉私撰一书驳戴记之非经者，况如六府三事九功九叙之政要、危微精一之心传，此而敢妄议之，即其人自外于生成也必矣，自列于小人之尤也审矣。①

当经典文字成为政治哲学的本原，圣人所言、经典所载之政教制度就与现实社会政治秩序紧密相系，研经而以朱子为宗的朝廷重臣翁方纲，不希望经由对经典所载文字、事实之真伪的考辨，动摇"心法"的基础。

惠栋从"尧舜性之也，汤武身之也"总结得出"此先自治而后治人者也"，也是对"心法"达致"治法"的阐说。他以挖掘《易》中之"本"论的微言大义为原初哲学依据，以《大学》的指引为实践路线，可见程朱理学的影响："以《大学》言之，诚意、正心、修身，规矩准绳也，所谓先自治也；齐家、治国、平天下，所谓治人也。先诚意、正心、修身，而后齐家、治国、平天下，所谓先自治而后治人也。由本达末，原始反终，一以贯之之道也。"②

戴震则论由训诂而通圣人之"心"："由文字以通乎语言，由语言以通乎古圣贤之心志。"③亦如凌廷堪称道戴震由故训之学而求古经中之义理：

> 先生则谓理义不可舍经而空凭胸臆，必求之于古经。求之古经而遗文垂绝，今古悬隔，然后求之故训。故训明则古经明，古经明则贤人圣人之理义明，而我心之所同然者乃因之而明。理义非他，存乎典章制度者也。彼岐故训、理义而二之，是故训非以明理义，而故训何为？理义不存乎典章制度，势必流入于异学曲说而不自知。故其为学，先求之于古六书九数，继乃求之于典章制度。以古人之义释古人之书，不以己见参之，不以后世之意度之。既通其辞，始求其心，然后古圣贤之心不为异学曲说所汩乱，盖孟、荀以还所未有也。④

---

① 翁方纲：《古文尚书条辨序》，《复初斋文集》卷1，第19页。
② 惠栋：《周易述》卷22《易微言上》，郑万耕点校，中华书局2007年，第433页。
③ 戴震：《古经解钩沉序》，《戴震集》，第192页。
④ 凌廷堪：《戴东原先生事略状》，《校礼堂文集》，王文锦点校，中华书局1998年，第312页。

与宋明儒之学相比，这是求"心"的路径的变化，是对"心"的认识的变化，和前述清代理学针对心学狂禅而强调"心"有"法"的变化逻辑是相似的，都是要在一个更为切实的路径中把握"心"，然已有对作为"迹"的"语言文字"是否确为义理之路径的不同看法。

阮元从孔子述古圣王之政典而成学说起，推阐《孝经》《论语》皆实学实行，"用乎中"之"心法"，为万世"治法"立"极则"：

> 六经皆周、鲁所遗古典，而孔子述之，传于后世。孔子集古帝王圣贤之学之大成，而为孔子之学。孔子之学于何书见之最为醇备欤？则《孝经》《论语》是也。《孝经》《论语》之学，穷极性与天道而不涉于虚，推极帝王治法而皆用乎中，详论子臣弟友之庸行而皆归于实，所以周秦以来子家各流皆不能及，而为万世之极则也。①

具体言之，这种治、道一体的观念，在汉学兴起后具体化为考据方法的学—治/政方法论，可以通经致用称之。在义理与典章制度之形迹相互依托基础上，戴震求彰明真义理之所是：

> 病夫六经微言，后人以歧趋而失之也。言者辄曰：有汉儒经学，有宋儒经学，一主于故训，一主于理义。此诚震之大不解也者。夫所谓理义，苟可以舍经而空凭胸臆，将人人凿空得之，奚有于经学之云乎哉！惟空凭胸臆之卒无当于贤人圣人之理义，然后求之古经。求之古经而遗文垂绝，今古悬隔也，然后求之故训。故训明则古经明，古经明则贤人圣人之理义明，而我心之所同然者，乃因之而明。贤人圣人之理义非它，存乎典章制度者是也。松崖先生之为经也，欲学者事于汉经师之故训，以博稽三古典章制度，由是推求理义，确有据依。

他批评："彼歧故训、理义二之，是故训非以明理义，而故训胡为；理义不存

---

① 阮元：《石刻孝经论语记》，《揅经室集》（上），第237页。

乎典章制度，势必流入异学曲说而不自知。"① 戴震所指出的"圣人之道，在六经。汉儒得其制数，失其义理；宋儒得其义理，失其制数"② 是在指引"古今学问之途"，也从对"学问"的理解中反映义理与制度合为圣人之道的观念，这正是治道内涵的基本结构。朱筠以学政身份"劝学"，高标"必不能外乎识字以通经"，"通经"即是能说"经义"："所以说五经及四子书之义也。"③ 而在追求经典本意的思想背景下，他心中的经义就是："发挥六书之指，使百世之下犹可以窥见三古制作之意。"④ 江藩将治道话语与汉学方法的话语结合，阐述清代经学与治法的关联，高度评价政府的一系列编纂经典研究定本的举措：

>于《礼》则以康成为宗，探孔、贾之精微，综群儒之同异，本天毂地，经国坊民，治法备矣。于《春秋》则采三家之精华，斥安国之迂谬，阐尼山之本意，洵为百王之大法也。⑤

汪中自道："尝有志于用世，而耻为无用之学，故于古今制度沿革、民生利病之事，皆博问而切究之，以待一日之遇。"⑥ "中少日问学，实私淑诸顾宁人处士，故尝推六经之旨，以合于世用。及为考古之学，惟实事求是，不尚墨守。"⑦ 孙星衍"及壮，稍通经术，又欲知圣人制作之意，以为儒者立身出政，皆则天法地，于是考周天日月之度，明堂井田之法，阴阳五行推十合一之数，而后知人之贵于万物，及儒者之学之所以贵于诸子百家。虽未遽能贯串，然心窃好之"。他追求的是"道"："此则恃因器以求道，由下而上达之学，阁下奈何分道与器为二也？"⑧ 这都是乾嘉考据学兴盛时的士人心曲。

总结经汉学的追求，明确标榜"道在求其通"的宗旨，要"证之以实，而

---

① 戴震：《题惠定宇先生授经图》，《戴震集》，第214页。
② 戴震：《与方希原书》，《戴震集》，第189页。
③ 朱筠：《劝学编序》，《笥河文集》卷5，《清代诗文集汇编》（第366册），第482页。
④ 朱筠：《说文解字叙》，《笥河文集》卷5，《清代诗文集汇编》（第366册），第476页。
⑤ 江藩：《国朝汉学师承记》卷1，第5页。
⑥ 汪中：《与朱武曹书》，《述学校笺》，李金松校笺，中华书局2014年，第761页。
⑦ 汪中：《与巡抚毕侍郎书》，《述学校笺》，第743页。
⑧ 孙星衍：《答袁简斋前辈书》，《问字堂集》卷4，骈宇骞点校，中华书局1996年，第91页。

运之于虚"① 的焦循，提出主"通"的经学定义，经学通"虚实"而归宿于"立身经世之法"，是完整的治道之载体：

> 经学者，以经文为主，以百家子史、天文术算、阴阳五行、六书七音等为之辅，汇而通之，析而辨之，求其训故，核其制度，明其道义，得圣贤立言之指，以正立身经世之法。以己之性灵，合诸古圣之性灵，并贯通于千百家。②

施诸治理，钱大昕称颂谢启昆"审音以知政"，构建了"训诂—经意—经义—制度与政治"的逻辑链条。首先是由音韵、训诂而得"古人之意"："古人之意不传，而文则古今不异，因文字而得古音，因古音而得古训，此一贯三之道，亦推一合十之道也。"然后，基于"夫书契之作，其用至于百官治、万民察"这一现实行政功用，经学与经世就打通了关节：

> 圣人论为政，必先正名，其效归于礼乐兴、刑罚中。张敞、杜林以识字而为汉名臣，贾文元、司马温公以辨音而为宋良相，然则公之于斯学，固有独见其大者。因文以载道，审音以知政，孰谓文学与经济为两事哉！

这就不仅是"非声音则经之文不正，非训诂则经之义不明"，而且要从正确的经意，达于经义的理解，通往经济政事。③ 他还称道秦蕙田"以通经砥行为东南多士倡；洎登巍科，陟上卿，以夙昔经术发为经济，移孝作忠，为当代名臣"。④

阮元认为，必"精于稽古"方可"精于政事"，寄望于段玉裁等同道，运

---

① 焦循：《与刘端临教谕书》，《雕菰集》卷13，《焦循诗文集》，刘建臻点校，广陵书社2009年，第247页。
② 焦循：《与孙渊如观察论考据著作书》，《雕菰集》卷13，第246页。
③ 钱大昕：《小学考序》，《潜研堂文集》卷24，《嘉定钱大昕全集（增订本）》（第9册），第367页。
④ 钱大昕：《味经窝类稿序》，《潜研堂文集》卷26，《嘉定钱大昕全集（增订本）》（第9册），第400页。

用稽古的义例之法，应对现实中的制度问题，"剖析利弊源流，善为之法"：

> 稽古之学，必确得古人之义例，执其正，穷其变，而后其说之也不诬。政事之学，必审知利弊之所从生，与后日所终极，而立之法，使其弊不胜利，可持久不变。盖未有不精于稽古而能精于政事者也。……盖先生于语言文字剖析如是，则于经传之大义，必能互勘而得其不易之理可知。其为政亦必能剖析利弊源流，善为之法又可知。①

阮元在《拟国史儒林传序》这篇兼有意识形态与儒林典型之构建意义的拟官方文字中，高倡以古之"师儒"完整地传承王道六艺，集中反映了时代思想和学术正统。阮元认为师儒之道，周合于上，鲁合于下，"王法"及圣王之道是其中同条共贯的，"述"与"作"一脉相承，维系道统之完：

> 昔周公制礼，太宰九两系邦国，三曰师，四曰儒，复于司徒本俗，联以师、儒，师以德行教民，儒以六艺教民，分合同异，周初已然矣。数百年后，周礼在鲁，儒术为盛。孔子以王法作述，道与艺合，兼备师、儒，颜、曾所传，以道兼艺，游、夏之徒，以艺兼道，定、哀之间，儒术极醇，无少差缪者，此也。

"六艺"即治国之技能，虽王官废、道不行，但孔子通过"王法作述"的方式载之于经典，传之于学说，在"明道"意义上，道与艺、师与儒仍皆是合并完整的。然而后代师、儒两分，本文不复述阮氏之梳理，总之："两汉名教得儒经之功，宋、明讲学得师道之益，皆于周、孔之道得其分合，未可偏讥而互消也。"宋学实为丧失了"儒"的"王法"传统，而偏于"心性"：

> 宋初名臣，皆敦道谊，濂、洛以后，遂启紫阳，阐发心性，分析道理，孔孟学行，不明著于天下哉。《宋史》以道学、儒林分为二传，不知此即周礼师儒之异，后人创分而暗合周道也。

---

① 阮元：《汉读考周礼六卷序》，《揅经室集》（上），第241页。

由宋至明,"有师无儒",遂至士人之学中王道治法的缺失,不仅行道与明道分,而且明道内部也只有"师"之"德行"而无"儒"之"六艺","空疏甚矣"。直到清朝,方再恢复儒术:"我朝列圣,道德纯备,包涵前古,崇宋学之性道,而以汉儒经义实之,圣学所指,海内向风。御纂诸经,兼收历代之说,四库馆开,风气益精博矣。"在"圣学"与"我朝诸儒"之学的交汇处,乾隆帝集师儒之大成,不仅君师道合,而且师儒之道艺合,达到历史的巅峰:"周、鲁师儒之道,我皇上继列圣而昌明之,可谓兼古昔所不能兼者矣。"① 这就是在"学"的层面合行道与明道、治与道,以"述"的方式传承统合的治道,六艺从治理知识和技能实践到成为六经载籍,研习之以明整全之治道、以备行道之用,即经汉学的旨趣所在。这是由汉学而通治道的理论表达,是道统论的汉学式转述。前述阮元驳朱熹"论语一贯"的解说,也由此着眼:"'吾道一以贯之。'此言孔子之道皆于行事见之,非徒以文学为教也。……以'行事'训'贯',则圣贤之道归于儒。以'通彻'训'贯',则圣贤之道近于禅矣。"② 由此再观阮元为江藩《国朝汉学师承记》所作序中言"两汉经学所以当尊行者,为其去圣贤最近,而二氏之说尚未起也""两汉之学纯粹以精者,在二氏未起之前也"③,可知二氏东来之前的"纯粹以精"之汉学,正是述完整的王道之学。汉学与追慕三代之道,本是一事。由"反经而合于道"的汉学追求,为"儒"、为"学"定义,可见身兼国之大臣、学林领袖,阮元对在学术中保存整全的道统、预备行道施治的重视。

江藩《国朝汉学师承记》的汉学治道逻辑与阮元高度一致。以汉学系道统之本,汉学研究的是"先王经国之制",是三代"圣人之道":

> 先王经国之制,井田与学校相维,里有序,乡有庠。八岁入小学,学六甲、五方、书计之事,始知室家长幼之节。十五入大学,学先圣礼乐,而知朝廷君臣之礼。所以耕夫余子亦得秉耒横经,渐《诗》《书》之化,被教养之泽。济济乎,洋洋乎,三代之隆轨也!秦并天下,燔诗书,杀术

---

① 阮元:《拟国史儒林传序》,《揅经室集》(上),第36页。
② 阮元:《论语一贯说》,《揅经室集》(上),第53、54页。
③ 阮元:《国朝汉学师承记序》,《揅经室集》(上),第248页。

士,圣人之道坠矣。

和阮元一样认为至宋人而独重明道,行道之治法不见于学术:"至于濂、洛、关、闽之学,不究礼乐之源,独标性命之旨。"直到清朝方"汉学昌明,千载沉霾一朝复旦",缕述清世祖、圣祖、世宗、高宗以迄嘉庆帝尚经术、纂群经、备治法的作为与功德:

> 盖惟列圣相承,文明于变,尊崇汉儒,不废古训,所以四海九州强学待问者咸沐《菁莪》之雅化,汲古义之精微。缙绅硕彦,青紫盈朝,缝掖巨儒,弦歌在野,担簦追师,不远千里,讲诵之声,道路不绝,可谓千载一时矣。

经汉学在"本朝"的世运,毋宁说也是由经术而知治法的世运。① 汪喜孙在《跋》中亦重申此意:

> 古者国家有巡守、封禅、朝聘、燕飨、明堂、宗庙、辟雍之仪,天子广集众儒,讲议典礼,损益古今之宜,推所学以合于世用,根底六经,宪章四代,先王制作之精义,可考而知焉。自后儒以读书为玩物丧志,义理、典章区而为二,度数文为,弃若弁髦,笺传注疏,束之高阁。

经学浸微七百年后,"国朝汉学昌明,超轶前古",便不仅是今天理解的学术意义上的,更是将"先王制作之精义"推于世用。②

达三在为《国朝宋学渊源记》所作的序中,亦直指心性与事功分、儒林与道学分、宋学与汉唐分、程朱与陆王分,不合于作君作师、修道之教:

> 盖道在修己,功在安民,王道、圣功,理无二致。故《大学》始言格致诚正以修身,终之以齐家治国平天下,节次不紊,事理相因,本心性以

---

① 江藩:《国朝汉学师承记》卷1,第3—5页。
② 汪喜孙:《汪跋》,《国朝汉学师承记》,第134页。

为事功,即所谓"一以贯之"者也。自宋儒道统之说起,谓二程心传直接邹鲁,从此心性、事功分为二道,儒林、道学判为两途,而汉儒之传经,唐儒之卫道,均不啻糟粕视之矣。殊不思洛闽心学源本六经,若非汉唐诸儒授受相传,宋儒亦何由而心悟!且详言诚正,略视治平,其何以诋排二氏之学乎!南渡后,江西陆氏、永嘉陈氏,或尊德性,或讲事功,议论与朱子不合,门下依草附木者互相攻讦。沿至有明,姚江王氏平良知以建功业,稍征实学,而推尊古本《大学》,不遵朱注,于是党同伐异者又群起而攻阳明矣。

总论本朝兼采汉宋、治出于道之统,回归二帝三王之治:

> 本朝列圣相承,本建中立极之学,为化民成物之政,《四子书》仍尊朱子,《十三经》特重汉儒。名贤辈出,或登廊庙,黼黻皇猷;或守蓬茅,躬行实践。府县置学官,无聚徒私议之士;文武归科第,无怀才不售之人。重熙累洽,一道同风,直迈三代而媲美唐虞矣。

这是一个士大夫对王朝正统的理解和表达。在此治道正统之下,"下学上达,服古入官",不必再"分唐分汉、辟陆辟王"。①

在治与道合的驱动下,明道与行道一统是普遍的认识。学虽因方法崇尚而不免于派分,治道的追求又始终是其得兼的动力。汪喜孙有与达三相似的认识:"汉、宋之学,可不必分;通经与力行,更不必别。安有学周公、孔子之道,而行与言违?又安有读程子、朱子之书,可束书不观者?""周公之艺"载于"孔氏之文","孔氏多识之传"延续"周公《尔雅》之学",应"破当世门户之见",以三代治道为宗,"读周、孔之书,为周、孔之学,安有所谓汉学哉"?而以"经明行修,经通致用"为归,做到"道与艺合,道与器俱"。②

"文与道无二也。孔子畏于匡,以斯文自任。斯文也即斯道也。"③ 文章、

---

① 达三:《达序》,《国朝宋学渊源记》,第151页。
② 汪喜孙:《与任阶平先生书》,《从政录》卷1,《汪喜孙著作集》(中册),"中研院"文哲所2003年,第413页。
③ 李绂:《榕村文集序》,《榕村全书》(第8册),第15页。

学术，皆是治道之载体。在士大夫整全一体的政治与学术世界中，治道除了体现在"治"与"学"上，也必然体现在"文"上。李绂曾言："立言以明道也，道行于天下则为治，立言又将以论治也。"① 这就是以文章来"明"、来"论"治道。在经汉学家之外，作为理学与文章结合之代表的桐城派、经学与文章结合之代表的阳湖古文派也呈现出了自成一派的统合的治道表达体系。"夫古人之文，岂第文焉而已，明道义、维风俗以诏世者，君子之志；而辞足以尽其志者，君子之文也。达其辞则道以明，昧于文则志以晦。"② 士大之学都是要担当治道的，于桐城派而言，文章是其担当与表现治道的载体，彰明义理、言之有物、雅洁有序是治道化于风俗之中的文章体现，文章之"义法"与政事之"治道"合域贯通，对秩序的追求是一致的。义法就是治道，治道亦是义法。正是在这个意义上，晚清的薛福成还坚持："桐城诸老所讲之义法虽百世不能易也。"③ 因为治道整全，所以文章的"本志"在于"政教"，在于因文见道、"立德立功"。④ "作文本以明义理，适世用。"⑤ 义理、经济也必然归于一体。除了宏观、教化层面的治道关切，桐城派还直接将"经济"写入纲要。刘大櫆将"经济"作为文章义法之一项，"人不穷理读书，则出词鄙倍空疏。人无经济，则言虽累牍，不适于用。故义理、书卷、经济者，行文之实"⑥，并得到姚莹、方宗诚、曾国藩等后学的继承。这正是治、道不可二分的治道观念的直接、具体的表达。这固有时势的助力，但刘大櫆时享太平，说明将"经济"纳入义法，首先是一个认知结构。只有在达成共识的"道与治之统复合"的治道理想中，才能使自"德行、政事、言语、文学"之孔门四科即已现雏形的道、治、文一体的追求定型为"虽百世不能易"的范式。⑦ 阳湖古文之张琦认为文

---

① 李绂：《说嵩序》，《穆堂初稿》卷31，第386页。
② 姚鼐：《复汪进士辉祖书》，《惜抱轩诗文集》，第89页。
③ 薛福成：《寄龛文存序》，《薛福成集》，周中明点校，安徽教育出版社2014年，第330页。
④ 方苞：《古文约选序例（代）》，《方苞集》集外文卷4，第613页。
⑤ 刘大櫆：《论文偶记》，人民文学出版社1998年，第4页。
⑥ 刘大櫆：《论文偶记》，第3页。
⑦ 近年的清代文论研究受前述"帝王心术"历史叙事模式的影响，视清代文论中的治道规范与桐城派兴起为统治者控制道统的结果。如诸雨辰以"治统对文学的收编"为题展开论述。（《弘道以文：文评专书与清代散文批评研究》，北京师范大学出版社2020年，第95页。）窃以为，帝王引导固不可小觑，但亦不可视之为唯一的或最为重要的决定性的成因。

法尚是"粗迹",政教风俗方是其中的"精者":

> 夫百工技艺必以规矩,况诗文乎!曰体格、曰章、曰句、曰字,所谓法也。虽然,此文之粗迹也,有其精者焉。古昔帝王体国经野之大,圣贤持身涉世之故,古今治乱兴废,天下民俗利病,博稽而切究之,蓄之于心者既深以博,由是而识日以精、气日以充。发而为文,抒其素所蓄积而已,不必规规然体格章句之为务。然舍其粗迹,则精者亦胡以寓焉,故体格章句不容苟也。夫诗文之道征于性情心术之微,而关乎人心风俗之大,诗文靡薄日甚,则下之学术可知,上之政教亦可知。①

举凡经汉学、程朱宋学这两大以学问路数侧重而划分的士大夫群体(程朱理学是清代士林共享的思想资源,但以治学方法及侧重看,仍可大体分为此两大群体,即所谓"汉、宋"之分),都在治统与道统复合的动力和规范下,努力研求、体会经典与圣人思想世界中本来的天下秩序,并以之规训治理与文章。治道一以贯之,制度"法意"与文章"义法"都是具体体现,指向整全的天下太平之治。

士大夫将经学研究与行政实践相结合,二者往复互勘,有助于把握来自圣王的、抽象的"经意",也提高治理的水平。这里我们可以举一个理学的例证,如方苞对经宋学士大夫李光地、朱轼的评价:

> 盖二公于诸经,皆沉潜反复,务究其所以云之意,而二书(《礼记纂言》《仪礼节略》)尤平生精力所专注,宜其可以逾远而存也。李公早岁登甲科,五十以后,始开府于畿南,其在中朝,皆文学侍从之官,其于讲学治经,固宜宽然有余;而公自翰林出为县令,遍历烦剧,以晋大府,使众人当之,宜无晷刻之暇,而能深探乎礼意若此。盖公自承亲事君以及治家交友,皆应乎礼经,"惟其有之,是以似之",故所得不可以恒情测也。②

---

① 张琦:《答赵乾甫书》,《宛邻集》卷4,《续修四库全书》(第1486册),第185页。
② 方苞:《重订礼记纂言序》,《方苞集》卷4,第87页。

在行道而兼明道的潮流中,理学侧重讲求义理对行政的统摄。陆世仪指出:"理学须一贯,经济亦须一贯。""经济一贯,必从理学一贯中出。"① 汪绂认为"生民之道,以教为本","三代盛治由教而致"。但"后世不知为治之本,不善其心,而驱之以力,法令严于上,而教不明于下,民放僻而入于罪,然后从而刑之",这是放弃王道以致风俗败坏,复以严刑维持秩序的霸力恶政:"噫!是可以美风俗而成善治乎?"② 道是决定治乱的力量,而人可以明道以行,治乱归于道统。汪绂论孟子"天下之生久矣,一治一乱"认为,原于天的"道"是永恒无弊的,其气化则系于人事,人行道,则天下大治:

> 道,万世无弊,而气化则有盛衰。然气化之衰,人事之失也;气化之盛,人事之得也。所以挽气化之衰,而复于盛者,人也。人之所以挽回者,道也。然则要归于道统而已。③

力行此"道",施而为治,治、道合一,则三代可复:"后世非无贤君而治不若三代,以无政故也。古今无二道,则无二政,而必谓三代之治不可以后施于今,则亦惑矣。"他著述目的就是:"本天道、施王政,辑此篇以定天下之大经,明百王之大法。"④

君主亦以治、道合一责之于士大夫。乾隆元年太和殿策试之问可见其所禀受之教育:"朕惟治法莫尚于唐虞尧舜相传之心法,惟在允执厥中。""臻于唐虞之盛治。务使执中之传不为空言,用中之道见于实事。"⑤ 士大夫群体亦自相期许,认为君王合治道于上,自己便当力行于下,圣君贤臣上下一体,方能道统合于治统。如魏裔介认为:"天运郅隆,有圣君主持于上,则必有贤臣辅翼于下,而尤赖有正大真醇之儒,于古昔圣贤心学之传,讲明而阐绎之,然后道统与治统相维,而成久安长治之盛,此历代所以尊崇而矜式之。"此"大儒"

---

① 陆世仪:《思辨录辑要》卷12,第156页。
② 汪绂:《理学逢源》卷8,第529页。
③ 汪绂:《理学逢源》卷11,第613页。
④ 汪绂:《理学逢源》卷7,第452页。
⑤ 《高宗纯皇帝实录》卷16,乾隆元年四月,《清实录》(第9册),第427、428页。

并非治统之外的读书人,而正是重道兴学的士大夫。张玉甲在江南、山东、四川等地做地方官,振砺士风,整饬风俗,"其要在敦学校,重农桑,崇孝弟,兴教化,使人皆知继善成性之本指,以不至于放辟邪侈而已",魏裔介称赞:"此岂非明体达用、道统与治统相表里者乎!"道统与治统是体用的关系,在理学中,体用须是一体而不可两分的,道统与治统的合一也就合乎天理了。在天子圣明的政治前提下,张氏虽为政一方,但其贡献已经进入上下一体的治道格局:"治之兴也,自上达下;化之行也,由近及远,《传》所谓观于乡而知王道之易也。今日者,天子方放黜浮靡,敦崇实行,安见张君之学不且由一方而渐及于六合以内,渐及于四海以外,而因以导扬太平盛治于无穷也哉!"张氏由此被魏裔介认为是"辅翼世运之人",这"世运",当然就是三代复见于当代。①

士大夫以实际施政的视角来体道、行道,便不离开政治体制的框架和治理实践谈超越之心,而是立足实际恢复"礼乐政刑"的治理规模,君王之教化风俗便是"道",如此理解之"治道"、之"政教"必然是高度现实化、政治化的,大柄握于君王之手。朱轼认为"古者月吉始和,悬法象魏,布教于邦国都鄙,遒人以木铎徇于路,范民于五礼五常之内,陶民于六德六行之中,法至善也",但"后世政刑日繁,礼教渐弛,官吏虚文以相应,小民陷罪而不知"。康熙圣谕十六条"颁布中外,使大小臣工用以宣扬教化,言约而该,事切而实,真化民成俗之良规",寄望于"有司"以其"导之"民众、"遂初复性"。朱轼任湖北潜江知县、浙江巡抚时,都重视组织宣讲圣谕,"日积月累,自然沦肌浃髓,礼义廉耻之心油然自生。从此人心近古、风俗还淳、狱讼不兴、盗贼屏迹",这真是"化民成俗"的有道之治境了。"谁谓人心不古,上理之治不可复见于今也?"②

"道与治之统复合"的规模是全体大用的。治理可以相对区分为"治体"与"治法"两个层次有别的表述,这是治理体用的基本格局。"三代"仍是其主要的理论资源。曾静自述就说"读书只心服三代的治体、治法"。③ 此乃清代"经世"观念与经世之学的基本结构。张灏指出,在规复三代"原始典范"

---

① 魏裔介:《张玉甲文集序》,《兼济堂文集》,中华书局2007年,第99页。
② 朱轼:《上谕注解序》,《朱文端公文集》卷1,《清代诗文集汇编》(第214册),第458页。
③ 《大义觉迷录》,文海出版社1966年,第208页。

的圣王之治与政教合一的理想政治图景指引下，理学家以及中国政治思想的主流"认为经世治国，应分为两端：一端是'治道'或'治体'，说明经世治国的基本原则；另一端是'治法'，说明政府吏治的组织与运作。前者为主，后者为辅"。他指出：

> 晚清的《皇朝经世文编》与张之洞《劝学编》思考政治的基本模式，都可追溯到"治道"与"治法"这二元结构。①
>
> 经世文编所讨论的主要是宋明儒所谓的"治法"。但是它强调治法之重要性，并不意谓忽略"治体"。因为此书在讨论以六部为分类的治法之前，有两类文章讨论"学术"与"治体"，而细绎这两类所收集的文章，四书中修己治人的主旨，尤其《大学》所谓修齐治平的原则均蕴含其中。因此皇清经世文编不是忽略、更不是反对治道的重要性而谈治法，而是在假定治体的前提上谈治法。②

但回到当时的概念和观念体系中，我们又发现不能这样简单说，"治体"并不等同于作为原则的"治道"，而是"全体大用"之"体"。魏源编纂《皇朝经世文编》，在六部分工职能之具体治术前，设有"治体"，包括"原治、政本、治法、用人、臣职"，与后编形成体用的结构："时务莫切于当代，万事莫备于六官，而朝廷为出治之原，君相乃群职之总，先之'治体'一门，用以纲维庶政。"③"治道为主，治法为辅"的认知，可以更准确地概括为治与道一体、以道驭治、体用兼赅的"治道"体系。在这个全体浑圆的治道体系中，按今人的认知

---

① 张灏：《传统儒家思想中的政教关系》，《幽暗意识与时代探索》，第96页。
② 张灏：《宋明以来儒家经世思想试释》，"中研院"近代史研究所编《近世中国经世思想研讨会论文集》，"中研院"近代史研究所1984年，第16页。
③ 魏源：《皇朝经世文编五例》，《魏源集》，第157页。明清之际的胡承诺曾从须法天道兼有"刚柔张弛"而为治的"大体"来论治体："夫木之坚也，非雷不能震；草之柔也，非露不能润。治天下者，刚柔张弛，焉可不观天道哉？此不知治体者也。杜恕曰：'万物皆得其体，无有不善。'故其所著书名曰《体论》。盖愍人能鼓神奸而不知大体。知大体者惟方正君子耳。人主所与共治，舍此谁属哉！"（胡承诺：《绎志》卷5《至治篇第十一》，上海商务印书馆1936年，第70页）从"大体"理解的"治体"也是全体、格局之义，而非等同于原则。亦可参见任锋从"宪制视角"对治体论的研究。（《立国思想家与治体代兴》，中国社会科学出版社2019年。）

结构，狭义的"治道"是形而上的原则，治法、治术是其形而下的设施，但在当时的治道认知范式中，这是一个"全体大用"而不可两分的规模，他们追求的是有道的政治，又须政治载体方能实现。魏源就是要恢复整全一体的上古治道：

> 立德、立功、立言、立节，谓之四不朽。自夫杂霸为功，意气为节，文词为言，而三者始不皆出于道德，而崇道德者又或不尽兼功节言，大道遂为天下裂。君子之言，有德之言也；君子之功有体之用也；君子之节，仁者之勇也。故无功、节、言之德，于世为不曜之星；无德之功、节、言，于身心为无原之雨；君子皆弗取焉。①

"圣人治天下之道"兼有"道"与"法"："治身齐家以至平天下者，治之道也。建立治纲，分正百职，顺天时以制事，至于创制立度，尽天下之事者，治之法也。圣人治天下之道，唯此二端而已。"② "治法"在道中："古先圣王以道治天下，而法即在其中。盖圣人无一事不从道理中出，如礼乐刑政，虽曰圣人治天下之大法，然皆因天理、顺人情而为之防范禁制，即道也。"③ 这是清人一般流行的认识，而非特出之见。江永认为《近思录》"凡义理根原，圣学体用，皆在此编"。④

程朱理学集大成的道统，仍是治道的思想矩矱，维护着传统中国之治的"体统"。

小结：治道与得失

"惩明之弊"是清初思想和政治的最大缘起，"复三代之治"是士人找到的救弊方向。在抽象地回归整全治道滑向心性而归于失败后，清人又从器道归全而侧重于"迹"入手追求整全治道。回归道统、反经求本，是治道实践与研究，或者说是难以分解的行道与明道追求的新动向。道统代表的古代治道本

---

① 魏源：《默觚上·学篇九》，《魏源集》，第22页。
② 施璜：《五子近思录发明》卷8，第432页。
③ 施璜：《五子近思录发明》卷9，第457页。
④ 江永：《序》，《近思录集注》，严佐之校点，华东师范大学出版社2015年，第1页。

意,渐次通过程朱理学、汉学考据而探问,成为一世思想基盘。从而,宋明与清代呈现出回归治道之统的两条路径之别。

王艮曾言:"夫六经者,吾心之注脚也。心即道,道明则经不必用。"① 可见明清之际经学兴起之针对。宋儒为反汉唐虽制度加密而心存杂霸,复与二氏争擅场,乃重心性之学,确立明道与行道双线传道,以道心为治道正统方法所在,实仍以整全道统为追求,并以之考衡正统,提供治统复合于道统之理论基础。明代放大心传之体而竟至于秩序异动,明清之际遂将反思集中在心学之偏,压抑心本体而重视行道,且以行道之学为明道之重心,在学术上阐明和呈现道器合一、道治一体。在"一正一反道之动"的迭进下,清人在宋明义理探讨基础上重视先王制作之原,笃定"道统在上"之整全。道统论成而侧重不同,在一脉相承与返古开新中,乃有宋明与清代治道论之异同。

作为近世中国的王道正统学说,程朱理学成为转捩与异同之间贯穿的稳定性力量。在岸本美绪、伊东贵之等日本学者关于清初(特别是雍正朝)秩序构想与秩序重建的研究中,可以看到王道规复的潮流。② 他们所说的清代形成的"传统社会""典范",实即反映出朱子学论证的王道的再确立和巩固,这是现代中国承受的社会政治秩序的"传统"。朱子学、阳明学的要义都是治道,自明迄清的历史往复证明,朱子学是为王道提供稳定秩序的学说,朱子学就是中国王道在学说上的体现。

道统决定治统所在,道统"本朝"化,明代君王直接道统的标榜已被抹去,清帝又跨汉唐宋明而直接道统。"古之为治者,治心、治身、治家、治国、治天下,一而已矣。"③ 整全的治道观在清代尤受重视,可为中国传统治道定型。焦循强调,"道"就是"治道":"一阴一阳,迭用柔刚,则治矣。故曰'一阴一阳之谓道'。道以治言,不以乱言也,失道乃乱也。圣人治天下,欲其长治而不乱,故设卦系辞以垂万世,岂曰治必有乱乎?"④ 在整全的治道观念

---

① 《明儒王心斋先生遗集》卷3《年谱》,《王心斋全集》,第70页。
② 岸本美绪:《18世纪的中国与世界》,《风俗与历史观:明清时代的中国与世界》,梁敏玲等译,广西师范大学出版社2022年,第181页;《明末清初中国与东亚近世》,岩波书店2021年,第50页。伊东贵之:《中国近世的思想典范》,第83页。
③ 陆世仪:《思辨录辑要》卷18,第218页。
④ 焦循:《易话》上《阴阳治乱辨》,《雕菰楼易学五种》,陈居渊校点,凤凰出版社2012年,第1031页。

下，具相的"治法"，与抽象的道心、心法，共同组成治道，表彰治道的内涵和特质，标识着王朝的正统。关于传统中国的治与道、治统与道统分合的讨论，意在道与道统是否具有超越和批判治统的相对独立性。综合治理与治道演进史的实际来看，这是一个富有内在张力的结构。"三代以前，治从德出，而两统合。尧、舜、禹递禅天下，亦递有训词。训词者，以道为授受者也。殷汤、周武身创大业矣，乃反身修德，则又上接尧、舜以来。当是时，神圣代承，治与道未尝为二，而必混于一。"① 道统是治理与治道整全的表现，原初及理想状态都是包括所谓"治统"在其内的，治、道一体是理想型，"心法"即是统合的道的传承载体。这个统合结构的源头在于作君作师的圣王或如朱熹所说之"上古圣神"。士大夫的关怀亦或明或暗不离于"治"，既怀有对三代治道理想型再现于世的憧憬，亦通过述道保有此理想形态的超越："圣贤在上，政即道也；圣贤在下，言即道也。以政见道，尧、舜、禹、汤、文、武之治是也；以言见道，孔、孟之《诗》《书》、经传。"② 今人立论实不宜偏执一端，亦不可以今日之意见带入古人之世界而极言道统之独立与批判的性格。明末清初，在"百病交作"的现实教训刺激下，政与教、治与道一体，以君与师、治统与道统一体为载体，三代圣王之治的图景被激活，成为士林的理想治道。此图景与异族入主的政权正当性建设合拍，与乾纲独断的政治体制建设合流，遂成为理想之意识形态正统，成为有清一代治道的内核与特质。这个图景并非"复古""保守"，而是向着政治理想型的复古更化、与古为新。而如王夫之极言"天下所极重而不可窃者二：天子之位也，是谓治统；圣人之教也，是谓道统"，批评满洲以夷狄窃治统，受君师合一之教的士大夫"窃圣人之教以宠匪类""为夷狄盗贼之羽翼"，认为："败类之儒，鬻道统于夷狄盗贼而使窃者，岂其能窃先王之至教乎？"③ 如是之批判性思想固有其重要价值，而成为思想史研究关注的主要对象，本章则在此之外，希望揭示清朝作为一个享国二百六十余年的王朝（并未如王夫之所预言的，或"不可以永世而全身"，或虽"幸而数传"，也将"天地不能保其清宁，人民不能全其寿命"），其对"治道"的

---

① 梁廷枏：《正统道统论》，载饶宗颐《中国史学上之正统论·资料一》，第310页。
② 梁廷枏：《正统道统论》，载饶宗颐《中国史学上之正统论·资料一》，第311页。
③ 王夫之：《读通鉴论》卷13《东晋成帝七》，第352—353页。

理解以及定位与特质如何,由此增进对清朝政治与政治思想史的理解,从而形成对中国政治传统更为完整的认识。而这一面,恰是包括王夫之在内的士人之理想治道的范式典型,其现实批判则是"有所为"之语。

与今日学者不同,孟森论清代前中期政治颇重视其政治风俗之醇庬厚薄,于康熙帝之思想与文教政策即称道其提倡道学,以宋儒性理之学为宗,养成士大夫风气,此乃巩固国基之大者,雍、乾诸朝守其作养之绪余。① 陆宝千亦有相似见解:"土地犹是也,人民犹是也,异族据之,能有康、雍、乾三朝之盛世;而明廷自为主人,竟不能发神州之潜力者,何也?盖尝论之,个人之行为,每受其人生观之指导,唯国亦然。清代前期国力之发皇,由于清圣祖能以程朱之学,为其施政之指导观念也。"② 清初治道之学说表现是程朱理学,而内里实是道统明而大行,构建治出于道的天下。重治道便不必以"朱学之理论水准"③ 为意。治与道合之全体的道统观乃程朱学、经世学、考据学之根本,跳出学术分野之辨,可由治道观一代之治与一代之学,此又乃传统中国整全之治的特质所决定。杨念群侧重论说清代以"大一统"观念转变宋明道德至上的理学正统论,帝王与士人强调混一天下为正统要素,塑造了治理样貌。④ 本章则仍重视"道统"在清代对治道的指导地位。

这种治道的追求,不仅是士人与君王或道统与治统的关系问题,亦不仅落脚于"清代君主在政治理念上更突显出权威的性格""在中国的政治史中,结合'道统'与'治统'是专制政权发展最终的步骤。一个充分发展的专制政治,至少在意识形态上意谓着,统治者拥有丝毫不受牵制的绝对权力"。⑤ 本书更希望将其引向对一朝政治文化与制度型态(起码是思想与理想中的制度型态)的规训层面的讨论。清人思想中"心法"与"治法"的一致,君/官师合一的政教与学校观,法意一体的制度观,都是治道在治理的具体领域的落实,这也丰富了我们对治道的认识。从政治型态的"治道"到制度型态的"法意",

---

① 孟森:《清史讲义》,中华书局 2006 年,第 185、293、302 页。
② 陆宝千:《清代思想史》,华东师范大学出版社 2009 年,第 119 页。
③ 陆宝千:《清代思想史》,第 125 页。
④ 杨念群:《"天命"如何转移:清朝"大一统"观的形成与实践》,上海人民出版社 2022 年,第 29、37 页。
⑤ 黄进兴:《清初政权意识形态之探究:政治化的道统观》,《优入圣域》,第 126、134 页。

引我们思考，作为整体社会之理想型的"三代治道"，是对现实治、道的理想规训，是应对思想学术与治理的现实问题的思维模式与实践指南，它不是"彼岸"，而是理想的"俗世"。清代重视经学研究，复于其中追求圣人本意，目的便是以可靠的路径为当世治道与治理觅得学术的支撑。

故不可只看清帝据有道统的一面，还要看以治出于道为典型且达致善治的一面。明清之际，孙奇逢指出"明三百年祖德深厚，臣之以忠死者多矣"[①]，王夫之认为"隋无德而有政，故不能守天下而固可一天下。以立法而施及唐、宋，盖隋亡而法不亡也"[②]。什么是王朝的"德"与"祖德"？不仅是就祖宗的私德而言，更指王朝的开国规模与气象，奠定的政治与制度的格局之大小、厚薄，惠及民生、教化人心风俗之深浅，是否能够符合甚至引导当时及后世的秩序认同与憧憬。它既"原本总造于大君之一心"，更具体化为孙奇逢所表彰的"高皇作人之化""高皇之制"，而成就国家与政权的总体性的"元气"。[③] 今人多论"正统"，这或许才是"正统"所在。"尚政者，不足于德；尚德者，不废其政；行乎其不容已，而民之化也，俟其诚之至而动也。"[④] 尚德而行政，正是治道的治理观。孙、王怀念故国，但他们的观念却在清朝塑造正统的思想基盘之内，这是时代思想的力量，不以个人好恶为转移。这也再次将我们的思绪引回先秦时代对"道德功烈"的治道构建，看到"皇帝王伯"以降政治思想的变与常。

在治出于道的一世风尚之中，康熙、乾隆等清初帝王受儒家教育影响，推动治、道合一，作君与作师集于一身。这是圣王之治的题中之义，但因应清初的开国形势，为塑造统治合法性等原因，也不可避免地有姚念慈所说的"帝王心术"在里头。虽然君主抓住治、道合一的主导权，并非我们乐于看到的历史结果，但治、道合一而求治道正统的现成思想框架中，只能求诸兼摄君师之位而得道统的圣王"治出于一"，从而在今天看来，不免压抑道统的独立性与超越性。这是传统政治学和政治体制限定的。同时也应看到，帝王认同并推动治与道、治统与道统合一，确实因势利导，进一步推动了士林呼吁的道统复合、

---

① 孙奇逢：《麟书钞序》，《夏峰先生集》卷4，第121页。
② 王夫之：《读通鉴论》卷19《隋文帝五》，第543页。
③ 孙奇逢：《畿辅人物考序》，《夏峰先生集》卷4，第123页。
④ 王夫之：《读通鉴论》卷19《隋文帝十》，第550页。

治出于道在政治体制内部的实现，在政治实践和制度设计上的落实，祛除前朝积弊，改善了治国理政，稳定了政治、社会和文化秩序，形成了可圈可点的一代之学、一代之治。其结果是，治、道合一导致"道"的超越化意涵减弱，而作为现世治理与治道规范的现实化意涵增强，这在思想史上看来或不免是"道"的降格，但实际上，"三代之道"一旦在现实政治框架中推进，恐亦难有二致。针对程颐的经筵论，乾隆帝既认可其"可谓上不负其君，下不负所学矣"，更指"独其贴黄所云'天下治乱系宰相，君德成就责经筵'二语，吾以为未尽善焉"，强调君德之重的一面：

> 盖君德成就责经筵是矣，然期君德之成就非以系天下之治乱乎？君德成则天下治，君德不成则天下乱，此古今之通论也。若如颐所言，是视君德与天下之治乱为二事漠不相关者，岂可乎？而以系之宰相，夫用宰相者，非人君其谁为之？使为人君者但深居高处自修其德，惟以天下之治乱付之宰相，己不过问，幸而所用若韩、范，犹不免有上殿之相争，设不幸而所用若王、吕，天下岂有不乱者？此不可也。且使为宰相者，居然以天下之治乱为己任而目无其君，此尤大不可也。①

在程颐和乾隆帝的心中，实际上均以天下治乱系于君德，作君作师都是要推动实现的理想治道，但因为制度背景、政治形势、个人身份与思想观念的不同，通往不同的政治与权力发展方向，这是思想史和政治史的张力与复杂面所在。

士大夫群体的意态与形象也在这样的治道形态中养成。在圣王出世的氛围中，朱轼强调自己"识愧知言，而以人事君之义时用兢惕"，期望、训勉士子们言行相顾、人人奋励，涌现出陆贽、王曾那样的人才，"卓然树立，宣力效忠"，而这样忠诚的"盛世名臣"又是不同于"俗吏"的："效一官、治一邑，亦必敬敏勤恤，异于俗吏。"② 这是以人事君而不挑战君王权威之臣，也是躬身行道、实心任事之士大夫，历史如此不完美地将其结合于一身。别于"俗

---

① 乾隆帝：《书程颐论经筵札子后》，《御制文二集》卷19，《乾隆御制诗文全集》（第10册），第708页。
② 朱轼：《丙辰科会试录序》，《朱文端公文集》卷4，第560页。

吏"的士大夫气象,正是治、道合一的结果,这在当时是共同的关心,而非朱轼偶一为之。为张玉甲《青齐政略》作序时,魏裔介就引用贾谊语而论何谓"非俗吏"。"贾子曰:'移风易俗,使天下回心而鄉道,类非俗吏之所能为也。'吏者,天工人代,何可目之以俗、正?以其所急者在簿书筐箧、征发期会,而于先王教养之大端,无所涉焉,故耳。""俗、正"之别,在思想和学术的表达里,也要在实践上见分晓,能明道躬行,超越日常行政体制的惯性与桎梏,挺然贯彻王道而不走上功利的歧途,是不容易的:

> 然又有习为文具,铺张垒砌,如所谓下车条约者,涂饰一时之耳目,虽其文义若有可观,而无勤勤恳恳之诚意寓于其中,君子不贵也。大抵学者讽咏载籍,每好谈王道,卑权术,及至授之以千里之寄,委之以元元之命,则又委蛇迁就,失其所守,甚而武健严酷,刻铄钩距,以为胜其任而愉快,失之逾速矣。

在行政实践中坚持"拔本塞源,本先王仁义之道,革其浸淫旧染之污,盖非深于洛、闽之诣而具昌黎之识者,不能确然不惑如此",若此,便"王道可行于后世"。① 陆陇其读《青齐政略》,亦认为其"剔弊厘奸,澄源端本,无一不中俗吏之膏肓"。② 不为"俗吏",就是三代治道下的师儒的吏治。

进而是盛世景象中三代话语的复现,如嘉庆初年洪亮吉"闻京师耆老人言,乾隆初,村里童妪进城,皆北向叩首曰:圣人出矣!菩萨出矣!乾隆初政所以克绍圣祖、世宗,度越百王,而使兆亿倾心如此者"。"圣人出""度越百王",皆有上追三代之意。而其时"大有为"之君臣,君则"纯皇帝固圣不可及",臣"亦众正盈朝,前后左右皆严惮之人故也"。③

最后尚可谈及的是,清人的治道论亦让人联想到程朱理学的经典论断,如:"伊川曰:治身齐家以至平天下者,治之道也。建立治纲,分正百职,顺

---

① 魏裔介:《张玉甲青齐政略序》,《兼济堂文集》,中华书局2007年,第168页。
② 《国朝学案小识》卷10《张玉甲先生》,周骏富辑:《清代传记丛刊·学林类二》,明文书局1985年,第540页。
③ 洪亮吉:《乞假将归留别成亲王极言时政启》,《洪亮吉集》,刘德权校点,中华书局2001年,第224页。

天时以制事。至于创制立度,尽天下之事者,治之法也。圣人治天下之道,惟此二端而已。"①"二端"共成的"圣人治天下之道"就是"治道之全"。清人的思想基本不出程朱理学之治道与制度论的格局,这既说明宋明理学对近世以降中国政治思想的深远影响,是清人共享而难以逃避、放弃或超越的"思想顶棚",亦提示今人历史观的警省,事实上,除了"创见"之外,对创见的复写、强调、调适与实践未必不是历史发展的重要动力,这正是中国制度思想传统中"因革损益"的方法论的重要意义所在。若只知前者,不关注后者,就会造成历史了解与理解的缺环。了解了这个治道"正统"的样貌,也将有助于我们理解清中期以降的从行政制度向政治体制逐渐延伸的"变法"的治道基点。王汎森认为,章学诚"一心想将三代的文化情状复返于当代,胶柱鼓瑟,加上其他许多原因,使得他在清代中期学术世界中相当孤立。""但章氏之学在晚清却开始得到信从者,其中有一支特别欣赏其'官师合一''同文为治'的政治思想,由这一激烈的思想得到人们的欣赏,约略可以看出晚清政治思想的一个新动向。"在缕述从龚自珍、魏源到谭献、郑观应的"官师合一"理想后,他认为:

> 可见这一政治哲学在当时曾蔚为新潮。他们自认为灼然有见于古代的实况,故振振有词地提出一套整顿当世乱局的方案。但是力图回到官师合一的古代理想,等于是取消了独立于政治之外的思想、学术的批评性力量的合法性,同时也封闭了思想多元发展的路子。在面临前所未有的新挑战的局面下,人们可以走两条路,一条是把松动的螺丝锁紧,一条是开放,寻求新的可能性,章学诚以下这一批思想菁英选择了回到古代,以"古"为"新",以实际上的"关门"为"开门",这是我们研究嘉、道以降的思想界的个别状况时值得深入玩味的。②

---

① 张伯行:《近思录集解》卷8,第287页。张灏曾论程伊川此语及理学的治道观:"《大学》所表现的人格本位政治观是宋明儒学所谓的'治道'或'治体'。后者用现代的话来说就是政治的基本原则。但是宋明儒者讨论经世,不仅谈治道,也谈治法。程伊川有一段话可为代表,他说:'治身齐家以至平天下者,治之道也。建立治纲,分正百职,顺天时以制事。正于创制立度,尽天下之事者,治之法也。圣人治天下之道,惟此二端而已。'这里所谓的'治法'就是用以实现治体的客观制度规章。"(《宋明以来儒家经世思想试释》,《近世中国经世思想研讨会论文集》,第16页。)
② 王汎森:《对〈文史通义·言公〉的一个新认识》,《权力的毛细管作用》,第526页。

但如果我们从明清之际道统复合、重塑治道、讲求"法意"一路看下来,就能发现从章学诚到郑观应这一条脉络,实则都是在清代主流治道的旧辙上。在章学诚的时代,他的"官师合一"思想并非"孤立",亦非始作俑者且一脉单传,在晚清的延续更不是"一个新动向"。

而在新一轮世变中,复合的道统中"治"与"道"、现实与理想的张力也展现出来,成为推动变革的另一路向的驱动力。我们举罗泽南的例子,以其作于道光二十五年的《读孟子札记》来说明。他认为天子之权源自于天,"天能生之,天不能自治之,则命此有德者作君、作师,以代天而理物"。① 但天子之"德"比"法"更重要,民之教养比国家之利害重要,罗泽南由此"为民计"而推重三代治道:

> 立一法,则有一法之弊,从古无不弊之法者。然则封建与郡县,既皆互有得失矣。而先儒多主封建之说,何也?曰:以利害论,则封建与郡县同;以治民论,则封建大胜于郡县。王者治天下之法,亦当视其于民何如耳。盖郡县行,则井田不可复,养民之道坏矣。井田坏,学校不可兴,教民之道失矣。教养既失,治道乃乖,欲求世之道一风同,不可得矣。古之圣贤,惓惓于封建者,为民计,非专为国家之利害计也。世徒见春秋战国之乱,遂谓封建必不可复,岂至论哉?②

---

① 罗泽南:《读孟子札记二》,《罗泽南集》,符静点校,岳麓书社2010年,第300页。
② 罗泽南:《读孟子札记二》,《罗泽南集》,第310页。

结语
治出于一

治出于道，治道有统，就是欧阳修倡导的"治出于一"。这个王道理想，经"向上透一著"，终于在朱子的"道统"论中集成。治道向上超越而不离"治"，"皇帝王伯"以降一路转进，从原型到定型，成为中国的"道之本统"。道之治道的属性，决定了其社会政治权力的内核，以整全为规模，而以付诸治理实践为要义。制作与制义、行道与明道、作君与作师，分合之际，由此展开。君主与士人，都追求此治道理想型，现实与理想，在这个框架中开显，又为其所限。既对国家与制度保有警惕，在"五霸之世"而竭力避免王道堕入功利霸道，又冀望君师型的国家治之教之。这是传统中国政治的"苦心孤诣"所在。

对于"治道"，梁漱溟曾从"社会秩序"视角讨论：

> 人非社会则不能生活；而社会生活则非有一定秩序不能进行。任何一时一地之社会必有其所为组织构造者形著于外而成其一种法制礼俗，是即其社会之秩序也。于此一时一地，循之由之则治，违之离之则乱，是在古人谓曰治道。①

在《中国文化要义》中，他进而论曰：

> 所谓治道何指呢？放宽说，即指此全部社会构造（特殊政治制度在内），及一切所以维系而运用之者。简单扼要说，则"修身为本"（或向里

---

① 梁漱溟：《乡村建设理论提纲》，《梁漱溟全集》（第5卷），山东人民出版社2005年第2版，第369页。

用力之人生)一句话,亦未尝不可以尽之。而语其根本,则在人类的理性。因为这一切不外当初启发了一点理性,在处处为事实所限之中,勉强发展出来的规模条理,还待理性时时充实它,而后它才有生命。①

这是一个统合了义理之"理性"与整体社会的制度与秩序而言的"治道"论,"修身为本""理性"只有在"此全部社会构造(特殊政治制度在内),及一切所以维系而运用之者"的格局中才有意义。这与梁先生对中国"政教合一"传统的认识内在一致,是整全而非分化的"规模条理"。他指出,就中国传统而言,"'作之君,作之师',政教合一,自是他的理想"。"从中国言之,政教分离则不可通。——人生与人生道理必不容分家。"此"教"即教育、教化,即"人生道理",或"中国古人之所谓修之讲之徙之改之就有道而正之者,盖努力乎理的开展或心的开展。以为'是天之所予我者',人生之意义价值在焉;外是而求之,无有也已!不此之求,奚择于禽兽?"由此视之,现代中国新国家的建设,"所谓国家,将成为一教育的团体","中国的民治(果其有之),则非政教不分不得开出来"。② 在1937年出版的《乡村建设理论》一书中,梁漱溟再次强调:"中国从来政治上都是政教合一。"③ 千家驹认为"社会的秩序"这个名词"费解","凡社会必有其所为组织构造者形著于外而成其法制礼俗"这个句子"抽象",将其"翻成普通的白话",亦即化约理解为"伦理":"'治道'者何?'法制礼俗'是也,'法制礼俗'者何?旧有之'伦常关系'是也",于是,"这种'治道'在昔便是'伦理'","却也不过是我们习见习闻的'世道沦亡,人心不古,四维不张,国乃灭亡'的旧调新弹而已"。④ 这种颇为"现代"和"现实"的认识,剥落了"治道"之于社会政治秩序和人群内外大治之境界的整全认识。从"治道"到"伦理",是降维的认识。

"圣有所生,王有所成,皆原于一。"(《庄子·天下》)在传统中国的思想与观念世界中,"治道"与"道统"这两个概念,都不是"治"与"道"之

---

① 梁漱溟:《中国文化要义》,上海人民出版社2003年,第243页。
② 梁漱溟:《我们政治上的第一个不通的路——欧洲近代民主政治的路》,《梁漱溟全集》(第5卷),第169页。
③ 梁漱溟:《乡村建设理论》,中华书局2018年,第154页。
④ 千家驹:《中国的歧路》,《中国乡村建设批判》,中国社会科学出版社2018年,第94页。

"二分"或"一元"的逻辑,"道体"与"全体大用"诸概念统有形而上下的综合性提示了"向上"而不脱离人间治理的要义。本书所关心的,是传统中国的君主和士大夫如何认识与实践"治道"的理想型,既"向上透一著"以完善治道而与释老二氏之道相抗,又始终不离"治"言"道"。笔者希望呈现的是,"道"在这个向着整全之治的理想型规复的过程中不断转进,王道逐渐清晰与定型。这正是宋代新儒学之为"大事因缘",道统之为"结穴"所在。今天看来,其中不乏构建的逻辑,但当时人只是认为在回归"圣人本意"。

这个理想型的历史景象及其"本意",是二帝三王之治道。如吕留良所言:

> 问如何富之?曰:"行井田。"问如何教之?曰:"兴学校。"此心是实心,此政是实政,舍此虽圣人亦无他具也。三代以下无善治,然此理自在,不可以其不行而遂谓终不可行也。①

"此理自在",与"道只是这个道",是一以贯之的。我们试比较这位被清廷剖棺戮尸的理学家的壮语,与被视为伊、周的熊赐履对康熙帝说的话:"所谓君志定而天下之治成。""表里精粗,洞彻融贯,凡措诸事为、征诸政教,无一不本之以诚、持之以敬。"②便可知两者虽一偏向于批判,一偏向于勉励,而内核的思想是一样的:三代治道。三代治道是即迹之意,由历史的实践的意象而成为超越的真理,所以表里精粗浑全一体:

> 封建井田之废,势也,非理也;乱也,非治也。后世君相因循苟且,以养成其私利之心,故不能复返三代,孔孟程朱之所以忧而必争者,正为此耳。虽终古必不能行,儒者不可不存此理以望圣王之复作,今托身儒流,而自且以为迂,更复何望哉!③

治道有着强烈的实践性,从明清之际的讨论与实践来看,治与道归一以规复理

---

① 吕留良:《四书讲义》卷16,第372页。
② 熊赐履:《请除积习销隐忧疏》,《经义斋集》卷1,《清代诗文集汇编》(第139册),第37页。
③ 吕留良:《四书讲义》卷34,第764页。

想治道，被视为解决现实政治社会问题、规复"天下"的出路，也是实现三代理想国的唯一途径。圣君出世、复作三代，是共同的理想。不能以皇帝为大写的主语，视其为三百年政治特质的塑型师，士人的信从不过是被威压而异化的结果。

张灏也持"权威二元化"的前提观念，但亦重视在天道观与三代圣王政治的原始典范之下儒家思想中"圣王"的存在与作用，从而认为"在儒家思想传统里逐渐形成两个思想趋势：政教一元与政教二元或政教对等"。① 就宋明儒学与政治而言，他强调四书的义理结构与其所结穴的"大学模式"再塑了"圣王"观念，认为朱子注《大学》"在宋明儒学的主流里造成两种趋势，抗议精神的发扬仅是其一。另一种趋势就是以现实政治为基础而求德治的实现。代表这个趋势的是南宋以来影响极大的一本书——《大学衍义》"。真德秀此书"纯以当时君主为对象，以求修齐治平理想的实现。于是，在朱子的手里，那还是一部谈成德治道一般原则性的书，到真德秀的笔下，便完全变成一部帝王成德之学了"。到明代朱子学者丘濬又作《大学衍义补》："《大学》的道德理想变成帝王施政牧民的圭臬，这种思想当然未尝不蕴涵一些批判意识。但是这些批判意识是有极大的限制，充其量只能针对帝王的个人行为及施政措施发挥一些抗议作用，其与以内化超越为泉源的二元权威意识是不可同日而语的。"② 这是"宋明道学的内在限制"，其"对于政教二元观念的式微也是一个重要原因"。同时，作为经世治国的基本原则的"治道"或"治体"与以政府吏治组织与运作为主要内容的"治法"一主一辅地"变成儒家主流政治思想的基本范式"。张灏虽然认识到只讲政教二元不可靠，从总体和宏观上看到了儒家政治哲学中"政治与道德精神分不开""政教合一或一元权威"的一面，但在"二元权威"的视野中，还是认为这种"分不开""一元"是"二元"分化后的分不开与一元，进而构建了纲常伦理"羁绊"超越意识、"治道"与"治法"主辅相成等一系列二元的传统政治认知结构。③ 当张灏发现陆世仪在《思辨录辑要》中虽然尊高师道，但仍然视三纲为当然，便由二元牵绊、抗衡的逻辑断论

---

① 张灏：《传统儒家思想中的政教关系》，《幽暗意识与时代探索》，第101页。
② 张灏：《幽暗意识与民主传统》，《幽暗意识与时代探索》，第21、23页；《超越意识与幽暗意识——儒家内圣外王思想之再认与反省》，《幽暗意识与时代探索》，第58、38页。
③ 张灏：《传统儒家思想中的政教关系》，《幽暗意识与时代探索》，第89、97、77页。

其为"折扣"或曰"挫折":"一旦三纲思想羼入超越意识,则以超越意识为基础的权威二元化思想自然被打一个大折扣。"① 而如果跳脱张灏隐约以为公理的"权威二元化"以及由此而来的"天人合一"(内在超越)与"天人相应"(宇宙王制)、"以天子为代表的政治秩序"与"每一个人直接通天的心灵所引生的独立的权威与秩序"、"政教合一或一元权威"与"政教对等或二元权威"等对举的二元结构②,改由"三代治道"的一体理路、"圣王"或更常用的"先王""圣人"概念观照之,体会中国治道"向上透一著"的特定"超越"路径和形态,我们便可明白王道或曰"三代治道"是不断完善的具有终极意义的中国政治与治理的理想型,君君臣臣作为基本政治秩序的伦常与"天理"维系着整个政治社会的秩序,而儒家的思想与学术的发展转进是围绕这个纲常伦理的秩序展开的,不断赋予其超越的意涵。在这个表里精粗一体"浑全"的政治与思想体系中,"以道抗势"不过是在"三代治道"的思想支柱下捍卫治道理想的批评话语,实则不如在道统内部分判孰为正统重要,这也是"道"而有"统"的主要意义所在。虽然明代中晚期发生了秩序异动,但卫道的强音应声而动,仍然首先表现为在儒学内部分判正邪,而非向治统讨说法,进而便是明清之际以"治道"匡扶"乱世"的一段心灵与实践的历史。判别道统所在,斥心学为混二氏而乱风俗的元凶,重新树立程朱理学为正统,即是士人以道统系治道,在道统内判别正统以维系治道,而非以道统抗治统的例证。③ 事实上,对于"二元论"者屡屡引以为据的欧阳修《新唐书·乐志》中"三代而上,治出于一,而礼乐达于天下;三代而下,治出于二,而礼乐为虚名"这一著名论断,朱熹亦认为"此古今不易之至论也",但却是从"治出于一"立论的,所以称赞欧阳修:"其曰'治出于一'云者,则自荀、扬以下皆不能及,而韩亦未有闻焉,是则疑若几于道矣。"又批评道:"然彼知政事礼乐之不可不出于

---

① 张灏:《超越意识与幽暗意识——儒家内圣外王思想之再认与反省》,《幽暗意识与时代探索》,第38页。
② 张灏:《传统儒家思想中的政教关系》,《幽暗意识与时代探索》,第77、86页。
③ 张灏在《传统儒家思想中的政教关系》一文中,也梳理了"治道"始终存在于中国政治思想史的情况,讨论了自三代至汉、至宋、至明清历代"圣王"思想的发展脉络。比如"以'君师'合称帝王,这是真德秀与丘濬在受朱熹的影响之下常用的名词,意谓儒家主流的立场是君与师不能分开,若君与师分开,君就不能称为君。"(《幽暗意识与时代探索》,第98页)

一,而未知道德文章之尤不可使出于二也。"① 在在都是"一"而无"间"的世界观,即所谓"自然":"儒者于此(理)既有以得于心之本然矣,然其内外精粗自不容有纤毫之间,而其所以修己治人、垂世立教者,亦不容其有纤毫造作轻重之私焉。是以因其自然之理,而成自然之功,则有以参天地,赞化育,而幽明巨细无一物之遗也。"② 由此便可更好地理解朱子政治意识里既有批判性又纠缠君权的"思想两歧性形成的困境",王阳明、陆世仪思想中"纲常"的"羁绊"。③ 抛却"两歧",便发现那本不是"困境"与"羁绊",而是一体共生的存在状态,先王、治道、君权是须臾不可分的,抽象的君权居于社会与政治秩序的顶点,是治道的枢轴。也可以说,"圣王"的理想模式不是"内在超越"的羁绊,反之,"内在超越"是"治道"的组成部分,只有一个治与道"合"、表里精粗一体的治道,或者说是今人理解的具相的"政治"与抽象的、形而上的"道理"一体融合的、不可离"治"言"道"的治道,成为中国政治的终极追求。而"治出于一""政教合一""作君作师"都是这个治道的具体表现与落实措施。任何二元论、两分法,或许都不合于中国传统中治道体统的本相。

从《大学衍义》到《大学衍义补》,"如何在现实制度的安排中发挥由上而下的德治"的讨论更加系统。但是,张灏认为,此种"制度"讨论属于牟宗三所指之"治道"而非"政道"范畴:

> 由"大学模式"的思想为基础,在儒家传统中确曾产生过有关制度的构想和讨论。但必须强调的是,此所谓制度是现存的行政制度及其附丽的礼乐制度,而非基本的政治制度。因此,这种制度是第二义的,而非第一义的。借用牟宗三先生的两个名词,我们可以说,它是表现"治道"的制度,而非"政道"的制度。④

---

① 朱熹:《读唐志》,《晦庵先生朱文公文集》卷70,《朱子全书》(第23册),第3373页。
② 朱熹:《读大纪》,《晦庵先生朱文公文集》卷70,《朱子全书》(第23册),第3376页。
③ 张灏:《传统儒家思想中的政教关系》,《幽暗意识与时代探索》,第90页;《超越意识与幽暗意识——儒家内圣外王思想之再认与反省》,《幽暗意识与时代探索》,第38页。
④ 张灏:《幽暗意识与民主传统》,《幽暗意识与时代探索》,第24页。牟宗三受现代政治认知的影响,以"政道"一词,压缩"治道"所指的范围,认为:"政道是相应政权而言,(转下页)

张灏此言主要是基于对明清《经世文编》及"经世"思想的研究而言。从本书讨论的明清之际至清代前中期思想内容来看，或不止于具体的"现存行政制度及其附丽的礼乐制度"，儒者心中的"治道"与牟宗三、张灏心中的"治道"并非一物，而是兼有今人所谓"政道""治道"两个层面的意涵，它由"心法"规训政权转移、继承方式，虽未进一步设计可行的操作机制与程序，但要求规复"三代治道"，这不仅包括所谓"政道"的内容，甚至是超越今人"政道"概念的整体社会与政治秩序的安排问题了；进而，它要求此治道通过"法意"落实于从政治到行政大大小小各层面、各方面的制度体系之中，从今人的视角来看，这就由"政道"贯注于"治道"，从而实现表里精粗一体之治。

在"皇、帝、王、伯"与"道、德、功、力"的治道思想资源，以及政治得失、宗教思想竞争的动力下，以"二帝三王"为偶像的儒家王道逐渐确立与成熟；在"圣王"制作的理想与"行道-述道"两分的现实条件下，士人安顿自己述道而明道、传道的身份，期待圣王出而"道行于天下"。"圣人虽体道以为用，未能全无以为体。"（《周易正义·系辞上》）面向现实政治，"道"因其"古"的时间性而超越，更因其"全体"的整全性而超越。

此治道是追求"中道"的。它将平天下的发端放在"心"上，但又不局限于心，不相信空无的心本体；重视开物成务的道德之功，但又警惕人被制度束缚，被功利引向异化的歧途。"体用一源，显微无间。"这是合内外之道、德形于内的本统指引，也将王道从"秩序"提升为"境界"。"允执厥中"，引无数圣贤豪杰深思与躬行。

道统是个新传统，虽然内核古已有之，但宋代才把王道讲"透"，若干自古以来的要素被"发明"，聚合到一起，组成一个郑重的概念。从原型到定型，

（接上页）治道是相应治权而言。中国在以前于治道，已进至最高的自觉境界，而政道则始终无办法。因此，遂有人说，中国在以往只有治道而无政道，亦如只有吏治，而无政治。吏治相应治道而言，政治相应政道而言。"吾人论以往之政道，即以开始之德与力及后继之世袭两义为中心而论之。"[《政道与治道（增订新版）》，第1页。] 由此，"无政道之治道是治道之主观形态，即圣君贤相之形态。"所谓"最高的自觉境界"，亦受制于此，不如"有政道之治道是治道之客观形态"为优。（第26页）凡此都是非常"现代"的认识，详细辨析则与本文关系不大，兹不赘论。

道统得到空前一致的信奉,表征着中国的君主和士大夫在王道上的共识。明清把道统付诸政治实践,实践中的道统就是今人对"中国政治传统"的若干感知的来源。

宋代道统的定型对元明清政治影响深远,但应结合政治体制机制与政治权势结构的变迁才能观其全貌,那些认为元、明、清三朝君主压抑士人源于"治统兼摄道统"之特定思想控制手段的认识,实则都误解了"道统"的本意。"道统"的构建过程与习所惯知的元明清君主集权加重结合在一起,是极为复杂而深重的一个问题。君师合一、政教一体、治而有道,是传统中国的政治学所能提供的政治社会文化整全之治的唯一理想型。这样的治道模型与当时的政治现实要素结合在一起,会增重君主的意识形态和文教控制权,同时也表现为对君主学习圣王善治的规训,对君主和士人为主的政治体追求理想之治的指引和策励。严复认为"盖西国之王者,其事专于作君而已。而中国帝王,作君而外,兼以作师",这是"东西立国之相异"。高一涵概括为"君师主义"而批判之,直指《天演论》的翻译者"缺乏历史进化的观念",所以"竟将古今立国的异点,看作中西立国的异点"。而1918年仍然存在的"'天地君亲师'的总统观念""是行制度革命而不行思想革命的坏处",担心专制政治、贤人政治、政教混合政治的结果。① 梁漱溟则从中看到了"中国的民治(果其有之),则非政教不分不得开出来"的现代化路径。如果说"治出于道"的整全之治是中国传统治道的定型,那么是否可能在政治制度现代化之后,走向权力分化而治理整全的美好境界呢?这是留给中国人的问题。现当代学术史上的道统观则是道统之现代转化的另一种形态,是以政教二元为基本结构、以知识分子为本位的"道"的追求,可视为是"道"与"道统"的再次"制义"与"发明"。而拙稿能做的,是尽量还原、理解、解释中国政治与政治思想的传统,以及这个传统中的人的角色和心思,以为政治学的参考,这毋宁说是"政治思想史"的本分。至于此后的取舍与转化,或非人力所可强。只要看看自"中体西用"以来一百几十年中国人力图规划与设计中国思想之矩矱的成败得失,就可以感知人事的限度了。

---

① 高一涵:《非"君师主义"》(1918年12月15日),《中国近代思想家文库·高一涵卷》,郭双林、高波编,中国人民大学出版社2015年,第116页。

后　记

这又是一本计划外的书。

回到北大从事学术工作后,本拟先将清末四川地方行政与社会的研究完善成书,但既然已经一拖再拖,也就不那么着急,总想着能够将相关的问题一一了解清楚再拿出来。"麻烦"的是,随着对行政与社会的体认日益丰富,"相关问题"越来越多。其中之一就是制度观,治理和生活离不开制度,在制度因革损益的背后是人们对制度之为制度的看法和想法。于是,我转头就不知深浅地进入了对中国制度论的研读。进而又感到,制度论还不够,再后面是治道,人们是在对良政善治的认知和追求中对待制度的。既然以学术为业,便不必管日升日落,这是很正常的。只能继续潜水,就有了这本书。

我是晚清史的爱好者,致力于从政治、思想、社会的整体中思考晚清中国的演变,那是现代中国政治的来路。我对治道的思考,本也重在清代。但在读书学习的过程中,越来越真切地发现对清代治道的认识,只有上溯宋明乃至三代两汉才能接近本来面目。传统中国治道一脉蜿蜒,若断章取义,则钱成"散钱","索子"无觅。我决定,尝试用一本书来思考和写作一个问题。在这个规模中,采取尽量收束而不致汗漫无稽的策略,根据自己的学力,将问题分解为若干可以讨论的专题,大事化小,更加可靠。

这大概是我一直沉迷的一种思考方式,就是用"多"和"厚"来平衡"一"与"薄"。我常在课上与学生分享诗人张枣关于"浪费"的一段话:

> 一切做得好的东西,是因为其中包含了巨大的浪费。也就是讲,一个东西只需要30%就可以像那个东西了,做到60%就更像那个东西了,做到80%就很像那个东西,做到100%就是那个东西了,但如果做到200%甚

至300％就是浪费，但这个东西看上去就不一样。

用一本书来写一个问题，是必要的"浪费"，也是一种享受。

我本没有写一部贯通的传统中国政治思想史的计划，但就是这样一步一步、半是冲动半是无奈，写了一部冗长的引论稿。如何在中国治道传统的格局中定位清代治道，我觉得有了一个比较"中国"的理解。同时，中国古人究心的若干问题实则都具有东海西海、心同理同的价值，比如"制造与自然"，也是从荻生徂徕到丸山真男等日本思想家笔下的重要议题，对日本近代政治思想的演生有重要的意义；对制度之治的警惕，则让我想起斯科特以《作茧自缚》为名对人类早期国家的反思。

几年来的阅读对象也潜移默化地影响了我。我不敢自比唐君毅对蒙文通的表彰："每篇文章背后总觉另外还有一个道理。"但似乎确实是努力在重建历史事实之后再"向上透一著"，或者如清人掉转过来说是"义理从训诂出"。从史求史识、求义理，但不过高，不追求理论化、系统化。这也是本书的态度。

这本书的写作得到了诸多师友的指点和帮助，我经常利用各种机会向精研有关领域的师友请教，恕不一一致谢。我要特别感谢的是师兄张建军，他完全是不厌其烦地给我提供了大量资料帮助；梁敏玲给书中若干处提出了重要的修订建议。戴新伟兄惠予题签，令小书生辉。感谢慨允编辑拙作的学友王婧娅，她专业而耐心的工作为书稿增色。感谢我服务的北京大学政府管理学院和公共治理研究所的学术评审与出版经费支持。

有一种说法是人文学者不到四十岁不要写书。我入门随茅海建老师学习时，老师鼓励我"二十岁的人写二十岁的文章，三十岁的人写三十岁的文章，四十岁的人写四十岁的文章"，一定程度上纵容了我的写作尝试。我在刚过而立时出了本小书《生逢革命：辛亥前后的政治、社会与人生》，那本书中的情绪，我觉得大概就是二三十岁人的样子；现在已是不惑之年，是否所写的也会永远不惑，恐怕还要再过二三十年才能判断。

孙　明
2022年底于京西小清河畔